陝西師範大學國際長安學研究院

長安學研究文獻匯刊·考古編·金石卷

第一輯

賈二强　主編

科学出版社

内容簡介

本書匯編宋代金石著作《集古録跋尾》、《集古録目》、《元豐類稿·金石録跋尾》、《金石録》、《通志·金石略》、《隸釋》、《隸續》七種，希冀爲長安學、地方史、學術史及中國古代文化研究提供資料，以促進學術研究和社會文化的發展。

本書可供文獻學、中國古代史專業學者及相關專業本科生、研究生學習、參考。

圖書在版編目(CIP)數據

長安學研究文献匯刊. 考古編. 金石卷. 第一輯 / 賈二强主編. —北京：科學出版社，2016.12

ISBN 978-7-03-051130-0

Ⅰ. ①長… Ⅱ. ①賈… Ⅲ. ①長安（歷史地名）-文化史-文集 ②金石學-中國-文集 Ⅳ. ①K294. 11-53 ②K877. 24-53

中國版本圖書館 CIP 數據核字（2016）第313246號

責任編輯：陳 亮 范鵬偉 / 責任校對：趙桂芬 李 影
責任印製：張 倩 / 封面設計：黄華斌

編輯部電話：010-64026975
E-mail:chenliang@mail. sciencep. com

科學出版社 出版
北京東黄城根北街16號
郵政編碼：100717
http://www.sciencep.com
北京新華印刷有限公司 印刷
科學出版社發行 各地新華書店經銷
*
2016年12月第 一 版 開本：889×1194 1/16
2016年12月第一次印刷 印張：49 3/4
字數：800 000
定價：320.00元
（如有印裝質量問題，我社負責調换）

《長安學研究文獻匯刊·考古編·金石卷》編輯委員會

前言

金石文獻上古時即已出現，指以青銅器爲主的金屬器具以及石磚陶器作爲載體的文字、辭句或篇章，是除了竹木簡牘、絲帛、紙質載體形態文獻之外，中國古代文獻的另一重要淵藪，其包涵的歷史文化信息，具有其他形態不可替代的作用，因此受到歷來學者們的高度重視。作爲一個系統並有著自身學理的學科——金石學，其興始於北宋，劉敞《先秦古器記》、歐陽修《集古録》、趙明誠《金石録》，確立了據金石保存文獻、考訂史籍的學術傳統；至南宋時期獲得巨大發展，出現專録漢碑的洪适《隸釋》、備録全國石刻目録的王象之《輿地碑目》、陳思《寶刻叢編》，偏於記録書家石刻的佚名《寶刻類編》，專録古器物的王黼《宣和博古圖》、王俅《嘯堂集古録》和主要著録商周青銅器銘文的薛尚功《歷代鐘鼎彝器款識法帖》等，諸體大致齊備，表明是時金石之學已基本成熟。

元明兩朝，受空談心性、不務實學的學術風氣影響，加之金石器物出土較少之故，經歷了一個相對沉寂的時期。其間雖仍時有金石學者與著作，如元代之吾丘衍《周秦刻石釋音》、楊鈞《增廣鐘鼎篆韻》、潘昂霄《金石例》，明楊慎《石鼓文音釋》、盛時泰《蒼潤軒碑跋》、都穆《金薤琳琅》、趙崡《石墨鐫華》等，或訂石刻之音訓，或采石刻古文奇字，或述碑碣之製作義例，間有考訂經史者，然多疏漏外謬，罕有新見。

明末清初金石學再度勃興。清代前期中期，經過顧炎武、朱彝尊、錢大昕、畢沅、孫星衍、王昶、阮元等著名學者的宣導，到嘉慶、道光間金石學成爲顯學。有清一代，搜討、收藏、鑒賞、研究金石的風氣盛行不衰，有關金石的著述層出不窮，研究成果蔚爲大觀，重要著述達1000多部。其研究方法雖難出宋人窠臼，研究範圍却已全面擴大，體例亦更臻完善，既有存目、録文、摹圖、摹字等環節的材料整理，又有通過題跋方式從内容上進行經史、小學、義例等方面的考訂闡發；既有專門研究，又有通論；既有地域研究之分，又有全面總括。

在金石學研究中，『陝西』是一個特殊區域。關中作爲周秦漢唐故都之所在，碑碣吉金文字之富甲於海内，商周青銅器，秦漢瓦當，唐代昭陵、宋代碑林碑石，匯集了一大批寶貴的金石文獻。加之歷代不時有新的金石出土，因此自北宋以來，陝西一直是金石學家青睞的一方寶地，如吉金之學的開山之作北宋劉敞《先秦古器記》，就是作者根據他在陝西任職期間所獲古器而作；而第一部專記一地金石的北宋田概《京兆金石録》，則是記録長安古碑所在的著作。明末清初以來，更是形成了長久不衰的訪古求碑熱潮。

前代金石著録雖詳於古，直到清代中葉，元明以下金石都不大受到學者關注，然陝西正是漢唐碑石的集中之地，以此在歷代金石著作中，對陝西金石的研究占有很大比重。以清人名家著作爲例，顧炎武《金石文字記》有一半左右的篇幅記録秦地金石，朱彝尊《曝書亭金石文字跋尾》、錢大昕《潛研堂金石文跋尾》、王昶《金石萃編》等也分別有三分之一左右的内容爲陝西金石。又有多種專以秦地金石爲研究對象的著作，如朱楓《雍州金石記》、畢沅《關中金石記》、毛鳳枝《關中金石存逸考》，等等，約有數十種之多。

陝西金石學在整個金石學研究中占有極其重要的地位，自宋至清也經歷了幾個不同的發展階段，呈現不同的特色。

金石文字，可資正經訂史，可評其文之優劣，亦可賞其書體之美。然自劉敞《先秦古器記自序》中提出古器研究有明其制度、正其文字、次其世謚三法，歐陽修在《集古録目序》中指出金石『可與史傳正其闕謬』，趙明誠《金石録序》稱『蓋史牒出於後人之手，不能無失，而刻詞當時所立，可信不疑』，以《集古録》『是正訛謬，有功於後學甚大』，之後論金石者多以『正經補史』爲研究宗旨，爲清代金石考據學的繁榮奠定了基礎。

元明學風空疏，然就陝西地區而言，由於受關學影響，研究風氣稍有不同。明代關中大儒吕柟繼承北宋張載理學傳統，以『文必載道，行必顧言』爲號召，高揚『關學』的旗幟，使『關中自古稱理學之邦』不僅引爲鄉里之榮，也成爲天下公論。關學一向講求經世尚用，强調實踐功夫，影響及於金石之學，形成一種重實地考察，注重金石文獻可靠性的研究風氣。被錢謙益譽爲『關中汲古二士』的趙崡與郭宗昌是其中的典型代表，其金石著作《石墨鐫華》、《金石史》，發論雖然未脱明人空疏積習，但因有著親身實地訪碑著録的研究基礎，所以多能糾正宋人因僅據拓本或輾轉傳抄而導致的文本和考訂失誤。

清初顧炎武、黄宗羲等前明遺老治學以返孔孟真淳爲要旨，大力提倡『經世致用』之學，金石作爲『實學』之一類，重新受到學人關注。顧炎武首開風氣，提倡金石考訂的學術觀念，正與關學的學術風氣相契合。他多次前往關中，晚年定居於陝，整理刊刻了其一系列金石著作，揭示金石可資考證的意義，一開清代金石考據學的先聲，因此可以説，清初金石學的復興實與陝西的學術同氣相求，密切關聯。這一時期關中本土學者，如王弘撰等人的研究興趣却多在金石書法，他們倡導漢碑，其尊碑抑帖的主張對後來的碑學有很大影響，於清代金石學重考據的主流研究之外别開生面。

乾嘉時期漢學發展至高峰，陝西的金石研究在這一時期也發生至關重要的一大變局，對於整個金石學的發展産生很大影響。畢沅是乾嘉學派的領軍人物之一，乾隆三十六年至五十年（1771–1785）其蒞陝爲官，位至封疆大吏，且究心於金石之學，將政治權力廣施於學術研究，故群賢畢至，少長咸集，一時蔚爲大觀，也成就了陝西金石學之高峰。畢沅對於陝西金石的研究成就，主要有三：一是有組織地、大規模地搜訪金石，修護金石文物。這一方面促使了金石器物在這個時期的大量出土，同時也使很多金石文物，如碑林、昭陵等得到了很好的修繕保護。二是組織幕府學者編撰方志金石志。宋代方志中金石的相關内容多收録在藝文、碑記或其他相近門類之下，直到明末《吴興備志》『金石』方首次作爲一級類目出現在方志中，然而這種做法仍屬偶然，到清初此種局面未有太大改觀，設立金石類目的方志屈指可數。而畢沅在陝共編纂方志28種，設有『金石』門類者达13種，且其中11種爲一級類目，這種爲金石立志的做法大大提升了金石的學術地位，對於乾嘉時期金石學科格局的確立有奠基之功。三是這類金石專書和金石志，十分純熟地運用金石文字以考經訂史，使得這一宋人提出、在清初由顧炎武倡導的金石考據的學術方法，在此時演變成爲金石之學的主流，同時也使之廣泛推及文字學、音韻學等研究領域，取得了多方面的卓越成就。此外，畢沅陝西幕府中培養出一大批金石學者，如嚴長明、孫星衍、錢坫等，均在金石學研究上取得了不凡的成績。

道光以降，漢學高潮漸至消歇，風光不再，陝西金石學也後繼乏力，故其學漸入低谷。然篳路藍縷，遺風尚存，學人仍孜孜以求，其學術風貌雖蹈其舊，然拾遺補闕，求全求真，精化深化，亦成一時之特色。其中傳統金石考據方面，集大成者則屬毛鳳枝無疑。毛氏長期居陝，遍搜關中金石文字，著成《關中金石文字存逸考》、《金石萃編補遺》、《古誌石華續編》、《關中金石文字古逸考》及《關中金石文字古存考》諸書，以傳統金石考據的方法，對關中遺留金石文獻做了精深考證，堪稱清末陝西金石學的代表。然因其生涯寥落，《關中金石文字古逸考》、《關中金石文字古存考》兩種不知存世與否，其《關中金石文字存逸考》、《金石萃編補遺》、《古誌石華續編》三書，幸得其門生顧家相、顧燮光父子前後歷數十年之功，在毛氏身後梓行於世。

陝西擁有深厚的金石學傳統，充分利用這類豐富的學術資源，對於長安學、地方史、學術史乃至中國古代歷史文化的研究，具有無可替代的價值。由於成書時代綿長，各類文獻性質各異，保存狀況複雜，利用這些材料存在種種不便。有鑒於此，本編意在將歷代陝西金石文獻匯爲一編，俾其爲當今社會文化發展發揮應有的作用。

本編所收宋至清末民初陝西金石文獻120餘種，基本涵蓋傳統金石之學的目録、録文、題跋考訂、義例、摹圖、方志相關金石部分等主要類别，賞鑒品評書法藝術之帖學類前代即爲别途，近世之影印則多入現代學術，因而未予收録。各書如有不同版本則以文本完足文字精審可以信據爲主要准的，而前代所謂珍罕秘本，則非主要考慮因素。

編輯過程中，國家圖書館、陝西師範大學圖書館慨允提供資料，俾全書得以成編，謹致衷心感謝。

時間匆迫，思慮未周，所在差謬，尚乞學人讀者指正。

陝西省2011協同創新中心
陝西師範大學國際長安學研究院
（李向菲執筆　賈二强審定）
二〇一六年十月

目録

集古錄跋尾十卷目五卷

惟琨題

光緒丁亥校刊
行素艸堂藏版

欽定四庫全書提要

集古錄十卷宋歐陽修撰古人法書惟重眞蹟自梁元帝始集錄碑刻之文爲碑英一百二十卷見所撰金樓子是爲金石文字之祖今其書不傳曾鞏欲作金石錄而未就僅製一序存元豐類稾中修始採摭佚遺積至千卷撮其大要各爲之說至嘉祐治平閒修在政府又各書其卷尾於是文或小異蓋隨時有所竄定也修自書其後題嘉祐癸卯至熙寧二年己酉修季子棐復摭其略別爲目錄上距癸卯蓋六年而棐記稱錄既成之八年則是錄之成當在嘉祐六

年辛丑其眞蹟跋尾則多係治平初年所書亦閒有在熙寧初者知棐之目錄固承修之命而爲之也諸碑跋今皆具修集中其跋自爲書則自宋方崧卿裒聚眞蹟刻於廬陵曾宏父石刻鋪敘稱有二百四十六跋陳振孫書錄解題稱有三百五十跋修子棐所記則曰凡二百九十六跋修又自云凡四百餘篇有跋近日刻集古錄者又爲之說曰世所傳集古跋四百餘篇而棐乃謂二百九十六雖是時修尚無恙然續跋不應多逾百篇因疑寫本誤以三百爲二百以今考之則通此十卷乃正符四百餘跋之數蓋以集本與眞蹟合編與專據集本者不同宋時廬陵之刻今已不傳無從核定不必以棐記爲疑矣是原本但隨得隨錄不復詮次年月故修之自序曰有卷帙而無時世先後蓋其取多而未已也近來刻本乃以時代先後爲序而於每卷之末附列原本卷帙次第轉有年月倒置更易補正之處故錢曾讀書敏求記以爲失其初意然攷毛晉跋是書曰自序謂上自周穆王以來則當以吉日癸巳石刻爲卷首毛伯敦三銘是作序目後所得宜在卷末即子棐亦未敢妄爲詮次蓋周益公未能攷訂云云據此則周必

大時之本已案時世爲次其由來固已久矣今刻修文集者但序時代不復存每卷末之原次則益爲疏耳今仍依見行本篇次著於錄焉

集古錄跋尾目次

卷一

卷二

卷三

卷四

卷五

卷六

卷九

又

又

集古錄跋尾目次終

集古錄跋尾卷一

宋廬陵歐陽修永叔著　吳縣朱記榮重校刊

古敦銘毛伯敦　龔伯彝　伯庶父敦　元第九百四十一

右毛伯古敦銘嘉祐中原父以翰林侍讀學士出爲永興軍路安撫使其治在長安原父博學好古多藏古奇器物能讀古文之一作銘識考知其人事蹟而長安秦漢故都時時發掘所得原父悉購而藏之以予方集錄古文故每有所得必摹其銘文以見遺此敦原父得其蓋於扶風而有此銘原父爲予考按其事云史記武王克商尚父牽牲毛叔鄭奉明水則此銘謂鄭者毛叔鄭也銘稱伯者爵也史稱叔者字也敦乃武王時器也蓋余

集錄最後得此銘當作錄目敘時但有伯冏銘吉日癸巳字最遠故敘言自周穆王以來敘已刻石始得斯一作此銘乃武王時器也其後二銘一得盩厔曰龔伯尊彝其一亦得扶風曰伯庶父作舟姜尊敦皆不知爲何人也三器銘文皆完可識具列如左右眞蹟

毛伯敦銘

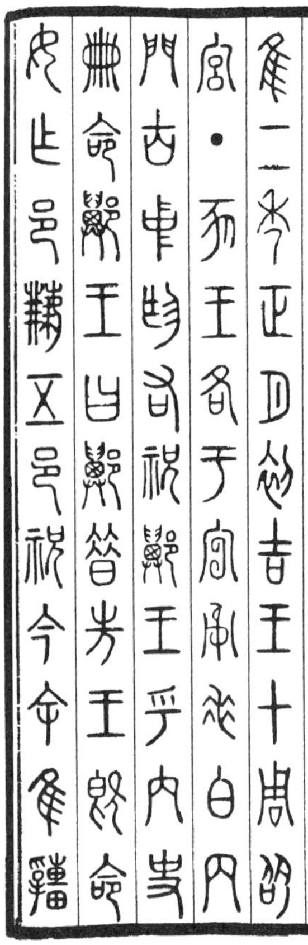

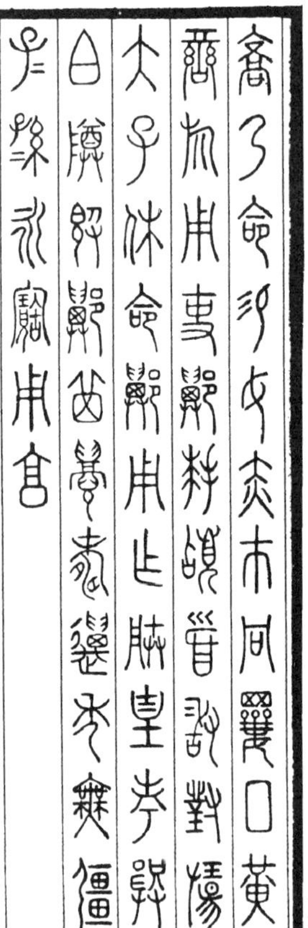

釋文

惟二年正月初吉王在周昭宮丁亥王格于宣射毛伯入門位中庭右祝鄭王呼內史冊命鄭王曰鄭昔先王既命女作邑□一字未詳薛釋作繼五邑祝今余隹亂商乃命錫女赤芾同冕齊黃鑾旂用事鄭拜稽首敢對揚天子休命鄭用作朕皇考龔伯尊敦鄭其眉壽萬

年無疆子子孫孫永寶用享

薛尚功釋云惟二年正月初吉王在周邵宮丁亥王格于宣榭毛伯內門立中廷佑祝郱王呼內史冊命郱王曰郱昔先王既命汝作邑繼五邑祝今余惟曈京乃命錫汝赤芾彤冕齊黃鑾旂用事郱拜稽首敢對揚天子休命郱用作朕皇考龔伯尊敦郱其眉壽萬年無疆子子孫孫永寶用享

龔伯彝銘

釋文

屖作皇祖懿公文公武伯皇考龔伯尊彝屖其熙熙

萬年無疆霝終霝始其子子孫孫永寶用享于宗室

薛尚功釋云㬰作皇考益公文公武伯皇考龔伯鬻彝㬰其熙熙萬年無疆令終令命其子子孫孫永寶用享于宗室

伯庶父敦銘

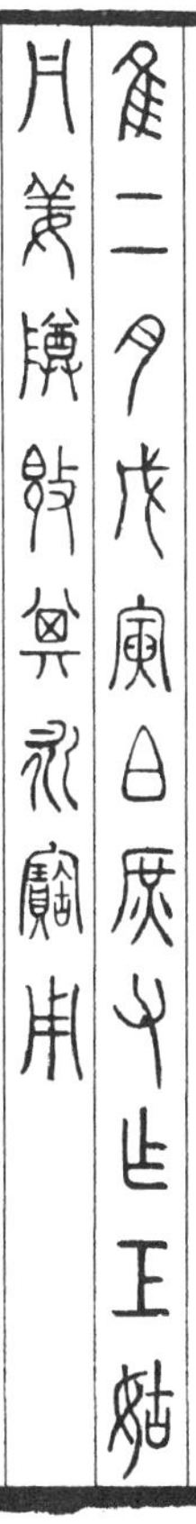

釋文

惟二月戊寅伯庶父作王姑舟姜尊敦其永寶用

薛尚功釋舟爲周餘同上

韓城鼎銘元第七百六十一

右原甫既得鼎韓城遺余以其銘而太常博士楊南仲能讀古文篆籀爲余以今文寫之而闕其疑者原甫在長安所得古奇器物數十種亦自爲先秦古器記原甫博學無所不通爲余釋其銘以今文而與南仲時有不同故并著二家所解以俟博識君子其之如左 右眞蹟

惟王九月乙亥晉姜曰余惟司朕先姑君晉邦余不□安甯巠雖明德宣□我猷用□所辭辟□□□□勳虔不□□□□□□召寵我萬民嘉遺我錫鹵賫千兩㐱灋文侯□□□□□□□征綏□□堅久吉金用作寶尊鼎用康頣妥懷遠邦君子晉姜用蘄□□麋壽作惠□丞萬年無疆用享用德畯保其孫子三壽是利

右原父所寫如此

隹惟王九月乙亥晉姜曰余隹惟司嗣同孠朕先姑君晉邦余不叚敢今作敢者籀文省妄甯巠經䜌雖明德宣卿疑鄉省隸作䣙我䣙用𠧪彥辟辟㛪疑郎冊字𩰫久尖剸虔不家疑遂字讀爲墜譜諸𠁁覃阜享自師辥我萬民𡚸遣我𠬝疑易字鹵鹵或字省胄賫千兩勿灋文侯䫉令䫃疑卑字𦘔疑冊字讀爲貫俑通凶征緐疑縣字湯鼎㝵受久吉金用乍作寶尊隣鼎用康饅疑西夏字安讀爲綏褱遠切君子晉姜用旟疑旂字讀爲祈𩐁綰疑鬳字讀爲眉壽乇𥫗豚爲丞極萬季無疆用亯享用德畯疑允字保其孫子三壽是䢦

右嘉祐己亥歲馮翊有得鼎韓城者摹其款識于石

樂安公以南仲職典書學命釋其字謹按其銘蓋多
古文奇字古文自漢世知者已稀字之傳者賈逵許
愼輩多無其說蓋古之事物有不與後世同者故不
能盡通其作字之本意也其不傳者今或得於古器
無所依據難以臆斷大抵古字多省偏旁而趣簡易
故隹司至自巳等字皆假借也鄭司農說周禮云古
者書儀但爲義又云古者立位同字古文春秋經公
卽位爲公卽立者是也　叙者進取也从叜故叜疑
爲叙毋母从女而象乳子形故娒疑爲母而繇讀爲
繇　雝用邕聲邕从巛古文作邕今此灉从水从邑
故疑爲雝　魯字古作表卽旅字古文旅作㫃而眘者

字用叩爲聲蓋古文魯旅者三字通用故譄疑爲諸
易者篆文象蜥易形故犸疑爲易而讀爲錫爲賜
皆以聲假借也鹵从卤古西字中象鹽形胃胃上象胃
中穀形故鹵胃二字疑脫通字卑者从ナ在甲下ナ今俱用左古
者尚右故ナ在甲下爲卑故畀疑爲卑亦恐借爲卑讀毌音冠象穿寶貨形
貫字从之聿或卽毌字今毛詩有串夷字俗用爲串
穿之串而說文不載豈非聿字之省也故疑聿讀爲
貫　通从辵凡从辵彳之字多通用故徧疑爲通
古語二字相屬者多爲一字書之若秦鐘銘有孚小子
旁四方之字是也卤古西字故覃疑爲西夏字秦鐘銘亦有此
字　妥字說文無之蓋古綏字省糸爾其後相承讀

如嫡故妥疑讀爲綏　㫃音偃石鼓文皆作爲古之旌
旂悉載於車故疑斬卽旂字而从車借讀爲祈近旹
有得敦藍田者二銘皆有用斬萬䜴之文故知然也
釁今幡爲許刃而釁芭之蘄音門用之爲聲詩鳧鷖
在釁又省爲亹易繫辭亹又讀如尾釁門尾眉聲相
近又古者字音多與今異徐鉉所謂如自亦音杳釁亦音門乃亦音仍他皆倣此是也
豈釁眉古亦同音與秦鐘銘亦有釁䜴字故嚿
疑爲眉　爲者母猴也从爪而象其形故𤔲爲爲
眈字字書所無而於文埶宜爲允蓋用眈省聲也他
字不可識者猶十一二與其偏旁之異者若𠃥馬㕘
尹当之類皆今所不傳以小篆參求之不能彷彿以

今揆之其間或當時書者鑄器者不必無謬誤矣姑
盡淺學以塞公命云爾
嘉祐壬寅冬十月太常博士知國子監書學豫章
楊南仲識
嘗觀石鼓文愛其古質物象形埶有遺思焉及得原
甫鼎器銘又知古之篆字或多或省或移之左右上
下惟其意之所欲然亦有工拙秦漢以來裁歸一體
故古文所見者止此惜哉治平甲辰正月莆陽蔡襄
商雒鼎銘眞蹟元附九百四十一
右商雒鼎銘者原甫在長安時得之上雒其銘云惟十
有四月既死霸王在下都雝公諴作障鼎用追享丁于

皇且考用气麋壽萬年無疆子子孫孫永寶用䣓公不知爲何人原甫謂古丁甯通用蓋古字簡略以意求之則得爾而蔡君謨謂十有四月者何原甫亦不能言也治平元年中伏日書

周穆王刻石 元附七百六十一

右周穆王刻石曰吉日癸巳在今贊皇壇山上壇山在縣南十三里穆天子傳云穆天子二字一作王登贊皇一有山字以望臨城置壇此一作北山遂以爲名一有圖經云三字癸巳誌其日也圖經所載如此而一無此七字又別有四望山者云是穆王所登者一作山據穆天子傳但云登山不言刻石然字畫亦奇怪土人謂壇山爲馬蹬山以其□字形類

也慶歷中宋尚書祁在鎭陽遣人於壇山模此字而趙州守將武臣也遽命工鑿山一無此字取其字龕于州廨之壁聞者爲之嗟惜也治平甲辰秋分日書 右眞蹟

古器銘 鐘銘二甗銘二　缶器銘一寶敦銘一　缶字疑非缶元第三百七十一

右古器銘六余嘗見其二曰甗也寶龢鐘也太宗皇帝時長安民有耕地得此甗初無識者其狀下爲鼎三足上爲方甑中設銅箄可以開闔製作甚精有銘在其側學士句中正工於篆籒能識其文曰甗也遂藏於祕閣余爲校勘時常閱于祕閣下景祐中修大樂冶工給銅更鑄編鐘得古鐘有銘于腹因存而不毁卽寶龢鐘也余知太常禮院時嘗於太常寺按樂命工叩之與王朴

夷則清聲合初王朴作編鐘皆不圓至李照等奉詔修樂皆以朴鐘爲非及得寶龢其狀正與朴鐘同乃知朴爲有法也嘉祐八年六月十八日書 右眞蹟

又古器銘 綏和林鐘元第五百九十一　寶盉　寶敦

右古器銘四尚書屯田員外郎楊南仲爲余讀之其一曰綏和林鐘其文磨滅不完而字有南仲不能識者其二曰寶盉其文完可讀曰伯王般子作寶盉其萬斯年子子孫孫其永寶用其三其四皆曰寶敦其銘文亦同曰惟王四年八月丁亥散季肈作朕王母弟姜寶敦散季其萬年子子孫孫永寶益一敦而二銘余家集錄所藏古器銘多如此也治平元年七月十三日以服藥假

家居書 右眞蹟

自余集錄古文所得三代器銘必問於楊南仲章友直暨集錄成書而南仲友直相繼以死古文奇字世罕識者而三代器銘亦不復得矣治平三年七月二十一有八字日一有以字孟饗攝事太廟齋宮書 右眞蹟

終南古敦銘 元第二百四十一

右終南古敦銘大理評事蘇軾爲鳳翔府判官得古器於終南山下其形制與今三禮圖所畫及人家所藏古敦皆不同初莫知爲敦也蓋其銘有寶尊敦之文遂以爲敦爾 右集本

叔高父煮一作旅簋銘 元第四十一

此蓋銘

此腹銘

右一器其銘云叔高父作煮簋其萬年子子孫孫永寶用其容四升外方內圓而小㨯之望之略似龜有首有尾有足有腹有甲也今禮家作簋內正圜外方正刻蓋正爲龜形猶有近也不全與古同耳

此銘劉原父在永興得古銅簋模其銘以見寄其後原父所書也

禮家作簋傳其說不知其形制故名存實亡此器可

以正其繆也甲辰正月十二日襄

右煮簋銘曰叔高父作煮簋其萬年子子孫孫永寶用原父在長安得此簋於扶風原甫曰簋容四升其形外方內圓而小㨯之似龜有首有尾有足有甲有腹今禮家作簋亦外方內圓而其形如桶但於其蓋刻爲龜形（一有爾字）與原甫所得眞古簋不同（一有也字）君謨以爲禮家傳其說不見其形制故名存實亡原父所見可以正其繆也故幷錄之以見君子之於學貴乎多見而慱聞也治平元年六月二十日書　右眞蹟

敦匜銘　周姜寶敦　元附八百九十一　張伯煮匜

右伯冏敦銘曰伯冏父作周姜寶敦用夙夕享用蘄萬壽尙書冏命序曰穆王命伯冏爲周太僕正則此敦周穆王時器也按史記（一本有紀二字）年表自厲王以上有世次而無年數共和以後接乎春秋年數乃詳蓋自穆王傳共孝懿夷厲五王而至於共和自共和至今蓋千有九百餘年斯敦之作在共和前五世而遠也古之人之欲存乎久遠者必託於金石而後傳其堙沈埋沒顯晦出入不可知其可知者久而不朽也然岐陽石（一作鼓）今皆在而文字剝缺者十三四惟古器銘在者皆完則石之堅又不足恃是以古之君子器必用銅取其不爲燥溼寒暑所變爲可貴者以此也古之賢臣名見詩書者常爲後世想望矧得其器讀其文器古而文奇自可寶

而藏之邪其後張伯匜銘曰張伯作煮匜其子子孫孫永寶用張伯不知何人也二銘皆得之原父也治平元年正月二十日書　右集本

敦匜銘　伯冏敦　元無卷第　張仲匜　按匜即簠字

嘉祐六年原父以翰林侍讀學士出爲永興軍路安撫使其治在長安原父博學好古多藏古奇器物而咸鎬周秦古都其荒基破冢耕夫牧兒往往有得必購而藏之以余方集錄古文乃摹其銘刻以爲遺故余家集古錄自周武王以來皆有者多得於原父也歸自長安所載盈車而以其二器遺余其一曰伯冏之敦其一曰張仲之匜其形制與今不同而極精巧敦匜皆有銘而云

匜獲其二皆有蓋而上下皆銘銘文皆同甚矣古之人
慮遠也知夫物必有弊而百世之後埋沒零落幸其一
在尚冀或傳爾不然何丁甯重複若此之煩也其於一
用器爲慮猶如此則其操修施設所以垂後世者必不
苟二子名見詩書伯冏周穆王時人張仲宣王時人太
史公表𠂇三代以來自共和以後年世乃詳蓋自共和
元年逮今千有九百餘年而穆王又共和前五世可謂
遠矣而斯器也始獲於吾二人其中閒晦顯出入不可
知以其無文字以志之也蓋其出或非其時而遇或非
其人者物有幸不幸也今出而遭吾二人者可謂幸矣
不可以不傳故爲之書且以爲贈我之報歐陽修記右集
本

張仲器銘集本元第九百八十一

張 仲 作 寶
匜 奉 之 金 鏤 □
其 □
其 其 光 用 □
□ 授 熊 □
用 饗 大 正 商
王 寘 饔 鼎
召 飲 張 仲
受 無 疆 福 □
□ 飲 飲 鼎 餰 張
仲 萬 壽

匜銘雖四而文則一今類轉注偏旁之或異者分注釋文四十一字於其下

張 仲 作 寶 匜
業 之 金 鉄
鈗 鐵 鋨 其
熏 其 元 其 黃 用
盛 諸 受 燕
米 用 饗 大 正
音 王 寶 饔 具
合 飼 張 仲

受 無 疆 福 必
友 飲 飼 鼎 寶
張 仲 畀 壽

薛尚功編鼎彝款識有此釋文五十一字附見於此

右張仲器銘四其文皆同而轉注偏旁左右或異蓋古
人用字如此爾嘉祐中原父在長安獲二古器銘於藍
田形制皆同有蓋而上下有銘甚矣古之人爲慮遠也
知夫物必有敝而百世之後埋沒零落幸其一在尚冀
或傳爾不然何丁甯重複若此之煩也詩六月之卒章
曰侯誰在矣張仲孝友蓋周宣王時人也距今實千九
百餘年而二器始復出原父藏其器予錄其文蓋仲與

吾二人者相期於二千年之間可謂遠矣方仲之作斯器也豈必期吾二人者哉蓋久而必有相得者物之常理爾是以君子之於道不汲汲而志常在於遠大也原父在長安得古器數十作先秦古器記而張仲之器其銘文五十有一其可識者四十一具之如左其餘以俟博學君子　右集本

石鼓文　元第一百一

右石鼓文岐陽石鼓初不見稱於前世至唐人始盛稱之而韋應物以爲周文王之鼓一有至字宣王刻詩一有爾字韓退之直以爲宣王之鼓在今鳳翔孔子廟中鼓有十先時散棄於野鄭餘慶置於廟而亡其一皇祐四年向傳

師求於民間得之一有十鼓二字迺足其文可見者四百六十五一有摩滅二字不可識者過半余所集錄文之古者莫先於此然其可疑者三四今世所有漢桓靈時碑往往尙在其距今未及千歲大書深刻而摩滅者十猶八九此鼓按太史公年表自宣王共和元年至今嘉祐八年實千有九百一十四年鼓文細而刻淺理豈得存此其可疑者一也其字古而有法其言與雅頌同文而詩書所傳之外三代文章眞蹟在者惟此而已然自漢以來博古好奇之士皆略而不道此其可疑者二也隋氏藏書最多其志所錄秦始皇刻石婆羅門外國書皆有而獨無石鼓遺近錄遠不宜如此此其可疑者三也前世傳記所載古遠奇怪之事類多虛誕而難信況傳記不載不知韋韓二君何據而知爲文宣之鼓也隋唐古今書籍麤備豈當時猶有所見而今不見之邪然退之好古不妄者余姑取以爲信爾至於字畫亦非史籀不能作也廬陵歐陽某記嘉祐八年六月十日書　右眞蹟

秦度量銘　元第六百六十一

右秦度量銘二按顏氏家訓隋開皇二年之推與李德林見長安官庫中所藏秦鐵稱權旁有鐫銘二其文正與此二銘同之推因言司馬遷秦始皇帝本紀書丞相隗林當依此銘作隗狀遂錄二銘載之家訓余之得此二銘也迺在祕閣校理文同家同蜀人自言嘗遊長安

買得一有此字二物其上刻二銘出以示余其一乃銅鍰不知爲何器其上有銘循環刻之乃前一銘也其一乃銅方版可三四寸許所刻乃後一銘也考其文與家訓所載正同然之推所見是鐵稱權而同所得乃二銅器余意秦時茲二銘刻於器物者非一也及後又於集賢校理陸經家得一銅版所刻與前一銘亦同益知其然也故并錄之云嘉祐八年七月十日書　右眞蹟

秦昭和鐘銘　元第三百四十一

右秦昭和鐘銘曰秦公曰丕顯朕皇祖受天命奄有下國十有二公按史記秦本紀自非子邑秦而秦仲始爲大夫卒莊公立卒襄公文公甯公出公武公德公宣公

成公穆公康公共公桓公景公相次立太史公於本紀云襄公始列爲諸侯於諸侯年表則以秦仲爲始今據年表始秦仲則至康公爲十二公此鐘爲共公時作也據本紀自襄公始則至桓公爲十二公而銘鐘者當爲景公也故並列之以俟博識君子治平元年二月社前一日書 右眞蹟

秦祀巫咸神文 一作秦誓文 元第四百一

右秦祀巫咸神文今流俗謂之詛楚文其言首述秦穆公與楚成王事遂及楚王熊相之罪按司馬遷史記世家自成王以後王名有熊良夫熊適熊槐熊元而無熊相據文言穆公與成王盟好而後云倍十八世之詛盟

今以世家考之自成王十八世爲頃襄王而頃襄王名横不名熊相又以秦本紀與世家參較自楚平王娶婦於秦昭王時吳伐楚而秦救之其後歷楚惠簡聲悼肅五王皆寂不與秦相接而宣王熊良夫時秦始侵楚至楚懷王熊槐頃襄王熊横當秦惠文王及昭襄王時秦楚屢相攻伐則此文所載非懷王則頃襄王也而名皆不同又以十八世數之則當是頃襄然則相之名理不宜繆但史記或失之耳疑相傳寫爲横也 右集本

又別本 祀朝那湫文附 增入

右秦祀巫咸神文今流俗謂之詛楚文者以其言楚王熊相之罪也史記世家楚自成王以後王名有熊疑熊良夫熊商熊槐熊元而無熊相詛文言穆公與成王盟好而後云倍十八世之詛盟則秦自穆公十八世爲惠文王也又按秦本紀與楚世家自楚平王娶婦於秦其後累世不以兵交至宣王熊良夫時秦始侵楚及惠文王時與楚懷王熊槐屢相攻伐則秦所詛者是懷王也但史記以爲熊槐者失之爾槐相二字相近蓋轉寫之誤當從詛文石刻以相爲正又有祀朝那湫文其文與此同今附於後熙甯三年四月二十三日書

之罘山秦篆遺文 元第三百六十一

右秦篆遺文纔二十一字曰於久遠也如後嗣何成功盛德臣去疾御史大夫臣德其文與嶧山碑泰山刻石

二世詔語同而字畫皆異惟泰山爲眞李斯篆此遺者或云麻温故學士於登州海上得片木有此文豈杜甫所謂棗木傳刻肥失眞者邪治平元年六月二十日書 右集本

泰嶧山刻石 元第九百五十

右秦嶧山碑者始皇帝東巡羣臣頌德之辭至二世時丞相李斯始以刻石今嶧山實無此碑而人家多有傳者各有所自來昔徐鉉在江南以小篆馳名鄭文寶其門人也嘗受學於鉉亦見稱於一時此本文寶云是鉉所摹文寶又言嘗親至嶧山訪秦碑莫獲遂以鉉所摹刻石於長安世多傳之余家集錄別藏泰山李斯所書

數十字尚存以較摹本則見眞僞之相遠也治平元年六月立秋日（右眞蹟）

秦泰山刻石（一作書李斯篆後　元第一百三十一）

右秦二世詔李斯篆天下之事固有出於不幸者矣苟有可以用於世者不必皆賢聖之作也蚩尤作五兵紂作漆器不以二人之惡而廢萬世之利也篆字（二字一作小篆）之法出於秦李斯斯之相秦焚棄典籍遂欲滅先王之法而獨以已之所作刻石而示萬世何哉（十四字一作至已之所作）（則爲萬世不可朽之計何其愚哉）按史記秦始皇帝行幸天下凡六刻石及二世立又刻詔書于其旁今皆亡矣獨泰山頂上二世（一有此字）詔（一有書字）僅在所（一無二字）存數十字爾今俗傳嶧

山碑者史記不載又其字體差大（六字一作其字特大）不類泰山存者其本出於徐鉉（一無此六字）又有別本云（一無此字）出於夏竦家者以今市人所鬻校之無異（一無此十一字）自唐封演已言嶧山碑非眞而杜甫直謂棗木傳刻爾皆不足貴也（一無此五字）余友江鄰幾（一作休復）謫官於奉符嘗自至泰山頂上視秦所刻石處云石頑不可鐫鑿不知當時何以刻也然而（二字一作其）四面皆（一有石字）無草木而野火不及故能若此之久（一有也字）然風雨所剝其存者纔此數十字（一無此三字）而已本鄰幾遺余也比今俗傳嶧山碑本特爲眞者爾（一無此十九字作休復字鄰幾五字）右集本

鄒嶧山刻石（一作秦二世詔）

右鄒嶧山秦二世刻石以泰山所刻較之字之存者頗多而摩滅尤甚其趙嬰楊摎姓名以史記考之乃微可辨其文曰大夫趙嬰五大夫楊摎皇帝曰金石刻盡始皇帝所爲也今襲號而金石刻凡二十九字多於泰山存者而泰山之石又滅盛德二字其餘則同而嶧山字差小又不類泰山存者刻畫完好而附錄於此者古物難得兼貧博覽耳蓋集錄成書後八年得此于青州而附之熙甯元年秋九月六日書（右眞蹟）

前漢谷口銅甬銘（始元四年）

右漢谷口銅甬原父在長安時得之其前銘云谷口銅甬容十其下滅兩字始元四年左馮翊造其後銘云谷

口銅甬容十斗重四十尼甘露元年十月計掾章平左馮翊府下滅一字原父以今權量校之容三斗重十五斤始元甘露皆宣帝年號也（一有字）余所集錄千卷前漢時文字惟此與林華行鐙蓮勺博山鑪盤銘爾治平元年六月九日書（右眞蹟）

前漢二器銘（林華宮行鐙一蓮勺宮博山鑪一五鳳二年　元第八百一十一）

劉原父帖

近又獲一銅器刻其側云林華觀行鐙重一斤十四兩五鳳二年造第一今附墨本上呈

右林華宮行鐙銘一蓮勺宮銅博山鑪下槃銘一皆漢五鳳中造林華宮漢書不載宣帝本紀云困於蓮勺鹵

中注云縣也亦不云有宮葢秦漢離宮別館不可勝數非因事見之則史家不能備載也余所集錄古文自周穆王以來莫不有之而獨無前漢時字求之久而不獲每以爲恨嘉祐中友人劉原甫出爲永興守長安秦漢故都多古物奇器埋沒於荒基敗冢往往爲耕夫牧豎得之遂復傳於人間而原甫又推喜藏古器由此所獲頗多而以余方集古文故每以其銘刻爲遺既獲此二銘其後又得谷口銅甬銘乃甘露中造由是始有前漢時字以足余之所闕而大償其素願焉余所集錄既博而爲日滋久求之亦勞得於人者頗多而最後成余志者原甫也故特誌之嘉祐八年歲在癸卯七月二十日

書右眞蹟

前漢鴈足鐙銘 黃龍元年 元第八百十一 此跋本與漢二器銘銅甬銘共爲一卷

上林榮宮銅鴈足鐙下有槃

上林榮宮銅鴈足鐙下有槃

幷重八斤黃龍元年民工李

并重八斤黃龍元年民工李

常造弟四

常造弟四

弟二

弟二

百世

百世

裴如晦帖

煜頃嘗謂周秦東漢往往有銘傳於世間獨西漢無有王原叔言華州片瓦有元光字急使人購得之乃好事者所爲非漢字也侍坐語及公亦謂家集所闕西漢字耳煜守丹陽日蘇氏者出古物有銅鴈足鐙制作精巧因辨其刻則黃龍元年所造其言榮宮二史閒未始概見遂摹之欲寄左右以爲集古錄之一事會悲苦不果昨偶開篋見之謹以上獻亦聞原甫於秦中得西漢數器不知文字與此類否煜再拜治平

元年十二月十四日

後三年余出守亳社而裴如晦以疾卒於京師明年原甫卒於南都二人皆年壯氣盛相次以沒而余獨巋然而存也熙甯壬子四月　右眞蹟

後漢袁良碑 永建六年 元第七百七十一

右漢袁良碑云君諱良字卿卿上一字摩滅陳國扶樂人也厥先舜苗世爲封君周興虞閼父自此而滅又云滿爲陳侯至元孫濤塗以字立姓曰袁自此又滅又云當秦之亂隱居河洛高祖破項實從其冊天下既定還宅扶桑蓋不知爲何人也又云孝武征和三年曾孫斬賊先勇拜黃門郎曾孫滅其名賊下亦又一作滅一字又

曰封關内侯食遺鄉六百戸蕘子經嗣經蕘子山嗣傳國三世至王莽而絶君即山之曾孫也舉孝廉郎中謁者將作大匠丞相令廣陵太守討江賊張路等威震徐方謝病歸家孝順初初下數字滅又云府舉君拜議郎符節令其後又云永建六年二月卒其碑首題云漢故國三老袁君碑而碑文有使者持節安車又有几杖之尊袒割之養君實饗之之語以此知良嘗爲三老矣其餘摩滅雖時時可讀而不能次第也又云帝御九龍殿引對飲宴九龍殿名惟見於此治平元年五月二十九月夏至假書　右眞蹟

後漢張平子墓銘　永和四年元第三十

右漢張平子墓銘世傳崔子玉撰幷書按范曄漢書張衡傳贊云崔子玉謂衡數術窮天地制作侔造化此銘有之四字一作今銘有此語則眞子玉作也其刻石爲二本一在南陽一在向城天聖中有右班殿直趙球者知南陽縣事因治縣署毁馬臺得一石有文驗之迺斯銘也遂龕於廳事之壁其文至凡百君子而止其後一有半字亡矣其在向城者今尚書屯田員外郎謝景初得其半於向城之野自凡百君子已上則亡矣三字一作其前半亡矣今以二本相補續其文遂復完而闕其最後四字然則昔人爲二本者不爲無意矣據徐方回所記二十一字迺趙球所得南陽石之亡者二十一字一作唐寶應中有徐方回者別得二十一字云是銘最後文疑球所得南陽石之半亡者爾今不復見則又亡矣惜哉嘉祐八年歲在癸卯十月十八日書　右眞蹟

後漢北海相景君銘　漢安二年元第六百二十六

右漢北海相景君銘其碑首題云漢故益州太守北海相景君銘其餘文字雖往往可讀而漫滅多不成文故君之名氏邑里官閥皆不可考一作見其可見者云惟漢安二年北海相任城府君卒城下一字不可識當爲景也漢功臣景丹封櫟陽侯傳子尚尚傳子苞苞傳子臨以無嗣絶安帝永初中鄧太后詔封苞弟遽爲監亭侯以續丹後自是而後史不復書而他景氏亦無顯者漢安順帝年號也君卒於順帝時蓋與遽同時人也碑銘

有云不永麋壽余家集錄三代古器銘有云眉壽者皆爲麋蓋古字簡少通用至漢猶然也治平元年四月二十九日書　右眞蹟

後漢費鳳碑　漢安二年元第九百九十一

右漢費鳳碑云集本有君諱鳳三字字伯蕭梁相之元子也漢安二年舉孝廉拜郎中除陳國新平長又云試守故障長其文班班可見而卒葬年壽皆不載其後悉爲五言韻語其略曰不悟集本作語奄忽中藏形而匿景耕夫釋耒耜桑女投鉤筥道阻而且長起坐淚如雨其文既非工故不悉錄八字集本作文字工拙古今皆然惟漢隸難得故錄爾熙甯二年十一月十六日山齋書　右眞蹟

後漢劉曜碑一有并陰二字元第五百十一　歲月闕

右漢劉曜碑在今鄆州界中文字摩滅僅有存者云諱曜字季尼年七十三其餘爵里官閥卒葬歲月皆不可見字爲漢隸亦不甚工惟其銘云天臨大漢錫以明哲碑首題云漢故光祿勳東平無鹽劉府君之碑以此知爲漢碑也治平元年四月一日書右眞蹟

後漢衡方碑建甯二年元第九百二十一

右漢衡方碑云府君諱方字興祖其先伊尹在殷號稱阿衡因而氏焉又曰州舉孝廉除郎中郎邱侯相膠東令州舉尤異遷會稽東部都尉又拜議郎北平太守遷潁川太守又曰拜步兵校尉年六十有三建甯元年二

月五日癸丑卒於是海內門生故吏采嘉石樹靈碑鐫茂伐祕將來此其始終之大略其餘歷歷可見而時亦摩滅以其文多不備錄也治平元年六月三日書右眞蹟

後漢謁者景君碑歲月闕元第九百七十一

右漢景君碑尤摩滅惟謁者任城景君數字尙完其餘班班可見者皆不能成文故其年世壽考功行卒葬莫可考也蓋漢隸今尤難得其摩滅之餘可惜有右集本

後漢景君石郭銘歲月闕元附九百七十一

右景君石郭銘者余既得前景君碑又得此銘皆在任城不知一景君乎將任城景氏之族多邪文字摩滅不可考故附於此熙甯三年正月朔旦山齋記右眞蹟

集古錄跋尾卷一終

集古錄跋尾卷二

宋廬陵歐陽修永叔著　吳縣朱記榮校刊

後漢沛相楊君碑 建甯元年 元第十一

右漢沛相楊君碑在閿鄉楊震墓側碑首尾不完失其名字按後漢書震及中子秉秉子賜賜子彪皆有傳又云震長子牧富波相牧孫奇侍中奇子亮陽成亭侯又云少子奉奉子敷敷子衆務亭侯又有彪彪子修楊氏子孫載於史傳者止此爾不知沛相爲何人也碑云孝順皇帝西巡以掾史召見拜郎中遷常山長史换犍爲府丞宰司累辟應於司徒州察茂才遷鮦陽侯相後拜議郎五官中郎將沛相年五十六建甯元年六月癸丑

遘疾而卒其終始尚可見而惜其名字亡矣治平元年六月十日書 右眞蹟

又別本 增入

右漢楊君碑者其名字皆已摩滅惟其銘云明明楊君其姓尚可見爾其官閥始卒則粗可考云孝順皇帝西巡以掾史召見帝嘉其忠臣之苗器其璵璠之質詔拜郎中遷常山長史换犍爲府丞非其好也迺翻然輕舉宰司累辟應於司徒州察茂才遷鮦陽侯相金城太守南蠻蠢迪王師出征拜車騎將軍從事軍還策勳復以疾辭後拜議郎五官中郎將沛相年五十六建甯元年五月癸丑遘疾而卒其終始頗可詳見而獨其名字泯

滅爲可惜也是故余嘗以謂君子之垂乎不朽者顧其道如何耳不託於事物而傳也顔子窮臥陋巷亦何施於事物邪而名光後世物莫堅於金石盖有時而敝也治平元年閏五月二十八日書

後漢郭先生碑 歲月闕 元第五十一

右漢郭先生碑云諱輔字輔成其先出於王季之中子爲文王卿士食菜於虢後世謂之郭歷戰國秦漢子孫流分來居荆土先生其少也孝友而悦學其長也寬舒如好施是以宗親歸懷鄉鄙高尚年五十有二遇疾而終其以而爲如及用鄉鄙字與婁壽碑同盖漢人如此爾治平元年六月二十日書 右眞蹟

又別本

右不見書撰人名氏碑在襄州穀城縣界中其辭云先生諱輔字輔成其先出自有周王季之中子爲文王卿士食菜於虢至於武王錫而封之後世謂之郭春秋之時爲晉所并歷戰國秦漢子孫派分來居荆土氏國立姓焉傳云聖賢之後必有達者先生應焉孝友而說學其長也寬舒如好施是以宗親歸懷鄉鄙高尚年五十有二遇疾而終其文字古質盖漢之碑也其用鄉鄙字與漢婁壽碑同其曰寬舒如好施盖以如字爲而也春秋時星隕如雨釋者曰如而也然施於文章以如爲而始見於此也 右集本

後漢費府君碑 歲月闕 元第七百一十一

右漢梁相費府君碑其名字若云諱汎字仲慮而汎疑爲汎慮疑爲寬其官閥可見者爲蕭令九年沛有蝗獨不入其界國以狀聞朝廷嘉諸拜梁相春秋八十卒其銘頗簡而文字粗完云緜緜顯祖厥德懿鑠播勳於前丕碩基業遺愛於民福流後胙自此摩滅不可識者八字其卒章云功烈休矣來昆勠力而穆字爲緜古文多然 右集本

後漢俞鄉侯季子碑 歲月闕 元第九百三十

右漢俞鄉侯季子碑云君諱熊字孟下闕一字廣陵海西人也厥祖天皇大帝垂精接感篤生聖明子孫享之

分源而流枝葉扶疎出王別允受爵列土封侯載德君光武皇帝之元廣陵王之孫俞鄉侯之季子也由是而後文字闕滅其稍稍可讀者時得其一二云六籍五典如源如泉既練州郡卷舒委隨化流南城政猶北辰三祀有成來臻我邦仁恩如冬日威猛烈夏日 一作炎夏 吏民愛若慈父畏如神明其後又云探摭謠言作詩三章據碑文無卒葬年月而其辭若此似是德政碑按後漢書光武皇帝子曰廣陵思王荆荆子元壽等四人皆封鄉侯史略而不載其名俞鄉侯者不知爲誰也思王荆之第幾子也天皇大帝之語自漢以來有矣治平元年六月五日書 右集本

後漢武榮碑 歲月闕 元第五百二十一

右漢武榮碑云君諱榮字舍 集本作含 和治魯詩經韋君章句孝經論語漢書史記左氏國語爲州書佐郡曹史 集本作文學 主簿督郵五官掾功曹年三十六南蔡府君察舉孝廉執金吾丞孝桓大憂屯守元武闕加遇害氣遭疾殞盧其餘文字殘缺不見其卒葬年月又不著氏族所出惟其碑首題云漢故執金吾丞武君之碑云治平元年五月六日書 右眞蹟

後漢楊震碑 歲月闕 元第九十一

右漢楊震碑首題云漢故太尉楊公神道碑銘文字殘缺首尾不完其可見而僅成文者云聖漢龍興神祇降

祉乃生於公又云窮神知變與聖同符鴻漸衡 一作于 門群英雲集又云貽我三魚以章懿德又云大將軍辟舉茂才除襄城令遷荆州刺史東萊涿郡太守又云司徒太尉立朝正色恪勤竭忠其餘字存者多而不復成文矣治平元年六月十日書 右眞蹟

後漢楊震碑陰題名 元第八百七十一 眞蹟

右漢楊震碑陰題名者一百九十人其餘摩滅不完者又十餘人余家所錄漢碑陰題名頗多或稱故吏門生弟子或稱從事曹掾之類其人皆著州縣邑里名字甚詳獨此碑所書簡略直云河閒賈伯錡博陵劉顯祖之類凡百九十人者皆然疑其所書皆是字爾蓋後漢時

人見於史傳者未嘗有名兩字者也漢隸世所難得幸而在者多殘滅不完獨此碑刻畫完具而隸法尤精妙甚可喜也治平元年中伏日書

後漢碑陰題名歲月闕元第八百

右漢碑陰題名不知爲何人碑余家集錄古文既多或失其所得之自然漢碑存於今者惟華嶽與孔子廟最多其陰往往列修廟人姓名幷記其所出錢數不過三百至五百今斯碑所題文字缺滅而中間有錢各五百四字則似是修廟人所記其人可見者有濟陰定陶蔡題子盛山陽金鄉張誇季德河南宛陵趙堂世蓑南陽南鄉鄧升升遠濟陰成武周鳳季節而其餘人姓名邑

里多不完又時時有故吏字不知爲何人祠廟第以漢隸難得錄之爾治平元年閏五月八日書　右眞蹟

又碑陰題名歲月闕元無卷第

右漢碑陰題名不知爲何碑之陰蓋余家集錄既多而或失其所得之處又其文字摩滅莫可考究惟有錢各五百四字以是漢時修廟人爾漢碑今在者惟華嶽與孔子廟中最多其碑陰題名者往往各書所出錢數不過三百五百也而此碑所列邑里姓名字完可見者尚十餘人然皆是濟陰山陽彭城汝南陳留人則疑爲修孔子廟人也今列於後覽者可以察焉濟陰定陶蔡顒子盛濟陰張翔季審陳留酸棗季眞顯節山陽金鄉張誇季德河南宛陵趙堂世蓑南陽南鄉鄧升升遠濟陰成武周鳳季節山陽昌邑田允元尊濟陰成武史楞世明彭城朱翔元舉　右眞蹟

又碑陰題名歲月闕元第八百三十一

右漢碑陰題名二皆不知爲何碑陰其人各記所出錢數似是漢時修廟人題名余家集錄華嶽及孔子廟碑多如此此亦疑是二廟中碑前碑殘滅尤甚第時有門生濟南東郡等字而姓名無復完者碑後則有議曹功曹騎吏有蓮勺左鄉有秩池陽左鄉有秩池陽集丞有秩皆不知是何名號又有闕一字一作夏陽侯長祓祤侯長則是縣吏之名其隸字不甚精又無事實可考姑錄其名

號以俟知者爾治平元年五月九日書　右集本

後漢公昉碑一作仙人唐君碑元第五百七十一　歲月闕

右漢公昉碑者乃漢中太守南陽郭芝爲公昉修廟記也漢碑今在者類多摩滅而此記文字僅存可讀所謂公昉者初不載其姓名但云君字公昉爾又云耆老相傳以爲王莽居攝二年君爲郡吏啖瓜旁有眞人一有居字左右莫察君獨進美瓜又從而敬禮之眞人者遂與期谷口山上乃與君神藥曰服藥以後當移意萬里知鳥獸言語是時府君去家七百餘里休謁往來轉景即至閭郡驚焉白之府君一無君字徙一作從字爲御史一作吏鼠齧被具君乃畫地爲獄召鼠誅之視其腹中果有被具府君

欲從學道頃無所進府君怒敕尉部吏收公昉妻子公昉呼其師告以厄其師以藥飲公昉妻子曰可去矣妻子戀家不忍去於是乃以藥塗屋柱飲牛馬六畜須臾有大風雲來迎公昉妻子屋宅六畜翛然與之俱去其說如此可以爲怪妄矣嗚呼自聖人歿而異端起戰國秦漢以來（一作之際）奇辭怪說紛然爭出不可勝數久而佛之徒來自西夷老之徒起於中國而二患交攻爲吾儒者往往牽而從之其卓然不惑者僅能自守而已欲排其說而黜之常患乎力不足也如公昉之事以語愚人豎子皆知其妄矣不待有力而後能破其惑也然彼漢人乃刻之金石以傳後世其意惟恐後世之不信然後世之人未有不從而惑也治平元年四月二十三日以旱開宮寺祈雨五日中一日休務假書（右眞蹟）

後漢人闕銘（歲月未詳　元第七百八十一）

右漢人闕銘二其一曰永樂少府賈君闕其一曰雒陽令王君闕二者皆不知爲何人按漢書桓帝母孝崇匽皇后居永樂宮和平元年詔置太僕少府如長樂故事又按顏師古注地理志曰魚豢（眞蹟作豢誤）云漢火行忌水故去洛水加隹師古謂光武以後始改爲雒然則二人者皆後漢時人也又按漢官儀長樂少府以宦者爲之則賈君者蓋亦宦者也治平元年九月十五日書（右眞蹟）

後漢武班碑（建和元年　元第五百五十一）

右漢班碑者蓋其字畫殘滅不復成文其氏族州里官閥卒葬皆不可見其僅見者曰君諱班爾其首書云建元年太歲在丁亥而建下一字不可識以漢書考之後漢自光武至獻帝以建名元者七謂建武建初建光建康建和建寧建安也以厤推之歲在丁亥乃章帝章和元年後六十一年桓帝即位之明年改本初二年爲建和元年又歲在丁亥則此碑所缺一字當爲和字（眞蹟無此六字）建和元年也碑文缺滅者十八九惟亡者多而存者少尤爲可惜也故錄之治平元年四月二十日書（右集本）後得別本摹搨粗明始辨其一二云武君諱班乃易去前本熙寧二年九月朔日記

後漢中常侍費亭侯曹騰碑（建和元年　元第一百七十一）

右漢中常侍費亭侯曹騰碑文字摩滅其粗可見者云維建和元年七月二十二日己巳皇帝若曰其遣費亭侯之國其餘不可識也建和桓帝即位之元年也後三十七年獻帝中平元年騰養子操始爲騎都尉（集本有頭兵二字）擊黃巾矣治平元年六月十日書（右眞蹟）

後漢司隸楊君碑（建和二年　元第六百九十一）

右漢司隸校尉楊厥碑云惟巛靈定位川澤攸同澤有所注川有所通余谷之川其澤南隆八方所達益域爲充高祖受命興於漢中道由子午出散入秦建定帝位以漢詆焉後以子午塗路澀難更隨圍谷復通堂光凡

此四道垓鬲尢艱至於永平其有四年詔書開余鑿通石門中遭元二西夷虐殘橋梁斷絶子谷復循於是故司隸校尉犍爲武陽楊厥字孟文深執忠伉數上奏請廢子由斯得其度經至建和二年漢中太守王升字稚紀嘉君明知美其仁賢勒石頌德以明厥勳其辭大略如此其刻畫尚完可讀大抵述厥修復斜谷路爾但其用字簡省復多舛繆惟以巛爲坤以余爲斜漢人皆爾獨詆字未詳永平明帝建和桓帝年號也　右集本

後漢張公廟碑　和平元年　元第八百六十一

右漢張公廟碑在黎陽而碑無題首又其文字殘滅不可考究莫知爲何碑第時時得其字之可識而僅成文

者曰惟和平元年正月丙寅和平桓帝年號以此知爲漢碑也又曰豐碑廟堂之前又曰於穆張公則又知爲張公廟碑矣又曰國無災祲屢獲豐年作歌九章頌公德芳其辭有云公與守相篤蜚魚往來倏忽遠熹娛祐此兆民甯厥居其餘字畫尚完者甚多但不成文爾治平元年閏五月九日書是日奏事垂拱退召赴延和閣謝契丹禮物遂歸休　右眞蹟

後漢魯相置孔子廟卒史碑　元嘉二年　元第三百九十一

右漢魯相置孔子廟卒史碑云司徒臣雄司空臣戒稽首言魯前相瑛書言詔書崇聖道孔子作春秋制孝經演易繫辭經緯天地故特立廟褒成侯四時來祠事已即去廟有禮器無常人掌領請置百石卒史一人典主守廟謹問太常祠曹掾馮牟史郭元辭對故事辟雍祠先聖太宰太祝各一人備爵太常丞監祠河南尹給牛羊豕大司農給米臣愚以爲如瑛言可許臣雄臣戒愚戇誠惶誠恐頓首頓首死罪死罪臣稽首以聞制曰可按漢書元嘉元年吴雄爲司徒二年趙戒爲司空即此云臣雄臣戒是也魯相瑛者據碑言姓乙字仲卿漢碑在者多摩滅此幸完可讀錄之以見漢制三公奏事如此與羣臣上尙書者小異也又見漢祠孔子其禮如此治平元年六月二十日書　右眞蹟

後漢孔德讓碑　永興二年　一作碣　元第八百五十一

右漢孔德讓碑蓋其名已摩滅但云字德讓者宣尼公二十世孫都尉君之子也仕歷郡諸曹史年二十永興二年七月遭疾不禄碑在今兖州孔子墓林中永興孝桓帝年號也（一有都尉宙也五字）者其人（二字一作德讓）早卒無事蹟可

考余集錄所藏（一有獨闕二字）孔林中漢（一無此字）碑最後得此遂無遺者蓋以其文字簡少無事實故世人遺而不取獨余家有之也治平元年閏正月二十日書　右眞蹟

後漢修孔子廟器碑　永壽二年　一作表　元第三百五十一

右漢（一有朝）韓明府修孔子廟器碑云永壽二年青龍（二字一作歲）在涒灘霜月之靈皇極之日永壽桓帝年號也按爾雅云歲在申曰涒灘桓帝永興三年正月戊申大赦

改元永壽明年一有歲次二字丙申曰歲在涒灘是矣云霜月之靈皇極之日莫曉其義疑是九月五日前漢文章之盛庶幾三代之純深自建武以後頓爾衰薄崔蔡之徒擅名當世然其筆力辭氣非出自然與夫楊馬之言醇醨異味矣及其末也不勝其弊霜月皇極是何等語韓明府者名勑字叔節前世見於史傳未有名勑者豈自余學之不博乎春秋左氏傳載古人命名之說不以爲名者頗多故以勑爲名者少也治平元年二月晦日書

右眞蹟

後漢樊常侍碑永壽四年元第一百四十二

右漢樊常侍碑云君諱安字子佑南陽湖陽人也君幼

學治韓詩論語孝經歷中黃門拜小黃門小黃門右史遷藏府令中常侍年五十有六永壽四年四石本作二月甲辰卒其先爲中黃門後爲小黃門又爲小黃門右史蓋漢官之制今不詳其次序也余少家漢東天聖四年舉進士赴尚書禮部道出湖陽一本作聞見此碑立道左下馬讀之徘徊碑下者久之後三十年始得而入集錄蓋初不見錄於世自余集錄古文時人稍稍知爲可貴自此古碑漸見收采也嘉祐八年十月十四日書 右集本

後漢孫叔敖碑延熹三年元第二百八十一

右漢孫叔敖碑云名饒字叔敖而史記不著其名而見於他書者亦皆曰叔敖而已微斯碑後世遂不復知其名饒也此碑世亦罕傳余以集錄二十年間求之博且勤乃得之然則世之未見此碑者猶不知爲名饒也謂余集古爲無益可乎 右眞蹟

後漢泰山都尉孔君碑延熹四年元第三百八十一

右漢泰山都尉孔君碑云君諱宙字季將二字一作秀特孔子十九世之孫也年六十一延熹四年正月乙未以疾卒一有於家二字其敘官閥甚簡又或殘滅不完但見其舉孝廉爲郎遷元城令遂爲泰山都尉爾其辭有云躬忠恕以及人兼禹湯之罪己宙人臣而引禹湯以爲比在今人於文爲不類蓋漢世近古簡質猶如此也治平元年閏五月二十一日書 右眞蹟

後漢孔宙碑陰題名歲月闕元第八百六十一

右漢孔宙碑陰題名漢世公卿多自教授聚徒常數百人其親授業者爲弟子轉相傳授者爲門生今宙碑殘缺其姓名邑里僅可見者纔六十二人其稱弟子者十人門生者四十三人故吏者八人故民者一人宙孔子十九世孫爲泰山都尉自有錄治平元年閏五月二十一日書 右眞蹟

後漢西嶽華山廟碑延熹四年元第八百四十一

右漢西嶽華山廟碑文字尚完可讀其述自漢以來云高祖初興改秦淫祀太宗承循各詔有司其山川在諸侯者以時祠之孝武皇帝修封禪之禮巡省五嶽立宮

其下宮曰集靈宮殿曰存僊殿門曰望僊門中宗之世使者持節歲一禱而三祠後不承前至於亡新寖用郎虛建武之元事舉其中禮從其省但使二千石歲時往祠自是以來百有餘年所立碑石文字摩滅延熹四年宏農太守袁逢脩廢起頓易碑飾闕會遷京兆尹孫府君到欽若嘉業遵而成之孫府君諱璆其大略如此所謂集靈宮者他書皆不見惟見此碑（一有爾字）則余之集錄不爲無益矣（一無此十字）治平元年閏五月十六日書（右眞蹟）

後漢朔方太守碑陰（延熹四年元附一百二十一）

右漢朔方太守碑陰題名（一無此字）云永壽二年朔方太守上郡仇君察察下滅一字除郎中大曲長大下又滅一

字延熹四年九月乙酉詔書遷衙令五年正月到官奉見明府見下又滅一字立祠刊石表章大聖之遺靈永示來世之未（一作末）未下又滅一字謹出錢千千下又滅兩字者下行因紀姓名（一無七字）據此乃當時修廟出錢人爾今其姓名往往可見云衙鄉三老時勤伯秋上官鳳季方錄事史楊禹孟布衙主記掾楊綬子長門下功曹裴篤伯安倉曹掾任就子優又有集曹掾軍（一作君）假司馬之類名字多不完其所出錢不過三百至五百蓋漢世物輕幣重今華嶽孔子廟碑陰所列亦皆如此其所立祠蓋不知爲何廟也治平元年夏至日書（右眞蹟）

後漢王元賞碑（延熹四年元第六百四十一）

右漢王元賞碑云君諱某字元賞御史君之孫茂才君之子也歷秦及漢有國有家宰相牧守踵五相襲又曰遭父喪以孝立稱士階環堵兼業竝受門徒雨集盛於洙泗又曰郡察孝廉郎中謁者宛陵丞封邱令毋憂去官服祥辟司空府延熹四年五月辛酉遭命而終其文字摩滅隱隱可見者如此其名既亡又不序其姓惟其銘云於惟王君以此知其姓王爾治平元年五月二日書（右集本）

後漢郎中鄭固（一作宣）碑（延熹年間元第五百四十二）（集本）

右漢郎中鄭固碑文字摩滅其官閥卒葬年月皆莫可考其僅可見者云君諱固字伯堅孝友著於閨門至行

立乎鄉黨初受業於歐陽仕郡諸曹掾史主簿督郵五官掾功曹又曰忠以衛上清以自修其餘殘缺不復成文又云延熹元年又曰詔拜而不見其官惟其碑首題云漢故郎中鄭君之碑以此知其官至郎中爾漢隸刻石存於今者少惟余以集錄之勤所得爲獨多然類多殘缺（一作滅）不完蓋其難得而可喜者其零落之餘尤爲可惜也（延熹元年二月之下一本云詔拜郎中非其好也以疾錮辭年四十二遭命殞身而中間又有逡遁退讓之語遁當作循錮當作固疑漢人用字多假借又疑以疾錮辭謂疾已堅固若云以疾篤辭覽者詳之末有治平元年四月十二書）

後漢田君碑（延熹年間元第四百五十一）

右漢田君碑今在沂州其名字皆已摩滅惟云其先出

自帝舜之苗裔自完適齊因以爲氏乃知爲姓田爾又云周秦之際家於東平陽君總角修韓詩京氏易眞蹟作易京氏究洞神變窮奥極微爲五官掾功曹州從事辟太尉延熹二年辛亥詔書泰山瑯琊盜賊未息州郡吏有仁惠公清撥煩整化者試守滿歳爲眞州言名時牧劉君知君宿操表上試守費自此以後殘缺不可次第而隱隱可見葢無年壽卒葬月日而有故吏薛咸等立石勒銘之語乃費縣令長德政去思碑爾治平元年六月二十九日書 右眞蹟

後漢桐柏廟碑 延熹六年 元第一百九十一

右漢桐柏廟碑摩滅雖不甚而文字斷續粗可考次葢

南陽太守修廟碑也其辭云延熹六年正月乙酉南陽太守中山盧奴口 文苑作張字 君奴下正闕一字當是其姓又云尊神敬祀立廟桐柏春秋宗榮 一作宗奉 災異告變水旱請求位比諸侯聖漢所尊 一作宗 太守奉祀二十餘年不復身至遣臣行事簡略不敬明神弗歆災害以生五嶽四瀆與天合德仲尼愼祭常若神在君準則大聖親之桐柏來見廟祠崎嶇逼狹開拓神門立闕四望 一作達 增廣壇場又云執玉以沈爲民祈福靈祇報祐天地淸和其大意止於如此其後有頌亦可讀第不見太守姓名爾然不著他事惟修廟祀神爾桐柏淮瀆廟也治平元年六月十三日書 右眞蹟

後漢祝睦碑 延熹七年 元第三百十一

右漢祝睦碑云君諱睦字元其下遂缺滅不能成文惟其官壽年月可見云賓於王庭除北海長史潁川鄢令辟司空府北軍中候拜大尚書尚書僕射遷常山相山陽太守年六十有八延熹七年八月丁已卒睦有二碑皆在今南京虞城縣此碑不見世次而隱隱有云其先高辛爾其後碑則頗完故錄於次也治平元年六月立秋日書 右眞蹟

後漢祝睦後碑 元第三百二十二

右漢祝睦後碑其前碑不知所立人名氏兩碑所載官閥壽考年月悉同而此碑有立碑人名氏及睦世次云

故吏王堂等竊聞下有述上之功臣有敘君之德又曰君兆自黎辛祝融苗胄鄭有祝聃君其裔也其餘文字亦完可讀二銘皆以三言爲文而後銘尤完云穆我君邦之陽貢五就闓道綱綱下滅一字表微準樞衡稽列宿覽四方德合乾道應皇頜二郡曜重光化流洽緄幽昌姓天約元用長頌聲作謠令香功烈著遺椒芳存覩榮淪弗忘其後二句摩滅難詳故錄其成文以見其雅質亦可佳也治平元年六月立秋日書 右眞蹟

後漢老子銘 延熹八年 元第一百六十一

右漢老子銘按桓帝本紀云延熹八年正月遣中常侍左悺之苦縣祠老子至十一月又遣中常侍管霸祠之

而此碑云八月夢見老子而祠之世言碑銘蔡邕作今檢邕集無此文皆不可知也　右眞蹟

後漢堯祠祈雨碑　延熹十年　元第九百六十一

右漢堯祠祈雨碑首尾殘滅其僅可識者有云股肱賢良廣祈多福虔虔夙夜又云常以甲子日詔太常陳上古之禮舞先王之樂又云延熹十年仲春二月陽氣侵陰又云享祀羣神仰瞻雲漢又曰嘉澍優霑利茂萬物又云孟府君知堯精靈與天通神修治大殿以此知為祈雨於堯祠也堯祠在漢濟陰郡孟府君者當是濟陰郡太守也其餘隸字完者頗多亦往往成句但斷續不可次敘爾治平元年六月六日書　右集本

集古錄跋尾卷二終

集古錄跋尾卷三　　槐廬叢書

宋廬陵歐陽修永叔著　吳縣朱記榮重校刊

後漢冀州從事張表碑　建甯元年　元第四百十一

右漢冀州從事張表碑云君諱表字元異其碑首題云漢故冀州從事張君碑而文為韻語敘其官閥不甚詳但云春秋六十四以建甯元年三月癸巳寢疾而終其辭有云仕郡為督郵鷹擬盧擊是以狗喻人也 集本有又字 有畔桓利正之語蓋漢人猶質不嫌取類於鷹犬畔桓疑是盤桓 集本有漢字 時文字簡少假借爾治平元年六月二十九日書　右眞蹟

後漢竹邑侯相張壽碑　建甯元年　元第六百七十一

右漢竹邑侯相張壽碑云君諱壽字仲吾其先晉大夫張老盛德之裔孝友恭懿明允篤信博物多識獵 一作略 涉傳記臨疑獨照確然不撓有孔甫之風舉孝廉除郎中給事謁者遷竹邑侯相年八十建甯元年五月辛酉卒其大略可見者如此其餘殘缺或在或亡亦班班可讀爾治平元年端午日書　右集本

後漢金鄉守長侯君碑　建甯二年　元第六百三十一

右漢金鄉守長侯君碑云君諱成字伯盛山陽防東人也其先出自豳岐周文之後封於鄭鄭共仲賜氏曰侯厥裔宣多以功佐國漢之興也侯公納策濟太上皇於鴻溝之阨謚曰安國君曾孫酺封明統侯光武中興元

孫鎬爲臨淮太守轉拜執法右刺姦五威司命大司徒公封於陵侯枝葉繁茂或家河淯或邑山濟君即上黨太守之弟郡請署主簿督郵五官掾功曹守金鄉長建甯二年四月癸酉卒年八十一碑文首尾皆完故得詳其世次其云上黨太守不見其名按漢書執法左右刺姦五威司命皆王莽官名侯霸列傳云霸莽時爲隨令遷執法刺姦而未嘗爲五威司命後事光武代伏湛爲大司徒封關内侯既薨光武下詔追封則鄉侯而此碑言封於陵侯未知孰是據碑言刺姦司命爲光武時官葢碑文之謬矣治平元年四月二十九日書　右眞蹟

後漢魯相晨孔子廟碑 建甯二年 元第四百七十一

右漢魯相上尚書章其略云建甯二年三月癸卯朔七日己酉魯相臣晨長史臣謙頓首死罪上尚書臣晨頓首頓首死罪死罪臣以元年到官行秋饗飲酒泮宮復禮孔子宅而無公出酒脯之祠臣輒依社稷出王家穀春秋行禮建甯靈帝年號也於此見漢制天子之尊其辭稱頓首死罪而不敢斥至尊因尚書以致達而已余家集錄漢碑頗多亦有奏章患其摩滅獨斯碑首尾完備可見當時之制也又云孔子乾坤所挺西狩獲麟爲漢制作故孝經援神契曰元邱制命帝卯行又尚書考靈耀曰邱生蒼際觸期稽度爲赤制讖緯不經不待論而可知甚矣漢儒之狡陋也孔子作春秋豈區區爲漢而已哉治平元年三月二十五日書　右眞蹟

後漢孔君碑 建甯四年 元第七百一

右漢孔君碑其名字摩滅不可見而世次官閥粗可考云孔子十九代孫穎川君之元子也舉孝廉除郎中博昌長遭太守君憂服竟拜尚書侍郎治書御史博陵太守遷下邳相河東太守建甯四年十月卒其餘文字歷歷可讀以其斷絶處多文理難續故不復盡錄然其終始略可見矣惟其名字皆亡爲可惜也治平元年五月十日書　右眞蹟

後漢慎令劉君墓碑 建甯四年 元第七百五十一

右漢慎令劉君墓碑在今南京下邑其名已摩滅其字伯麟少罹艱苦身服田畝舉孝廉除郎中辟從事司徒掾遷慎令卒年六十有二其銘曰於惟君德忠孝正直至行通洞高明柔克鬼神福謙受茲介福知命不延引輿旋歸忽然輕舉志激拔葵人皆有亡貴終譽兮歿而不朽垂名著兮余家漢碑常患其銘多缺滅而斯銘偶完故錄之　右眞蹟

後漢北軍中侯 隸釋作中侯 郭君碑 建甯四年 元第四百三十一

右漢北軍中侯郭君碑其名字摩滅云元城君第四子也其先葢周之胄緒枝葉雲布列於州郡自東郡衛國家於河内汲兄竹邑侯相次尚書侍郎次濟北相順弟臨沂長次徐州刺史次中山相次維陽令君爲五官掾

功曹司隷中都官從事三辟將軍府舉廉比陽長復辟司徒拜北軍中侯年六十有六建甯四年九月丙子卒其於兄竹邑侯相上一字鈌滅不完疑是惠字其下又云順弟莫曉其義豈漢人謂兄弟爲此語邪故闕其疑以俟知者治平元年六月二十九日書 右眞蹟

後漢析里橋郙閣頌 建甯五年 元第九百八十一

右漢析里橋郙閣頌建甯五年立云惟斯析里處漢之右溪源漂疾橫注於道涉秋霖漉稽滯商旅休謁往還常失日晷行理咨嗟郡縣所苦斯溪既然郙閣尤甚臨深長淵三百餘丈接木相連號爲萬柱遭遇隤納人物俱隋一作墮沈沒洪淵酷烈爲禍於是太守阿陽李君諱

會字伯都以建甯三年二月辛巳到官思惟惠利有以綏濟閼此爲難其日久矣乃俾府掾仇審改解危殆卽便求隱析里大橋於爾乃造又醳散關之嶃漯從朝陽之平慘一作惨減一作滅西口口闕二字高閣就安甯之石道禹導江河以靖四海經紀厥績艾康萬里乃作頌曰頌後又有詩皆摩滅不完其云遭遇隤納又云醳散關之嶃漯從朝陽之平慘刻畫完好非其訛繆而莫詳其義疑當時人語與今異又疑漢人用字簡略假借不同爾故錄之以俟博識君子治平元年六月十日書 右眞蹟

後漢堯母碑 建甯五年 元第四百六十一

右漢堯母碑漢建甯五年造其文略曰堯母慶都感赤龍而生堯遂以侯伯恢踐帝隷釋帝下有宮字慶都僊沒蓋葬於茲欲人莫知名曰靈臺上立黃屋堯所奉祠三代改易荒廢不修漢受濡期興滅繼絕如堯爲之遂遭亡新禮祠絕矣故廷尉姓名摩滅不可讀矣深惟大漢堯之苗胄當修堯祠追遠復舊前後奏上帝納其謀歲以春秋奉太牢祠時濟陰太守魏郡審晃成陽令博陵管遵各遣大掾輔助口隷釋作仲字君經之營之不日成之此其大槩也按皇覽云堯冢在濟陰城陽呂氏春秋云堯葬穀林皇甫謐云穀林卽城陽然自史記地志及水經諸書無堯母葬處惟見於此碑蓋亦葬城陽也而諸書俗本多爲城陽獨此碑爲成陽當以碑爲正碑後列當時人名氏又

云審晃字元讓管遵字君臺又云漢受濡期莫曉其義也嘉祐元年二月二十九日書 右集本

後漢繁陽令楊君碑 熹平中 元第一百一

右漢繁陽令楊君碑首尾不完文字摩滅可識者四百三十字不可識者六十一字碑云君遭叔父大尉薨委榮輕舉吏民攀轅守闕上書運穀萬斛助官賑貧以乞君還又云一作君富波君之子按漢書楊震子牧爲富波相君迺牧子也叔父太尉者秉也出米乞令前史所無惜其名字摩滅不可見矣嘉祐八年十月二十三日書 右眞蹟

後漢高陽令楊君碑 歲月闕 元第一百十一

右漢高陽令楊著碑首尾不完而文字尚可識云司隸從事定潁侯相㝡後爲善侯相善上一字摩滅不可見葢其中閒嘗爲高陽令而碑首不書㝡後官者不詳其義也按楊震碑高陽令著震孫也今碑在震墓側（一有也字）

右眞蹟

後漢楊君碑陰題名（歲月闕 元第二十一）

右漢楊君碑陰題名首尾不完今可見者四十餘人楊震子孫葬閿鄉者數世碑多殘缺此不知爲何人碑陰其後有云右後公門生又云右沛（二字集本作後史）君門生沛君疑是沛相者自有碑而亡其名字矣後公亦不知爲何人也治平元年六月初十日書 右眞蹟

又漢楊君碑陰題名（歲月闕 元第四百八十一）

右漢楊君碑陰題名凡一百三十一人有稱故吏者故民者處士者故功曹史者故門下佐者類例不一似當時人各隨意書之而文字摩滅僅可讀其姓名字俱完可識者八十三人其餘或在或亡葢後漢楊震墓域中碑也楊氏墓在閿鄉有碑數片皆漢世所立余家集錄得其四震及沛相繁陽高陽令碑并得碑陰題名然（一有獨字）得時參錯不知爲何碑之陰也其名氏可見者當時皆無所稱述顧其人亦不足究考第以漢隸眞蹟金石所傳者至今類多摩滅可惜故錄之爾治平元年三月三十日書 右眞蹟

後漢碑陰題名（歲月闕 元第七百四十一）

右漢碑陰題名在閿鄉楊震墓側文字摩滅不復可考其僅可見者曰候長汾陰趙遺子宜候上滅一字又曰故督郵曹史縣功曹鄉部吏柏昱等八名鄉上又滅一字又曰西鄉亭長柏昱子政又曰鄉亭長翟國相如鄉上又滅一字又曰麟都亭長陰定安定谷口亭長方文雅方上又滅一字東門亭長梁忠子孝四望亭長吳鴻子名麟武亭侯常暠君宣其餘鈌裂不完葢楊氏子孫當時皆葬閿鄉碑碣往往摩滅此不知爲誰碑也治平五年五月二十日謝雨致齋於太社書 右眞蹟

後漢楊公碑陰題名（歲月闕 元第一百二十一）

右漢楊公碑陰題名楊氏世葬閿鄉墓側皆有碑今其存者四余家集錄皆得之乃太尉沛相高陽繁陽令也此碑陰者不知爲何人碑文字殘鈌其僅存者十五人又滅其一其在者十四人曰懷陵圉令相蔣禧字武仲宜祿長蕭劉瑞字仲祏孝廉杅秋劉旭字子明太官日丞譙曹臻字建國辟曹史鄲公孫銀字山根門下書佐史韓純字子敬豐畢佩字廣世鄲孟縱字河雒決曹書佐鄲公孫暘字元暘皆稱故吏又有故吏贊陳俊字仲顯蘄夏陽字儀公蘄兒銀字伯玉杅秋劉順字子選沛周儀字帛民凡五人皆不著職（一有但稱故吏四字）而孟縱字河雒周儀字帛民文字皆完非訛繆而莫曉其義也治平

元年六月十四日書 右眞蹟

後漢殘碑陰 歲月闕 元附一百二十一

右漢殘碑陰前後二字一作亦摩滅不知爲何人碑其知爲漢碑者葢其隸字非漢人莫能爲也其字僅可見者尚數十而姓名完者九人曰王伯卿趙仲方賈元周王景陽賈元輔宗石處王仲宣馬安國王通國皆無官號邑里莫知爲何人惟漢隸在者少爲難得故錄之治平元年五月十八日書 右眞蹟

後漢魯峻碑 熹平元年 元第五百六十一

右漢魯峻碑云君諱峻字仲嚴山陽昌邑人監營謁者之孫修武令之子治魯詩顏氏春秋舉孝廉除郎中謁

者河內太守丞辟司徒司空府舉高第御史東郡頓邱令遷九江太守拜議郎太尉長史御史中丞司隸校尉遭母憂自乞拜議郎服竟還拜屯騎校尉以病遜位熹平元年卒門生于商等二百三十八人謚曰忠惠父其餘文字亦粗完故得遷拜次敘頗詳以見漢官之制如此惟云遭母憂自乞拜議郎又其最後爲屯騎校尉而碑首題云漢故司隸校尉忠惠父魯君碑者莫曉其義治平元年四月二十二日書 右集本

後漢元儒婁先生碑 熹平三年 元無卷第

右漢元儒婁先生碑云先生諱壽字九一作元考南陽隆人也祖太常博士父安貧守賤不可榮以祿先生童孩多奇岐嶷有志好學不厭不飭小行善與人交久而能敬榮沮溺之耦耕甘山林之杳藹又曰有朋自遠冕紳莘莘講習不倦年七十有八熹平三年二月甲子不祿今光化軍乾德縣圖經載此碑景祐中余自夷陵貶所再遷乾德令按圖求碑而壽有墓在穀城界中余率縣學生親拜其墓見此碑在墓側遂據圖經遷碑還縣立於敕書樓下至今在焉治平元年六月十三日書 右眞蹟

後漢桂陽太守周府君紀功銘 熹平中 元第一百八十二

此君檢漢書無之今碑石缺不見其名惜乎遂不見於世也南人紀其所修瀧水即韓文公所謂昌樂瀧者是也至今以爲利祠宇甚嚴云 右集本

後漢桂陽周府君碑 熹中平 元第一百八十一

右漢桂陽周府君碑按韶州圖經云後漢桂陽太守周府君碑按廟在樂昌縣西一百一十八里武溪上武溪驚湍激石流數百里昔馬援南征其門生爰寄生善吹笛援爲作歌和之名曰武溪深其辭曰滔滔武溪一何深鳥飛不渡獸不能臨嗟哉武溪何毒淫周使君開此溪下合眞水桂陽人便之爲立廟刻石又云碑在廟中郭蒼文今碑文摩滅云府君字君光而名已訛缺不可辨圖經但云周使君亦不著其名後漢書又無傳遂不知爲何人也按武水源出郴州臨武縣鸕鷀石南流三百里入桂陽而桂陽眞水一有梨溪二字盧溪曹溪諸水皆與

武水合流其俗謂水湍峻爲瀧韓退之詩云南下昌樂瀧卽此水也碑首題云神漢者如唐人云聖唐爾葢唐人已爲此語而史傳他書無之獨見於此碑也右集本

後漢桂陽周府君碑後本熹平中元附一百八十一

右漢桂陽周府君碑余初得前本恨其名遂摩滅後有國子監直講劉仲章者因出其碑而爲余言前爲樂昌令因道府君事云名憬問其何以見之云碑刻雖闕尚可識也乃以此碑并陰遺余葢前本特摹者不工爾又余初以韓集云昌樂瀧疑其誤乃改從樂昌仲章曰不然縣名樂昌而瀧名昌樂其舊俗所傳如是韓集不誤也乃知古人傳疑而愼於更改者以此右集本

集古錄跋尾卷三　十　朱氏槐廬校刊

後漢秦君碑首熹平中元第八十一

漢碑今存者少此篆亦與今文小異勢力勁健可愛

蔡君謨題

右漢熹平中碑在南陽界中字已摩滅不可識獨其碑首字大僅存其筆畫頗奇偉蔡君謨甚愛之此君謨過南都所題乃皇祐三年也今一紀矣嘉祐八年九月十七日書右眞蹟

又別本

右漢秦君碑首題云漢故南陽太守秦君之碑秦君不知爲何人碑在南陽界中字已摩滅不可識獨其碑首字大僅存其筆畫頗奇偉蔡君謨甚愛之右集本

後漢堯祠碑熹平四年元第七百九十一

右漢堯祠碑在濟陰碑云堯帝者葢昔世之聖王也又曰聖漢龍興纂一作續堯之緒祠以上犧至於王莽絕漢之業而壇場夷替屛懾眞蹟作攝無位大抵文字摩滅字雖可見而不復成文其後有云李樹連理生於堯祠太守河南張寵到官始初出錢二千敬致禮祠其餘不能讀也碑文有年月葢熹平四年建也治平元年五月晦日書右眞蹟

後漢郎中王君碑光和元年元第六百一

右漢郎中王君碑文字摩滅不復成文而僅有存者其名字官閥卒葬年月皆莫可考惟其碑首題云漢故郎

集古錄跋尾卷三　十一　朱氏槐廬校刊

中王君之銘知君爲漢人姓王氏而官爲郎中爾葢夫有形之物必有時而弊是以君子之道無弊而其垂世者與天地而無窮顏回高臥於陋巷而名與舜禹同榮是豈有託於物而後傳邪豈有爲於事而後著耶故曰久而無弊者道隱而終顯者誠此君子之所貴也若漢王君者託有形之物欲垂無窮之名及其弊也金石何異乎瓦礫治平元年四月晦日書右眞蹟

後漢樊毅華嶽廟碑光和元年元第三百二

右漢樊毅修華嶽廟碑云惟光和元年歲在戊午名曰咸池季冬已巳宏農太守河南樊君諱毅字仲德下車之初恭肅神祀西嶽至尊詔書奉祠躬親自往齋室逼

窄法齋無所處一作於是與令巴郡朐忍先讜圖議繕故
二年正月己卯興就刻茲碑號吏卒挾路據此碑乃郎
時所立而太守生稱諱者何哉治平元年伏日書右眞蹟

後漢太尉陳球碑光和元年第六百十一

右漢太尉陳球碑云君諱球字伯眞廣漢太守之元子
也又云除郎中尚書符節郎愼陵園令換中東城門候
遷繁陽令拜侍御史其後又云拜將作大匠其餘摩滅
僅存按後漢書球傳云父亹廣漢太守陽嘉中球舉孝
廉稍遷繁陽令太尉陽秉表球零陵太守後累拜司空
光和元年遷太尉坐日食免復拜光祿大夫與司徒劉
郃等謀誅宦官曹節等不果下獄死球在零陵破賊胡

蘭朱蓋有功威著南邦今碑破蘭蓋事班班可讀與傳
皆合惟不著誅宦官事至其卒時文字摩滅不可識惟
云六十有三亦與傳合余所集錄古文與史傳多異惟
此碑所載與列傳同也治平元年四月晦日書右眞蹟

後漢樊毅華嶽碑光和二年第七百二十一

右漢樊毅華嶽碑云泰華之山削成四方其高五千仞
廣十里周禮職方氏華謂之西嶽祭視三公者以能興
雲雨產萬物通精氣有益於人則祀之故帝舜受堯親
自巡省暨夏殷周未之有改秦違其典壞遺郞池二世
以亡漢祖古文苑作高祖應運禮遵陶唐祭則獲福亦文苑作奕世
克昌亡新滔逆鬼神不享建武之初彗掃頑凶光和二
年有漢元舅五侯之胄謝陽之孫曰樊府君諱毅字仲
德命守斯邦孟冬十月齋祠西嶽以傳窄狹不足處尊
卑廟舍舊久牆屋傾亞督部行事荀班縣令先讜以漸
補治此其事也又云功曹郭敏等遂刊元石銘勒鴻勳
其字畫頗完其文彬彬可喜惟以周禮職方氏爲識方
氏其字畫分明非訛缺疑當時周禮之學自如此蓋識
誌其義皆通也治平元年五月十日書右眞蹟

後漢修西嶽廟復民賦碑光和二年第二百二十一

右漢修西嶽廟復民賦碑云光和二年十二月庚午朔
十三日壬午宏農太守臣毅頓首死罪上尚書臣毅頓
首頓首死罪死罪謹按文書臣以去元年十一月到官

其十二月奉祠西嶽華山省視廟舍及齋衣祭器率皆
久遠有垢臣以神嶽至尊宜加恭肅輒遣行事荀班一作
玨與華陰令先讜以漸繕治成就之又曰讜言縣當孔
道加奉尊嶽一歲四祠養牲百日用穀稾三千餘斛或
有請雨齋禱役費兼倍小民不堪有饑寒之窘違宗神
之敬乞差諸賦復華下十里以內民租田口一有稅字臣輒
聽一有行字盡力奉宣詔書思惟惠利增異復上臣毅誠惶
誠恐頓首頓首死罪死罪上尚書漢家制度今不復見
惟余家集錄漢碑頗多故於摩滅之餘時見一二而此
碑粗完故錄其首尾以傳臣毅者樊毅也治平元年六
月十四日書右集本

後漢北嶽碑（光和四年 元第七百三十一）

右漢北嶽碑文字殘滅尤甚莫詳其所載何事第其隱隱可見者有光和四年以此知爲漢碑爾其文斷續不可次敘葢多言珪幣牲酒黍稷豐穰等事似是禱賽之文其後有二人姓名偶可見云南陽冠軍馮巡字季祖甘陵夏方字伯陽其餘則莫可考矣治平元年五月十日書　右集本

後漢無極山神廟碑（光和四年 元第九百四十一）

右漢無極山神廟碑文字摩滅斷續然尋繹次敘其可見者尚可成文云太常臣耽丞敏頓首上尚書謹按文書男子常山蓋高上黨范遷爲元氏三公神山去年五

月常山相巡詣山請雨山神即使高傳言白國縣即與封龍靈山無極山共興雲雨常山相巡元氏令王翊各以一白羊賽復使高與遷俱詣太常爲無極山神索法食臣疑高遷言不實輒移本國令常山相巡書言郡督郵言無極山體可三里所立石爲體長二丈五尺所立周匝二十餘里其三公封龍靈山皆得法食乞令無極山比三山祠牲出王家以珪璧爲信愚臣如巡言請少府給珪璧故事須報臣耽愚戇頓首頓首上尚書制曰可尚書令忠奏雒陽宮太常承書從事光和四年八月十七日丁酉尚書令忠下太常耽丞敏下常山相其奏章如此其後遂言造廟事而有銘其文多不載按漢奏章首尾皆言臣某頓首頓首死罪死罪上尚書而此碑所載太常奏（字一作章）首尾不稱死罪而丞敏又不稱臣莫曉其制碑後又列常山官屬云常山相南陽馮巡字季祖元氏令王翊字元輔云治平元年四月二日書　右眞蹟

後漢殽阬君神祠碑（光和四年 元第二百九十）

右漢殽阬君神祠碑在鄭縣慶歷中樞密直學士施君爲陝西都轉運使爲余摹此本云碑文已摩滅初不可辨以麪塡其刻稍尋其點畫命工鐫治之乃可讀漢碑今在者類多摩滅不完故（此字一作獨字是）斯碑歷歷可見也惟裴煜姓名爲鄉人鑱去矣殽阬所以畜洩水患據碑文云自亡新以來廢之則前漢時已有之矣光和中煜

爲鄭縣令始修復之事見水經及華州圖經殽阬君祠今謂之五部神廟其像有石隄西戍樹谷五樓先生東臺御史王翁將軍皆莫曉其義施君名昌言今爲涇原路安撫使　右集本

後漢敬仲碑（光和四年 元第九百十一）

右漢敬仲碑者其姓名字皆不可見惟其初有敬仲二字尚可識故以寓其名爾蓋疑其人姓田氏也大抵文字摩滅比其他漢碑尤甚字可識者頗多第不成文爾惟云州郡課最臨登大郡又云居喪致哀又云司隸從事治書侍御史又云光和四年閏月庚申此數句粗可讀爾其餘字畫僅完者以漢隸今爲難得錄之爾治平

元年閏五月二十九日書　右眞蹟

後漢無名碑　此與前跋大槪同　元第六百八十一

右漢無名碑文字摩滅其姓氏名字皆不可見其僅可見者云州郡課最臨登大郡又云居喪致哀曾參閔損又曰辟司隸從事拜治書侍御史又曰奮乾剛之嚴威揚哮虎之武節又曰年六十三光和四年閏月庚申遭疾而卒其餘字畫尙完者多但不能成文爾夫好古之士所藏之物未必皆作能適世之用惟其埋沒零落之餘尤以爲可惜此好古之僻也治平元年六月五日書

右眞蹟

後漢槀長蔡君頌碑　光和四年　元第五百八十一

右漢槀長蔡君頌碑在鎭府故天章閣待制楊畋嘗爲余言漢時隸書在者此爲最佳畋自言平生惟學此字余不甚識隸書因畋言遽遣人之常山求得之遂入於錄　右眞蹟

後漢唐君碑　光和六年　元第八百八十一

右漢唐君碑其名已摩滅其字正南云集本作云字正南潁川郾人也其先出自慶都感赤龍生堯王有天下苗胄枝分相土視居因氏唐焉君父孝廉郞中早卒君繼厥緒躭道好古敦書味詩守舞陽丞潁陽令察能治劇遷豫章其後遂復摩滅雖文字班班可見而不能得其次敘其後又云換君昌陽令吏民慕戀牽君車輪不得行君臣流涕道路琅玕是故從事郡掾刊石樹頌歌君之美據此蓋縣令去思碑爾其後又云光和六年二月壬午朔二十五日丙午則知唐君爲後漢時人矣治平元年閏五月二十八日書　右眞蹟

後漢朱龜碑　光和六年　元第二百三十一

右漢朱龜碑云字伯靈察孝廉除郞中尙書侍郞以將事去官於時幽州州下滅一字夷侵寇以君爲御史中丞討伐其後摩滅又云鮮卑侵犯障塞復舉君拜幽州刺史年六十四光和六年卒龜之事迹不見史傳其僅見於此碑者如此碑在今亳州界中云將事去官莫曉其語後余守亳州徙碑置州學中治平元年六月十四

日書　右眞蹟

後漢司隸從事郭君碑　中平元年　元第四百四十一

右漢司隸從事郭君碑云君諱究汲人也元城君之孫雒陽令之適歷主簿督郵五官掾功曹守令長辟司隸從事部郡都官春秋二十八而卒中平元年歲在甲子三月而葬據北軍中候碑爲元城君子而弟爲雒陽令考其世次皆同前世碑碣但書子孫而不及兄弟惟郭氏碑載其兄弟甚詳蓋古人譜牒旣完而於碑碣又詳如此可見其以世家爲重不若今人之苟簡也治平元年六月二十九日書　右眞蹟

後漢太尉劉寬碑　中平二年　元第二百七十一

右漢太尉車騎將軍特進逯鄉二字一作封昭烈侯劉公碑
公諱寬有兩碑皆在洛陽余家集錄皆得之其一故吏
李謙所等一作立而此碑門生殷包等所立其所書與李
謙等碑一作所載不異惟漢隸難得當錄漢公卿卒一有字故
吏門生各自立碑以申感慕惟見於此今人家碑碣非
其子孫則他人不爲立也治平元年六月十四日書右眞
蹟

又後漢太尉劉寬碑中平二年元第二百六十一

右漢太尉劉寬碑漢書有傳其官閥始卒與碑多同而
傳載遷官次敘頗略蓋史之所記善惡大事官次雖小
略不足爲失惟其繆誤與闕其大節不可不正碑云大

將軍以禮脅命拜侍御史遷梁令三府並用博士徵皆
不就司隸校尉舉其有道公車徵拜議郎司徒長史而
傳但云大將軍辟五遷司徒長史今據碑止四遷爾博
士未嘗拜也碑於長史下遂云入登侍中延熹八年地
震有詔詢與而拜尚書遷南陽太守拜大中大夫復拜
侍中屯騎尉宗正光祿勳遂授太尉傳至大中大夫始
云遷侍中其前自長史入登侍中史闕書也碑又云固
疾遜位拜光祿大夫遷衛尉復作太尉而傳云以日食
免拜衛尉以日食免當從傳爲正而不書光祿大夫史
闕書也其餘皆同故不復錄治平元年六月十四日書
右集本

後漢太尉劉寬碑陰題名中平二年元第五百二十

右漢太尉劉寬碑陰題名寬碑有二其故吏門生各立
其一也此題名在故吏所立之碑陰其別列於後者在
寬子松之碑陰也寬以漢中平二年卒至唐咸亨元年
其裔孫湖一作胡城公爽以碑歲久皆仆於野爲再立之
幷記其世敘嗚呼前世士大夫世家著之譜牒故自中
平至咸亨四百餘年而爽能知其世次如此之詳也蓋
自黃帝以來子孫分國受姓歷堯舜三代數千歲閒詩
書所紀皆一有各字有次敘豈非譜繫源流傳之百世而不
絕與此古人所以爲重也不然則士生於世皆莫自知
其所出而昧其世德遠近其所以異於禽獸者僅能識

其父祖爾其可忽哉唐世譜牒尤備士大夫務以世家
相高至其弊也或陷輕薄婚姻附託邀求貨賂君子患
之然而士子修飭喜自樹立兢兢惟恐墜其世業亦以
有譜牒而能知其世也今之譜學亡矣雖名臣巨族未
嘗有家譜者然而俗習苟簡廢失者非一豈止家譜而
已哉嘉祐八年七月二十九日書右眞蹟

後漢小黃門譙君碑中平二年元第五百十一

右漢小黃門譙君碑云君諱敏字漢達年五十七中平
二年卒其文不甚摩滅而官閥無所稱述惟云肅將王
命守靜韜光以違悔吝而已後漢宦者用事靈帝時尤
盛敏卒之歲張讓等十二人封侯於斯時能守靜違悔

是亦可佳然𢿱以一小黃門而立碑稱頌於此可見宦
官之盛也治平元年四月三日書 右眞蹟

後漢文翁石柱記 初平五年 元第二百二十一

右漢文翁石柱記云漢初平五年倉龍甲戌旻天季月
修舊築周公禮殿始自文翁開建泮宮據顏有意益州
學館廟堂記云按華陽國志文翁爲蜀郡守造講堂作
石室一名玉堂安帝永初閒烈火爲災堂及寺舍竝皆
焚燎惟石室獨存至獻帝興平元年太守高眹於玉堂
東復造一石室爲周公禮殿有意又謂獻帝無初平五
年當是興平 四字一作當如華陽志爲興平 元年葢時天下喪亂西蜀
僻遠年號不通故仍稱舊號也今檢范曄漢書本紀初
平五年正月改爲興平顏說是也治平元年六月十三
日書 右眞蹟

後漢文翁學生題名 元第六十一

右漢文翁學生題名凡一百有八人文學祭酒典學從
事各一人司儀主事各二人左生七十三人右生三十
人文翁在蜀教學之盛爲漢稱首其弟子注籍者何止
於此葢其摩滅之餘所存者此爾治平元年六月二十
日書 右眞蹟

後漢熊君碑 建安二十一年 元無卷第

右漢熊君碑云君諱喬字舉舉上滅一字 隸釋作漢 其官閥
不可詳考其僅可知者劉表時爲綏民校尉後遷騎都

尉建安二十一年卒享年七十有一其云治歐羊尙書
其字非訛闕而以陽爲羊葢古文字少故須假借至漢
字已備而猶假用何哉後云太歲在申申上滅一字以
厤推之當是丙申又云碑師春陵禍造禍上滅一字當
是其姓其書顯字皆爲顥按許慎說文顯從㬎聲而轉
爲累其失遠矣莫曉其義也熙甯二年十月晦日山齋
書 右集本

後漢元節碑 歲月闕 元第六百五十一

右漢元節碑文字摩滅不見其氏族其可見者纔數十
字爾云君諱立字元節其先出自伊尹其餘不復成文
其銘云於穆從事疑其姓伊而爲從事也碑無年月而
知爲漢人者以其隸體與他漢碑同爾治平元年五月
三日書 右眞蹟

後漢殘碑 歲月闕 元第一百三十

右漢殘碑不知爲何人所存者纔三十二字不復成文
惟云高字幼知其名高又云漢 一有中字 興復知爲後漢時
人而隸字在者甚完體質淳勁非漢人莫能爲也故錄
之 右眞蹟

後漢天祿辟邪字 歲月闕 元第七十一

右漢天祿辟邪四字在宗資墓前石獸膊上按後漢書
宗資南陽安衆人也今墓在鄧州南陽界中墓前有二
石獸刻其膊上一曰天祿一曰辟邪余自天聖中舉進

士往來穰（作襄）鄧間見之道側迨今三十餘年矣其後集錄古文思得此字屢求於人不能致尙書職方員外郎謝景初家於鄧爲余摹得之然字畫訛缺不若余見時完也按黨錮傳云資祖均自有傳今後漢書有宋均傳云南陽安衆人而無宗均傳疑黨錮傳轉寫宋爲宗爾蜀志有宗預南陽安衆人豈安衆當漢時有宗宋二族而字與音皆相近遂至訛謬邪史之失傳如此者多矣嘉祐八年臘日書　右眞蹟

集古錄跋尾卷三終

集古錄跋尾卷四

宋廬陵歐陽修永叔著　吳縣朱記榮重校刊

魏受禪碑（延康元年）元第七十二

右魏受禪碑世傳爲梁鵠書而顏眞卿又以爲鍾繇書莫知孰是按漢獻帝紀延康元年十月乙卯皇帝遜位魏王稱天子又（集本無此字）按魏志是歲十一月葬士卒死亡者猶稱（集本有正字）令是月丙午（集本作寅）漢帝使張愔奉璽綬庚午王升壇受禪又是月癸酉奉漢帝爲山陽公而此碑云十月辛未受禪於漢三家之說皆不同今據裴松之注魏志備列漢魏禪代詔册書令羣臣奏議甚詳蓋漢實以十月乙卯策詔魏王使張愔奉璽綬而魏王辭讓往返三四而後受也又據侍中劉廙奏問太史令許芝今月十七日已未可治壇場又據尙書令桓階等奏云輒下太史令擇元辰今月二十九日可登壇受命蓋自十七日已未至二十九日正得辛未以此推之漢魏二紀皆繆而獨此碑爲是也漢紀乙卯遜位者書其初命而略其辭讓往返遂失其實爾魏志十一月癸卯猶稱令者當是十月衍一字爾丙午張愔奉璽綬者辭讓往返容有之也惟庚午升壇最爲繆爾癸卯去癸酉三十一日不得同爲十一月此尤繆也禪代大事也而二紀所書如此則史官之失以惑後世者可勝道哉嘉祐八年九月十七日書　右眞蹟

魏鍾繇表建安二十四年元第四百九十

右鍾繇法帖二字集本作表者曹公破關羽賀捷表也其後書云建安二十四年閏月九日南蕃東武亭侯鍾繇上集賢校理孫思恭精於厤學余問孫君建安二十四年閏在何月思恭爲疑作謂余以漢家所用四分乾象厤推之是歲己亥二厤皆閏十月而陳壽三國志所書時月雖爲簡略然以思恭言考之則合按魏志是歲冬十月軍還洛陽其下遂書孫權請討關羽自効於吳志則書閏月權討羽以魏吳二志參較是閏十月矣吳志又書十二月權獲羽及其子平魏志明年正月乃書權傳羽首至洛陽蓋二志相符乃權以閏十月方征羽至十二月

獲之明年正月始傳首至洛陽理可不疑然則鍾繇安得於閏十月先賀捷也由是此表可疑爲非眞而今世盛行復有兩本字大小不同小字差類繇書然不知其果是否姑竝存之以俟識者治平元年七月二十六日書右眞蹟

又別本

右魏鍾繇書其辭云戎路兼行履險冒寒因謝曹仁徐晃破關羽事其後題云建安二十四年閏月九日南蕃東武亭侯臣繇上按建安二十四年冬曹公軍於摩陂而仁等破羽後未嘗出征疑有無字履險冒寒之役又古人牋啟不書年此二事可疑又云羽已被手刃據三國志羽圍曹仁於樊爲仁所敗而走後爲孫權兵斬於沮與此帖不同右集本

魏公卿上尊號表黃初元年元第七十二

右魏公卿上尊號表唐賢多傳爲梁鵠書今人或謂非鵠也乃鍾繇書爾未知孰是也嗚呼漢魏之事讀其書者可爲之流涕也其鉅碑偉字其意惟恐傳之不遠也豈以後世爲可欺與不然不知恥者無所不爲乎右眞蹟

魏劉熹學生冢碑歲月闕元第三百六十五

右漢劉熹學生冢碑在襄州穀城縣界中余爲乾德令時嘗以公事過穀城見數荒冢在草間傍有古碑傾側半埋土中問其村人爲何人冢皆不能道而碑文摩滅

不暇讀而去後數年在河北始集錄古文思嚮所見穀城碑疑爲漢碑求之又數年乃獲按襄州圖經云學生冢在縣東北水經注云魏濟南劉熹字德怡博學好古立碑載生徒百餘人其不終業而卒者葬於此號學生冢今碑雖殘缺而熹與生徒名字往往尚可見蓋余昔所見乃學生冢而碑魏時碑也熹穀城令也治平元年正月十日書右眞蹟

魏賈逵碑歲月闕元第一百二十八

右魏賈逵碑魏志逵傳云逵爲絳邑長爲賊郭援所攻絳人與援約不害逵乃降而援欲以逵爲將逵不肯叩頭欲殺之絳人乘城呼曰負要集本作約殺我賢君甯俱

死援義之遂不殺又按裴松之注引魏略云援捕得逵怒不肯拜促斬之諸將覆護因於壺關土窖中守者祝公道釋其械而逸之（集本有已字）與魏志不同而此碑但云爲援所執臨以白刃不屈而已不載絳人約援事如傳所載不獨逵有德於絳人而絳人臨危能與逵生死亦可謂賢矣自古碑碣稱述功德常患過實如逵與絳人德義（集本有俱隆字）碑不應略而不著頗疑陳壽作傳好奇而所得非實也松之又注魏書逵年五十五而碑云五十有四亦當以碑爲正嘉祐八年十一月十四日書（右眞蹟）

魏鄧艾碑（歲月闕　元第七百五十）

右鄧乂碑考其事蹟終始即魏（集本無比字）鄧艾碑也艾嘗

爲兗州刺史據碑云晉初常發兗州兵討叛羌艾降巫者傳言授以用兵之法因以破羌兗人神之遂爲艾立廟建碑紀其事艾於三國時爲名將嘗有大功其姓名聞於世甚顯史與兗人皆不應誤而艾乂二名不同如此此君子所以愼於傳疑也余謂古人艾乂常通用漢書曰黎民艾安與懲艾創艾注皆讀爲乂豈非鄧侯名艾音乂而書碑者從省與後人讀史無音注乃直以爲蒿艾之艾而流俗轉失久而訛繆遂不復正此理或然覽者詳之熙甯壬子正月晦日六一堂書（右眞蹟）

吳九眞太守谷府君碑（鳳凰元年　元第五百九十二）

右谷朗者事吳爲九眞太守碑無書撰人名氏其敘云府君諱朗字義先桂陽耒陽人豫章府君之曾孫公府君之孫郎中君之子也其先出自顓頊益爲舜虞賜姓嬴氏至於扉子封於秦谷因而氏焉谷氏在吳不顯史傳無所見所謂豫章府君而下三世皆莫知其名字按秦本紀非子邑於秦而此與朗子永甯侯相碑皆爲扉子莫詳其義也治平元年四月二十六日書（右眞蹟）

吳國山碑（天冊元年　元第三百四）

右吳國山碑者孫皓天冊元年禪於國山改元天璽因紀其所獲瑞物刊石於山陰是歲晉咸甯元年後五年晉遂滅吳以皓昏虐其國將亡而衆瑞竝出不可勝數後世之言祥瑞者可以鑒矣熙甯元年中元後一日書

右眞蹟

晉南鄉太守頌（泰始中　元第九十二）

右南鄉太守司馬整（集本作晉南鄉太守頌南鄉太守者司馬整也）按晉書宣帝弟曰安平獻王孚孚次子曰義陽成王望望第三子曰隨穆王整整先望卒後武帝分義陽之隨縣封整爲王謚曰穆整以魏咸甯二年爲南鄉太守是歲晉武受禪改元泰始泰始三年徙整南陽而南鄉人爲整建此碑晉書地理志當魏末荆州分屬三國而南鄉南陽皆屬魏後晉武改南鄉爲順陽此碑今在光化軍軍即襄州穀城縣之陰城鎭陰城當魏晉時爲南鄉屬縣也余貶乾德縣令時得此碑今二紀矣嘉祐八年九月二十

六日書右眞蹟

晉南鄉太守碑泰始四年 元附九十二

右南鄉太守碑不著書撰人名氏題曰宣威將軍南鄉太守司馬府君紀德頌碑云君諱整字孔修太宰安平王之孫太尉義陽王之子按晉書宣帝弟曰安平獻王孚孚次子曰義陽成王望望第三子隨穆王整整先望卒後武帝分義陽之隨縣封整爲王諡曰穆整以太始三年自南鄉太守徙南陽而南鄉人共立此碑今在光化軍軍即襄州穀城縣之陰城鎮按晉志不列南鄉郡據此碑所載縣令名氏有武陵築陽丹水陰城順陽析一作析六縣此蓋南鄉郡所治也晉志但云南鄉魏時屬

荊州武帝平吳改爲順陽郡而不著順陽治所興廢屬縣之名而獨此碑可見也又整傳但云整歷南中郎將封淸泉侯薨贈冠軍將軍亦不言其爲宣威將軍南鄉南陽二郡守皆其所漏略也右集本

南鄉太守碑陰 元第九十四

右南鄉太守將吏三百五十人分爲二卷其摩滅者猶有二十餘人人皆有邑姓名字而無次敘其名號有令有長有南閭祭酒門下督主簿部督郵監汀督郵部勸農五官掾文學掾營軍掾軍謀掾府門亭長主記史待事掾待事史部曲將部曲督又有賊曹功曹議曹戶曹金曹水曹科曹倉曹鎧曹左右兵曹曹皆有掾又有祭酒有史有書佐有修行有從掾位有從史位有史有小史等魏晉之際太守官屬之制蓋如此他書或時見一二不能如此之備也右集本

晉陸喈碑咸和七年 元第一百三十七

右晉陸喈碑喈爲宣威內史建武元年卒碑以咸和七年立而碑後題云咸和七年歲在庚辰咸和成帝年號也成帝以泰甯三年八月即位是歲乙酉明年改元咸和據厤七年當爲壬辰而此爲庚辰者繆也陸氏有二碑余家集錄皆有之據陸禕碑後題云泰甯三年歲在乙酉與今厤合則當時厤官不應至咸和而頓爾差失然則庚辰特書碑者誤爾治平元年六月二十九日書

右眞蹟

晉樂毅論永和四年 元第八十三

右晉樂毅論石在故高紳學士家紳死家人初不知惜好事者往往就閱或摹傳其本其家遂祕藏之漸爲難得後其子弟以其石質錢於富人而富人家失火遂焚其石今無復有本矣益爲可惜也後有集本有此二字甚妙二字吾亡友聖俞書也論與文選所載時時不同考其文理此本爲是惜其不完也右眞蹟

晉蘭亭修禊序永和九年 元第九百九十六

右蘭亭修禊序世所傳本尤多而皆不同蓋唐數家所臨也其轉相傳摹失眞彌遠然時時猶有可喜處豈其

筆法或得其一二邪想其眞蹟宜如何也哉世言眞本葬在昭陵唐末之亂昭陵爲温韜所發其所藏書畫皆剔取其裝軸金玉而棄之於是魏晉以來諸賢墨蹟遂復流落於人閒太宗皇帝時購募所得集以爲十卷俾摹傳之數以分賜近臣今公卿家所有法帖是也然獨蘭亭眞本亡矣故不得列於法帖以傳今余所得皆人家舊所藏者雖筆畫不同聊並列之以見其各有所得至於眞僞優劣覽者當自擇焉其前本流俗所傳不記其所得其二得於殿中丞王廣淵其三得於故相王沂公家又有別本在定州民家二家各自有石較其本纖毫不異故不復錄其四得於三司蔡給事君謨世所傳

本不出乎此其或尚有所未傳更俟博采嘉祐八年六月十日書 右集本

范文度摹本蘭亭序 附

余嘗集錄前世遺文數千篇因得悉覽諸賢筆蹟比不識書遂稍通其學然則人之於學其可不勉哉今老矣目昏手顫雖不能揮翰而開卷臨几便別精粗若范君所書在余集錄實爲難得也竊幸覽之爲之忘倦嘉祐七年夏五月二十八日廬陵歐陽修書 右眞蹟

右軍蘭亭最著今世尚有搨本祕閣一本蘇才翁一本周越一本猶有氣象存焉今觀橅放益得之矣嘉祐壬寅五月二十六日莆城蔡襄

書雖列於六藝非如百工之藝也蔡君謨以書名當世其稱范君者如此不爲誤矣滁山醉翁題 右眞蹟

又

自唐末干戈之亂儒學文章掃地而盡宋興百年之閒雄文碩儒比肩而出獨字學久而不振未能比蹤唐人余每以爲恨今乃獲見范君筆法信乎時不乏人而患知之不博不然有於中必形於外若范君者筆蹟不傳於世而獨傳其家蓋其潛光晦德非止其書閟而不傳也 右眞蹟

又 與前跋相類疑是稾本今兩存之

自唐末兵戈之亂儒學文章掃地而盡聖宋興百餘年

閒雄文碩學之士相繼不絕文章之盛遂追三代之隆獨字書之法寂寞不振未能比蹤唐室余每以爲恨今迺獲得范君之書信乎時不乏人而患聞見之不博也然范君之筆法宜傳於世而久閟於家蓋其潛光晦德非獨其書之閟也嘉祐七年五月旬休日廬陵歐陽修書 右集本

晉王獻之法帖 歲月闕 元第八百六十八

右王獻之法帖余嘗喜覽魏晉以來筆墨遺蹟而想前人之高致也所謂法帖者其事率皆弔哀候病敘睽離通訊問施於家人朋友之閒不過數行而已蓋其初非用意而逸筆餘興淋漓揮灑或妍或醜百態橫生披卷

發函爛然在目使人驟見驚絕徐而視之其意態愈無窮盡故使後世得之以爲奇翫而想見其人也至於高文大冊何嘗用此而今人不然至或棄百事敝精疲力以學書爲事業用此終老而窮年者是眞可笑也治平甲辰秋社日書 右眞蹟

又 元第三百一十九

獻之帖蓋唐人所臨其筆法類顏魯公更俟識者辨之

右眞蹟

晉賢法帖 歲月闕 元第七百三十五

右晉賢法帖太宗皇帝萬幾之餘留精翰墨嘗詔天下購募鍾王眞蹟集爲法帖十卷摹刻以賜羣臣往時故

相劉公沆在長沙以官法帖鏤版遂布於人間後有尚書郎潘師旦者又擇其尤妙者別爲卷第與劉氏本竝行至余集錄古文不敢輒以官本參入私集遂於師旦所傳又取其尤者散入錄中俾夫啟帙披卷者時一得之把翫欣然所以忘勌也治平元年五月十日書 右眞蹟

晉七賢帖 歲月闕 元第七十六

右晉七賢帖得之李丕緒少卿家丕緒多藏古書然不知此爲眞否七子書蹟世罕傳故錄之 右集本

宋文帝神道碑 歲月闕 元第四百四十九

右宋文帝神道碑云太祖文皇帝之神道凡八大字而別無文辭惟以此爲表識爾古人刻碑正當如此而後世鐫刻功德爵里世繫惟恐不詳然自後漢以來門生故吏多相與立碑頌德矣余家集古所錄三代以來鍾鼎彝盤銘刻備有至後漢以後始有碑文欲求前漢時碑碣卒不可得是則冢墓碑自後漢以來始有也此碑無文疑非宋世一有所字立蓋自漢以來碑文務載世德宋氏子孫未必能超然獨見復古簡質又南朝士人氣尚卑弱字書工者率以纖勁清媚爲佳未有偉然巨筆如此者益疑後世所書按宋書文帝爲元兇劭所弒初諡曰景廟號中宗孝武立改諡曰文號太祖其墓曰長甯陵也治平元年三月十六日書 右眞蹟

宋宗愨母夫人墓誌 大明六年 元第一百五十二

右宗愨母夫人墓誌不著書撰人名氏有誌無銘其後云謹牒子孫男女次第名位婚嫁如左蓋一時之制也按愨本傳與此誌歷官終始不同本傳云宋孝武即位以愨爲左衛將軍累遷豫州刺史監五州諸軍使討竟陵王誕入爲左衛將軍廢帝即位爲甯蠻校尉雍州刺史卒此誌乃大明六年作誌云爲右衛將軍監交廣二州湘州之始興冠軍將軍平越中郎將廣州刺史始遷豫州監五州軍事又爲散騎常侍左衛將軍領太子中庶子荆州大中正而傳皆略之也愨南陽涅陽人而此誌云涅陽縣都鄉安眾里人又云窆之於秣陵縣都鄉石泉里都鄉之制前史不載 右集本

齊鎭國大銘像碑天統三年元第一百二十

右齊鎭國大銘像碑銘像文辭固無足取所以錄之者欲知愚民當夷狄亂華之際事佛尤篤爾其字畫頗異雖爲訛謬亦其傳習時有與今不同者其錄之亦以此也右集本

南齊海陵王墓銘歲月闕元第八十三

右南齊海陵王墓銘長兼中書侍郎謝朓撰海陵王昭文者文惠太子次子也初明帝鸞既廢鬱林王昭業而立昭文又廢爲海陵王而殺之遂自立按謝朓傳朓當海陵王時爲驃騎諮議領記室又掌中書郎後遷尚書吏部郎此誌題云長兼中書侍郎而據傳朓未嘗爲中

書侍郎史之闕也按南齊書劉悛爲長兼侍中後魏臨淮王彧爲長兼御史中尉南北史多有此名蓋集本有長兼者三字當時兼官之稱如唐檢校官之類也嘉祐八年九月十七日書右眞蹟

又增入此與前跋相類疑是稾本今兩存之

右海陵王墓銘南齊謝朓撰海陵王者齊文惠太子之次子也名昭文初明帝鸞既廢鬱林王昭業而立昭文又廢爲海陵王而殺之鸞立是爲明帝按朓傳朓當海陵王時爲驃騎諮議領記室又掌中書郎後遷尚書吏部郎此誌題云長兼中書侍郎臣謝朓立而傳不書朓爲侍郎也按齊書劉悛爲長兼侍中魏臨淮王彧爲長兼御史中尉南北史多有蓋長兼似當時兼官之稱如唐檢校官也

梁智藏法師碑普通三年元第六十二

右梁智藏法師碑梁湘東王蕭繹撰銘新安太守蕭幾作敘尚書殿中郎蕭挹書世號三蕭碑法師者姓顧氏幾挹皆稱弟子衰世之弊遂至於斯余於集古錄而不忍遽棄者以其字畫粗可佳捨其所短取其所長斯可矣嘉祐八年五月晦日書右眞蹟

陳浮屠智永書千字文歲月闕元第四十六

右千字文今流俗多傳此本爲浮屠智永書考其字畫時時有筆法不類者雜於其間疑其石有亡缺後人妄

補足之雖識者覽之可以自擇然終汨其眞遂去其二百六十五字其文既無所取而世復多有所佳者字爾故輒去其僞者不以文不足爲嫌也蔡君謨今世知書者猶云未能盡去也嘉祐八年十月十八日書右眞蹟

又

梁書言武帝得王羲之所書千字命周興嗣以韻次之今官集本作觀法帖有漢章帝所書百餘字其言有海鹹河淡之類蓋前世學書者多爲此語不獨始於羲之也右眞蹟

大代修華嶽廟碑興光二年元第五百二十四

右大代修華嶽廟碑按魏書文成帝興光二年三月己

亥改元爲太安故魏書興光無二年而此碑云集本有興光二字二年三月甲午立者蓋立碑後六日始改元也其曰闡皇風於五葉者自道武明元太武至於文成纔四世爾太武之弒南安王余立不踰年亦被弒不得成君集本無此十九字而景穆太子文成父也追尊爲帝立廟稱宗故以爲世也魏自道武天興元年議定國號羣臣欲稱代而道武不許乃仍稱魏自是之後無改國稱代之事今魏碑數數有之碑石當時所刻不應妄但史失其事爾由是言之史家闕繆可勝道哉然予於史家非長故書之以待博學君子也嘉祐八年歲在癸卯七月三十日書昔在南譙自號醉翁晚又更號六一居士　右眞蹟

又此與前跋相類疑是稾本今兩存之

按魏書文成帝興光二年三月已亥改元太安而此碑書二年三月甲午立蓋立碑後六日乃改元故碑猶得稱二年也其曰闡皇風於五葉者自道武明元太武至於文成纔四世爾太武之弒南安王余立不踰年亦被弒不得成君爲一世而景穆太子文成父也追尊爲帝立廟稱恭宗故以爲世也魏自道武天興元年議定國號羣臣欲稱代而道武不許仍稱魏自是之後無改國稱代之事今魏碑數數有之碑石當時所刻不應妄誤但史失其事爾由是言之史家闕繆多矣　右眞蹟

懷州孔子廟記後魏太和中　元第二百八十五

右宣尼廟記文辭事實皆不足采其書亦非佳獨其字畫多異故特錄之以備博覽　右見縣本拾遺

後魏孝文北巡碑太和二十一年　元第八十九

右魏孝文北巡碑云太和二十一年脩省方之典北臨舊京又云涉西河出平陽斜順唐逵指遊咸櫟路逦龍門遂紆雕軒按後魏本紀是歲正月乙巳北巡二月次太原至平城四月幸龍門以太牢祭夏禹遂幸長安汎渭浮河迺東歸與此碑所書皆合也碑無題首故依本紀爲北巡碑也治平元年三月二十二日書　右眞蹟

後魏定鼎碑景明三年　元第一百九

右魏定鼎碑景明三年建在今懷州流俗謂之定鼎碑

也景明魏宣武年號也碑云定鼎遷中之十年按魏孝文以太和十七年遷都洛陽至此景明三年蓋十年矣　右集本

後魏石門銘永平二年　元第七百八

右魏石門銘云此門蓋漢永平中所穿自晉氏南遷斯路廢矣皇魏正始元年漢中獻帝褒斜遂開假節龍驤將軍梁秦二州刺史羊祉開創舊路詔遣左校令賈三德共成其事起四年十月訖永平二年正月畢功其餘文字尚完而其大略如此石門在漢中所謂漢永平中所穿者乃明帝時司隸校尉楊厥所開也厥自有碑述其事甚詳正始永平皆後魏宣武年號也治平元年五

月十日書右眞蹟

後魏神龜造碑像記神龜三年元第四百九

右神龜造碑像記魏神龜三年立余所集錄自隋以前碑誌皆未嘗輒棄者以其時有所取於其間也然患其文辭鄙淺又多言浮屠然獨其字畫往往工妙惟後魏北齊差劣而又字法多異不知其何從而得之遂與諸家相戾亦意其夷狄昧於學問而所傳訛繆爾然錄之以資廣覽也此碑字畫時時遒勁尤可佳也神龜孝明年號按魏書一有神龜二字三年七月辛卯改元正光而此碑是月十五日立不知辛卯是其月何日也當俟治厤者推之嘉祐八年七月十一日書右集本

魯孔子廟碑興和三年元第二百九十

右魯孔子廟碑後魏北齊時書多若此筆畫不甚佳然亦不俗而往往相類疑其一時所尚集本作尊當自有法又其點畫多異故錄之以備廣覽右眞蹟

東魏任城王造浮圖記武定四年元第八百二十五

右任城王造浮圖記不著其名云武定四年建武定東魏孝靜年號也按後魏書景穆皇帝子雲雲子澄集本有子字彜二相襲爲任城王其後國絶不封其云孝靜時差遠不知武定四年王任城者爲誰也治平元年八月八日書右眞蹟

東魏造石像記武定七年元第八百三十九

右東魏造石像記其碑云大魏武定七年歲次己巳武定孝靜年號也今世所行厤譜爲龔穎運厤圖與今亳州宋退一作丞相紀年通譜爲最詳而以顓所書推之武定七年歲當己巳與此碑合而武定止於八年是歲庚午東魏滅其事與東魏北齊書亦合而通譜以七年爲戊辰八年爲己巳又有九年爲庚午而東魏滅按孝靜以後魏一有永熙三年立在位十七年至大統十六年滅是歲庚午則知宋公所記甲子不繆惟武定不當有九年而七年不得爲戊辰此其失爾蓋孝靜始卽位改元天平盡四年而五年正月改爲元象今通譜天平止於三年以四年爲元象蓋自元象以後遞差一年故以武定七年爲戊

辰也苟不見斯碑則運厤圖與通譜二家得失其何以決然後知余之集錄不爲無益也治平元年閏五月九日書右集本

魏九級塔像銘天保三年元第四百四十七

右魏九級塔像銘不見書撰人名氏蓋北齊時人所作也其年號見於文者三曰眞君九年者後魏太武號也又曰武定四年者東魏孝靜號也又曰天保三年者北齊文宣號也按高洋以後周大統十六年受東魏禪是歲庚午改元天保三年壬申此碑云歲在涒灘是矣碑文淺陋蓋鄙俚之人所爲惟其字畫多異往往奇怪故錄之以備廣覽集本有云字治平元年三月二十三日書右眞

蹟

北齊常山義七級碑 天保九年 元第十四

右不著書撰人名氏文爲聲偶頗奇怪而字畫亦佳往往有古法碑云常山太守六州大都督儀同三司綦連公以天保九年造浮圖天保齊文宣年號也北齊書有綦連猛而不爲常山太守都督儀同等官不知此所謂綦連公者何人也嘉祐八年九月二十日書 右眞蹟

又別本

右常山義七級碑不著書撰人名氏文辭聲偶而甚怪書字頗有古法其碑首題云慕容儀同麴常山石氏諸邑義七級之碑其文云常山太守六州大都督儀同三

司綦連公以天保九年爲國敬造七級浮圖一區至天統中復持節都督瓜州諸軍事驃騎大將軍儀同三司瓜州刺史常山太守六州大都督頻陽縣開國子樂平縣開國男慕容樂及散騎常侍驃騎大將軍前給事黃門侍郎繕州大中正食新市縣幹新除常山太守麴顯貴與功曹石子和等增成之蓋北齊時碑也綦連公不見其名北齊有綦連猛不爲常山太守不知此何人而慕容樂官兼刺史太守竝封兩縣不可詳也食縣幹人官銜蓋當時之制亦不可詳也義者衆成之名猶若今謂義井之類也 右集本

永樂十六角題名 歲月闕 元第九百八十五

右永樂十六角題名不著年月列名人甚多皆無顯者莫可考究不知爲何時碑其字畫頗怪而不精似是東魏北齊人所書十六角者庸俗所造佛塔其後又書云造十六角鎭國大浮圖則知爲塔矣其謂之十六角只見此碑而後魏時又有常山義七級碑蓋當時俚俗語類皆如此治平元年八月八日書 右眞蹟

北齊石浮圖記 河清二年 元第九百七十六

右齊造石浮圖記云河清二年歲在癸未河清北齊高湛年號也碑文鄙俚而鐫刻時時訛繆字有完者筆畫淸婉可喜故錄之又其前列題名甚多而名特奇怪如馮戩郎馮貴買之類皆莫曉其義若名野义伽耶者益

出於浮圖爾自胡夷亂華以來中國人名如此者多矣最後有馮黑太者予謂太亦音撻意隋末有劉黑闥與黑闥皆以此爲名者太闥轉寫不同爾然隋去北齊不遠不知黑闥爲何等語也 右集本

後周大像碑 大象三年 元第二百九十八

右周大像碑宇文氏之事迹無足采者惟其字畫不俗亦有取焉翫物以忘憂者惟奇怪變態眞僞相雜使覽者自擇則可以忘倦焉故余於集古所錄者博矣嘉祐八年六月二日書 右眞蹟

集古錄跋尾卷四終

集古錄跋尾卷五

宋廬陵歐陽修永叔著　吳縣朱記榮校刊

隋太平寺碑 開皇元年 元第四百四十六

右太平寺碑不著書撰人名氏南北文章至於陳隋其弊極矣以唐太宗之致治幾乎三王之盛獨於文章不能少變其體豈其積習之勢其來也遠非久而衆勝之則不可以驟革也是以群賢奮力墾闢芟除至於元和然後蕪穢蕩平嘉禾秀草爭出而葩華葉實爛然在目矣此碑在隋尤爲文字淺陋者疑其俚巷庸人所爲然視其字畫又非常俗所能蓋當時流弊以爲文章止此爲佳矣文辭既爾無取而浮圖固吾儕所貶作集本作鄙所以

錄於此者第不忍棄其書爾治平元年三月十六日書

右眞蹟

隋老子廟碑 開皇二年 元第二百四

右老子廟碑隋薛道衡撰道衡文體卑弱然名重當時余所取者特其字畫近古故錄之唐人二字集本作其碑後所題唐人姓名字皆不俗亦可佳也

隋尒朱敞碑 開皇元年 元第二百三十五

右尒朱敞碑敞者榮從弟彥伯之子也按敞傳云字乾羅而此碑字天羅傳云爲金州總管而碑又爲徐州總管碑文雖殘闕然班班尚可讀其述徐州事頗多當爲史家不取可也不書其官蓋闕繆也其字不同亦當以碑爲是余於集錄正前史之闕繆者多矣治平元年二月十六日書 右眞蹟

隋龍藏寺碑 開皇六年 元第十七

右齊開府長兼行參軍九門張公禮撰不著書人名氏字畫遒勁有歐虞之體隋開皇六年建在今鎭州碑云太師上柱國大威公之世子左威衛將軍上開府儀同三司使持節恆州諸軍事恆州刺史鄂國公金城王孝僊奉勅勸獎州人一萬共造此寺其述孝僊云世業重於金張器識逾於許郭然北齊周隋諸史不見其父子名氏不詳何人也 右集本

又別本 開皇六年

右隋龍藏寺碑齊張公禮撰龍藏寺已廢此碑今在常山府署之門書字頗佳第不見其人姓名爾碑以隋開皇六年立後題二字集本作而張公禮猶稱齊按周武帝建德六年虜齊幼主高常齊遂滅後四年隋建開皇之號至六年齊滅蓋十年矣公禮尙稱齊官何也嘉祐八年九月二十九日書 右眞蹟

隋李康清德頌 開皇十一年 元第二十八

右李康清德頌不著書撰人名氏文爲聲偶而字畫奇古可愛康隴西狄道人也其碑首題云大隋冠軍將軍太中帥都督恆州九門縣令隴西李君清德之頌予在河北時遣人於廢九門縣城中得此碑字多訛闕其後

題十一年歲在辛亥大將軍在酉二月癸丑朔十二日甲子建年上有二字訛闕不可識按隋書開皇十一年歲在辛亥其二字乃開皇也大將軍在酉之說出於陰陽家前史不載而此碑見之　右集本

隋梁洋德政碑　開皇十一年　元第二百二十九

右隋梁洋德政碑在今蔡州新息隋開皇十一年行參軍事　四字集本作參軍　裴玉與州人爲息州刺史梁洋建寶塔表德政碑按隋書志後周於新息置息州至大業中州廢也　右眞蹟

隋韓擒虎碑　開皇十五年　元第九百九十二

右韓擒虎碑不著書撰人名氏而以隋高祖爲今上乃

隋人所撰碑文屢言虎字獨於名下去之若避唐諱此不可知也今以碑文考隋書列傳其家世官勳大略多同惟其在齊爲河長防主大都督車騎大將軍開府儀同三司白超防主轉洪超防主傳皆無之又遷和州刺史而傳爲利州皆史官之闕誤當以碑爲是而傳載闕羅王事甚怪而碑無之使其實有碑不宜不書以此見史家之妄也治平元年六月十日書　右眞蹟

隋陳茂碑　開皇十八年　元第八百二

右陳茂碑不著書撰人名氏而字畫精勁可喜隋書列傳載茂事尤多闕繆傳云高祖爲隋國公引爲寮佐及受禪拜給事黃門侍郎在官十餘年轉益州總管司馬遷太府卿後數年卒而碑歷敘爲高祖寮佐時官傳雖不書可也其自爲黃門侍郎後又爲行軍元帥長孫覽司馬又爲蜀王府長史太僕卿判黃門侍郎上開府儀同三司梁州刺史等官史氏皆不書蓋其闕也又據碑茂爲蜀王長史而傳爲益州總管司馬碑爲太僕卿而傳云太府皆史家之繆也碑云茂字延茂史亦闕治平甲辰秋社日書　右眞蹟

隋蒙州普光寺碑　仁壽元年　元第二百五十

右蒙州普光寺碑蒙州者漢南陽郡之育陽縣也應邵曰育水出宏農盧氏南入於沔故後人於育加水爲淯陽西魏置蒙州隋仁壽中改爲淯州又爲淯陽郡唐爲

縣屬金州碑仁壽元年建猶曰蒙州旣而遂改淯州矣碑無書撰人名氏而筆畫遒美翫之忘倦蓋開皇仁壽以來碑碣字書多妙而往往不著名氏惟丁道護所書常自著之然碑石在者尤少余每與蔡君謨惜之自大業已後率更與虞世南書始盛旣接於唐遂大顯矣治平元年正月七日書　右眞蹟

隋丁道護啓法寺碑　仁壽元年　元第二百五十三

此書兼後魏遺法與楊家本微異隋唐之交善書者衆皆出一法道護所得最多楊本開皇六年去此十七年書當益老亦稍縱也甲辰治平初月十日莆陽蔡襄記

右啓法寺碑丁道護書蔡君謨博學君子也於書尤稱精鑒余所藏書未有不更其品目者其謂道護所書如此隋之晚年書學尤甚吾家率更與虞世南皆當時人也後顯於唐遂爲絕筆余所集錄開皇仁壽大業時碑頗多其筆畫率皆精勁而往往不著名氏每執卷惘然爲之歎息惟道護能自著之然碑刻在者尤少余家集錄千卷止有此爾有太學官楊褒者喜收書畫獨得其所書興國寺碑是梁正明中人所藏君謨所謂楊家本者是也欲求其本而不知碑所在然不難得則不足爲佳物古人亦云百不爲多一不爲少者正謂此也治平元年立春後一日太廟齋宫書　右眞蹟

隋汎愛寺碑　大業五年　元第六百

李百藥（集本作樂下同）字僅存其下摩滅而書字猶可辨疑此碑百藥自書字畫老勁可喜秋暑鬱然覽之可以忘倦治平丙午孟饗攝事齋宫書南譙醉翁六一居士　右眞蹟

隋鉗耳君清德頌　大業六年　元第二十九

右不著書撰人名氏其碑首題云大隋恒山郡九門縣令鉗耳君清德之頌大業六年建字畫有（一本有法字）非歐虞之學不能至也碑云君名文徹華陰朝邑人也本周王子晉之後避地西戎世爲君長因以地爲姓曾祖靜仕魏爲馮翊太守祖朗成集二州刺史父康周荆安鄘鄧四州總管別駕安陸龍門二郡守而前史皆不載碑在今廢九門縣中余爲河北轉運使時求得之　右集本

隋廬山西林道場碑　大業十三年　元第十五

右廬山西林道場碑渤海公撰公爲隋太常博士時作不著書人名氏而字法老勁疑公之書也西林道場者僞趙將竺氏捨俗出家名曇現始居於此晉太和二年光祿卿陶範始爲現弟子慧永造寺而號西林按兩京記隋嘗更名佛寺爲道場此碑大業十三年建也顏魯公寓題碑陰百餘字尤奇偉今附於碑後　右集本

又別本

右西林道場碑渤海公撰公在隋爲太常博士時作不著書人名氏字畫遒勁世或以爲公自書公時年尚幼

又字法與公書不同不知何人書也按（集本有韋述二字）兩京記隋改佛寺爲道場此碑大業中建故謂之道場也　右眞蹟

唐德州長壽寺舍利碑　武德六年　元第四百四十

右德州長壽寺舍利碑不著書撰人名氏碑武德中建而所述乃隋事也其事迹文辭皆無取獨錄其書爾余屢歎文章至陳隋不勝其弊而怪唐家能臻致治之盛而不能遽革文弊以謂積習成俗難於驟變及讀斯碑有云浮雲共嶺松張蓋明月與巖桂分叢迺知王勃云落霞與孤鶩齊飛秋水共長天一色當時士無賢愚以爲警絕豈非其餘習乎治平元年三月十六日書　右集本

唐孔子廟堂碑

右孔子廟堂碑虞世南撰幷書余爲童兒時嘗得此碑以學書當時刻畫完好後二十餘年復得斯本則殘缺如此因感夫物之終敝雖金石之堅不能以自久於是始欲集錄前世之遺文而藏之殆(集本作逮)今蓋十有八年而得千卷可謂富哉嘉祐八年九月二十九日書(右眞蹟)

千文後虞世南書(歲月闕　元附四十六)

右智永千文後七十八字(九字據寶刻叢編增)虞世南所書言不成文乃信筆偶然爾其字畫精妙平生所書碑刻多矣皆莫及也豈矜持與不用意便有優劣邪(集本作也)熙甯辛亥續附(右眞蹟)

唐呂州普濟寺碑(貞觀二年許敬宗撰　元第三百二十三)

右呂州普濟寺碑呂州者霍邑也唐高祖義兵起太原始破宋老生於此義甯元年乃以霍邑趙城汾西靈石四縣置霍山郡武德元年更曰呂州太宗十七年遂廢也(右集本)

唐豳州昭仁寺碑(貞觀二年　元第七百九十二)

右昭仁寺碑在豳州唐太宗與薛舉戰處也唐自起義與羣雄戰處後皆建佛寺云爲陣亡士薦福湯武之敗桀紂殺人固亦多矣而商周享國各數百年其荷天之祐者以其心存大公爲民除害也唐之建寺外雖託爲戰亡之士其實自贖殺人之咎爾其撥亂開基有足壯者及區區於此不亦陋哉碑文朱子奢撰而不著書人名氏字畫甚工此余所錄也治平甲辰秋分後一日書(右眞蹟)

唐顔師古等慈寺碑(貞觀二年　元第四百三十二)

右等慈寺碑顔師古撰其寺在鄭州汜水唐太宗破王世充竇建德乃於其戰處建寺云爲陣亡士薦福唐初用兵破賊多處大抵皆造寺自古創業之君其英雄智略有非常人可及者矣至其卓然信道而知義則非積學誠明之士不能到也太宗英雄智識不世之主而牽惑習俗之弊猶崇信浮圖豈以其言浩博無窮而好盡物理爲可喜邪蓋自古文姦言以惑聽者雖聰明之主

或不能免也惟其可喜乃能惑人故余於(集本有其字)本紀譏其牽於多愛者謂此也治平元年清明後一日書(右眞蹟)

隋郎茂碑(貞觀五年　元第十八)

右隋郎茂碑李百藥撰其弟穎亦有碑在今鎮府北大墓林中余爲都轉運使時得之隋書列傳言茂卒於京師此碑云從幸江都而卒史氏之繆當以碑爲正(右集本)

又別本

碑在大林墓中余爲都轉運使時得之殆今蓋二十年矣嘉祐八年三月二十二日上御延和(一有殿字)放進士許將等及第明日歇泊假開閲遂書隋書列傳言茂卒於

京師此碑云從幸江都而卒史氏之謬當以碑爲正焉
右眞蹟

唐郎穎碑貞觀五年元第十九

右唐郎穎碑李百藥撰宋才書字畫甚偉穎父名基字世業而李百藥書穎世次但云父世業又書穎兄茂碑亦然考其碑文有皇基締構之言則基字當時公私無所諱避而於書世次四字集本作百藥書穎父字而不名不詳其義也是以君子貴乎博學集本有穎事唐爲大理卿隋唐之時屢定律令謚法吏也一十九字嘉祐八年九月二十四日書　右眞蹟

唐郎穎碑陰題名元第二十

右郎穎碑陰題名柱國府僚佐三十二人常山公府國

官一百七人合一百三十九人爲一卷柱國府長史司馬掾屬各一人諮議記室司倉司功司戶司兵司鎧司法司田司士參軍事各一人又有參軍事五人行參軍十人典籤三人常山國官國令大農各一人常侍侍郎國尉各二人典尉六人舍人四人城局廟長學官各一人食官廐牧各四人典府長一人典府丞二人親事七十五人穎以貞觀四年卒此蓋唐制也　右集本

唐孝子張常洧旌表碣貞觀五年元第二百二十二

右唐孝子張常洧旌表碣文字摩滅僅可見其髣髴蓋孝悌之名爲人所甚慕而旌表非爲一世勸也故特錄之者惜其將遂不見於後世也其文辭筆畫亦自可佳

然不專取乎此也　右集本

唐九成宮醴泉銘貞觀六年元第七十七

右九成宮醴泉銘唐祕書監魏徵撰歐陽率更書九成宮即隋仁壽宮也太宗避暑於宮中而乏水以杖琢地得水而甘因名醴泉焉　右集本

唐歐陽率更臨帖歲月闕元第五百五十四

右率更臨帖吾家率更蘭臺世有清德其筆法精妙迺其餘事豈止士人模楷雖海外夷狄皆知爲貴而後裔所宜勉旃庶幾不隕其美也　右眞蹟

唐皇甫忠碑貞觀十六年元第六百三十五

右皇甫忠碑著作佐郎李儼撰忠爲泰州龍門令歲滿

縣民前左勳衛裴公隱等一千三百人申省請畱人座報云公等請來遲晚縣令今已替訖好人堪用縣國一作國家共須豈一縣士庶獨懷悕悒或作惜所請不允忠以唐太宗時爲令一作去縣當時臺省文字如此可愛泰州者義甯元年以河中之汾陰龍門置治汾陰武德二年徙治龍門太宗十七年州廢今碑後列縣人姓名有錄事鄉長鄉老里正縣博士助教佐史等今之縣吏惟錄事里正其名在爾　治平元年五月二日書　右集本

唐岑文本三龜記貞觀十五年元第三十四

右三龜記唐兼中書侍郎岑文本撰起居郎褚遂良書字畫尤奇偉在河南龍門山山夾伊水東西可愛俗謂

其東曰香山其西曰龍門龍門山壁間鑿石爲佛像大小數百多後魏及唐時所造惟此三龕像最大乃魏王泰爲長孫皇后造也　右集本

唐孟法師碑　貞觀十六年　元第三十六

右孟法師碑唐岑文本撰褚遂良書法師名靜素江夏安陸人也少而好道誓志不嫁隋文帝居之京師至德宮至唐太宗十二年卒年九十七　右集本

唐孔穎達碑　貞觀二十二年　元第六百七十二

右孔穎達碑于志寧撰其文摩滅然尚可讀今以其可見者質於唐書列傳傳所闕者不載穎達卒時年壽其與魏鄭公奉敕共修隋書亦不著又其字不同傳云字

仲達碑云字沖遠碑字多殘缺惟其名字特完可以正傳之繆不疑以沖遠爲仲達以此知文字轉易失其眞者何可勝數幸而因余集錄所得以正其訛舛者亦不爲少也乃知余家所藏非徒翫好而已其益豈不博哉治平元年端午日書　右眞蹟

陳張慧湛墓誌銘　貞觀二十三年　元第六百一十三

右陳張慧湛墓誌銘不著書撰人名氏陳隋之間字書之法極於精妙而文章頹壞至於鄙里豈其時俗敝薄士遺其本而逐其末乎予家集錄所見頗多自開皇仁壽而後至唐高宗已前碑碣所刻往往不減歐虞而多不著名氏如鉗耳君清德頌或有名而其人不顯如丁道護之類不可勝數也慧湛陳人至唐太宗時始改葬爾其銘刻字畫遒勁有法翫之忘倦惜乎不知爲何人書也治平元年四月晦日書　右眞蹟

唐薛稷書　貞觀永徽之間　元無卷第

薛稷書刻石者余家集錄頗多與墨蹟互有不同唐世顏柳諸家刻石者字體時時不類謂由模刻人有工拙昨日見楊褒家所藏薛稷書君謨以爲不類信矣凡世人於事不可一槩有知而好者有好而不知者有不好而不知者有不好而能知者褒於書畫好而不知者也畫之爲物尤難識其精粗眞僞非一言可達得者各以其意披圖所賞未必是秉筆之意也昔梅聖俞作詩獨

以吾爲知音吾亦自謂舉世之人知梅詩者莫吾若也吾嘗問渠最得意處渠誦數句皆非吾賞者以此知披圖所賞未必得秉筆之人本意也　右集本

唐益州學館廟堂記　永徽元年顏有意書　元第一百二十二

高朕之名於義不安頗疑有意得於古碑之訛缺爾存之以俟博學者　右集本

唐衛國李靖碑　顯慶三年　元第四百六十四

右李靖碑許敬宗撰唐初承陳隋文章衰敝之時作者務以浮巧爲工故多失其事實不若史傳爲詳惟其官封頗備史云爲撫慰使而碑云安撫使其義無異而後世命官多襲古號蓋靖時未嘗有撫慰使也由是言之

不可不正又靖爲刑部尚書時以本官行太子左衛率其封衛國公也授濮州刺史蓋太宗以功臣爲世襲刺史後雖不行皆史宜書（集本有而不書者闕也六字）其餘略之可也故聊志之治平元年三月二十二日書（右眞蹟）

唐辨法師碑（顯慶三年　元第八百八十二）

右辨法師碑李儼撰薛純陀書純陀唐太宗時人其書有筆法其遒勁精悍不減吾家蘭亭意其當時必爲知名士而今世人無知者然其所書亦不傳於後世余家集錄可謂博矣所得純陀書秪此而已知其所書必不止此而已也嗟其不幸湮沈泯滅非余偶錄得之則遂不見於世矣適知士有負絕學高世之名而不幸不傳

於後者可勝數哉治平元年閏五月晦日書（右眞蹟）

唐吳廣碑（總章二年　元第九百）

右吳廣碑不著書撰人名氏而字畫精勁可喜廣字黑闥唐初與程知節秦叔寶等俱從太祖征伐後與殺建成有功至高宗時爲洪州都督以卒然唐書不見其名氏惟會要列陪葬昭陵人有洪州刺史吳黑闥亦不知其名廣也其名字事蹟幸見於後世者以有斯碑也碑字稍摩滅世亦罕見獨余集錄得之遂以傳者以其筆畫之工也故余嘗爲蔡君謨言書雖學者之餘事而有助於金石之傳者以此也治平元年八月八日書（右眞蹟）

唐龍興宫碧落碑（咸亨元年　元第十三）

右碧落碑在絳州龍興宫宫有碧落尊像篆文刻其背故世傳爲碧落碑據李璿之以爲陳惟玉書李漢以爲黃公譔書莫知孰是洛中紀異云碑文成而未刻有二道士來請刻之閉戶三日不聞人聲人怪而破戶有二白鴿飛去而篆刻宛然此說尤怪世多不信也碑文言有唐五十三祀龍集登牂乃高宗總章三年歲在庚午也又云哀子李訓誼譔諶爲妣妃造石像按唐書韓王元嘉有子訓誼譔而無諶又有幼子訥元嘉以則天垂拱四年見殺在總章三年（集本有立碑二字）後十八年（集本有史字）有子訥不足怪而不應無諶蓋史官之闕也嘉祐八年十月初四日書（右眞蹟）

唐徐王元禮碑（咸亨三年　元第九百三十九）

右徐王元禮碑崔行功撰趙仙客書元禮唐高祖子也以碑考傳年壽官閥悉同而碑云使持節徐譙泗三州諸軍事徐州刺史又云贈太尉使持節大都督冀相貝滄德棣魏博等八州諸軍事冀州刺史傳云爲徐州都督又云贈冀州大都督傳既簡略又都無法而碑之所書亦失也蓋刺史非兼州之官都督非一州之號碑云持節徐譙泗三州諸軍而傳獨爲徐一州刺史此其失也當如前史持節秦涼州諸軍事秦涼二州刺史乃爲得爾其書贈官則如碑之書是矣蓋爲一州刺史而兼督八州軍（集本有州字）事爾督者有所兼總之名也此特小

故而余區區辯之者前史失之久矣又國朝自削方鎮之權而節度使都督無復兼州而舊名不除是節度都督自施於已此不可不正其失也治平甲辰中元日書 右眞蹟

唐智乘寺碑 咸亨四年 元第四百十七

右智乘寺禪院碑 集本有碑字 者唐鄭惠王所作也惠王名元懿高祖第十三子也有子十人列於碑後而第五子樂陵公闕其名按唐書宗室世繫表 集本作譜 樂陵公名球不知 集本有碑字 何爲獨闕也今唐書年表以嗣王敬爲璥樂平公珪爲樂安公新平公璲爲遂三者皆史家之失當以碑爲正世繫譜牒歲久傳失尤難考正而碑碣皆當

時所刻理不得差故集古所錄於前人世次是正頗多也治平元年清明前一日書 右眞蹟

唐九門縣西浮圖碑 上元三年 元第七十五

右九門縣西浮圖碑唐應詔四科舉董行思文清河傅德節書題云九門縣合鄉城人等爲國建浮圖之碑浮圖在智矩寺中寺今亦廢碑上元三年建按唐有兩上元此碑云歲在丙子乃高宗上元三年也肅宗上元三年歲在壬寅爾 右集本

唐陶雲德政碑 永淳二年 元第十二

右唐中州錄事張義感撰雲字夫舉河南伊闕人也高宗時爲恒州刺史碑永淳二年立予爲河北轉運使至真定府見碑仆在府門外半埋地中命工掘出立於廡下字爲行書筆蹟遒麗而不著書者姓名惜哉 右眞蹟

集古錄跋尾卷五終

集古錄跋尾卷六

宋廬陵歐陽修永叔著　吳縣朱記榮校刊

唐八都壇實錄 垂拱三年 元第三十

右八都壇實錄撰人名元質不見其姓又不著書人名氏其字畫亦可愛碑首題云大唐八都壇神君之實錄其文云都望八山之始壇也此地名山封龍之類有八因壇立廟遂爲號焉封龍山在今鎮州其餘七山不見其名又云漢光和中有碑而今亡此碑垂拱三年立 右集本

唐魏載墓誌銘 垂拱三年 元第五百六十四

右魏載墓誌銘其序云祖徵謚曰文貞父叔玉光祿卿載以宏文生對策高 一作居 甲授太常寺奉禮郎以疾謝職詩調懷州司兵參軍屬惟 集本作維下同 楊詭道不戢斯焚謗及宗姻旋加此累以垂拱三年終於嶺外春秋三十有二所謂惟揚詭道者乃徐敬業起兵於揚州誅武后不克也時敬業以前盩厔尉魏思溫爲軍師 集本作帥 所謂讒及宗姻者疑敬業敗載坐思溫竄死南嶺耳今據新唐書宰相世繫表鄭公諸房都無思溫及載而叔玉但著一子膺爲祕書丞豈載以官卑貶死無後而殁不見邪載死不幸而家譜不錄史官不書 八字集本作家譜史官不錄 非事載斯誌而誌錄於余其遂泯滅於無聞乎治平元年四月二十三日書 右眞蹟

唐乙速孤神慶碑 載初元年 元第八百五十二

右乙速孤神慶碑宏文館學士苗神容撰神慶唐初仕三衛高宗時爲太子右虞候副率以卒乙速孤氏在唐無顯人惟以其姓見於當時者神慶一人而已元和姓纂但云代人隨魏南徙而已其敘神慶世次又多闕繆而此碑所載頗詳云其先王氏太原人 一有代祖顯爲五字 後魏驃騎大將軍賜姓乙速孤氏遂爲京兆醴泉人曾祖貴隋河州刺史和仁郡公祖安隋益州都督父晟唐驃騎將軍乙速孤氏世無可稱而其姓出夷狄莫究其詳惟見於此碑者可以補姓纂之略以備考求故特錄之治平甲辰社日書 右集本

唐尹氏闕文 萬歲通天 元第一百六十三

右尹氏闕文在襄州題云唐孝子尹仁恕闕萬歲通天二年旌表萬歲通天則天之年號也可謂昏亂之世矣然尹氏猶見旌表孔子以謂忠信可行於蠻貊信矣孝悌見尊於昏亂也

唐尹孝子旌表文 歲月闕 元附一百六十二

唐之致治之意深矣嗚呼不得而見矣此碑尤可惜也

右集本

唐渭南令李君碑 聖曆元年 元第一百一十七

右鴻州渭南縣令李君清德碑馬吉甫撰按唐書則天天授二年析雍州之渭南慶山置鴻門縣遂以慶山鴻

門渭南高陵櫟陽置鴻州大足二年廢治平二年正月十四日書（右眞蹟）

又（此與前跋相類疑是稾本今兩存之）

右渭南令李君碑其首題云大周鴻州渭南縣挍新唐書則天天授二年析雍州之渭南慶山置鴻門縣遂以渭南慶山鴻門高陵置鴻州大足二年州廢矣

唐流杯亭侍宴詩（久視元年　元第二百二十三）

右流杯亭侍宴詩者唐武后久視元年幸臨汝（一有温字）湯留宴郡臣應制詩也李嶠序殷仲容書開元十年汝水壞亭碑遂沈廢至貞元中刺史陸長源以爲嶠之文仲容之書絶代之寶也乃復立碑造亭又自爲記刻其碑

陰武氏亂唐毒流天下其遺蹟宜爲唐人所棄而長源當時號稱賢者乃獨區區於此何哉然余今又錄之蓋亦以仲容之書可惜是以君子患乎多愛（右眞蹟）

又（此與前跋相類疑是稾本今兩存之）

右流杯亭侍宴詩者唐武后久視元年幸汝州温湯羣臣應制詩也李嶠序殷仲容書開元中汝水壞其碑亭碑亦沈沒貞元中陸長源爲刺史以爲嶠序仲容書絶代之寶也乃爲之造亭立碑自記其事於碑陰武氏亂唐毒流天下其遺蹟宜爲唐人所棄而長源當時賢者區區於此何哉然余今又錄之者特以仲容書爾是以君子患乎多愛

唐司刑寺大腳（一作佛）蹟勅（長安二年　元第五百一十二）

右司刑寺大腳蹟并碑銘二閻朝隱撰附詩曰匪手攜之言示之事蓋諭昏愚者不可以理曉而決疑惑者難用空言雖示之已驗之事猶懼其不信也此自古聖賢以爲難語曰中人以下不可以語上者聖人非棄之也以其語之難也佛爲中國大患非止中人以下聰明之智一有惑焉有不能解者矣方武氏之時毒被天下而刑獄慘烈不可勝言而彼佛者遂見光蹟於其間果何爲哉自古君臣事佛未有如武氏之時盛也視朝隱等碑銘可見矣然禍及生民流毒王室亦未有若斯之甚也碑銘文辭不足錄錄之者所以有警也俾覽者知無

佛之世詩書雅頌之聲斯民蒙福者如彼有佛之盛其金石文章與其人之被禍者如此可以少思焉嘉祐八年重陽後一日書（右眞蹟）

唐韓覃幽林思（武后時　元第二十九）

右幽林思廬山林藪人韓覃撰余爲西京留守推官時因遊嵩山得此詩愛其辭翰皆不俗後十餘年始集古金石之文發篋得之不勝其喜余在洛陽凡再登嵩嶽其始往也與梅聖俞楊子聰俱其再往也與謝希深尹師魯王幾道楊子聰俱當發篋見此詩以入集時謝希深楊子聰已死其後師魯幾道聖俞相繼皆死蓋遊嵩在天聖十年是歲改元明道余時年二十六距今嘉祐

八年蓋三十一年矣遊嵩六人獨余在爾感物追往不勝（二字集本作可爲）愴然六月旬休日書（右眞蹟）

唐崔敬嗣碑（景龍二年元第七百四十二）

右唐崔敬嗣碑胡皓撰郭謙光書崔氏爲唐名族而敬嗣不顯皓爲昭文館學士然亦無聞（三字集本作觀）其事實文辭皆不足多采而余錄之者以謙光書也其字畫筆法不滅韓蔡李史四家而名獨不著此余屢以爲歎也治平元年七月三十日書（右眞蹟）

唐武盡禮甯照寺鐘銘（景龍三年元第五百九十六）

右武盡禮筆法精勁當時宜自名家而唐人未有稱之見於文字者豈其工書如盡禮者往往皆是特今人罕

及爾余每得唐人書未嘗不歎今人之廢學也（右眞蹟）

唐韋維善政論（先天元年元第八百五十）

右韋維善政論著作郎楊齊哲撰維先天中爲坊州刺史齊哲所撰其實德政碑也特異其名爾余嘗患文士不能有所發明以警未悟而好爲新奇以自異欲以怪而取名如元結之徒是也至於樊宗師遂不勝其弊矣如齊哲之文初無高致第易碑銘爲論贊爾（右集本）

唐有道先生葉公碑（開元五年元第二百四年）

右有道先生葉公碑李邕撰并書余集古所錄李邕書頗多最後得此碑於蔡君謨君謨善論書爲余言邕之所書此爲最佳也（右眞蹟）

唐郭知運碑銘（開元十年元第三十七）

右郭知運碑銘蘇頲撰其書知運子四人皆有次第曰英傑英奇英協英彥而張說亦爲（集本有郭字）知運撰碑其書知運子與頲（集本有此碑二字）正同而唐書知運傳書其子二人而無英奇英協英彥但云二子英傑英乂而已（十八字集本作英傑英乂而無英奇英協英彥而蘇張二碑又無英乂）英奇等三子在唐不顯史家（一本作官）闕略尚或有之英乂嘗爲西川節度（集本有使字）其事甚著史官不應失（集本作差）其世家而（集本有蘇張二字）二公作銘在郭知運卒後不遠亦不應闕其子孫莫可究其孰失也姑志之以俟知者嘉祐八年十月十八日書（右眞蹟）

唐御史臺精舍記（開元十一年元第三百七十三）

右御史臺精舍記崔湜撰粱昇卿書讀其文則湜於佛可謂篤信者矣唐書列傳云桓彥範等當國畏武三思使湜陰伺其姦而三思恩寵日盛湜反以彥範等計告之遂勸三思速殺彥範等以絕人望因薦其外兄周利正以害彥範等又云湜貶襄州刺史以譙王事當死賴劉幽求張說救護得免後爲宰相陷幽求嶺表諷周利正殺之不果又與太平公主逐張說其餘傾邪險惡不可勝紀世言佛之徒能以禍福怖小人使不爲惡又爲虛語矣以斯記之言驗湜所爲可知也故錄之於此其碑首題名多知名士小字頗佳可愛也治平元年三月

九日書右眞蹟

唐西嶽大洞張尊師碑開元十四年元第六百七十

右西嶽大洞張尊師碑王延齡撰李慈書尊師名敬宗其事迹余無所取所錄者以慈書爾慈之書體兼虞褚而遒麗可喜然不知爲何人以其書當時未必不見稱於世蓋唐人善書者多遂不得獨擅既又無他可稱遂至泯然於後世以余集錄之博慈所書碑秖得此爾尤爲可惜也治平元年七月二十日書右眞蹟

唐令長新戒開元中元第三百九

右令長新戒唐開元之治盛矣元宗嘗自擇縣令一百六十三人賜以丁甯之戒其後天下爲縣者皆以新戒

刻石今猶有存者余之所得者六世人皆忽不以爲貴也元宗自除內難遂致太平世徒以爲英豪之主然不知其興治之勤用心如此可謂爲政知本末矣然鮮克有終明智所不免惜哉新戒凡六其一河內其二虞城其三不知所得之處其四汜水其五穰其六舞陽嘉祐八年六月十日書右眞蹟

唐興唐寺石經藏贊開元中元第五百八十六

右唐興寺石經藏贊皆其作者自書而八分者數家維蔡有鄰著其姓氏有鄰名重當時杜甫嘗稱之於詩其爲苑咸所書小字與三代器銘何異可謂名實相稱也余家集錄有鄰書頗多皆不若此贊故尤寶之余初不

識書因集古著錄所閱既多遂稍識之然則人其可不勉强於學也治平元年三月三十日書右眞蹟

唐李邕端州石室記開元十五年元第四十四

右端州石室記唐李邕撰不著書人名氏考其筆蹟似張庭珪書疑庭珪所書也右集本

唐獨孤府君碑歲月闕元第四十七

右獨孤府君碑李邕撰蕭誠書誠書世多有而此尤佳碑在峴山亭下余自夷陵徙乾德令嘗登峴山讀此碑碑爲四面而一面字完今人家所傳祇有一面而余所得有二面故其一面頗有訛缺也府君諱冊字伯謀河南人也其文不完故不見其終始右集本

又此與前跋相類疑是稾本今兩存之

右碑在峴山亭下余自夷陵徙乾德令嘗登峴山讀此碑碑爲四面而一面字完人家多有之而余所得蓋二面也故其一面頗有訛缺也蕭誠書世數數有之而此尤佳也

唐蔡有鄰盧舍那珉像碑開元十六年元第一百三十三

右盧舍那珉像碑蔡有鄰書在定州唐世名能八分者四家韓擇木史惟則世傳頗多而李潮及十七字集本作韓擇木等四家爲取而有鄰特爲難得慶歷中今昭文韓集本作相公在定州爲余得此本余所集錄自目一作非眾君子共成之不能若此之多也右眞蹟

唐景陽井銘 開元二十一年 元第二百六

右景陽樓下井銘不著撰人名氏述隋滅陳叔寶與張麗華等投井事其後有銘以爲戒又有唐江甯縣丞王震井記云井在興嚴寺其石檻銘有序稱余者皆王震也其文字皆摩滅僅可識者其十一二叔寶事前史書之甚詳不必見於此然錄之以見煬帝躬自滅陳目見叔寶事又嘗自銘以爲戒如此及生爲淫亂則又過之豈所謂下愚之不移者哉今其銘文隱隱尚可讀處有云前車已傾負乘將沒者又可歎也嘉祐八年十二月二十六日書 右眞蹟

唐華嶽題名 開元二十三年 元第四百二十一

右華嶽題名自唐開元二十三年訖後唐淸泰二年實二百一年題名者五百 集本有十字 一人再題者又三十一人 集本有錄爲十卷四字 往往當時知名士也或兄弟同遊或子姪並侍或僚屬將佐之咸在或山人處士之相攜或奉使奔命有行役之勞或窮高望遠極登臨之適其富貴貧賤歡樂憂悲非惟人事自端而亦世變多故開元二十三年丙午 集本作子 是歲天子 集本有躬字 耕藉田肆大赦羣臣方頌太平請封禪蓋有唐極盛之時也淸泰二年乙未廢帝簒立之明年也是歲石敬瑭以太原反召契丹入自鴈門廢帝自焚於洛陽而晉高祖入立蓋 二字集本作自太原 五代極亂之時也始終二百年間或治或亂或盛或

衰而往者來者先者後者雖窮達壽夭參差不齊而斯五百人者卒歸於共盡也其姓名歲月風霜剝裂亦或在或亡其存者獨五 集本作有 千仞之山石爾故特錄其題刻每撫卷慨然何異臨長川而歎逝者也治平元年淸明後一日書 右眞蹟

唐石臺道德經 開元二十三年 元第二

右老子道德經唐元宗注開元二十三年道門威儀司馬秀等請於兩京及天下應修官齋等州皆立石臺刊勒其經文御書其注皆諸王所書此本在懷州 右集本

唐陝州盧奐廳事贊 開元二十四年 元第九十五

右盧奐廳事贊唐元宗撰并書奐爲陝州刺史元宗行幸過陝州書其廳壁而刻之 右集本

唐鶺鴒頌 歲月闕 元無卷第

當皇祐至和之間余在廣陵有敕使黃元吉者以唐明皇自書鶺鴒頌本示余把玩久之後二十年獲此石本於國子博士楊褒又三年來守靑州始知刻石在故相沂公宅熙甯三年五月二十八日書 右集本

唐元宗謁元元廟詩 歲月闕 元第七十九

右謁元元廟詩唐元宗撰并書余嘗見世有元宗所書鶺鴒頌與此字法正同碑在北邙山上洛陽人謂之老君廟也 右集本

唐裴光庭碑 開元二十四年 元第四百五十七

右裴光庭碑張九齡撰元宗御書按唐書列傳云光庭素與蕭嵩不平及卒博士孫琬希嵩意以其用循資格非獎勸之道謚曰克平帝聞特賜謚曰忠憲今碑及題額皆爲忠獻傳云撰搖（集本作瑤）山往則而碑云往記光庭以開元二十一年薨二十四年建此碑元宗自書不應誤皆當以碑爲是也（集本有也字）治平元年三月二十日書（右眞蹟）

唐羣臣請立道經臺奏答（開元二十五年　元第十）

右羣臣請立道德經臺奏答幷書注諸王列名附唐元宗諸子三十人其一是爲肅宗其七不及得封而早夭唐書列傳所載二十二人以注經列名於此者十八人

按（集本有明皇既書道德經七字）道士尹愔奏請懷州依京樣摹勒石臺乃開元二十五年也皇太子瑛以二十五年廢二十六年始立忠王璵爲皇太子二十七年始更名紹則當書注時不得有皇太子紹也信王理義王玭豐王珙陳王珄涼王璿汴王璥皆以二十一年封當書注時皆年尚幼（集本有疑字）未能書而今經注字皆一體疑非諸王所書而後人追寓其名爾舊唐書以信王理爲瑆濟王環爲壞壽王瑁爲瑁瑁名（集本有別字）見於武惠妃碑爲瑁與此同當爲瑁也此碑列名既可疑則環瑆二名未知孰是也嘉祐八年癸卯九月十日書（右眞蹟）

唐萬回神迹記碑（開元二十五年　元第三百七十）

右萬回（集本有神跡記三字）碑徐彥伯撰其事固已（集本作可怪）矣元宗英偉之主彥伯當時名臣也而君臣相與尊寵稱述之如此欲使愚庸之人不信不惑其可得乎世傳道士罵老子云佛以神怪禍福恐動世人俾皆信嚮（集本有古僧尼得享豐饒七字）而爾徒（二字集本作吾老子）高談清淨遂使我曹寂寞此雖鄙語有足采也治平元年三月八日書（右眞蹟）

唐張嘉貞碑（開元二十六年　元第六百二十二）

右張嘉貞碑李邕撰蔡有鄰立書（集本有按字）李絳論事集言吐突承璀欲於安國寺爲憲宗立紀聖德碑乃先立碑建樓請學士撰文絳疏論以爲不可憲宗遽命以牛百頭拽碑倒葢未撰文而先立碑建樓此碑有鄰又（三字集本作文）云立書亦應先立石矣今人立碑須鐫刻成文然後建立葢今昔所爲不同各從其便爾治平元年七月二十日書（右眞蹟）

唐李邕嵩嶽寺碑（開元二十七年　元第一百十七）

右嵩嶽寺碑唐淄州刺史李邕撰胡英書英之書世所重也其文云寺後魏孝明帝之離宮初名閑居寺仁壽二年改爲嵩嶽寺也（右集本）

唐裴大智碑（開元二十九年　元第四百三十五）

右裴大智碑李邕撰蕭誠書誠以書知名當時今碑刻傳於世者頗少余集錄所得纔數本爾以余之博采而得者止此故知其不多也然字畫筆法多不同疑摹刻

之有工拙惟此碑及獨孤冊碑字體同而最佳冊碑在襄陽而不完可惜也二碑皆李邕撰而誠書治平元年清明後一日書 右眞蹟

唐安公美政頌 開元二十九年 元第二百五十二

右安公美政頌房璘妻高氏書安公者名庭堅其事蹟非奇而文辭亦匪佳作惟其筆畫遒麗不類婦人所書余所集錄亦已博矣而婦人之筆著於金石者高氏一人而已然余常與蔡君謨論書以謂書之盛莫盛於唐書之廢莫廢於今余之所錄如于頔高駢下至 集本有楷書手三字 陳游瓌等書皆有蓋 集本有唐之二字 武夫悍將暨楷書手輩字皆可愛今文儒之盛其書屈指可數者無三四人

非皆不能蓋忽不爲爾唐人書見於今而名不知於當時者如張師邱繆師愈之類蓋不可勝數也非余錄之則將遂泯然於後世矣余於集古不爲無益也夫治平元年正月十三日書 右眞蹟

唐石壁寺鐵彌勒像頌 開元二十九年 元第六百七十七

右太原府交城縣石壁寺鐵彌勒像頌者 集本有林諤撰三字 參軍房璘妻高氏書余所集錄古文自周秦以下訖于顯德凡爲千卷唐居其十七八其名臣顯達下至山林幽隱之士所書莫不皆有而婦人之書惟此高氏一人爾然其所書刻石存於今者惟是頌與安公美政頌爾二碑筆畫字體遠不相類殆非一人之書疑摹刻不同亦

不應相遠如此又疑好事者寓名以爲奇也識者當爲辨之治平元年端午日書 右眞蹟

唐郎官石記 歲月闕 元第九十八

右唐右司員外郎陳九言撰張旭書旭以草書知名此字眞楷可愛記云自開元二十九年已後郎官姓名列於次而此本止其序爾 右集本

唐開元聖像碑 天寶元年 元第二百九十七

右開元聖像碑陳知溫書唐開元之治盛矣至於天寶而溢爲方其盛時人主意氣之驕超然遂欲追眞僊於雲表其夢寐恍忽 集本作惚 云有見焉者雖是非眞僞難明於杳藹亦其注心於物精神會通志苟至焉無不獲也

唐書著元宗事至於神僊道家頗不詳悉而此碑所載夢眞容之最備故特錄之以見其君臣吁俞相與言語者止於如此俾覽者得以迹其盛衰治亂云 右眞蹟

唐大照禪師碑 天寶元年 元第五十八

右大照禪師碑唐吏部員外郎盧僎撰伊闕縣尉集賢院特制兼校理史惟則書碑天寶元年立唐世分書名家者四人而已韓擇木李潮蔡有鄰及惟則也 右集本

唐植 一作桐 柏頌 天寶元年 元第一百五十九

唐世八分四家而已韓擇木史惟則之書見於世者頗多蔡有鄰甚難得而李潮僅有亦皆後人莫及也不惟筆法難工亦近時學者罕復專精如前輩也 右集本

唐鄭預注多心經 天寶元年 元第七百八十二

右鄭預注多心經不著書人名氏疑預自書蓋開元天寶之間書體類此者數家如擣練石韓公井記洛祠志皆一體而皆不見名氏此經字體不減三記而注尤精勁蓋他處未嘗有故錄之而不忍棄剏釋氏之書因字而見錄者多矣余每著其所以錄之意覽者可以察也治平元年夏至日大熱翫此以忘暑因書 右真蹟

唐薛仁貴碑 天寶二年 元第六百五十二

右薛仁貴碑苗神客撰云公諱禮字仁貴河東汾陰人也唐書列傳云仁貴絳州龍門人又不云名禮余家集錄薛氏碑尤多據仁貴子楚玉碑亦云父仁貴爾仁貴

為唐名將當時甚顯著往往見於他書未嘗有云薛禮者仁貴本田家子奮身行陣其僅知姓名爾其名曰禮字仁貴者疑後世文士或其子孫為增之也列傳又載仁貴降九姓事云軍中為之歌曰將軍三箭定天山戰士長歌入漢關仁貴卒於永淳中碑以天寶中建不載漢關之歌不應遺略疑時未有此歌亦為後人所增爾治平元年端午日書 右真蹟

唐舞陽侯祠堂碑 天寶元年 元第六十三

右舞陽侯祠堂碑唐王利器撰史惟則八分徐浩篆額天寶二年縣令張紫陽修樊噲廟文及書篆皆可愛也 右集本

唐崔潭龜詩 天寶五載 元第五百四十

右崔潭龜詩蔡有鄰書唐世以八分名家者四人韓擇木蔡有鄰李潮史惟則也韓史二家傳於世者多矣李潮僅有存者有鄰之書亦頗難得而小字尤佳若石經藏贊崔潭龜詩與三代彝鼎銘何異 右真蹟

唐華陽頌 天寶九載 元第二百一十七

右華陽頌唐元宗詔附元宗尊號曰聖文神武皇帝可謂盛矣而其自稱曰上清弟子者何其陋哉方其肆情奢淫以極富貴之樂蓋窮天下之力不足以贍其欲使神僊道家之事為不無亦非其所可冀剏其實無可得哉甚矣佛老之為世惑也佛之徒曰無生者是畏死之

論也老之徒曰不死者是貪生之說也彼其所以貪畏之意篤則棄萬事絕人理而為之然而終於無所得哉何者死生天地之常理畏者不可以苟免貪者不可以苟得也惟積習之久者成其邪妄之心佛之徒有臨死而不懼者妄意乎無生之可樂而以其所樂勝其所可畏也老之徒有死者則相與諱之曰彼超去矣彼解化矣厚自誣而託之不可詰或曰彼術未至故死爾前者苟以遂其非後者從而惑之以為誠然也佛老二者同出於貪而所習則異然由必棄萬事絕人理而為之其貪於彼者厚則捨於此者果若元宗者方溺於此而又慕於彼不勝其勞是真可笑也治平元年正月四日書

右集本

唐美原夫子廟碑 天寶八載 元第九百七十七

右美原夫子廟碑縣令王嵒字山甫撰幷書碑不知在何縣嵒天寶時人字畫奇怪初無筆法而老逸不羈時有可愛故不忍棄之蓋書流之狂士也文字之學傳自三代以來其體隨時變易轉相祖習遂以名家亦烏有 集本有定字 法耶至魏晉以後漸分眞草而羲獻父子爲一時所尚後世言書者非此二人皆不爲法其藝誠爲精絕然謂必爲法則初何所據所謂 此二字集本無 天下孰知夫正法哉嵒書固自放於怪逸矣聊存之以備博覽治平元年八月十一日書 右眞蹟

集古録跋尾卷六終

集古録跋尾卷七

宋廬陵歐陽修永叔著　吳縣朱記榮校刊

唐開元金籙齋頌 天寶九載衞包書撰 元第七百二十七

右開元金籙齋頌雖不著書人姓氏而字爲古文實衞包書也唐世華山碑刻爲古文者皆包所書包以古文見稱當時甚盛蓋古文世俗罕通徒見其字畫多奇而不知其筆法非工也余以集録所見三代以來古字尤多遂識之爾 右集本

唐龍興七祖堂頌 天寶十載 元第三十三

右龍興寺七祖堂頌陳章甫撰胡霈然書霈然筆法雖未至而媚熟可喜今上黨佛寺畫壁有霈然所書多爲流俗取去匣而藏之以爲奇翫余數數於人家見之其墨蹟尤工非石刻比也 右眞蹟

唐明禪師碑 天寶十載鄭昊之撰徐浩書 元第五百二十五

秋暑困甚覽之醒然治平丙午孟饗致齋東閣書 右眞蹟

唐放生池碑 天寶十載 元第九百五

右放生池碑不著書撰人名氏放生池唐世處處有之王者仁澤及於草木昆蟲使一物必遂其生而不爲私惠也惟天地生萬物所以資於人 集本有也字 然代天而治物者常爲之節使其足用而取之不過故物得遂其生而不夭三代之政如斯而已易大傳曰庖犧氏之王也能通神明之德以類萬物之情作結繩而爲網罟以佃

以漁蓋言其始教民取物資生而爲萬世之利此所以爲聖人也浮圖氏之說乃謂殺物者有罪而放生者得福苟如其言則庖犧氏遂爲（集本有人間之聖人五字）地下之罪人矣治平元年八月十日書（右眞蹟）

唐徐浩元隱塔銘

右元隱塔銘徐浩撰幷書嗚呼物有幸不幸者視其所託與其所遭如何爾詩書遭秦（一作厄）不免煨燼而浮圖老子以託於字畫之善遂見珍藏余所集錄屢誌此言蓋慮後世以余爲惑於邪說者也比見當世知名士方少壯時力排異說及老病畏世則歸心釋老反恨得之晚者往往如此也可勝歎哉（右眞蹟）

唐顏眞卿書東方朔畫贊（天寶十三載 元第五十九）

右東方朔畫贊晉夏侯湛撰唐顏眞卿書贊在文選中今校選本二字不同而義無異也選本曰棄俗登仙而此云棄世選本曰神交造化而此云神友（右集本）

唐畫贊碑陰（天寶十三載 元第六十）

右畫贊碑陰唐顏眞卿撰幷書湛贊開元八年德州刺史韓思復刻於廟天寶十三載眞卿始別書之（右集本）

唐李陽冰城隍神記（乾元二年 元第一百三）

右城隍神記唐李陽冰撰幷書陽冰爲縉雲令遭旱禱雨約以七日不雨將焚其祠既而雨遂徙廟於西山陽冰所記云城隍神祀典無之吳越有爾然今非止吳越天下皆有而縣則少也（右集本）

唐李陽冰忘歸臺銘（乾元二年 元附一百四）

右忘歸臺銘唐李陽冰撰幷書銘及孔子廟城隍神記三碑竝在縉雲其篆刻比陽冰平生所篆最細瘦世言此三石皆活歲久漸生刻處幾合故細爾然時有數字筆畫特偉勁者乃眞蹟也（右集本）

唐衞秀書梁思楚碑（上元元年 元第一百七十五）

秀筆工之善摹者也其自謂集書信矣無足多取也書譬君子皆學乎聖人而其所施爲未必同也（右集本）

唐縉雲孔子廟記（上元二年 元第一百四）

右縉雲孔子廟記李陽冰撰幷書孔子廟像之制前史不載開元八年國子司業李元瓘（一作郭元瓘一作李元瓘從李爲是）奏云先聖孔宣父以先師顏子配其像爲立侍配享宜坐弟子十哲雖得列像而不在配享之位按祠令何休范甯等二十二賢猶蒙從祀十哲請列享在何休等上於是詔十哲皆爲坐像據陽冰記云換夫子之容貌增侍立者九人蓋獨顏回坐配而閔損等九人爲立像矣陽冰修廟在肅宗上元二年其不用開元之詔何也（右集本）

唐呂諲表（上元二年 元第一百五十五）

右呂諲表元結撰顧誠奢八分書景祐三年余謫夷陵過荊南謁呂公祠堂見此碑立廡下碑無趺石埋地中勢若將踣惜其文翰遂得斯本而入於地處字多缺滅

今世傳元子文編亦有此文以碑考之集本首尾不完中間時時小異當以石本爲是然石本亦自多亡缺可不惜哉右集本

又此與前跋相類疑是槀本今兩存之

景祐三年余謫夷陵過荆南謁呂公祠堂見此碑立廡下碑無趺石埋地中勢若將踣惜其文翰遂得斯本而入於地處字多缺滅今世傳元子文編所載首尾不完中間時時小異當以石本爲是集錄寶不爲無益矣然石本亦自多亡缺可不惜哉書者顧誠奢也余得此碑三十年矣暇日因偶題之嘉祐八年五月中旬休日書

唐徐方回西墉記寶歷元年元附二十一

右西墉記唐徐方回撰方回云寶應中爲南陽令得崔子玉所作平子銘末二十一字陷於廳之西墉按今西鄂石本末句見在方回所得乃南陽半石之末也今又亡矣惜哉右集本

唐裴虬怡亭銘永泰元年元第一百十一

右怡亭在武昌江水中小島上武昌人謂其地爲吳王散花灘亭裴鷗造李陽冰名而篆之裴虬銘李莒八分書刻於島石四十七字集本作怡亭銘李陽冰篆裴虬撰李莒書銘在武昌江水中有小島亭在其上人謂其地爲吳王散花灘銘刻於島石嘗爲江水所沒故世亦罕傳鷗集本鷗字作亭裴公作不知何人虬代宗時集本有爲字道州刺史韓愈爲其子復墓誌云虬爲諫議大夫有寵代宗朝屢諫諍數命以官多辭不拜然唐史不見其事李莒華弟也治平　年正月十日孟春薦饗攝事致齋中書東閣書

右眞蹟

唐顔魯公題名永泰二年元第一百二

右靖居寺題名唐顔眞卿題按唐書紀傳眞卿當代宗時爲檢校刑部尙書爲宰相元載所惡坐論祭器不修爲誹謗貶硤州員外別駕撫州湖州刺史載誅復爲刑部尙書而此題名云永泰二年眞卿以罪佐吉州與史不同據眞卿湖州放生池碑陰所敘云貶硤州旬餘再貶吉州蓋眞卿未嘗至硤遂貶吉而史氏但據初貶書於紀傳耳眞卿大歷三年始移撫州當遊靖居時猶在

吉也右集本

又別本

右魯公題名言五字集本作顔魯公華嶽靖居寺東西二林題名靖居寺在吉州據魯公言永泰二年眞卿以罪貶佐吉州據舊二字集本作按唐書列傳云眞卿代宗時爲刑部尙書爲宰相元載所惡貶硤州員外別駕撫州湖州刺史載誅復爲刑部尙書不書其貶吉州也按眞卿湖州放生池碑陰自敘云貶硤州旬餘再貶吉州蓋眞卿未嘗至硤遂貶吉州集本無此四字而史官闕漏但書其初貶爾嘉祐八年十月二十三日書右眞蹟

唐元結窪尊銘永泰二年元第一百三十八

右窪尊銘元結撰瞿令問書次山喜名之士也其所有爲惟恐不異於人所以自傳於後世者亦惟恐不奇而無以動人之耳目也視其辭翰可以知矣古之君子誠恥於無聞然不如是之汲汲也（右眞蹟）

唐元結陽華巖銘（永泰元年元第二百二）

右陽華巖銘元結撰瞿令問書元結好奇之士也其所居山水必自名之惟恐不奇而其文章用意亦然而氣力不足故少遺韻（集本無此九字）君子之欲著於不朽者有諸其內而見於外者必得於自然顏子蕭然臥於陋巷人莫見其所爲而名高萬世所謂得之自然也結之汲汲於後世之名亦已勞矣嘉祐八年十二月二十六日書

右眞蹟

唐元結峿臺銘（大歷二年元第二百七十六）

右斯人之作非好古者不知爲可愛也然來者安知無同好也邪（右眞蹟）

唐禹廟碑（大歷三年段季展書元第九十七）

崔巨文傳於今者絕少皆不及此碑季展他所書亦不偉於此治平二年上元日書（右眞蹟）

唐崇徽公主手痕詩（大歷四年元第三百六十）

右崇徽公主手痕詩李山甫撰崇徽公主者僕固懷恩女也懷恩在肅宗時先以二女嫁回紇其一嫁毗伽可汗少子後號登里可汗者是也其一不知所嫁何人唐書懷恩傳及回紇傳皆不載惟懷恩所上書自陳六罪有云二女遠嫁爲國和親以此知其又嘗嫁一女爾此所謂崇徽公主者懷恩幼女也懷恩既反引羌渾奴剌爲邊患永泰中病死於靈武其從子名臣以千騎降唐大歷四年始以懷恩幼女爲（集本有崇徽二字）公主又嫁回紇即此（集本有公主二字）也治平元年三月八日書（右眞蹟）

唐李憕碑（大歷四年元第四百六十九）

右李憕碑李紓撰新唐書列傳云憕十餘子江涵泓濾等同被害惟源彭免據李紓載憕子見於碑者實十二人曰右補闕彭汝州刺史深華陰丞泓左驍衛兵曹濾硤石丞沆洪州別駕瀚洛陽尉謂司農主簿汶又云公

之薨也彭從元宗南狩次公而歿深授任他郡其在洛陽者長子江第三子涵與華陰驍衛又兩少子合六人皆從公殲於虜刃硤石而下與衆孫之在者僅以孩提免如紓所記憕子盡於是矣未嘗有源也紓但言衆孫孩亦不云有未名子也然則源者史家何從而得之據史言源爲司農主簿以碑考之源當爲汶也又據碑方憕歿於賊也彭深沆瀚渭汶六子獲免而史惟云源彭此當以碑爲正紓當代宗時爲憕作碑自云與憕有通家之好幼奉升堂之慶宜知憕事不繆也（右集本）

唐顏眞卿麻姑壇記（大歷六年元第四十）

右麻姑壇記顏眞卿撰并書顏公忠義之節皎如日月

其爲人尊嚴剛勁象其筆畫而不免惑於神僊之說釋老之爲斯民患也深矣 右集本

唐顔眞卿小字麻姑壇記 歲月闕 元第三百

右小字麻姑壇記顔眞卿撰并書或疑非魯公書魯公喜書大字余家所藏顔字碑最多未嘗有小字者惟干祿字書注最爲小字而其體法與此記不同蓋干祿之注持重舒和而不局蹙此記遒峻緊結尤爲精悍此所以或者疑之也余初亦頗以爲惑及把翫久之筆畫巨細皆有法愈看愈佳然後知非魯公不能書也故聊志之以釋疑者治平元年二月六日書 右眞蹟

唐中興頌 大歷六年 元第四十八

右大唐中興頌元結撰顔眞卿書書字尤奇偉而文辭古雅世多模以黃絹爲圖障碑在永州摩崖石而刻之模打既多石亦殘缺今世人所傳字畫完好者多是傳模補足非其眞者此本得自故西京留臺御史李建中家蓋四十年前崖石眞本也尤爲難得爾 右集本

又別本

右中興頌世傳顔氏書中興頌多矣然其崖石歲久剝裂故字多訛缺近時人家所有往往爲好事者嫌其剝缺以墨增補之多失其眞余此本得自故西臺李建中家蓋四十年前舊本也最爲眞爾 右眞蹟

唐李陽冰庶子泉銘 大歷六年 元第七十

右庶子泉銘李陽冰撰并書慶歷五年余自河北都轉運使貶滁陽屢至陽冰刻石處未嘗不裴回其下庶子泉昔爲流谿今爲山僧塡爲平地起屋於其上問其泉則指一大井示余曰此庶子泉也可不惜哉 右眞蹟

唐李陽冰阮客舊居詩 歲月闕 元第五百九十五

右李陽冰阮客舊居詩云阮客身何在僊雲洞口橫人問不到處今日此中行阮客者不見其名氏蓋縉雲之隱者也彼以遁俗爲高而終以無名於後世可謂獲其志矣然聖人有所不取也陽冰欲稱其人而不顯其名字何哉豈阮客見稱於當時而陽冰不慮於後世邪夫士固有顯聞於一時而泯沒於萬世者矣顧其道何如

也陽冰傳字世傳多矣此摩滅而僅存尤可惜也治平元年四月二十六日書 右眞蹟

唐元靖先生碑 大歷七年 元第二百五十七

右元靖先生碑柳識撰張從申書李陽冰篆額唐世工書之士多故以書知名者難自非有以過人者不能也然而張從申以書得名於當時者何也從申每所書碑李陽冰多爲之篆額時人必稱爲二絶其爲世所重如此余以集錄古文閱書既多故雖不能書而稍識字法從申所書棄者多矣而時錄其一二者以名取之也夫非衆人之所稱任獨見以自信君子於是愼之故特錄之以待知者 右眞蹟

唐寶叔蒙海濤誌 大歷中元第九百

右海濤誌寶叔蒙撰其書六篇一曰海濤誌二曰濤厤三曰濤日時四曰濤期五曰朔望體象六月春秋仲月張濤解余嚮在揚州得此誌甚愛之張於座右之壁龔於朝夕見也已而夜爲風雨所壞其後求之凡十五年而復得斯本以示京師好事者皆云未嘗見也 右集本

唐鹽宗神祠記 大歷中元第九百六十九

右鹽宗神祠記錢義方撰近時有尚書郎張席自言家寓解州爲余言安邑解縣兩池鹽事云夏月鹽南風來池而紫色須臾凝結如雪土人謂之漫生鹽而兩池歲役畦夫數百種鹽公私耗儆而州縣吏緣以爲姦利棄漫生鹽不取誣其苦不可食席博學能言漢唐事尤詳爲余復言前世鹽皆自生開元中姜師度爲河中尹而鹽池涸始置鹽屯故唐格自開元後遂有畦夫營種之課席因上書論鹽漫生之利官遂罷畦夫而公私皆以爲然而議者或害其事乃云漫生鹽味苦不可食或云暫結復銷不可奇聽者方惑其事余因讀義方所記乃云若陰陽調和鬼神驅造不勞人而擅其利與夫鑿泉煮海不相爲謀由是知唐世鹽非營種爲決可信義方大歷時爲榷鹽使余家集錄古文不獨爲傳記正訛繆亦可爲朝廷決疑議也 以上十七字一作爲傳記正訛繆多矣爲朝廷決有司疑議獨斯記爾 右集本

唐裴公紀德碣銘 大歷八年元第一百一十八

右裴公紀德碣銘唐越州刺史王密撰國子監丞集賢院學士李陽冰篆裴公儆爲明州刺史密代之爲作此文其文云皇唐御神器一百四十二年天下大康海隅小寇結亂甌越因言明州當出兵之衝民物殘敝儆撫綏有惠愛而人思之爾按唐自戊寅武德元年受命至己亥乾元二年乃一百四十二年是時肅宗新起靈武上皇自蜀初還史思明僭號於河北是歲洛陽汝鄭等州皆陷於賊不得云天下大康而海隅小寇也考於史傳又不見其事惟合州賊哀鼂攻陷浙東州郡乃寶應元年當云一百四十五年又據密代儆爲明州刺史至大歷十四年移湖州則儆密相繼爲刺史宜在代宗時然密當時人推次唐年不應有失余友王回深父曰唐自武德至大歷八年實一百五十六年中間除則天稱周十四年則正得一百四十二年是時天下粗定文人著辭以爲大康理亦可通是歲廣州哥舒晃作亂海隅小寇豈謂此與余以謂晃之亂唐命江西路嗣恭討平之不當自明州出兵深父曰然兵家出奇明州海道去廣不遠亦或然也故并著之 右集本

又別本

右裴公紀德碣王密撰裴公名儆代宗時爲明州刺史密代之碣文云皇唐御神器一百四十二載天下大康

而海隅小寇結亂顚越按唐自武德元年至乾元二年實一百四十二年是時肅宗新起靈武上皇自蜀初還史思明僭號於河北是歲洛陽汝鄭等州皆陷於賊不得云天下大康而海隅小寇考於史傳又不見其事然密當時人推次唐年不宜有失王回曰大歷八年廣州哥舒晃作亂此所謂海隅小寇者也自武德元年至是歲實一百五十六年中間則天稱周者十四年去之正得一百四十二年矣豈謂此與以事考驗理宜如此又不知密意爲何如也姑志其語以俟知者嘉祐八年十月三十日書　右眞蹟

唐龍興寺四絶碑首　大歷八年　元第一百七十九

右四絶碑首者李陽冰篆法愼律師碑額也在揚州龍興寺唐李華文張從申書李陽冰篆額律師者淮南愚俗素信重之謂此碑爲四絶碑律師非余所知華文與從申書余亦不甚好故獨錄此篆爾　右集本

唐干祿字樣　大歷九年　元第二百三十七

右干祿字樣別有摹本文注完全可備檢用此本刻石殘缺處多直以魯公所書眞本而錄之爾魯公書刻石者多而絶少小字惟此注最小而筆力精勁可法尤宜愛惜而世俗多傳摹本此以殘缺不傳獨余家藏之治平丙午九月二十九日書　右集本

唐干祿字樣摹本　大歷九年　元第二百三十八

右干祿字樣摹本顔眞卿書楊漢公摹眞卿所書乃大歷九年刻石至開成中遽已訛缺漢公以爲一二工人用爲衣食之業故摹多而速損者非也蓋公筆法爲世楷模而字書辨正譌繆尤爲學者所資故當時盛傳於世所以摹多爾豈止工人爲衣食業邪今世人所傳乃漢公摹本而大歷眞本以不完遂不復傳若顔公眞蹟今世在者得其零落之餘藏之足以爲寶豈問其完不完也故余幷錄二本竝藏之亦欲俾覽者知摹本之多失眞也　右集本

又別本

右顔魯公干祿字書乃大歷九年刻石至開成中遽已

訛缺蓋由公筆法爲世楷模而字書辨正譌繆尤爲學者所資而當時盛傳於世爾漢公謂一二工人用爲衣食之業者惜其傳模多而早損然豈止爲工人爲衣食業也今世人多傳漢公模本而大歷眞本以不完遂不復傳若顔公眞蹟今世在者得其零落之餘藏之尤足爲寶豈問其完不完也故余幷錄二本竝藏之亦欲俾覽者知摹本之多失眞也治平元年正月五日錫慶院萬壽聖節宴歸書　右眞蹟

唐滑州新驛記　大歷九年　元第二百一十

右新驛記李陽冰篆碑在今滑州驛中其陰有銘曰斯去千載冰生唐時冰今又去後來者誰後千年有人吾

不知之後千年無人當盡於斯嗚呼郡人爲吾寶之不知作者爲誰然賈躭嘗爲李騰序說文字源盛稱陽冰此記躭爲滑州刺史因見所記而稱之耳陽冰所書世固多有可愛者不獨斯記也嘉祐八年十二月二十六日書　右眞蹟

唐歐陽琟碑　大歷十年　元第七百七十六

右歐陽琟碑顏眞卿撰并書余自皇祐至和以來頗求歐陽氏之遺文以續家譜之闕既得顏魯公歐陽琟碑又得鄭眞義歐陽諶墓誌以與家所傳舊譜及陳書元和姓纂諸書參較又問於呂學士夏卿夏卿世稱博學精於史傳因爲余考正訛舛而家譜遂爲定本然獨琟

碑所失者四顏公書穆公封山陽郡公呂學士云陳無山陽郡山陽今楚州是也當梁陳時自爲南兗州而以連州爲山陽郡然則陳書及舊譜皆云穆公封陽山公爲是而顏公所失者一也舊譜皆云堅石子質南奔長沙顏公云自景達始南遷其所失者二也歐陽生自前漢以來諸史皆云字和伯而顏公獨云字伯和二字義雖不異然當從衆又顏氏獨異初無所據葢其繆爾其所失者三也元和姓纂及諶銘皆元允約之子而顏公獨以爲紇子其所失者四也琟之世次不應舛亂如此葢諶之卒葬在咸亨上元之間去卒更未遠眞義所誌宜得其實琟卒大歷中唐之士族遭天寶之亂失其譜牒者多顏公之失當時所傳如此不足怪也治平元年夏至日書銘闕其末數句不補　右眞蹟

唐杜濟神道碑　大歷十二年　元第四百五

右杜濟神道碑顏眞卿撰并書藝之至者如庖丁之刀輪扁之斲無不中也顏魯公之書刻於石者多矣而有精有粗雖他人皆莫可及然在其一家自有優劣余意傳摹鐫刻之有工拙也而此碑字畫遒勁豈傳刻不失其眞者皆若是與碑已殘缺銓次不能成文第錄其字法爾嘉祐八年中元假日書　右眞蹟

唐杜濟墓誌銘　大歷十二年　元第三百七十七

右杜濟墓誌銘但云顏眞卿撰而不云書然其筆畫非

魯公不能爲也葢世頗以爲非顏氏書更俟識者辨之
右眞蹟

唐顏眞卿射堂記　大歷十二年　元第五百三十

右射堂記顏眞卿書魯公在湖州所書刻於石者余家集錄多得之惟放生池碑字畫完好如干祿字書之類今已殘缺每爲之歎惜若射堂記者最後得之今僕射相公筆法精妙爲余稱顏氏書射堂記最佳遂以此本遺余以余家素所藏諸書較之惟張敬因碑與斯記爲尤精勁惜其皆殘闕也　右集本

唐王師乾神道碑　大歷十三年　元第七百五

右王師乾神道碑張從申書余初不甚以爲佳但怪唐

人多稱之第錄此碑以俟識者前歲在亳社因與秦玠郎中論書玠學書於李西臺建中而西臺之名重於當世余因問玠西臺學何人書云學張從申也問玠識從申書否云未嘗見也因以此碑示之玠大驚曰西臺未能至也以此知世以鑒書爲難者誠然也從申所書碑今絕不行於世惟予集錄有之者吳季子碑陰記崔圓頌德碑并此纔三爾熙甯三年十月二十七日書 右眞蹟

唐僧懷素法帖 大歷十二年 元第九百二十六

右懷素唐僧字藏眞特以草書擅名當時而尤見珍於今世予嘗謂法帖者乃魏晉時人施於家人朋友其逸筆餘興初非用意而自然可喜後人乃棄百事而以學

書爲事業至終老而窮年疲敝精神而不以爲苦者是眞可笑也懷素之徒是已治平元年八月八日書 右眞蹟

唐張敬因碑 大歷十四年 元第四十二

右張敬因碑顏眞卿撰并書碑在許州臨潁縣民田中慶歷初有知此碑者稍稍往模之民家患其踐田稼遂擊碎之余在滁陽聞而遣人往求之得其殘闕者爲七段矣其文不可次第獨其名氏存焉曰君諱敬因南陽人也乃祖乃父曰澄曰連其字畫尤奇甚可惜也 右集本

又

右魯公之碑世所奇重此尤可珍賞也廬陵歐陽修書

右增人

唐顏勤禮神道碑 大歷十四年 元第三百四十五

右顏勤禮神道碑顏眞卿撰并書序顏溫二家之盛云思魯大雅在隋俱仕東宮愍楚彥博同直內史省遊秦彥將皆典祕閣按唐書云溫大雅字彥宏弟彥博字大臨弟大有字彥將兄弟義當一體而名大者字彥名彥者字大不應如此葢唐世諸賢名字可疑者多封德彝云名倫房元齡云名喬高士廉云名儉顏師古云名籀而皆云以字行倫喬儉籀在唐無所諱不知何避而行字余於中書見顏氏裔孫有獻其家氏所藏告身三卷以求官者其一思魯除儀同制其一勤禮除詹事府主簿制其一師古加正議大夫制思魯制云內史令臣瑀

宣者蕭瑀也侍郎臣封德彝奉舍人臣彥將行不應內史令書名而侍郎舍人書字又必不稱臣而書字則德彝彥將皆當爲名師古制有尚書左僕射梁國公元齡右僕射申國公士廉又有吏部尚書君集者侯君集也侍郎纂者楊纂也四人并列於後不應二人書名二人書字也則元齡士廉亦皆當爲名矣又師古與令狐德棻同制不應德棻書名而師古書字則師古亦當爲名也然余家集錄有申文獻公塋兆記是高宗時許敬宗撰云公諱儉字士廉敬宗與士廉同時人而爲其家作記必不繆誤則士廉又當爲字也然告身書字在理豈安今新唐書雖云房元齡字喬顏師古字籀以高儉塋

兆記爲名則喬稭果爲字乎又按元和姓纂封氏蓨人隋通州刺史繡生四子曰德潤德輿德和德彝又云德彝更名倫亦不知果是否唐去今未遠事載文字者未甚訛舛殘缺尚可考求而紛亂如此故余嘗謂君子之學有所不知雖聖人猶闕其疑以待來者蓋慎之至也

右集本

唐重摹吳季子墓銘 大歷十四年 元第二百五十一

右吳季子墓銘自前世相傳以爲孔子所書據張從申記云舊石堙滅開元中元宗命殷仲容模搨其書以傳然則開元之前自有眞本至大歷中蕭定又刊於石則轉相傳摹失其眞遠矣按孔子平生未嘗至吳以史記

世家考之其列聘諸侯南不踰楚推其歲月蹤跡未嘗過吳不得親銘季子之墓又其字特大非古簡牘所容第以其名傳之久不可遽廢故錄之以俟博識君子 右集本

又別本

右古篆文曰嗚呼有吳延陵季子之墓自前世相傳以爲孔子所書據張從申記云舊石堙滅開元中元宗命殷仲容搨本遂傳於世然則開元以前已有刻石矣其後貞元中鄭播又爲記盧國遷建堂樹碑則今本又非仲容所模者字亦奇偉莫知何人所書按孔子未嘗至吳以史記世家考之其歷聘諸侯南不踰楚推其歲月蹤跡無過吳之理不得親銘季子之墓又其字特大非簡牘所容惟博物君子必能辨之 右眞蹟

唐鴈門王田氏神道碑 代宗時 元無卷第

右唐魏博節度使鴈門郡王田承嗣碑營田副使裴抗撰子緒碑節度判官邸絳撰按唐書列傳承嗣十一子維朝華緈綸綰緒繪純紳縉而緒次當第七此二碑皆以緒爲第六子而無綰自緒而下有繪純紛縉與史不同二碑當時故吏所作必不誤蓋史之繆也其文與字皆不嘉故余特錄其世次而已 右眞蹟

集古錄跋尾卷七終

集古錄跋尾卷八　　槐廬叢書

宋廬陵歐陽修永叔著　吳縣朱記榮重校刊

唐顏氏家廟碑 建中元年 元第五十二

右顏氏家廟碑顏眞卿撰并書眞卿父名惟貞仕至薛王友眞卿其第七子也述其祖禰譽從官爵甚詳 右集本

唐顏魯公書殘碑 歲月闕 元第三百九十七

右顏氏殘碑以家廟碑考之是顏允南碑也家廟碑云允南歷殿中膳部司封郎中司業金鄉男此碑云肅宗入中京遷司封尋封金鄉縣男又云遷國子司業此碑云二子頵頩 案魯公文集允南二子曰頵曰頩其名頩者亦見家廟碑非允南子也 頵好爲五言詩授校書郎早卒家廟碑亦云頵好五言校書

而此碑又云與弟允臧同時臺省則爲允南可知不疑惟書頵事家廟碑云侍郎蔣洌賞其判此碑云爲崔器所賞小不同爾治平元年寒食日書 右眞蹟

又

余謂顏公書如忠臣烈士道德君子其端嚴尊重人初見而畏之然愈久而愈可愛也其見寶於世者不必多然雖多而不厭也故雖甚殘缺不忍棄之 右集本

唐湖州石記 歲月闕 元第二百七十七

右湖州石記文字殘缺其存者僅可識讀考其所記不可詳也惟其筆畫奇偉非顏魯公不能書也公忠義之節明若日月而堅若金石自可以光後世傳無窮不待其書然後不朽然公所至必有遺蹟故今處處有之唐人筆蹟見於今者惟公爲最多視其鉅書深刻或託於山崖其用意未嘗不爲無窮計也蓋亦有其 一作趣 好所樂爾其在湖州所書爲世所傳者惟干祿字放生池碑向多見於人家而干祿字書乃楊漢公摹本其眞本以訛缺遂不復傳獨余集錄有之惟好古之士知前人用意之深則其堙沈摩滅之餘尤爲可惜者也 右集本

唐顏魯公帖 歲月闕 元第一百八十

右蔡明遠帖寒食帖附皆顏魯公書魯公後帖流俗多傳謂之寒食帖 集本無此十三字 其 集本有後字 印文曰忠孝之家者錢文僖公自號也希聖錢公字也又曰化鶴之系者

丁崖相印也潤州觀察使者錢惟濟也 右眞蹟

唐顏魯公二十二字帖 歲月闕 元無卷第

斯人忠義出於天性故其字畫剛勁獨立不襲前蹟挺然奇偉有似其爲人 右眞蹟

唐顏魯公法帖 虞世南帖附 歲月闕 元第一百八十

右顏眞卿書二帖并虞世南一帖合爲一卷顏帖爲刑部尚書時乞米於李大夫云拙於生事舉家食粥來已數月今又罄乏實用憂煎蓋其貧如此此本墨蹟在予亡友王子野家子野出於相家而淸苦甚於寒士嘗摹帖刻石以遺朋友故人云魯公爲尚書其貧如此吾徒安得不思守約世南書七十八字尤可愛在智永千字

文後今附於此右集本

唐元次山銘歲月闕元第二百四十三

右元次山銘顏眞卿撰幷書唐自太宗致治之盛幾乎三代之隆而惟文章獨不能革五國二字集本作陳隋之弊既久而後韓柳之徒出蓋習俗難變而文章變體集本作之又難也次山當開元天寶時獨作古文其筆力雄健意氣超拔不減韓之徒也十二字集本作雖少雄健而意氣不俗亦可謂特立之士哉右眞蹟

唐張中丞傳歲月闕元第二百八十三

右張中丞傳李翰撰嗚呼集本無此二字張巡許遠之事壯矣秉筆之士皆喜爲之稱述也然以翰所記考唐書列傳

及韓退之所書皆互有得失而列傳最爲疎略雖云史家當記大節然其大小數百戰屢敗賊兵其智謀材力亦有過人可以示後者史家皆滅而不著甚可惜也翰之所書誠爲太繁然廣記備言所以備史官之采也右眞蹟

唐甘棠館題名貞元間元第四百二

右甘棠館題名自唐德宗貞元以來止於會昌文字多已摩滅惟高元裕韋夏卿所書尚可讀甚矣人之好名也其功德之盛固已書竹帛刻金石以垂不朽矣至於登高遠望行旅往來慨然寓興於一時亦必勒其姓名留於山石非徒徘徊俯仰以自悲其身世亦欲來者想見其風流夏卿所記留連感愴意不淺也如高韋二子皆當時知名士也史傳載之詳矣昔杜預沈碑漢水謂萬世之後谷或爲陵庶幾復出以見於世其爲慮深矣然預之功業不待碑而自傳其區區於此者好名之弊也故士或勤一生以自苦或餓死空山之中甚者蹈水火赴刀鋸以就後世之名爲莊生所笑者有矣故余於集古每得前世題名未嘗不錄者閔夫人之甚好名也右集本

唐汾陽王廟碑貞元二年元第九百二十九

右郭子儀廟碑高參文其敘子儀功業不甚詳而載破墨姓處木討沙陁處密事則唐書列傳無之蓋子儀微

時所歷集本作立其後遂立大勳宜乎史略不書也然唐書有處密處月朱邪孤注等皆是西突厥薛延陁別部名號余於五代史爲李克用求沙陁種類卒不見其本末而參謂處密爲沙陁不知其何所據也按陳翃子儀家傳亦云討沙陁處墨十二姓與參所書頗同唐書轉蜜爲密當以碑爲正一有治平甲辰七月十三日以服藥家居書右眞蹟

唐賀蘭夫人墓誌貞元七年元第三十二

右賀蘭夫人墓誌唐陸贄撰或云贄書也題曰祕書監陸公夫人墓誌銘而贄自稱姪曾孫此石在常州一有陸監名齊望五字右集本

唐辨正禪師塔院記貞元中元第二百六十二

右辨正禪師塔院記徐峴書誠能行筆而少意思也往時石曼卿屢稱峴書曼卿多得顏柳筆法其書與峴不類而遠過之不知何故喜峴書也余嘗曼卿在時猶未見峴書但聞其所稱曼卿歿已久始得此書遂錄之爾 右眞蹟

唐韓愈盤谷詩序 貞元中 元第三百

右送李愿歸盤谷序韓愈撰盤谷在孟州濟源縣貞元中縣令刻石於其側令姓崔其名浹今已摩滅其後書云昌黎韓愈知名士也當時退之官尚未顯其道未爲當世所宗師故但云知名士也然當時送愿者不爲少而獨刻此序蓋其文章已重於時也以余家集本校之或小不同疑刻石誤集本世已大行刻石乃當時物存之以爲佳翫爾其小失不足較也 右眞蹟

唐郭忠武公將佐略 貞元十二年 元第八百五

右忠武公將佐略陳翃撰忠武公者郭子儀也翃之所書亦爲盛矣猶言得其六七蓋其官至宰相者七人爲節度使者二十八人尚書丞郎京尹者十人廉察使者五人據翃所得而書者實六十人而顯名於世者蓋五十人雖喬琳周智光李懷光僕固懷恩等陷於禍敗然杜鴻漸黃裳李光弼光進之徒偉然名見於當時而垂稱於後世者亦不爲少豈惟得失相當而已哉雖汾陽功業士多喜附以成名然其亦自有以得之也其忠信之厚固出其天性至於處富貴保功名古人之所難者謀謨之際宜亦得其助也治平甲辰秋社前一日書 右眞蹟

唐濟瀆廟祭器銘 貞元十三年 元第八百

右濟瀆廟祭器銘張洗撰碑云置齋郎六人唐自高宗以後官不勝其濫矣洗之所記乃開元時事州縣祠廟置齋郎六人可知其濫官之弊然史家不能詳載惟於碑刻偶見其一二爾治平甲辰秋分後一日中書東閣雨中書 右眞蹟

唐神女廟詩 貞元十四年 元第一百四十二

右神女廟詩李吉甫邱元素李貽孫敬騫等作余貶夷陵令時嘗泛舟黃牛峽至其祠下又飲蝦蟇碚水覽其江山巉絶窮僻獨恨不得見巫山之奇秀每讀數子之詩愛其辭翰遂錄之 一有遂爲佳玩字 右集本

唐馬寔墓誌銘 貞元十四年 元第九十

右馬寔墓誌銘唐歐陽詹撰并書其文辭不工而字法不俗故錄之寔之事迹亦無足紀也 右集本

又

詹之文爲韓退之所稱遂傳於世然其不幸早死故其傳者不多刻石之文祇有此與福州佛記耳尤可惜也 右眞蹟

唐陽武復縣記 貞元十九年 元第九百四十九

唐衢文世罕傳者余家集錄千卷唐賢之文十居七八而衢文祗獲此爾然其氣格不俗亦足佳也 右眞蹟

唐石洪鍾山林下集序 貞元二十年 元第八百八十九

右鍾山林下集序者石洪爲浮圖總悟作也石洪爲處士而名重當時者以常爲韓退之稱道也唐世號處士者不爲少矣洪終始無他可稱於人者而至今其名獨在人耳目由韓文盛行於世也而洪之所爲與韓道不同而勢不相容也然韓嘗歎籍湜輩叛己而不絕之也豈諸子駁雜不能入於聖賢之域而韓子 集本有獨字 區區誨誘思援而出於所溺與此孔孟之用心也治平元年八月八日書是日上以霖雨不止分命羣臣祈禱余祈

於太社既歸而雨遂止某謹記 右眞蹟

唐房太尉遺愛碑陰記 元和六年 同是石洪撰附此

石洪文字罕見於後世故特錄之 右見縣本拾遺

唐韓退之題名 元和四年 元第四百七十已下七篇皆韓文公撰故不與別碑歲月爲敘

右韓退之題名二皆在洛陽其一在嵩山天封宮石柱上刻之 集本有記龍潭遇雷事六字 天聖中余爲西京留守推官與梅聖俞遊嵩山入天封宮裴回柱下而去遂登山頂至武后封禪處有石記戒人遊龍潭者毋妄語笑以黷神龍龍怒則有雷恐因念退之記遇雷意其有所試也其一在福先寺塔下當時所見墨蹟不知其後何人摹刻於石也治平元年三月二十二日書 右眞蹟

唐田宏正家廟碑 元和八年 元第三百七十六

右田宏正家廟碑昌黎先生撰余家所藏書萬卷惟昌黎集是余爲進士時所有最爲舊物自天聖以來古學漸盛學者多讀韓文而患集本訛舛惟余家本屢更校正時人共傳號爲善本及後集錄古文得韓文之刻石者如羅池神黃陵廟碑之類以校 集本有余家二字 集本舛繆猶多若田宏正碑則又尤甚蓋由諸本不同往往妄加改易 集本有今字 以碑校集印本與刻石多同當以爲正 九字集本作初未必誤多爲校讎者妄改之 乃知文字之傳久而轉失其眞者多矣則校讎之際決於取舍不可不愼也

印本云衙訓事嗣朝夕不怠往時用他本改云衙訓嗣事今碑文云衙訓事嗣與印本同知其妄改也

印本云以降命書用他本改爲降以命書今碑文云以降命書與印本同知爲妄改也

印本云奉我天明用他本改云奉我王明今碑文云奉我天明與印本同知爲妄改也此類甚多略舉三事要知改字當愼也治平元年三月八日書 右眞蹟

唐韓愈南海神廟碑 元和十八年 元第八百九十二

右南海神廟碑韓愈撰陳諫書以余家舊藏集本校之皆同惟集本云蜿蜿蜒蜒而碑爲蜿蜿虵虵小異當以碑爲正今世所行昌黎集類多訛舛惟南海碑不舛者

以此刻石人家多有故也其妄意改易者頗多亦賴刻石爲正也治平元年七月二十日書 右眞蹟

唐韓愈羅池廟碑 長慶中 元第五十七

右羅池廟碑唐尚書吏部侍郎韓愈撰中書舍人史館修撰沈傳師書碑後題云長慶元年正月建按穆宗實錄長慶元年二月傳師自尚書兵部郎中翰林學士罷爲中書舍人史館修撰其九月愈自兵部侍郎遷吏部 集本有然則據建碑時愈未爲吏部沈亦未爲舍人字 碑言柳侯死後三年廟成明年愈爲柳人書羅池事子厚以元和十四年卒至 集本有後三年字 愈作碑時當是長慶三年考二君官與此碑亦同但不應在元年正月蓋後人傳模者 二十三字集本作則二君官當與此碑同其書元年正月蓋傳模者 誤刻之爾今世傳昌黎先生集載此碑文多同惟集本以步有新船爲涉荔子丹兮蕉黃蕉下加子 二十五字集本作此文與碑多同惟集本云涉有新船而碑以涉爲步荔子丹兮蕉子黃碑蕉下無子字 當以碑爲是而碑云春與猿吟而 集本作兮 秋鶴與飛則疑碑之誤也嘉祐八年六月二日書 右眞蹟

唐韓愈黃陵廟碑 長慶元年 元第四十五

右黃陵廟碑韓愈撰沈傳師書昌黎集今大行於世而患本不眞余家所藏最號善本世多取以爲正然時時得刻石校之猶不勝其舛繆是知刻石之文可貴也不獨爲翫好而已黃陵廟以家本校之不同者二十餘事 疑作字 如家本言降小君爲夫人而碑云降小水之類皆當以碑爲正也嘉祐八年十月十八日書 右眞蹟

唐胡良公碑 長慶三年 元第七百二十

右唐胡良公碑韓愈撰良公者名珦韓之門人張籍妻父也今以碑校余家所藏昌黎集本號爲最精者文字猶多不同皆當以碑爲正茲不復紀碑云珦子湜迺巡遇迣遷造而集本無巡他流俗所傳本 集本有文字 有云遇或爲巡者皆非 集本有也字 當以碑爲正治平元年七月晦日書 右眞蹟

唐韓文公與顚師書 歲月闕 元第二百五十

右韓文公與顚師書世所罕傳余以集錄古文其求之既勤且博 七字集本只作其求之博 蓋久而後獲其以易 集本無此字 繫辭爲大傳謂著山林與著城郭無異等語宜爲退之之言其後書吏部侍郎潮州刺史則非也蓋退之自刑部侍郎貶潮州後移袁州召爲國子祭酒遷刑部侍郎久之始遷吏部而流俗相傳但知爲韓吏部爾顚師遺記雖云長慶中立蓋并韓書皆國初重刻故繆爲附益爾治平元年三月十三日書 右眞蹟

唐高閑草 一無草字 書 歲月未詳 元無卷第

高閑草書審如此則韓子之言爲實錄矣廬陵歐陽修

右見縣本別集二十三卷

唐盧項禱聽明山記 元和二年 元第五百八十六

右禱聽明山記盧項撰乃盧從史禱山神之記也閱從

史官屬題名見孔戡與烏重允俱列於後而感作集本作覽韓退之記戡事云戡屢諫從史不聽卒爲重允所縛掩卷歎息者久之嗚呼禍福成敗之理甚明而先事而言則罕見從事至而言則不及矣自古敗亂之國未始不如此也 右眞蹟

唐侯喜復黃陂記 元和三年 元第八百九十五

右復黃陂記唐侯喜撰黃陂在汝州汝州有三十九陂黃陂最大溉田千頃始作於隋記云至貞元辛未刺史盧虔始復之辛未貞元七年也碑以元和三年建喜之文辭嘗爲韓退之所稱而世罕傳者余之所得此碑而已 右集本

又一作祭樊仲文 復黃陂記附

昌黎先生甚稱侯喜其文罕傳於今余所見止此一篇爾 右眞蹟

唐柳宗元般舟和尚碑 元和三年 元第四百六十二

右般舟和尚碑柳宗元撰并書子厚所書碑世頗多有書既非工而字畫多不同疑喜子厚者竊借其名以爲重子厚與退之皆以文章知名一時而後世稱爲韓柳者蓋流俗之相傳也其爲道不同猶夷夏也然退之於文章每極稱子厚者豈以其名並顯於世不欲有所貶毀以避爭名之嫌而其爲道不同雖不言顧後世當自知與不然退之以力排釋老爲已任於子厚不得無言也治平元年三月二十二日書 右眞蹟

唐虞城李令去思頌 元和四年 元第三百八

右虞城李令去思頌李白撰王文通篆唐世以書自名者多而小篆之學不集本作十數家自陽冰獨擅後無繼者其前惟有碧落碑而不見名氏通開元天寶時人在陽冰前而相去不遠集本有亦工八分四字然當時不甚知名雖字畫不爲工而一時未有及者所書篆字惟有此爾世亦罕傳余以集錄求之勤且博僅得此爾今世以小篆名家如邵不疑楊南仲章友直問之皆云未嘗見也治平元年二月七日書 右眞蹟

唐僧靈澈詩 元和四年 元第一百八

右靈澈詩云相逢盡道休官去林下何曾見一人世俗相傳以爲俚諺慶歷中天章閣待制許元爲江淮發運使因修江岸得斯石於池陽江水中始知爲靈澈詩也澈以詩稱於唐故其與相倡和者皆當時知名之士包侍郎者佶也徐廣州者浩也代宗時一有浩字爲嶺南節度使 右集本

唐南嶽彌陁和尚碑 元和五年 元第一百一十

右南嶽彌陁和尚碑柳宗元撰并書自唐以來言文章者惟一作稱韓柳柳豈韓之徒哉眞韓門之罪人也蓋世俗不知其所學之非第以當時輩流言之爾今余又多錄其文懼益後人之惑也故書以見余意 右集本

唐陽公舊隱碣元和中　元第五百七十二

右陽公舊隱碣胡證撰黎埍書李靈省篆額唐世篆法自李陽冰後寂然未有顯於當世而能自名家者靈省所書陽公碣筆畫甚可佳既不顯聞於時亦不見於他處以余家所藏之博而見於錄者惟此雖未爲絕筆亦可惜哉嗚呼士有負其能而不爲人所知者可勝道哉右眞蹟

唐于頔神道碑元和中　元第九百六十

右于頔神道碑盧景亮撰其文辭雖不甚雅而書事能不沒其實頔之爲人如其所書蓋篤於信道者也碑云司馬遷儒之外五家班固儒之外八流其語雖拙蓋言其集本作頔學不駁雜也然則非徒貶去釋老而已自儒術之外餘皆不學爾碑又云其弟可封好釋氏頔每非之頔于頔父也然可封之後不大顯而頔之後甚盛以此見釋氏之教信嚮者未必獲福毀貶者未必有禍也碑言頔篤於孝悌守節安貧不可動以勢利其所履如此足以興其後世矣治平元年八月十一日書右眞蹟

唐昭懿公主碑元和中　元第九百八

右昭懿公主碑孟簡撰皇甫鏄書公主代宗女也號昇平公主嫁郭氏公主之號自漢以來始有謂天子之女禮不自主婚集本作壻以公主之因以爲名爾後世號某國公主者雖實不以國公爲主而名猶不失其義唐世始

別擇佳名以加之如昇平之類是也已失其本義矣今此碑乃云諱昇平公主字昇平公主集本無此五字斯莫可曉也已治平元年八月八日書右眞蹟

唐李光進碑元和中　元第七百六十三

右李光進碑楊炎撰韓秀實書唐有兩李光進其一光顏之兄其一光弼之兄一無兄字弟也此碑乃光弼弟也唐史書此兩人事多誤新書各爲傳以附顏弼遂得其正治平元年夏至日書右集本

集古錄跋尾卷八終

集古錄跋尾卷九　　　槐廬叢書

宋廬陵歐陽修永叔著　吳縣朱記榮重校刊

唐沈傳師遊道林嶽麓寺詩 長慶中 元第一百十六

右嶽麓寺詩沈傳師撰幷書題云酬唐侍御姚員外而二人之詩不見不知爲何人也獨此詩以字畫傳於世而詩亦自佳傳師書非一體此尤放逸可愛也 右集本

唐樊宗師絳守居園池記 長慶三年 元第八十

右絳守居園池記唐樊宗師撰或云此石宗師自書嗚呼元和之際文章之盛極矣其怪奇至於如此 右集本

唐張九齡碑 長慶三年 元第三百六

右張九齡碑按唐書列傳所載大節多同而時時小異

傳云壽六十八而碑云六十三傳自左補闕改司勳員外郎而碑云遷禮部傳言張說卒召爲祕書少監集賢院學士知院事碑云副知至後作相還中書令始云知院士其載張守珪請誅安祿山事傳云九齡判守珪狀碑云守珪所請留中不行而公以狀諫然其爲語則略同碑長慶中立而公薨在開元二十八年至長慶三年實八十四年所傳或有同異而至於年壽官爵其子孫宜不繆當以碑爲是也治平元年二月十日書 右眞蹟

唐崔能神道碑 長慶三年 元第八百八十三

右崔能神道碑李宗閔撰能弟從書碑云拜御史中丞持節觀察黔中仍賜紫衣金印按唐世無賜金印者官制古今沿革不同而其名號尙或相襲自漢以來有銀青金紫之號當時所謂青紫者綬也金銀者乃其所佩印章爾綬所以繫印者也後世官不佩印此名虛設矣隋唐以來有隨身魚而青紫爲服色所謂金紫者乃服紫衣而佩金魚爾宗閔謂賜金印者繆也今世自以賜緋銀魚袋賜紫金魚袋結入官銜而階至金紫光祿大夫者遂於結銜去賜紫金魚袋皆流俗相承不復討 集本作訂 正久矣故因宗閔之失幷記之治平元年七月二十日書 右眞蹟

唐田布碑 長慶四年 元第八百四十二

右田布碑庾承宣撰布之事壯矣承宣不能發於文也

蓋其力不足爾布之風烈非得左邱明司馬遷筆不能書也故士有不顧其死以成後世之名者 集本有餘字 有幸不幸各視其所遭如何爾今有道史漢時事者其人偉然其著而市兒俚媼猶能道之自魏晉以下不爲無人而其顯赫不及於前者無左邱明司馬遷之筆以起其文也治平甲辰秋社日書 右眞蹟

唐鄭權碑 寶歷二年 元第七百六十八

右姚向書筆力精勁雖唐人工於書者多而及此者亦少惜其不傳於世而今人莫有知者惟余以集錄之博得此而已熙寧辛亥孟夏淸心堂書 右見蘇本拾遺

唐李德裕孝山三像記 寶歷二年 元第九百九十

右茅山三像記李德裕撰德裕自號上清元都大洞三景弟子上爲九廟聖主次爲七代先靈下爲一切含識敬造老君孔子尹眞人像三軀此固俚巷庸鄙人之所常爲德裕爲之有不足怪然以孔子與老君爲伍而又居其下此豈止德裕之獨可罪邪今史記載孔子問禮於老聃聃戒孔子去其驕氣多慾而孔子歎其道猶龍之語著於耳目自漢以來學者未有以爲非者豈止德裕之罪哉治平元年八月八日書 右眞蹟

唐李德裕平泉草木記 開成五年　元第五百三十九　已下三篇同是李衛公撰故不與別碑歲月爲敘

右平泉草木記李德裕撰余嘗讀鬼谷子書見其馳說

諸侯之國必視其爲人材性賢愚剛柔緩急而因其好惡喜懼憂樂而捭闔之陽開陰塞變化無窮顧天下諸侯無不在其術中者惟不見其所好者不可得而說也以此知君子宜慎其所好泊然無欲而禍福不能動利害不能誘此鬼谷之術所不能爲者聖賢之高致也其次簡其所欲不溺於所好斯可矣若德裕者處富貴招權利而好奇貪得之心不已或至疲敝精神於草木斯其所以敗也其遺戒有云壞一草一木者非吾子孫此又近乎愚矣 一有治平元年七月二十四日中書東廳後閣書　右集本

唐李文饒平泉山居詩 開成五年　元附五百三十九

讀山居詩見文饒夢寐不忘於平泉而終不得少償其志者人事固多如此也余聞釋子有云出家是大丈夫事蓋勇決者人之所難也而文饒詩亦云自是功高臨盡處禍來名滅不由人誠哉是言也熙寧壬子正月二十九日書 右眞蹟

唐李德裕大孤山賦 會昌五年　元第二百一十九

贊皇文辭甚可愛也其所及禍或責其不能自免然古今聰明賢智之士不能免者多矣豈獨斯人也與 右集本

唐大孤山賦 歲月未詳

右字畫頗佳而傷於柔媚世傳墀工小篆此豈其筆邪 右見緐本拾遺

唐辨石鍾山記 大和元年　元第三百二

右辨石鍾山記并書權寺詩遊靈巖記附覽三子之文皆有幽人之思蹟其風尙想見其人至於書畫亦皆可喜蓋自唐以前賢傑之士莫不工於字畫其殘篇斷藁爲世所寶傳於今者何可勝數彼其事業超然高爽不當留精於此小藝豈其習俗承流家爲常事抑學者猶有師法而後世偷薄漸趣苟簡久而遂至於廢絕與今士大夫務以遠 一有業字 自高忽書爲不足學往往僅能執筆而間有以書自名者世亦不甚知爲貴也至於荒林敗塚時得埋沒之餘皆前世碌碌無名子然其筆畫有法往往今人不及茲甚可歎也石鍾山記字畫在二者間頗爲劣而亦不爲俗態皆忘憂之佳玩也 右眞蹟

唐元稹修桐柏宮碑 太和四年 元第一百一十

右唐元稹撰文幷書其題云修桐柏宮碑又其文以四言爲韻語旣牽聲韻有述事不能詳者則自爲注以解之爲文自注非作者之法且碑者石柱爾古者刻石爲碑謂之碑銘碑文之類可也後世伐石刻文旣非同柱石不宜謂之碑文然習俗相傳理猶可考今特題云修桐柏宮碑者甚無謂也此在文章誠爲小瑕病前人時有忽略然而後之學者不可不知自漢以來墓類多題云某人之碑者此乃無害蓋自此石爲某人之墓柱非謂自題其文目也今稹云修桐柏宮碑則於理何稽也 右集本

唐李藏用碑 太和四年 元第三百七十一

右李藏用碑王源中撰唐元度書元度以書自名於一時其筆法柔弱非復前人之體而流俗妄稱借之爾故存之以俟識者 右真蹟

唐薛苹唱和詩 太和中 元第三百一十四

右薛苹唱和詩其間馮宿馮定李紳皆唐顯人靈澈以詩名後世皆人所想見者集本有而宿尤有詩名六字然詩皆不及苹亶唱者得於自然和者牽於強作邪 右真蹟

唐法華寺詩 太和八年 元第一百七

右法華寺詩唐越州刺史李紳撰其後自序題云太和甲寅歲遊寺刻詩於壁詳自序所言似紳自書然以端

州題名較之字體殊不類甲寅太和八年也 右集本

襄陽山文 太和九年 元第五百四十三

翰林學士吳奎知制誥劉敞祠部郎中集賢校理江休復工部員外郎直集賢院祁無擇屯田員外郎編修唐書梅堯臣嘉祐四年四月六日於編修院同觀范鎮景仁後至

右跋尾者六人皆知名士也時余在翰林以孟饗致齋唐書局中六人者相與飲弈歡然終日而去蓋一時之盛集也明年夏鄰幾聖俞卒又九年而原甫長文卒自嘉祐己亥至今熙寧辛亥一紀之間亡者四存者二而擇之遭酷吏以罪廢景仁亦以言事得罪獨余顛然蒙上保全貪冒寵榮不知休止然筋骸憊矣尚此勉強而交遊零落無復情悰其盛衰之際可以悲夫是時同修書者七人今亡者五宋子京王景彝呂縉叔劉仲更與聖俞也存者二余與次道爾次道去年爲知制誥亦以封還李定詞頭奪職因感夫存亡今昔之可歎者遂幷書之熙寧四年二月十五日病告中書 右見縣本拾遺

唐武侯碑陰記 開成二年 元第八百七十五

右武侯碑陰記崔備撰唐劍南西川節度使武元衡及其將佐題名者二十九人楊嗣復再題及其僚屬又六人幷嗣復孜士詩兩首合爲一卷唐諸方鎮以辟士相高故當時布衣韋帶之士或行著鄉閭或名聞場屋者莫不爲方鎮所取至登朝廷位將相爲時偉人者亦皆出諸侯之幕如元衡所記裴度柳公綽楊嗣復皆相繼

去爲本朝名將相亦可謂盛矣哉治平元年初伏休假兩中書 右眞蹟

唐王質神道碑 開成四年 卷第闕

右王質神道碑唐太子賓客劉禹錫撰幷書質字華卿十通之後也開成中爲宣歙池等州觀察使 右集本

唐元度十體書 歲月未詳 元第四百八十四

右唐元度十體書前本得於蘇氏後本得於李丕緒少卿丕緒長安人名家子喜收碑文二家之本大體則同而文有得失故並存之覽者得以自擇焉 右集本

唐鄭澣陰符經序 開成二年 元第二百九十九

右陰符經序鄭澣撰柳公權書唐世碑碣顏柳二家書最多而筆法往往不同雖其意趣或出於臨時而模勒鐫刻亦有工拙 集本無此十八字 公權書高重碑余特愛模者不失其眞而鋒鋩皆在至陰符經序則蔡君謨以爲柳書之最精者云善藏筆鋒與余之說正相反然君謨書擅當世其論必精故爲誌之治平元年二月六日書 右眞蹟

又 已下八篇同是柳誠懸書或撰故不與別碑歲月爲敘

余自皇祐中得公權所書陰符經序遂求其經云石已亡矣常意必有藏於人間者求之十餘年莫可得治平三年有鑴工張景儒忽以此遺余家小史遽錄之信乎余所謂物常聚於所好也 右眞蹟

唐山南西道驛路記 開成四年 元第一百二十七

公權書往往以模刻失其眞雖然其體骨終在也 右見縣本拾遺

唐何進滔德政碑 開成五年 元第二十二

右何進滔德政碑唐翰林學士承旨兼侍書柳公權撰幷書進滔唐書有傳開成五年立其高數丈制度甚闊偉在今河北都轉運使公廨園中 右集本

唐李聽神道碑 開成五年 元第七百一十七

右李聽神道碑李石撰聽父子爲唐名將其勳業昭彰故以碑考傳少所差異而史家當著其大節其微時所歷官多不書於體宜然惟其自安州刺史遷神武將軍史不宜略而不書者蓋闕也 右集本

唐李石神道碑 會昌元年 元第四百一十三

右李石碑柳公權書余家集錄顏柳書尤多惟碑石不完者則其字尤佳非字之然也譬夫金玉埋沒於泥滓時時發見其一二則粲然在目特爲可喜爾熙甯三年季夏旣望書 右眞蹟

唐高重碑 會昌四年 元第四百八十九

右高重碑元裕撰柳公權書唐世碑刻顏柳二公書尤多而字體筆畫往往不同雖其意趣或出於臨時而亦繫於模勒之工拙然其大法則常在也此碑字畫鋒力俱完故特爲佳刻其墨蹟想宜如何也治平元年正月

二十五日書　右眞蹟

唐康約言碑　太和七年　元第八百二十五

右康約言碑柳公權撰并書約言宦者爲河東監軍唐自開元以後職官益濫始有置使之名歷五代迄今多因而不廢世徒知今之使額非古官襲唐舊號而不知皆唐宦者之職約言在太和開成間嘗爲鴻臚禮賓使又爲內外客省使以此見今之使名自樞密宣徽而下皆唐宦官職也又以見鴻臚卿寺亦以宦者爲使於其間約言又爲宣徽北院副使又見當時南北院宣徽皆有副使也治平甲辰秋社前一日書　右眞蹟

唐復東林寺碑　大中十一年　元第三十八

右唐湖州觀察使崔黯撰柳公權書東林寺會昌中廢之大中初黯爲江州刺史而復之黯之文辭甚遒麗可愛而世罕有之　右集本

唐會昌投龍文　會昌五年　元第六百五十七

右會昌投龍文余修唐本紀至武宗以謂奮然除去浮圖銳矣而躬受道家之籙服藥以求長年以此知其非明智之不惑者特其好惡有所不同爾及得會昌投龍文見其自稱承道繼元昭明三光弟子南嶽炎上眞人則又益以前言爲不繆矣蓋其所自稱號者與夫所謂菩薩戒弟子者亦何以異余嘗謂佛言無生老言不死二者同出於貪信矣會昌之政臨事明果有足過人者至其心有所貪則其所爲與庸夫何異始平元年五月五日書　右眞蹟

唐夔州都督府記　會昌五年　元第七百二十四

余嘗謂唐世人人工書故其名埋沒者不可勝數每與君謨歎息於斯也如貝靈該繆師愈今人尚不知其姓名況其書乎余以集錄之博僅各得其一爾　右見縣本拾遺

唐俞珣書陳果仁告身并捨宅造寺疏　大中八年　元第五百八十七

右陳果仁告身并妻眕靜緣捨宅造寺疏附疏後題云明政二年按隋書煬帝本紀大業十一年十月東海賊帥李子通擁衆渡淮僭稱楚王建元明政則明政二年

乃大業十二年也唐高祖實錄武德二年四月隋御衛將軍陳稜以江都降卽以稜爲總管九月李子通敗稜陷江都國號吳建元明政則明政二年是武德三年矣二說不同如此呂夏卿爲余言若以大業十二年爲子通僭號之二年則江都方亂煬帝安得南幸而唐實錄陳稜事可據則明政二年當爲武德三年也隋書繆矣果仁終始事迹不顯略見於隋書云唐初爲隋太僕丞元祐將煬帝已遇弑沈法興一有與字果仁其殺祐起兵據江表法興自稱總管大司馬錄尚書事承制置百官以果仁爲司徒其事止見此爾開元中胥德宣爲果仁記捨宅造寺載其世家頗詳而其功閥官爵歲月多繆德

宣言中毒以死而宅疏言見屠戮當以宅疏爲是德宣文辭不足錄獨採其世次事蹟終始著之俾覽者覈其眞僞而少益於廣聞煬帝本紀高祖實錄皆唐初人所撰而不同如此何哉 右集本

唐圭峯禪師碑 大中九年 元第六十九

右圭峯禪師碑唐相裴休撰并書其文辭事迹無足採而其字法世所重也故錄之云 右集本

唐濠州勸民栽桑勅碑 大中十年 元第一百七十二

余得劉禹修兖州文宣王廟碑見大中時中書門下牒又得此碑見大中時勅乃知平章事非署勅之官今世止見中書門下牒便呼爲勅惟告身之制僅存焉 右集本

又別本 一作勸農碑 增入

皇祐元年春余自揚移潁舟過濠梁得此碑於今樞密使張公昇唐之制勅之文今不復見蓋官失其職久矣此大中時勅也尙可見其遺制焉

唐閬遷新社記 大中十年 元第五十五

右閬遷新社記唐濮陽宁撰其辭云大中十年夏六月閬西公命遷社於州坤 或作城 凡築四壇壇社稷其廣倍丈有五尺其高倍尺有五寸主以石壇風師廣丈有五尺高尺有五寸壇雨師廣丈而高尺云文字古雅甚可愛嗚呼唐之禮樂盛矣其遺文有足采焉州縣社稷有主見於此記蓋大中時其禮猶在也按唐書楊發自蘇州刺史爲福建觀察使至大中十二年遷嶺南節度以歲月推之閬西公者楊發也 右集本

又

唐時州縣社稷有主獨此碑見之開元定禮至大中時猶僅存也禮樂廢壞久矣故錄此記以著之 右眞蹟

唐令狐楚登白樓賦 咸通二年 元第九百四十五

右登白樓賦令狐楚撰白樓在河中至楚子綯爲河中節度使乃刻於石綯父子爲唐顯人仍世宰相而楚尤以文章見稱世傳綯爲文喜以語簡爲工常飯僧判齋綯於佛前跪爐諦聽而僧倡言曰令狐綯設齋佛知蓋以此譏其好簡楚之此賦文無他意而至千有六百

餘言何其繁也其父子之性相反如此信乎堯朱之善惡異也 一有治平元年八月八日祈晴於太社晨歸遂書 右集本

唐磻 集本作盤 溪廟 咸通二年 元第八百三十五

右磻溪廟記張翔撰高駢書駢爲將嘗立戰功威惠著於蠻蜀筆研固非其所事然書雖非工字亦不俗蓋其明爽豪儁終異庸人至於惑妖人呂用之諸葛殷等信其左道以冀長年乃騎木鶴而習凌虛仙去之勢此至愚下品皆知爲可笑而駢爲之惟恐不至者何哉蓋其貪心已動 集本作薰 於內故邪說可誘於外內貪外誘則亦何所不爲哉 右眞蹟

唐白敏中碑 咸通三年 元第六百六十六

右白敏中碑畢誠撰其事與唐書列傳多同而傳載敏中由李德裕薦進以獲用及德裕貶詆之甚力以此爲甚惡而碑云會昌中德裕起刑獄陷五宰相竄之嶺外公承是乏之後一年寃者皆復其位以此爲能其爲毀譽難信蓋如此故余於碑誌惟取其世次官壽鄉里爲正至於功過善惡未嘗爲據者以此也碑又言桑道茂事云桑道慕不知孰是治平元年七月二十日書　右眞蹟

唐于僧翰尊勝經咸通五年　元第二百十三

右尊勝經于僧翰書僧翰筆畫雖遒勁然失分隸之法遠矣所以錄者亦自成一家而爲流俗所貴故聊著之庶知博採之不遺爾　右眞蹟

唐孔府君神道碑咸通十二年　元第四百六十三

右孔岑父碑鄭絪撰柳知微書其碑云有子五人載戣戡戢戵按新唐書宰相世系表岑父六子戵之下又有戚表據孔氏譜其家所藏碑文鄭絪撰絪自言與孔氏有世舊作碑文時戣等尚在然則譜與碑文皆不應有失而不同者何也余所集錄與史傳不同者多其功過難以碑碣爲正者銘誌所稱有褒有諱疑其不實至於世繫子孫官封名字無情增損故每據碑以正史惟岑父碑文及其家譜二者皆爲可據故竝存之以俟來者治平元年三月二十二日侍上御崇政殿決繫囚退遂家居謝客因書　右眞蹟

唐陸文學傳咸通十五年　元第五百四十七

右陸文學傳鴻漸自撰茶之見前史蓋自魏晉以來有之而後世言茶者必本陸鴻漸蓋爲茶著書自其始也至今俚俗賣茶肆中嘗置一甆偶人於竈側云此號陸鴻漸鴻漸以茶自名於世久矣考其傳著書頗多曰君臣契三卷源解三十卷江表四姓譜十卷南北人物志十卷吳興歷官記三卷潮湖一作州刺史記一卷茶經三卷占夢三卷其多如此豈止茶經而已哉然其他書皆不傳　右集本

又此與前跋相類疑　是稾本今兩存之

右陸文學傳題云自傳而曰名羽字鴻漸或云名鴻漸字羽未知孰是然則豈其自傳也茶載前史自魏晉以來有之而後世言茶者必本鴻漸蓋爲茶著書自羽始也至今俚俗賣茶肆中多置一甆偶人云是陸鴻漸至飲茶客稀則以茶沃此偶人祝其利市其以茶自名久矣而此傳載羽所著書頗多云君臣契三卷源解三十卷江表四姓譜十卷南北人物志十卷吳興歷官記三卷湖州刺史記一卷茶經三卷占夢三卷豈止茶經而已也然他書皆不傳獨茶經著於世爾　右增入

唐白巖大師懷惲碑歲月闕　元第九百二十八

右白巖大師懷惲碑權德輿撰文鄭餘慶書歸登篆額又有別碑令狐楚撰文鄭絪書懷惲者吾不知爲何人

而彼五君者皆唐世名臣其喜爲之傳道如此欲使愚
庸之人不信不惑其可得乎民之無知惟上所好惡是
從是以君子之所愼者在乎所學楚之文曰大師泥洹
茶毗之六年余以門下侍郎平章事攝太尉泥洹茶毗
是何等語宰相坐廟堂之上而口爲斯言集本有邪字皋夔
稷契居堯舜之朝其語言尙書載之矣異乎此也治平
元年七月十三日雨中書　右眞蹟

集古錄跋尾卷九終

集古錄跋尾卷十

宋廬陵歐陽修永叔著　吳縣朱記榮重校刊

唐王重榮德政碑中和四年元第四百十六

右王重榮德政碑歸仁澤撰唐彥謙書重榮當唐之末
再逐其帥遂據河中雖破黃巢平朱玫之叛有功於一
時而阻兵召亂爲唐患者多矣碑文辭非工而事實無
可采所以錄者俾世知求名莫如自修善譽不能掩惡
也考重榮之碑豈不欲垂美名於千載而其惡終暴於
後世者毀譽善惡不可誣故也彥謙以詩知名而詩鄙
俚字畫不甚工皆非余所取也治平元年淸明前一日
書　右眞蹟

唐張將軍新廟碑龍紀元年元第二百十三

右張將軍新廟記李巨川撰唐彥謙書張魯事史傳詳
矣巨川文辭匪工所錄者彥謙書爾彥謙書頗知名於
世故略存其筆蹟也　右集本

唐花林宴別記歲月闕卷第闕

右花林宴別記唐寶常撰花林寺在滁州全椒縣余在
滁陽遣推官陳詵以事至縣見寺旁石澗岸土崩出石
巖隱隱有字亟命模得之　右集本

唐潤州陁羅尼經幢歲月闕元無卷第

右陁羅尼經幢今在潤州寶墨亭中唐雲陽野夫王奐
之書字畫頗爲世俗所重故錄之以備廣採　右集本

唐玉蘂詩 沈傳師李德裕唱和 元第一百六十九

惠泉在今荆門軍余貶夷陵道荆門裴回泉上得二子之詩佳其詞翰遂録之逮今蓋三十年矣嘉祐八年十一月二十日書 右見縣本拾遺

唐人書楊公史傳記 歲月闕 元第一百七十

右楊公史傳記文字訛缺原作者之意所以刻之金石者欲爲公不朽計也碑無年月不知何時然其字畫之法乃唐人所書爾今纔幾時而摩滅若此然則金石果能傳不朽邪楊公之所以不朽者 八字集本作楊公者震也其所不朽者 果待金石之傳邪凡物有形必有終敝自古聖賢之傳也非皆託於物固能無窮也乃知爲善之堅堅於金石

也嘉祐八年十一月二十日書 右眞蹟

張龍公碑 乾寧元年 元第二百五

右張龍公碑趙耕撰云君諱路斯潁上百社人也隋初明經登第景龍中爲宣城令夫人關州石氏生九子公罷令歸每夕出自戌至丑歸常體冷且溼石氏異而詢之公曰吾龍也蓼人鄭祥遠亦龍也騎白牛據吾池自謂鄭公池吾屢與戰未勝明日取決可令吾子挾弓矢射之繫鬣以青綃者鄭也絳綃者吾也子遂射中青綃鄭怒東北去投合肥西山死今龍穴山是也由是公與九子俱復爲龍亦可謂怪矣余嘗以事至百社村過其祠下見其林樹陰蔚池水窈然誠異物之所托歲時禱雨屢獲其應汝陰人尤以爲神也 右集本

又別本

能公之事怪哉余嘗以事至百社村過其祠下見其林樹陰蔚池水窈然誠異物之所托歲時禱雨屢獲其應汝陰人尤以爲神也 右眞蹟

瘞鶴銘 元第八十八 瘞鶴銘黄庭遺教經雖傳自晉而公疑唐人所書故附此

右瘞鶴銘題云華陽眞逸撰刻於焦山之足常爲江水所沒好事者伺水落時模而傳之往往秖得其數字云鶴壽不知其幾而已世以其難得尤以爲奇惟余所得六百餘字獨爲多也按潤州圖經以爲王羲之書字亦奇特然不類羲之筆法而類顔魯公不知何人書也華

陽眞逸是顧況道號今不敢遂以爲况者碑無年月不知何時疑前後有人同斯號者也 右集本

又 此與前跋相類疑是稾本今兩存之

右在焦山之足常爲江水所沒好事者伺水落時模而傳之往往秖得其數字云鶴壽不知其幾而止世以其難得尤以爲奇惟余所得獨若此之多也潤州圖經以爲王羲之書字亦奇放然不類羲之筆法而類顔魯公不知何人書也或云華陽眞逸是顧況道號銘其所作也

黄庭經四首

右黄庭經一篇晉永和中刻石世傳王羲之書書雖可

喜而筆法非義之所爲黄庭經者魏晉時道士養生之書也今道藏别有三十六章者名曰内景而謂此一篇爲外景又分爲上中下三部者皆非也蓋内景者乃此一篇之義疏爾流俗又有一篇名曰中景者尤爲繁雜鄙俚之所傳也余嘗患世人不識其眞多以内景三十六章爲本經因取永和刻石一篇爲之注解余非學異說者哀世人之惑於繆妄爾 右眞蹟

又 元題作續跋

今道藏别有三十六章曰黄庭内景而謂此一篇者爲外景又有分爲上中下三部者流俗所行又别有中景者皆非也所謂内景者乃此經之義疏爾中景一篇尤爲

繁雜蓋妄人之所作也此本晉永和中刻石文字時亦脫繆然比今世俗所傳頗爲精也 又見縣本拾遺

又

右黄庭别本 一作續 得之京師書肆不知此石刻在何處其字書頗類顏魯公甚可愛而不完更俟求訪以足之治平丁未閏三月三日書 右見縣本拾遺

又

右黄庭經二篇皆不著書人姓名余初得後本已愛其字不俗遂錄之旣而又得前本於殿中丞裴造造好古君子也自言家藏此本數世矣與其藏於家不若附見余之集錄可以傳之不朽也余因以舊本較其優劣而竝存之使覽者得以自擇焉世傳王羲之嘗寫黄庭經此豈其遺法與 一有治平元年十月十二日致齋東閣書十四字 右集本

遺教經 以下十七首歲月闕 元第二百六十二

右遺教經相傳云羲之書僞也蓋唐世寫經手所書唐時佛書今在者大抵書體皆類此第其精粗不同爾近有得唐人所書經題其一云薛稷一云僧行敦書者皆與二人他所書不類而與此頗同卽知寫經手所書也然其字亦可愛故錄之蓋今士大夫筆畫能髣髴乎此者鮮矣 右眞蹟

小字道德經 元第九百二十二

右小字八分道德經不著書人名字亦不知其所自來

或云在明州其石今亡矣問今藏書之家皆云未嘗見也其字畫精妙見者多疑爲明皇書而知非者以其 集本有首字 但題御注而不云御書也 右眞蹟

唐人臨帖 元第七百八十八

右唐人所臨諸家法帖一卷其前數帖類眞卿所書蓋其筆畫精勁他人未易臻此按唐書言褚無量嘗請以當時所藏奇書名畫命宰相以下跋尾而元宗不許此乃有宋璟等列名於後又頗多訛繆豈後人妄增加之也然要爲可翫何必窮較其眞僞今流俗所傳鍾王遺跡多不同然時時各有所得故雖小小轉寫失眞不害爲佳物由是悉取前後所得諸家法帖分入集錄蓋以

資博覽云 右集本

小字法帖 元第七百二十九以下十首跋法帖蓋摹本也故類於唐人臨帖之後

右小字法帖者近時有尙書郎潘師旦者以官法帖私自摹刻於家爲別本以行於世余因分以爲類散入集錄諸帖而程邈衛夫人鍾繇王廙宋儋皆以小字爲一類於此余嘗辨鍾繇賀捷表爲非眞而此帖字畫筆法皆不同傳摹不能不失本體以此眞僞尤爲難辨也治平元年七月三十日書 右眞蹟

又 元第七百七十三

近時有尙書郎潘師旦者竊取官法帖中數十帖別自刻石以遺人而傳寫字多轉失然亦時有可佳者因又

擇其可錄者分爲十餘卷以入集目聊爲一時之翫爾其小字尤精故錄於此 右集本

十八家法帖 元第四百二十

右世傳十八帖者實二十五帖蓋書者十八家爾而流俗又自有羲之十八帖然皆出於官法帖也太宗皇帝時嘗遣使者天下購募前賢眞蹟集以爲法帖十卷鏤板而藏之每有大臣進登二府者則賜以一本其後不賜或傳板本在御書院往時禁中火災板被焚遂不復賜或云板今在但不賜爾故人間尤以官法帖爲難得此十八家者蓋官法帖之尤精者也余得自薛公期云是家藏舊本頗眞今世人所有皆轉相傳摹者也 右眞蹟

雜法帖六

鬻於薛十三處得法帖一部闕其第一久而始獲

一

南朝諸帝筆法雖不同大率意思不遠聊然都不復有豪氣但淸婉若可佳耳

二

學書不必憊精疲神於筆硯多閱古人遺蹟求其用意所得宜多

三

羲獻世以書自名而筆法相去遠甚父子之間不同如此然皆有足喜也

四

吾有集古錄一千卷晚又得此法帖歸老之計足矣寓心於此其樂何涯嘉祐壬寅大雩攝事致齋閒題

五

古今事異一時人語亦多不同傳模之際又多轉失時有難識處惟當以意求之爾嘉祐七年大饗明堂致齋於中書東閤偶題

六

老年病目不能讀書又艱於執筆惟此與集古錄可以把玩而不欲屢閱者留爲歸潁銷日之樂也蓋物雖不足然後其樂無窮使其力至於勞則有時而厭爾然內

樂猶有待於外物則退之所謂著山林與著城郭何異宜爲有道者所笑也熙寧辛亥淸心堂書　右見縣本別集二十三卷

景福遺文

余在夷陵時得之民家見當時縣有驅使官衙直典然云米（一作）不闕者莫詳其語嘉祐七年五月二十六日　右見縣本別集二十二卷

浮槎寺八記詩　元第七百五十三

右浮槎寺八記詩者自云鴈門釋僧皎字廣明作詩雖非工而所載事蹟皆圖經所無可以資博覽浮槎山在今廬州愼縣其上有泉其味與無錫惠山水相上下而鴻漸茶經及張又新等水記皆不載嘉祐中李留後端

愿守廬州以其水遺余因爲之記其事余甚愛山泉而浮槎水特佳頗怪前世遺而不錄及得僧皎記浮槎八事亦無之乃知物之晦顯有時也治平元年七月三十日書　右眞蹟

福州永泰縣無名篆　元第一百八十七

右在福州永泰縣觀音院後山上世俗多傳以爲仙篆太常博士黃孝立閩人也嘗爲余言其山無名上多頑石無復鐫刻之蹟如以人手指畫泥而成文文隨圓石之形環布之如車輪循環莫知其首尾又言孝立嘗至廣州見南蕃人以夷法事天日夕焚香拜金書字號爲天篆者正類此然不能曉也今人亦有以道家之言譯之者曰勤道守三一中有不死術亦莫知其是非也　右眞蹟

又　此與前跋相類疑是稾本今兩存之

右在福州永泰縣觀音院後山上太常博士黃孝立閩人也爲余說曰山無名而甚高峻石皆頑無復鐫刻之迹如人以手指畫泥而成文文隨圓石之形環布之又曰孝立嘗至廣州見南蕃人以夷法事天日夕拜金書字圖號天篆者視其字與此篆正同然不能考也今世人亦有以道家之言譯之者曰勤道守三一中有不死術亦莫得而詳焉

謝仙火　元第二百六十八

右謝仙火字在今岳州華容縣廢玉眞宮柱上倒書而刻之不知何人書也傳云大中祥符中玉眞宮爲天火所焚惟留一柱有此字好事者遂模於石慶歷中衡山女子號何仙姑者絕粒輕身人皆以爲仙也有以此字問之者輒曰謝仙者雷部中鬼也夫婦皆長三尺其色如玉掌行火於世間後有聞其說者於道藏中檢之云實有謝仙名字主行火而餘說則無之由是益以仙姑爲眞仙矣近見衡州奏云仙姑死矣都無神異容有自衡來者云仙姑晩年羸瘦面皮皺黑第一衰媼也獨時蘇州有一丐者臥道中相傳云是得仙者也自天聖中余已聞之後二十餘年尙在其人姓沈舉世皆傳爲沈

臥仙云臥而飲食不漏州縣吏屢使人監守或潛伺察之皆實臥而不起亦不漏遂相傳以爲神旣而亦以病死雖素信惑其事喜爲之稱說者亦不云死時有異也斯二人者皆今世人以爲仙者如此故并載之 一有治平元年

上元日書 右集本

周伯著碑 元第七百六十九

右周伯著碑者元第七百六十九於近歲葢官部春夫開汴渠於泥沙中掘得之其文字古怪而摩滅無首尾了不可讀伯著不知爲何人其僅可見者云渤海君元孫李景長子也其事蹟不可考文辭莫曉而字畫不工徒以其古怪而錄之此誠好古之弊也治平元年七月三十

日書 右眞蹟

裴夫人誌 天寶四年 元附一百八

右裴夫人誌辭翰瀟灑固多情思惜乎不見其名氏石在長安之萬年矮槐文亦佳在亳州法相寺二者皆後得故續附於此熙甯二年六月二十有八日青州山齋書 右見辭本拾遺

五代時人署字 以下九首歲月闕 元第七百三十

右五代時帝王將相等署字合一卷前人遺蹟往往因人家告身莊宅券契故後世傳之猶在此署字乃北京人家好事者類而摹傳之爾 右集本

楊凝式題名 李西臺詩附 元第八百一十四

右楊凝式題名并李西臺詩附自唐亡道喪四海困於兵戎及聖宋興天下復歸於治葢百有五十餘年而五代之際有楊少師建隆以後稱李西臺二人者筆法不同而書名皆爲一時之絕故竝錄於此 右眞蹟

徐鉉雙溪院記 元第二百六十九

右雙溪院記徐鉉書鉉與其弟鍇皆能八分小篆而筆法頗少力其在江南皆以文翰知名號二徐爲學者所宗葢五代干戈之亂儒學道喪而二君能自奮然爲當時名臣而中國旣苦於兵四方僭僞割裂皆褊迫擾攘不暇獨江南粗有文物而二君者優游其間及宋興違命侯來朝二徐得爲王臣中朝人士皆傾慕其風采葢

亦有以過人者故特錄其書爾若小篆則與鉉同時有王文秉者其筆甚精勁然其人無足稱 二字集本作所聞 也治平元年上元日書 右眞蹟

王文秉小篆千字文 元第五百二十六

右小篆千字文者江南人王文秉書其後題云大唐庚申歲者建隆元年也僞唐李煜自周師取淮南畫江爲界以稱臣遂削去年號奉周正朔然世宗特許其稱帝故文秉猶稱唐而不書年號直云庚申歲也文秉在江南篆書遠過徐鉉而鉉以文學名重當時文秉人罕知者學者皆云鉉筆雖未工而有字學一點一畫皆有法也文秉所書獨余集錄屢得之此本得於太學楊南仲

紫陽石磬銘者張獻撰亦文秉書也 右集本

王文秉紫陽石磬銘 元附五百二十六

右紫陽石磬銘余獨錄於此而不附他書者文秉之書罕見於今也小篆自李陽冰後未見工者文秉江南人其字畫之精遠過徐鉉而朝中之士不知文秉但稱徐常侍者鉉以文章有重名於當時故也歲在辛酉晉天福六年李昪之昪元五年也五代干戈之際士之藝有至於斯者太平之世學者可不勉哉 右見縣本拾遺

郭忠恕小字說文字源 元第一百八十四

右小字說文字源郭忠恕書忠恕者 集本有五代漢周之際爲湘陰公從事十二字 及事皇朝其事見實錄頗奇怪世人但知小篆而

不知其楷法尤精然其楷字亦不見刻石者蓋惟有此耳故尤可惜也五代干戈之際學校廢是謂君子道消之時然猶有如忠恕者國家爲國百年天下無事儒學盛矣獨於字書忽廢幾於中絕今求如忠恕小楷不可得也故余每與君談歎息於此也石在徐州 集本無此四字 嘉祐八年十二月二十日書 右眞蹟

郭忠恕書陰符經 元第一百八十八

右陰符經郭忠恕書篆法自唐李陽冰後未有臻於斯者近時頗有學者曾未得其髣髴也實錄言忠恕死時甚怪豈亦異人乎其楷書尤精也嘉祐六年九月十五日宴後歇泊假開覽因題 右眞蹟

太清石 集本作西 闕題名 元第五百五十二

余自至亳始得悉閱太清之碑其佳者皆已入余集古錄矣乃知余之集錄所得多矣惟兩石闕題名未有今續錄於此熙寧元年二月十九日書 右眞蹟

太清東闕題名 元第五百三十二

熙寧元年二月十八日余率僚屬謁太清諸殿裴回兩闕之下周視八檜之異窺九井禹步之奇酌其水以烹茶而歸十九日書 右見縣本拾遺

集古錄跋尾卷十終

集古錄目序

物常聚於所好而常得於有力之彊有力而不好好之而無力雖近且易有不能致之象犀虎豹蠻夷山海殺人之獸然其齒角皮革可聚而有也玉出崑崙流沙萬里之外經十餘譯乃至乎中國珠出南海常生深淵採者腰縆而入水形色非人往往不出則下飽蛟魚金礦於山鑿深而穴遠篝火餱糧而後進其崖崩窟塞則遂葬於其中者率常數十百人其遠且難而又多死禍常如此然而金玉珠璣世常兼聚而有也凡物好之而有力則無不至也湯盤孔鼎岐陽之鼓岱山鄒嶧會稽之刻石與夫漢魏已來聖君賢士桓碑彝器銘詩序記下

至古文籀篆分隸諸家之字書皆三代以來至寶怪奇偉麗工妙可喜之物其去人不遠其取之無禍然而風霜兵火湮淪摩滅散棄於山崖墟莽之間未嘗收拾者由世之好者少也幸而有好之者又其力或不足故僅得其一二而不能使其聚也夫力莫如好好莫如一予性顓而嗜古凡世人之所貪者皆無欲於其間故得一其所好於斯好之已篤則力雖未足猶能致之故上自周穆王以來下更秦漢隋唐五代外至四海九州名山大澤窮崖絕谷荒林破冢神仙鬼物詭怪所傳莫不皆有以為集古錄以謂轉傳一作寫失真故因其石本軸而藏之有卷帙次第而無時世之先後蓋其取多而未已故隨其所得而錄之又以謂聚多而終必散乃撮其大要別為錄目因并載夫可與史傳正其闕繆者以傳後學庶益於多聞或譏予曰物多則其勢難聚聚久而無不散何必區區於是哉予對曰足吾所好玩而老焉可也象犀金玉之聚其能果不散乎予固未能以此而易彼也廬陵歐陽修序

昔在洛陽與余遊者皆一時豪儁之士也而陳郡謝希深善評文章河南尹師魯辨論精博余每有所作二人者必申紙疾讀便得余深意以示他人亦或時有所稱皆非余所自得者也宛陵梅聖俞善人君子也與余其處窮約每見余小有可喜事懽然若在諸

己自三君之亡余亦老且病矣此敘之作既無謝尹之知音而集錄成書恨聖俞之不見也悲夫嘉祐八年歲在癸卯七月二十四日書

集古錄目後序

歐陽文忠公撰集古錄既成命其子叔弼別爲集古錄目見叔弼自記是集古錄與集古錄目判然二書也集古錄止錄各碑之有跋尾者其無跋者不與焉集古錄目則取公家千卷之藏撮其大要備列書撰人名氏及官位事實與立碑年月約爲十卷以便覽也其書久已失傳惟公文集內存集古錄目序一篇後人編刻公集不知錄目別爲一書遂以錄目之序移冠集古錄之首且謂公自稱集古錄跋尾爲集古錄目則誤之甚矣然集古錄目未經他人引用惟南宋紹定初臨安陳思撰寶刻叢編歷採諸家評跋所引集古錄目最多陳氏書

世少刻本人不易見今據南海吳荷屋中丞所藏鈔本摘其所引者凡五百餘條按立碑時代年月輯爲五卷以補叔弼原書之亡原書十卷謂發千卷之藏以一碑爲一卷計之據陳氏一家所引僅存其半而陳氏書凡二十卷今已亡佚六卷殘缺二卷其存者亦復輾轉傳抄訛脫已甚卽一家所引亦不能盡存矣然是編一出人始知跋尾與錄目爲二書則陳氏之有功於廬陵父子爲不小矣而余之編輯是書或亦爲講金石者所不棄也夫道光乙未仲秋寗鄉黃本驥書

集古錄目記

集古錄既成之八年家君命棐曰吾集錄前世埋沒闕落之文獨取世人無用之物而藏之者豈徒出於嗜好之僻而以爲耳目之玩哉其爲所得亦已多矣故嘗序其說而刻之又跋於諸卷之尾者二百九十六篇序所謂可與史傳正其闕繆者已麤備矣若撮其大要別爲目錄則吾未暇然不可以闕而不備也棐退而悉發千卷之藏而考之曰嗚呼可謂詳矣蓋自文武以來迄於五代盛衰得失賢臣義士姦雄賊亂之事可以動人耳目者至於釋氏道家之言莫不皆有然分散零落數千百年而後聚於此則亦可謂難矣其聚之既難則其久

也又遂將散而無傳宜公之惜乎此也於是各取其書撰之人事跡之始終所立之時世而著之爲一十卷以附於跋尾之後夫事必簡而不煩然後能傳於久遠今此千卷之書者刻之金石託之山崖未嘗不爲無窮之計也然必待集錄而後著者豈非以其繁而難於盡傳哉故著其大略而不道其詳者公之志也熙寗二年二月上浣歐陽棐叔弼記

集古錄目目次

卷一

卷二

卷三

卷四

唐立漢董黯孝行碑
唐霍國夫人王氏碑
唐王師乾碑
唐立吳季子墓碑
唐馬璘新廟碑
唐張敬因碑
唐景陽井欄記
唐顏勤禮碑
唐元結碑
唐遷建吳季子墓碑記
唐顏惟貞家廟碑

唐三藏和尚不空碑
唐復鄠縣記
唐王密德政碑
唐元德秀墓碣
唐海濤志
唐咸宜公主碑
唐汾陽王廟碑
唐韋渙遺愛頌
唐鄭播謁孔子廟題名
唐說文字源
唐張常洧孝行碑并門閭勅旌表碣贊

唐茶山詩并詩述
唐賀蘭夫人墓誌
唐王初墓誌
唐辨正禪師塔銘
唐軒轅鑄鼎原銘
唐濟瀆廟祭器銘
唐僧道源發願文
唐修昆明池堰記
唐賜李練師詩詔
唐董晉碑
唐重立王粲石井欄記

唐復陽武縣記
唐鍾山林下集序
唐楚金禪師碑
唐會稽山神祠堂碣
唐符元亮碑
唐甘棠館題名
唐寶花寺碑
唐禱聰明山記
唐復黃陂記
唐韓文公題名
唐京河水門記

卷五

集古錄目　目次　三
朱氏槐廬校刊

集古錄目目次終

集古錄目卷一　　槐廬叢書

宋廬陵歐陽棐叔弼撰　吳縣朱記榮重校刊

秦祀巫咸文

篆書俗謂之詛楚文蓋楚兵來伐而禱神之詞也首稱穆公與楚成王有盟好而楚王熊相倍十八世之約以世家推之楚自成王十八世而至頃襄王秦自穆公十八世而至惠文王惠文王末年與楚數相攻伐疑當時之所作也

秦之罘山刻石

凡二十一字文與史記所載二世詔同而不完或傳其文刻於木片麻溫故學士得之於登州海上疑後

人所傳模也

漢袁良碑

隸書不著書撰人名氏良字缺一字卿陳國扶樂人也歷議郎符節令嘗爲三老其額曰國三老袁君碑以永建中立

漢張公神碑

隸書不著書撰人名氏字多譌缺雖事迹粗可見而不復成文其間有銘辭一首朝歌長鄭彬以和平元年爲張公立碑於廟又爲監黎陽宮謁者李君作歌九章同刻其後有李居等題名亦譌缺不可見矣在黎陽縣

漢王元賞碑

隸書不著書撰人名氏碑以延熹四年立王君嘗爲封邱令辟司空府元賞其字也碑已漫滅元賞之名及其鄉里皆不可見故以其字稱之

漢張表碑

隸書不著書撰人名氏表字元異嘗爲冀州從事後去官不仕而終建寗元年立

漢劉寬故吏碑

隸書不著書撰人名氏寬字文饒宏農華陰人靈帝時官至太尉封逯鄉侯謚曰昭烈此碑故吏李謙等所立

漢繁陽令楊君碑

隸書不著書撰人名氏殘缺不完不見其名字其可見者曰富波君之小子據楊震碑富波相名牧震之子也碑以熹平中立

前碑陰

隸書凡故吏故民處士等百有餘人

漢樊毅華山亭碑

隸書不著書撰人名氏據碑光和元年宏農太守河南樊毅字仲德初至郡親祠西嶽以其齋室逼窄使縣令朐忍先譙繕治之明年正月己卯而就立此碑

漢樊毅修西嶽廟復民碑

隸書不著名氏宏農太守樊毅上尚書表也毅使從事荀班華陰令先讜繕治華嶽廟并復華下十里民田租口算以其事表上光和二年也碑久堙沒唐興元元年華陰令盧倣求得而爲之記八分書於碑末在華嶽廟中

漢樊毅修華嶽廟碑

隸書不著書撰人名氏光和二年華陰太守樊毅修嶽祠記也并唐貞元三年檢校太子庶子董叔經等十五人題名附

漢殽阬君神祠碑

隸書不著書撰人名氏中條山有石隄樹谷嘗涌溢

爲患故立殽阬泄其水注之於渭自前漢時立廟以祠之其後阬稍堙塞廟亦毀廢後漢鄭縣令裴煜字君光復浚阬立廟碑以光和四年六月立并縣丞夏龔等題名者六十三人在鄭縣

漢郭究碑

隸書不著書撰人名氏究字長(字缺一)汲人也官至司隸從事碑以中平元年立

漢譙敏碑

隸書不著書撰人名氏敏字漢達碑以中平四年立

漢祝睦後碑

隸書不著書撰人名氏睦故吏王堂等所立其所敘述與前碑同(案集古錄目所載祝睦前碑寶刻叢編缺此條)

漢孔宙碑

隸書不著書撰人名氏宙字季將孔子十九世孫桓帝時爲泰山都尉以疾致仕碑以延熹七年立

漢孔德讓碣

隸書不著書撰人名氏孔君名缺德讓其字也孔子二十世孫仕至郡諸曹史碑以永興中立在孔子墓林中

漢韓勑造禮器碑

隸書不著書撰人名氏據碑孔子舅顔氏居魯親里并官聖妃居安樂里勑字叔節河南京人爲魯相復

其里中繇役以尊孔子孔子廟舊藏車見毀於秦項之際勑修立宅廟造俎豆瑟鼓之屬更作二輿時桓帝永壽二年也

漢孔子廟置卒史碑

隸書不著名氏其奏曰司徒雄司空戒言前魯相瑛言孔子廟褒成侯侯四時祠已即去有禮器無常人掌領乞置百石卒史出王家錢給餐禮元嘉三年奏制曰可司徒司空下魯相承書從事選年四十通經藝者永興元年相平等言司徒司空府除文學掾魯孔龢如牒并爲贊刻於後吳雄河南人字季直趙戒成都人字意伯瑛姓乙字少卿平原高唐人

漢郭輔碑
隸書不著書撰人名氏書字甚古葢漢碑也輔字輔成荆州人碑在穀城縣
漢宗資墓天祿辟邪字
篆書四字後漢宗資墓前有二石獸刻其髆上
漢永樂少府賈君闕
漢故永樂少府將作賈君之闕將作下二字殘缺不可識
漢費汎碑
隸書不著書撰人名氏汎字仲慮官至梁相碑不載其鄉里及刻石年月

漢費鳳碑陰
石勛撰隸書不著名氏鳳字伯蕭漢安中歷守故鄣堂邑長勛自稱鳳舅家中孫文悉爲五字句不著所立年月
漢北嶽廟碑
隸書不著書撰人名氏文字磨滅不可悉考其中有稱光和四年元氏左尉上郡璋者其意若璋被選舉而立此銘以報神貺
漢周憬碑
隸書不著書撰人名氏韶州圖經云郭蒼撰桂陽有瀧水人患其險太守下邳周憬字君光頹山鑿石以通之延熹三年故吏區祉刻石以紀功并祉等故吏題名者三十二人在韶州樂昌縣昌樂瀧上周君廟中
漢高陽令楊君碑
隸書不著書撰人名氏首尾不完不見名字據碑嘗爲高陽令寂後爲(缺一字)善侯相而碑額但曰高陽令楊君碑據楊震碑高楊令名著震孫也
漢南陽太守秦君碑
隸書不著書撰人名氏其碑漫滅不可讀篆額獨完曰漢故南陽太守秦君之墓在南陽縣
魏公卿上尊號奏

隸書不著書撰人名氏與受禪壇記同漢旣禪位文帝未受相國安樂鄉侯華歆等上表勸進
魏受禪表
隸書不著書撰人名氏世傳鍾繇書或以爲梁鵠書文帝黃初元年爲壇於繁昌以受漢禪碑不著所立年月在文帝廟中
魏橫海將軍呂君碑
隸書不著書撰人名氏額題魏故橫海將軍章陵太守都鄉侯呂君之碑名字殘缺云博望人也其先四嶽出自炎帝以黃初二年正月薨年六十有一碑在南陽縣

魏賈逵碑
隸書不著書撰人名氏逵字安道河東襄陵人明帝時官至建威將軍豫州刺史故從事吳康等立此碑

魏劉熹學生冢碑
隸書文字磨滅不完其閒有稱大魏者又曰濟南劉熹字德怡而寂後有學生名百餘人并列其所授諸經襄州圖經曰熹嘗爲穀城令學者多往從之其受業未終而沒者悉葬之謂之學生冢此碑是也在穀城縣學生冢傍

吳谷朗碑
隸書不著書撰人名氏朗字義先桂陽耒陽人仕至

九眞太守歸命侯鳳皇元年四月卒年三十四碑在耒陽縣

吳國山封禪碑
不著撰人名氏中書東觀令史立信書中郎將蘇建篆額歸命侯天冊元年得玉璽於吳興文曰吳眞皇帝遂改明年元爲天璽刊石告禪於國山之陰其所述瑞應凡千有二百餘事

吳巖山紀功碑
篆書不著名氏文字斷續不可悉攷有曰天璽元年者其餘大抵言天錫讖命之意按吳歸命侯天璽元年歷陽山石成文刻石作頌此當是也

晉鄭烈碑
隸書不著書撰人名氏烈字休林滎陽人官至兗州刺史輕車將軍平莞侯拜議郎贈右將軍謚曰僖故吏殿中監申揚等立此碑以太康四年立

晉議郎陳先生碑
隸書不著書撰人名氏碑字斷缺其可見者曰延熲川許昌人不知其爲名與字也其額曰晉故議郎陳先生碑元康二年門生尹含等立

晉張平子碑陰頌
南陽相夏侯湛撰隸書不著名氏湛因行縣至西鄂過衡墓刻此頌於碑陰

晉紀穆侯碑
凡二十四字曰晉故僕射散騎常侍驃騎大將軍開府儀同三司紀穆侯之銘

晉尉氏令陳君碑
隸書碑石殘缺不可悉考其可見者曰字道臧太尉掾之小子其額曰晉尉氏令陳君碑以此知其官及其姓氏也

東晉立吳陸禕碑
隸書不著書撰人名氏禕字元容吳郡吳人仕吳至征北將軍海鹽縣侯碑以東晉泰甯三年立

東晉陸喈碑

隷書不著書撰人名氏嗜字公聲禕之子也官至宣威内史前將軍碑以咸和七年六月立

晉黃庭經

凡三本無書人名氏前二本大約相類題云永和十二年山陰縣寫石在越州後一本其後不完不知石所在

宋宗慤母劉夫人墓誌

不著書撰人名氏慤爲散騎常侍荆州大中正洮陽縣侯夫人姓劉氏碑以大明六年立

宋慧遠法師碑

謝靈運撰張野序不著書人名氏慧遠姓賈氏鴈門人東晉末居于東林碑在廬山

齊金庭館碑

征虜將軍南清河太守司徒左長史揚州録事沈約造揚州刺史驃騎記室倪珪之書據記稱永泰中定居桐柏嶺因地名建館曰金庭宮命置道士十人而已爲之首蓋道士自敘之言非約所撰其謂之造者疑如後世立碑之類爾碑以永元三年立

齊海陵王墓誌

長兼中書侍郎謝朓立不著書人名氏海陵王名昭文文惠太子之子明帝廢其子鬱林王而立之在位一年又廢爲海陵王

梁檀溪寺禪房碑

信威主簿劉之適序記室參軍鮑炯銘前輔國郡都（案郡都二字疑誤）曹參軍許璠書檀溪寺者東晉人張殷捨宅所立咸安中沙門道安重建宋元嘉二十五年有西域浮屠又建禪房於池水之東其地逼臨梁天監四年勑別給池西之地移而立之碑以天監十一年四月立

梁許長史舊館壇碑

隱士陶宏景撰其前題曰弟子華陽隱居丹陽陶宏景謹造其傍又題曰此一行隱居手自書其文不知誰所書也宏景學道句曲山中有晉許長史故居壇塔爲之記頌額又有四字曰天靈聖明不知爲何語也在茅山（案諸道石刻天監十七年立）

梁知藏法師碑

新安太守蕭機撰序湘東王繹撰銘尚書殿中郎蕭挹書法師姓顧氏吳郡吳人居鍾山開善寺碑以普通三年九月立

梁招隱刹下銘

晉安王綱撰不著書人名氏刹王所建也後即位爲簡文帝碑以普通三年九月立

梁茅君碑

不著撰銘人名氏茅山道士孫文韜書領道士正張

繹集茅山記茅君九錫文而刻之因爲之銘碑以普
通三年立在茅山

梁羅浮山銘

廣州刺史河東王缺名撰參軍蕭世貞書中大同元年
立

陳尼慧仙銘

碑首稱安東諮議參軍而其下缺滅不見撰者姓名
宣城王國常侍陳景哲書慧仙姓石氏譙人也爲尼
居慧福寺碑以天嘉元年立

後魏某君碑案寶刻叢編缺其碑目

不著書撰人名氏善字缺二字趙郡平棘人隱居學佛

老之說召拜輔國將軍不受碑以太延四年立

大代華嶽廟碑

不著撰人名氏鎮西將軍略陽公侍郎劉元明書太
延中改立新廟以道士奉祠春祈秋報有大事則告
碑以太延五年五月立

後魏修華嶽廟碑

不著書撰人名氏興光元年詔遣侍中遼西王常英
析曹尙書苟尙等重葺嶽廟二年立此碑

後魏弔比干文

隸書不著名氏據碑稱遷中之元載北屆衛壤覩比
干之墓因弔之而其額曰皇帝弔殷比干文然則後
魏孝文帝之所作也碑以太和十八年十一月立

後魏孔子廟碑并祭文

不著書撰人名氏初孔子北適趙聞鳴犢見殺而還
晉人思之立廟於其地後魏太和中懷州刺史茹清
龍使河內太守達頭素和增葺立記又有延興四年
祭文稱太上皇帝告宣尼之靈者文成帝也

後魏定鼎碑

不著撰人名氏鎮遠將軍通直散騎常侍沈馥書宣
武帝講武于洹衛之間命近臣馳射帝發矢遠及里
餘侍中崔光等請爲銘記之其首曰定鼎遷中之十
年俗因謂之定鼎碑以景明三年十月立案金石錄謂之御射

碑

後魏羊使君碑

不著書撰人名氏羊君名缺不可見而有其字曰靈
引太山平陽人也爲京兆王愉長史愉將反君不從
見殺贈兗州刺史謚曰威碑以熙平二年立

後魏崔亮至化頌

不著書撰人名氏其額曰定州刺史崔使君至化之
頌亮字敬儒齊國盤陽人長史馮時等立此碑碑石
漫滅亡其年月案金石錄神龜三年正月立

後魏造像碑

恆嵩撰不著書人名氏河內縣民造石碑像記題名

者數十人皆稱侍佛碑以神龜三年立

後魏造五級浮圖碑

不著書撰人名氏汲郡朝歌雍城里人張醜和等共造五級浮圖以正光二年刻石其後有比邱僧題名

後魏造老子釋迦文像記

不著書撰人名氏正光三年楊趙仁造

後魏僧會碑

不著書撰人名氏僧會名集安定朝那人碑缺亡其姓仕至左衛大將軍贈侍中司空碑以正光四年立

後魏斛斯疋碑

不著書撰人名氏疋字貸敦河南洛陽人仕至驃騎

大將軍贈侍中司徒謚武昭碑以永熙二年立

後魏賀拔岳碑

不著書撰人名氏拔岳桑乾馬邑人也後魏末爲雍州刺史都督三雍二華二十州諸軍事謚曰武壯碑以永熙三年正月立

後魏二像碑

不著書撰人名氏題曰魏平西將軍太原太守王府君釋迦彌勒二像碑府君名備字道賓太原人嘗有遺誡使刻石立像於其墓前其子洛州長史聿始造二像立此碑

東魏趙貴碑

不著書撰人名氏貴南鉅鹿癭陶人仕至本郡太守贈殷州刺史碑以天平二年立

東魏徐雅碑

不著書撰人名氏雅字安市高平金鄉人孝昌中邊城叛亂爲平朔戍主假輔國將軍城陷而死追贈鎮軍將軍相州刺史碑以天平二年立

東魏修寺碑

隸書不著書撰人名氏寺後魏太武帝所立東魏天平中中軍將軍元景康重修不知其爲何寺也

東魏造石像記

不著書撰人名氏石像邑人所共造（案邑人未詳何邑）廬江

太守逢榮刻銘以興和二年立此碑

東魏三冢寺碑

不著書撰人名氏（缺地名）人董興壽等造石佛像於三冢寺以興和二年立此碑

東魏張耆碑

不著書撰人名氏殘缺記已著之字及鄉里皆亡其可見者以興和三年葬爾其額曰魏故渤海太守張君碑以此知其官爵姓氏

東魏造石觀音像記

不著書撰人名氏武定元年平南將軍焦永安造

東魏造像記

不著書撰人名氏武定三年比邱曇妙等造
東魏造石塔記
不著書撰人名氏魯郡白源寺沙門志紹村人劉志義等造石塔武定四年刻此記其後題名者百餘人
東魏造石像記
不著書撰人名氏陽翟郡防境大都督石文達等爲大守敬曦造像碑以武定七年立
後齊九級塔像銘
不著書撰人名氏天寶三年衆造九級塔像之碑也其間多稱後魏年號
後齊李威碑

不著書撰人名氏威字鍾葵趙郡柏仁人此碑字畫古怪不可悉辨額曰大齊府君李公之碑以天保九年立
後齊鳴球山禪房記
不著書撰人名氏前有比邱邑子題名其後有頌亦無書撰人名氏皆北齊人造經像立浮圖記也鳴球山未詳所在碑以河清元年立
後齊三像頌
不著撰人名氏東豫州參軍宋元進書河清二年邑主宋士瑞等造釋迦定光彌勒三佛石像作此頌其後有東豫州中兵外兵參軍宋欣儁等數十人題名

後齊造石浮圖記
不著書撰人名氏建州長史馮文顯等造石浮圖以河清三年刻此記題名者稱維那或稱佛主左右菩薩東西堪主其稱號甚多凡百七十餘人
後齊龍華寺浮圖碑
不著書撰人名氏據碑稱維那劉顯等於雙井村共造龍華浮圖一區爵離一區碑以武平元年立釋氏謂寺爲爵離北朝石刻往往有之
後齊曹公碑
隸書其文之亡者過半書撰之人與公之名字鄉里皆不可見公後魏人也孝昌中官至散騎常侍其子

顯於齊爲侍中追贈公鴻臚卿趙州刺史謚曰宣以武平元年立此碑碑之所存如此而已
後齊唐邕造佛文
散騎常侍中書侍郎李德林撰通直常侍中書舍人姚淑隸書驃騎大將軍錄尚書事唐邕造佛像三萬二千軀以武平五年立此碑
後齊造像記
武平五年張買等造像記有銘辭及題名不著書撰人名氏
後齊唐邕造寺碑
隸書不著書撰人名氏錄尚書事晉昌王唐邕造四

生咸覺寺之記也不著所立年月

永樂十六角題名

不著書人名氏刻石年月不知爲何時所立案集古錄云似是東魏北齊人所書永樂十六角者浮圖也題名凡二百餘人

後齊恒山義七級碑

不著書撰人名氏七級者浮圖也義者蓋邑人爲衆所造若義井也碑首題云慕容儀同麹常山義七級之碑據碑稱常山太守綦連公以天保九年造浮圖其後慕容樂麹顯貴相繼爲太守而增葺之也綦連公不知其名

後周靈塔頌

不著書撰人名氏大都督勳州諸軍事勳州刺史萬紐于實所立塔頌也以保定元年立

後周河瀆廟碑

車騎大將軍王褒撰車騎大將軍趙文淵奉勅書字爲隸體初北齊天統十六年周文帝請立四瀆廟於華山郡使郡守楊子昕營建武帝朝晉公護秉政廟在其封內又增修之而立此碑以天和二年十月立

後周降魔寺碑

鄖國公府長史拓跋祟奉教撰總管府賓曹謝威奉教書降魔寺者鄖國公宇文寬之所建碑以建德二年立

後周韋孝寬碑

不著書撰人名氏孝寬字孝寬京兆杜陵人仕至相州總管封鄖國公贈雍州牧謚曰襄碑以大象二年立

後周于仲文紀功碑

不著書撰人名氏碑文爲對偶述事不明又但稱延壽公而無姓名今以北史考之周大象二年尉遲迥兵起於鄴分遣部將所在攻下城邑東都太守延壽公于仲文棄郡奔闕中拜總管遂擊迥軍取梁郡敗其將檀讓於武成斬席毗羅於金鄉與此碑同蓋仲文紀功碑也大象二年立

集古錄目卷一終

集古錄目卷二　　槐廬叢書

宋廬陵歐陽棐叔弼撰　吳縣朱記榮重校刊

隋立北齊造像記

北齊仁州刺史黃門郎劉逖撰不著書人名氏邑人（案邑人未詳何邑）趙紹等造佛像記也不著所立年月據記稱大齊而其後又題曰隋潞州司馬薛邈侍佛乃知隋人所追建也

隋興國寺碑

內史李德林撰襄州祭酒從事丁道護書文帝父忠當魏周之際嘗將兵南定襄漢及帝卽位建此寺以祈福碑以開皇六年正月立

隋龍藏寺碑

齊開府參軍張公禮撰不著書人名氏隋大威公世子恆州刺史鄂國公金城王孝僊奉勑率州民萬人共立此寺碑首題曰鄂國公爲國勸造龍藏寺碑以開皇六年立寺今廢碑在眞定府門下

隋造龍華浮圖碑

不著書撰人名氏趙郡范氏等共造浮圖以開皇七年立此碑在平棘縣

隋景陽樓下井銘

文帝開皇九年煬帝以晉王爲元帥伐陳滅之後主與張麗華自投於井帝爲銘刻於石井欄以爲戒

隋梁洋德政碑

不著書撰人名氏息州參軍裴玉等爲刺史梁洋建塔以表德政碑以開皇十一年立在新息縣

隋李康清德碑

隸書不著書撰人名氏康字和字（缺一）隴西狄道人爲冠軍將軍都督恆州九門令縣民張老生等爲之頌德以開皇十一年二月立

隋正解寺碑

隨昌劉鼎卿撰不著書人名氏寺本後魏宣武帝以七廟所立謂之七帝寺至周被廢隋文帝時復興佛法定州贊治崔子石捨以爲寺賜名正解碑以開皇

十二年四月立

隋眞應禪師碑

不著書撰人名氏其額曰聖衆寺眞應禪師妙德碑眞應漢蓋延之後也以開皇十七年立

隋啟法寺碑

儀同三司周彪撰襄州從事丁道護書開皇初詔後周所毀佛寺皆復建之州人共造此寺刺史韋世康名之曰光福禪房後又改爲啟法寺碑以仁壽二年十二月立有邑人趙勵等題名

隋恆嶽寺舍利塔碑

隸書不著書撰人名氏文帝仁壽元年建舍利塔於

恒嶽寺詔吏民行道七日人施十錢又寫帝像於寺中大業元年長史張果等立碑

隋舍利塔銘

李百藥撰書人名缺文帝仁壽中所起舍利塔銘也碑以大業五年四月立

隋鉗耳文徹清德碑

不著書撰人名氏文徹本出於西戎後爲華陰朝邑人煬帝時爲恒州九門令遷梁州司馬將去縣民刻石頌德碑以大業六年在廢九門縣中

隋姚辯墓誌

內史舍人虞世基撰太常博士歐陽詢書辯字思辯

武威人官至左屯衛大將軍謚曰恭碑以大業七年十月立

隋楊雄碑

不著撰人名氏書學博士姓名缺書雄隋之疏屬也官至司徒封觀王謚曰德碑以大業九年立案金石錄謂唐初立誤也

隋黃山碑

不著書撰人名氏山字子岳荊州江夏人仕至儀同孔仲衡府參軍碑以大業九年立

隋西林道場碑

太常博士歐陽詢撰不著書人名氏筆畫遒勁或以爲詢自書按西京記隋改寺爲道場碑以大業十三年立在廬山

隋王威猛墓誌

不著書撰人名氏威猛字繼叔瑯琊海曲人官至候衛虎賁郎將碑以大業中立

唐長壽寺舍利碑

隸書不著書撰人名氏隋文帝仁壽中內出舍利寘于三河郡之長壽道場藏以金棺石函唐初詔選名僧二十人居之齊王元吉造丈八大像於寺中碑以武德六年五月立

唐立周黃羅刹碑

秦王府學士虞世南撰不著書人名氏羅刹東郡胙縣人周末尉遲迥兵起羅刹聚衆擊之授行軍總管碑以武德八年十月立

唐靈仙寺碑

秦王府記室參軍薛收撰國子書學博士姓缺鳳卿書寺在西嶽沙門妙達所建碑以貞觀元年立

唐等慈寺碑

祕書少監顏師古奉勑撰不著書人名氏初太宗東伐王世充竇建德來救破之於汜水及即位有詔營破敵之處皆建寺以爲戰死者資福此其一也碑以貞觀二年立

唐郎穎碑
中書侍郎李百藥撰前驃騎大將軍宋才書穎字楚之歷仕隋唐至大理卿柱國恆山公致仕謚曰平碑以貞觀五年十月立在眞定府北郎氏墓林中
前碑陰
不著書人名氏凡柱國府僚佐故吏長史司馬掾屬參軍曲陽令恆山公府國官國令大農常侍侍郎國尉典尉舍人成局廟長學官長食官長丞廏牧長丞典府長丞親事百三十餘人
唐立隋郎茂碑
宗正卿李百藥撰幽州張師邱書平公穎孫餘令題

額茂字蔚之常山新市人穎弟也仕隋至太常上卿尚書左丞終於廬陵太守碑以貞觀五年十一月立在郎氏墓林中
唐黃君漢碑
東宮左庶子李百藥撰不著書人名氏君漢字景雲東郡胙縣人羅刹之子官至夔州都督封虢國公碑以貞觀六年立
唐無量壽佛大像碑
不著書撰人名氏興國寺沙門道宗造無量壽佛大像未成而卒其徒智常成之貞觀十年同州刺史隴西王博乂爲立此碑

唐溫彥博碑
中書侍郎岑文本撰宏文館學士歐陽詢書彥博字大臨太原人官至尚書右僕射封虞國公謚曰恭碑以貞觀十一年立
唐郭福善碑
碑首殘缺不見書撰人名氏福善字福善太原晉陽人官至益州都督府長史謚曰愼碑以貞觀十二年立
唐法主王遠知碑
道士江文撰法主弟子徐碩隸書遠知字德廣瑯琊臨沂人有盛名於隋唐閒太宗建太平宮於茅山以

處之碑以貞觀十六年立在茅山
唐魏徵碑
太宗御製并書徵字元成鉅鹿曲陽人官至太子太師贈司空謚曰文貞碑以貞觀十七年正月立
唐高士廉塋兆記
衞尉卿許敬宗撰趙謨書士廉名儉以字行渤海蓨人官至尚書右僕射申國公贈司徒謚曰文獻碑以貞觀二十一年立
唐孔穎達碑
太子左庶子于志甯撰不著書人名氏穎達字沖遠冀州衡水人官至太子右庶子國子祭酒封曲阜公

謚曰憲碑以貞觀二十二年立
唐改葬陳張慧湛墓誌
不著書撰人名氏慧湛字彥沈涿郡范陽人仕陳至南平王諮議參軍至唐改葬誌以貞觀二十三年刻
唐立周唐瑾碑
于志甯撰歐陽詢正書瑾以後周天和四年薨唐貞觀中其孫皎爲立此碑
唐昭仁寺碑
諫議大夫朱子奢撰不著書人名氏及立石年月太宗卽位其平生戰伐之地皆立寺爲戰死者祈福昭仁寺者嘗破薛舉處也

唐楚哀王稚詮碑
給事中歐陽詢撰并八分書王名稚詮字集宏高祖之子也隋大業末高祖兵起於太原王在京師見殺高祖輔政追封楚公謚曰哀唐武德初進爵爲王碑不著所立年月
唐立隋皇甫誕碑
太子左庶子于志甯撰歐陽詢書誕字元憲安定朝那人隋文帝末年爲并州總管府長史漢王諒反誕不從見殺追贈柱國封宏義公謚曰明案金石錄唐貞觀中立
唐豆盧寬碑
門下侍郎李義府撰不著書人名氏寬字欽一字恕位至光祿大夫封芮國公贈并州都督謚曰定碑以永徽中立在昭陵
唐三藏聖教序記
太宗御製序高宗御製記中書令褚遂良書永徽四年十月刻
唐薛收碑
于志甯撰書人不著名氏收字伯褱蒲州汾陰人官至天策府記室太常卿定州刺史謚曰獻碑多漫滅志甯官爵及收之鄉里葬之年月皆不可見案金石錄永徽六年八月立
唐王濤碑

不著書撰人名氏濤字波利越巂邛部人官至魏州刺史封眞定縣公謚曰忠碑以永徽中立
唐崔敦禮碑
尙書左僕射于志甯撰志甯子太常少卿立政書敦禮博陵人官至太子少師侍中中書令封固安縣公謚曰昭據唐書敦禮字安上而此碑曰君諱安上字敦禮又曰本名元禮武德二年勅改爲敦禮前後自相乖誤當以敦禮爲正碑以顯慶元年十月立
唐立隋楊達碑
不著書撰人名氏達字叔莊宏農華陰人隋之宗室煬帝時官至納言封遂甯郡公謚曰懿唐武后其外

孫也顯慶元年追贈左僕射爲立此碑

唐代國夫人開佛龕碑

陳國重撰韓處約書佛龕者當漢初有氣如煙雲出於其間高祖爲之立廟後漢永平中釋教旣至中國改廟曰太平寺周改名曰大乘武帝時被毀至唐代國夫人楊氏復開而立之碑以顯慶二年立

唐李靖碑

侍中許敬宗撰直宏文館王知敬書靖字藥師隴西成紀人官至右僕射封衛國公贈司徒謚曰景武碑以顯慶三年五月立

唐辯法師碑

祕書監丞李儼撰洋州司戸薛純陁書法師名機字辯姓張氏南陽人爲宏福寺沙門碑以顯慶三年八月立

唐尉遲恭碑

中書舍人許敬宗撰不著書人名氏恭字敬德河南洛陽人官至開府儀同三司封鄂國公贈司徒并州都督謚曰忠武碑以顯慶四年三月立

唐蘭陵長公主碑

吏部尚書兼知中書門下事李義府撰慶州刺史駙馬都尉竇懷哲書公主名淑字麗其太宗之第十九女碑以顯慶四年九月立

唐張士貴碑

書撰人名氏缺士貴虢州盧氏人官至左領軍大將軍贈荆州都督碑以顯慶中立在昭陵

唐三藏聖教序記

序太宗御製記高宗御製中書令褚遂良書永徽四年刻在永興今此本序記同爲一石字畫竝同而刻石在永興本後十年疑模本也龍朔三年六月立在同州

唐袁通碑

通子義撰并書通字元濟河南宜陽人官至游擊將軍右武衛唐興左果毅都尉碑以麟德元年立

唐百濟班師碑

前隨州光化尉馬大斌撰不著書人名氏高宗旣平百濟已而其國人復叛右威衛將軍孫仁師爲熊津道行軍大總管伐而平之師還至都洲刻石紀功以麟德元年立

唐程知節碑

侍中中書令行右丞相許敬宗撰暢整書知節字義貞濟州東阿人官至鎮軍大將軍封盧國公贈驃騎大將軍碑以麟德二年十月立在昭陵

唐善協碑

司列少常伯李安期撰豫王府屬直宏文館高正臣

書協字壽泰州上邽人官至夏州都督碑以乾封二年立

唐高匡墓誌

不著書撰人名氏匡字才仁滄州渤海人碑以乾封二年立本朝嘉祐中永年令石起得之於洺州乾明僧舍

唐道士王軌碑

江甯令于敬之撰王元宗書軌字洪範又字道柄瑯琊臨沂人爲道士師王遠知茅山華陽宮其所建也碑以乾封二年十一月立在茅山後有總章二年弟子李義廉題名

唐鄭國夫人武氏碑

司馬少常伯李安期撰前戎衛兵曹參軍殷仲容八分書夫人名順字缺一字則太原壽陽人武后之姊司衛卿賀蘭安石之妻封韓國夫人追贈鄭國碑以乾封三年立

唐尉遲寶琳碑

侍中中書令行右丞相許敬宗撰繕部員外郎直宏文館王知敬書寶琳字元瑜敬德之子官至司衛卿碑以咸亨元年正月立

唐薛忠碑

不著書撰人名氏忠字義節京兆萬年人官至右衛大將軍贈鎮軍大將軍謚曰貞碑以上元二年十月立案薛忠金石錄作阿史那忠

唐九門縣西浮圖碑

前應詔四科舉董行思撰淸河傅德節書高宗時縣人于慧炬等因隋浮圖故基而重建之碑額題曰九門縣令鄉城人等爲造浮圖碑以上元三年立

唐大興國寺舍利塔碑

相州刺史越王貞撰趙郡李君惠集王羲之書興國寺楊震學舍也隋文帝仁壽中以舍利分置天下諸寺此其一也碑以儀鳳四年三月立

唐恒嶽嶺路銘

深澤處士張克雋撰恒嶺處士缺姓名書高宗調露中用兵於突厥恒州長史碑不著名披山刊木搆橋梁以通運路路由北嶽故以嶽嶺爲名碑以調露二年二月立

唐獨孤府君頌德碑

硤石尉孟缺二字休撰桃林主簿盧元珪書碑缺府君名其字曰思思下又缺一字河南洛陽人給事中元愷之子爲陝州桃林令入爲水部員外郎桃林人立此碑以頌德據唐書表元愷二子曰思莊思行此不知其誰也碑以調露二年立

唐元思哲淸德碑

八分書不著書撰人名氏思哲字知仁河南洛陽人以絳州夏縣令卒於官縣人右監門校尉陰神義等爲此碑頌德以調露二年立在夏縣

唐開業寺碑

李尙一撰蘇文舉書開業寺者後魏司徒李裔所立謂之隱覺寺周廢佛以寺賜裔孫祖元隋初復立爲寺唐貞觀中賜名開業碑以開耀二年二月立在元氏縣

唐褚亮碑

八分書書撰人名氏皆缺亮字希明河南陽翟人案新史作杭州錢塘人歷仕陳隋至唐終散騎常侍宏文館學士

贈太常卿謚曰康碑以貞觀中立案亮遂良父也金石錄作高宗時立爲是

唐房元齡碑

碑缺不見書撰人名氏考其字畫褚遂良書也元齡字喬淸河人官至司空封梁國公贈太尉謚曰文昭碑以貞觀中立碑缺不見年月案金石錄高宗時立

唐陶雲德政碑

中州錄事張義感撰不著書人名氏雲字夫舉河南伊闕人爲恆州刺史碑以永淳二年立在眞定府門外

唐王祛主碑

鳳閣侍郎同鳳閣鸞臺平章事劉禕之撰揚州登仕郎齊懷壽書法主名遠知居茅山華陽宮追贈金紫光祿大夫謚曰昇眞碑以文明元年立在茅山

唐八都壇記

碑首題曰八都壇神君實錄八都者蓋其境內封龍等八山爲壇都一作神望而祭之因壇立廟以爲名刺史馮又縣令蕭倓等禱雨有應修其廟而爲之記因列時人姓名於後撰述者自稱元質而不著姓亦無書人名氏碑以垂拱三年立案金石錄作垂拱元年十月立

唐魏載墓誌

朔州司倉高嶠撰不著書人名氏載鉅鹿曲陽人文

貞公徵之孫叔玉之子官至懷州司兵參軍坐事流死嶺南碑以垂拱四年立

周旭禪師碑

無書撰人名氏禪師姓趙氏絳州稷山人住修敬寺碑以萬歲通天二年立在河陽縣

周李思古清德頌

直崇文館馬吉甫撰不著書人名氏思古渤海蓨人爲雍州渭南令入拜右司員外郎縣人爲立清德碑以聖歷元年十月立

周仙壇山石

幷石天尊像一道士周道賜書銘不書撰人名氏初

道士宋文幹以山石自然成形因立壇其後縣令岑
琢石爲像碑以聖歷三年立在溧水縣

周則天幸流杯亭宴詩

靈臺丞殷仲容書武后聖歷三年幸汝州宴飲於州
南流杯亭與羣臣分韻賦詩武后御製及梁王三思
等凡七首平章事李嶠爲敘以久視元年九月刻石
碑後沒於汝水中貞元五年刺史陸長源葦出之有
記在碑陰字爲八分書

周大雲寺碑

太子中書舍人賈膺福撰八分書寺本隋文帝所立
謂之長壽武后改曰大雲碑以大足元年五月立

周福昌令張及頌

前鳳閣舍人薛稷撰不著書人名氏考其字畫疑亦
稷所書也及漢相蒼之二十九世孫武后時自福昌
令徙爲洛陽令而福昌爲立此碑年月剝缺不可辨
案金石錄大足元年九月立

周曇遂法師碑

薦福寺譯經沙門波崙撰前鳳州錄事袁元悊書法
師姓魏氏鉅鹿曲陽人高宗儀鳳中初建崇聖寺召
法師居之其後自斷肢體刳心腹以食百獸而死碑
以長安元年立

周石柱銘

陝州刺史缺姓名撰八分書不著名氏石柱相傳以爲
周召分陝所立以別地界銘不著所刻年月驗其字
武后時刻也有字缺二等題名

唐胡元絢墓誌

不著書撰人名氏元絢字子實涇州安定人官至雅
州嚴道令碑以神龍元年立

唐立隋信行禪師興教碑

越王貞撰中書舍人薛稷書於禪師事迹無所敘述
但爲稱美之辭而已謂之興教碑以神龍二年八月
立

唐竇將軍墓誌

不著書撰人名氏將軍河南人大穆皇后之族官至
右屯衛將軍碑以神龍二年立文字缺滅將軍之名
字不可見矣

唐岑植德政碑

雍州錄事參軍張景毓撰業行寺僧魏微書植字德
茂南陽棘陽人自潤州句容令召還縣人爲立此碑
以景龍二年二月立

唐楊承源碑

孟獻忠撰集王羲之褚遂良歐陽詢等諸家書承源
字嗣本宏農華陰人官至太子典郎追贈太子中書
舍人碑以景龍三年十月立

唐寍照寺鐘銘
居士武承泰撰文林郎武盡禮書寺僧初鑄大鐘以
景龍三年刻此銘
唐龍興寺碑
兵部侍郎修文館學士張說撰吏部侍郎修文館學
士盧藏用八分書中宗初復位天下州郡皆置龍興
寺一所此碑以景龍四年五月立
前碑陰
薛融書檢校陳州刺史韓奇等題名凡五十六人又
有僧惠明等題名十六人別體書不著名氏
唐鄭譔頌德碑

校書郎吳光璧撰前國子進士李惟恕書滑州匡城
令鄭譔去思頌德之碑也譔字叔敬滎陽開封府人
碑以景龍中立
唐孔子贊并碑陰記
文林郎武盡禮書據碑稱其先君嘗爲懷州刺史作
此贊後于悱爲錄事參軍刻之然不書其姓也并盡
禮所作記述漢以來追贈孔子官爵孔子裔孫元寶
等重葺祠宇修立舊碑并贊皆列於碑陰
唐王美暢碑
禮部尚書昭文館學士薛稷撰并書美暢字通理太
原郡人官至潤州刺史其女爲睿宗德妃追贈美暢

至益州都督碑以景雲二年七月立
唐崔敬嗣碑
檢校祕書丞兼昭文館學士胡皓撰國子監太學助
教郭謙光八分書敬嗣字奉先博陵安平人官至并
州大都督府長史碑以景雲二年九月立
唐崇元宮碑
左拾遺孫處元撰楊幽徑書崇元宮者宋文帝路淑
媛所立唐景雲二年制使道士葉法善奉玉冊投龍
設齋碑以太極元年四月立在茅山
唐楊乾緒碑
富平主簿褚琇撰正字權瓌八分書乾緒字幼紹雍

州富平人官至宣威將軍右玉鈐衛幽州開福府折
衝都尉清邊軍總管致仕碑以先天元年十一月立
唐韋維善政論
著作郎楊齊哲撰前洛川丞直翰林院褚庭誨書維
字文紀京兆杜陵人爲坊州刺史此實紀德碑也以
先天元年立
唐成王仁碑
侍郎岑義撰岐王府參軍魏忠禮書仁字千里後改
以字爲名太宗之孫吳王恪之子官至益廣二州都
督封成王神龍三年與節愍太子同誅武三思敗死
先天二年妃慕容氏爲立此碑

補遺

唐立隋段文振碑 應在皇甫誕碑後

處士潘徽撰歐陽詢八分書文振字元起隴西姑臧
人仕隋至兵部尚書封龍岡郡公贈右僕射謚曰襄
碑不著所立年月 案金石錄貞觀中立

集古錄目卷二終

集古錄目卷三　　槐廬叢書

宋廬陵歐陽棐叔弼撰　吳縣朱記榮重校刊

唐郭敬之墓碑

侍中苗晉卿撰中書侍郎平章事蕭華書敬之字敬
之華州鄭縣人官至壽州刺史以子子儀追贈太保
碑以肅宗元年建寅月立

唐遍學寺碑

黃門侍郎韋承慶撰太子詹事越國公鍾紹京書將
仕郎阮宏靖建禪院於遍學寺以開元二年立此碑
案寺在襄陽縣

唐崔慎碑

紫薇侍郎蘇頲撰慎孫太常博士瑨八分書慎字行
謹博陵安平人官至滄州湖蘇令其孫煜神龍中爲
中書令追贈慎幽州刺史碑以開元三年立

唐葉國重碑

松楊令李邕撰并書國重道術之士字雅鎮號有道
先生南陽葉縣人碑以開元五年三月立

唐建福寺三門頌成碑

中書舍人盧藏用撰前華州鄭縣尉吳光璧集王羲
之行書寺在滑州酸棗縣開元中寺僧増葺之并建
三門初成故曰頌成碑以開元五年五月立

唐葉慧明碑

松楊令李邕撰國子監太學生韓擇木八分書慧明字道昭南陽人隱居學道元宗時子法善以道術顯追贈慧明歙州刺史碑以開元五年七月立

唐懷素律師碑

國子司業崔融撰安國寺沙門行敦集王羲之書懷素西崇福寺僧也姓范氏長安人碑以開元六年二月立

唐魏叔瑜碑

荊州大都督府長史燕國公張說撰叔瑜次子安州都督華書叔瑜字思瓘鉅鹿下曲陽人太尉文貞公徵之子官至豫州刺史碑以開元六年五月立

唐竇希瓘碑

著作佐郎李湛然撰陝王府司馬魏華書希瓘字美玉扶風平陵人官至太子少傅贈司空碑以開元六年十月立

唐韋維碑

汝州刺史崔日用撰國子監丞郭謙光八分書維字文紀京兆杜陵人官至太子右庶子碑以開元六年立

唐王行碑

著作郎楊齊哲撰吏部常選南朝馮令書行之字鉄諤不可辨太原人官至伊州納職令碑以開元七年五月立

唐竇忠仁碑

國子祭酒徐堅撰八分書不著名氏忠仁字恕扶風平陵人官至相州刺史碑以開元八年立

唐李思訓碑

族子邕撰幷書思訓字建隴西狄道人西涼昭武皇帝之後官至右武衛大將軍謚曰昭碑以開元八年立在蒲城縣

唐神德寺碑

八分書不著書撰人名氏神德寺故後魏之會同寺也唐垂拱三年有司奏自華原之石門山徙於殿祕

城北魏龍華寺故基碑以開元八年立

唐盧懷慎碑

禮部尚書蘇頲撰元宗八分書懷慎字懷慎范陽人官至黃門監謚曰文成碑以開元八年立

唐大雲寺碑

海州刺史李邕撰幷書寺舊謂之確師禪房僧慧藏增葺之碑以開元十二年四月立

唐立陶隱居碑

梁邵陵王綸撰隸書不著名氏隱居名宏景字通明丹陽秣陵人齊末爲宜都王侍讀棄官隱居句曲山中自號華陽隱居終於梁武帝時贈中散大夫謚曰

貞白碑額曰梁貞白先生陶隱居碑在茅山案復齋碑録開元十二年九月立

唐文蕩律師塔碑

前河南告成尉盧奐撰著作郎魏栖梧書律師姓藥氏河南密縣人開元十三年十月弟子一智爲之建塔立此碑在陽翟縣

唐華嶽碑述聖頌

京兆府富城尉達奚珣撰敘右補闕集賢殿學士呂向撰頌并書元宗御製御書華嶽廟碑建於廟中珣等遂作此頌以開元中立

唐西嶽大洞張尊師碑

王延齡撰李憝書尊師錄名敬忠字誠華陰盟東里人爲西嶽雲臺宮主碑以開元十四年四月立

唐端州石室記

李邕撰并書端州刺史畢守恭與僚佐游於石室爲此記以開元十五年正月立

唐重修梁公堰碑

汜水主簿趙居貞撰縣令王象書梁公堰者隋開皇中華陽梁睿所修故以爲名依山鑿堰以河水通運路中間改其舊制別起渠口當河衝立石柱以灑水旣成遽塡塞不能通開元十五年勅將作大匠范安復其故迹作此銘碑以是年二月立

唐盧舍那珉像碑

趙僎撰蔡有鄰八分書珉像定州刺史張嘉貞所造碑以開元十六年二月立

唐張說題元宗御書記

集賢院學士張說題元宗所書碑御製御書字并年月記及模泐刻字人姓名後有開元十六年將幸溫泉親詣大慧禪師塔所口勅檢校立碑使朱敬宣作記然則說所題者禪師塔碑也

唐一行禪師碑

明皇撰并八分書禪師姓張氏名遂後爲沙門謚曰大慧碑以開元十六年立

唐高祖駐馬佛堂碑

渭南縣典法寺僧貞慶撰并八分書高祖武德二年嘗幸渭南至大韓村其父老以爲榮立佛像於其地謂之駐馬堂歲久碑記鈌落開元十七年村人韓祚等重建

唐蕭瓘碑

尚書左丞相張說撰梁昇卿八分書明皇以八分書題額瓘字元茂南梁蕭督之後官至渝州長史子嵩爲尚書令贈瓘吏部尚書碑以開元十八年五月立

唐馮君衡碑

尚書左丞相張說撰中書令鍾紹京書君衡長樂人

子力士爲冠軍大將軍追贈君衡廣州都督碑以開
元十八年立
唐裴行儉碑
右丞相張説撰裴漼書行儉字約河東聞喜人官至
禮部尚書全牙道大總管謚曰憲追贈太尉碑以開
元十八年立在聞喜縣
唐裴大智碑
滑州刺史李邕撰司缺一字員外郎蕭誠書大智河東
人官淄川令碑以開元十九年十一月立在濟源縣
唐支提龕記
陳留蔡景撰不著書者名氏支提龕者鄴城僧義紘

乾壽建三尊眞容而作幷附二僧道行記於後碑以
開元十九年立
唐楊歷碑
陳州刺史李邕撰敘歷義男前中書令鍾紹京撰銘
幷書歷字暱本姓蘇氏其子思勖爲宦者姓楊氏因
亦改歷姓思勖爲輔國大將軍贈歷虢州刺史碑以
開元十九年立其後具載義姪高力士義男王守麟
等官爵
唐華嶽眞君碑
華陰丞陶翰撰韋騰書元宗開元十九年加五嶽神
號曰眞君初建祠宇立此碑

唐馮昭泰碑
隸王洽撰中書舍人內供奉梁昇卿八分書昭泰字
遇聖官至括州刺史謚曰誠後以其子紹烈嘗爲工
部尚書此其褒廟碑也元宗親爲題額加謚誠節碑
以開元二十一年立
唐請立馮昭泰碑表
昭泰子紹正等請立廟碑表梁昇卿八分書幷墨詔
同刻散騎常侍陸堅題額
唐景陽樓下井欄銘幷記
開元二十一年三月江寧丞王震重刻隋煬帝銘幷
自爲記八分書不著名氏

唐立五羖大夫碣
不著撰人名氏鄭璉書據碑因過五羖大夫墓作此
銘以開元二十三年六月立
唐華山石闕題名
自開元二十三年鄭虔題名爲首後二百一年至後
唐淸泰二年戶部侍郎楊凝式而止其間無年月日
時世者悉列於後總五百一人在華嶽廟中
唐盧奐廳事讚
元宗御製御書帝西幸過陝府至奐廳事題讚於其
壁奐以刻石幷謝表批答附於後碑以開元二十四
年十月立

唐裴光庭碑
中書令集賢院學士張九齡奉勑撰元宗御書侍中裴耀卿題御書字兵部尚書同中書門下三品李林甫題額諫議大夫褚庭誨摹勒光庭字連城河東聞喜人官至侍中封正平郡公贈太師謚忠獻碑以二十四年十一月立在聞喜縣

唐元宗御注道德經
經元宗書注皇太子紹及慶王宗等奉勑書初開元二十四年元宗已注道德經道士司馬秀等奏請兩京及天下應修官齋等州追立石臺刊勒經注宏農太守趙冬曦立在閿鄉縣

唐立道德經臺奏荅
元宗注道德經威道士司馬秀等請立經臺奏謝批荅及皇太子紹慶王琮等十八人列名皆附刻於經臺開元二十五年立

唐禹廟題名
陝州別駕崔頲等題名八分書不著名氏開元二十五年刻

唐懷道闍梨碑
括州刺史李邕撰幷書闍梨姓陳氏爲福州愛同寺僧碑以開元二十五年七月立

唐元覽律師碑
工部侍郎徐安貞撰諫議大夫褚庭誨書法師庭誨之諸父也爲杭州華嶽寺僧碑以開元二十五年八月立

唐智遠律師塔碑
前進士啖彥珍撰集賢院書手陳瓌書律師姓睦氏趙郡人爲長安西明寺臨壇上座碑以開元二十五年立

唐王仙公廟記
岑均撰參軍高重明書仙公者漢葉令王喬也縣人舊以姓名稱其廟葉令史惟清改曰仙公碑以開元二十五年立在葉縣

唐萬回神迹記
右散騎常侍徐彥伯撰太子右內率府錄事參軍集賢院學士史惟則八分書萬回姓張氏據記沙門元奘嘗西遊天竺有寺空其一室問其人曰是僧方生於中國其號萬回蓋自此而往者萬回矣萬回言語悲喜不常如狂者所爲多異高宗延之禁中中宗號之曰元通大居士封法雲公元宗爲營居室於醴泉里後追贈司徒封虢國公碑以開元二十五年萬回弟子沙門還源立

唐立周尉遲迥廟碑
前華州鄭縣尉閻伯璵撰敘祕書省校書郎顏眞卿

撰銘蔡有鄰隸書迴字居羅代人爲相州總管贈太
師周末隋文帝秉政迴舉兵不克而死唐武德中改
葬復其封爵開元二十六年相州刺史張嘉祐爲之
立廟建碑以是年正月立

唐李造遺愛碑

中書舍人梁陟撰監察御史集賢院修撰徐浩書造
唐之宗室自濟源令入爲起居舍人此頌濟源人所
作碑以開元二十六年十一月立

唐石像文并陰

延州別駕唐炎撰不著書人名氏顯慶中炎之祖季
卿爲延州刺史造石龕立三佛像開元中炎復爲州

別駕加以鐫飾以開元二十七年立此碑并碑陰題
名

唐小字道德經

明皇注八分書不著名氏開元二十七年立

唐李涓德政碑

河中猗氏丞盧炅撰吏部常選張休（名缺一字）書絳州夏
縣令李涓之德政碑也涓字涓（缺縣名）人碑以開元二
十七年立在夏縣

唐開元寺碑

淄州刺史李邕撰并書寺本隋建名曰正等唐初改
曰大雲中宗初沙門元沼重修又改曰神龍寺元宗
親書額改爲開元碑以開元二十八年七月立

唐田琬德政碑

中書侍郎集賢院學士徐安貞撰蘇靈芝書琬字正
勤自易州刺史遷安西都護此易州人所立德政碑
也以開元二十八年十月立

唐楊仲昌碑

尚書左丞席豫撰鄔錄篆書（缺字）八與神道碑同開元
二十八年立在閿鄉縣

唐臧懷亮碑

陳州刺史李邕撰并書懷亮字明時東莞莒人官至
左羽林大將軍碑以開元二十九年立在三原縣

唐候臺記

前左監門率府兵曹參軍梁德裕撰蘇靈芝書候臺
者古燕國望雲氣之所也後人因其故址立臺以備
遊宴易州刺史郭明肅於其四壁畫郭隗劇辛孝子
烈婦等像碑以開元二十九年十月立

唐令長新誡

元宗御製初元宗擇令長一百六十三人又自製新
誡宰相裴耀卿等請令集賢院善書者書以賜之其
後諸縣往往刻石（案此刻不知所在又河內虞城舞陽皆有是刻）

又

開元中縣令徐抗所刻太室山人劉飛書在穰縣

文
開元中汜水令馮宴所刻後歲久以爲柱礎寶歷二
年縣令崔濋移置於廳事
唐石門湯泉記
太子通事舍人李幼卿撰太僕寺主簿文學直集賢
院修書衛包八分書幷篆額唐初有沙門空藏者居
藍田山中方大雪山谷間有氣上蒸發石而湯泉出
其下開元中勑給事中楊譽葺之增其室宇立此碑
唐韓公井碑
不著書人名氏八分大書三字曰韓公井其記眞書
曹傳井有靈人不敢汲採訪使韓朝宗斸而飲之由

是汲者無患故以爲名碑以開元中立在宜城縣
唐桐柏觀碑
祠部郎中崔尚撰翰林院學士慶王府屬韓擇木八
分書明皇題額天台山有廢道宮相傳以爲晉葛元
所居天寶初詔建爲桐柏宮道士司馬子微營而成
之碑以天寶元年三月立
唐韓賁祭華嶽文
右補闕韓賁撰諸王侍書榮王府司馬韓擇木八分
書自陳其志以忘身憂國爲己任以盟於神天寶元
年四月立在華嶽廟
唐立漢樊噲祠堂碑

校書郎王利器撰集賢院待制史惟則八分書前京
兆府司錄徐浩篆額舞陽令張紫陽等修廟記也碑
以天寶二年十月立在舞陽縣
唐薛仁貴碑
著作郎宏文館學士苗神客撰仁貴元孫左領軍衛
兵曹參軍伯嶷書仁貴名禮以字行河東汾陰人官
至明威將軍代州都督碑以天寶二年立在安邑縣
唐小魯眞人仙解謠
唐國淸撰進士程錫書眞人名成字和光年八歲及
其兄希言皆爲道士於奉仙宮此碑止見其半不見
所終及立石年月在濟源縣案金石錄天寶三載七月立

唐豆盧建碑
衛尉卿駙馬都尉張垍撰諸王侍書榮王府司馬韓
擇木八分書幷額建字立言河南人尚元宗女建平
公主官至太僕卿駙馬都尉碑以天寶三載七月立
唐玉眞公主仙居臺碑
山人韓休撰八分書不著名氏天寶二年勑玉眞公
主投龍五老山常居此臺碑以四載立
唐河東郡裴夫人誌
不著書撰人名氏左衛中郎李從一之妻封河東郡
君碑以天寶四載立
唐宋公神道碑

中書舍人孫逖撰河南府陽翟尉集賢校理御書史惟則八分書宋公名字缺亡而碑不著其鄉里官至延州刺史碑以天寶四載立在梁縣

唐貪泉銘

南海別駕陳元伯撰嶺南黜陟判官薛希昌倒薤篆書天寶五載四月立

唐吏隱山記

李陽冰殘碑凡數百年雖首尾不完文字缺滅而歷歷可讀其間多述山水景物其寂後曰名之曰吏隱山又曰時唐百二十九載以歲次推之則天寶五載也

唐洪福寺彌勒石像碑

同官主簿韓混撰并書集賢院學士衛包題額彌勒石像者長安中縣令趙貞等造寺僧圓證重修碑以天寶五載立在同官縣

唐尹仁恕闕文并旌表記

不著書撰人名氏闕文凡十二字曰大唐孝子四葉旌表尹仁恕闕其後有記仁恕曾祖養伯字嗣宗祖怦字守忠父慕先字冬筠仁恕字南金皆以孝行被旌表仁恕闕以天寶五載立在襄陽縣 案集古錄作周萬歲通天二年旌表金石錄作張柬之撰天寶五載立蓋文撰於武后時碑立於元宗時也

唐尹氏孝德記

吏部尚書同中書門下三品張柬之撰不著書人名氏怦字守忠襄陽人事親居喪皆以孝稱貞觀龍朔中再有詔褒美旌表門閭碑以天寶五載立

唐貞一先生廟碣

左威衛錄事參軍衛憑撰右監門衛兵曹參軍薛希昌八分書貞一先生者道士司馬子微也字承禎法號道德又自號白雲先生明皇置陽臺宮於王屋山以處之追謚貞一其從子絪因所居立以爲廟碑無所立年月 案金石錄天寶六載七月立

唐房琯遺愛頌

監察御史平冽撰河陽令徐浩書琯字次律清河人嘗爲濟源令冽作頌時琯爲給事中碑以天寶七載二月立

唐乘眞禪師靈塔碑

長子主簿王雄風撰胡霈然書并篆額禪師姓林氏陸渾人景龍二年爲陸渾山圖以獻中宗自書寺石曰兜率以賜之及其卒衛尉卿崔從禮之妻李氏得其舍利起塔藏之碑以天寶七載八月立

唐楊宏慶造舍利塔碑

劉愼和撰王進書宏慶宏農人以開元七年造銅盂蘭盆及舍利塔佛像等天寶七載立此記宏慶等題名附

唐祠三清文
明皇撰幷書天寶七載立在茅山
唐美原夫子廟碑
行美原令王巖撰幷書天寶中初尊夫子爵爲王碑
以天寶八載立在美原縣
唐雲臺觀金籙齋頌
衛包撰幷書字爲古文元宗自開元中每歲之千秋
節設金籙齋於華嶽雲臺宮碑以天寶九載四月立
唐雲臺三方功德頌
右補闕內供奉集賢院修書衛包撰幷書字爲古篆
據碑天寶中詔書功德於華山雲臺宮幷安御容重

飾金天王廟前御製碑而作此頌以天寶九載四月
立
唐徐鍔碑
大理評事陶翰撰翰林待詔左衛率府兵曹參軍蔡
有鄰八分書鍔字南美東海人也垂拱中官至禮部
尚書碑以天寶九載立
唐嶽廟古松詩
韋元志撰右補闕集賢院學士衛包古篆書天寶九
載立
唐華陽頌
梁貞白先生陶宏景撰不著書人名氏天寶九載紫
陽宮主劉行矩等刻石
唐商餘操
蘇預撰韓擇木八分書預友元結隱居教授於商餘
之肥溪預爲作此辭預時爲河南令自號中行子碑
不載立石年月在魯山縣案顏眞卿撰元結墓表稱中行子蘇源明源明當是蘇預之字結隱居商餘在天寶十二載舉進士之前
唐韋伉兼瓊碑
檢校倉部郎中焉用之撰左衛率府兵曹參軍集賢
院待制蔡有鄰八分書兼瓊字兼瓊魯郡任城人官
至戶部尚書殿中監謚曰忠碑以天寶十載立
唐春申君廟碑

吳郡太守江東採訪等使趙居貞撰前廣陵大都督
府戶曹參軍集賢院待制史惟則八分書幷篆額吳
郡有春申君故宮後人因以爲廟俗譌謂之城隍神
居貞廣其制度更易塑像以朱英配饗改名曰黃相
廟碑以天寶十載立
唐放生池碑
襄陽太守山南東道採訪使李憕撰八分書不著名
氏天寶十載憕以城下漢水爲放生池立此銘不著
年月
唐放生池石柱銘
不著書撰人名氏天寶十載李憕爲襄陽太守父老

李君秀等請以襄陽臨溪兩縣江水近城者爲放生池止人漁釣立石柱於東西境上以表之因以君秀等狀及州符刻於柱上

唐能大師碑

兵部侍郎宋鼎撰河南陽翟丞史惟則八分書大師姓盧氏南海新興人居新興之曹溪天寶七載其弟子神會建碑於鉅鹿郡之開元寺案金石錄天寶十一載二月立

唐神德寺彌勒閣碑

杜龔撰馬順書彌勒閣者開元中沙門會覺所立天寶十一載馮翊張祥德重建碑以十二載立在華原縣

唐薛悌碑

國子司業蘇預撰武部郎中徐浩八分書悌長蘆人中宗時爲雍州司兵參軍坐魏元忠黨流死袁州天寶中子伯成爲咸寧令追贈悌文部郎中案金石錄天寶十二載二月立

唐東方先生畫贊

晉散騎常侍夏侯湛撰唐平原太守顏眞卿書初開元八年德州刺史韓思復以贊刻於朔廟後眞卿爲太守文已殘缺遂以天寶十三載二月重立此碑

唐畫贊碑陰記

顏眞卿撰并書及題額眞卿既易舊碑因記其事迹年月刻在畫贊之陰

唐貞順皇后武氏碑

元宗御製并八分書太子亨題額后姓武氏晉陽人終於惠妃追謚曰貞順碑以天寶十三載四月立

唐元儼律師碑

前祕書省正字萬齊融撰武部郎中徐浩書律師姓徐氏諸暨人居越州法華寺碑以天寶十五載六月立

唐讀樊丞相傳詩

河陰尉鄭昊之撰安定胡霈然八分書不著年月案丞相漢樊噲也

唐孫志直碑

禮部尚書裴大淹撰太子少保致仕韓擇木八分書志直字無亮河西姑臧人嘗爲鳳翔尹隴右四鎮節度使封晉昌王罷以本官奉朝請待制集賢院議軍國事自營其墓而立此碑無所刻年月

唐興唐寺石經藏贊

石經藏者開元中長安興唐寺僧所立東都白馬寺主嗣安爲敘隸書無名氏禮部尚書席豫等爲贊其間蔡有鄰八分書者二顧誠奢眞書者一翰林待詔張棻八分書者三其餘三人闕姓名又其餘皆不著書人名氏或作者所自書也碑以天寶中立

唐盧僎德政碑
太子正字閻寛撰伊闕尉集賢院待制史惟則八分書僎字守成范陽人爲襄州長史此蓋去思碑也碑字殘缺不見所立年月案金石錄天寶中立
唐獨孤冊遺愛頌
江夏太守李邕撰蘭陵蕭誠書冊字伯謀河南人嘗爲襄州刺史此碑襄人所立也石爲四面其兩面剝缺不可讀不知所立年月案金石錄天寶中立
唐題寶林寺詩
會稽公徐浩撰并書

集古錄目卷三終

集古錄目卷四

槐廬叢書

宋廬陵歐陽棐叔弼撰　吳縣朱記榮重校刊

唐元宗登逍遙樓記
元宗御製并八分書太常卿姜皎書年月蒲州刺史王幯以詩刻石請御書碑額表一蒲州刺史顏眞卿書答詔肅宗書以乾元元年立
唐城隍廟記
縉雲令李陽冰撰并篆書陽冰禱廟而雨因移建於山上碑以乾元二年八月立在縉雲縣
唐崇絢法師碑
扶風司馬裴泓撰開元寺僧名缺其書驃騎大將軍高

力士題額崇絢姓趙氏爲開業寺主碑以乾元二年立
唐立王粲石井欄記
節度參謀甄濟撰襄州判官彭朝儀書魏侍中王粲故宅在襄陽其石欄至唐猶存上元二年山南東道節度使來瑱移之於刺史官舍碑以上元二年七月立
唐重修文宣王廟記
李陽冰撰并篆書陽冰爲縉雲令重修孔子廟堂碑以上元二年七月立
唐忘歸臺銘

李陽冰撰并篆書無刻石年月

唐阮客舊居記

李陽冰撰并篆書阮客隱者也無刻石年月以上三碑皆在縉雲縣

唐路嗣恭遺愛表

考功郎中知制誥蘇源明撰不著書人名氏嗣恭字嗣恭平陽人初名劍客開元中歷數縣令皆有能名明皇以爲可嗣漢魯恭故賜此名復歷渭南令至朔方留後上元二年渭南人爲立此表

唐顏允南碑

碑不見其首尾考其字畫與所敘述蓋顏眞卿所撰

并書其兄國子司業允南之碑也

唐雍王遊三門記

元帥府判官裴儆撰行軍司馬李進書雍王題額代宗廣德初雍王适爲天下兵馬元帥東討史朝義師還次陝因登三門問從官以古今興亡治亂之迹作此記廣德二年刻在三門

唐郭敬之廟碑

刑部尚書顏眞卿撰并書代宗御題額敬之鄉里官階見前錄墓碑此其廟碑也以廣德二年十一月立

唐西林寺題名

顏眞卿書永泰丙午六月題名案魯公文有東林寺題名同時立寶刻叢編未引此條

唐李氏三墳記

李季卿撰李陽冰篆書季卿敍葬其兄晉安郡戶曹參軍曜卿字華金城尉叔卿字萬朝邑簿春卿字榮凡三墳碑以大歷二年立

唐王仁忠碑

江夏太守李邕撰都水使者集賢院學士史惟則八分書仁忠字揖太原祁人官至左千牛衛將軍永泰中以子銓贈太常卿碑以大歷三年立

唐王延昌碑

兵部郎中邵說撰廣州都督徐浩八分書延昌京兆

人官至吏部侍郎集賢院待制碑以大歷三年立

唐元靖先生碑

祕書郎柳識撰大理司直張從申書李陽冰篆額元靖先生茅山道士李含光也碑以大歷四年八月立

唐良吏記

大理司直攝監察御史陳簡甫撰大理司直陳太缺二字宣州刺史陳碑不著名采開元以來州之良吏刺史裴耀卿兼江西採訪使班景倩竹承構裴敦復刺史李俑司功參軍張邈凡六人刻石爲之記俑嘗爲涇縣令終於宣州長史廣德初浙中盜起過宣州者皆相戒不入其闔討擊使以聞贈宣州刺史碑以大歷四

年立

唐傳說廟碑

侍御史內供奉楊𤩽撰夏縣尉宗正卿名缺姓八分書大歷四年立在夏縣

唐杜鴻漸碑

中書侍郎平章事元載撰門下侍郎平章事王縉書鴻漸京兆杜陵人位至門下侍郎平章事封衛國公贈太尉卒謚文獻碑以代宗初立不著年月案鴻漸卒於大歷四年

唐臧懷恪碑

撫州刺史顏真卿撰并書懷恪字貞節東莞人官至

右武衛大將軍贈工部尚書碑以開元十二年立在三原縣案開元十二年懷恪卒非立碑時也顏魯公刺撫州在大歷間

唐顏含大宗碑

晉顏含十四世孫撫州刺史真卿撰并書真卿罷撫州過含墓因敘含而下十五世子孫名字事迹立此碑以大歷六年十一月立

唐楊仲昌後碑

檢校禮部尚書席豫撰太子少保致仕韓擇木八分書仲昌字曼開元中官至吏部郎中碑以大歷六年追立在閿鄉縣

唐立顏含碑

晉江夏李闡撰傳含曾孫宋光祿大夫延之銘十四世孫前撫州刺史真卿書含字宏都瑯琊臨沂人東晉初官至右光祿大夫封西平侯謚曰靖此銘舊有刻石大歷七年四月真卿重建

唐程元英碑

北海太守李邕撰黃門侍郎張廷珪八分書元英字文釋廣平人官至桂州都督府長史贈祕書監碑以大歷七年五月立

唐宋璟碑

撫州刺史顏真卿撰并書璟字子缺一字邢州南和人官至尚書右丞相封廣平公謚曰文貞碑以大歷七

年九月璟孫儼追建

唐德宗題陝州佛堂院壁詩

不著書人名氏德宗爲雍王時出爲天下兵馬大元帥至此留題大歷七年陝虢觀察使皇甫溫刻

唐令狐彰開河碑

中書侍郎平章事元載撰尚書吏部侍郎徐浩書并篆額先是河至酸棗瀕縣而東失其故道尚書右僕射霍國公令狐彰開之碑以大歷八年正月立

唐薛嵩碑

禮部郎中程浩撰梁州都督府長史翰林侍詔韓秀實八分書嵩楚玉之子也初爲史思明將朝義敗以

其地降卽拜昭義軍節度使封平陽郡王碑以大歷
八年立在夏縣
唐滑臺新驛記
滑亳節度使李勉撰李陽冰篆書勉使同州別駕裴
萬增廣驛舍以大歷九年八月立此碑於驛中
唐臧氏糾宗碑
湖州刺史顔眞卿撰幷書臧氏東莞人自唐初靈州
都督寵而下至京府參軍叔清族系名字官閥悉載
於碑不著所刻年月在三原縣
唐干祿字書
濠州刺史顔元孫撰姪湖州刺史眞卿書初元孫以

字書分四聲定爲正通俗三體眞卿以大歷九年正
月刻石於湖州
唐放生池碑
昇州刺史浙西節度使顔眞卿撰幷書肅宗乾元二
年使驍衛郎將史元琮詔天下自山南至浙西七道
臨江置放生池八十一所眞卿爲天下放生池銘上
之碑以大歷九年正月立
唐乞御書放生池碑額表碑陰記
顔眞卿撰幷書初肅宗旣許書額未及下而眞卿貶
碑不果立至大歷中爲湖州刺史始追建於州之駱
駞橋東集批答御書字以爲額又敘其事於批答碑

陰以大歷九年立
唐乞御書放生池碑額表
表顔眞卿書批答肅宗御書表以上元元年上眞卿
時爲刑部尚書碑以大歷九年立
唐湖州石柱記
碑字殘缺不見年月及書撰人名氏驗其字畫顔眞
卿書也凡湖州諸縣皆記其山川前古陵墓
唐郝玉碑
吏部侍郎楊炎撰前梁州都督府長史翰林待詔韓
秀實八分書玉太原厭次人官至河西隴右副元帥
封安邊郡王碑以大歷九年立

唐釋迦像記
滑州節度判官豆盧適撰不著書人名氏渭北節度
使碑不著名修華原攝度寺立釋迦像之記也碑不著所
立年月而稱唐九葉寶應皇帝又稱唐三甲子甲寅
歲則當在代宗之大歷九年唐興一百五十七年矣
碑在華原縣
唐歐陽琟碑
顔眞卿撰幷書琟字琟渤海人官至商州刺史武關
防禦使去官不仕而終大歷十年十月立
唐李光進碑
戶部尚書楊炎撰梁州司馬韓秀實八分書光進字

大應光弼之弟官至刑部尚書封武威郡王碑以大歷十年立在富平縣

唐甘棠館記

壽安尉蕭昕撰大理評事史鐫八分書盧璟篆額甘棠館者前壽安令李公字退思所立此碑大歷十一年縣令李總建又有重刻碑記貞元八年縣令李詞撰往還此館題名者十六人附於後

唐射堂記

顏眞卿撰并書碑石缺譌文理斷續其事迹不可攷大歷十二年四月立

唐項王碑陰述

顏眞卿爲湖州刺史重建項羽廟舊碑以大歷七年五月刻記於碑陰（案魯公年譜碑書於十二年五月此作七年誤）

唐元靖先生碑

湖州刺史顏眞卿撰并書先生名含光廣陵江都人本姓宏避孝敬皇帝諱改爲李氏元宗師事之加號元靖先生詔居茅山碑以大歷十二年五月立

唐李抱玉碑

中書侍郎平章事楊綰奉勑撰刑部尚書顏眞卿奉勑書抱玉河西武威人本姓安後姓李氏肅宗所賜也初名重璋後名抱玉元宗所改也代宗時終於河西隴右副元帥同平章事封涼國公贈太保諡曰昭武碑以大歷十二年五月立

唐杜濟墓誌

刑部尚書顏眞卿撰書亦類眞卿而不著名濟字應物京兆杜陵人官至梓州刺史碑以大歷十二年十一月立

唐靈巖瀑布記

前濮州別駕康仲熊撰不著書人名氏碑以大歷十二年刻

唐立漢董黯孝行碑

明州刺史左殷撰前吏部侍郎集賢院學士徐浩書孝子後漢人字叔達句章人也和帝時殺其鄉人以

報親讎召拜郎中不受殷爲刺史葺其祠宇以大歷十三年二月立此碑

唐霍國夫人王氏碑

中書侍郎平章事楊綰撰右散騎常侍蕭昕書夫人姓王氏郭子儀之妻碑以大歷十三年立

唐王師乾碑

中書侍郎平章事楊綰撰大理司直張從申書師乾字修然瑯琊臨沂人官至諫議大夫盧循道三州刺史碑以大歷十三年立在句容縣

唐立吳季子墓碑

篆書凡十字曰烏乎有吳延陵季子之墓據張從申

記以爲孔子書碑已堙堙元宗命殷仲容摹搨大歷十四年潤州刺史蕭定重刻於石

唐馬璘新廟碑

程浩撰顏眞卿書璘岐州扶風人官至左僕射封扶風郡王贈司徒謚曰武碑以大歷十四年七月立

唐張敬因碑

顏眞卿撰幷書敬因南陽西鄂人子巨濟爲淮西節度使追贈敬因和州刺史碑以大歷十四年立此碑埋沒已久慶歷初縣民耕出之遠近聞者爭往摹搨村民厭苦其擾遂擊碎之今在者數段耳人猶摸之故其文不完眞卿官爵及立碑年月則皆亡矣

唐景陽井欄記

潤州上元主簿張著撰無書人名氏幷刻石年月（案唐有右衛兵曹張著大歷間人見顏眞卿杼山記當即其人）

唐顏勤禮碑

勤禮曾孫魯郡公眞卿撰幷書其先爲瑯琊臨沂人顯慶中終於夔州都督府長史碑以立石年月皆亡（案集古錄大歷十四年立）

唐元結碑

湖州刺史顏眞卿撰幷書結字次山官至容州都督本管經略使碑以大歷中立在魯山縣

唐遷建吳季子墓碑記

建中元年丹陽令盧國立在季子廟

唐顏惟貞家廟碑

吏部尚書顏眞卿撰幷書集賢院學士李陽冰篆額眞卿自叙家世銘於其父薛王友惟貞之廟碑以建中元年七月立

唐三藏和尚不空碑

御史大夫嚴郢撰彭王傅徐浩書不空西域人居長安興善寺自元宗以來謂之灌頂國師特加開府儀同三司肅國公賜號大廣智三藏追贈司空加號大辯正廣智三藏碑以建中二年十一月立

唐復鄠縣記

中書舍人于邵撰祠部員外郎侍御史張璪八分書幷篆額代宗之初吐蕃數寇京輔使李抱玉屯兵備之其裨將何德願以陳鄭兵屯鄠縣長吏寄寓佛寺德宗卽位詔德願移屯鳳翔復鄠縣如故碑以建中二年立

唐王密德政碑

浙東觀察判官李舟撰太子少師顏眞卿書國子監丞李陽冰篆額密自明州移爲湖州刺史州人潘灟阮津等請立遺愛碑以建中二年十月立幷勅書同刻勅徐浩所書也

唐元德秀墓碣

監察御史李華撰太子太師顔眞卿書集賢院學士
李陽冰篆額德秀字紫芝河南人爲魯山令碑以建
中四年秋立

唐海濤志

海濤志濤曆濤日時濤期朔望軆象春秋仲月漲濤
解凡六篇唐竇叔蒙撰其說以月朓朒候濤汐之進
退并竇氏濤日時疏一篇越州刺史孟簡撰缺姓名書
朱巨川題額不著刻石年月

唐咸宜公主碑

鄜坊節度掌書記武元衡撰蘇州常熟令袁中孚書
將作少監集賢院學士李陽冰撰額公主元宗之弟

十八女降祕書監崔嵩碑以興元元年立

唐汾陽王廟碑

中書舍人高參撰右威衛倉曹參軍張誼書汾寧節
度使韓游環請爲子儀立廟於汾州碑以貞元二年
七月立

唐韋澳遺愛頌

監察御史鄭士林撰前進士胡證八分書澳字又元
京兆杜陵人嘗爲夏縣令此碑縣人所立以貞元二
年八月刻

唐鄭播謁孔子廟題名

貞元三年播爲丹陽令題

唐說文字源

義成軍節度使賈耽撰敘前揚府戶曹參軍徐璹書
祕書少監李陽冰重修漢許愼說文字源陽冰從子
檢校祠部員外郎騰篆凡五百四十字碑以貞元五
年十月立

唐張常洧孝行碑幷門閭勅旌表碣贊

貞元五年旌表張常洧門閭勅一道幷紀孝行碑前
許昌主簿高宇撰旌表碣贊句容主簿承瓌撰皆同
時刻不著書人名氏常洧字巨川句容人居父喪廬
墓過期有芝草生墳上故見旌表案集古錄作貞觀五年此作貞元未詳孰是

唐茶山詩幷詩述

湖州刺史袁高撰前滁州長史徐璹書湖州之顧渚
山歲修茶貢高爲刺史感其採製之勤而作是詩其
後于頔爲刺史得之於壞垣爲之敘而刻之貞元七
年立

唐賀蘭夫人墓誌

兵部尚書陸贄撰據碑前書姪曾孫贄其下字缺不
完疑是贄所書也夫人河南人祕書監陸齊望之妻
封滎陽縣君碑以貞元七年立

唐王礽墓誌

河南主簿馬幼昌撰通王府諮議陰冬曦書礽字泰

初新豐人官潁州别駕碑以貞元八年立

唐辨正禪師塔銘

太僕少卿鄭叔規撰汜水令徐峴書幷篆額禪師名崇一姓任氏濟源人元宗時詔舉天下高僧四十九人分主諸寺禪師居東郡天宮寺後移居善興寺代宗親書篆額曰法寶嚴持院德宗時賜謚辨正碑以貞元十年立在龍門縣

唐軒轅鑄鼎原銘

虢州刺史王顔撰華州刺史袁滋籀書鑄鼎原者軒轅皇帝鑄鼎之所碑以貞元十一年正月立

唐濟瀆廟祭器銘

濟源令張洪撰八分書不著名氏濟源有北海祠壇故四時祠祀必取祭器於河南沉幣雙舫亦以沁河渡口船爲之往返勞弊是時大風拔木洪因取以爲祭器雙舫及雜用之物碑以貞元十三年立

唐僧道源發願文

前恆冀等州觀察判官王洽撰試金吾（缺一字）曹參軍王承規集王羲之書幷篆額道源恆州開元寺僧也常發願禮大佛名及誦藏經成德軍步軍使王士艮等爲刻此碑貞元十四年正月立

唐修昆明池堰記

京兆尹韓臯撰京兆府法曹參軍徐瑱書德宗貞元十三年詔除昆明池稅許民漁釣以臯爲使截交河立堰引澧水注之於池復漢故迹以貞元十四年刻此銘

唐賜李錬師詩詔

道士任艮友書錬師名含光號元靖先生元宗所賜詩凡三首詔勅十道錬師所上表幷答詔十五件貞元十四年道士包無際等刻石在茅山

唐董晉碑

中書舍人權德輿撰皇太子侍書殿中丞王丕書晉字渾成河東虞鄉人官至宣武軍節度使碑以貞元十五年立

唐重立王粲石井欄記

上元二年來瑱移石欄於州治立石作記貞元十七年于頔爲節度使又爲之記掌書記胡證八分書後又題記頔進封燕國公事隨軍屈賁書是年六月立

唐復陽武縣記

唐衢撰鄭乃中八分書據記陽武縣圯毀二十五年官吏寓於佛寺貞元十五年縣令陶鍠修復之後令李倫以十九年立此碑

唐鍾山林下集敘

處士石洪撰敘桂府觀察判官張譜諸暨尉盧建上元尉盧少連詩共三首皆洪書爲鍾山僧總悟所作

也以貞元二十年十二月立
唐楚金禪師碑
紫閣山草堂寺沙門飛錫撰翰林學士吳通微書楚金姓程氏長安僧天寶中建多寶塔於千福寺元宗夢聞其事而異之德宗時中人寶文場言楚金其師也爲請謚乃謚曰大圓碑以貞元二十一年七月立
唐會稽山神祠堂碣
試左威衛兵曹參軍羊士諤撰試太子正字韓抒材書韓芳明篆額唐封南鎮會稽山神爲永興公貞元間奉詔禱祠作此銘無刻石年月
唐符元亮碑

不著書撰人名氏其字畫則柳公權書也元亮字也闕其名官至左神策軍將軍贈越州都督碑以貞元中立
唐甘棠館題名
唐人題名始終貞元大中之間自司勳員外郎薛存誠至東都留守韋夏卿凡數十人
唐寶花寺碑
殿中侍御史鄒儒立撰蘇州刺史于頔書祕書監陸齊望有女爲尼曰法與齊望捨宅爲寺以居之子渭等以永貞二年正月造寺成立此碑
唐禱聰明山記

洺州刺史盧頊撰不著書人名氏昭義軍節度使盧從史禱於聰明山祠作此記從吏并官屬題名於後以元和二年七月立
唐復黃陂記
前鄉貢進士侯喜撰不著書人名氏汝州有三十六陂黃陂爲㝡大自隋始築至唐開元中數復廢決貞元十八年刺史盧虔築而復之碑以元和三年立
唐韓文公題名
都官員外郎韓愈元和四年題（案集古錄云退之題名有二皆在洛陽一在嵩山天封宮石柱上一在福先寺塔下）
唐京河水門記

祕書省校書郎直史館韋處厚撰處士唐衢八分書鄭州刺史李少和引京水注於管城之北爲石門以節其出入元和五年正月立此碑
唐謁北嶽廟記
元和五年河東節度使范希朝討鎮州過北嶽廟題記
唐杜佑郊居記
太常卿權德輿撰正書不著名氏元和五年八月立
唐王處士引水記
大理卿武少儀撰與郊居記皆一體書無書人名氏杜佑有池泉在長安杜曲處士王易簡爲佑鑿石引

泉爲瀑水碑以元和五年立

唐杜佑賓佐記

司徒平章事杜佑撰不著書人名氏所記前後賓佐其首曰今相國中書侍郎趙國公者李吉甫也其餘凡八十餘人碑以元和間立

唐神女廟詩

荆南節度判官敬騫撰試左金吾衛兵曹參軍沈劝眞書元和五年十二月刻在巫山縣

又

夔州刺史邱元素詩一首無刻石年月

唐立晉衛伯玉遺愛碑

伯玉裔孫唐陝國觀察使狄山撰河中節度使張宏靖書伯玉河東安邑人晉惠帝初以太保錄尚書事爲楚王瑋所殺碑以元和六年立在安邑縣

唐陽公舊隱碣

刑部郎中胡證撰夏縣令黎惽書縣人李靈省篆額陽公佚其名證其門人也無所立年月在夏縣（案訪碑錄元和六年立）

唐昭懿公主碑

諫議大夫孟簡撰權知吏部郎中皇甫鏞書公主代宗之女諱昇平字昇平下嫁左散騎常侍郭曖號昇平大長公主追贈號國謚曰昭懿碑以元和六年立

唐房琯碑陰記

石洪撰兵部郎中鄭權書房琯有遺愛碑在濟源元和六年琯從祖子式以河南尹奉詔祠濟源洪等刻此記於碑陰

唐田宏正家廟碑

比部郎中史館修撰韓愈撰諫議大夫胡證八分書并篆額憲宗時魏博節度使田宏正始以六州歸於朝廷詔追贈其父母立廟祭三世勅愈爲之記碑以元和八年十一月立

唐樊澤遺愛頌

中書舍人平章事李絳撰太子少保鄭餘慶書襄州

刺史山南東道節度使袁滋篆額滋鎮山南言故貞元中節度使樊澤在州有善政請立遺愛碑絳奉勅撰澤字安時南陽人終於荆南節度使謚曰成碑以元和八年十二月立

唐濟祠亭記并詩

濟源有三淵當祠下俗謂之海前令房琯立亭於北海上以爲祠神之所元和九年縣令李朝陽廣其制度作記并詩記朝陽之子蟠撰詩朝陽撰裴潾書鄭冠篆額

唐修下泊宮記

浙西觀察判官王師簡撰道士任參元書下泊故茅

君宅也在三茅山下浙西觀察使薛苹修以爲宫井
立三茅君像以元和九年立此碑
唐禹廟詩
浙東觀察使越州刺史薛苹詩不著書人名氏苹初
至鎮易禹廟金紫服以冠冕後因祈雨作此詩其和
者鹽鐵轉運使崔逑等凡十七首
唐胥山銘
杭州刺史盧元輔撰錢塘令王遹書山有伍子胥廟
故以爲名碑以元和十年十一月立
唐石洞谷記
元傑撰不著書人名氏湞陽縣果業寺之東有石洞

谷嘗有方士學道於其中其石座丹竈猶存歲久荒
廢無復有迹傑與寺僧智捷復開其路以元和十一
年立此記
唐于頔先廟記
禮部尙書同中書門下平章事權德輿撰兵部侍郎
歸登八分書并篆額頔位至司空平章事以品得立
廟祠其高祖郫令威德以下爲四室碑以元和十一
年立
唐遊善權寺詩
義興主簿羊士諤撰士諤門人李飛書碑以元和十
三年刻

唐百巖大師碑
興元尹山南西道節度使權德輿撰尙書右僕射鄭
餘慶書大師名懷暉甞居太行百巖寺因以爲號碑
以元和十三年立
唐南海廣利王廟碑
袁州刺史韓愈撰循州刺史陳諫書并篆額元和十
二年廣州刺史孔戣重修南海神祠以十五年十月
立此碑在南海廟中
唐大顚禪師壁記
大顚名寶通壁記歷敘其所居并退之請大顚三書
皆國初重刻無書人名氏

集古録目卷四終

集古錄目卷五　　槐廬叢書

宋廬陵歐陽棐叔弼撰　吳縣朱記榮重校刊

唐羅池神廟碑

吏部侍郎韓愈撰中書舍人沈傳師書柳州刺史柳宗元死而爲神州人立廟於羅池碑以長慶元年正月立

唐濟祠西海新亭記

房琯立亭於北海上李朝陽爲之記而西海之地故爲民家所有縣令王源迴取之以立此亭鳳翔節度使推官侯雲章撰記濟源令章行質書鄭冠篆額碑以長慶二年立

唐胡珦碑

湖州刺史韓愈撰左金吾衛大將軍胡證八分書并篆額珦字潤溥貝州宗城人官至少府監碑以長慶三年四月立在蒲城縣

唐崔能碑

兵部侍郎李宗閔撰能弟檢校吏部尚書判東都尚書省從書戶部尚書胡證篆額能字子才清河東武城人官至嶺南節度觀察使贈禮部尚書碑以長慶三年立

唐遊茅山題記

刑部尚書崔元亮長慶三年遊山題記

唐韋綬碑

中書侍郎平章事牛僧孺撰給事中子敖書綬字子章京兆人官至山南西道節度使碑以長慶三年立

唐張九齡碑

廣州刺史嶺南節度使徐浩撰并書九齡字子壽一字博物韶州曲江人開元中官至中書令罷爲尚書右丞相貶荊州長史謚曰文獻碑以大歷中書長慶三年刻石

唐張九皋碑

工部尚書蕭昕撰九皋孫曹州刺史仲方書九皋范陽人案唐書宰相世系表九皋曲江相國九齡弟始興張氏范陽其祖籍也官至殿中

監碑以長慶三年立

唐石室題名

端州司馬李緯長慶四年遊石室題

唐田布碑

陝州都督府長史陝虢觀察史庾承宣撰前鄉貢進士呂價書布字敦禮官至魏博節度使碑以長慶四年立

唐烏承玭碑

左散騎常侍河南尹許孟容撰魏博節度副使胡證八分書并篆額承玭字德潤張掖人官至右領軍使冠軍將軍此碑不完纔有其半不見所立年月

唐隱山六洞記
都防禦判官侍御史內供奉吳武陵撰防禦衙推韓方明八分書并篆額李渤游於桂州之西山其溪谷潭洞皆人所未嘗至者遂名之曰隱山構亭榭於其上以寶歷元年八月立此記

唐鄭權碑
陝州都督府長史庾承宣撰萬年令姚向書權字復道滎陽人官至嶺南節度使碑以寶歷二年立

唐崇元聖祖院碑
常州刺史賈餗撰前陳州參軍徐挺古八分書敬宗即位詔天下求有道之士李德裕爲浙西觀察使以

道士周息元薦於朝爲建此院勅賜號崇元聖祖院碑以寶歷二年立在茅山

唐茅山三像記
八分書與崇元聖祖院記一體書李德裕既建聖祖院并立元元皇帝孔子尹喜三像援引傳記事迹作此記以寶歷二年刻

唐三茅山記
不著書撰名氏備記三茅山四面所至地里遠近

唐玉蘂花唱和詩
潤州刺史李德裕洪州刺史沈傳師贈答玉蘂花詩二首皆傳師詩案德裕知潤州傳師知洪州皆在敬宗時

唐石鐘山記
李渤撰不著書人名氏彭蠡湖之口有石鐘山酈道元注水經以爲水石相薄爲鐘音因以得名渤游山中見有臥石叩之其鳴如鐘土人曰此石鐘也故爲此記以辨之渤字濬之時隱居白鹿洞稱白鹿先生後官至桂管觀察使大和元年故吏吳文幹刻石在湖口鎮

唐烏承允碑
司徒平章事裴度撰山南東道節度使竇易直書重允字保君京兆人官至天平橫海等軍節度使司徒平章事碑以大和二年四月立

唐崔羣先廟碑
武昌軍節度使牛僧孺撰起居郎劉寬夫八分書并篆額憲宗元和十四年羣爲中書侍郎平章事詔立廟於京師崇業里追贈其父金部郎中積爲左僕射及其祖懷州刺史朝曾祖壽州刺史淇爲三室廟既成詔以羊豕助奠太常出博士佐禮至文宗大和二年八月立此碑

唐司馬子微溪記
王屋令崔運撰道士張宏明書大和三年刻在王屋縣

唐陸洿茅山題名

旁官右補闕自稱纍臣篆書大和三年題

唐司馬子微坐忘論

白雲先生撰道士張宏明書大和三年女道士柳凝然趙景元刻石并凝然所爲銘同刻後又有篆書曰盧仝高常嚴固元和五年凡十字碑在王屋縣

唐薛平家廟碑

左散騎常侍集賢院學士馮宿撰給事中裴璘書河中節度使薛平增修其家廟以大和三年立此碑在夏縣

唐令狐楚先廟碑

禮部郎中集賢院學士劉禹錫撰并書楚爲宣武軍

節度使始立家廟於京師通濟里碑以大和三年立

唐百巖大師靈塔碑

汴州刺史宣武節度副大使令狐楚撰吏部尚書鄭絪書大師以元和中詔至京師章敬寺長慶初楚請賜謚及塔名曰宣教碑以大和三年立

唐王播碑

中書侍郎平章事李宗閔撰翰林學士承旨柳公權書播字明敭太原人位至左僕射同平章事贈太尉碑以大和四年正月立

唐修桐柏宮碑

浙東團練觀察使越州刺史元稹撰并書台州刺史

缺姓名篆額宮以景雲中建道士徐靈府等重葺碑以大和四年四月立

唐李藏用碑

禮部侍郎翰林學士王源中撰翰林待詔唐元度篆額元度弟元序集王羲之書藏用宦者也字師貞隴西成紀人官至冠軍大將軍左威衛大將軍知內侍省隴西郡開國公碑以大和四年五月立

唐李憕碑

中書舍人李紓撰洪州刺史沈傳師書商州防禦隨軍儲或篆額憕隴西成紀人官至禮部尚書東都留守安祿山叛攻東都城陷死之追贈太尉謚曰忠懿

碑以大歷四年立案李紓爲中書舍人在大歷間沈傳師爲洪州刺史在大和初蓋先撰而後書也金石錄謂文宗時立是也此云大歷當作大和

唐謁華嶽廟詩

賓竦撰并書大和六年竦從子珹刻

唐六譯金剛經

右威衛上將軍知內侍省楊承和刪集楊翙撰敘刻承和以八分書寫經刻於上都興唐寺文宗詔取其本使待詔唐元度集王羲之書翰林學士鄭覃等六人爲贊刻石以大和六年春立

唐昇元劉先生碑

刑部侍郎馮宿撰右司郎中柳公權書翰林待詔唐

元度篆額先生名從政河南緱氏人居東都元眞宮敬宗師事之加檢校光祿大夫及昇元先生之號碑以大和七年四月立碑有二一在東都一在長安

唐高瑀碑

司徒侍中東都留守裴度撰河南尹鄭澣書瑀字乾亮渤海蓚人官至忠武軍節度使贈司空碑以大和八年立

唐法華寺詩

越州刺史李紳撰徐浩書大和八年刻

唐令長新誡

元宗御製大和九年舞陽令李易簡建鄭宗冉書此本無元宗勅書而別有勅語乃當時召新除令長賜食於朝堂而遣之丁寧慰勉之言也

唐陰符經敘

刑部尚書鄭澣撰敘翰林學士柳公權書內供奉道士孫文杲刻以開成二年七月立在西京范雍家經已殘缺所存者數十字

唐柳尊師墓誌

翰林學士諫議大夫柳公權撰幷書尊師名處幽河東虞鄉人公權弟也碑以開成二年立在華原縣

唐照公塔碑

太子少傅分司東都白居易撰劉禹錫爲祕書監分司東都時書照公名神照姓張氏蜀州青城人居東都奉國寺碑以開成三年立

唐元錫碑

中書侍郎平章事李宗閔撰翰林學士承旨工部侍郎柳公權書錫字君貺河南人代王什翼犍十四世孫官至淄王傅贈尚書右僕射碑以開成四年七月立

唐重模千祿字書

開成四年湖州刺史楊漢公以舊本譌缺重模刻石幷爲記附於碑後今其本比顏魯公所刻差完可以備用

唐李有裕碑

中書舍人李景讓撰工部侍郎知制誥柳公權書有裕字綽夫幽州北平人官至衛尉卿碑以開成四年立

唐何進滔德政碑

翰林承旨兼侍書工部侍郎柳公權撰幷書翰林待詔梁王府司馬唐元度篆額進滔爲魏博節度使文宗詔公權等爲撰德政碑以開成五年正月立有碑樓尚存（案金石錄云在今河北都轉運使公廨閣中）

唐修泰文公廟碑

前夏州等節度掌書記李伉撰幷書篆額坊州之南

有秦故鄜時祠秦文公夢龍自天而下屬於地立祠
以時之世久相傳謂之衙龍神刺史崔駢改其廟像
以爲文公祠開成五年立此碑

唐平泉草木記幷山居詩

李德裕撰平泉者德裕山居之所也其中多置四方
奇草異木名花怪石因總爲之記其在平泉及歷守
宜春金陵至於爲相有平泉詩凡六十七首同以刻
石皆隸書又有臨池楊記凡數十字篆書皆不著名
氏

唐唐元度十體詩

翰林待詔沔王友唐元度書凡古文大篆八分小篆

飛白倒薤散隸懸針鳥書垂露十體幷各敘其所起
刻石有二一在故相宋公家一在太常少卿李丕緒
家同出一本而傳摹小異

唐立王粲石井欄別記

會昌二年節度使盧鈞復理粲舊井別作新石欄而
記之前武功尉李掖書在襄陽縣

唐左神策軍紀聖德碑

翰林學士承旨崔鉉撰散騎常侍集賢殿學士柳公
權書集賢直院徐方平篆額武宗常幸神策軍勞策
軍士兼統三軍上將軍仇士良請爲碑以紀聖德鉉
等奉勅書撰碑以會昌三年立

唐李德裕詩刻

李德裕遙傷孫尊師詩三首奇題黃先生舊館詩一
首試祕書省校書郎裴方質八分書德裕時爲司空
平章事以會昌三年刻

唐都督府記

夔州刺史李貽孫撰繆師愈書其記州之城壘祠宇
古迹甚備碑以會昌五年十二月立

唐投龍記

會昌五年內出修金籙齋詞一告灊口雲臺等詔詞
一帝自稱承道繼元昭明三光弟子南嶽炎上眞人
其詞皆劍南節度衙推趙圓書不著所刻年月

唐司空廟殿記

據碑司空漢光武時人二十三世孫唐杭州臨安令
有則易其廟之故殿立此碑從孫重厚撰族人文察
書而皆不著姓當光武時爲司空者非一人而有則
於唐亦不顯不知其爲何人也有則自稱宗長又有
宗副都枝長宗正宗錄都孔目廟祝衙陽侍郎等諸
枝長孔目及職司題名者數十人皆其族人也碑以
會昌六年八月立在溧陽縣

唐李石碑

東都留守李德裕撰工部侍郎柳公權書碑文殘缺
名字皆不可見考其世系事迹知爲李石碑也石字

中玉宗室宰相封涼國公碑以大中初年立在河陰
縣案金石錄作會昌六年八月立
唐商於驛路碑
翰林學士承旨韋琮撰太子賓客柳公權書祕書省
校書李商隱篆額商州刺史呂公碑不著名移建州之新
驛碑以大中元年正月立
唐王起碑
戶部尚書平章事李回撰太子少師柳公權書幷篆
額起字舉之太原人官至山南西道節度使同中書
門下平章事贈太師碑以大中元年四月立在三原
縣

唐牛僧孺碑
河陽三城節度使李珏撰右散騎常侍柳公權書幷
篆額僧孺字思黯隴西狄道人歷相穆敬文三宗武
宗朝自山南東道節度使貶爲循州長史宣宗初終
於太子少師分司東都碑以大中二年十月立
唐張仁憲碑
幽州節度掌書記李倫撰節度參軍蔡陵八分書幷
篆額仁憲字仁憲官至太子中允其孫仲武爲盧龍
節度使追贈仁憲爲工部尚書碑以大中二年立在
文安縣
唐新興寺碑
歙縣刺史盧肇撰幷書越州刺史楊嚴篆額寺在宣
州宣宗初立悉復武宗所毀佛寺刺史裴休修之而
立此碑以大中二年立
唐寓居石表記
陝府芮城尉馮禮輿書隋大業中高祖寓居芮城之
至德鄉大中三年縣令高元膏立此碑在南陽縣
唐吳大帝廟階記
河陽三城節度團練衙推石湘撰不著書人名氏永
寧主簿周知素重修大帝廟階以大中六年立此記
唐韋正貫碑
翰林學士中書舍人蕭鄴撰左散騎常侍柳公權書

正貫字公理京兆杜陵人官至嶺南節度使碑以大
中七年立
唐康約言碑
左散騎常侍柳公權撰幷書約言宦者也字寡辭貝
州人官至河東監軍使內侍省內謁者監贈內常侍
碑以大中七年二月立
唐刻隋陳果仁告身幷捨宅造寺疏敘
隋大業十一年司徒陳果仁爲朝請大夫告身幷果
仁妻軫靜緣捨宅造寺疏同刻皆無書人名氏捨宅
疏稱明政二年者李子通年號也案金石錄云俞珣述幷書大中八年
五月立

唐睿宗賜白雲先生書
賜白雲先生勅三元宗勅幷送別詩各一　陽臺宮畫壁奏狀幷答勅乾元元年禁山廟採樵勅三大中八年王屋主簿韓抗書以刻石
唐寶稱律師塔碑
祕書丞史館修撰劉軻撰江州司戶參軍陳去疾書前振武軍節度參謀李庭彥篆額律師江南講僧也名智滿陶靖節之九世孫始出家於寶稱寺故以爲號碑以開成四年立大中八年重建在廬山
唐元魯山琴臺記
汝州魯山令宋整撰不著書人名氏琴臺者故縣令元德秀之所立整葺其頹毀以大中八年正月立此記在魯山縣

唐崔從碑
翰林學士蔣伸撰權知太子少傅柳公權書從字子義清河東武城人官至淮南節度副大使贈司空謚曰貞碑以大中八年立
唐杜佑莊居記
司徒平章事杜佑撰佑孫愉書初佑有莊於杜曲處士王易簡爲之營治以元和七年作此記大中十一年愉重書而刻之
唐定慧禪師傳法碑
中書侍郎兼戶部尚書平章事裴休撰幷書工部尚書柳公權篆額禪師姓何氏名宗密果州西充人居圭峯山宣宗追謚曰定慧碑以大中九年正月立
唐五夫人堂記
邠寧節度使畢諴撰不著書人名氏據記郭令公五夫人堂以大歷五年立然不知所謂五夫人者爲何神也大中九年刻此記
唐鹽宗神祠記
太子右庶子支度安邑解縣兩池榷鹽使錢義方撰試左武衛兵曹參軍盛濤八分書神祠故名鹽宗其後又有靈慶祠而主吏不復親往祠宇隳廢義方重營葺之此記以大中十年立

唐閩遷新社記
攝館驛巡官前進士濮陽宁撰八分書不著名氏福州刺史楊君（碑不著名按集古錄以爲名發）改立新社稷風雨壇遂記其壇壝室宇之制碑以大中十一年十一月立
唐復東林寺碑
湖南觀察使潭州刺史崔黯撰散騎常侍柳公權書寺在江州先被廢至宣宗時復立碑以大中十一年四月立
唐福先寺題名
河陽三城節度使韋澳大中十二年題

唐佛牙寶塔碑

忠武軍節度判官監察御史內供奉孫朴撰檢校太子賓客濮王府司馬王君平書高宗儀鳳中始建崇聖寺於京師武宗廢佛法寺亦被毀宣宗初復以太平坊之溫國寺爲崇聖寺崇聖舊寺所藏佛牙者顯慶中沙門道宣得之於神人至此建塔以奉之碑無所立年月

唐祇珠寺記

衢州刺史趙璘撰貝靈該八分書寺以會昌中被廢宣宗時復建碑以咸通元年六月立

唐磻溪廟碑并詩二

監察御史張翔撰并後敘右驍衛將軍兼侍御史高駢書磻溪詩二首其一京兆府渭南尉鄭誠撰其一前進士潘緯撰皆駢書初翔以大歷中作銘駢以咸通二年刻

唐白敏中碑

中書侍郎平章事畢諴撰中書舍人王鐸書敏中字用晦太原人歷相宣宗懿宗以太傅致仕贈太尉碑以咸通三年立在下邽縣

唐尊勝紀陁羅尼經幢

于僧翰八分書咸通五年譙郡夏穆建

唐裴休碑

宣武節度副大使鄭處誨撰右散騎常侍韓琮書休字公美河東聞喜人官至太子太師碑以咸通八年立

唐華中允墓誌

碑石磨滅書撰人及中允名皆亡咸通八年刻

唐沈公夫人馮氏墓誌

前天平軍節度副使羅洙撰前左威衛兵曹參軍季昌辭書夫人姓馮氏名靖冀州長樂人適吏部尚書沈傳師以其子詢故封至齊國太夫人碑以咸通九年立

唐高宏碑

河東節度使鄭從讜撰右監議大夫張鐸書宏字大受渤海人官至振武麟勝等州節度使碑以咸通十一年立

唐社稷壇記

容管經略推官皮日休撰國子監書學博士裴光遠八分書山南東道節度使裴坦新修州之社稷壇以咸通十二年刻此記

唐孔岑父碑

太子少傅鄭絪撰前大理少卿柳知微書岑父字次翁魯國鄒人官至著作佐郎子戣戢皆顯貴贈岑父司空碑以咸通十二年立在河陰縣

唐僧迦殿記

不著書人名氏殿潘昉等所立并題名數十人碑以咸通七年立

唐普照大師碑

給事中張同撰禮部侍郎崔厚書大師名智慧輪姓丁氏京兆杜陵人善西域咒法咸通中賜號遍覺大師所居曰大教注頂院僖宗初謚曰普照塔曰彰化碑以乾符四年立

唐立漢劉表廟碑

陵州刺史劉權撰并書表字景昇山陽高平人後漢末爲荊州牧唐僖宗時山南東道節度使劉巨容常

夢見之故爲立廟巨容自稱爲表裔孫碑以廣明二年立

前碑陰

碑陰劉巨容題記書與碑同巨容既立廟因於墓側搆水亭爲遊宴之所復記表僚屬蒯越韓嵩等及蜀先主在荊州事迹末有表所作山道曰亭銘

唐杜鵑花唱和詩

張濬及嶺南節度使劉崇龜唱和杜鵑花詩二首前監察御史張巖書乾寧二年刻

唐張龍公廟碑

澶人趙耕撰不著書人名氏龍公名路斯與妻子言已與蓼人鄭祥遠皆龍也吾與之戰令諸子助戰以絳繫鬣爲別祥遠敗死公與九子皆化爲龍土人爲之立廟潁川刺史王敬堯又增大之碑以乾寧元年立在潁上縣百社村

唐英州南巖亭記并到難篇

李蕃撰不著書人名氏湞陽縣南山巖上有石室縣令侯著因之以立亭故以爲名河南府下缺

唐東溪亭詩

劍州節度行軍司馬任侗撰敘并詩監軍使程山望等和者九人無書人名氏及刻石年月

唐尊勝陁羅尼經幢

在今潤州墨寶亭中雲陽野夫王奐之書字畫頗爲世所重故錄之以備廣採

瘞鶴銘

稱華陽眞逸撰不著名氏不知其何時人潤州圖經以爲王羲之書銘刻於焦山之足常沒水中人候水落時模之不過得其數字此本凡七十字最爲多也

案金石錄附唐末

觀音寺古篆

無書人名氏凡十字如篆籀其文非字書所有在福州永泰縣觀音院後山上如以手指畫石而爲之非人迹也

楊凝式題名并詩
不著年月凝式爲太子賓客又其一稱歲在癸丑者周廣順三年也又有詩二首凝式時爲太子少師按凝式當晉天福初爲太子賓客其分司爲少師在漢乾祐中石在洛陽人家

南唐天王像記
不著書撰人名氏溧水人許儒造石天王像以昇元六年立此記

南唐般若心經
其後八分書題曰左千牛衛兵曹參軍王文秉刻字文秉南唐人善篆書此經字畫與文秉他所書相類然不知何以但稱刻字也石在句容人家

南唐小篆千文
王文秉篆書建隆二年刻石在茅山

南唐紫陽宮石磬銘
張獻撰王文秉筆建隆二年刻石在句容人家

陰符經
皇朝郭忠恕小篆古文八分三體書乾德四年刻

唐大廳記二
有二石其一唐元和七年睦州刺史李道古撰其一皇朝將作監丞知桐廬縣刁衎撰自唐顯慶至中和刺史一百一十五人皇朝太平興國中知州事二人

題名書皆別體不著名氏雍熙二年刻

集古錄目卷五終

長洲顧東巖重刊

元豐類稿·金石録跋尾

南豐先生元豐類藁卷第五十

金石録跋尾 十四首

茅君碑

茅君碑三茅者盈太元真君固定録真君衷保命仙君皆漢景帝中元間人盈天漢四年道成至元帝初元五年來江左句曲之山哀帝元壽二年乘雲而去至梁普通三年五百四十四年矣固至孝元時拜執金吾卿衷宣帝地節四年拜上郡太守五更大夫並解任還家脩學成帝永始三年固爲定録真君衷爲保命仙君梁普通三年道士張繹建此碑孫文韜書

常樂寺浮圖碑

常樂寺浮圖碑周保定四年立州人治記室曹胡逵撰其辭云襄州刺史王秉字孝直建常樂寺磚塔七層其碑文今在襄州開元寺塔院其文字書畫無過人者特以後周時碑文少見於世者故存之

九成宫醴泉銘

九成宫醴泉銘祕書省檢校侍中鉅鹿郡公魏徵撰兼太子率更令歐陽詢書九成宫乃隋之仁壽宫也魏爲此銘亦欲太宗以隋爲戒可以見魏之志也

魏侍中王粲石井欄記

魏侍中王粲石井欄記貞元十七年山南東道節度使于頔撰掌書記胡證書記一參謀太子舍人甄濟撰判官彭朝議書云上元二年山南東道節度使來瑱移井欄置於襄州刺史官舍故爲記甄濟者韓愈所謂陽瘖避職卒不汙禄山父子事者也其文得之爲可喜而朝議書尤善皆可愛者也

襄州徧學寺禪院碑

襄州徧學寺禪院碑黄門侍郎脩國史韋承慶撰太子少詹事鍾紹京書開元二年立其文云襄州人將仕郎阮弘静與其屬人建徧學寺禪院故立此碑承慶有辭學張易之敗時承慶以附託方待罪衆推令草赦書承慶援筆而成衆壯之紹京景龍中以苑總監從討韋氏有功惟嗜書家藏王羲之獻之褚遂良書至數十百卷以善書直鳳閣武后時榜諸宫殿明堂及銘九鼎皆紹京書也其字畫妍媚遒勁有法誠少與爲比然今所見特此碑尚完尤爲可愛也徧學寺於宇文周爲常樂寺於今爲開元寺

襄州興國寺碑

丁道護書啓法寺碑一興國寺碑一皆隋開皇中立啓法寺今爲龍興寺在襄陽城西興國寺今爲延慶寺在

望楚山歐陽永叔云與國寺碑不知所在特見其模本
於太學官楊袁家而此碑陰又有道護書襄州鎮副總
管府長史柳止戈而下十八官號姓名其字猶可喜得
之自余始世蓋未有傳之者也

韓公井記

韓公井記開元二十二年初置十道採訪使韓朝宗以
襄州刺史兼山南東道襄州南楚故城有昭王井傳言汲
者死行人雖暍困不敢視朝宗移書諭神自是飲者亡
恙人更號韓公井楚故城今謂之故牆即鄀也此記今
移在郡廨中故城改爲牆者由梁太祖父烈祖名誠當

時避之故至今猶然

晉陸禕碑

晉陸禕碑此碑云禕字元容吳郡吳人其先家於陸鄉
因氏姓焉顯考吳故左丞相禕赤烏六年召宿衛郎中
轉右郎中左郎中治書執法平中校尉平義都尉五官
郎中騎都尉遷黃門侍郎封海鹽縣侯加裨將軍行左
丞相鎮西大將軍事又云委戈執笏入賓皇儲而吳志
云孫皓大鼎元年以陸凱爲左丞相又云凱子禕初爲
黃門侍郎出領部曲拜偏將軍凱亡後入爲太子中庶
子皆與此碑合而此碑晉泰寧三年立也

尚書省郎官石記序

尚書省郎官石記序陳九言撰張顛書記自開元二十
九年郎官石名氏爲此序張顛草書見於世者其縱放
可怪近世未有而此序獨楷字精勁嚴重出於自然如
動容周旋中禮非強爲者書一藝耳至於極者乃能如
此其楷字蓋罕見於世則此序尤爲可貴也

桂陽周府君碑并碑陰

桂陽周府君碑并碑陰歐陽永叔按韶州圖經云後漢
桂陽太守周府君廟在樂昌縣西一百一十八里武溪
上武溪驚湍激石流數百里昔馬援南征其門人爰寄

生善吹笛援爲作歌和之名曰武溪深曰滔滔武溪一
何深鳥飛不渡獸不能臨嗟哉溪何毒淫周府君開此
溪合眞水桂陽人便之爲立廟刻石又云碑在廟中郭
蒼文今碑文磨滅云府君字君光而名已訛缺不辨圖
經但云周府君亦不著其名後漢書又無傳遂不知爲
何人也按武水源出郴州臨武縣鸕鷀石南流三百里入桂
陽而桂陽水眞水黎溪盧溪曹溪諸水皆武水合流其俗
謂水湍浚爲瀧溪退之詩云南下樂昌瀧即此水也碑首
題云神漢者如唐人云聖唐爾蓋當時已爲此語而史
傳他書無之獨見於此碑也熙寧八年余從知韶州王

之材求得此本之材又以書來曰按曲江縣圖經周府君名昕字君光則永叔云圖經不著其名者蓋考之未詳也又有碑陰列故吏及工師官號州里姓名之材并模以來永叔蓋未之得也其碑陰曲江字皆作曲紅而蒼江字江夏字亦作紅蓋古字通用不可不知此學者所以貴乎博覽也永叔又記劉原父所得商洛之鼎銘云惟十有　三月旁死魄君謨問十四月者何謂原父不能言也以余考之古字如亦作豩人作乙之類皆重出如此者甚衆則此文作三者特二字耳永叔原父君謨皆博識而亦有所未達學者又不可不知故并見之於此也

唐安鄉開元寺臥禪師淨土堂碑銘

唐安鄉郡開元寺臥禪師淨土堂碑銘監察御史張鼎撰雍縣尉吳郁書天寶九載庚寅立稱臥禪俗姓辛氏名順忠隴西狄道人隴右按察使崔昇進奏住河州開元寺右脅而臥諸漏已無開元中詔隴右節度使張守珪爲就寺造淨土堂故爲銘自河隴沒於羌夷州縣城郭官寺民廬莫不毀廢唯佛寺與碑銘文字載佛寺者往往多在世皆以爲四方幽遠殊類異俗不知禮義出於天性故夷之然其於佛皆知信慕以其有罪福報應之說余以謂四夷雖恣睢甚者及曉之以曲直是非且從也固不可謂其天性無欲善之端是以虞夏之世東漸於海西被於流沙朔南暨聲教則能令其信慕者亦非特有佛而已也彼以罪福報應之說動之未若不動之以利害而使之心化此先王之德所以爲盛也

江西石幢記

江西石幢記觀察支使試左武衛兵曹參軍來擇撰太和二年建自採訪使斑景倩兼知黔中道爲始判官已下皆列次姓名後石幢記都團練判官試太常寺協律郎李方玄撰太和七年建自使檢校右散騎常侍兼侍

御史中丞裴誼爲始副使已下皆列次姓名續石幢記節度掌書記陳象撰光化三年建自使開府儀同三司檢校太保兼侍中潁川郡鍾某爲始列副使已下如後記續立石柱題名記知節度判官胡順之撰天聖元年建自太平興國元年自殿中丞通判軍州事李翰爲始至熙寧九年祠部郎中集賢校理葉均此下闕

辱井銘

辱井銘辱井有篆文云辱井在斯可不戒乎并下文共十八字在井石檻上不知誰爲文又有景陽樓下井銘又有陳後主叔寶辱井記云江寧縣興嚴寺井石檻銘

莫知誰作也歴序隋文帝命晉王廣伐陳後主自投井中令人取之驚其太重及出乃與張貴妃孔貴人三人同東而上其末云唐開元二十二年三月十七日前單父縣令左轉此縣丞太原王巳下闕

漢武都太守漢陽阿陽李翕西狹頌

漢武都太守漢陽阿陽李翕西狹頌武都太守漢陽阿陽李翕字伯都以郡之西狹閣道通梁益緣壁立之山臨不測之溪危難阻峻數有顛覆霣隧之害乃與功曹史李旻定策勑衡官掾仇審治東坂有秩李瑾治西坂鐉燒大石改高即平正曲廣阨旣成人得夷塗可以夜涉乃相與作頌刻石其文有二其所識一也其一立於建寧四年六月十三日壬寅其一是年六月三十日立也又稱翕嘗令澠池治崤嶔之道有黃龍白鹿之瑞其後治武都又有嘉禾甘露木連理之祥皆圖畫其像刻石在側蓋嘉祐之間晁仲約質夫爲興州還京師得郙閣頌以遺余稱析里橋郙閣漢武都太守阿陽李翕字伯都之所建以去沉没之患而翕字殘缺不可辨得歐陽永叔集古録目跋尾以爲李會余亦意其然及熈寧十年馬瑊中玉爲轉運判官於江西出成州所得此頌以視余始知其爲李翕也永叔於學博矣其於是正文

字尤審然一以其意質之遂不能無失則古之人所以闕疑其可忽歟近世士大夫喜藏畫自晉以來名能畫者其筆迹有存於尺帛幅紙蓋莫知其眞僞往往皆傳而貴之而漢畫則未有能得之者及得此圖所畫龍鹿承露人嘉禾連理之木然後漢畫始見於今又皆出於石刻可知其非僞也漢武帝元鼎六年以汧隴西南接於巴蜀爲武都郡及其後始分而爲興州爲成州成州則武都之上祿也郙閣立於建寧五年翕治崤嶔西狹郙閣之道有益於人而史不傳則頌之作所以備史之闕是則傳之亦不可以不廣也

南豐先生元豐類藁卷第五十

金石錄三十
卷目錄十卷
跋尾二十卷

光緒丁亥校刊
行素艸堂藏版

欽定四庫全書提要

金石錄三十卷宋趙明誠撰明誠字德父密州諸城人歷官知湖州軍州事是書以所藏三代彝器及漢唐以來石刻仿歐陽修集古錄例編排成帙紹興中其妻李清照表上於朝張端義貴耳集謂清照亦筆削其間理或然也有明誠自序並清照後序前十卷皆以時代爲次自第一至二千咸著於目每題下註年月撰書人名後二十卷爲辨證凡跋尾五百二篇中邢義李證義與茶舍般舟和尚四碑目錄中不列其名或編次偶有踈舛或所續得之本末及補入卷

中歟初鋟版於龍舒開禧元年浚儀趙不譾又重刻之其本今已罕傳故歸有光朱彝尊所見皆傳鈔之本或遂指爲未完之書其實當時有所考證乃爲題識故李清照跋稱二千卷中有題跋者五百二卷耳原非卷卷有跋未可以殘闕疑也清照跋據洪邁容齋四筆原爲龍舒刻本所不載邁於王順伯家見原稿乃撮述大概載之此本所列乃與邁所撮述者不同則後人補入非清照之全文矣自明以來轉相鈔錄各以意爲更移或刪除其目內之次第又或竄亂其目之年月第十一卷以下或併削每卷之細目或竟佚卷末之後序沿譌踵謬彌失其眞顧炎武日知錄載章邱刻本至以後序壯月朔爲牡丹朔其書之舛謬可以概見近日所傳惟焦竑從秘府鈔出本文嘉從宋刻影鈔本崑山葉氏本閩中徐氏本濟南謝氏重刻本又有長洲何焯錢唐丁敬諸校本差爲完善今揚州刻本皆爲採錄又於註中以隸釋隸續諸書增附案語較爲詳核別有范氏天一閣惠氏紅豆山房諸校本皆稍不及故今從揚州所刊著於錄焉

重刊金石錄序

趙德夫金石錄三十卷匪獨考訂之精覈也其議論卓越時有足發人意思者顧世鮮善本濟南謝世箕嘗梓以行今其本亦不可得見獨見有從謝氏本影鈔者并何義門手校吳郡葉文莊公本此二本庶幾稱善其他鈔本猥多目錄率被刪削字句訛脫不足觀學者未得見謝葉二家本得世俗所傳猶不惜捐多金購求繕寫珍弆爲枕中秘葢其書之所貴若此余患其久而失眞也因刊此以正之德夫之室李清照字易安婦人之能文者相傳以爲德夫之歿易安更嫁之有桑榆晚景駔儈下材之言貽世譏笑余以是書所作跋語攷之而知

其決無是也德夫歿時易安年四十六矣遭時多難流離往來具有蹤蹟又六年始爲是書作跋是時年已五十有二匪夏姬之三少等季隗之就木以如是之年而猶嫁嫁而猶望其才地之美和好之情亦如德夫昔日至大失所望而後悔之又不肯飲恨自悼輒喋喋然形諸簡牒此常人所不肯爲而謂易安之明達爲之乎觀其時經喪亂猶復愛惜一二不全卷軸如護頭目如見故人其惓惓德夫不忘若是安有一旦忍相背負之理此子輿氏所謂好事者爲之或造謗如碧雲騢之類其又可信乎易安父李文叔即撰洛陽名園記者文叔之妻王拱辰孫女亦善文其家世若此尤不應爾余因刊是書而竝爲正之毋令後千載下易安猶蒙惡聲也

乾隆壬午德州盧見曾序

金石錄序

余自少小喜從當世學士大夫訪問前代金石刻詞以廣異聞後得歐陽文忠公集古錄讀而賢之以爲是正譌謬有功於後學甚大惜其尙有漏落又無歲月先後之次思欲廣而成書以傳學者於是益訪求藏蓄凡二十年而後麤備上自三代下訖隋唐五季內自京師達於四方遐邦絕域夷狄所傳倉史以來古文奇字大小二篆分隸行草之書鐘鼎簠簋尊敦甗鬲盤杅之銘詞人墨客詩歌賦頌碑志敘記之文章名卿賢士之功烈行治至於浮屠老子之說凡古物奇器豐碑巨刻所載與夫殘章斷畫磨滅而僅存者畧無遺矣因次其先後

爲二千卷余之致力於斯可謂勤且久矣非特區區爲玩好之具而已也蓋竊嘗以謂詩書以後君臣行事之蹟悉載於史雖是非襃貶出於秉筆者私意或失其實然至其善惡大節有不可誣而又傳之既久理當依據若夫歲月地理官爵世次以金石考之其牴牾十常三四蓋史牒出於後人之手不能無失而刻詞當時所立可信不疑則又考其異同參以他書爲金石錄三十卷至於文詞之媺惡字畫之工拙覽者當自得之皆不復論嗚呼自三代以來聖賢遺蹟著於金石者多矣蓋其風雨侵蝕與夫樵夫牧童毀傷淪棄之餘幸而存者止此耳是金石之固猶不足恃然則所謂二千卷者終歸於磨滅而余之是書有時而或傳也孔子曰飽食終日無所用心難矣哉不有博弈者乎爲之猶賢乎已是書之成其賢於無所用心豈特博弈之比乎輒錄而傳諸後世好古博雅之士其必有補焉東武趙明誠序

東武趙明誠德父家多前代金石刻倣歐陽公集古錄所論以考書傳諸家同異訂其得失著金石錄三十卷別白抵梧實事求是其言斤斤甚可觀也昔文籍既繁竹素紙札轉相謄寫彌久不能無誤近世用墨版摹印便於流布而一有所失更無別本是正然則謄寫摹印其爲利害之數略等又前世載筆之士所見所聞與其所傳不能無同異亦或意有軒輊情流事遷則遁離失實後學欲窺其罅搜抉證驗用力多見功寡此讐校之士抱槧懷鉛所以汲汲也昔人欲刊定經典及醫方或謂經典同異未有所傷非若醫方能致壽夭陶宏景亟稱之以爲知言彼哉卑陋一至於此或譏邢邵不善讐

書邵曰誤書思之更是一適且別本是正猶未敢曰可而欲以思得之其佻有如此者惟金石刻出於當時所作身與事接不容僞妄皎皎可信前人勤劬鄭重以遺來世惟恐不遠固非所以爲夸而好古之士忘寢廢食而求常恨不廣亦豈專以爲玩哉余登泰山觀秦相斯所刻退而按史遷所記大凡百四十有六字而差失者九字以此積之諸書浩博其失胡可勝言而信書之人守目所見知其違戾猶弗能深考猥曰是碑之誤其殆未之思乎若乃庸夫野人之所述其言不雅馴則望而知之直差易耳今德父之藏既甚富又選擇多善而探討去取雅有思致其書誠有補於學者亟索余文爲序竊獲附姓名於篇末有可喜者於是乎書政和七年九月十日河間劉跂序

案跂字斯立東光人觀文殿學士摯之子也登元豐三年進士第自號讀易老人此序舊刻編於金石錄之後題曰後序攷德父於泰泰山刻石漢張平子二跋皆云碑得於跂平子跋稱跂爲亡友則德父成書時跂已先卒葢序撰於政和七年而書成於宣和之末也宋文鑑載此序題曰金石錄序無後字今爲編附德父自序之後

金石錄後序

右金石錄三十卷者何趙侯德父所著書也取上自三代下迄五季鍾鼎甗鬲盤匜尊敦之款識豐碑大碣顯人晦士之事蹟凡見於金石刻者二千卷皆是正譌謬去取褒貶上足以合聖人之道下足以訂史氏之失者皆載之可謂多矣嗚呼自王播元載之禍書畫與胡椒無異長輿元凱之病錢癖與傳癖何殊名雖不同其惑一也余建中辛巳始歸趙氏時先君作禮部員外郎丞相時作吏部侍郎侯年二十一在太學作學生趙李族寒素貧儉每朔望謁告出質衣取半千錢步入相國寺市碑文果實歸相對展玩咀嚼自謂葛天氏之民也後

二年出仕宦便有飯疏衣綀窮遐方絕域盡天下古文奇字之志日就月將漸益堆積丞相居政府親舊或在館閣多有亡詩逸史魯壁汲冢所未見之書遂盡力傳寫浸覺有味不能自已後或見古今名人書畫三代奇器亦復脫衣市易嘗記崇甯間有人持徐熙牡丹圖求錢二十萬當時雖貴家子弟求二十萬錢豈易得邪留信宿計無所出而還之夫婦相向惋悵者數日後屏居鄉里十年仰取俯拾衣食有餘連守兩郡竭其俸入以事鉛槧每獲一書卽同共校勘整集籤題得書畫彝鼎亦摩玩舒卷指摘疵病夜盡一燭爲率故能紙札精緻字畫完整冠諸收書家余性偶強記每飯罷坐歸來堂烹茶指堆積書史言某事在某書某卷第幾葉第幾行以中否角勝負爲飲茶先後中卽舉杯大笑至茶傾覆懷中反不得飲而起甘心老是鄉矣故雖處憂患困窮而志不屈收書既成歸來堂起書庫大櫥簿甲乙置書冊如要講讀卽請鑰上簿關出卷帙或少損污必懲責揩完塗改不復向時之坦夷也是欲求適意而反取憀慄余性不耐始謀食去重肉衣去重采首無明珠翡翠之飾室無塗金刺繡之具遇書史百家字不刓闕本不譌謬者輒市之儲作副本自來家傳周易左氏傳故兩家者流文字最備於是几案羅列枕藉意會心謀目往神授其樂在聲色狗馬之上至靖康丙午歲侯守淄川

聞金人犯京師四顧茫然盈箱溢篋且戀戀且悵悵知其必不爲己物矣建炎丁未春三月奔太夫人喪南來既長物不能盡載乃先去書之重大印本者又去畫之多幅者又去古器之無款識者後又去書之監本者畫之平常者器之重大者凡屢減去尚載書十五車至東海連艫渡淮又渡江至建康青州故第尚鎖書冊什物用屋十餘間期明年春再具舟載之十二月金人陷青州凡所謂十餘屋者已皆爲煨燼矣建炎戊申秋九月侯起復知建康府己酉春三月罷具舟上蕪湖入姑孰將卜居贛水上夏五月至池陽被旨知湖州過闕上殿遂駐家池陽獨赴召六月十三日始負擔捨舟坐岸上

葛衣岸巾精神如虎目光爛爛射人望舟中告別余意甚惡呼曰如傳聞城中緩急奈何戟手遥應曰從衆必不得已先去輜重次衣被次書冊卷軸次古器獨所謂宗器者可自負抱與身俱存亡勿忘也遂馳馬去途中奔馳冒大暑感疾至行在病痁七月來書報臥病余驚怛念侯性素急奈何病痁或熱必服寒藥疾可憂遂解舟下一日夜行三百里比至果大服茈胡黄芩藥瘧且痢病危在膏肓余悲泣倉皇不忍問後事八月十八日遂不起取筆作詩絕筆而終殊無分香賣履之意葬畢余無所之朝廷已分遣六宮又傳江當禁渡時猶有書二萬卷金石刻二千卷器皿茵褥可待百客他長物稱

是余又大病僅存喘息事勢日迫念侯有妹壻任兵部侍郎從衛在洪州遂遣二故吏先部送行李往投之冬十二月金人陷洪州遂盡委棄所謂連艫渡江之書又散爲雲煙矣獨餘少輕小卷軸書帖寫本李杜韓柳集世說鹽鐵論漢唐石刻副本數十軸三代鼎鼐十數事南唐寫本書數篋偶病中把玩搬在臥內者巋然獨存上江既不可往又虜勢叵測有弟抗任勑局刪定官遂往依之到台台守已遁之剡出睦又棄衣被走黄巖顧舟入海奔行朝時駐蹕章安從御舟海道之温又之越庚戌十二月放散百官遂之衢紹興辛亥春三月復赴越壬子又赴杭先侯疾亟時有張飛卿學士攜玉壺過

視侯便攜去其實珉也不知何人傳道遂妄言有頒金之語或傳亦有密論列者余大惶怖不敢言亦不敢遂已盡將家中所有銅器等物欲赴外廷投進到越已移幸四明不敢留家中并寫本書寄剡後官軍收叛卒取去聞盡入故李將軍家所謂巋然獨存者無慮十去五六矣惟有書畫硯墨可五七簏更不忍置他所常在臥榻下手自開闔在會稽卜居土民鍾氏舍忽一夕穴壁負五簏去余悲慟不得活重立賞收贖後二日鄰人鍾復皓出十八軸求賞故知其盜不遠矣萬計求之其餘遂牢不可出今知盡爲吳說運使賤價得之所謂巋然獨存者乃十去其七八所有一二殘零不成部帙書冊

三數種平平書帖猶復愛惜如護頭目何愚也邪今日忽閱此書如見故人因憶侯在東萊靜治堂裝卷初就芸籤縹帶束十卷作一帙每日晚吏散輒校勘二卷跋題一卷此二千卷有題跋者五百二卷耳今手澤如新而墓木已拱悲夫昔蕭繹江陵陷沒不惜國亡而毀裂書畫楊廣江都傾覆不悲身死而復取圖書豈人身之所著生死不能忘歟或者天意以余菲薄不足以享此尤物邪抑亦死者有知猶斤斤愛惜不肯留人間邪何得之艱而失之易也嗚呼余自少陸機作賦之二年至過蘧瑗知非之兩歲三十四年之間憂患得失何其多也然有有必有無有聚必有散乃理之常人亡弓人得

之又胡足道所以區區記其終始者亦欲爲後世好古
博雅者之戒云紹興二年元黓歲壯月朔甲寅易安室
李清照題

趙德父所著金石錄鋟板於龍舒郡齋久矣尚多
脫誤茲幸假守獲覩其所親鈔於邦人張懷祖知
縣既得郡文學山陰王君玉是正且惜夫易安之
跋不附焉因刻以殿之用慰德父之望亦以遂易
安之志云開禧改元上巳日浚儀趙不譾師厚父

凡例

一是書前十卷爲目錄乃趙氏家所藏金石文字大
凡二千俗本率將數目次第刪去年月亦多舛誤
今悉攷善本更正

一跋尾二十卷每卷首各有細目攷舊刻文選文粹
等書例如此俗本亦皆刪去今悉還其舊云

一趙氏攷据見聞該博然世縣千載卷帙浩繁千慮
之中不無一失今屬吾家召弓侍讀參攷隸釋隸
續字原金石略金石文字記隸辨等書疏其得失
加案語於下庶使瑕瑜各不相掩

一標題既列諸人官爵跋語內即不復重列俗本有

依標題增入者皆非本文今悉從善本削去非脫
漏也

一李易安後序多被後人節刪今刻一依元本

一是書宋刻久已難購有明焦弱侯從祕府鈔出本
文休承影鈔宋刻本葉文莊公本徐興公本錢磬
室本近代濟南謝氏刻本亦但見其影鈔者此外
又有何義門校本今參攷各家從其善者有疑則
注明某本作某字於下

一舊本沿宋刻凡稱宋朝處皆上平稱其私親則空
一字今時代既隔不便因仍一皆聯寫

一凡字有犯

本朝聖諱者輒以音同或義相近之字易之或旁注一
諱字

一書畫譜凡引用此書多譌謬不可勝正讀者慎毋轉執彼以議此

一此書錢唐丁徵君敬鮑茂才廷博皆有校本并惠假諸本覆更審定書之以著所自亦不沒人善之義云爾

金石錄卷一

宋東武趙明誠德父編著　吳縣朱記榮校刊

目錄一

案目內人名有可攷者分注各碑之下無攷者闕之其祖父子孫兄弟著名者亦標出

三代　秦　漢

第九十七漢泰山都尉孔宙碑延熹七年八月〔案〕金石文字記作二月
第九十八漢孔宙碑陰〔案〕宙漢書作伷融之父也
第九十九漢西嶽華山碑延熹八年七月
第一百漢老子銘延熹八年七月
第一百一漢堯廟碑永康元年題延熹十年二月
第一百二漢堯廟碑陰
第一百三漢荊州刺史度尙碑永康元年
第一百四漢車騎將軍馮緄碑永康元年十月
第一百五漢魯相史晨孔子廟碑靈帝建寧元年四月
第一百六漢史晨謁孔子冢碑建寧元年四月
第一百七漢竹邑侯相張壽碑建寧元年五月

第一百八漢廣漢縣令王君神道建寧元年十月〔案〕此縣竹令也辨見第十六卷中
第一百九漢冀州從事張表碑建寧元年十二月〔案〕金石文字記作十一月
第一百十漢堵陽長謁者劉君碑建寧元年〔案〕劉君字子山其名疑是松字
第一百十一漢史晨孔子廟碑建寧二年三月
第一百十二漢金鄉守長侯君碑建寧二年四月〔案〕侯君名成
第一百十三漢柳孝廉碑建寧二年六月〔案〕孝廉名敏
第一百十四漢衞尉卿衡方碑建寧三年二月〔案〕金石文字記作六月隸釋云元年立趙氏誤
第一百十五漢沛相楊君碑建寧三年四月〔案〕楊君名統
第一百十六漢楊君碑陰

第一百十七漢淯于長夏承碑建寧三年六月
第一百十八漢郎中馬君碑建寧三年十二月〔案〕馬君名江
第一百十九漢愼令劉君碑建寧四年五月〔案〕劉君名脩
第一百二十漢武都太守李翕碑建寧四年六月
第一百二十一漢李翕碑陰〔案〕上碑即西狹頌磨厓書此乃五瑞碑即刻於西狹頌前非碑陰也
第一百二十二漢博陵太守孔彪碑建寧四年七月〔案〕金石文字記作六月又〔案〕彪碑作虒
第一百二十三漢孔彪碑陰
第一百二十四漢北軍中候郭君碑建寧四年九月〔案〕郭君字仲奇佚其名

第一百二十五漢李翕造郙閣頌建寧五年二月
第一百二十六漢仲君碑建寧五年四月
第一百二十七漢成陽靈臺碑建寧五年五月
第一百二十八漢靈臺碑陰
第一百二十九漢廷尉仲定碑熹平元年七月
第一百三十漢故民吳公碑熹平元年十二月〔案〕吳公字仲山佚其名
第一百三十一漢司隸校尉魯峻碑熹平二年四月
第一百三十二漢元儒先生碑熹平三年正月〔案〕元儒先生婁壽也
第一百三十三漢桂陽太守周君頌熹平三年五月〔案〕周君名憬
第一百三十四漢桂陽太守周君碑陰
第一百三十五漢繁陽令楊君碑熹平三年〔案〕楊君名牧震之子也

第一百三十六漢繁陽令楊君碑陰
第一百三十七漢石經遺字上 漢史云熹平四年立
第一百三十八漢石經遺字中
第一百三十九漢石經遺字下
第一百四十漢堂谿典嵩高山石闕銘 熹平四年
第一百四十一漢堯廟碑 熹平四年十二月
第一百四十二漢堯廟碑陰
第一百四十三漢倉頡廟碑 熹平六年五月
第一百四十四漢斥彰長斷碑 熹平六年十月案斥彰長姓田氏佚其名
第一百四十五漢梁相費汎碑 無建立年月錄於其子堂邑令碑前
第一百四十六漢堂邑令費君碑 熹平六年案費君名鳳汎之子也

第一百四十七漢堂邑令費君碑陰 案此費鳳別碑費氏父子三碑今並列於吳興校官之壁不知者指此爲碑陰趙氏亦有斯誤
第一百四十八漢郎中王君碑 光和元年正月
第一百四十九漢太尉陳球碑 光和元年案隸釋作光和二年後碑亦同
第一百五十漢陳球後碑
第一百五十一漢陳球碑陰
第一百五十二漢華嶽碑 光和二年正月
第一百五十三漢太尉郭禧碑 光和二年五月
第一百五十四漢郭禧碑陰
第一百五十五漢郭禧後碑
第一百五十六漢郭禧後碑陰

第一百五十七漢樊毅西嶽碑 光和二年
第一百五十八漢西嶽碑 光和二年十二月
第一百五十九漢劉壽禹廟碑 光和二年十二月
第一百六十漢冀州從事郭君碑 光和三年十月
第一百六十一漢逢童子碑 光和四年四月案逢童子名盛
第一百六十二漢逢童子碑陰
第一百六十三漢三公碑 光和四年四月案三公山名在元氏縣
第一百六十四漢殽阬君神祠碑 光和四年六月
第一百六十五漢殽阬君神祠碑陰
第一百六十六漢無極山神碑 光和四年八月
第一百六十七漢揚州刺史敬使君碑 光和四年閏九月案敬使君名

韶
第一百六十八漢槀長蔡君頌 光和四年十二月案蔡君名湛
第一百六十九漢槀長蔡君碑陰
第一百七十漢安平相孫根碑 光和四年十二月
第一百七十一漢孫根碑陰
第一百七十二漢涼州刺史魏君碑 光和四年案魏君字元丕佚其名
第一百七十三漢碭孔君神祠碑 光和五年六月案孔君名耽
第一百七十四漢成陽令唐君頌 光和六年六月案唐君名扶
第一百七十五漢成陽令唐君碑陰
第一百七十六漢白石神君碑 光和六年案白石山名在無極縣
第一百七十七漢幽州刺史朱龜碑 光和六年

金石録卷一終

金石錄卷二

槐廬叢書

宋東武趙明誠德父編著　吳縣朱記榮校刊

目錄二

第二百八十一晉司馬整碑陰下
第二百八十二晉南鄉郡建國碑
第二百八十三晉北嶽祠堂頌泰始六年
第二百八十四吳九眞太守谷府君碑孫皓鳳凰元年案谷府君名朗
第二百八十五吳臨海侯相谷府君碑無年月附於其父碑之次
第二百八十六魏大長秋游逖碑泰始十年九月案碑陰晉咸甯中建
第二百八十七魏游君碑陰
第二百八十八吳禪國山碑上
第二百八十九吳禪國山碑下
第二百九十吳天璽元年紀功碑
第二百九十一晉右將軍鄭烈碑太康四年七月

第二百九十二晉太公碑太康十年三月
第二百九十三晉雲南太守碑太熙元年三月
第二百九十四晉護羌校尉彭祈碑惠帝元康二年三月
第二百九十五晉彭祈碑陰
第二百九十六晉議郎陳先生碑元康二年十二月
第二百九十七晉元康二年殘碑
第二百九十八晉太子詹事裴權碑元康九年十二月
第二百九十九晉裴權碑陰
第三百晉裴權後碑
第三百一晉裴權後碑陰
第三百二晉光祿勳向凱碑永康元年十二月

第三百三晉鴻臚成公重墓刻永甯二年四月
第三百四晉青山君神頌永安元年九月
第三百五僞漢司徒公劉雄碑題嘉平五年歲在乙亥二月晉愍帝建興三年
第三百六方城侯鄧艾碑
第三百七金鄉長薛君頌案薛君名詣
第三百八張平子碑案隸辨作永和四年
第三百九晉安邑令徐君碑以上四碑西晉時立無年月
第三百十僞趙浮圖澄造像碑劉曜光初五年元帝永昌元年也
第三百十一晉陸喈碑成帝咸和七年六月
第三百十二僞趙橫山神李君碑石虎建武六年三月晉咸康五年也
第三百十三僞趙西門豹祠殿基記建武六年八月

第三百十四晉蘭亭序穆帝永和九年
第三百十五晉樂毅論
第三百十六晉泰山君改高樓碑升平三年六月
第三百十七晉夜郎太守毋稚碑安帝隆安三年十月
第三百十八宋武帝檄譙縱文義熙九年
第三百十九學生題名
第三百二十大代華嶽廟碑太武太延五年五月
第三百二十一後魏華嶽碑興光二年三月
第三百二十二後魏中嶽碑太安二年十二月
第三百二十三後魏中嶽碑陰
第三百二十四後魏孔子廟碑孝文太和元年

金石錄卷二終

金石錄卷三　　槐廬叢書

宋東武趙明誠德父編著　　吳縣朱記榮校刊

目錄三

後魏　梁　北齊　後周　隋　唐

第四百一後魏鎮東將軍劉乾碑

第四百二後魏松滋公興溫泉頌案公一作令松滋公元萇也

第四百三後魏汝南王碑以上三碑無年月或殘缺案汝南王名悅

第四百四北齊造像記文宣天保四年五月

第四百五北齊郭道尊等造像記天保四年八月

第四百六北齊孫士淵造像記天保五年九月

第四百七北齊建陵山脩靖館碑天保六年十月

第四百八北齊郁久閭業碑天保七年五月

第四百九北齊石當門等造像碑天保七年十二月

第四百十北齊東兖州須昌縣玉像頌天保八年十二月

第四百十一北齊二聖寺龍華讚佛碑

第四百十二梁陶隱居碑蕭綱撰無年月案隱居陶宏景也

第四百十三北齊造釋伽像碑

第四百十四後周宇文衆造像碑閔帝武成元年十月

第四百十五北齊夫子廟碑廢帝乾明元年

第四百十六北齊造像碑皇建元年

第四百十七北齊石像頌皇建元年

第四百十八北齊崇因寺碑陸義文姚敘八分書皇建二年三月

第四百十九後周延壽公碑頌武帝保定元年三月案延壽公于寔也

第四百二十後周太學生拓拔府君墓誌周宏正撰保定元年十一月案拓拔府君名吐度眞

第四百二十一北齊閻亮造像記比邱道常書齊武成河清元年十一月

第四百二十二北齊捄疾經偈河清二年二月

第四百二十三北齊雲峯山題記鄭述祖撰河清二年五月案述祖道昭子

第四百二十四北齊華陽公主碑河清二年八月案公主名秀豔

第四百二十五北齊造石像碑記河清二年九月

第四百二十六北齊權法師碑河清二年九月

第四百二十七北齊天柱山銘上鄭述祖撰後主天統元年五月

第四百二十八北齊天柱山銘下

第四百二十九北齊邑義等造像記天統二年七月

第四百三十北齊造雙塔碑天統三年三月

第四百三十一後周華嶽廟碑万紐于瑾撰趙文淵書天和二年十月

第四百三十二後周河瀆碑王襃撰趙文淵書天和二年十月

第四百三十三北齊造石經幷記天統四年六月

第四百三十四後周同州刺史普六如忠墓誌天和三年七月
案普六如忠者楊忠也隋高祖之父

第四百三十五北齊蒙山碑王思誠八分書天統五年三月

第四百三十六北齊趙智和造像碑天統五年十一月

第四百三十七北齊隴東王感孝頌武平元年正月案隴東王見後碑頌爲郭巨而作

第四百三十八北齊帝堯碑 武平二年
第四百三十九北齊帝堯碑陰
第四百四十北齊隴東王胡長仁碑 武平二年四月
第四百四十一北齊觀世音石像碑 武平二年八月
第四百四十二北齊造像記 武平二年九月
第四百四十三後周雲州刺史胡歸德碑 天和六年十月
第四百四十四後周溫州刺史烏丸僧脩墓誌 天和七年三月
第四百四十五北齊唐邕造像碑 武平三年五月
第四百四十六北齊長樂王尉景碑 武平三年七月
第四百四十七北齊馮翊王平等寺碑 武平三年八月 案馮翊王名潤
第四百四十八北齊臨淮王像碑上 案臨淮王婁定遠也

第四百四十九北齊臨淮王像碑下
第四百五十北齊白長命碑上 武平四年
第四百五十一北齊白長命碑下
第四百五十二北齊大安樂寺碑 武平五年四月
第四百五十三北齊開明寺彌勒像碑 武平五年八月
第四百五十四北齊賈羅侯等造像碑 武平五年十月
第四百五十五北齊邸珍碑上 武平六年二月
第四百五十六北齊邸珍碑下
第四百五十七北齊宋悅和等造像記 武平七年七月
第四百五十八北齊司空趙起碑
第四百五十九北齊贈司空趙奉碑

第四百六十北齊宜陽國太妃傅氏碑 案太妃名華趙彥深母也
第四百六十一北齊赫連子悅清德頌
第四百六十二北齊邸公道場碑
第四百六十三北齊造寺碑上
第四百六十四北齊造寺碑下
第四百六十五北齊宋使君像碑
第四百六十六北齊高隆之造像記 以上九碑無年月或殘缺
第四百六十七隋源使君碑 文帝開皇元年
第四百六十八隋興福寺碑 張榮撰麗夐正書開皇二年二月
第四百六十九隋呂寵碑 開皇二年十二月
第四百七十隋老子廟碑上 薛道衡撰麗恭之八分書開皇二年

第四百七十一隋老子廟碑下
第四百七十二北齊造像碑 劉之遴撰開皇四年四月立
第四百七十三隋尒朱敞碑 開皇五年十月
第四百七十四隋興國寺碑 李德林撰丁道護正書開皇六年正月
第四百七十五隋興國寺碑陰
第四百七十六隋龍藏寺碑 張公禮撰開皇六年十二月
第四百七十七隋臨漳趙令清德頌 開皇六年
第四百七十八隋安定縣官寺碑 開皇八年五月
第四百七十九隋太平寺碑 開皇九年八月
第四百八十隋脩舍利塔碑 開皇九年九月
第四百八十一北齊徐州張長史碑 開皇九年十月

第四百八十二隋廣業郡守鄭君碑韋霈正書開皇九年

第四百八十三隋齊國太夫人楊氏墓誌開皇十年二月案楊氏高熲母也

第四百八十四隋午卯寺碑開皇十年五月

第四百八十五隋潞州頌德碑開皇十年十一月

第四百八十六隋涇州興國寺碑李德林撰開皇十年十二月

第四百八十七隋九門縣令李君清德頌開皇十一年二月案李君名康

第四百八十八隋鄂國公造鎮國大像碑開皇十一年九月案鄂國公名孝僊

第四百八十九隋賈普智造像碑開皇十一年

第四百九十隋董明府清德頌開皇十二年三月

第四百九十一隋正解寺造像碑劉昇卿撰開皇十二年四月

第四百九十二隋益州至眞觀碑辛德源撰劉曼才正書開皇十二年六月

第四百九十三隋賈春英浮圖碑開皇十二年七月

第四百九十四隋劉景韶造像碑開皇十三年四月

第四百九十五隋趙君寶塔碑開皇十三年十月

第四百九十六隋信行禪師碑開皇十四年正月

第四百九十七隋化善寺碑尹式文開皇十五年正月

第四百九十八隋驃騎將軍楊端墓誌開皇十五年二月

第四百九十九隋造像碑開皇十五年九月

第五百隋上柱國韓擒虎碑開皇十五年十月

第五百一隋李氏像碑開皇十六年七月

第五百二隋車騎將軍盧瞻墓誌開皇十六年十一月

第五百三隋王明府造像碑開皇十七年八月

第五百四隋梁州使君陳茂碑開皇十八年十一月

第五百五隋五原國太夫人鄭氏墓誌開皇二十年二月

第五百六隋賈使君墓誌仁壽元年二月

第五百七隋蒙州普光寺碑仁壽元年七月

第五百八隋張光墓誌仁壽元年八月

第五百九隋大將軍梁恭墓誌仁壽元年十月

第五百十隋舍利塔記仁壽二年三月

第五百十一隋舍利寶塔下銘仁壽二年四月

第五百十二隋起法寺碑周彪撰丁道護正書仁壽二年十二月案金石文字記作啟法寺碑

第五百十三隋栖巖道場舍利塔碑仁壽二年

第五百十四隋願力寺雙七級浮圖銘仁壽三年正月

第五百十五隋願力寺舍利寶塔銘仁壽三年四月

第五百十六隋周羅睺墓誌徐敞撰大業元年四月

第五百十七隋恒嶽寺舍利寶塔碑大業元年

第五百十八隋文儒先生劉炫碑大業元年

第五百十九唐高祖造像記太宗造像記附大業二年三月

第五百二十隋禹廟殘碑史陵正書大業二年五月

第五百二十一隋欒州使君江夏公碑郝士威撰侯孝眞八分書大業

二年七月案江夏公姓徐佚其名

第五百二十二隋賀蘭才墓誌 大業三年二月

第五百二十三隋文帝舍利塔碑上 李百藥撰書人名缺大業五年

第五百二十四隋文帝舍利塔碑下

第五百二十五隋西平太守上官政墓誌 大業六年三月

第五百二十六隋海州長史劉遥墓誌 大業六年十一月案書畫譜作劉瑶

第五百二十七隋黃門侍郎柳旦墓誌 大業六年十一月

第五百二十八隋開府鄭滇墓誌 大業六年十二月

第五百二十九隋孔子廟碑 仲孝俊文大業七年七月

第五百三十隋屯衞大將軍姚辯墓誌 虞世基撰歐陽詢正書大業七

年十月

第五百三十一隋尚書左僕射元長壽碑 虞世基撰歐陽詢正書大業八年正月案跋尾標題作元壽無長字

第五百三十二隋潞城縣令段君碑 大業八年十二月

第五百三十三隋高陽郡隆聖道場碑 虞世南撰并行書大業九年十二月

第五百三十四隋平都治碑 大業十一年八月

第五百三十五隋大都督袁君碑 大業十二年二月

第五百三十六隋西林道場碑 歐陽詢撰大業十三年四月

第五百三十七隋大興國寺碑

第五百三十八隋滏山石窟碑上

第五百三十九隋滏山石窟碑下

第五百四十隋上儀同楊縉墓誌 許善心撰序虞世基銘

第五百四十一隋虞世則造像記

第五百四十二隋造等身像記 以上六碑無年月或殘缺

第五百四十三隋觀德王楊雄碑 唐初立案雄高祖相恭仁之父史作士雄

第五百四十四唐太宗賜少林寺教書 八分書無姓名高祖武德二年疑後人重書案金石文字記云秦王告少林寺主教行書以所書之官考之則此乃武德四年末曰四月三十日金石錄所載不同或別是一教

第五百四十五唐立陳平廟碑 正書無撰人姓名武德四年

第五百四十六唐司空竇抗墓誌 歐陽詢撰并八分書武德五年三月

第五百四十七唐德州長壽寺碑 八分書無書撰人姓名武德六年五月

第五百四十八唐宗聖觀碑 歐陽詢撰序并八分書陳叔達銘武德七年大呂月

第五百四十九後周黃羅剎碑 虞世南撰正書無姓名武德八年十月

第五百五十隋桂州總管侯莫陳穎墓誌 正書無姓名武德八年十月

第五百五十一唐劉亮墓誌 正書無姓名武德八年十二月

第五百五十二唐孔子廟堂碑 虞世南撰并正書武德九年十二月

第五百五十三唐鎮嶽靈仙寺碑 薛收撰正書無姓名太宗貞觀二年案一作元年

第五百五十四唐鄭孝王亮墓誌 正書無書撰人姓名貞觀二年案亮太祖子高祖之諸父也

第五百五十五唐幽州昭仁寺碑 朱子奢撰正書無姓名案金石文字記貞

第五百八十九唐段志元碑 正書無書撰人姓名貞觀十六年

第五百九十唐魏鄭公碑 太宗御製并行書貞觀十七年正月案鄭公魏徵也

第五百九十一唐樂鄉縣令長孫迴墓誌 正書無書撰人姓名貞觀十七年九月

第五百九十二唐神劒碑 正書無書撰人姓名貞觀十七年十月

第五百九十三唐瑤臺寺碑 許敬宗撰諸葛思禎正書貞觀十八年

第五百九十四唐贈比干詔 薛純陁八分書貞觀十九年二月

第五百九十五唐獨孤使君碑 正書無書撰人姓名貞觀十九年八月案使君字延壽佚其名

第五百九十六唐帝京篇 太宗御製褚遂良行書貞觀十九年八月

第五百九十七唐秦州都督姜確碑 于志甯撰僧智辯正書貞觀十九年十月

第五百九十八唐晉祠銘 太宗御製并行書貞觀二十年七月案晉祠唐叔虞祠也

第五百九十九唐殷元嗣墓誌 正書無書撰人姓名貞觀二十一年六月

第六百唐相州刺史侯莫陳肅碑 正書無書撰人姓名貞觀二十一年

金石錄卷三終

金石錄卷四

槐廬叢書

宋德武趙明誠德父編著　吳縣朱記榮校刊

目錄四

唐　僞周

第六百一唐孔穎達碑 于志甯撰正書無姓名貞觀二十二年

第六百二唐長廣長公主墓誌 正書無書撰人姓名貞觀二十二年十一月案公主高祖第五女

第六百三唐太府卿李襲譽墓誌 正書無書撰人姓名貞觀二十三年三月

第六百四唐晉州刺史裴府君碑 上官儀撰正書姓名殘缺貞觀二十三年案裴府君名藝

第六百五唐溫泉銘 太宗御製并行書

第六百六周大宗伯唐瑾碑 于志甯撰歐陽詢正書

第六百七隋皇甫誕碑 于志甯撰歐陽詢正書碑在京兆府

第六百八隋工部尚書段文振碑 潘徽撰歐陽詢八分書以上四碑皆貞觀中立

第六百九唐益州學館廟堂記 撰人姓名殘缺顏有意正書高宗永徽元年二月

第六百十唐學館廟堂記碑陰

第六百十一唐光祿大夫豆盧寬碑 李義甫撰正書無姓名永徽元年六月

第六百十二唐慶陶縣令李明府清德碑 正書無書撰人姓名永徽元年案李明府名懷仁

第六百十三唐聞喜縣令江彥碑正書無書撰人姓名永徽二年十月

第六百十四唐宜州刖駕楊文墓誌正書無書撰人姓名永徽二年十二月

第六百十五唐鄧蕊碑正書無書撰人姓名永徽三年正月

第六百十六唐房仁裕母李夫人碑八分書無書撰人姓名永徽三年二月

第六百十七唐光化縣主墓誌正書無書撰人姓名永徽三年三月

第六百十八唐三藏聖教序太宗撰褚遂良正書永徽四年十月在京兆府慈恩塔中

第六百十九唐述三藏聖教序記高宗撰褚遂良正書永徽四年十二月

第六百二十唐定州刺史張萬福墓誌正書無書撰人姓名永徽五年四月

第六百二十一唐張令隅浮圖銘張士貴撰正書無姓名永徽五年十一月

第六百二十二唐穀州刺史裴君清德頌正書無書撰人姓名永徽五年案張君名律師

第六百二十三唐裴君清德頌碑陰

第六百二十四唐右衞將軍豆盧承基墓誌正書無書撰人姓名永徽六年二月

第六百二十五唐萬年宮銘高宗撰并行書永徽六年五月在鳳翔府麟遊縣

第六百二十六唐萬年宮碑陰題名長孫無忌以下自書

第六百二十七唐薛收碑于志寧撰正書無姓名永徽六年八月

第六百二十八唐潤州刺史竇志寂墓誌八分書無書撰人姓名顯慶元年三月

第六百二十九唐中書令崔敦禮碑于志寧撰正書名佚顯慶元年十月

第六百三十唐贈左僕射楊達碑正書無書撰人姓名顯慶元年案達武后外祖隋人也

第六百三十一唐三藏聖教序并記太宗高宗撰王行滿正書顯慶二年十二月

第六百三十二唐散騎常侍張後允碑正書無書撰人姓名顯慶三年三月

第六百三十三唐乙伏士幹墓誌正書無書撰人姓名顯慶三年五月

第六百三十四唐李靖碑上許敬宗撰王知敬正書顯慶三年五月

第六百三十五唐李靖碑下

第六百三十六唐辨法師碑李儼撰薛純陁正書顯慶三年八月案法師名辯機

第六百三十七隋辛紊墓誌正書無書撰人姓名顯慶三年十二月

第六百三十八唐尉遲敬德碑上許敬宗撰正書無姓名顯慶四年三月

第六百三十九唐尉遲敬德碑下

第六百四十唐紀公碑正書無書撰人姓名顯慶四年三月案紀公太宗第八子紀王慎也

第六百四十一唐辨英法師碑正書無書撰人姓名顯慶四年六月

第六百四十二唐紀功碑上高宗撰并行書飛白題額顯慶四年八月

第六百四十三唐紀功碑下

第六百四十四唐蘭陵長公主碑李義甫撰正書無姓名顯慶四年十月案公主太宗第十九女

第六百四十五唐涼國太夫人郁久閭氏碑許敬宗撰殷仲容八分書顯慶四年十月

第六百四十六唐李汪墓誌正書無撰人姓名龍朔元年十一月

第六百四十七唐脩三寺舍利塔碑楊武英撰張延壽正書龍朔二年六月

第六百四十八唐齊興寺碑正書無書撰人姓名龍朔二年六月

第六百四十九唐改造彌勒閣碑行書無書撰人姓名龍朔三年正月

第六百五十唐岐州法門寺舍利塔銘賀蘭敏之撰并行書龍朔三年二月

第六百五十一唐三藏聖教序并記太宗高宗撰褚遂良正書龍朔三年六月同州重立

第六百五十二唐道因法師碑李儼撰歐陽通正書龍朔三年十月

第六百五十三唐雲麾將軍燕巒碑正書無書撰人姓名麟德元年正月

第六百五十四唐乙速孤晟碑正書無書撰人姓名麟德元年二月

第六百五十五唐清河公主碑李儼撰暢整正書麟德元年十月案公主太宗第十一女清河上當有長字

第六百五十六唐孫仁師百濟班師碑馬大斌撰正書無姓名麟德元年

第六百五十七後魏郢州刺史劉賓碑八分書無書撰人姓名麟德二年四月其孫立

第六百五十八唐益州都督程知節碑許敬宗撰暢整正書麟德二年十月

第六百五十九唐趙宏智碑額殷仲容正書并篆

第六百六十唐趙宏智碑于志甯撰殷仲容正書麟德二年

第六百六十一唐蘭長史碑正書無書撰人姓名麟德二年

第六百六十二唐登封紀號文一高宗撰并行書飛白書額乾封元年二月

第六百六十三唐登封紀號文二

第六百六十四唐登封紀號文三

第六百六十五唐登封紀號文四

第六百六十六唐登封紀號文五

第六百六十七唐登封紀號碑側正書在泰山頂

第六百六十八唐小字登封紀號文一高宗撰并行書飛白書額

第六百六十九唐小字登封紀號文二

第六百七十唐小字登封紀號文三小字在泰山下

第六百七十一唐登封碑陰一

第六百七十二唐登封碑陰二

第六百七十三唐登封碑陰三

第六百七十四唐老子冊文行書無姓名乾封元年三月

第六百七十五唐舒州刺史楊承仙碑張昌齡撰正書無姓名乾封元年五月

第六百七十六唐蒲州刺史李公德政碑正書無書撰人姓名乾封元年九月

第六百七十七唐司元太常伯竇德元碑李儼撰姪儀節正書乾封元年十一月

第六百七十八唐于志甯碑令狐德棻撰子立政正書乾封元年十一月

第六百七十九唐紀國先妃陸氏碑正書無書撰人姓名乾封元年十二月〔案〕陸氏紀王慎之妃

第六百八十唐孔宣尼碑上崔行功撰孫希範八分書乾封元年〔案〕金石文字記作孫師範

第六百八十一唐孔宣尼碑下

第六百八十二唐鄭國夫人武氏碑上李安期撰殷仲容八分書乾封二年二月〔案〕武氏賀蘭安石妻則天妹也

第六百八十三唐鄭國夫人武氏碑下

第六百八十四唐滁州刺史劉君碑李儼撰顏有意正書乾封二年二月

第六百八十五唐宏文館學士顧君墓誌正書無書撰人姓名乾封二年三月〔案〕顧君名允

第六百八十六唐法師王先生碑子敬之撰王元宗正書乾封二年十一月〔案〕王法師名軌

第六百八十七唐相州刺史許國師德政碑正書無書撰人姓名乾封二年

第六百八十八唐寶義寺碑正書書撰人姓名殘缺乾封三年正月

第六百八十九唐杜延基造心經蘇休奕正書總章元年六月

第六百九十唐曹王府典軍劉公碑趙務元撰正書無姓名總章二年二月

第六百九十一唐齊州刺史薛寶積清德頌正書無書撰人姓名總章八年八月

第六百九十二唐大興善寺舍利塔銘裴儼撰殷仲容八分書總章二年

第六百九十三唐歷城令劉文恪清德頌正書無書撰人姓名總章二年〔案〕書畫譜作劉彥恪

第六百九十四唐武師模碑崔松客撰正書姓名殘缺總章三年正月

第六百九十五唐尉遲寶琳碑許敬宗撰王知敬正書咸亨元年正月〔案〕寶琳敬德子也

第六百九十六唐淄川公李孝同碑撰人姓名殘缺諸葛思禎正書咸亨元年五月

第六百九十七唐碧落碑篆書無書撰人姓名咸亨元年

第六百九十八唐三藏聖教序并述聖記太宗高宗撰沙門懷仁集正書咸亨三年十二月

第六百九十九唐張士相墓誌正書無書撰人姓名咸亨四年二月

第七百唐興昔亡單于阿史那彌射碑正書無書撰人姓名咸亨四年二月

第七百一唐幽州都督盧承慶碑八分書無書撰人姓名咸亨四年五月

第七百二唐金剛經正書無姓名咸亨四年七月〔案〕金石文字記作王知敬正書咸亨三年四月

第七百三唐太常卿裴君妻韋氏墓誌正書無書撰人姓名咸亨四年七月

第七百四唐瑞氣觀天尊像碑何彥先撰正書無姓名咸亨四年九月

第七百五唐戎州刺史董寶亮碑李儼撰張遂隆八分書咸亨四年九月

第七百六唐臨汾縣令于府君德政碑謝祐撰柳洋正書咸亨四年十

二月
第七百七唐寶智乘寺禪院碑阮立德撰李承福正書咸亨四年
第七百八唐馬周碑許敬宗撰殷仲容八分書上元元年十月
第七百九唐越州長史李基碑張太素撰行書無姓名上元二年九月
第七百十唐阿史那忠碑正書無書撰人姓名上元二年十二月
第七百十一唐尹府君碑正書無書撰人姓名上元二年十二月
第七百十二唐李德攜造像碑正書無書撰人姓名上元二年
第七百十三唐平原寺舍利塔銘撰人姓名缺僧仁基正書上元三年二月
第七百十四唐明徵君碑高宗撰高正臣行書王知敬篆上元三年四月〔案〕徵君梁明山賓也
第七百十五唐任邱縣令王君碑崔融撰八分書無姓名儀鳳元年

第七百十六唐黎尊師碑盧子昇字照鄰撰王大義行書儀鳳二年正月
第七百十七唐李勣碑上高宗撰并行書儀鳳二年十月
第七百十八唐李勣碑下
第七百十九唐金剛經上正書無姓名儀鳳三年四月
第七百二十唐金剛經下
第七百二十一唐觀音十大願品經上同
第七百二十二唐大興國寺舍利塔碑越王貞撰集王書儀鳳四年二月
第七百二十三唐國子司業于立政碑撰人姓名殘缺陳遺玉八分書調露元年十二月〔案〕立政志甯子也
第七百二十四唐葛仙公碑梁陶宏景撰陳昇正書調露二年正月案仙公葛元也
第七百二十五唐恆嶽嶺路銘正書無書撰人姓名調露二年二月
第七百二十六唐任成令元明府清德頌八分書無書撰人姓名調露二年十二月〔案〕元明府名思哲
第七百二十七唐善化府折衝張君墓誌正書無書撰人姓名永隆二年二月
第七百二十八唐陽翟侯夫人陸氏墓誌周思茂撰正書無姓名開耀二年正月〔案〕陸氏褚遂賢之妻
第七百二十九唐開業寺李公碑上李尚一撰蘇文舉正書開耀二年二月〔案〕李公名裔
第七百三十唐開業寺李公碑下

第七百三十一唐無量壽佛像碑上張昌齡撰吳知禮八分書永淳元年四月
第七百三十二唐無量壽佛像碑下
第七百三十三唐少姨廟碑楊炯撰沮渠智烈書永淳元年十二月〔案〕少姨少室山神
第七百三十四唐啟母廟碑崔融撰沮渠智烈書永淳二年正月
第七百三十五唐劉思仁等造徘徊碑行書無書撰人姓名永淳二年七月〔案〕本作劉黑仁何氏改
第七百三十六唐天后發願文王知敬正書永淳二年九月
第七百三十七唐天后少林寺碑上同
第七百三十八唐司馬山彌勒石像碑篆書無書撰人姓名永淳二年

十月
第七百三十九唐恆州刺史陶雲德政碑張義成撰行書無姓名永淳三年案一作張義感撰
第七百四十唐道德藏經序高宗則天撰王懸河行書宏道元年十二月
第七百四十一唐追尊元元皇帝詔王懸河行書宏道元年十二月
第七百四十二唐房元齡碑撰人姓名殘缺褚遂良正書
第七百四十三唐高士廉塋兆記許敬宗撰趙模正書
第七百四十四唐褚亮碑八分書無書撰人姓名案亮遂良父也
第七百四十五唐洛州刺史賈公清德頌正書無書撰人姓名上四碑皆高宗時立年月殘缺案賈公名敦賾
第七百四十六唐歐陽詢妻徐夫人墓誌鄧元庭撰子通正書武后

文明元年三月
第七百四十七唐述聖紀上武后撰中宗正書文明元年八月
第七百四十八唐述聖紀中
第七百四十九唐述聖紀下
第七百五十唐武强縣令梁君德政碑撰人名缺劉元明正書垂拱元年四月案梁君名胙
第七百五十一唐美原神泉詩序韋元旦撰篆書無姓名垂拱元年四月案美原縣名或作姜原誤金石文字記云垂拱四年四月
第七百五十二唐八都壇神君實錄正書無書撰人姓名垂拱元年十月案集古錄云撰人名元質但不見其姓垂拱三年立
第七百五十三唐襄州刺史封公碑撰人姓名殘缺宋之愻正書垂拱元

年十月
第七百五十四唐奉先觀老君像碑李審幾撰沮渠智烈書垂拱元年
第七百五十五唐襄州孔子廟堂碑于敬之撰正書無姓名垂拱元年
第七百五十六唐會眞法師紀德碑馮肉直撰正書無姓名垂拱二年二月
第七百五十七唐中山法果寺碑上姚璹撰鞠處信正書垂拱二年四月
第七百五十八唐法果寺碑下
第七百五十九唐鞠君碑正書無書撰人姓名垂拱二年十一月案舊作六年則次第不應在此疑非也
第七百六十唐奉禮郎岑子輿墓誌弟義撰正書無姓名垂拱三年十月
第七百六十一唐舍利塔銘陳思順造正書無姓名垂拱四年二月

第七百六十二唐建興寺彌勒像碑薛寶積撰行書無姓名垂拱四年五月
第七百六十三唐介休令張君清德碑李顧撰李敬八分書永昌元年九月
第七百六十四周邛州刺史狄知愻碑書撰人姓名殘缺載初元年正月案知愻仁傑父也
第七百六十五周乙速孤府君碑苗仲容撰釋行滿書載初元年案府君名神慶
第七百六十六周贈箕州刺史成公碑楊炯撰正書無姓名天授二年二月案成公名知禮
第七百六十七周祭元元皇帝碑行書無姓名天授二年二月

第七百六十八周化善寺石井碑劉翊行書天授二年十月

第七百六十九周冠軍大將軍楊公碑蘇味道撰姪楚林正書長壽元年

第七百七十周王仁恭祭嶽頌嚴浚撰序邢令均頌杜行均八分書長壽二年正月

第七百七十一周密州司馬康遂誠墓誌行書無書撰人姓名

第七百七十二周醴泉縣令張仁蘊德政碑齊處仲撰顏眞卿正書長壽二年四月

第七百七十三周冬官尙書李沖元墓誌正書無書撰人姓名證封元年五月

第七百七十四周大德昉法師塔銘武三思撰正書無姓名證聖元年五月

第七百七十五周少林寺勑書八分書無書撰人姓名天冊萬歲二年十一月

第七百七十六周昇中述志碑一武后撰相王旦正書萬歲登封元年二月

第七百七十七周昇中述志碑二

第七百七十八周昇中述志碑三

第七百七十九周昇中述志碑四

第七百八十周昇中述志碑五

第七百八十一周封中嶽碑上李嶠撰相王旦正書萬歲登封元年二月

第七百八十二周封中嶽碑中

第七百八十三周封中嶽碑下

第七百八十四周襄州靜眞觀碑何彥先撰正書無姓名萬歲登封元年二月

第七百八十五周封祀壇碑上武三思撰薛曜正書萬歲登封元年十二月篆

第七百八十六周封祀壇碑下金石文字記云天冊萬歲二年

第七百八十七周封中嶽碑上書撰人姓名殘缺類薛稷正書萬歲登封元年十二月

第七百八十八周封中嶽碑下

第七百八十九周南宮昌墓誌正書無書撰人姓名萬歲通天元年

第七百九十周杳冥君銘正書無書撰人姓名神功元年十月篆款題鳳閣舍人河東薛稷爲文并書丹

第七百九十一周麗君碑行書無書撰人姓名神功元年十月

第七百九十二周長安主簿麗君碑與前碑同

第七百九十三周渭南令李君淸德碑馬吉甫撰正書無姓名聖歷元年十月篆李君名思古

第七百九十四周中嶽潘尊師碑王適撰八分書無姓名聖歷二年三月篆金石文字記云司馬承禎八分書又三月作二月碑作碣尊師潘師正也

第七百九十五周昇仙太子碑上武后撰并行書聖歷二年六月篆昇仙太子周靈王子子晉也

第七百九十六周昇仙太子碑下碑陰薛稷書附

第七百九十七周護軍王君碑行書無書撰人姓名聖歷二年六月篆近出王仁求碑在雲南安甯州周聖歷元年十月立成都閭邱均撰長子善寶正書其人亦官上護軍爲河東州刺史與趙氏所載稍異未知是一人否

金石錄卷四終

金石錄卷五　槐廬叢書

宋東武趙明誠德父編著　吳縣朱記榮校刊

目錄五

僞周　唐

第八百十七周武士彠碑四
第八百十八周武士彠碑五
第八百十九周孝明皇后碑一 武三思撰相王旦正書長安二年六月案金石文字記作正月孝明皇后則天母也姓楊氏
第八百二十周孝明皇后碑二
第八百二十一周孝明皇后碑三
第八百二十二周孝明皇后碑四
第八百二十三周孝明皇后碑五
第八百二十四周紀信碑 盧藏用撰并八分書長安二年七月
第八百二十五周紀信碑陰
第八百二十六周司刑寺大腳跡勑 正書無姓名長安二年七月

第八百二十七周棲巖寺詩 高宗則天撰韓懷信正書長安二年
第八百二十八周稷山縣梁君孝義碑 李泰授文八分書無姓名長安三年正月
第八百二十九周都官郎中孔昌寓碑 盧藏用撰并八分書長安三年二月
第八百三十周晉州長史韋公碑 楊炯撰孫希粥八分書長安三年四月
第八百三十一周司刑寺佛蹟碑 前碑閻朝隱撰范元悊正書後碑范元悊撰吳守劼八分書長安三年七月
第八百三十二周寇法師道德銘 王道珪撰段元逃正書長安三年十月案法師後魏人名謙之
第八百三十三周崔敬嗣墓誌 行書無書撰人姓名長安三年十月案一本有房州刺史字
第八百三十四周師簡律師塔銘 正書無書撰人姓名長安四年三月
第八百三十五周幸閒居寺詩 高宗睿宗太平公主詩八分書無姓名武后詩自草書長安四年四月
第八百三十六周東鎮沂山碑 房晉撰韓景陽八分書長安四年五月
第八百三十七周石柱銘 裴談撰八分書無姓名
第八百三十八周幽林思 韓覃撰正書無姓名
第八百三十九周整法師龍門石龕像碑 僧波崙撰袁元悊正書
第八百四十周游仙篇 武后撰薛曜正書
第八百四十一周信行禪師碑一 越王貞撰張廷珪八分書
第八百四十二周信行禪師碑二

第八百四十三周信行禪師碑三
第八百四十四周信行禪師碑四
第八百四十五周信行禪師碑五
第八百四十六周信行禪師碑六
第八百四十七周宴石淙序上 張易之撰薛曜正書案金石文字記云久視元年五月序亦武后撰
第八百四十八周宴石淙序下
第八百四十九周石淙詩上 諸公撰薛曜正書
第八百五十周石淙詩下
第八百五十一周堯廟碑 盧承慶撰劉濟物正書
第八百五十二周光武皇帝碑 正書無書撰人姓名上九碑皆武后時立無年

月或殘缺

第八百五十三唐澠池縣宗人爲高宗造像碑 邵炅撰正書無姓名中宗神龍元年五月案書畫譜作邵林撰

第八百五十四唐福先寺浮圖碑上 武后撰武三思正書神龍元年七月

第八百五十五唐福先寺浮圖碑下

第八百五十六唐龍興聖教序上 中宗撰相王旦正書神龍元年九月

第八百五十七唐龍興聖教序下

第八百五十八唐祝府君碑 子欽明撰正書佚名神龍元年九月案祝府君名綝

第八百五十九唐益州學館廟堂記 史纛撰釋曠正書神龍元年

第八百六十唐學館廟堂碑陰

第八百六十一唐贈秦州都督唐宗碑 岑羲撰族孫從心正書神龍二年案宗中宗相休璟之祖隋洛陽令也

第八百六十二唐懷甯縣令慕容府君碑 徐堅撰正書無姓名神龍二年二月

第八百六十三唐沙州司馬楊榮碑 元伯儀撰韋同八分書神龍二年三月

第八百六十四唐衛州司馬楊恪碑 張柬之撰八分書姓名殘缺神龍二年三月案恪榮子也

第八百六十五唐工部尚書姚璹碑 正書　書撰人姓名殘缺神龍二年四月

第八百六十六唐信行禪師碑上 越王貞撰薛稷正書神龍二年八月

第八百六十七唐信行禪師碑下 并碑陰在長安縣西北八里

第八百六十八後周并州總管宇文舉碑 盧思道撰楊畧正書神龍二年十月立案思道一作師道又作忠道皆非也思道字子行隋武陽太守蓋舊文而唐初書刻者思道姓名上應加隋字

第八百六十九唐魏叔瑜夫人王氏墓誌 無撰人姓名子華正書神龍二年十一月

第八百七十唐崔仁縱碑 正書無書撰人姓名神龍二年

第八百七十一唐王仲詳等造像碑 正書無書撰人姓名神龍三年正月

第八百七十二唐兵部侍郎崔兢墓誌 正書無書撰人姓名神龍三年五月

第八百七十三唐中興聖教序碑 中宗撰唐奉一八分書神龍三年五月

第八百七十四唐中興聖教序碑側 在濟南長清縣界西禪寺

第八百七十五唐葉縣令宋君遺愛頌 吳師道撰正書無姓名神龍三年五月

第八百七十六唐句容令岑公德政碑 張景毓撰釋翹微正書景龍二年二月案岑公名植

第八百七十七唐徐有功碑 徐彥伯撰正書姓名殘缺景龍二年四月

第八百七十八唐孔子贊 撰人姓名殘缺武盡禮正書

第八百七十九唐太子中舍人楊承源碑 王獻忠撰集王羲之歐陽詢褚遂良等眞行書上二碑皆景龍二年

第八百八十唐洛陽尉馬克忠碑 張說撰盧藏用八分書景龍三年三月

第八百八十一唐國子祭酒武承規墓誌 蘇頲撰顏叔堅正書景龍三年八月

第八百八十二唐騎都尉劉君墓誌正書無書撰人姓名景龍三年十月

第八百八十三唐甯照寺鍾銘武承泰撰武盡禮正書景龍三年衶在懷州

第八百八十四唐杭州龍興寺碑盧李珣撰李涉八分書景龍四年四月

第八百八十五唐龍興寺碑張說撰盧藏用八分書景龍四年五月

第八百八十六唐白鶴觀碑八分書無書撰人姓名中宗時立無年月

第八百八十七唐天竺寺碑蘇頲撰蘇銑八分書睿宗景雲元年十月

第八百八十八唐蘇瓌碑盧藏用撰并八分書景雲元年十一月

第八百八十九唐王陰二眞君碑薛鏡一撰正書無姓名景雲二年正月

第八百九十唐王陰二眞君碑李虔之撰施楚玉正書景雲二年正月

第八百九十一唐左僕射劉延景碑徐彥伯撰張廷珪八分書景雲二年二月

第八百九十二唐勝業寺雙彌勒像碑褚慶文撰趙冬曦正書景雲二年二月

第八百九十三唐脩封禪壇記賈膺福撰并正書景雲二年八月

第八百九十四唐景龍觀鐘銘睿宗撰正書無姓名景雲二年九月〔案〕金石文字記睿宗御書

第八百九十五唐并州長史崔敬嗣碑胡皓撰郭謙光八分書景雲二年九月〔案〕此崔敬嗣與八百三十三崔敬嗣別是一人

第八百九十六唐王思泰碑李振撰并正書景雲二年

第八百九十七唐大雲寺石燈臺頌景初陽撰殷子陽八分書景雲二年

第八百九十八唐王美暢碑薛稷撰并正書景雲二年

第八百九十九唐洛州長史盧公善政頌撰人姓名殘缺蘇詵八分書景雲二年

第九百唐元通居士張萬回墓誌崔湜撰正書無姓名太極元年十二月〔案〕萬回沙門也高宗時封元通居士目內有萬回法師碑萬回神跡記見後舊本作萬迴誤

第九百一唐同州河瀆紀瑞頌崔禹錫撰王崇敬八分書先天元年八月

第九百二唐司農卿盧萬石碑李義撰八分書無姓名先天元年十月

第九百三唐楊乾緒碑褚琇撰權瓌八分書先天元年十一月

第九百四唐荆王神祠記正書無書撰人姓名先天二年三月〔案〕荆王高祖第五子名元景

第九百五唐荆王神祠記正書無書撰人姓名先天二年八月〔案〕謝本缺此條

第九百六唐元公浮圖祠堂頌八分書無書撰人姓名先天二年八月

第九百七唐遵善寺大像碑羅邈撰行書無姓名明皇開元元年五月

第九百八唐贈右僕射王洎碑盧藏用撰甘獻誠八分書開元二年二月

第九百九唐安樂府典軍田孝允碑王澂撰正書無姓名開元二年閏二月

第九百十唐南亭記王翼撰八分書無姓名開元二年三月

第九百十一唐辨機法師塔銘趙冬曦撰正書無姓名開元二年九月

第九百十二唐韋公夫人王氏墓誌正書無書撰人姓名開元二年十一月

第九百十三唐尹孝子妻韋夫人墓誌正書無書撰人姓名開元二年十一月〔案〕尹孝子謝本作張

第九百十四唐襄州徧學寺碑韋承慶撰鍾紹京行書開元二年

第九百十五唐少林寺戒壇銘三藏法師義淨撰張傑八分書開元三年正月

第九百十六唐睦州龍興寺碑康希銑撰徐嶠之正書開元三年二月

第九百十七唐嶲州都督姚懿碑胡皓撰徐嶠之正書開元三年七月〔案〕懿崇父也

第九百十八唐杭州刺史裴惓碑族子子餘撰孫令行書盧曉八分題額開元三年九月〔案〕孫令下原缺一字

第九百十九唐汾陰后土祠銘胡慆撰并八分書開元四年八月

第九百二十唐建福寺三門碑盧藏用撰集王右軍行書開元五年正月

第九百二十一唐有道先生葉公碑李邕撰并行書開元五年二月碑在開封府〔案〕葉名國重道士法善之祖

第九百二十二唐杯渡師墓石柱頌盧若虛撰盧仲元八分書開元五年四月

第九百二十三唐光祿少卿姚彝碑撰人姓名殘缺徐嶠之正書開元五年四月〔案〕彝崇子也

第九百二十四唐贈歙州刺史葉慧明碑韓擇木撰并八分書開元五年七月〔案〕慧明道士法善之父

第九百二十五唐盧懷慎碑蘇頲撰明皇八分書開元五年〔案〕懷慎杞之祖也

第九百二十六唐陳延喜妻穆氏墓誌齊望之撰蕭元皎正書開元六年正月

第九百二十七唐琅邪王沖墓誌正書無書撰人姓名開元六年正月

第九百二十八唐懷素律師碑崔融撰僧行敦集王書開元六年二月碑在京兆府

第九百二十九唐楊元炎碑崔沔撰梁昇卿八分書開元六年四月〔案〕元炎國忠之從父

第九百三十唐豫州刺史魏叔瑜碑張說撰子華正書開元六年五月

第九百三十一唐鄭國夫人鄭氏碑崔日用撰徐嶠之正書開元六年十月

第九百三十二唐太子少傅竇希瓘碑李堪然撰魏華正書開元六年十月

第九百三十三唐蘇氏造觀音像碑李畬撰劉升八分書開元六年十月

第九百三十四唐中嶽韓先生碑崔孜本撰司馬絅八分書開元六年十月

第九百三十五唐鬱林觀東嵓壁記上崔逸文八分書無姓名開元七年正月

第九百三十六唐東嵓壁記中

第九百三十七唐東嵓壁記下

第九百三十八唐永豐陂堰頌徐嶠之撰并八分書開元七年五月

第九百三十九唐善達法師碑郭庭誨撰正書無姓名開元七年五月

第九百四十唐于知微碑姚崇撰正書無姓名開元七年六月

第九百四十一唐益州府學孔子廟堂碑周顗撰正書姓名殘缺開元七年七月

第九百四十二唐造文翁高眹像記周顗撰胡履虛八分書

第九百四十三唐徐州刺史蘇詵碑張耀卿撰劉升八分書開元七年八月

第九百四十四唐孔子廟碑上李邕撰張廷珪八分書開元七年十月〔案〕廷珪一作庭珪今從本傳下竝同

第九百四十五唐孔子廟碑下

第九百四十六唐元元觀尹尊師碑裴子餘撰郭謙光八分書開元八年四月（案）尹尊師名文操

第九百四十七唐李思訓碑上李邕撰并行書開元八年六月

第九百四十八唐李思訓碑下

第九百四十九唐嘉禾寺禪院碑徐楚璧撰姚思義八分書開元八年八月

第九百五十唐高士楊府君墓誌行書無書撰人姓名開元八年九月

第九百五十一唐懷州刺史陶大舉碑姚崇撰徐嶠之正書開元八年

第九百五十二唐北嶽府君碑韋虛心撰陳懷志行書開元九年三月

第九百五十三唐河侯新祠頌秦崇撰王晏行書開元九年四月（案）河侯謂馮夷也

第九百五十四唐侍御史王瑜墓誌八分書無書撰人姓名開元九年十月

第九百五十五唐遂城令康府君碑沈淮南撰徐浩正書開元九年十月

第九百五十六唐兖州刺史韋府君遺愛頌狄光嗣撰張廷珪正書開元九年十一月

第九百五十七唐萬回法師碑徐堅撰行書無姓名開元十年閏五月

第九百五十八唐郭知運碑蘇頲撰魏華正書開元十年七月

第九百五十九唐右庶子于府君碑姪儒卿撰沙門重閏八分書開元十年七月

第九百六十唐萊州刺史唐府君碑撰人姓名缺沙門重閏八分書開元十年七月（案）府君唐貞休也舊本作于益浩上文而誤耳

第九百六十一唐狄梁公生祠記李邕撰張廷珪八分書開元十年十一月

第九百六十二唐吳季子廟碑八分書　書撰人姓名殘缺開元十年

第九百六十三唐上黨述聖宮頌張說撰裴漼正書開元十一年正月

第九百六十四唐述聖宮碑陰上蕭誠行書

第九百六十五唐述聖宮碑陰下

第九百六十六唐高行先生徐公碑姚奕撰序賀知章銘徐嶠之正書開元十一年四月（案）徐名師道浩祖也

第九百六十七唐大雲寺禪院碑李邕撰并行書開元十一年四月

第九百六十八唐郭知運後碑張說撰梁昇卿八分書開元十一年五月

第九百六十九唐香巖寺碑康希銑撰徐嶠之正書開元十一年六月

第九百七十唐莎羅樹碑李邕撰并行書開元十一年十月

第九百七十一唐張松質與李邕書

第九百七十二唐老子孔子顏子贊睿宗撰李邕行書開元十一年十二月

第九百七十三唐六公詠李邕撰胡履虛八分書開元十一年（案）六公五王及狄梁公也

第九百七十四唐御史臺精舍碑崔湜撰梁昇卿八分書開元十一年

第九百七十五唐御史臺精舍碑陰題名

第九百七十六唐普寂禪師碑盧鴻撰并八分書開元十二年正月

第九百七十七唐神泉寺石經西塔銘唐昭明撰田昌正書開元十二年正月

第九百七十八唐靜泰法師碑呂向撰劉懷信正書開元十二年八月

金石錄卷五終

金石錄卷六　槐廬叢書

宋東武趙明誠德父編著　吳縣朱記榮校刊

目錄六

唐

第一千三十二唐龍角山紀聖銘碑陰
第一千三十三唐大雲寺丈八佛像碑 段履冰撰行書無姓名開元十七年九月
第一千三十四唐張嘉貞碑 玉邱撰陸堅八分書開元十七年七月
第一千三十五唐太武皇帝駐馬碑 僧貞慶文并八分書
第一千三十六唐龍興觀碑 李邕撰行書無姓名類邕書上二碑皆開元十七年
第一千三十七唐游擊將軍薛侯碑 趙含章撰并行書開元十八年正月 案薛侯名彥
第一千三十八唐老子廟詩 于儒卿房自謙撰自謙正書開元十八年二月
第一千三十九唐東夏師資正傳 僧慧超述李嚴正書開元十八年四月
第一千四十唐平南蠻碑 蕭晉用撰序蔡希周詞韋悟微正書開元十八年五月

第一千四十一唐蕭瓘碑 張說撰梁升卿八分書開元十八年五月
第一千四十二唐曇榮禪師碑 崔禹撰蘇晛銘韋鹽八分書開元十八年八月
第一千四十三唐麓山寺碑 李邕撰并行書開元十八年九月
第一千四十四唐冠軍大將軍臧懷亮碑 李邕撰并行書開元十八年十月
第一千四十五唐貞法師旌德記 八分書無書撰人姓名開元十八年十二月
第一千四十六唐大忍寺門樓碑 沙門釋具撰裴抗八分書上二碑皆開元十八年
第一千四十七唐東方朔碑 柳令㙗撰行書無姓名開元十九年三月
第一千四十八唐楊歷碑 李邕撰序鍾紹京撰銘并行書開元十九年五月 案歷官思勗父也
第一千四十九唐汝陽王長女墓誌 甯王撰崔廷玉行書開元十九年六月 案汝陽王讓皇帝子璡也
第一千五十唐東林寺碑 李邕撰并行書開元十九年七月
第一千五十一唐亳州刺史李行正碑 崔圓月撰魏包八分書開元十九年九月
第一千五十二唐立漢光武皇帝碑 李雲撰盧規行書開元十九年十月
第一千五十三唐膠水令徐公德政頌 封利建撰序杜暐銘正書姓名殘缺開元十九年十月
第一千五十四唐北嶽真君碑 房鳳文八分書開元二十年正月
第一千五十五唐青城山丈人祠廟碑 徐大亨撰甘遺榮八分書開元二十年正月

第一千五十六唐使者徵祥記 潘觀撰并正書開元二十年三月
第一千五十七唐愛州刺史徐元貴碑 鍾紹京撰并行書開元二十年五月
第一千五十八唐阿彌陀佛贊 殷彥方撰鍾紹京正書開元二十年五月
第一千五十九唐南嶽真君碑 趙頤真撰蕭誠正書開元二十年十月
第一千六十唐元元皇帝廟額碑 敬抱忠撰呂獻臣八分書開元二十年十月
第一千六十一唐歙州刺史郭茂貞碑 賀知章撰八分書姓名殘缺開元二十年十月
第一千六十二唐源公石幢記上 封利建撰賀遂回八分書開元二十一年

第一千六十三唐源公石幢記下
第一千六十四唐北嶽恆山碑上 釋遵詞釋曠書開元二十一年八月
第一千六十五唐北嶽恆山碑下
第一千六十六唐后土神祠碑上 明皇撰并八分書開元二十一年八月
第一千六十七唐后土神祠碑中
第一千六十八唐后土神祠碑下 碑在河中府
第一千六十九唐后土神祠碑陰上 蕭嵩正書
第一千七十唐后土神祠碑陰下
第一千七十一唐京兆尹張公德政碑 孟匡朝撰史惟則八分書
第一千七十二唐立梁宣帝明帝二陵碑上 韓休撰行書姓名殘缺

第一千七十三唐立梁宣帝明帝二陵碑下
第一千七十四唐大忍寺門樓碑 楊遂撰裴抗書上三碑並是開元二十一年
第一千七十五唐孝義寺碑 陳徐陵撰徐嶠之正書開元二十二年正月
第一千七十六唐孝義寺碑陰記 徐嶠之撰并正書
第一千七十七唐景陽井銘 一八分書一正書撰人姓名殘缺開元二十二年三月
第一千七十八唐光武即位壇碑 王預撰行書開元二十二年四月
第一千七十九唐老子廟碑 崔季友撰鄭欽正書開元二十二年四月
第一千八十唐老子聖母碑 李昇卿撰呂獻誠八分書開元二十二年九月
第一千八十一唐代國長公主碑 鄭萬鈞撰并行書開元二十二年十二月〔案〕公主睿宗第五女萬鈞其壻也碑爲其子聰正書
第一千八十二唐涇州刺史牛意碑 張九齡撰八分書姓名殘缺開元二十二年〔案〕意元宗相仙客父也
第一千八十三唐贈太子詹事王同晊碑 孫逖撰史惟則八分書開元二十三年正月
第一千八十四唐趙冬曦祭堯廟文 八分書開元二十三年二月
第一千八十五唐趙冬曦祭仲山父文 同上
第一千八十六唐珪禪師碑 宋儋撰并行書開元二十三年四月〔案〕禪師名元珪
第一千八十七唐同州刺史解琬碑 蘇頲撰梁昇卿八分書開元二十三年五月
第一千八十八唐五殺大夫碣銘 撰人姓名殘缺鄭璉正書開元二十三年

六月
第一千八十九唐謁郭巨祠堂記 楊傑撰李皋八分書開元二十三年七月王緒祭文附
第一千九十唐相州刺史侯莫陳涉墓誌 鄭同昇撰盧自勵正書開元二十三年十一月
第一千九十一唐秦望山法華寺碑 李邕撰并行書開元二十三年十二月
第一千九十二唐華州刺史楊公遺愛頌 王晬撰史惟則八分書開元二十三年〔案〕楊公名瑒
第一千九十三唐楊公遺愛碑陰記 史惟則八分書
第一千九十四唐長豐縣興城碑上 沙門遡文八分書無姓名開元二十

三年十二月〔案〕別本文下添撰字非

第一千九十五唐長豐縣興城碑下

第一千九十六唐贈兗州都督裴守眞碑崔沔撰梁昇卿八分書開元二十四年二月〔案〕守眞元宗相耀卿父也

第一千九十七唐令長新戒一汜水正書

第一千九十八唐令長新戒二房子縣正書

第一千九十九唐令長新戒三八分書

第一千一百唐光祿少卿鄭曾碑梁昇卿撰并八分書開元二十四年五月

第一千一百一唐御注道德經一明皇撰并御書諸王書額開元二十四年八月懷州本

第一千一百二唐御注道德經二

第一千一百三唐御注道德經三

第一千一百四唐御注道德經四

第一千一百五唐御注道德經五

第一千一百六唐御注道德經六

第一千一百七唐御注道德經七

第一千一百八唐御注道德經八

第一千一百九唐御注道德經九

第一千一百十唐御注道德經十

第一千一百十一唐元氏令龐公清德頌邵混之撰蔡有鄰八分書開元二十四年八月〔案〕龐公名履溫

第一千一百十二唐大智禪師碑嚴復撰史惟則八分書開元二十四年九月〔案〕金石文字記云嚴挺之撰

第一千一百十三唐大智禪師碑陰陽伯成撰史惟則八分書開元二十九年立附

第一千一百十四唐盧奐聽事讚明皇撰并行書開元二十四年十月

第一千一百十五唐盧奐謝表并批詔表正書無姓名詔行書

第一千一百十六唐潁王府司馬蕭擢墓誌正書無書撰人姓名開元二十四年十月

第一千一百十七唐館陶令徐君遺愛頌張孚撰宋璵八分書開元二十四年十月

第一千一百十八唐普照王寺碑李邕撰并行書開元二十四年十二月咸通中重刻

第一千一百十九唐坊州刺史崔禹傳權倕撰黨憮八分書開元二十五年春

第一千一百二十唐扶陽郡太君韋夫人碑韓休撰八分書姓名殘缺開元二十五年四月

第一千一百二十一唐萬回神跡記徐彥伯撰史惟則八分書開元二十五年五月

第一千一百二十二唐傳菩薩戒頌楊仲昌撰沙門溫古行書開元二十五年六月

第一千一百二十三唐懷道律師碑李邕撰并行書開元二十五年七月

第一千一百二十四唐元覽律師碑徐安貞撰褚庭誨正書開元二十五年八月

第一千一百二十五　唐智遠律師塔銘　崔彦珍撰陳璟行書開元二十五年九月

第一千一百二十六　唐八馬坊碑　郗昂撰韋崇訓行書

第一千一百二十七　唐八馬坊碑陰

第一千一百二十八　唐眞定令杜府君遺愛頌　李琚撰并八分書上二碑皆開元二十五年

第一千一百二十九　唐尉遲迥廟碑　閻伯璵撰序顏眞卿撰銘蔡有鄰八分書開元二十六年正月

第一千一百三十　唐尉遲迥碑陰上　孫士貢撰蔡有鄰八分書開元二十六年二月（案）士貢迥之元孫也作孫誤

第一千一百三十一　唐尉遲迥碑陰下

第一千一百三十二　唐大行禪師元德幢銘　韓覃撰并行書開元二十六年二月

第一千一百三十三　唐大行禪師義方訓　何榮光行書開元二十六年二月

第一千一百三十四　唐許王素節碑　李邕撰孫夔國公隨行書開元二十六年四月（案）許王高宗第三子

第一千一百三十五　唐張嘉貞後碑上　李邕撰蔡有鄰八分書開元二十六年四月

第一千一百三十六　唐張嘉貞後碑下

第一千一百三十七　唐張嘉貞碑陰上　陸據撰蔡有鄰八分書

第一千一百三十八　唐張嘉貞碑陰下

第一千一百三十九　唐實諦寺碑　撰人姓名殘缺蘇靈芝行書開元二十六年六月

第一千一百四十　唐明皇誡牧宰勅　八分書無姓名開元二十二年六月

第一千一百四十一　唐洛陽縣食堂記　裴總述韓擇木八分書開元二十六年七月

第一千一百四十二　唐益州大千秋觀碑　李邕撰管卿行書開元二十六年七月

第一千一百四十三　唐千秋觀碑陰

第一千一百四十四　唐任城縣橋亭記　游芳撰王子言八分書開元二十六年閏八月

第一千一百四十五　唐定進巖碑　嚴浚撰蔡有鄰八分書開元二十六年十月

第一千一百四十六　唐濟源令李造遺愛頌　梁涉撰徐浩正書開元二十六年十一月

第一千一百四十七　唐重脩李造遺愛碑記　高從規撰高從彥正書貞元二十一年立附

第一千一百四十八　唐江蘇刺史戴希謙墓誌　從子休璇撰次子峴八分書開元二十六年十一月

第一千一百四十九　唐述靈記　張嘉祐撰行書無姓名開元二十七年三月

第一千一百五十　唐李適之清德頌　蕭誠行書開元二十七年三月

第一千一百五十一　唐李適之碑陰記　呂巖說撰郭璀正書開元二十七年六月

第一千一百五十二唐易州鐵象頌王瑞撰蘇靈芝行書開元二十七年五月

第一千一百五十三唐長孫君夫人李氏墓誌正書無書撰人姓名開元二十七年八月

第一千一百五十四唐孝經雙石臺碑楊諫撰劉景廉八分書開元二十七年九月

第一千一百五十五唐忠武將軍王暕墓誌行書無書撰人姓名開元二十七年十月

第一千一百五十六唐太原尹王烋墓誌崔宗之撰并行書開元二十七年十月

第一千一百五十七唐叢臺賦嚴浚撰蔡有鄰八分書開元二十七年

第一千一百五十八唐薛僅善政頌徐季鶴文崔黃中行書開元二十七年

第一千一百五十九唐內常侍趙泰宗碑男尚容撰胡秀八分書開元二十八年二月

第一千一百六十唐幽州刺史元懷景碑皇甫彬撰正書無姓名開元二十八年二月

第一千一百六十一唐將軍慕容嘉賓墓誌馮璩撰正書無姓名開元二十八年二月

第一千一百六十二唐牛仙客父祖贈官記彭杲撰褚庭誨行書開元二十八年二月案仙客父意祖會皆見前

第一千一百六十三唐淄州開元寺碑李邕撰并行書開元二十八年七月

第一千一百六十四唐太子賓客龐承宗碑蘇頲撰梁昇卿八分書開元二十八年八月

第一千一百六十五唐易州刺史田琬德政碑徐安貞撰蘇靈芝行書開元二十八年十月案田公名舊本作仁琬碑無仁字

第一千一百六十六唐吏部尚書楊仲昌碑席豫撰鄔縣篆書開元二十八年案仲昌元炎子也

第一千一百六十七唐楊仲昌後碑韓擇木八分書大歷六年七月建附

第一千一百六十八唐唐儉碑行書無書撰人姓名開元二十九年二月

第一千一百六十九唐安公美政頌撰人姓名殘缺房璘妻高氏書開元二十九年三月案安公名庭堅

第一千一百七十唐元元皇帝應現碑八分書無姓名開元二十九年六月

第一千一百七十一唐夢眞容勅正書無姓名開元二十九年六月

第一千一百七十二唐夢眞容碑吳郁正書開元二十九年六月

第一千一百七十三唐夢眞容碑蘇靈芝行書開元二十九年六月

第一千一百七十四唐石壁寺鐵彌勒像頌林諤撰房璘妻高氏行書開元二十九年六月案頌字本闕從金石文字記增

第一千一百七十五唐章仇公脩玉局觀碑夏侯銛撰管卿行書開元二十九年七月案章仇公名兼瓊

第一千一百七十六唐崇福觀魏尊師碑宋遜撰八分書姓名殘缺開元二十九年九月

第一千一百七十七唐尚書省郎官廳石記 張九齡撰張旭正書
開元二十九年十月
第一千一百七十八唐郎官題名上
第一千一百七十九唐郎官題名下
第一千一百八十唐裴大智碑 李邕撰蕭誠行書開元二十九年十一月
第一千一百八十一唐候臺記 梁德裕撰蘇靈芝行書
第一千一百八十二唐扶溝令馬光淑頌 崔顥撰八分書姓名殘缺
第一千一百八十三唐掖縣令趙公德政頌 行書無書撰人姓名
第一千一百八十四唐穎考叔碑 劉彙撰李琚八分書上四碑竝開元二十
九年立
第一千一百八十五唐延安縣幽堂碑 王光庭撰子經野正書

金石錄卷六 目錄六 十三 朱氏槐廬校刊

第一千一百八十六唐龍門西龕石像銘 張九齡撰八分書姓名缺
第一千一百八十七唐魏文侯廟碑 暢仲昌撰田琦八分書
第一千一百八十八唐述聖頌 達奚珣撰序呂向銘并正書
第一千一百八十九唐金仙長公主碑 徐嶠之撰明皇行書案公主睿
宗第九女
第一千一百九十唐韓公井碑記 正書無書撰人姓名案韓公名朝宗
第一千一百九十一唐龍興寺淨土院碑 李邕撰韋同八分書上七
碑皆開元中立
第一千一百九十二唐雲麾將軍李秀碑 李邕撰并行書天寶元年
正月
第一千一百九十三唐大照禪師碑 盧僎撰史惟則八分書天寶元年三
月
第一千一百九十四唐大照禪師碑上 李邕撰并行書天寶元年二月
第一千一百九十五唐大照禪師碑下 碑在嵩嶽寺
第一千一百九十六唐眞容應現碑 陳知溫行書天寶元年二月
第一千一百九十七唐鄂州刺史盧府君碑 李邕撰并行書天寶
元年二月案盧府君名正道
第一千一百九十八唐興州司馬王府君碑 郭子晉撰趙崇德行
書天寶元年二月
第一千一百九十九唐桐柏觀碑 崔尚撰韓擇木八分書明皇正書題額天
寶元年三月
第一千二百唐脩東鎮沂山記 范正則撰并八分書天寶元年三月

金石錄卷六 目錄六 十四 朱氏槐廬校刊

金石錄卷六終

金石錄卷七

槐廬叢書

宋東武趙明誠德父編著　吳縣朱記榮校刊

目錄七

唐

第一千二百一　唐兗公頌張之宏撰包文該正書天寶元年四月案兗公謂顏淵也

第一千二百二　唐韓賞祭華嶽文韓擇木八分書天寶元年四月在華山

第一千二百三　唐法現禪師碑李通文撰呂向正書天寶元年九月

第一千二百四　唐靈巖寺頌李邕撰并行書天寶元年

第一千二百五　唐蒙泉湯記趙冬曦撰八分書姓名殘缺天寶二年三月

第一千二百六　唐監察御史李希倩碑李邕撰梁昇卿八分書徐浩撰額天寶二年四月

第一千二百七　唐立後漢世祖祠堂記張遡撰梁遊楚八分書天寶二年四月

第一千二百八　唐玉眞公主脩功德頌李成裕撰吳郁行書天寶二年七月案公主睿宗第十女

第一千二百九　唐金籙齋頌崔明允撰史惟則八分書天寶二年十月碑在晉州

第一千二百十　唐立漢樊君祠堂碑王利器撰史惟則八分書徐浩篆額天寶二年十月案樊君漢舞陽侯噲也

第一千二百十一　唐讀樊丞相傳詩鄭炅之撰胡霈然八分書天寶二載案丞相即樊噲

第一千二百十二　唐玉眞公主受道祥應記蔡瑋撰蕭誠行書天寶二載

第一千二百十三　唐襄陽令庫狄履溫頌周擇從撰蕭誠行書天寶三載正月

第一千二百十四　唐嵩陽觀紀聖德頌上李林甫撰徐浩八分書天寶三載二月案金石文字記有裴迥題額

第一千二百十五　唐嵩陽觀紀聖德頌下

第一千二百十六　唐香谷渠記撰人姓名殘缺史惟則書篆天寶三載二月

第一千二百十七　唐靈州都督李琳碑上撰人姓名殘缺杜混元八分書天寶三載析木月

第一千二百十八　唐李琳碑中

第一千二百十九　唐李琳碑下

第一千二百二十　唐眞源觀鐘銘明皇撰并八分書天寶三載六月

第一千二百二十一　唐貢州刺史韋光碑趙良器撰族子若訥八分書天寶三載七月

第一千二百二十二　唐宓子賤碑李少康撰李景參正書天寶三載七月

第一千二百二十三　唐小會眞人僊解謠會國清述陳錫正書天寶三載七月案眞人名成

第一千二百二十四　唐駙馬都尉豆盧建碑張垍撰韓擇木八分書天寶三載八月

第一千二百二十五　唐封孔子弟子詔上呂巖說撰記紀王正書天寶三載十二月

第一千二百二十六　唐封孔子弟子詔下

第一千二百二十七　唐陳隱王祠堂記張謂撰八分書缺名天寶三載

第一千二百二十八唐常覺寺銅鐘銘 韋迴撰并八分書天寶四載

第一千二百二十九唐窣堵波幢銘 劉仲丘撰薛希昌八分書天寶四載

第一千二百三十唐明皇注孝經一 明皇八分書天寶四載九月

第一千二百三十一唐明皇注孝經二

第一千二百三十二唐明皇注孝經三

第一千二百三十三唐明皇注孝經四

第一千二百三十四唐郇國公碑 季子適之撰史惟則篆書天寶四載九月

〔案〕郇國公太宗孫名象

第一千二百三十五唐北齊范陽令宋君碑 郭慎微撰史惟則八分書天寶四載十月

第一千二百三十六唐善才寺大德元秘塔碑 楊琦撰張乾護八分書天寶五載四月

第一千二百三十七唐故一切導師碑 撰人姓名殘缺沙門智謙行書天寶五載六月

第一千二百三十八唐洪福寺彌勒像碑 韓混撰并正書天寶五載

第一千二百三十九唐潁陽觀碑 張粲撰史惟則八分書天寶五載七月

第一千二百四十唐陳留郡太守徐惲碑 李邕撰徐浩行書天寶五載八月

第一千二百四十一唐貪泉銘 陳元伯撰薛希昌八分書天寶五載八月

第一千二百四十二唐蒙山祠記 李瑗撰上官㷂行書天寶五載十一月

第一千二百四十三唐崔潭龜詩 蔡有鄰八分書天寶五載十一月

第一千二百四十四唐孝子尹仁恕旌表闕文 行書無姓名

第一千二百四十五唐尹氏孝德記 張東之撰正書無姓名〔案〕尹氏仁述曾祖養伯祖怦父慕先也四世孝子皆武后時旌天寶五載刻石

第一千二百四十六唐西河太守杜公遺愛碑 書撰人姓名殘缺上三碑皆天寶五載

第一千二百四十七唐張尊師碑 何思遠撰郭懷潮行書天寶六載正月〔案〕張尊師名敬忠

第一千二百四十八唐薛氏追贈夫人碑 房琯撰王曾八分書天寶六載二月

第一千二百四十九唐洛祠志 行書無書撰人姓名天寶六載三月在同州

第一千二百五十唐明禪師院石燈臺頌 正書無書撰人姓名天寶六載六月

第一千二百五十一唐王四娘塔銘 裴炫詞張少卿行書天寶六載六月

第一千二百五十二唐潯陽郡司馬程元封碑 邢韶撰徐浩行書天寶六載七月碑在西京上東門外三里道北積閏村

第一千二百五十三唐開梁公堰頌上 祁順之撰徐浩八分書并篆額天寶六載七月〔案〕梁公名見前

第一千二百五十四唐開梁公堰頌下

第一千二百五十五唐梁公堰碑陰記 平致和撰并正書

第一千二百五十六唐貞一先生廟碣 衛憑撰薛希昌八分書天寶六載七月〔案〕貞一司馬承禎也

第一千二百五十七唐太一寺功德頌 裴炫撰并八分書天寶六載十月〔案〕并字從葉本增

第一千二百五十八唐顏惟貞碑陸據撰蔡有鄰八分書天寶六載十月

第一千二百五十九唐林慮縣記正書無書撰人姓名天寶六載案別本縣作鄰

第一千二百六十唐北海太守竇誠盈碑徐浩撰并八分書題額李邕正書天寶七載五月

第一千二百六十一唐尊勝陀羅尼經正書無姓名天寶七載二月

第一千二百六十二唐濟源令房公遺愛頌平冽撰徐浩行書天寶七載二月案房公名琯

第一千二百六十三唐孝女雙石樓記張璿之撰正書姓名殘缺天寶七載三月案孝女東漢蜀郡太守王子雅之二女也

第一千二百六十四唐安天王碑陰八分書無姓名天寶七載七月案金石文字記云封安天王之銘李荃撰碑陰文康傑撰戴千齡八分書安天王北嶽神也

第一千二百六十五唐度人經八分書無姓名天寶七載七月

第一千二百六十六唐乘眞禪師碑王雄風撰胡霈然行書天寶七載天寶七載十月

第一千二百六十七唐百家巖寺記崔禹錫撰劉彰行書天寶七載九月

第一千二百六十八唐太子司議郎王允碑李華撰朱燦八分書

第一千二百六十九唐任邱縣令王公清德頌傳衍之文崔倚正書天寶八載正月案衍之舊本作衡之

第一千二百七十唐百家巖寺碑崔巨撰崔倚正書天寶八載二月

第一千二百七十一唐陽城郡太守趙公奭碑馮用之撰韓擇木八分書衞包篆額天寶八載五月

第一千二百七十二唐郭先生碑李造撰徐浩行書天寶八載七月

第一千二百七十三唐徐嶠之碑李邕撰季子浩正書天寶八載十月

第一千二百七十四唐美原縣夫子廟碑王巖撰并行書天寶八載十一月

第一千二百七十五唐華嶽碑堂脩飾記衞包撰并正書天寶九載正月

第一千二百七十六唐金天王廟靈異述衞包撰并正書天寶九載四月案金天王西嶽神也

第一千二百七十七唐鄭預注心經正書無姓名天寶九載四月

第一千二百七十八唐靈臺觀金籙齋頌衞包撰并篆書天寶九載四月

第一千二百七十九唐靈臺觀脩三方功德頌衞包撰并篆書天寶九載四月在華州

第一千二百八十唐華嶽廟古松詩衞包撰并篆書案集古錄作韋元志撰衞包書

第一千二百八十一唐陳隱王祠碣衞憑撰八分書無姓名天寶九載五月

第一千二百八十二唐尊勝石幢銘崔悵撰王士則八分書天寶九載六月

第一千二百八十三唐瑤臺寺敕書八分書無姓名天寶九載十月

第一千二百八十四唐陳太邱祖德碑系孫兼撰序伾撰銘伾子膺書天寶九載十一月

第一千三百十三唐治浦橋記蔡希綜撰行書天寶十載正月

第一千三百十四唐上黨啟聖宮頌上明皇撰并八分書天寶十二載二月

第一千三百十五唐啟聖宮頌下

第一千三百十六唐武部尚書楊珣碑上明皇撰并八分書天寶十二載八月案珣國忠父也

第一千三百十七唐楊珣碑中

第一千三百十八唐楊珣碑下

第一千三百十九唐長孫公崔夫人墓誌行書無書撰人姓名天寶十二載八月

第一千三百二十唐哥舒翰等造阿彌陀經正書無姓名天寶十

一載九月

第一千三百二十一唐宇文顒山陰述寶公衡撰史惟則八分書天寶十三載

第一千三百二十二唐贈文部郎中薛悌碑蘇頌撰徐浩八分書天寶十三載二月

第一千三百二十三唐栖霞山亭記史翙撰韓彰八分書天寶十三載七月

第一千三百二十四唐立巫馬期碑賈賁撰韓彰八分書天寶十三載十月

第一千三百二十五唐西楚霸王祠堂頌賀蘭進明撰賀蘭誠書天寶十三載十月

第一千三百二十六唐東方朔畫贊上夏侯湛撰顔眞卿正書天寶十三載十二月

第一千三百二十七唐東方朔畫贊下

第一千三百二十八唐畫贊碑陰記上顔眞卿撰并正書

第一千三百二十九唐畫贊碑陰記下

第一千三百三十唐資州刺史裴仲將碑陸據撰徐浩八分書并篆

第一千三百三十一唐宇文顒山陰述寶公衡撰史惟則八分書上兩碑皆天寶十三載案已見上一千三百二十一此重出

第一千三百三十二唐永陽郡太守姚奕碑達奚珣撰徐浩正書并八分書題額天寶十四載二月案奕崇子也

第一千三百三十三唐苗公歸鄉記撰人姓名殘缺胡霈然八分書天寶

十四載二月

第一千三百三十四唐淮陰太守趙悅遺愛碑張楚金撰行書無姓名

第一千三百三十五唐趙悅碑陰王昕撰

第一千三百三十六唐蘇源明貞德表無撰人周良弼八分書上三碑皆天寶十四載案葉本作正德表金石畧亦同

第一千三百三十七唐元儼律師碑萬齊融撰徐浩行書天寶十五載六月

第一千三百三十八唐壽張令劉公仁政頌無撰人姓名周良弼八分書

第一千三百三十九唐李峯逸經劍門詩程昂正書上二碑皆天寶

十五載

第一千三百四十唐徐浩題經天寶中立

第一千三百四十一唐明皇注金剛經上八分書無姓名

第一千三百四十二唐明皇注金剛經中

第一千三百四十三唐明皇注金剛經下

第一千三百四十四唐石經藏贊蔡有鄰等八分并正書

第一千三百四十五唐襄陽令盧君德政碑閻寬文史惟則八分書案盧君名僎官襄州長史非襄陽令

第一千三百四十六唐襄州牧獨孤冊遺愛頌李邕撰蕭誠行書

第一千三百四十七唐鶺鴒頌明皇撰并行書

第一千三百四十八唐宴濟瀆記達奚珣撰薛希昌八分書

第一千三百四十九唐明皇上黨宮宴羣臣故老詩行書

第一千三百五十唐明皇謁元元廟詩行書

第一千三百五十一唐觀世音像碑陶翰撰徐浩正書

第一千三百五十二唐雲門山投龍詩趙居貞撰行書上十碑皆天寶中立

第一千三百五十三唐烏程令韋君德政碑沈務本傳沈仲昌正書肅宗至德二載二月案韋君名承慶

第一千三百五十四唐金剛經鄔彤行書乾元元年八月

第一千三百五十五唐尊勝經上序沈洽撰鄔彤行書乾元元年八月立

第一千三百五十六唐尊勝經下

第一千三百五十七唐祭姪季明文顏眞卿撰并行書乾元元年九月案季明杲卿子也

第一千三百五十八唐祭伯父濠州刺史文顏眞卿撰并行書乾元元年十月案濠州名元孫杲卿之父眞卿世父也

第一千三百五十九唐金天王廟題名顏眞卿正書乾元元年十月

第一千三百六十唐南叟訓祁順之撰皇三從姪宥正書乾元二年三月

第一千三百六十一唐五原太守郭英奇碑蘇頲撰銘顧誡奢八分書韋述撰序乾元二年五月案英奇知運次子也

第一千三百六十二唐任城尉韋公惠愛記苗藏緒撰正書無姓名乾元二年五月

第一千三百六十三唐城隍神祠記李陽冰撰并篆書乾元二年八月

第一千三百六十四唐忘歸臺銘李陽冰撰并篆書

第一千三百六十五唐贈鴻臚卿曾仲瑜墓誌賴棐撰姚南仲行書乾元二年九月

第一千三百六十六唐鄭陳節度使彭元曜墓誌李潮撰并八分書乾元二年十一月

第一千三百六十七唐岑先生銘嚴浚撰正書無姓名乾元三年四月

第一千三百六十八唐蘄州刺史杜敏生祠頌張槩撰史惟則八分書乾元三年五月

第一千三百六十九唐楚州脩城記范昭撰鄭萼正書上元元年七月

第一千三百七十唐縉雲縣孔子廟記李陽冰撰并篆書上元元年七月

第一千三百七十一唐王公城河中頌 陳雄撰盧耿正書上元元年七月案本作陳翊何氏改作翃

第一千三百七十二唐梁思楚碑 郭翥撰梁思楚集王右軍書上元元年十月案寶刻叢編作衞秀集右軍書非思楚自集也

第一千三百七十三唐工部尚書來曜碑 張鎬撰序蕭昕撰銘韓擇木八分書肅宗御篆額上元二年正月

第一千三百七十四唐王粲石井欄記 甄濟文彭朝議行書上元二年七月後記其一于頔文胡証八分書貞元十七年六月其一盧鈞撰正書會昌二年四月附

第一千三百七十五唐渭南令路公遺愛表 蘇源明撰行書上元二年

第一千三百七十六唐呂公祠廟碑 衞密撰顧誠奢八分書上元二年案呂公名諲後表同

金石録卷七　目録七　十三　朱氏槐廬校刊

第一千三百七十七唐贈太保郭敬之碑 苗晉卿撰蕭華正書元年建寅月案敬之子儀父也

第一千三百七十八唐山谷寺璨大師碑 房琯撰徐浩八分書元年建辰月

第一千三百七十九唐呂公表 元結撰顧誠奢八分書元年建巳月

第一千三百八十唐玉真公主墓誌 王縉撰姪粲書元年建巳月

第一千三百八十一唐離堆記上 顏真卿撰并正書寶應元年

第一千三百八十二唐離堆記中

第一千三百八十三唐離堆記下

第一千三百八十四唐顏惟貞并殷夫人贈告 子真卿正書寶應二年十一月

第一千三百八十五唐鳳翔李粲公遺愛頌 房琯撰韓擇木八分書代宗廣德二年五月碑在鳳翔府今在長安

第一千三百八十六唐贈太保郭敬之廟碑 顏真卿撰并正書廣德二年十一月碑在京兆府

第一千三百八十七唐太尉李光弼碑 顏真卿撰張少悌行書廣德二年十一月

第一千三百八十八唐澤潞李抱玉紀功碑上 元載撰史惟則八分書廣德二年

第一千三百八十九唐李抱玉紀功碑下

第一千三百九十唐李抱玉碑陰 王志安撰男自正正書

金石録卷七　目録七　十四　朱氏槐廬校刊

第一千三百九十一唐滑臺銘 李季卿撰令狐彰行書永泰元年正月

第一千三百九十二唐宋武受命壇記 張謂撰陸淙八分書寶蒙篆永泰元年三月案葉本作陸滐

第一千三百九十三唐黃鶴樓記 閻伯瑾撰魏萬理行書李陽冰篆永泰元年四月

第一千三百九十四唐長明燈頌 邵真撰王世則行書并篆永泰元年五月

第一千三百九十五唐怡亭銘 裴虬撰李莒八分書李陽冰篆永泰元年五月

第一千三百九十六唐顏魯公東林題名 正書永泰元年六月

第一千三百九十七唐顏魯公西林題名 正書永泰元年六月

第一千三百九十八唐吏部侍郎鄭曌齊碑 張楚金撰史惟則八分書并篆永泰元年十一月

第一千三百九十九唐富平尉韋器墓誌趙早撰吳通微正書永泰二年十二月

第一千四百唐鄂州長史游浦碑八分書書撰人姓名殘缺永泰二年十一月

金石錄卷七終

金石錄卷八　槐廬叢書

宋東武趙明誠德父編著　吳縣朱記榮校刊

目錄八

唐

第一千四百一唐唐亭銘元結撰瞿令問篆書永泰二年十一月案唐舊本誤作容

第一千四百二唐令暉令皎二禪師塔銘趙甚撰并正書大歷元年二月

第一千四百三唐永泰寺鐘銘崔巨撰房集書大歷元年十二月

第一千四百四唐淮南節度使崔圓頌德碑李華撰張從申正書大歷二年正月

第一千四百五唐京兆尹鮮于仲通碑上顏眞卿撰并正書大歷二年正月

第一千四百六唐鮮于仲通碑下

第一千四百七唐絳州刺史李公德政頌崔巨撰劉鈞八分書大歷二年二月

第一千四百八唐峿臺銘元結撰篆書無姓名大歷二年六月案峿舊本誤作浯亦瞿令問篆書

第一千四百九唐左驍衛將軍郭英傑碑徐浩撰張芬正書大歷二年七月案英傑知運長子也

第一千四百十唐顏魯公靖居寺題名正書大歷二年十月

第一千四百十一唐亳州刺史劉瓌碑路粲撰李著八分書并篆大歷二年十月

第一千四百十二唐新築隴州城記邵說撰史惟則八分書大歷二年十一月

第一千四百十三唐慧義寺彌勒像碑上韓傲撰李潮八分書大歷二年十二月

第一千四百十四唐彌勒像碑下

第一千四百十五唐嚴浚碑席豫撰徐浩行書

第一千四百十六唐李氏栖先塋碑李季卿撰李陽冰篆書案栖舊誤移

第一千四百十七唐李氏三墳記李季卿撰李陽冰篆書上三碑皆大歷二年立案三墳一曜卿字華一字萬一字榮俟其名皆季卿兄也

第一千四百十八唐郭英乂碑元載撰史惟則八分書大歷三年正月案英乂知運季子也

第一千四百十九唐沛縣令于默成碑子休烈撰劉單銘史惟則八分書大歷三年正月

第一千四百二十唐魏少游碑徐浩撰并八分書大歷三年三月

第一千四百二十一唐邠甯馬璘德政碑韓雲卿撰張少悌行書大歷三年四月

第一千四百二十二唐河橋城樓記張勛撰李著八分書并篆大歷三年六月

第一千四百二十三唐河瀆祠碑王廷昌撰趙復行書大歷三年九月

第一千四百二十四唐潘孝子頌崔稱撰屈突寘八分書大歷三年十月案潘字季通佚其名

第一千四百二十五唐禹廟碑崔巨撰段季展行書大歷三年十一月

第一千四百二十六唐大證禪師碑王縉撰徐浩行書大歷四年三月案金石文字記作徐浩正書

第一千四百二十七唐萬年縣令徐昕碑韓雲卿撰韓擇木八分書李陽冰篆大歷四年三月案昕有功從弟也

第一千四百二十八唐富平尉顏喬卿墓誌弟眞卿撰并正書大歷四年四月案喬卿眞卿之第三兄也

第一千四百二十九唐徐州副元帥廳街記嚴侁撰蕭良童正書大歷四年五月案葉本作嚴仍撰

第一千四百三十唐王延昌碑邵說撰徐浩八分書大歷四年八月

第一千四百三十一唐雙廟碑記齊嵩撰杜勸正書大歷四年八月

第一千四百三十二唐贈揚州都督段府君碑楊炎撰蕭正正書大歷四年十月案段府君名寬

第一千四百三十三唐立晉太尉郗公祠廟碑十一代孫昂撰郭昇行書大歷四年十二月

第一千四百三十四唐崇徽公主手痕詩李山甫等正書案公主僕固懷恩女也以爲帝女嫁於回紇

第一千四百三十五唐左武衛中郎將臧希忱碑韓擇木撰并八分書上兩碑皆大歷四年案希忱懷恪子也

第一千四百三十六唐左僕射裴冕墓誌程浩撰并書大歷五年

第一千四百三十七唐裴冕碑元載撰吳通微正書

第一千四百三十八唐贈梁州都督徐秀碑上顏眞卿撰韓擇木八分書李陽冰篆大歷五年三月

第一千四百七十一唐宋璟碑三
第一千四百七十二唐宋璟碑四
第一千四百七十三唐宋璟碑側記　顔眞卿撰正書無姓名大歷十二年三月立附
第一千四百七十四唐謝公碑陰記　行書無書撰人姓名大歷七年十一月案謝公晉謝安也碑在湖州顔眞卿撰并書
第一千四百七十五唐聰明山神記　張造撰正書無姓名
第一千四百七十六唐般若臺銘　李陽冰篆
第一千四百七十七唐八關齋會記一　顔眞卿撰并書崔倬補書上三碑皆大歷七年立案金石文字記則此并書當作并正書又崔倬得模本命工補刻在大中五年正月此作補書亦當作補刻

第一千四百七十八唐八關齋會記二
第一千四百七十九唐八關齋會記三
第一千四百八十唐八關齋會記四
第一千四百八十一唐八關齋會記五
第一千四百八十二唐八關齋會記六
第一千四百八十三唐令狐公開河碑　元載撰徐浩行書并篆額大歷八年正月案令狐公名彰
第一千四百八十四唐黃石公祠記　李卓撰八分書姓名殘缺大歷八年七月案李卓卽栖筠未遇時元名也
第一千四百八十五唐黃石公祠碑陰記
第一千四百八十六唐徐偃王廟碑　徐安貞撰張宙正書大歷八年十月

第一千四百八十七唐徐偃王廟碑陰記　張宙撰并八分書大歷八年十月
第一千四百八十八唐法愼律師碑　李華撰張從申行書李陽冰篆大歷八年十二月
第一千四百八十九唐司命眞君碑　楊淑撰并行書徐浩八分書題額大歷八年十二月
第一千四百九十唐鏡智禪師碑　獨孤及撰張從申行書李陽冰篆大歷八年十二月
第一千四百九十一唐文宣王廟新三門記　裴孝智撰裴平八分書并篆額大歷八年十二月
第一千四百九十二唐明州刺史裴公紀德碣　王密撰李陽冰篆案裴公名儆下同

第一千四百九十三唐明州刺史裴公紀德碣　八分書姓名缺
第一千四百九十四唐堯山神碑　李諲撰王羨行書上三碑皆大歷八年立
第一千四百九十五唐干祿字書　顔元孫撰眞卿正書大歷九年正月
第一千四百九十六唐干祿字書模本
第一千四百九十七唐放生池碑上　顔眞卿撰并正書大歷九年正月
第一千四百九十八唐放生池碑下
第一千四百九十九唐乞題放生池碑額表　肅宗批荅附
第一千五百唐放生池碑陰記
第一千五百一唐滑臺新驛記　李勉撰李陽冰篆大歷九年八月
第一千五百二唐滑臺新驛記　裴某撰八分書名缺

第一千五百三唐徐浩先塋題名 正書大歷九年十月

第一千五百四唐顏杲卿殘碑 顏眞卿撰并正書大歷九年

第一千五百五唐立漢高祖頌 晉陸機撰郭陶正書大歷十年正月

第一千五百六唐贈兵部尚書王忠嗣碑上 元載撰王縉行書大歷十年四月〔案〕金石文字記云正書

第一千五百七唐王忠嗣碑下

第一千五百八唐商州刺史歐陽琟碑上 顏眞卿撰并正書大歷十年十月

第一千五百九唐歐陽琟碑下

第一千五百十唐怪石銘 樊晃撰張從申行書大歷十年十月

第一千五百十一唐大歷十年具官名氏 李陽冰篆

第一千五百十二唐右僕射裴遵慶碑 楊綰撰盧曉八分書并篆額大歷十一年二月

第一千五百十三唐張同敬碑 程休撰戴千齡書大歷十一年三月

第一千五百十四唐章仇公夫人魏氏墓誌 李礦撰薛邕八分書大歷十一年九月〔案〕魏氏兼瓊妻也

第一千五百十五唐壽安縣甘棠館記 蕭昕撰史鎬八分書盧璟篆額大歷十一年十月

第一千五百十六唐董孝子碣 崔殷撰徐浩行書大歷十二年二月〔案〕孝子漢董黯也

第一千五百十七唐汝州刺史李深遺愛碑 撰人名缺韓秀弼八分書大歷十二年三月

第一千五百十八唐兗州都督劉好順碑 梁乘撰元訥正書盧曉八分書題額大歷十二年四月

第一千五百十九唐湖州射堂記 撰人姓名殘缺世傳顏魯公正書大歷十二年四月

第一千五百二十唐李抱玉碑 楊綰撰顏眞卿正書大歷十二年五月碑在長安京兆府

第一千五百二十一唐元靖李先生碑上 顏眞卿撰并正書大歷十二年五月

第一千五百二十二唐元靖李先生碑下

第一千五百二十三唐鮮于氏里門記上 韓雲卿撰韓秀弼八分書李陽冰篆額大歷十二年五月

第一千五百二十四唐鮮于氏里門記下

第一千五百二十五唐慧解寺三門樓讚 李肖撰周濤金行書大歷十二年六月

第一千五百二十六唐巴州刺史鮮于昱碑 喬林撰閻千歲正書大歷十二年七月〔案〕昱仲通子也

第一千五百二十七唐僧懷素自敘 大歷十二年十月草書

第一千五百二十八唐杜濟碑上 顏眞卿撰并正書大歷十二年十一月

第一千五百二十九唐杜濟碑下

第一千五百三十唐杜濟墓誌 顏眞卿撰并正書大歷十二年十一月

第一千五百三十一唐台州刺史康希銑碑上 顏眞卿撰并正書大歷十二年十一月

第一千五百六十五唐蕭和尚靈塔銘 正書姓名殘缺德宗建中元年二月

第一千五百六十六唐聰明山銘 洪經綸撰張洌八分書建中元年六月

第一千五百六十七唐立漢黃公碣 李翰撰張從申行書李陽冰篆額建中元年三月

第一千五百六十八唐顏氏家廟碑上 眞卿撰并正書李陽冰篆額建中元年七月

第一千五百六十九唐顏氏家廟碑中

第一千五百七十唐顏氏家廟碑下

第一千五百七十一唐右神武將軍史繼先墓誌 徐浩撰并行書建中元年八月

第一千五百七十二唐明州刺史王公德政碑 李舟撰顏眞卿正書李陽冰篆額建中二年十月案王公名密

第一千五百七十三唐三藏和尚不空碑 嚴郢撰徐浩正書建中二年十一月

第一千五百七十四唐觀無量壽佛經 比邱道秀正書建中三年十月

第一千五百七十五唐張茂昭功德碑 王璿撰并行書建中三年

第一千五百七十六唐扶陽郡君韋氏墓誌 杜黃裳撰正書無姓名建中四年三月

第一千五百七十七唐元魯山墓碣 李華撰顏眞卿正書李陽冰篆額建中四年秋案魯山元德秀也

第一千五百七十八唐段秀實碑上 德宗撰皇太子誦行書貞元元年四月

第一千五百七十九唐段秀實碑下

第一千五百八十唐定光上人塔銘 吉中孚撰行書姓名殘缺貞元元年十月

第一千五百八十一唐夏縣令韋公遺愛頌 鄭士林撰胡証八分書貞元二年八月案韋公名澳

第一千五百八十二唐郭汾陽廟碑 高參撰張誼行書貞元二年九月

第一千五百八十三唐鄭州司馬元待聘碑 劉太眞撰韓秀弼八分書貞元二年九月

第一千五百八十四唐均法師碑 沙門惟心撰高述書貞元三年五月

第一千五百八十五唐張延賞碑 趙贊撰歸登八分書貞元三年七月

第一千五百八十六唐張延賞碑 正書元和八年十二月建附

第一千五百八十七唐樗里子墓碣 獨孤及撰張誼行書貞元三年案樗里子秦人名疾惠王異母弟也

第一千五百八十八唐內侍監魚朝恩碑 吳通元撰吳通微行書貞元四年五月

第一千五百八十九唐麟德殿宴羣臣詩 德宗撰皇太子誦行書顏防書渾瑊表附貞元四年六月

第一千五百九十唐嗣曹王戢碑 趙贊撰行書無姓名貞元四年七月

第一千五百九十一唐藏用上座院序 程浩撰吳通微行書貞元四年

第一千五百九十二唐襄州新學記 盧羣撰羅讓行書貞元五年六月

第一千五百九十三唐戲馬臺銘 劉復撰薛宥正書貞元五年七月

金石錄卷八終

金石錄卷九

槐廬叢書

宋東武趙明誠德父編著　吳縣朱記榮校刊

目錄九

唐

第一千六百十五唐新鶴鵲樓記陳翃撰正書無姓名貞元九年十一月

第一千六百十六唐茶山詩并詩述詩述于頔撰詩袁高撰徐璹正書

第一千六百十七唐詩述碑陰詩李吉甫撰徐璹正書貞元十年正月

第一千六百十八唐長安尉王之咸碑于邵撰韓秀榮八分書貞元十年正月

第一千六百十九唐濟遠寺功德碑郭邕撰劉雲行書貞元十年二月

第一千六百二十唐邱公夫人虞氏石表碑梁肅撰黎燧正書貞元十年十月案葉本作石表銘

第一千六百二十一唐徑山大覺師碑王顏撰王偁正書貞元十年十一月

第一千六百二十二唐軒轅鑄鼎原銘王顏撰袁滋篆書貞元十一年正月

第一千六百二十三唐兵部郎中韋晊墓誌宇文邈撰正書無姓名貞元十一年二月

第一千六百二十四唐菩薩戒石壇記長爪請問經附沙門大覿述屈賁正書貞元十一年二月

第一千六百二十五唐會善寺戒壇記陸長源撰陸郢書貞元十一年七月案金石文字記陸郢八分書并篆額一本元有八分字

第一千六百二十六唐崔淙謝廣利方表行書貞元十二年五月

第一千六百二十七唐忠武公將佐畧上陳雄撰胡証八分書貞元十二年六月案忠武公郭子儀也

第一千六百二十八唐忠武公將佐畧下

第一千六百二十九唐幽州復舜廟頌韋稔撰顏頵正書并篆貞元十二年閏八月案書頌之顏頵魯公長子也

第一千六百三十唐劉居簡歸鄉拜高廟詩正書貞元十二年十月

第一千六百三十一唐漢陽王張柬之碑李邕撰翟令問八分書貞元十二年十一月

第一千六百三十二唐顧少連張式嵩山聯句正書貞元十二年十二月

第一千六百三十三唐相國趙憬碑權德輿撰歸登八分書李騰篆貞元十三年五月

第一千六百三十四唐鹽池靈應公神祠碑崔放撰韋縱正書貞元十三年八月

第一千六百三十五唐濟瀆廟祭器銘張洗撰八分書無姓名貞元十三年案張洗字濯纓爲濟源令別本作張洪非也

第一千六百三十六唐王陰二眞君碑李吉甫撰儲伯陽行書貞元十四年正月

第一千六百三十七唐李吉甫神女祠詩正書貞元十四年正月

第一千六百三十八唐澄城令鄭君德政碑陳京撰鄭雲逵行書貞元十四年正月案鄭君名楚相

第一千六百三十九唐蜀守李公碑韋行儉撰王綸行書貞元十四年七月

第一千六百四十唐任要謁夫子廟詩正書貞元十四年十二月

第一千六百四十一唐政刑箴德宗撰八分書無姓名貞元十四年十二月
第一千六百四十二唐少林寺廚庫記顧少連撰崔灝正書
第一千六百四十三唐送張建封還鎮詩德宗撰太子誦行書
第一千六百四十四唐馬寶墓誌歐陽詹撰正書無姓名上三碑皆貞元十四年
第一千六百四十五唐缺(案)跋尾有唐義興縣重脩茶舍記其次序正當在此疑所缺者即是也
第一千六百四十六唐彭王傳徐浩碑張式撰次子峴正書貞元十五年十一月
第一千六百四十七唐昭義軍節度使王虔休碑撰人姓名殘缺徐峴正書貞元十六年四月

第一千六百四十八唐白楊新廟記令狐楚撰鄭造正書貞元十六年七月
第一千六百四十九唐四皓舊隱圖畫文韋渠牟撰賈牟正書貞元十六年七月
第一千六百五十唐李說碑鄭儋撰柳公權正書貞元十六年十月卒文宗朝追建
第一千六百五十一唐韋渠牟步虛詞正書貞元十六年十二月
第一千六百五十二唐同州刺史崔淙遺愛碑楊憑撰韋縱正書
第一千六百五十三唐重修金銅普賢菩薩像記韋皋撰并行書貞元十七年十一月

第一千六百五十四唐段文昌與房式往還書正書貞元十七年十一月
第一千六百五十五唐惠昕大師碑齊推撰正書姓名殘缺貞元十七年
第一千六百五十六唐焦㷁碑從弟郁撰朱獻任行書貞元十八年七月
第一千六百五十七唐盧州刺史羅公德政碑楊憑撰徐瑨正書并篆額貞元十九年四月
第一千六百五十八唐鸜鵒舍利塔記韋皋撰并行書貞元十九年八月
第一千六百五十九唐晉州長史楊公墓誌孫佲撰荀額正書貞元十九年八月(案)楊公名瓊
第一千六百六十唐淩雲寺石像記一韋皋撰張緈行書貞元十九年十月

第一千六百六十一唐淩雲寺石像記二
第一千六百六十二唐淩雲寺石像記三
第一千六百六十三唐淩雲寺石像記四
第一千六百六十四唐淩雲寺石像記五
第一千六百六十五唐舉廢功述王仲舒撰韋固正書貞元二十年八月
第一千六百六十六唐捴悟上人林下集序石洪撰正書貞元二十年十二月
第一千六百六十七唐韋皋紀功德碑上德宗撰太子誦正書貞元二十年十二月
第一千六百六十八唐韋皋紀功德碑下

第一千六百六十九唐楚金禪師碑 沙門飛錫撰吳通微行書貞元二十一年七月(案)金石文字記云正書

第一千六百七十唐送李愿歸盤谷序 韓愈撰正書無姓名貞元中刻石(案)金石文字記云其末記貞元辛口歲建丑月渤海高從口書

第一千六百七十一唐萬州刺史苗拯碑 張粲撰王山從八分書苗端題額順宗承貞元年十二月

第一千六百七十二唐晉祠新松記 令狐楚撰顏顒正書憲宗元和元年三月(案)書記之顏顒魯公弟允臧子也

第一千六百七十三唐顧少連謚議 正書無姓名元和元年五月

第一千六百七十四唐安邑縣新亭記 劉師老撰李銑正書元和元年閏六月

第一千六百七十五唐欽州刺史盧瑗碑 裴度撰裴璘正書元和元年

第一千六百七十六唐顏杲卿碑上 眞卿撰盧佐元正書元和元年十月

第一千六百七十七唐顏杲卿碑下

第一千六百七十八唐東渭橋河運院記 席夔撰韓瑗八分書元和二年五月

第一千六百七十九唐乘廣禪師碑 劉禹錫撰并正書元和二年五月

第一千六百八十唐武甯軍大將軍新廳記 張仲素撰崔縉正書

第一千六百八十一唐大誓禪師碑 張宏靖撰八分書姓名殘缺元和二年七月

第一千六百八十二唐禱聰明山記 盧頊撰正書元和二年七月

第一千六百八十三唐二聖金剛碑 瞿參撰并八分書篆額元和三年正月

第一千六百八十四唐立漢高祖頌 晉陸機撰王適篆書元和三年七月

第一千六百八十五唐虞城縣令長新戒 王適篆書

第一千六百八十六唐左拾遺竇叔向碑 羊士諤撰竇易直正書元和三年十月

第一千六百八十七唐新開常熟塘記 劉允文撰劉蒞正書元和四年二月

第一千六百八十八唐韓退之題名 正書元和四年閏三月

第一千六百八十九唐國子助教薛公達墓誌 韓愈撰正書無

姓名元和四年閏三月

第一千六百九十唐游琅邪山新寺詩 柳遂正書無年月錢可復元和四年四月題名附

第一千六百九十一唐國子司業辛璿碑 姪宗撰正書無姓名胡季良篆元和四年五月

第一千六百九十二唐虞城令李公去思頌 李白撰王適篆書元和四年六月(案)李公名錫

第一千六百九十三唐徐州使院石柱記 劉公輿撰盧自烈八分書元和四年十月

第一千六百九十四唐京河新開水門記 韋處厚撰唐衢八分書元和五年正月

第一千六百九十五唐贈吏部尚書武就碑權德輿撰鄭餘慶正書元和五年二月案就元衡父也

第一千六百九十六唐圯上圖贊李德裕撰齊推正書元和五年三月

第一千六百九十七唐相國賈耽碑鄭餘慶撰并正書元和五年五月

第一千六百九十八唐杜岐公郊居記權德輿撰正書無姓名元和五年八月案岐公杜佑也

第一千六百九十九唐杜岐公莊居記佑自撰沈傳師正書元和五年十月

第一千七百唐明皇送李邕赴滑州詩柏元封行書元和五年十月

第一千七百一唐題巫山詩蔡穆撰沈幼眞行書元和五年十二月

第一千七百二唐成紀王祭北嶽碑李穆撰令狐靖正書

第一千七百三唐彌陁和尚碑柳宗元撰并正書上兩碑竝元和五年

第一千七百四唐魏博田緒遺愛碑上裴垍撰張宏靖正書元和六年四月

第一千七百五唐田緒遺愛碑下

第一千七百六唐烏承玼碑上許孟容撰胡証八分書并篆元和七年正月

第一千七百七唐烏承玼碑下

第一千七百八唐左常侍路公碑韓愈撰鄭餘慶正書元和七年十月案路公名應

第一千七百九唐右僕射裴耀卿碑許孟容撰歸登八分書并篆元和七年十一月

第一千七百十唐尚書省新脩記許孟容撰鄭餘慶正書袁滋篆元和八年正月

第一千七百十一唐尚書省石幢記胡証撰并八分書元和八年三月

第一千七百十二唐華州新廳堂記吳丹撰并正書元和八年二月

第一千七百十三唐華州後閣記李正辭撰并正書元和八年三月

第一千七百十四唐靈珍禪師塔銘徐峴撰并正書元和八年八月

第一千七百十五唐襄州樊成公遺愛碑上李絳撰鄭餘慶正書元和八年十二月案樊公名澤官襄州刺史謚曰成舊本作樊城公誤

第一千七百十六唐樊成公遺愛碑下

第一千七百十七唐劉統軍碑韓愈撰歸登八分書案統軍名昌裔

第一千七百十八唐田宏正家廟碑韓愈撰胡証八分書上兩碑皆元和八年

第一千七百十九唐會善寺誌王凝撰并行書元和九年八月

第一千七百二十唐濟亭記李蟠述裴璘正書鄭冠篆元和九年十月

第一千七百二十一唐興元節度使裴玢碑裴度撰劉遵古行書元和九年十一月

第一千七百二十二唐智浩律師碑段文昌撰蕭延慶正書元和九年十二月

第一千七百二十三唐紫玉山禪師碑李承翟撰屈師穆書元和九年

第一千七百二十四唐建鎮南碣記孟簡撰陳構正書元和十年十月

第一千七百二十五唐胥山銘盧元輔撰王遹正書元和十年十一月案盧元輔杞之子也官杭州刺史胥山在杭州舊本作孟元輔誤

第一千七百二十六唐孔子弟子贊明皇與宋璟等撰元和十年十二月

孟簡立
第一千七百二十七唐太子賓客孔述睿碑鄭絪撰鄭餘慶書元和十一年六月
第一千七百二十八唐經禹廟詩庾肩吾撰孟簡立行書無姓名元和十一年八月案寶刻叢編作庾肩吾孟簡立撰謝楚正書
第一千七百二十九唐無量寺多寶塔記裴度撰王凝正書元和十二年二月
第一千七百三十唐贈司空于頔碑張躬撰劉伯芻八分書元和十二年六月案頔憲宗相頔之父也
第一千七百三十一唐太府寺丞李泳墓誌令狐楚撰段企緯行書元和十二年十二月

第一千七百三十二唐崔融題東林寺詩正書無姓名元和十三年二月重刻
第一千七百三十三唐左常侍李眾碑李絳撰張璘正書元和十三年十二月
第一千七百三十四唐上宏和尚塔碑白居易撰李克恭正書元和十三年
第一千七百三十五唐大聖舍利塔銘張仲素撰沈傳師正書元和十四年二月
第一千七百三十六唐陽翟令廳壁記許堯佐撰吳宗冉正書元和十四年五月
第一千七百三十七唐元浩和尚靈塔碑崔恭撰并正書元和十四年十一月
第一千七百三十八唐平淮西碑段文昌撰陸郊八分書元和十四年十二月
第一千七百三十九唐鄆州刺史廳記馬總撰八分書無姓名元和十四年十二月
第一千七百四十唐左常侍薛苹碑孟簡撰柳公權正書元和十五年閏正月
第一千七百四十一唐感化詩竇牟撰正書無姓名元和十五年三月
第一千七百四十二唐太子賓客呂元膺碑李絳撰裴璘正書元和十五年七月
第一千七百四十三唐太子少保田公碑李宗閔撰篆書姓名殘缺元和十五年九月案田公名融

第一千七百四十四唐土洲記段文昌撰王元同正書元和十五年十一月
第一千七百四十五唐張中丞許使君南特進廟碑韋臧孫撰趙晏正書
第一千七百四十六唐南海神廟碑韓愈撰陳諫正書上兩碑並元和十五年案金石文字記載此碑十五年十月
第一千七百四十七唐昭義軍節度使辛祕碑牛僧孺撰陳諫正書
第一千七百四十八唐王處士引瀑泉記武少微撰正書無姓名上兩碑皆元和中立案舊作武少儀何氏改王處士名易簡
第一千七百四十九唐羅池廟碑韓愈撰沈傳師正書長慶元年正月案羅

池神柳宗元也廟在柳州

第一千七百五十唐黃陵廟碑韓愈撰沈傳師正書長慶元年

第一千七百五十一唐張誠碑白居易撰武翊黃正書姪孫璠篆長慶二年六月

第一千七百五十二唐律大德湊公塔銘白居易撰僧雲皋正書長慶二年閏十月

第一千七百五十三唐心經寶鞏正書長慶二年十一月案別本與下一碑俱作元和非也今從錢本

第一千七百五十四唐明州南樓詩陳右撰胡師模八分書長慶二年十二月

第一千七百五十五唐谿堂記韓愈撰牛僧孺正書

第一千七百五十六唐贈太保李良臣碑李宗閔撰楊正正書上兩碑皆長慶二年案楊正是人姓名周本正字不重乃誤脫何氏焯云今此碑尚在太原斷而為二

第一千七百五十七唐題怪石詩世傳李德裕作長慶三年二月

第一千七百五十八唐平盧薛公紀績碑柏元封撰八分書長慶三年三月案薛公名平

第一千七百五十九唐題東林寺影堂碑陰李渤撰僧雲皋正書長慶三年三月

第一千七百六十唐少府監胡珦碑韓愈撰胡証八分書長慶三年四月

第一千七百六十一唐絳守居園池記樊宗師撰正書無姓名長慶三年五月

第一千七百六十二唐江西使院小史記崔祐甫撰陸蔚之正書長

慶三年五月在洪州

第一千七百六十三唐贈左僕射郭公碑李宗閔撰蕭佑正書長慶三年八月

第一千七百六十四唐柳州井銘柳宗元撰沈傳師正書長慶三年

第一千七百六十五唐大海寺玉像碑張仲方撰韓齊申八分書并篆長慶四年正月

第一千七百六十六唐熙怡大師石墳志侯高撰僧雲皋正書長慶四年正月

第一千七百六十七唐大覺禪師塔銘李渤撰柳公權正書胡証篆長慶四年六月

第一千七百六十八唐銘幡竿石寶鞏撰并正書長慶四年十月

第一千七百六十九唐相里友諒墓誌撰人姓名缺王元弼正書長慶四年十二月

第一千七百七十唐溆州刺史高公德政碑王起撰裴璘正書長慶中立案高公名承簡

第一千七百七十一唐脩浯溪記韋詞撰羅洧正書寶歷元年五月

第一千七百七十二唐紫陽先生碑李白撰柳公綽正書

第一千七百七十三唐紫陽先生碑陰李藥撰柳公綽正書寶歷二年三月案紫陽姓胡氏佚其名李含光道侶也

第一千七百七十四唐蒙泉詩沈傳師正書寶歷三年四月宇文鼎詩太和九年附

第一千七百七十五唐三像記李德裕撰并八分書寶歷二年八月

第一千七百七十六唐禹穴碑鄭魴撰序元稹銘韓抒材行書寶歷二年九月

第一千七百七十七唐桂陽巖銘李渤撰八分書無姓名寶歷中立

第一千七百七十八唐辨石鐘山記李渤撰正書無姓名太和元年八月

第一千七百七十九唐沖虛眞人廟記劉三復撰李德裕八分書太和元年十二月（案沖虛周列禦寇也）

第一千七百八十唐西平王李晟碑上裴度撰柳公權正書太和二年四月（案金石文字記作三年）

第一千七百八十一唐李晟碑下

第一千七百八十二唐烏重允碑上裴度撰寶易直正書太和二年四月

第一千七百八十三唐烏重允碑下（案重允承玭子也）

第一千七百八十四唐涅槃和尚碑武翊黃撰柳公權正書太和二年七月

第一千七百八十五唐清泉寺大藏經記韓抒材撰并行書劉蔚篆太和二年九月

第一千七百八十六唐衡嶽寺大德琮公碑皇甫湜撰王翊正書太和三年正月

第一千七百八十七唐薛平增脩家廟碑馮宿撰裴璘正書李寓篆太和三年九月

第一千七百八十八唐塔陰文楊承和撰唐元度篆書太和三年十月

第一千七百八十九唐李祐墓誌庾敬休撰王無悔八分書太和三年十一月

第一千七百九十唐裴度白居易聯句正書無姓名太和三年十二月

第一千七百九十一唐處州孔子廟碑韓愈撰任迪行書太和三年月

第一千七百九十二唐太尉王播碑李宗閔撰柳公權正書太和四年正月

第一千七百九十三唐太尉王播墓誌牛僧孺撰柳公權正書太和四年四月

第一千七百九十四唐節堂記劉三復撰李德裕八分書太和四年五月

第一千七百九十五唐玭禪師碑劉軻撰僧雲皋正書太和四年七月

第一千七百九十六唐何文悊碑王源中撰劉禹錫正書太和四年八月

第一千七百九十七唐秋日望贊皇山詩李德裕撰并八分書太和四年八月

第一千七百九十八唐侯仲莊碑杜黃裳撰崔元略正書太和四年閏十一月

第一千七百九十九唐桃源詩劉禹錫撰李某書名缺太和四年月

第一千八百唐將作監韋文恪墓誌庾敬休撰柳公權正書太和五年二月

金石錄卷九終

金石錄卷十

槐廬叢書

宋東武趙明誠德父編著　吳縣朱記榮校刊

目錄十

唐　五代　國朝

月

第一千八百二十七唐李紳題少林寺詩正書開成元年七月

第一千八百二十八唐皇甫曙題石佛谷詩李道夷正書開成元年十一月

第一千八百二十九唐贈太尉王智興碑裴度撰柳公權正書開成元年十一月

第一千八百三十唐文宣王新廟碑劉禹錫撰盧經正書開成二年三月

第一千八百三十一唐陰符經序鄭澣撰柳公權正書丁居晦篆開成二年七月

第一千八百三十二唐黃公記李漢撰八分書無姓名開成二年十一月

第一千八百三十三唐檢校金部郎中崔稹碑李絳撰柳公權正書開成三年正月

第一千八百三十四唐丞相崔羣碑裴度撰劉禹錫正書開成三年正月

第一千八百三十五唐淮南監軍韋元素碑丁居晦撰柳公權正書開成三年七月

第一千八百三十六唐寶稱律師塔銘劉軻撰陳去病正書開成四年七月

第一千八百三十七唐淄王傅元公碑李宗閔撰柳公權正書開成四年七月案元公名錫

第一千八百三十八唐白蘋洲五亭記白居易撰馬續正書開成四年

第一千八百三十九唐宣州觀察使王質碑劉禹錫撰并正書開成四年十一月

第一千八百四十唐山南西道驛路記劉禹錫撰柳公權正書開成四年

第一千八百四十一唐魏博何進滔德政碑一柳公權撰并正書開成五年正月

第一千八百四十二唐何進滔德政碑二

第一千八百四十三唐何進滔德政碑三

第一千八百四十四唐何進滔德政碑四

第一千八百四十五唐何進滔德政碑五

第一千八百四十六唐李聽碑上李石撰柳公權正書開成五年二月

第一千八百四十七唐李聽碑下

第一千八百四十八唐贈禮部尚書羅讓碑王起撰柳公權正書開成五年二月

第一千八百四十九唐常侍裴恭碑盧衞撰鄭還古正書開成五年四月

第一千八百五十唐沒賀舍利傳崔壽撰正書無姓名開成五年十月

第一千八百五十一唐李德裕平泉草木記開成五年

第一千八百五十二唐李德裕平泉山居詩上二碑皆李德裕八分書

第一千八百五十三唐左眞人仙堂記張虛白撰襲眞子書開成五年

第一千八百五十四唐沈傳師嶽麓寺詩行書文宗時作

第一千八百五十五唐贈太尉李憕碑上李紓撰沈傳師正書文宗時立

第一千八百五十六唐李憕碑下

第一千八百五十七唐新脩紫極宮記賈島撰正書無姓名武宗會昌元年五月

第一千八百五十八唐贈太師崔陲碑劉禹錫撰柳公權正書會昌元年五月

第一千八百五十九唐大達法師碑裴休撰柳公權正書會昌元年十二月

第一千八百六十唐宣公律院碣嚴厚本撰柳公權正書會昌元年

第一千八百六十一唐苻溪新亭記李濆撰楊紹復正書會昌二年正月

第一千八百六十二唐昊天觀碑王起撰柳公權正書會昌三年十月

第一千八百六十三唐巡幸左神策軍碑上崔鉉撰柳公權正書會昌三年

第一千八百六十四唐巡幸左神策軍碑下

第一千八百六十五唐張宏靖祭唐叔文李德裕撰正書無姓名會昌四年二月

第一千八百六十六唐金剛經柳公權正書會昌四年四月

第一千八百六十七唐蔚州刺史馬紓墓誌楊倞撰正書無姓名會昌四年七月

第一千八百六十八唐贈太子少保高重碑姪元裕撰柳公權正書會昌四年十月

第一千八百六十九唐李貽孫神女廟詩正書無姓名會昌五年九月

第一千八百七十唐脩文宣王廟記裴坦撰盧匡書會昌五年十月

第一千八百七十一唐李德裕大孤山賦篆書無姓名會昌五年

第一千八百七十二唐相國李涼公碑李德裕撰柳公權正書會昌六年三月案涼公李石也

第一千八百七十三唐商於新驛記韋琮撰柳公權正書宣宗大中元年正月

第一千八百七十四唐山南西道節度使王起碑李回撰柳公權正書大中元年四月

第一千八百七十五唐呂溫祭舜廟文裴昇之正書大中元年五月

第一千八百七十六唐牛僧孺碑李珏撰柳公權正書大中二年十月

第一千八百七十七唐太子太傅劉沔碑韋博撰柳公權正書大中二年十二月

第一千八百七十八唐淮陽太守李公廟記李諫撰慕容鎬正書大中三年三月

第一千八百七十九唐般若心經徐璋撰大中三年五月

第一千八百八十唐普光王寺碑李邕撰柳公權正書

第一千八百八十一唐潁亭記陳寬撰正書無姓名上兩碑皆大中四年

第一千八百八十二唐醉吟先生傳并墓誌傳白居易自撰碑李商隱撰譚郁正書大中五年四月

第一千八百八十三唐贈太尉李固言碑李珏撰三從姪傳正書大中六年二月

第一千八百八十四唐幽州納降軍使李巖碑正書撰人姓名殘缺大中六年六月

第一千八百八十五唐嶺南節度使韋正貫碑蕭鄴撰柳公權正書大中六年七月
第一千八百八十六唐魏公先廟碑崔絢撰柳公權正書大中六年十一月〔案〕舊魏徵之來孫今碑已殘缺撰文者乃崔璵武宗相珙之弟也非崔絢
第一千八百八十七唐河東監軍康約言碑柳公權撰并正書大中七年十二月
第一千八百八十八唐蕭穎士庭莎賦正書無姓名大中七年十月
第一千八百八十九唐吏部尚書高元裕碑蕭鄴撰柳公權正書大中七年七月
第一千八百九十唐四證臺記李商隱撰正書無姓名大中七年十一月〔案〕舊作四證堂碑

第一千八百九十一唐司徒薛平碑李宗閔撰柳公權正書
第一千八百九十二唐觀音院記段成式撰柳公權正書
第一千八百九十三唐起居郎劉君碑劉三復撰柳公權正書上三碑皆大中七年
第一千八百九十四唐元魯山琴臺記朱整撰正書無姓名大中八年正月
第一千八百九十五唐姚勗復眞記自撰正書無姓名大中八年三月〔案〕謝本脫姚字
第一千八百九十六唐陳杲仁告身夫人捨宅疏序兪珦遡并書大中八年五月
第一千八百九十七唐重陽亭銘李商隱撰正書無姓名大中八年九月

第一千八百九十八唐大覺禪師碑李吉甫撰蕭起正書大中八年十二月
第一千八百九十九唐淮南節度使崔從碑蔣伸撰柳公權正書大中八年
第一千九百唐圭峯禪師碑裴休撰并正書大中九年正月〔案〕金石文字記云柳公權篆額又正月作十月
第一千九百一唐大覺禪師碑邱丹撰蕭起行書大中九年五月
第一千九百二唐勸農勅正書無姓名大中十年五月
第一千九百三唐陽翟縣水亭記魏庾撰并正書大中十年五月
第一千九百四唐興唐寺記撰人姓名殘缺李袞正書大中十年
第一千九百五唐杜佑莊居記佑自撰孫愉重立李袞正書大中十年

第一千九百六唐復東林寺碑崔黯撰柳公權正書大中十一年四月
第一千九百七唐南濱廣源公碑李景讓撰蓋巨源八分書大中十一年正月
第一千九百八唐楊滁妻張氏墓誌滁自撰并正書行書銘大中十三年
第一千九百九唐西明寺金剛經柳公權正書大中十三年六月五月
第一千九百十唐兵部尚書盧綸碑盧言撰崔倬正書大中十三年七月
第一千九百十一唐定州文宣王廟記盧肇撰并正書大中十三年八月
第一千九百十二唐儒宮碑沈佐黃撰杜英正書并篆大中十三年八月
第一千九百十三唐萬石君廟記石晏撰王藩行書并篆大中十三年十一

月

第一千九百十四唐義昌軍節度使杜中立碑 裴坦撰杜宣猷正書大中十四年八月

第一千九百十五唐禮部尚書許康佐碑 書撰人姓名殘缺

第一千九百十六唐崇聖寺佛牙碑 孫朴撰王君平行書上三碑皆大中年間立

第一千九百十七唐司空扶風公寫眞記 李澄撰蓋巨源書懿宗咸通元年十一月案扶風公馬植也

第一千九百十八唐令狐楚登白樓賦 令狐澄書咸通二年三月

第一千九百十九唐六譯金剛經 蓋巨源八分書咸通四年六月

第一千九百二十唐尊勝陀羅尼經 于僧翰八分書咸通五年

第一千九百二十一唐潛谿記 杜宣猷撰正書無姓名咸通八年十月

第一千九百二十二唐鄭薰雩齋開講詩 正書無姓名咸通九年九月

第一千九百二十三唐兵部尚書王承業墓誌 鄭言撰柳仲年正書咸通十年二月

第一千九百二十四唐贈司空孔岑父碑 鄭細撰柳知微正書咸通十一年正月

第一千九百二十五唐同昌公主碑 韋保衡撰柳仲年正書咸通十一年二月案公主懿宗長女

第一千九百二十六唐宿惠山寺詩 王武陵朱宿竇羣正書咸通十二年七月

第一千九百二十七唐脩繁城廟記 曹分撰篆書無姓名咸通十二年九月

第一千九百二十八唐鄭畋謁昇仙太子廟記 正書無姓名僖宗乾符四年四月

第一千九百二十九唐李商隱佛頌 吳華篆書廣明元年十月

第一千九百三十唐昭覺寺碑 蕭遘撰劉崇龜正書中和五年正月

第一千九百三十一唐安昌寺碑 周庾信撰令狐渙重書昭宗乾甯元年十一月

第一千九百三十二唐瘞鶴銘 華陽眞逸撰行書無姓名無時代歲月案此梁陶宏景書

第一千九百三十三唐千字文 世傳智永書

第一千九百三十四唐冬日陪羣公泛舟詩 諸丹陽功曹掾王某名缺行書無年月

第一千九百三十五唐金字般若碑 正書無姓名

第一千九百三十六唐柘城令李公德政頌 封利建撰魏崇行書

第一千九百三十七唐立郭林宗碑 行書無姓名

第一千九百三十八唐郭林宗碑陰

第一千九百三十九唐草堂寺報願碑 宋儋文劉敬宗正書

第一千九百四十唐寂照寺雙浮圖碑 單江撰八分書

第一千九百四十一唐孟浩然碣 樊澤撰正書無姓名

第一千九百四十二唐李氏窆銘 篆書無姓名案李氏左相適之也

第一千九百四十三唐題阮客舊居詩 篆書無姓名

第一千九百四十四唐椒陵陂詩韋權撰正書
第一千九百四十五唐金剛經上正書無姓名
第一千九百四十六唐金剛經下
第一千九百四十七唐心經正書無姓名
第一千九百四十八唐遺教經正書無姓名
第一千九百四十九唐玉藥詩倡和沈傳師李德裕正書無姓名
第一千九百五十唐大智禪師碑正書書撰人姓名殘缺
第一千九百五十一唐通神寺鳳陽門銘八分書無書撰人姓名
第一千九百五十二唐尊勝幢贊韓拯文郎員行書
第一千九百五十三唐楊公史傳記行書無姓名
第一千九百五十四唐唐元度十體書

第一千九百五十五唐教戒經正書無姓名
第一千九百五十六唐中書舍人王無競碑姚洧撰行書無姓名
第一千九百五十七唐梵綱經上正書無姓名
第一千九百五十八唐梵綱經下
第一千九百五十九唐無名碑正書無書撰人姓名
第一千九百六十唐夏日登戲馬臺記鄭遂文盧僎撰八分書無姓名
第一千九百六十一唐楠木歌嚴武撰史俊行書
第一千九百六十二唐郗昂光福寺詩行書無姓名
第一千九百六十三唐嚴武題龍日寺西龜石壁詩行書無姓名
第一千九百六十四唐白居易與劉禹錫書行書

第一千九百六十五唐立王右軍祠堂記王師乾撰正書無姓名
第一千九百六十六唐知制誥郭愼微碑姪洧撰八分書姓名殘缺京兆金石錄云顧誠奢書
第一千九百六十七唐皇甫湜浯溪詩案湜太和三年撰瑗公碑見前
第一千九百六十八唐沙門湛然題井陘山壁詩正書無姓名
第一千九百六十九唐吳興太守歷官記正書無姓名
第一千九百七十唐李幼卿題瑯琊山詩八分書無姓名柳遂皇甫智詩附案李幼卿大歷間人見全唐詩非撰三墳記之李幼卿
第一千九百七十一唐李陽冰琴銘
第一千九百七十二唐冰清琴銘

第一千九百七十三唐齊州刺史封公德政碑李迥秀撰李思惲行書
第一千九百七十四唐元元皇帝道德銘李華撰張敬伷書
第一千九百七十五唐然燈經正書無姓名已上諸碑皆無年月或殘缺
第一千九百七十六唐華嶽題名一
第一千九百七十七唐華嶽題名二
第一千九百七十八唐華嶽題名三
第一千九百七十九唐華嶽題名四
第一千九百八十唐華嶽題名五
第一千九百八十一唐泰山石闕題名上
第一千九百八十二唐泰山石闕題名下

金石錄卷十　目錄十　十三　朱氏槐廬校刊

遺目

金石錄卷十　目錄十　十四　朱氏槐廬校刊

金石錄卷十終

金石錄卷十一　　　槐廬叢書

宋東武趙明誠德父編著　吳縣朱記榮校刊

跋尾一

三代

古器物銘第一

古鐘銘

右古鐘銘五十二字藏宗室仲爰家象形書不可盡識以其書奇古故列於諸器銘之首後又得一鐘銘文正同一鐸銘字畫亦相類皆錄於後

方鼎銘

右方鼎銘藏岐山馮氏張侍郎舜民云夏時器也字畫奇怪不可識

虀鼎銘

右虀鼎銘藏祕閣銘一字象虀形呂氏考古圖云即古文虀字

祖丁彝銘

右祖丁彝銘藏蔡肇天啟舍人家呂氏考古圖載李氏錄云祖丁者商之十四世帝祖丁也余案夏商時人渻質皆以甲乙爲號今世人家所藏彝器銘文如此類甚衆未必帝祖丁也李氏名公麟字伯時父有古器圖一卷行於世云

古器物銘第二

兄癸彝銘

右兄癸彝銘藏潁昌韓氏葢底皆有銘凡商器款識多者不過數字而此器獨二十餘字尤爲奇古

古器物銘第四

甗銘

右甗銘案眞宗皇帝實錄咸平三年乾州獻古銅鼎狀方而有四足上有古文二十一字詔儒臣考正而句中正杜鎬驗其款識以爲史信父甗中正引說文甗甑也文引墨子夏后鑄鼎四足而方春秋傳晉侯賜子產二方鼎云此其類也余嘗見今世人家所藏古甗形製皆圜而此器其下正方故中正等疑爲方鼎之類然方鼎與甗自是兩器名今遂以爲一物非也（楊南仲曰史當讀爲中音仲）

秦鐘銘

右秦鐘銘云丕顯朕皇祖受天命奄有下國十有二公歐陽文忠公集古錄以爲太史公史記於秦本紀云襄公始列爲諸侯而諸侯年表則以秦仲爲始今據年表

始秦仲則至康公爲十二公此鐘爲莊公時作也（案莊當作共各本俱誤）據本紀自襄公爲始則桓公爲十二公而銘鐘者爲景公也余案秦本紀自非子爲周附庸邑於秦至秦仲始爲大夫仲死子莊公伐破西戎於是予之（案予之當從史記作復予）秦仲後及其先大駱地犬丘幷有之爲西垂大夫莊公卒子襄公代立犬戎之難襄公有功周室於是平王始封襄公爲諸侯賜之岐以西之地曰戎無道侵奪我岐豐之地秦能攻逐戎卽有其地與誓封爵之襄公於是始國與諸侯通使聘享之禮而詩美襄公亦以能取周地始爲諸侯受顯服蓋秦仲初未嘗稱公莊公雖追稱公然猶爲西垂大夫未立國至襄公始國爲諸

侯矣則銘所謂奄有下國十有二公者當自襄公爲始然則銘斯鐘者其景公歟

周敦銘

右周敦而下器銘五皆藏御府初皇祐間脩大樂有旨付有司攷其聲律制度而模其銘文以賜公卿楊南仲爲圖刻石者也然其器尋歸禁中故模本世間絕難得余所藏公私古器款識略盡蓋獨闕此求之久而不獲有董之明子上者家藏古今石刻甚富適有此銘因以遺余之明云卽皇祐賜本也

古器物銘第五

文王尊彝銘

右文王尊彝銘紹聖間宗室仲忽獲此器以獻有旨下祕閣考驗而館中諸人皆以爲後世詐僞之物不當進於御府於是仲忽坐罰金然其器猶藏祕閣初仲忽以器銘上一字與小篆卣字相類遂讀爲魯因以文王爲周之文王曰此魯公伯禽享文王廟器也其言頗近乎夸故當時疑以爲僞然茲器制作精妙文字奇古決非僞物識者當能辨之惟遂以爲魯公器者初無所據爾

宋公䜌餗鼎銘

右宋公䜌餗鼎銘元祐間得於南都藏祕閣底蓋皆有銘案史記世家宋公無名䜌者莫知其爲何人也

寶龢鐘銘

古寶龢鐘銘藏太常凡四鐘款識竝同初景祐間李照脩雅樂所鑄鐘其形皆圜與古製頗異時又別詔胡瑗自以管法製鐘磬會官帑中獲此鐘其形如鈴而不圜馮元等按其款識以爲漢魏時器於是令瑗倣其狀作新鐘一縣十六枚然不獲奏御但藏諸樂府而已今按此銘文字皆古文爲周以前所作無疑而元以爲漢魏時器蓋失之矣

楚鐘銘

右楚鐘銘政和三年獲於鄂州嘉魚縣以獻字畫奇怪友人王壽卿曾翁得其墨本見遺銘文云楚公（下一字不可識必其名也）自作楚自周成王時封熊繹以子男田居楚至

熊渠乃立其三子爲王後復去其王號至熊通始自立爲楚武王則是楚未嘗稱公不知此鐘爲何人作也

古器物銘第六

毛伯敦銘

右毛伯敦銘凡四其一惟蓋存藏劉原父家其一底蓋具藏京兆孫氏其一不知所從得銘文皆同原父釋足下一字爲鄭遂以爲司馬遷史記所載毛叔鄭器曰武王克商尙父牽牲毛叔鄭奉明水銘稱伯者爵也史稱叔者字也敦乃文武時器也今究其點畫殊不類鄭字而呂氏考古圖釋爲郱皆莫可考

簠銘

右簠銘本兩器底蓋皆有銘文悉同其一原父以遺歐陽公案集古錄以中上一字爲張字引詩六月篇侯誰在矣張仲孝友曰此周宣王時張仲器也呂大臨攷古圖以偏傍推之其字從巨不從長以隸字釋之當爲弡弡字雖見玉篇然古文與隸書多不合未知果是否（案黄長睿東觀餘論云弡其勿反非張字）

匜銘

又匜銘劉原父既以前一簠爲張仲所作又以此匜爲張伯器曰仲之兄也尤無所據原父於是正之學號稱精博惟以意推之故不能無失爾

商雒鼎銘

右鼎銘劉原父得於商雒銘云維十有四月蔡君謨嘗問原父十有四月者何原父不能對呂氏考古圖云古器銘多有是語或云十三月或云十九月疑人君卽位君喪踰年未改元故以月數余嘗考之古人君卽位明年稱元年蓋無踰年不改元之事又余所藏牧敦銘有云惟王十年十有三月以此知呂氏之說非是蓋古語有不可曉者闕之可也

周姜敦銘

右周姜敦銘本二器其一原父以遺歐陽公伯下一字集古錄讀爲冋曰此書所載伯冋穆王時人也而呂氏考古圖訓作百皆未詳（案書畫譜作考古圖訓作首）

古器物銘第七

大夫始鼎銘

右大夫始鼎銘案說文對字本從口漢文帝以爲責對而爲言多非誠對故去其口以從士今驗茲鼎銘及周以後諸器款識對字最多皆無從口者然則古文大篆固已不從口矣又疑李斯變古法作小篆對字始從口至文帝復改之耳然書傳不載未敢遂以爲然也

季娟彝銘

右季娟彝銘藏洛陽趙氏銘字畫與大篆小異蓋古文也當是周初接商時器余徧閲商周諸器銘所謂古文者大率如此而唐人所書皆別作一體筆畫疎瘦與彝

鼎間字絕異雖李陽冰亦爲之不知何所依據余以謂
學古文當以彝鼎間字爲法（案葉本以謂下多學者二字）

金石録卷十一終

金石録卷十二　槐廬叢書

宋東武趙明誠德父編著　吳縣朱記榮校刊

跋尾二

三代　秦　漢

古器物銘第八

父丙彝銘

右父丙彝銘舊藏祖擇之舍人家後歸故人王偁唯益存已破闕此周器也而猶稱父丙者當是周初接商時器

宋君夫人鼎銘

右宋君夫人鼎銘其文云宋君夫人之餗釪鼎呂氏考古圖云藏祕閣今乃在宗室仲爰家而祕閣所藏自有宋公䜌鼎蓋考古誤也

古器物銘第九

敦銘

右敦銘藏宗室仲爰家銘文凡二百餘字余所錄諸器銘文字之多無踰此者

宋穆公孫盤銘

右宋穆公孫盤銘元祐間臨淄縣民於齊故城得數器此其一也藏趙元考內翰家驗其文蓋送女器

散季敦銘

右散季敦銘藏長安呂微仲丞相家底蓋皆有銘考古圖以太初歷推之爲武王時器未知是否又云武王時散氏惟有宜生季疑其字者亦何所據哉士大夫於考

正前代遺事其失常在於好奇故使學者難信孔子曰君子於其所不知蓋闕如也

古器物銘第十

井伯敦銘

右井伯敦銘云惟六月既生霸戊戌旦王格于大室師某父即位井伯右內史冊命錫赤芾對揚王休用作寶敦其萬年子子孫孫其永寶用古器銘文字難盡通故時有斷續不可次第處今此銘四十餘字所不識者一字而已因并載其語按左氏春秋傳有井伯然古人姓名或有同者未可知也（師下一字不可識）

古器物銘第十一

鼎銘

右鼎銘藏蜀人鄧氏銘有云王格大室即立按古器物銘凡言即立或言立中庭皆當讀爲位蓋古字假借其說見鄭氏注儀禮秦泰山頌詩刻石猶如此

古器物銘第十二

楚鐘銘

右楚鐘銘藏方城范氏云惟王五十六祀楚王（下一字不可識）章按楚惟惠王在位五十七年又其名爲章然則此鐘爲惠王作無疑也方是時王室衰弱六國爭雄楚尤強大遂不用周之正朔嗚呼可謂僭矣鐘背又有兩商字一穆字其義未曉

中姞匜銘

右中姞匜銘與後兩器皆藏李伯時家初伯時得古方鼎遂以爲晉侯賜子產者後得此匜又以爲晉襄公母偪姞器殊可笑凡三代以前諸器物出於今者皆可寶何必區區附託書傳所載姓名然後爲奇乎此好古者之蔽也

車敦銘

右車敦銘其文云作旅車敦莫詳其義

古器物銘第十三

齊侯盤銘

右齊侯盤銘政和丙申歲安邱縣民發地得二器其一

此盤其一匜也驗其文蓋齊侯爲楚女作

古器物銘第十四 秦漢器

秦權銘

右秦權銘今世人家所藏秦權至多銘文悉同余所得者凡四銘（案此銘字衍）其二不知所從得其一藏王禹玉丞相家皆銅權也其一近歲出於濟州以石爲之歐陽文忠公集古錄載祕閣校理文同家有二銘其一乃銅鍰上有銘循環刻之不知爲何器余嘗考之亦權也按班固漢書律歷志五權之制圜而環之令之肉倍好者周旋無端終而復始無窮已也孟康注以謂鍾之形如環也然古權亦有與今稱錘相似者蓋形製不一各從其

便爾

汾陰侯鼎銘

右汾陰侯鼎銘舊藏劉原父家今歸御府按漢書周昌以高祖六年封汾陰侯至其孫國除

銅釜銘

右銅釜銘云長信賜館陶家按漢書外戚傳竇皇后女嫖封館陶長公主又百官公卿表長信詹事掌皇太后宮景帝中六年更名長信少府張晏注曰以太后所居宮爲名也居長信則曰長信少府居長樂則曰長樂少府然則景帝時宮名長信則竇太后居是宮無疑銘雖無年月然知其爲竇太后賜館陶公主亦無疑也

武安侯器銘

右武安侯家器銘不知所從得按漢書景帝後三年封田蚡武安侯又楚思王子慢元壽元始中再封武安侯（案元壽當作建平）銘無年月未知果誰所作又按帝紀楚懷王嘗封高祖爲武安侯然驗其刻畫疑非高祖時器

周陽家鐘銘

右鐘銘藏歐陽公家其器壺也銘云畔邑家令周陽家金鍾容十斗重三十八斤第四十云

上林供官銅鼎銘

右上林供官銅鼎銘不知所從得銘有監工李負芻按後漢人絶無二名者此鼎蓋西漢器也（案二名別本作二字名非也公

羊以仲孫何忌爲譏二名此文所本也何氏焯云後漢人自有二名但少耳）

平周金銅鉦銘

右銅鉦銘云平周金銅正（案正一作鉦）重十六斤八兩背文云平定五年受圜陰士大夫頗疑前代年號無爲平定者余嘗考之蓋非年號也按西漢書地里志平周平定圜陰三縣皆屬西河郡圜陰漢惠帝五年置此鉦先藏平周後歸圜陰復以授平定故再刻銘爾所謂五年當是景帝以前未有年號時也前世既無平定年號而三縣皆隸西河故知其如此又漢書地理志圜陰王莽改曰方陰顏師古云圜字本作圁縣在圁水之陰因以爲名王莽改爲方陰則是當時已誤爲圜今有銀州銀水即

是舊名猶存但字變爾其說出於酈道元注水經今按玆器漢時所刻乃爲圜字然則師古何所依據遂以爲圜乎恐亦臆說也

古器物銘第十五

谷口銅甬銘

右谷口銅甬銘舊藏劉原父家一器而再刻銘歐陽公集錄金石遺文自三代以來法書皆備獨無西漢文字求之纍年不獲會原父守長安長安故都多古物奇器原父好奇博識皆購求藏去（臧去與弆同）最後得斯器及行鐙博山香鼎模其銘文以遺歐陽公於是西漢之書始傳於世矣蓋收藏古物實始於原父而集錄前代遺文

亦自文忠公發之後來學者稍稍知搜抉奇古皆二公之力也

律管銘

右律管銘藏晁无咎學士家云始建國元年正月癸酉朔日制按晉書律歷志律古以竹或玉爲之至平帝時王莽始易以銅又漢書莽以十二月朔癸酉爲建國元年正月之朔二說皆合也（案建國上當有始字）

金石錄卷十二終

金石錄卷十三　　槐廬叢書

宋東武趙明誠德父編著　吳縣朱記榮校刊

跋尾三

三代　秦　漢

安州所獻六器銘

右六器銘重和戊戌歲安州孝感縣民耕地得之自言於州州以獻諸朝凡方鼎三圜鼎二甗一皆形製精妙款識奇古按此銘文多者至百餘字其義頗難通又稱作父乙父己寶彝若非商末即周初器也

齊鐘銘

右齊鐘銘宣和五年青州臨淄縣民於齊故城耕地得古器物數十種其間鐘十枚有款識尤奇最多者幾五百字今世所見鐘鼎銘文之多未有踰此者驗其詞有余一人及齊侯字蓋周天子所以命錫齊侯齊侯自紀其功勳者初鐘既出州以獻於朝又命工圖其形製及臨倣此銘刻石既非善工而字有漫滅處皆以意增損之以此頗失眞今余所藏乃就鐘工摹拓者最得其眞也

家藏古器物銘上

父乙彝銘

右父乙彝銘其器鼎也而謂之彝者按說文彝宗廟常器然以古器款識考之商以前凡器通謂之彝至周以後有六彝之名於是直以盛鬱鬯之尊爲彝其名與諸器始分矣此鼎蓋商器云

爵銘

右爵銘大觀中濰之昌樂丹水岸圮得此爵及一觚按考工記爵一升觚三升獻以爵而酬以觚一獻而三酬則一豆矣鄭氏云豆當讀爲斗而漢儒皆以爲爵一升觚二升今此二器同出以觚量之適容三爵與考工記合以此知古器不獨爲翫好又可以決經義之疑也

戟銘

右戟銘其器得於靑之益都傍枝爲鉤形製作甚工與今世人家所藏古戈戟形製不同按揚雄方言戟其曲者謂之鉤子鏝胡（案今方言鉤子作鉤釨）郭璞注曰卽今雞鳴句子戟也春秋左氏傳欒樂車乘槐本而覆或以戟鉤之呂氏春秋晏子與崔杼盟直兵造匈句兵鉤頸高誘注曰句戟也賈誼過秦論云鉤戟長鎩此戟蓋古所謂鉤戟也

家藏古器物銘下

孟姜盥匜銘

右孟姜盥匜銘余所錄古器款識有叔匜銘匜字作鉈後又得伯公父匜銘字作盬今此銘作鎜蓋古書不必

同文然三字意義皆通

田鼎銘

右田鼎銘云自作田鼎疑田獵所用也

漢麃邱宮鐙銘

右漢麃邱宮鐙銘得於澶淵云麃邱宮銅鐙重二十斤八兩甘露二年工郭從都史李定造蓋宣帝時物也所謂麃邱宮者不見於史蓋秦漢離宮別館所在有之故史家不能盡記麃邱在漢屬東郡

石本古器物銘

右石本古器物銘余旣集錄公私所藏三代秦漢諸器款識畧盡乃除去重複取其刻畫完好者得三百餘銘

皆模刻於石又取墨本聯爲四大軸附入錄中近世士大夫間有以古器銘入石者然往往十得一二不若余所有之富也

吉日癸巳字

右吉日癸巳字世傳周穆王書按穆王時所用皆古文科斗書此字筆畫反類小篆又穆天子傳史記諸書皆不載以此疑其非是姑錄之以待識者

石鼓文

右石鼓文世傳周宣王刻石史籀書歐陽文忠公以謂今世所有漢桓靈時碑往往而在距今未及千載大書深刻而摩滅者十猶八九自宣王時至今實千有九百

餘年鼓文細而刻淺理豈得存以此爲可疑余觀秦以前碑刻如此鼓文及詛楚文泰山秦篆皆麤石如今世以爲碓臼者石性既堅頑難壞又不堪他用故能存至今漢以後碑碣石雖精好然亦易剜缺又往往爲人取作柱礎之類蓋古人用意深遠事事有理類如此況此文字畫奇古决非周以後人所能到文忠公亦以爲非史籀不能作此論是也

秦詛楚文

右秦詛楚文余所藏凡有三本其一祀巫咸舊在鳳翔府廨今歸御府此本是也其一祀大沈久湫藏於南京蔡氏其一祀亞駝藏於洛陽劉氏秦以前遺蹟見於今

者絕少此文皆出於近世而刻畫完好文詞字札奇古可喜元祐間張芸叟侍郎黃魯直學士皆以今文訓釋之然小有異同今盡錄二家所釋於左方俾覽者詳焉

玉璽文

右玉璽文元符中咸陽所獲傳國璽也初至京師執政以示故將作監李誠誠手自摹印之凡二本以其一見遺焉（案李誠別本作李誡）

秦泰山刻石

右秦泰山刻石大中祥符歲眞宗皇帝東封此山兗州太守模本以獻凡四十餘字其後宋莒公模刻于石歐陽公載於集古錄者皆同蓋碑石爲四面其三面稍摩

滅故不傳世所見者特二世詔書數十字而已大觀間汶陽劉跂斯立親至泰山絕頂見碑四面有字乃模以歸文雖殘缺然首尾完具不可識者無幾於是秦篆完本復傳世間矣以史記本紀考之頗多異同史云親巡遠方黎民而碑作親軺遠黎史云大義休明而碑作著明史云垂于後世而碑作陲于後嗣史云皇帝躬聖而碑作躬聽史云男女禮順而碑作體順史云施於後嗣而碑作昆嗣史云具刻詔書刻石而碑作金石刻皆足以正史氏之誤然則斯碑之可貴者豈特翫其字畫而已哉碑既出斯立模其文刻石自爲後序謂之泰山秦篆譜云（案金石文字記云所存惟臣斯臣去疾御史夫臣昧死言臣請具刻詔書金石刻因明白矣臣

昧死請二十九年字在嶽頂碧霞元君之東廡今已焚燬存石二段計十字

秦瑯邪臺刻石

右秦瑯邪臺刻石在今密州其頌詩亾矣獨從臣姓名及二世詔書尚存然亦殘缺熙甯中蘇翰林守密令廬江文勛模榻刻石即此碑也從臣姓名五大夫作夫夫泰山秦篆亦如此或以謂古大與夫同爲一字恐不然余家所藏古器款識有周大夫始鼎及秦權銘㸃首大安皆用大字蓋古人簡質凡字㸃畫相近及音同者多假借用之别無它義東漢時碑刻尚多如此

秦之罘山刻石

右秦之罘山刻石桉史記本紀始皇二十九年登之罘

山凡刻兩碑今皆摩滅獨二世詔二十餘字僅存後人鑿石取置郡廨歐陽公集古録以爲非眞又云麻温故學士於登州海上得片木有此文豈杜甫所謂棗木傳刻肥失眞者耶此論非是蓋杜甫指嶧山碑非此文明矣之罘在秦屬東萊今屬登州

秦嶧山刻石

右秦嶧山刻石者（案別本作昔）鄭文寶得其摹本於徐鉉刻石置之長安此本是也唐封演聞見記載此碑云後魏大武帝登山使人排倒之然而歷代摹拓之以爲楷則邑人疲於供命聚薪其下因野火焚之由是殘缺不堪摹寫然猶求者不已有縣宰取舊文勒於石碑之上置之縣廨令人間有嶧山碑者皆是新刻之本而杜甫詩直以爲棗木傳刻者豈又有別本與桉史記本紀二十八年始皇東行郡縣上鄒嶧山立石與魯諸儒生議刻石頌秦德而其頌詩不載其他始皇登名山凡六刻石史記皆具載其詞而獨遺此文何哉然其文詞簡古非秦人不能爲也秦時文字見於今者少此雖傳摹之餘然亦自可貴云

金石録卷十三終

金石錄卷十四　　槐廬叢書

宋東武趙明誠德父編著　　吳縣朱記榮校刊

跋尾四

漢

漢陽朔塼字

漢居攝墳壇刻石二

漢巴官鐵量銘

漢會稽東部都尉路君闕銘

漢南武陽功曹闕銘

漢王稚子闕銘

漢謁者景君表

漢謁者景君碑陰

漢郯令景君闕銘

漢麟鳳贊并記

漢國三老袁君碑

漢西嶽石闕銘

漢張平子碑

漢張平子殘碑

漢北海相景君碑

漢北海相景君碑陰

漢敦煌長史武班碑

漢武氏石闕銘

漢費亭侯曹騰碑

漢司隸楊厥開石門頌

漢吳郡丞武開明碑

漢祝長嚴訢碑

漢從事武梁碑

漢平都侯相蔣君碑

漢陽朔塼字

右漢陽朔塼字云尉府壺壁陽朔四年正朔始造設已所行字畫奇古西漢文字世不多有此字完好可喜然所謂尉府壺壁又云已所行者莫曉其爲何等語

漢居攝墳壇刻石二

右居攝墳壇刻石二其一云上谷府卿墳壇其一云祝其縣卿墳壇（案謝本無縣字此疑衍）皆居攝二年三月造上谷郡名祝其縣名不知所謂府卿與縣卿爲何官蓋自王莽居攝官名日易故史家不能盡紀也其曰墳壇者古未有上本像故爲壇以祀之兩漢時皆如此

漢巴官鐵量銘（此盆色類丹砂魯直石刻云其一曰秦刀巴官三百五十戊永平七年弟二十七酉余紹興庚午歲親見之今在巫山縣治韓暉仲云案魯直誤以斤爲戊趙氏作三百五斤疑脫一十字）

右漢巴官鐵量銘云巴官永平七年三百五五斤弟二十七前代以永平紀年者凡五漢明帝晉惠帝後魏宣武李密僞蜀王建惟明帝至十八年其他皆無及七年者

以此知為明帝時物也此銘王無競見遺

漢會稽東部都尉路君闕銘

右漢路君闕銘二其一云會稽東部都尉路君闕永平八年四月十四日庚申造其一云故豫州刺史溫令元城令公車司馬令開陽令謁者議郎徵試博士路君不知為何人按漢書志建武六年省諸郡都尉唯邊郡往往有之豈會稽邊海故置此官歟又任延嘗為會稽西部都尉而此云東部疑當時會稽分東西部各置都尉史不載爾（案何氏焯云前書地理志會稽但有西部南部都尉東部以東部都所置其見於史者惟張紘耳）

漢南武陽功曹闕銘

右漢南武陽功曹墓闕銘云南武陽功曹鄉嗇夫又云以為國三老又云章和元年其它族系名字皆摩滅不可考究墓在今沂州有兩闕其一元和中立文字尤殘闕難讀（案其一下刻本有銘字）

漢王稚子闕銘

右漢王稚子闕銘二其一云漢故先（案一作光）靈侍御史河內縣令王君稚子闕其一云漢故兗州刺史洛陽令王君稚子之闕按范氏後漢書循吏傳王渙字稚子嘗為溫令而刻石為河內令者蓋史之誤渙以元興元年卒然則闕銘蓋和帝時所立也

漢謁者景君表

右漢謁者景君表其額題漢故謁者景君墓表而其文云惟元初元年五月丁卯故謁者任城景君卒其他文字摩滅時有可讀處皆斷續不復成文矣元初安帝時年號也此在漢時石刻中殘缺為甚特以安帝以前碑碣存者無幾不可棄也故錄之

漢謁者景君碑陰

右漢謁者景君碑陰其前題云諸生服義者又云義士北海劇張敏字公輔弟子濟北茌平甯尊字伯尊凡十五人皆完好可讀云

漢郯令景君闕銘

右漢郯令景君闕銘云維元初四年三月丙戌郯令景

君卒又云君存時恬然無欲樂道安貧信而好古非法不言治歐陽尚書傳祖父河南尹父步兵校尉業門徒上錄三千餘人又云三司聘請流化下邳又云司空太常博士竝舉高經君為其元假涂郯城姦邪洗心又云被病喪身歸於幽冥門人服義百有餘人按漢人為景君刻銘本欲傳於不朽而不著其族系名字何哉

漢麟鳳贊并記

右漢麟鳳贊其上刻麟鳳像各為贊附於下又別有記云永建元年秋七月（七字筆畫類十字蓋石本殘缺難辨秋無十月當讀為七也案婁機漢隸字源云孔廟置卒史碑元嘉三年三月二十日袁君碑有十國之誤十字義皆作七）山陽太守河內孫君新刻瑞像麟鳳最後有銘銘凡五句句九字

桉漢史安帝時頻有鳳凰麒麟之瑞而順帝永建中則
無之不知孫君刻此碑何謂也（案顧氏藹吉云其小篆云永建元年秋七月饗時山陽太守河內孫君見碑不合禮據蘷造新刻瑞儀麟鳳比此文爲詳故錄之）

漢國三老袁君碑

右漢國三老袁君碑桉元和姓纂云袁幹封貴鄉侯始
居陳郡爲著姓八代孫良生昌璋昌生安璋生滂爲司
徒唐書宰相世系表云袁生元孫幹封貴鄉侯八世孫
良二子昌璋昌成武令生安璋生滂以此碑及後漢書
攷之姓纂與唐表殊爲疎謬袁安列傳云安祖父良平
帝時舉明經爲太子舍人建武中至成武令今據此碑
良以永建六年卒相距蓋百餘年以此知非一人無疑

又安以永元四年薨良之卒乃在其後三十九年以此
知非安之祖亦無疑也蓋安汝南汝陽人滂乃陳郡扶
樂人其鄉里族系亦自不同而安與滂相去歲月甚遠
不得爲從父兄弟明矣豈二人之祖其名偶同遂爾差
謬邪又此碑與李利涉編古命氏皆云良幹五世孫而
姓纂唐史皆以爲八代孫碑云幹袁生之曾孫而唐史
以爲元孫諸書皆云幹以討公孫勇功封爲貴鄉侯而
碑獨作公先勇又云封關內侯食遺鄉六百戶者皆莫
可考安列傳稱祖良爲成武令而唐史謂昌爲此官者
疑唐史之誤也又酈道元水經注扶溝城北有袁梁碑
云梁陳國扶樂人事與碑合惟水經誤以良爲梁爾袁
氏自漢以來世爲著姓安與滂皆一時顯人而諸書於
其族系錯謬如此以此知典籍所載其失可勝道哉

漢西嶽石闕銘

右漢西嶽石闕銘云永和元年五月癸丑朔六日戊午
宏農太守常山元氏張勳爲西嶽華山作石闕高二丈
二尺其後爲韻語文詞頗怪又字多假借時有難曉處
永和漢順帝晉穆帝姚泓皆有此號穆帝時華陰不屬
晉以此碑字畫驗之恐非姚泓時蓋漢刻也又桉晉書
載記姚興與泓傳本朝宋莒公紀年通譜皆云泓以義
熙十二年僭位改元永和獨帝紀作十一年未知孰
是因考永和年號幷記之（案通鑑考異云晉本紀三十國晉春秋皆云義熙十一年

二月姚興卒魏本紀北史本紀皆云十二年案後魏書崔鴻傳太祖天興二年姚興改號鴻以爲元年故晉本紀三十國春秋皆由鴻而誤）

漢張平子碑

右漢張平子碑桉後漢書列傳云平子永元中舉孝廉
連辟公府不就安帝雅聞衡善術學公車特徵拜郎中
而碑乃云舉孝廉爲尚書侍郎傳云再遷爲太史令而
碑乃一遷碑云遷公車司馬令遂相河間而傳不載其
爲公車司馬令傳云在河間三年上書乞骸骨徵拜尚
書乃卒而碑不載其爲尚書此數事皆當以碑爲據惟
傳云順帝初再徵爲太史令其事見平子所爲應閒可
信不疑而碑無之豈平子初嘗罷免後復拜此官而碑

不書歟

漢張平子殘碑

右漢張平子殘碑政和中亡友劉斯立以此本見寄云其石新得於南陽凡七十有二字今世所傳平子碑有兩本其一亡其首其一亡其尾以二本相補其文乃足此碑蓋後段之亡失者也字畫尤完好云

漢北海相景君碑

右漢北海相景君碑在濟州任城縣景氏在漢世爲任城人今有三碑尚存余皆得之此碑最完

漢北海相景君碑陰

右漢景君碑陰按後漢書百官志注河南尹官屬有循

行一百三十人而晉書職官志州縣吏皆有循行今此碑陰載故吏都昌台邱暹而下十九人皆作脩行他漢及晉碑數有之亦與此碑陰所書同豈循脩字畫相類遂致爲謬邪碑陰又有故午營陵是遷等六人名姓莫知其爲何官又台邱不見於姓氏書惟見於此者兩人云

漢敦煌長史武班碑

右漢敦煌長史武班碑歐陽公集古録云漢班碑者蓋其字畫殘滅不復成文其氏族官閥卒葬皆不可見其可見者君諱班爾今以余家所藏本考之文字雖漫滅然猶歷歷可辨其額題云漢故敦煌長史武君之碑知其姓武而官爲敦煌長史也碑云君諱班字宣張昔殷王武丁克伐鬼方元功章炳勳藏王府官族析分因以爲氏知其名字與氏族所出也又云永嘉元年卒知其卒之年月也

漢武氏石闕銘

右漢武氏石闕銘云建和元年太歲在丁亥三月庚戌朔四日癸丑孝子武始公弟綏宗景興開明使石工孟季季弟卯造此闕直錢十五萬孫宗作師子直四萬開明子宣張仕濟陰年二十五曹府君察舉孝廉除敦煌長史被病云歿苗秀不遂嗚呼哀哉士女痛傷武氏有數墓在任城開明者仕爲吳郡府丞綏宗名梁仕爲郡

從事宣張名班皆自有碑

漢費亭侯曹騰碑

右漢費亭侯曹騰碑云惟建和元年七月二十二日己巳皇太后曰其遣費亭侯之國爲漢輔藩而歐陽公集古録乃言皇后若曰其遣費亭侯之國誤也按後漢書建和元年桓帝即位梁太后臨朝稱制蓋此碑所載遣騰之國詔書乃梁太后非桓帝也東漢自安順以來閹豎尊寵用事往往封侯貴顯其後騰之孫操及其曾孫丕再世數十年憑藉勢力卒移漢祚而有之以此觀之閹豎用事之禍可勝言哉

漢司隸楊厥開石門頌

右漢司隸楊厥開石門頌余嘗讀范氏後漢書鄧騭傳有云時遭元二之災人士荒饑章懷太子注以謂元二即元元也古書字當再讀者即於上字下爲小二字後人不曉遂讀爲元二或同之陽九或附之百六良由不悟致斯乖舛今岐州石鼓銘凡重言者皆爲二字明驗也其說甚辨學者信之今此碑有曰中遭元二西戎虐殘橋梁斷絕若讀爲元元則爲不成文理疑當時自有此語漢書注未必然也（案隸釋云碑云司隸校尉楊君厥字孟文水經及歐趙皆謂之楊厥碑蜀中晚出楊淮碑云司隸校尉楊君厥諱淮字伯邳大司隸孟文之元孫也始知兩碑皆以厥爲語助華陽國志云楊渙字孟文）

漢吳郡丞武開明碑

右漢吳郡丞武開明碑云君字開明而其名巳殘缺又云永和二年舉孝廉除郎謁者漢安二年遷大長秋丞長樂太僕丞永嘉元年喪母去官復拜郎中除吳郡府丞壽五十七建和二年十一月十六日遭疾卒其可見者如此其他摩滅不能盡讀桉後漢書志大長秋丞一人秩六百石本注宦者又長樂少府位在長秋上及職吏皆宦者又有太僕二千石在少府上丞六百石（案後書不見有太僕丞）據志所載中宮及長樂宮官屬皆以宦者爲之而以史傳及漢魏石刻參考如大長秋少府之類皆雜用士人今武君以孝廉爲郎謁者郎中吳郡府丞皆非宦者之職然則兩宮官屬葢亦雜用士人也

漢祝長嚴訢碑

右漢祝長嚴訢碑政和中下邳縣民耕地得之碑云惟漢中興卯金休烈和平元年歲治東宫星屬角房月建朱鳥中呂之均萬物蕤射華澤青葱跂行蠕動咸守厥常人物同受獨遭災霜顚實徂落壽不寬宏經設三命君獲其殃年六十九又云伊欺嚴君（案謝本作伊歎非是此當如詩噫嘻成王之例）諱訢字少通兆自楚莊祖考相承昭命道術（案昭謝本作招）治嚴氏春秋馮君章句又云幼爲郡掾史會稽諸暨尉烏程毗陵餘暨章安山陰長以病去官後爲丹楊陵陽丞（案晉志丹楊縣下云丹楊山多赤柳故當作楊無疑漢魏史亦多作陽字）守春穀長舉孝廉還東牟侯相下邳祝長典牧十城所在若神其後有銘銘爲五言頗殘缺難讀云（案漢無祝縣祝字下碑本闕一字下邳本屬東海東海有祝其縣疑此邑亦嘗割隸但後志失載耳）

漢從事武梁碑

右漢從事武梁碑云故從事武掾掾諱梁（案隸釋不出掾字）字綏宗掾體德忠孝岐嶷有異治韓詩闕幘傳講（案幘謝本作幘）兼通河洛諸子傳說又云州郡請召辭疾不就安衡門之陋樂朝聞之義又云年七十四元嘉元年季夏三日遭疾隕靈其後有銘云懿德元通幽巳明兮隱居靖處林曜章兮樂道忽榮垂蘭芳兮身沒名存傳無疆兮其他刻畫皆完可讀文多不盡錄碑在濟之任城余崇甯初嘗得此碑愛其完好後十餘年再得此本則缺其最

後四字矣

漢平都侯相蔣君碑

右漢平都侯相蔣君碑文字殘缺其名字官閥皆不可考惟其額題漢故平都侯相蔣君之碑而碑云年六十有五元嘉二年三月甲子卒爾有劉季孫景文者知名士與余先公有舊家藏金石刻千餘卷既沒其子不能保爲一武人購得之其後余故人王偁定觀復得數百卷其中漢碑數本余所未有者悉以見贈此其一也

金石錄卷十四終

金石錄卷十五　槐廬叢書

宋東武趙明誠德父編著　吳縣朱記榮校刊

跋尾五

漢

漢孔子廟置卒史碑

漢東海相桓君海廟碑

漢孔君碣

漢韓明府孔子廟碑

漢吉成侯州輔碑

漢州輔碑陰

漢州輔墓石獸膊字

漢郎中鄭君碑

漢丹楊太守郭文碑

漢議郎元賓碑

漢孫叔敖碑陰

漢封邱令王元賞碑

漢王元賞碑陰

漢冀州刺史王純碑

漢王純碑陰

漢倉頡廟人名

漢成皋令任伯嗣碑

漢任伯嗣碑陰

漢平輿令薛君碑
漢泰山都尉孔宙碑
漢孔宙碑陰
漢西嶽華山廟碑
漢老子銘
漢荊州刺史度尚碑

漢孔子廟置卒史碑

右漢孔子廟置卒史碑其前有司徒吳雄司空趙戒奏
章歐陽文忠公具載於集古錄其後又有魯相奏記司
徒司空府文字尤爲完好云永興元年六月甲辰朔十
八日辛酉魯相平行長史事下守長擅叩頭死罪敢言

之司徒司空府壬寅詔書爲孔子廟置百石卒史一人
掌主禮器選年四十以上經通一藝雜試能奉弘先聖
之禮爲宗所歸者平叩頭死罪死罪謹按文書守文學
掾魯孔龢師孔憲戶曹史孔覽等雜試龢脩春秋嚴氏
經通高第事親至孝能奉先聖之禮爲宗所歸除龢補
名狀如牒平皇恐叩頭死罪死罪上司空府其詞彬彬
可喜故備錄之且以見漢時郡國奏記公府其體如此
也按華陽國志後漢書注皆云趙戒字志伯而此碑乃
作意伯疑其避桓帝諱故改焉

漢東海相桓君海廟碑

右漢東海相桓君海廟碑云惟永壽元年春正月有漢
東海相桓君又云熹平元年夏四月東海相山陽滿君
其餘文字完者尚多大畧記脩飾祠宇事而其銘詩有
云浩浩倉海百川之宗知其爲海廟碑也桓君與滿君
皆不具其名莫知其爲何人碑在今海州

漢孔君碣

右漢孔君碣在孔子墓林中其額題孔君之墓文已殘
闕其前云元年乙未而元年上闕二字按東漢自建武
以後惟桓帝永壽元年歲次乙未其他有三乙未皆非
元年然則此碣所闕二字當爲永壽也

漢韓明府孔子廟碑

右漢韓明府孔子廟碑其略云君造立禮器樂之音符

鐘磬瑟鼓雷洗觴觚爵鹿柤梪籩柉禁壺（橐壺當作壼伸句切謝本誤喜別本改作壺皆非是）
脩飾宅廟更造二輿所謂鹿者禮圖不載
莫知爲何器又據字書柉木皮可爲索壺陳樂也亦非
器名皆不可曉故并著其語以俟知者（余後見汝陽陳氏所藏古彝爲伏鹿之形近歲青州獲一器亦全爲鹿形疑所謂鹿者因其形而名之耳槀錢氏穀鈔本記其上云射禮有鹿中高一尺五寸爲鹿形背設圜箭以納算籌射畢以釋之器也又有乏如屏風所以爲獲者御矢恐即柉也其有木旁正猶俎豆之爲柤梪也）

漢吉成侯州輔碑

右漢吉成侯州輔碑名字已殘闕其題額云漢故中常
侍長樂太僕吉成侯州君之銘輔名姓見范曄後漢書
宦者傳以定策立桓帝與曹騰等七人同時封爲亭侯

今此碑載當時詔書有云其封輔爲吉成侯以此知其名輔而酈道元注水經云雙縣滍水南有漢中常侍長樂太僕吉成侯州苞冢冢前有碑其詞云六帝四后是諮是諏今驗其銘文實有此語獨以輔爲苞葢水經之誤當取漢史及此碑爲正

漢州輔碑陰

右漢州輔碑陰京兆尹延篤叔堅而下題名者凡四十餘人自東漢以後一時名卿賢大夫死而立碑則門生故吏往往寓名其陰葢欲附託以傳不朽爾今輔一宦者而碑陰列名者數十人雖當代顯人如延叔堅亦預焉有以見權勢之盛如此雖然區區挂名於此者亦可

恥也夫

漢州輔墓石獸膊字

右漢州輔墓石獸膊字酈道元注水經云州君墓有兩石獸已淪沒人有掘出一獸猶不全破甚高壯頭去地丈許製作甚工右膊上刻作辟邪字余初得州君墓碑又覽水經所載意此字猶存會故人董之明守宜汝穎間因託訪求之逾年特以見寄其一辟邪道元所見也其一乃天祿字差大皆完好可喜之明又云天祿近歲爲郵民所毀辟邪雖存然字畫已殘闕難辨此葢十年前邑人所藏今不可復得矣

漢郎中鄭君碑

右漢郎中鄭君碑賈誼過秦論云九國之師遁巡而不敢進顏師古曰遁音千旬反流俗書本巡字誤作逃讀者因之而爲遁逃之意潘岳西征賦云遁逃以奔竄斯亦誤矣今此碑有云推賢達善逡遁退讓詳其文義亦是逡巡之意（案謝本義意二字互易）然二字決非一音葢古人用字與後世頗異又多假借故時有難曉處不知顏氏何所據遂音遁爲逡乎

漢丹楊太守郭旻碑

右漢丹楊太守郭旻碑云君諱旻字巨公有周之裔也又云治律小杜幼仕州郡舉孝廉除郎中謁者遷敬陵園令廷尉左平治書侍御史獄刑無頗憲臺如砥以父

憂去官還拜郎中侍御史遭母憂服除復拜郎中治書侍御史遷冀州刺史徵拜尙書是時淮夷蠢迪（案前漢書楊雄傳云蠢迪檢押蠢迪猶言蠢動也盧疑迪作運非是）帝嚋宜綏策書褒厲俾守丹楊爲政四年以公事去官年過耳順寢疾積延熹元年十月戊戌卒其十二月丙申葬徵言絕矣諸子曷仰三載禮闋乃摯相與刻石勒銘最後云昔君即世雖立碑頌裁足載字加有瑕（下闕一字）君之弟故太尉㷰歸葬舊陵於是從子故五原太守鴻議郎某（案此某字錢鈔作果隸釋作杲）及嗣孫某（闕名）（殘）懷祖之德乃更刻石不改舊文葢用昭明祖勳焉郭氏爲陽翟著姓自躬以來世以通法律顯名此碑所謂太尉公者禧也

漢議郎元賓碑

右漢議郎元賓碑在今亳州姓名已殘闕所可見者云字元賓魯相之孫又云舉孝廉除倉龍司馬衛尉察尤異遷吳令視事二稔民用甯康州辟從事公車徵拜議郎年四十八延熹二年二月卒使者臨弔賻賵特加其餘文字完好者尚多惜其名氏皆亾也

漢孫叔敖碑陰

右漢孫叔敖碑陰云延熹二年（案金石文字記云三年與目錄正同此二年誤書也）中夏之節政在封表期思長光視事一紀訪問國中耆年素聞孫君楚時良輔又云博采遺苗曾元孫子考龜吉辰五月癸卯宜以存廢可立碑祀招請諸孫都會

國右郭西道北處所顯好興上牢祭倡優鼓舞又云相君有三嗣長子卽封食邑固始少子在江陵中子居三（下一字摩滅）又云相君卒後十有餘世有勃海太守其後歷敘子孫名字甚詳而文字斷續不可次第桉期思長光碑陰不載姓氏叔敖碑雖有之然已殘闕矣（案碑云先有固始令段君立石銘碑期思縣宰段光又爲刻石則姓氏尚可考）漢時令長有在官一紀不遷者乃知前世官吏重於移易如此不惟吏民免送迎之擾而士人亦皆安於其職無僥倖苟進之心與後世異矣

漢封邱令王元賞碑

右漢封邱令王君碑其姓名已殘闕所可見者字元賞而已云察舉孝廉郎謁者考工苑陵葉封邱令而銘文亦有撫臨三國之語歐陽公集古錄云爲苑陵丞者蓋誤以葉字爲丞爾（案隸續云歐趙皆以爲王元賞予所得者卻是元賓字畫分明非是測度其名倣佛是紹）

漢王元賞碑陰

右漢王元賞碑陰載門生姓名有云右奔喪右斬杖三年予嘗謂聖人之制禮爲可繼也無過與不及之弊務合於中庸而已禮曰事師無犯無隱服勤至死心喪三年孔子之喪門人疑所服子貢曰昔者夫子之喪顏淵若喪子而無服喪子路亦然請喪夫子若喪父而無服彼漢人爲王君乃斬衰之服於禮無乃過乎

漢冀州刺史王純碑

右漢冀州刺史王純碑延熹四年立桑欽水經云濟水北逕須句城西酈道元注濟水西有安民山山西有漢冀州刺史王紛碑漢中平四年立桉地里書須朐卽今中都縣此碑在中都又其官與姓氏皆合疑其是也然以純爲紛以延熹爲中平則疑水經之誤（案顧氏藹吉云案碑文王君以延熹四年卒五年始葬立碑此以爲四年立亦非也）

漢王純碑陰

右漢王純碑陰其前題門生人名自東平馮定伯而下文字完好可識者百九十餘人摩滅不可識者又九十餘人字畫遒勁可喜其後題義士名云各發聖心共出

義錢埤碑石直刊紀姓名埤當讀爲裨助之裨漢時墓碑多其門生故吏所立往往各紀姓名於碑陰或載所出錢數其非門生故吏而出錢者謂之義士今漢人爲王君出錢造碑而云各發聖心可謂陋矣

漢倉頡廟人名

右漢倉頡廟人名歐陽公集古錄云此碑有蓮勺左鄉有秩池陽左鄉有秩池陽集水有秩皆不知是何名號又有夏陽侯長殺䜺侯長則是縣吏之名其字畫不甚精又無事實可考姑疑其名號以俟知者爾按前漢書張敞以鄉有秩補太守卒史後漢書百官志鄉置有秩三老游徼本注曰有秩郡所署秩百石掌一鄉人注引

漢官曰鄉戸五千則置有秩風俗通曰秩則田間大夫言其官裁有秩爾然則有秩蓋亦鄉吏名也

漢成皋令任伯嗣碑

右漢成皋令任伯嗣碑其首巳殘闕其可見者云字伯嗣南郡編人也其先蓋任座之苗冑又云舉孝廉除郎中蜀郡府丞江州令以服去官爲筑陽侯相延熹五年還來臨縣其後歷敘政績又云還居桂陽最後云都邑謡詠甄勒勳績永昭於後碑在今汜水縣汜水在漢爲成皋此碑蓋成皋令德政頌爾後漢書桓帝紀延熹八年有桂陽太守任允以此碑校之歲月相符又名與字協知其名允也

漢任伯嗣碑陰

右漢任伯嗣碑陰大觀初獲此碑寘於汜水筦運司廨舍壁間余聞其陰有字因託人諷邑官破壁出之遂得此本蓋漢碑有陰者十七八世多棄而不錄爾

漢平輿令薛君碑

右漢平輿令薛君碑文字完好云惟延熹六年春二月平輿令薛君卒烏虖哀哉吏民其咨咨君之德乃建碑石於墓之側其後有銘三百餘言敘述甚詳惟不載其名字世系故莫得而考焉

漢泰山都尉孔宙碑

右漢泰山都尉孔宙碑孔宙北海父也見後漢書融列

傳又據桓帝紀泰山都尉元壽元年置延熹八年罷宙以延熹四年卒蓋卒後四年官遂廢矣（案隸釋云宙以延熹六年正月卒碑以次年七月立）

漢孔宙碑陰

右漢孔宙碑陰門生有鉅鹿廣宗捕巡字升臺桉氏族書如姓苑姓纂皆無捕姓獨見於此碑爾

漢西嶽華山廟碑

右漢西嶽華山廟碑其略云孝武皇帝脩封禪之禮巡省五嶽立宮其下宮曰集靈宮殿曰存仙殿門曰望仙門歐陽公集古錄云所謂集靈宮者他書不見唯見於此碑爾余桉班固漢書地理志華陰有集靈宮武帝起

而酈道元注水經亦云敷水北逕集靈宮引地里志所載其語皆同然則不獨見於此碑矣而所謂存仙殿望仙門者諸書不載

漢老子銘

右漢老子銘舊傳蔡邕文并書蓋杜甫李潮小篆八分歌有曰苦縣光和尙骨立書貴瘦硬方通神世云此碑是也今驗其詞乃邊韶延熹八年作非光和中所立未知甫所見是此碑否而本朝周越書苑遂以爲韶撰文而邕書初無所據碑言孔子學禮時計其年紀聃已二百餘歲聃然老施之貌也而史記言謚曰聃按古謚法無聃字又碑云孔子以周靈王二十年生今以年表及

世家考之孔子以魯襄公二十二年生實靈王二十一年未知孰是史書周太史儋事云孔子死後百二十九年徐廣注曰實一十九年今此碑所書正與史合不知徐廣何所據也

漢荊州刺史度尙碑

右漢度尙碑其首題曰漢故荊州刺史度侯之碑碑云其先出自顓頊與楚同姓熊下闕一字之後又曰統國法度其下殘闕不可辨按元和姓纂度姓但云古掌度之官因以命氏不言其與楚同姓也又范曄後漢書列傳度尙自右校令擢爲荊州刺史破長沙零陵賊以功封右鄉侯遷桂陽太守徵還京師以中郎將破賊胡蘭等復爲荊州刺史後爲遼東太守卒於官今以碑考之云封右鄉侯遷遼東太守拜中郎將復拜荊州刺史以故秩終蓋未嘗爲桂陽太守而曰卒於遼東者皆史之誤余每得前代名臣碑版以校史傳其官閥歲月少有同者以此知石刻爲可寶也

金石錄卷十五終

金石錄卷十六　槐廬叢書

宋東武趙明誠德父編著　吳縣朱記榮校刊

跋尾六

漢

漢車騎將軍馮緄碑

右漢車騎將軍馮緄碑以范氏後漢書考之史云字鴻卿而碑云皇卿史云初舉孝廉七遷至廣漢屬國都尉拜御史中丞順帝末持節揚州諸軍事與中郎將滕撫擊破羣賊今據碑自舉孝廉至爲廣漢屬國都尉凡十一遷而爲中丞與督使徐揚二州討賊皆在爲都尉前碑云討賊時坐追州縣正法而史不載又云爲隴西太守坐問吏辜旬不分去官以羌駭動爲四府所表復家拜隴西太守而史但言遷隴西太守爾史云爲遼東太守徵拜京兆尹轉司隸校尉遷廷尉太常拜車騎將軍以碑考之緄爲遼東太守以前嘗復爲治書侍御史遷尚書遂爲廷尉未嘗拜京兆尹及司隸也史云振旅還京師監軍使者張敞承宦者旨奏緄會長沙賊復起攻桂陽武陵緄以軍還盜賊復發策免而碑云臨當受封以謡言奏河內太守中常侍左悺弟坐遜位史云復拜廷尉時山陽太守單遷以罪繫獄緄考致其死遷故車騎將軍超之弟中官相黨遂共誹章誣緄坐輸左校而碑云表荊州刺史李隗南陽太守成晉（晉漢史作瑨）太原太

守劉瑱不宜以重論坐正法作左校亦皆不合史又云爲河南尹時上言舊典中官子弟不得爲牧人職帝不納拜屯騎校尉（案別本作屯騎將軍何氏焯從隸釋定作校尉云漢志將軍但有驃騎次車騎無屯騎也驃騎車騎位次公下亦不當復爲廷尉葉本作車騎將軍亦誤）復爲廷尉卒於官而碑云復廷尉奏中官子弟不宜典牧州郡獲過左右遜位永康元年薨亦當以碑爲正碑又云緄謚曰桓而史亦不載予嘗謂石刻當時所書其名字官爵不應差誤可信無疑至於善惡大節則當以史氏爲據今此傳首尾顚倒錯繆如此然則史之所載是非褒貶失其實者多矣果可盡信邪

漢魯相晨謁孔子冢文

右漢魯相晨謁孔子冢文已斷裂闕其上一段其略可見者云建甯元年三月十八日丙申晨又云其四月十一日戊子到官謁孔子冢其他文字雖完皆不可次第魯相晨有兩碑皆在孔子廟中其一碑云臣蒙恩受任符守得在奎婁周孔舊寓又云臣以建甯元年到官其一碑云魯相河南史君諱晨字伯時從越騎校尉拜以建甯元年四月十一日戊子到官然則斯碑所載名晨者蓋魯相史晨也

漢廣漢縣令王君神道

右漢廣漢縣令王君神道建甯元年十月造縣令字作茖漢人涪質文字相近者多假借用之如縣令字人所常用而何假借何耶（案此縣竹令也隸釋云微雜篆體縣字作曰下木畧與縣字相混故趙氏誤作廣漢縣令而謂其借茖爲令也又此本無年月趙氏誤合劉讓閣道題字爲一碑故以爲建甯元年十月造）

漢金鄉守長侯君碑

右漢金鄉守長侯君碑載其上世云漢與侯公納策濟太上皇於鴻溝之阸謚曰安國君曾孫酺封明統侯光武中興元孫霸爲臨淮太守擁兵從光武平定天下轉拜執法刺姦五威司命大司徒公封於陵侯歐陽公集古錄云執法左右刺姦五威司命皆王莽時官侯霸列傳云霸莽時爲隨宰遷執法刺姦而未嘗爲五威司命後代伏湛爲大司徒封關內侯旣薨光武下詔追封則

鄉侯而此碑言封於陵侯未知孰是據碑言刺姦司命爲光武時官蓋碑之謬余按霸列傳霸薨追封則鄉侯至子昱改封於陵而遂以霸爲於陵侯疑亦碑之誤又按高祖紀侯公說項羽歸太公呂后乃封侯公爲平國君今此碑言安國旣不同而平國君乃生時稱號如婁敬爲奉春君之類碑以爲謚恐亦非是又酺封明統侯漢書功臣表亦不載不知碑何所據也

漢柳孝廉碑

右漢柳孝廉碑云君諱敏其先蓋五行星（下闕一字）二十八舍柳宿之精也其說亦可謂怪矣自戰國以來聖人不作諸子百家異端怪說紛然而起其弊至東漢而極焉

自非豪傑之士卓然不爲流俗所移未有不從而惑者也若此碑直以柳君得姓出於柳宿果何所據哉

漢衞尉卿衡方碑

右漢衞尉卿衡方碑有云感昔人之凱風悼蓼儀之劬勞以蓼莪爲蓼儀他漢碑多如此葢漢人各以其學名家故所傳時有異同也

漢沛相楊君碑

右漢沛相楊君碑歐陽公集古録云碑首尾不完失其名字余桉楊震碑沛相名統震長子富波侯相牧子也

漢涫于長夏承碑

右漢涫于長夏承碑云君諱承字仲兖東萊府君之孫

太尉掾之中子中郎將弟也（案中郎將上隸釋有右字）累葉牧守印紱典據十有餘人皆德任其位名豐其爵是故寵祿傳於歷世策勳著於王室君鍾其美受性淵懿含和履仁治詩尚書兼覽羣蓺靡不尋暢州郡更請屈己匡君爲主簿督郵五官掾功曹上計掾守令冀州從事又云察孝不行太傅胡公歆其德美旌招俯就羔羊在公四府歸高除涫于長又云年五十有六建寧三年六月癸巳淹疾卒官碑在今洺州元祐間因治河隄得於土壤中建寧靈帝時年號也距今千歲矣而刻畫完好如新余家所藏漢碑二百餘卷獨此碑最完

漢郎中馬君碑

右漢郎中馬君碑文字殘缺所可見者字元海而已（案隸釋云名江）又云其先賜號馬服因遂氏焉又云以和平元年舉孝廉除郎中謙虛接下冠名三署（案舊作三省葉本從隸釋作署）又云年四十元嘉三年正月卒又云夫人年五十五建甯三年十二月卒其他不可考究矣

漢武都太守李翕碑（漢時文字多與今隸書不合皆依石本録之）

右漢武都太守李翕碑文字首尾完好云漢故武都太守漢陽阿陽李君諱翕字伯都其後歷敘在郡治蹟云郡西狹中道危難阻峻緣厓俾閣兩山壁立隆崇造雲下有不測之谿阨笮促迫財容車騎進不能濟息不得駐數有顛覆隕隧之害君勑衡官有秩李瑾掾仇審因

常繇道徒鐉燒破析刻臽崔嵬減高就埤柙致土石堅固廣大可以夜涉四方無雍行人懽悀民歌德惠穆如春風乃刊斯石其後有頌詩最後題建甯四年六月十三日壬寅造云

漢博陵太守孔彪碑

右漢博陵太守孔彪碑歐陽公集古録云孔君碑者其名字摩滅不可見而世次官閥粗可考云孔子十九代孫潁川君之元子也舉孝廉除郎中博昌長拜尚書侍郎治書侍御史博陵太守遷下邳相河東太守建甯四年十月卒其終始略可見惟其名字皆亾爲可惜也今此碑雖殘闕而名字尚完可識云君諱彪字元上又韓

府君孔子廟碑陰載當時出錢人名亦有尚書侍郎孔彪元上與此書正同惟孔君自博陵再遷爲河東太守而碑額題故博陵太守孔府君碑漢人多如此然莫曉其何謂也（案隸釋云蓋博陵之人相與立碑耳）

漢成陽靈臺碑

右漢成陽靈臺碑成陽屬今雷澤碑略云堯母慶都仙歿葢葬於兹欲人不知名曰靈臺歐陽公集古錄以謂自史記地志及水經諸書皆無堯母葬處余按班固西漢劉昭東漢地理志皆云成陽有堯冢靈臺而東漢志章帝元和二年東巡守將至泰山道使使者奉一太牢祠帝堯於濟陰成陽靈臺與章帝紀所載正同帝紀章

懷太子注引郭緣生述征記云成陽縣東南有堯母慶都墓上有祠廟堯母陵俗亦名靈臺又水經注今成陽城西二里有堯陵陵南一里有堯母慶都陵於城爲西南稱曰靈臺葢兩漢史所載似以靈臺爲堯冢惟此碑與述征記水經乃直指爲堯母冢爾然水經云在成陽西南而述征記云在東南未知孰是又集古錄云諸書俗本多作城陽獨此碑爲成陽當以碑爲正余嘗考之成陽縣名屬濟陰郡城陽乃王國名漢文帝二年以封齊悼惠王子章者漢志所載各異未嘗差誤也碑有廷尉某歐陽公以爲姓名摩滅不可讀今驗其缺處姓下隱隱有定字知其名定而其後云濟陰太守審晃成陽令管遵各遣大掾輔助仲君知其姓仲仲氏世爲成陽人定有墓在雷澤碑尚存其額題漢故廷尉仲君碑有云表祠唐堯爲漢祈福又云爲廷尉卿託病乞歸脩堯靈臺黃屋三十餘上聽拜太中大夫云（余爲淄州同官李堯雷澤人云冢正在城西南葢述征記誤也）

漢廷尉仲定碑

右漢廷尉仲定碑在今濮州雷澤其額題漢故廷尉仲君之碑碑載官閥甚詳雖殘闕然尚可次第其略云君諱定聖漢龍興家於成陽父張被廣漢太守以父勳拜瑯邪太守南陽陰府君察孝不行南郡胡公除濟陰復舉孝廉拜尚書左丞除郎中遷彭城呂長徵試博士太

傅下邳趙公舉君高行遷豫州刺史將軍從事遷符節令豫章太守徵議郎拜大尚書遜位復徵拜將軍長史遷城門校尉執金吾拜太中大夫遷廷尉卿託病乞歸脩堯靈臺黃屋三十餘上聽拜太中大夫臺成事訖上以君先帝舊臣策令州郡以禮特遣熹平元年孟秋上旬君遘疾不瘳於是門生養徒故吏鄉黨刊石勒銘樹碑表道焉兩漢遷拜次第史既不能詳載而石刻類皆摩滅難考今此碑所載詳悉故盡著之所謂南郡胡公者廣也太傅下邳趙公者峻也按定漢史無傳惟風俗通元和姓纂具載姓名官爵云

漢故民吳公碑

右漢吳公碑其額題漢故民吳公之碑碑云熹平元年十二月上旬吳公仲山其他刻畫完好如新文辭頗拙陋書亦怪而不工然漢時石刻存者漸少而此碑特完故錄之以資博覽

漢司隸校尉魯峻碑

右漢司隸校尉魯峻碑云君諱峻字仲嚴鄺道元注水經引戴延之西征記曰焦氏山北金鄉山有漢司隸校尉魯恭冢冢前有石祠四壁皆青石隱起自書契以來忠臣孝子貞婦孔子及七十二弟子形像像邊皆刻石記之今墓與石室尚存惟此碑爲人輦置任城縣學矣余嘗得石室所刻畫像與延之所記合又其他地里書

朱氏槐廬校刊

如方輿志寰宇記之類皆作峻惟水經誤轉寫爲恭爾案顧氏藹吉云水經注所載乃石壁畫像非此碑也

漢桂陽太守周府君頌

右漢桂陽太守周府君頌歐陽公集古錄云府君字君光而名已譌闕不可辨圖經但云周府君而不著其名後漢書又無傳遂不知爲何人而曾子固言嘗得此碑於知韶州王之才之才以書來言曲江縣圖經周府君名昕字君光則永叔云圖經不載其名者蓋考之未詳也今此本雖譌闕然究其點畫殊不類昕字二公所說既不同而韶州圖經余家偶無有皆未可知也當考之予後見市中印本歐陽公廬陵集別有一跋尾云周君名憬憬字頗近之

漢周府君碑陰

右漢周府君碑陰題名凡三十一人姓氏具存按鄺道元注水經瀧水南逕曲江縣東縣昔號曲紅曲紅山名也而東西兩漢史皆作曲江今據此碑自縣長屈祉而下凡十七人皆書爲曲紅則是當時縣名曲紅無可疑者不知兩漢史皆作曲江何也

漢石經遺字

右漢石經遺字者藏洛陽及長安人家蓋靈帝熹平四年所立其字則蔡邕小字八分書也其後屢經遷徙故散落不存今所有者才數千字皆土壤埋沒之餘摩滅而僅存者爾按後漢書儒林傳敘云爲古文篆隸三體

朱氏槐廬校刊

者非也蓋邕所書乃八分而三體石經乃魏時所建也又按靈帝紀言詔諸儒正五經文字刻石立於太學門外蔡邕傳乃云奏求正定六經文字既已不同而章懷太子注引洛陽記所載有尚書周易公羊傳論語禮記今余所藏遺字有尚書公羊傳論語又有詩儀禮然則當時所立又不止六經矣洛陽記又云禮記碑上有諫議大夫馬日磾議郎蔡邕等名今論語公羊後亦有堂谿典馬日磾等姓名尚在據邕傳邕以經籍去聖久遠文字多謬俗儒穿鑿疑誤後學乃奏求正定自書於碑於是後儒晚學咸取正焉今石本既已摩滅而歲久轉寫日就譌舛以世所傳經書本校此遺字其不同者已

數百言又篇第亦時有小異使完本具存則其異同可勝數耶然則豈不可惜也哉而後世學者於去古數千百歲之後盡紬前代諸儒之論欲以己之私意悉通其說難矣余既錄爲三卷又取其文字不同者具列於卷末云

漢堂谿典嵩高山石闕銘

右漢堂谿典嵩高山石闕銘云中郎將堂谿典伯并熹平四年來請雨嵩高廟按後漢書靈帝紀熹平五年復崇高山名爲嵩高山章懷太子注引前漢書武帝祀中嶽改嵩高爲崇高東觀記曰使中郎將堂谿典請雨因上言改崇高復爲嵩高今此銘乃熹平四年可以正漢

史之誤又蔡邕傳注引先賢行狀云典字子度而延篤傳注又作季度今此碑乃云字伯并亦當以碑爲正

漢帝堯碑

右漢帝堯碑云帝堯者昔世之聖王也其先出自塊隗翼火之精有神龍首出於常羊又云名紀見乎河雒爰嗣八九慶都與赤龍交而生伊堯又云侯伯遊於元河之上龍龜負銜投鈐受與然後堯乃受命其說出於讖緯可謂怪妄不經矣堯之所以爲聖者豈假此而已哉

漢倉頡廟

右漢倉頡廟碑文字殘闕其畧可辨者有云倉頡天生德於大聖四目靈光爲百王作憲而其銘曰穆穆聖倉知其爲倉頡碑也考其歲月蓋熹平六年立

漢斥彰長斷碑

右漢斥彰長斷碑在華陰已斷裂惟存下一段故其姓名皆亾矣所可見者有云先高祖時以吏二千石自齊臨淄徙充關中祖字典先爲執金吾弟颸漁陽太守又云元初元年遭家不造三歲喪父事母有柴潁之行初仕爲縣主簿功曹郡諸曹史帳下司馬劉君招命署議曹掾假除百石遷補任尉假印綬守廣平下曲陽令斥彰長熹平二年秋七月寢疾不豫最後題熹平六年十月九日辛酉造按史記及漢書本紀高祖九年徙齊楚大族昭屈景懷田五姓關中而其四姓皆楚人自齊徙

者惟田氏爾然則此碑所謂高祖時自齊臨淄徙者其人必姓田氏也（按第五氏亦云自齊徙關中然本亦出於田氏也）斥彰東西漢史皆作斥章

金石錄卷十六終

槐廬叢書

金石録卷十七

宋東武趙明誠德父編著　吳縣朱記榮校刊

跋尾七

漢

漢梁相費汎碑
漢堂邑令費君碑
漢費君碑陰
漢太尉陳球碑
漢華嶽碑
漢太尉郭禧碑
漢郭禧碑陰
漢郭禧後碑
漢樊毅西嶽碑
漢禹廟碑
漢冀州從事郭君碑
漢逢童子碑
漢逢童子碑陰
漢三公碑
漢殽阬君神祠碑
漢殽阬君神祠碑陰
漢無極山碑
漢楊州刺史敬使君碑

漢槀長蔡湛頌
漢蔡湛碑陰
漢安平相孫根碑
漢涼州刺史魏君碑
漢碭孔君神祠碑

漢梁相費汎碑

右漢梁相諱汎碑在湖州其額題漢故梁相費君之碑碑云梁相諱汎字仲慮此邦之人也其先季文爲魯大夫有功封費因氏爲姓（案姓別本作以）秦項兵起避地於此遂畱家焉余家所收姓氏文字纂備以諸書參考頗多抵梧不合姓苑云費氏禹後漢有長房蜀志有承相禕又

云今琅邪亦有此姓音父位反李利涉編古命氏云費氏出自魯桓公少子季友有勳於社稷賜汶陽之田封邑於費子孫氏焉漢有費將軍其後有費忠費柔柔適蜀爲甯蜀人忠之孫徙於荊州後還江夏忠十代孫奕奕孫禕又家於蜀晉平蜀禕之子承復歸江夏林寶元和姓纂云費氏亦音祕史記紂幸臣費中夏禹之後楚有無極漢有直蜀有禕晉有詩又云琅邪費氏直之後也陳湘姓林云費氏音翡夏禹之後余嘗考之此字有兩姓音讀不同源流亦異其一音翡嬴姓出於伯翳史記所載費昌費中楚費無極漢費將軍費直費長房蜀費禕之徒是其後也其一音祕姬姓出於魯季友姓苑

所載琅邪費氏而此碑所謂梁相費君是其後也然勛
姓苑姓纂姓林皆云夏禹之後姓纂又云亦音祕及謂
琅邪費氏爲直之後皆其差誤而編古命氏以費將軍
費禕之徒出於魯季友亦非也余又桉春秋僖公賜季
友汶陽之田及費而左傳亦以謂季友有功於魯受費
以爲上卿今以爲季文有功封費者蓋碑之誤

漢堂邑令費君碑

右漢堂邑令費君碑云惟熹平六年無射之月堂邑令
費君寢疾卒嗚呼哀哉於是夫人元弟卜肖追而誄之
其後有銘詩碑所述費君事不甚詳悉而其名字世次
官秩具載於碑陰今附於後

漢費君碑陰

右漢費君碑陰云君諱鳳字伯蕭梁相之元子九江太
守之長兄也世德襲爵銀艾相亞又云君踐郡右職三
貢獻計漢安二年吳郡太守東海郭君以君有委蛇之
節自公之操年三十一舉孝廉拜郎中除陳國新平長
遂宰堂邑其後爲五字韻語詞頗古雅而時時殘闕不
可次序其前題君舊家中孫甘陵石勛字之才所述云
案何氏焯云勛葉本作勛蓋勛字爾隸釋作勛亦誤顧氏藹吉云疑是勤字之誤

漢太尉陳球碑

右漢太尉陳球碑球有兩碑皆在下邳其一已殘闕此
碑差完可考前代碑碣與史傳多牴牾而球碑所載官
閥事跡與傳合東漢之末政在閹寺威福下移其勢蓋
可畏也而一時衆君子猶奮不顧身力排其姦雖遭屠
戮而不悔志雖不就然亦可謂壯哉如球是已使當時
士大夫能屈己以事之則富貴可長保矣然君子固未
肎以彼而易此也

漢華嶽碑

右漢華嶽碑集古錄云碑以周禮職方氏爲識方氏者
疑當時周禮之學自如此蓋職誌其義通也余桉袁逢
華嶽碑亦引職方氏乃用識字蓋漢人簡質字相近者
輒假借用之初無意義爾

漢太尉郭禧碑

右漢太尉郭禧碑文字殘闕所存才百許字其可見者
公諱禧字君房而已禧郭躬從孫也其事跡附見躬列
傳云少明習家業兼好儒學有名譽延熹中爲廷尉建
甯二年代劉寵爲太尉而靈帝紀亦云是年十一月禧
爲太尉章懷太子注云字公房扶溝人也郭氏世爲陽
翟人自躬以下皆葬陽翟其墓尙在今此碑闕處猶有
陳留扶溝字疑禧嘗寓居是邑其卒也返葬故鄉而漢
書注遂以爲扶溝人恐誤

漢郭禧碑陰

右漢郭禧碑陰其首有四大字云故吏人名其下列故
吏密張立度成匽師張協子道雒陽李萏子考故民河

南陰德紀信以下凡百餘人又有右河南右河内郡右宏農郡右扶風郡字畫完好者甚多筆法遒古可愛

漢郭禧後碑

右漢郭禧後碑殘闕尤甚其略可辨者云惟光和二年夏五月甲寅太中大夫故太尉郭公薨又云公之肩子故五原太守餘不復成文而其額題漢故太尉郭公神道字畫尚完云後漢書列傳既不載禧所終而靈帝紀但云建甯三年夏四月太尉郭禧罷亦不言其爲何官今以碑考之乃知其罷爲太中大夫而卒於光和二年也五原太守名鴻後爲司隸校尉封成安鄉侯

漢樊毅西嶽碑

右漢樊毅西嶽廟碑云宏農太守河南樊君諱毅歐陽文忠公集古錄云據此碑乃即時所立而太守生稱諱者何哉按春秋左氏傳周人以諱事神名終將諱之而禮卒哭乃諱鄭氏以謂敬鬼神之名也諱避也生者不相避名衞侯名惡大夫有石惡君臣同名春秋不非又漢宣帝元康二年詔曰聞古天子之名難知而易諱也今上書觸諱以犯罪者朕甚憐之其更諱詢諸觸諱在令前者赦之蓋卒哭而諱其名實始於周而生死皆稱諱西漢已如此矣然則生曰名死曰諱又出於近世也有以見後世忌諱愈密如此然生而稱諱見於石刻者甚衆不獨此碑也

漢禹廟碑

右漢禹廟碑云光和二年十二月丙子朔十九日甲午皮氏長南陽章陵劉尋孝嗣丞安定烏氏樊璋元孫其後敘禹平水土之功而最後有銘文多殘闕不能盡識碑在龍門禹廟

漢冀州從事郭君碑

右漢郭君碑名字已殘闕其額題曰冀州從事郭君之碑碑云其先出高辛興自於周字闕一蕃虞郭在河魏之閒遭晉荒彊乃喪厥土奕世孳孳職思其勳子孫纓布家於樂土因國爲氏又云歷郡諸曹掾史主簿督郵五官掾功曹又云光和二年終三年十月葬又云哀哀考

妣追惟賈靈卜商號咷喪子失明據此乃父母生而稱考妣也爾雅云父爲考母爲妣郭璞注引禮記生曰父母妻死曰考妣嬪今世學者從之而璞援據諸書以爲非生死之異稱猶今謂兄爲昆妹爲媦爾今此碑漢人所爲已不用戴氏之說以此知璞爲有據然禮經行於世久既有此論事親者所當避也

漢逢童子碑

右漢逢童子碑刻畫完好云童子諱盛字伯彌溥令之元孫遂成君之曾孫安平君之孫五官掾之長子也又云年十有二歲在協洽五月乙巳噓吸不反天隕精鬼於是門生東武孫理下密王升等共刊石敘述才美以

銘不朽焉其後題光和四年四月五日丁卯立碑舊在濰州昌邑縣近歲移置郡中云

漢逢童子碑陰

右漢逢童子碑陰題云右家門生右縣中士大夫凡十三人有督郵雖敏賓雖后升司文叔盛姓字校雖司文姓氏書皆不載今誌於此

漢三公碑

右漢三公碑歐陽公集古錄有北嶽碑云文字殘闕尤甚其可見者曰光和四年以此知爲漢碑爾其文多言珪幣牲酒黍稷豐穰等事其後二人姓名偶可見云南陽冠軍馮巡字季祖甘陵夏方字伯陽余嘗託人於北

嶽訪求前代刻石幾盡獨無漢碑今此碑所書事及二人姓名與集古所載皆同又光和四年立惟其額題曰三公之碑而集古以爲北嶽碑豈歐陽公未嘗見其額乎三公者山名其事亦載於白石神君與無極山碑三山皆在眞定元氏云

漢殽阬君神祠碑

右漢殽阬君神祠碑歐陽公集古錄云殽阬君祠今謂之五部神廟其像有石隄西戍樹谷五樓先生東臺御史王蕑將軍莫曉其義今此碑有云石隄樹谷南通商雒又云前世通利吏民與貴有御史大夫將軍牧伯故爲立祠以報其功乃知石隄樹谷御史將軍之號自漢

以來有之流俗相傳其所從來遠矣而水經鄭縣城南山北有五部神廟廟前有碑光和四年鄭縣令河東裴畢字君先立又知五部神自齊魏閒已有此號矣裴君水經以爲名畢而集古錄云名華今詳其點畫頗近畢字疑集古錄誤

漢殽阬君神祠碑陰

右漢殽阬君神祠碑陰吏及鄉人題名縣其完好可識者二百餘人摩滅者又百餘人小字遒勁可喜歐陽公集古錄所未嘗有也

漢無極山碑

右漢無極山碑校顏之推家訓曰詩云有渰萋萋興雲

祁祁毛傳云渰陰雲貌萋萋雲行貌祁祁徐也箋云古者陰陽和風雨時其來祁祁然不暴疾也按渰已是陰雲何勞復云興雲祁祁邪雲當爲雨俗寫誤爾班固靈臺詩云習習祥風祁祁甘雨此其證也據此則本作雲字之推改爲雨耳而陸德明經典釋文亦云本作興雲非也葢德明據顏氏說改之故後來本皆作雨今此碑銘文有云興雲祁祁雨我公田遂及我私乃知漢以前本皆作興雲顏氏說初無據特私意耳（案漢書食貨志作興雲祁祁與韓詩外傳及呂氏春秋務本篇所引皆同唯後漢左雄傳作興雨李善注班固靈臺詩引毛詩曰興雨祁祁然則作興雲者韓詩也興雨者毛詩也固不可謂其無據又祁祁今詩作祈祈舊本竝不爾當是誤刻）

漢揚州刺史敬使君碑

右漢敬使君碑在河東平陽其額題云漢揚州刺史敬君之銘碑已殘闕其名字皆亾畧可辨者嘗辟司隸從事又爲治書御史最後云年五十三光和四年閏月遭疾而卒其他不復可考桉姓苑載風俗通有敬歆漢末爲揚州刺史元和姓纂亦云歆平陽人而後周書敬珍傳唐書宰相世系表歆皆作韶余後得後魏敬曦造像碑亦作韶乃知姓苑姓纂之謬又集古録此碑凡再出其一題敬仲碑云名字已摩滅獨首有敬仲字故寓其名爾疑其人姓田也其一題無名碑所載事皆同葢歐陽公未嘗見其額爾

漢稾長蔡湛頌

右漢稾長蔡湛頌云君諱湛字子德河内脩武人也又云舉孝廉辭讓應司徒府除廣川長復辟太尉熹平四年六月詔書其下斷闕似是敘述遷稾長及在官政績又云三年遷高邑令吏民追思於是故吏栗尹等相與合會立碑起頌刊斯石焉其後有銘最後題光和四年十二月詔書遷并州刺史其大畧如此其他文字殘闕不可考矣

漢蔡湛碑陰

右漢蔡湛碑陰載出錢人名有故吏賤民議民故三老故處士義民其稱故吏義民之類他漢碑多有之惟議民賤民獨見於此碑然莫詳其義

漢安平相孫根碑

右漢安平相孫根碑云府君諱根字元石司空公之伯子樂安太守之兄子漢陽太守侍御史之兄乘氏令之考厥先出自有殷元商之系子湯之苗又云聖武定周封比干之墓胄裔分析避地匿軌姓曰孫焉又云遷鄒長雍奴令換元氏考城令諫議大夫拜議郎謁者遷荆州刺史徵拜議郎遷安平相年七十有一光和四年十二月乙巳卒碑在今高密縣所謂司空公者桓帝紀永壽三年太常孫朗爲司空注云朗字代平北海人漢三公名亦云朗北海高密人余嘗觀漢時碑碣載其家世皆止書官爵葢爲子孫作銘不欲名其父祖爾此最爲

得體然非當代顯人則遂莫知其爲何人也又桉姓苑姓纂諸書皆云孫氏周文王子衞康叔之後衞武公子耳爲衞上卿因氏焉今此碑乃云出於商比干之後葢古人或因賜姓命氏或以官或以謚或以封或以居或以王父字爲氏故姓氏雖同而源流或異書傳闕漏不載者多矣

漢涼州刺史魏君碑

右漢涼州刺史魏君碑文字殘闕族系名字皆不可考其粗可見者察孝廉除郎中尚書侍郎右丞卒於光和四年而其額題涼州刺史魏君碑云（案隸釋云碑有其字曰元丕）

漢碭孔君神祠碑

右漢碭孔君神祠碑其前題漢故行梁相事碭孔君之神祠文詞字畫皆古怪而不工又時有難曉處然刻畫甚完孔君者名耽字伯本

金石錄卷十七終

金石錄卷十八

槐廬叢書
宋東武趙明誠德父編著　吳縣朱記榮校刊

跋尾八

漢

漢宗資墓天祿辟邪字

漢司空宗俱碑

漢馮使君墓闕銘

漢高陽令楊君碑陰

漢浚儀令衡立碑

漢光祿勳劉曜碑

漢成陽令唐君頌

右漢成陽令唐君頌云君諱扶字正南字畫尙完而歐陽公集古錄乃云其名殘缺何哉碑額題漢故成陽令唐君之頌在今濮州雷澤縣古成陽也

漢唐君碑陰

右漢唐君碑陰載出錢造碑人有故從事故督郵故吏處士門生門童等姓名核唐君碑云處士閭葵班等刻石樹頌而碑陰又有故吏閭葵巴處士閭葵楚閭葵姓不見於前史而姓苑姓纂之類亦皆不載蓋前代氏族或因改易或浸微不顯遂泯沒而無傳者甚衆今世所有姓氏書類多簡畧不完惟時時見於石刻者余每記之以裨姓氏書之闕云

漢白石神君碑

右漢白石神君碑其畧云白石神君者居九山之數參三條之一兼將軍之號秉斧鉞之威體連封龍氣通化岳幽讚天地長育萬物觸石而起膚寸而合不終朝日而澍雨沾洽自前後國縣屢有祈請指日刻期應時有驗猶自挹損不求禮秩縣界有六名山三公封龍靈山得法食去光和四年三公守民蓋公等始爲無極山詣太常求法食相縣以白石神君道德灼然乃具載本末上尙書求依無極卽蒙聽許于是遂開拓舊兆改立殿堂其餘首尾尙皆完好可讀文多不備載其曰居九山之數參三條之一莫曉爲何語也九山三條見尙書注疏

漢幽州刺史朱龜碑

右漢幽州刺史朱龜碑在今亳州酈道元注水經云渦水東逕朱龜墓北東南流冢南枕道有碑題云漢故幽州刺史朱君之碑龜字伯靈光和六年卒官今以碑考

之與道元所載皆合歐陽公集古錄云龜之事跡不見史傳獨見于此碑爾余按後漢書西南夷傳熹平五年諸夷反叛執蜀郡太守雍陟遣御史中丞朱龜討之不能克太尉掾李顒建策討伐乃以顒爲益州太守發板楯蠻擊破平之常璩華陽國志亦載其事與史同惟史與華陽國志皆言龜不能克而碑云蠻夷授首乞降二說不同疑碑所書非實錄也

漢朱龜碑陰

右漢朱龜碑陰文字殘闕初余讀酈道元注水經云朱龜碑陰故吏姓名多上谷代郡人知此碑有陰因託人就亳社模得之附於碑後

漢都鄉正街彈碑

右漢都鄉正街彈碑在汝州界故昆陽城中文字摩滅不可考究其歲月畧可見蓋中平二年正月而其額題都鄉正街彈碑莫知其爲何碑也（案街彈之義見周禮里宰注）

漢太尉劉寛碑

右漢太尉劉寛碑寛有兩碑皆在洛陽上東門外官道傍此碑據藝文類聚乃桓麟撰後碑不知何人所爲然字體則同也

漢劉寛碑陰

右漢劉寛碑陰寛兩碑皆有陰此後碑陰也唐咸亨中碑仆於野其裔孫周王記室參軍爽字元爽重爲建立

寛以中平二年卒據靈帝紀以光和七年十二月改元中平以歷推之是歲甲子至明年當爲乙丑而爽書爲甲子誤矣

漢尉氏令鄭君碑

右漢魏氏令鄭君碑云君字季宣聘君之孫而其名已殘缺其他字畫時有可識處皆斷續不成文理畧可見者年五十有七卒于中平二年而碑陰題尉氏故吏處士人名知其爲尉氏令爾

漢趙相劉衡碑

右漢趙相劉衡碑云君諱衡字元宰濟南東平陵人也厥先尚矣聖漢龍興其下殘缺又云爰啟冀土遷於岱陰自康侯以來奕世丕承又云勃海王帝之冢弟不遵憲典君以特選爲郎中令以兄琅邪相憂即日輕舉州察茂才除修令遷張掖屬國都尉以病徵拜議郎遷一（缺）字東屬國都尉不行拜趙相在位三歲拜議郎年五十有三以中平四年二月戊午卒其四月己酉葬其餘文字完好者尚多按後漢書勃海王名悝桓帝弟也衡墓與碑在今齊州歷城縣界中古平陵城傍余嘗親至墓下觀此碑因模得之墓前有石獸制作甚工云

漢陳君碑

右漢陳君碑文字殘闕不完其畧可識者云君諱度字妙高陳國相人（案隸續云本是柘人陳國有柘縣趙氏誤認柘作相）又云武王克

商封先代之後以元女大姬配胡公至厲公生公子完奔齊其後斷續不復成文而最後題中平四年九月二十日己丑立云

漢陳仲弓碑

右漢陳仲弓碑其額題云漢文範先生陳仲弓之碑碑文字已漫滅蔡邕字畫見于今者絶少故雖漫滅之餘尤爲可惜以校集本不同者已數字惜其不完也按邕集仲弓三碑皆邕撰其一碑云中平三年秋八月丙子卒而三碑皆云春秋八十有三後漢書仲弓傳以爲中平四年年八十四卒於家者疑傳誤

漢陳仲弓碑陰

右陳仲弓碑陰故吏姓名多已刓缺蔡邕小字八分惟此與石經遺字爾石經字畫謹嚴而此碑陰尤放逸可愛

漢陳仲弓壇碑

右漢陳仲弓壇碑其額題故太邱長潁川陳君壇其他文字摩滅不可盡識桉蔡邕集有仲弓三碑以集本校之此碑非邕撰者然字畫亦奇偉惜其殘缺不完也

漢圉令趙君碑

右漢圉令趙君碑其額題漢故圉令趙君之碑而最後題初平元年十二月二十八日立碑已殘缺名字皆不可考所可見者有云郡仍署五官掾功曹州辟從事司

徒楊公辟還圉令播德二城風曜穆清被疾去官年六十有八以中平五年冬十一月卒後有銘詩特完好其辭云天實高惟聖同戲我君羨其縱體宏仁蹈中庸所臨歷有休功追景行亦難雙刊金石示萬邦其辭頗爾雅故錄之

漢周公禮殿記

右漢周公禮殿記者今成都府學有漢時所建舊屋柱皆正方上狹下闊此記在柱上刻之靈帝初平五年立距今蓋千年矣而字畫完好可讀當時石刻在者已往往摩滅此記託於屋楹乃與金石爭壽亦異矣記有云甲午年故府梓潼文君增造吏舍二百餘間桉華陽國志有文參字子奇梓潼人平帝用爲益州太守不從王莽公孫述光武嘉之疑此記所載即其人也蓋光武建武十年歲次甲午云

漢巴郡太守樊君碑

右漢巴郡太守樊君碑云君諱敏字升達肇祖宓戲遺苗后稷爲堯種樹舍潛於岐天顧亶甫乃萌昌發周室衰微霸佐匡弼晉爲韓魏魯分爲揚充曜封邑厥土河東楚漢之際或居于楚或集于梁君纘其緒華南西疆又云總角好學治嚴氏經貫穿道度無文不覩於是國君備禮招請濯冕題冠傑立忠謇有夷史之直卓密之風鄉黨見歸察孝除郎永昌長史遷宕渠令大將軍辟

光和之末京師擾攘雄狐綏綏冠履同囊投核長驅（案投核二字從葉本郎投劾也謝本作投械汪本作板屋並非）畢志枕邱國復重察辭病不就再奉朝聘七辟外臺常爲治中諸部從事又云季世不祥米巫殉瘧（案舊本並作虐從碑文）姦狡並起諂附者眾（案葉本諂作昭）君執一心賴無洿恥復辟司徒道隔不往牧伯劉公表授巴郡以助義都尉養疾閭里又行褒義校尉年八十有四歲在汁洽紀驗期臻奄忽藏形其後有銘最後題建安十年二月上旬造（案目錄作三月金石文字記亦作三月）他漢碑類多刓缺而此碑獨首尾完好故載其大畧於此所謂米巫凶虐者謂張角也（案何氏焯云此謂張魯爾）

漢綏民校尉熊君碑

右漢熊君碑其名字皆殘缺案集古錄云名喬隸釋云此碑敘先世祖之下云君喬字漢舉喬上闕一字必父也歐陽說非是其額題漢故綏民校尉騎都尉桂陽曲紅灌陽長熊君之碑初余得桂陽太守周君碑陰注水經注以爲曲江漢時本名曲紅今此碑及額亦皆作紅乃知酈道元爲有據也

漢宗資墓天祿辟邪字

右漢天祿辟邪字在南陽宗資墓前石獸膊上歐陽公集古錄校黨錮傳云資祖均自有傳見章懷太子注今後漢書有宋均傳云南陽安眾人而無宗均傳疑黨錮傳轉寫宋爲宗爾蜀志有宗預南陽安眾人豈安眾黨漢時有宗宋二族而字與音皆相近遂致訛謬邪此說非是余

校後漢書均族子意傳云意孫俱靈帝時爲司空而靈帝紀建甯四年書太常宗俱爲司空注云俱字伯儷南陽安眾人嘉平二年書司空宗俱薨又姓苑載南陽安眾宗氏云後漢五官中郎將伯伯子司隸校尉河內太守均均族兄遼東太守京京子司隸校尉意意孫司空俱元和姓纂所書亦同則均姓爲宗無可疑者當章懷太子爲注及林寶撰姓纂時尚未差謬至後來始轉寫爲宋爾余既援據詳審遂於家藏後漢書均列傳用此說改定云

漢司空宗俱碑

右漢司空宗俱碑云公諱俱字伯儷南陽安眾人也而其額題漢故司空宗公之碑校後漢書宋均傳均族子意意孫俱靈帝時爲司空余嘗得宗資墓前石獸膊上刻字因以後漢帝紀及姓苑姓纂等諸書參考以謂自均而下其姓皆當作宗而列傳轉寫爲宋誤也後得此碑益知前言之不謬碑已殘缺不成文理而官秩姓名鄉里特完好可考故詳著之

漢馮使君墓闕銘

右漢馮使君墓闕銘云故尚書侍郎河南京令豫州幽州刺史馮使君神道校後漢王馮緄傳緄父煥安帝時爲幽州刺史而緄碑亦云幽州君之元子此時在宕渠緄墓前雙石闕上知其爲煥也

漢高陽令楊君碑陰

右漢高陽令楊君碑陰歐陽公集古錄云余家集錄得楊震墓域中漢碑四震及沛相繁陽高陽令碑并得碑陰題名然得時參錯不知爲何碑之陰也集古所有余盡得之又各以碑陰附于碑後其曰懷陵園令蔣禧字武仲者沛相碑陰也其曰故吏故民故功曹史故門下佐者繁陽令碑陰也其曰右後公門生右沛君門生者高陽令碑陰也

漢浚儀令衡立碑

右漢浚儀令衡立碑云君諱立字元節其先出自伊尹而其銘曰於穆從事歐陽公集古錄號爲元節碑且云

疑其姓伊而爲從事也今碑首尚完題云浚儀令衡君之碑蓋漢時石刻其官爵姓氏旣載於額則其下不復更著苟文已殘缺又不見其額則遂難考究矣立與衞尉卿衡方墓皆在今鄆州中都方碑亦云其先伊尹號稱阿衡因以氏焉

漢光祿勳劉曜碑

右漢光祿勳劉曜碑集古錄云君諱曜字季尼年七十三其餘爵里官閥卒葬歲月皆不可見今此碑雖殘闕然尚有可考處蓋孝文之裔又嘗爲太官令郎中居延都尉太宗正衞尉遂爲光祿勳至于卒葬年月則斷續不可考矣

金石錄卷十八終

金石錄卷十九　　　　槐廬叢書

宋東武趙明誠德父編著　　吳縣朱記榮校刊

跋尾九

漢

漢武氏石室畫像
戚伯著碑
四皓神位刻石
相府小史夏堪碑
郭先生碑

漢張侯殘碑

右漢張侯殘碑張侯者子房也碑已斷裂摩滅不可次敘獨其額尚完題漢故張侯之碑在今彭城古留城子房廟中驗其字畫蓋東漢時所立樂史寰宇記陳留縣有張良墓引城冢記云張良封陳留侯食邑小黃一萬戶漢為良築城因名張良城今陳留有子房廟廟貌甚

盛余桉西漢書地理志注留屬陳故稱陳留宋亦有留彭城留是也子房傳曰始臣起下邳與上會留城願封留足矣下邳與彭城相近而此碑乃漢人所立寔在彭城然則子房所封非陳留明矣城冢記誕妄蓋不足信也

漢荊州從事苑鎮碑

右漢苑鎮碑其畧云漢故荊州從事苑君諱鎮字仲弓南陽人也其先出自苑柏何為晉樂正世掌朝禮之制〔案別本無禮之二字〕又云有苑子園寔能掌陰陽之理君即其胄也桉姓氏書皆云苑氏出於左傳所載齊大夫苑何忌之後今此碑所謂苑柏何與子園左傳國語皆無其人

故錄之以俟知者

漢趙相雝府君碑

右漢趙相雝府君碑其前歷敘家世官爵而所述雝君事甚畧云府君名勸孝廉成皐令趙國相又云在官五載莅政清平有甘棠之化年四十五卒于官故吏民漢中太守邯鄲某等其名殘缺慕戀恩德刊石稱頌焉又有闕銘題漢故趙國相雝府君之闕云

漢逢府君墓石柱篆文

右漢逢府君墓石柱篆文云漢故博士趙傅逢府君神道唐李利涉編古命氏北海逢氏有名緜字子繡者為漢趙王傅其孫萌不仕王莽蓋前漢人今逢君北海人

又為趙王傅疑其是也而濰州圖經北海縣有逢汾墓云汾好學以德義聞徵為傅士趙王傅卒門人執喪經者數百葬於寒亭南四里今此篆文既不載其名皆莫可考然圖經所載逢君事首尾甚詳不知何以知其名汾必別有所據又疑緜與汾兩人前後皆嘗為趙王傅未可知也故并載之以俟知者

漢永樂少府賈君闕銘

右漢永樂少府賈君闕銘桉漢書桓帝母孝崇匽皇后居永樂宮和平元年詔置太僕少府如長樂故事其後靈帝母孝仁董皇后亦居是宮歐陽公集古錄引章懷太子注云漢官儀長樂少府以宦者為之則賈君蓋亦

宦者也余以漢史及石刻考之當時三公如陳球劉寬皆嘗爲此官非獨一人葢自西漢以來太后皇后官屬如大長秋之類皆參用士人然則漢官儀以爲止用宦者爲之葢其闕漏而集古録遂以買君爲宦者亦未必然也

漢酸棗令劉熊碑

右漢劉熊碑在酸棗縣云君諱熊字孟下缺一字桉酈道元注水經酸棗城內有漢縣令劉孟陽碑今據碑熊寔爲此縣令然則所缺一字當從水經爲陽也碑又云君光武皇帝之元孫廣陵王之孫俞鄉侯之季子也桉後漢書光武之廣陵思王荆以譴死顯宗封其子元壽爲廣

陵侯又封元壽弟三人皆爲鄉侯而李利涉編古命氏唐書宰相世系表皆云荆生俞鄉元侯平平生彪龔封今據熊當爲彪之弟然則於光武乃其曾孫而曰元孫者疑碑誤

漢臨朐長仲君碑

右漢臨朐長仲君碑文字摩滅其麤可見者云君諱雄又云歴郡五官掾功曹史辟從事舉孝廉除郎中遷臨朐長而其額題故臨朐長仲君碑云

漢蜀郡太守任君神道

右漢蜀郡太守任君神道九字字畫壯偉然不著名字鄉里歲月莫詳其爲何人也

漢蜀郡屬國都尉王君神道

右漢王君神道在南陽云漢故蜀郡屬國都尉王君神道封陌桉酈道元注水經淯水南道側有二石樓制作精妙題曰蜀郡太守姓王字子雅案雅謝本作稚葉本作雄南陽西鄂人有三女無男而家累千金父殁當葬三女各出錢五伯萬一女築墓二女建樓今此碑後有唐向城令張璿之撰孝女雙石樓記所書與水經注合惟水經誤以都尉爲太守爾璿之記天寶七載建別録於後

漢司空殘碑

右漢司空殘碑政和乙未歲得于洛陽天津橋之故基首尾已不完所存四十五字字畫奇偉其詞有云命爾

司空余同爾輔據此乃嘗爲三公葢當時顯人惜其不見名氏也碑陰有故吏題名百餘人尤完好筆法不減蔡邕石經云

漢益州太守楊宗墓闕銘

右漢楊宗墓闕銘在蜀中凡十六大字云漢故益州太守楊府君諱宗字德仲墓闕汝陽李長茂爲蜀使者罷歸以此本見遺長茂名公年東州善士以畫山水著稱者

漢益州刺史薛君巴郡太守劉君碑

右漢薛君劉君碑已斷裂不完惟存上一段而其額尚全題漢故益州刺史中山相薛君巴郡太守宗正卿成

平侯相劉君碑古無兩人共立一碑者惟見于此爾（案隸續云碑有祭死者及薛劉祗討字殆是紀述平寇之事趙氏誤以爲墓刻故云古爲兩人共立一碑者又額成平侯下本無相字益王子侯也）

漢巴郡太守張君碑

右漢巴郡太守張君碑其前題巴郡太守都亭侯張府君功德敘云君諱訥（案隸釋作納）字子朗勃海南皮人也又云炎漢龍興留侯維幹枝裔滋布竝極爵秩又云察孝廉（案葉本從隸釋無廉字）除郎中尚書侍郎遷甘陵寃句令親病去官辟司空司徒府復辟太尉舉高第拜侍御史揚州寇賊陸梁作難五府表君中丞督捕又云丙子璽書封都亭侯碑無卒葬年日其後頗敘述政績而繫以銘詩蓋巴郡太守德政碑爾按漢史自安順以來揚州寇賊屢發不知張君爲中丞督捕在何年也

漢南陽太守秦君碑額

右漢南陽太守秦君碑額文字已摩滅惟其額十大字尚完好故名字歲月皆莫可考按後漢書靈帝紀中平三年二月江夏兵趙慈反殺南陽太守秦頡或云此即頡碑也然酈道元水經注載頡墓與碑皆在宜城此碑乃在南陽或是郡人所立德政頌爾（案字原云碑在襄陽府宜城縣故牆集古錄以爲在南陽界中者河南南陽與湖廣襄陽接境故也此所疑非是）

漢河南尹蘇府君碑額

右漢蘇府君碑額題漢故河南尹蘇府君碑今宣州太

守張叔夜嵇仲見寄云在許州道傍碑無文詞惟此十字其額爾按東漢時蘇氏最顯者惟蘇章嘗以河南尹徵不就其他無尹河南者意其爲章碑也然章扶風平陵人而碑乃在許昌未知是否

漢禹廟碑

右漢禹廟碑字畫淺細故摩滅尤甚其字跡歲月皆不可考畧可見者云皮氏長安定蘇而名字亦不能辨矣

漢禹廟碑陰

右漢禹廟碑陰自侯長汾陰趙遺子宜而下凡數十人姓名官爵具存又有故督郵曹史縣功曹鄉部吏柏昱等人名最後有龍門復民三十五戶人民在今龍門禹廟殘碑之陰而集古錄云在閿鄉楊震墓側又云楊氏子孫當時皆葬閿鄉碑碣往往摩滅此不知爲誰碑者蓋誤也

漢司空掾陳君碑額

右漢司空掾陳君碑額碑已殘缺不可辨惟其首八大字尚完字畫奇偉在潁川陳太邱墓側按後漢書太邱傳載二子紀諶紀爲大鴻臚諶不著其爲何官惟劉孝標注世說引海內先賢傳曰諶字季方寔少子也司空掾公車徵不就蚤卒然則斯碑豈非陳諶碑乎（案隸續云此蔡中郎所作太邱第三碑也碑中自有太邱姓名後漢書陳寔傳父子竝著高名每宰府辟召常同時旌命恐其父子皆嘗以司空掾召也趙氏不能認碑故誤指爲諶耳）

漢武氏石室畫像

右漢武氏石室畫像五卷武氏有數墓皆在今濟州任城縣墓前有石室四壁刻古聖賢畫像小字八分書題記姓名往往爲贊於其上文詞古雅字畫遒勁可喜故盡錄之以資博覽

戚伯著碑

右戚伯著碑首尾摩滅其畧可見者有云充列王室遇謗于呂委位捐爵而其額題周末嗣戚氏襲以興勃海君元孫伯著之碑知其姓戚以文詞字畫驗之疑東漢中葉以前人蓋當時石刻見於今者多類此所謂充列王室遇謗于呂者戚夫人也

四皓神位刻石

右四皓神位神胙几刻石四在惠帝陵傍驗其字畫蓋東漢時書按顏師古匡謬正俗引圈稱陳留風俗傳自序云圈公之後圈公爲秦博士避地商山漢祖聘之不就惠太子即位以圈公爲司徒自圈公至稱十一世按班固述四皓但有園公非圈公也云當秦之時避地入商洛深山則不爲博士明矣又漢初不置司徒安得以圈公爲之乎稱之說實爲鄙野余嘗疑稱著書自述其世系不應妄誕如此及得四皓刻石見其所書亦爲圈公乃知稱所述果非臆說蓋當時所傳如此爾至謂圈公爲秦博士及惠帝時拜司徒者疑無所據

相府小史夏堪碑

右相府小史夏堪碑云夏堪字叔德帝禹之精苗零陵太守之根嗣也後有銘銘三字語頗古其卒葬年月殘缺字雖不工然漢碑也其曰精苗根嗣漢末人爲文喜造語多類此

郭先生碑

右郭先生碑集古錄以爲漢碑按後魏酈道元注水經具載此碑云碑無年號不知何代人然則歐陽公何所據遂以爲漢人乎余以字畫驗之疑魏晉時人所爲既無歲月可考姑附於漢碑之次云（案郭先生名輔隸釋云碑有兩昭字晉人所諱疑此是魏刻）

金石錄卷十九終

槐廬叢書

金石錄卷二十

宋東武趙明誠德父編著　吳縣朱記榮校刊

跋尾十

魏　吳　晉　僞漢　僞趙

魏大饗碑

右魏大饗碑桉魏志文帝以建安二十五年嗣位爲丞相魏王改元延康夏六月南征秋七月甲午軍次于譙大饗六軍及譙父老今以碑考之乃八月辛未蓋魏志誤也是時丕爲丞相漢獻帝猶在位雖政去王室已久然操之死纔數月爾丕軍次舊里初無念親之心乃與羣臣百姓置酒高會大設伎樂而臣下又相與伐石勒辭夸耀功德更以夏啟周成漢高祖光武爲比豈不可笑也哉

唐重立大饗碑附

右唐重立大饗碑大中五年亳州刺史李暨以舊文刓

缺再刻于石舊碑旣斷續不可盡識而此碑特完好故附於其次俾覽者詳焉魏之事跡雖無足取而其文詞工妙亦不可廢也

魏孔子廟碑

右魏孔子廟碑桉魏志文帝以黃初二年正月下詔以議郎孔羨爲宗聖侯奉孔子之祀及令魯郡脩起舊廟今以碑考之乃黃初元年又詔語時時小異亦當以碑爲正

范式碑

右范式碑法書要錄云蔡邕書今以碑考之乃魏青龍三年立非邕書也

魏太僕荀君碑

右魏太僕荀君碑其題額爲故太僕西楊亭成侯荀府君之碑碑已殘缺其可見者嘗爲齊相始平太守大將軍長史封西楊亭侯遂爲太僕春秋五十有一正始五年夏六月丙寅薨惟其名字鄉里摩滅不可考矣

魏南郡太守卞統碑

右魏南郡太守卞統碑在今曹州冤句縣所敘世次官閥甚簡又多殘缺其畧云君諱統字建業又云惟帝念庸命以南邦又云嘉平二年十一月己亥寢疾卒官而其首題魏故南郡太守卞府君之表桉晉書卞壼傳濟陰冤句人祖統琅邪內史而元和姓纂亦云統爲晉琅邪內史今此碑殘缺處猶有琅邪字知其嘗爲此官而統以魏嘉平中卒姓纂以仕晉者誤也

晉南鄉太守司馬整頌

右晉南鄉太守司馬整頌云初仕魏拜郎中中郎議郎諫議大夫騎都尉給事中轉拜治書侍御史咸熙二年出臨鄗郡加宣威將軍又云謁者就郡拜君世子執節四讓推與兄嗣固辭懇誠泰伯三美君又加焉又云泰始三年十一月使者奉詔策命君南中郎將牧就統宛都桉晉史整事跡附見安平獻王孚傳後云兄奕卒以整爲世子歷南中郎將封清泉侯早卒其餘官閥皆不載據史言兄奕卒以整爲世子而碑言推與兄嗣二說

不同當以碑爲正

晉南鄉郡建國碑

右晉南鄉郡建國碑已斷裂不完其額題南鄉郡建國之碑其大畧云嘉平五年漢水滔溢毀壞舊城又云正元二年城此其餘文字可識處大畧述遷郡事而銘文有與晉常存之語知其爲晉碑也桉晉書地理志建安十三年魏武帝盡得荊州之地分南陽縣西界立南鄉郡及晉武平吳太康中改南鄉爲順陽而不載遷郡事此碑葢太康以前立故仍稱南鄉也碑有云河內司馬府君者整也嘗守是郡自有碑此碑旣無建立年月因附於整碑之次焉

魏大長秋游君碑（晉咸甯中建）

右大長秋游君碑云君諱逑字庶祖梭元和姓纂云魏河南尹游逑始居廣平六代孫後魏尚書明根生僕射肇今碑亦云逑廣平人惟姓纂云逑爲河南尹以碑考之葢未嘗爲此官又梭後漢書百官志大長秋承秦將行宦者景帝時更名大長秋或用士人中興嘗用宦者逑嘗爲宛句長尚書郎左丞元城令治書侍御史南安北海安平東郡太守符節令遂爲大長秋皆非宦者之職然則魏制葢亦參用士人矣

魏游君碑陰

右游君碑陰梭王莽嘗下令禁二名故當時士人皆以

一字爲名東漢時尚爾今此碑陰所記凡二百五十三人亦無一人二名者碑晉咸甯中建距莽時二百年矣而士大夫猶遵莽之令不變何哉

吳禪國山碑

右吳禪國山碑其前敘孫皓即位以後郡國祥瑞凡千餘言其後云乃以涒灘之歲欽若昊天月正革元郊天祭地紀號天璽又云丞相沇太尉璆大司徒變大司空朝等以爲今衆瑞畢至三表納貢（案三乃古四字雲麓漫抄作四表葉本作三譔失一筆爾）九垓八埏罔不被澤率梭典繇宜先行禪禮紀勒天命遂於吳興國山之陰告祭刊石以對揚乾命廣報坤德梭皓以丙申歲改元天璽碑言涒灘之歲是也皓淫虐無道人神憤疾而羣臣方稱述符瑞讚頌功德葢刻石後四年遂爲晉所俘矣

吳天璽元年斷碑

右吳天璽元年斷碑其前云上天帝言又云帝曰大吳一萬方又云天發神讖文天璽元年七月己酉朔又云天讖廣多不解解者十二字嗚呼其言可謂妖矣據吳志天璽元年秋八月鄱陽言歷陽山石理成字凡二十明年改元大赦以協石文今此碑乃在金陵驗其文與吳志所載亦異莫可考究孫皓在位凡八改元而六以符瑞然竟不能保其國葢人事不脩而假託神怪以矯誣天命其不終宜矣

晉右將軍鄭烈碑

右晉鄭烈碑云君諱烈字休林又云曾祖先生皇祖徵君顯考將作大匠寔有茂德載在國策烈晉史無傳以碑考之嘗爲文帝參佐武帝時仕爲兗州刺史封東莞男以疾徵拜議郎卒于太康二年追贈右軍將軍謚曰僖侯云（案隸續云題額晉故右軍將軍平莞僖侯鄭府君之碑平字下一字額已損而銘辭亦微缺僅存莞字趙氏以爲東莞則誤也晉縣亦無平莞非郷名即亭名也）

晉太公碑

右晉太公碑其畧云太公望者此縣人大晉受命四海一統太康二年縣之西偏有盜發冢而得竹策之書書藏之年當秦坑儒之前八十六歲今以晉書武帝紀考

之云咸甯五年汲郡人不凖掘魏襄王冢得竹簡小篆古書十餘萬言藏于祕府與此碑年月不同碑當時所立又荀勗校穆天子傳其敘亦云太康二年與碑合可以正晉史之誤其曰小篆書亦謬也且其書旣在秦坑儒八十六歲之前是時安得有小篆乎碑又云其周志曰文王夢天帝服元襍（襍字字書所無）以立于令狐之津帝曰昌賜汝望文王再拜稽首太公于後亦再拜稽首文王夢之之夜太公夢之亦然其後文王見太公而訃之曰而名爲望乎荅曰惟爲望（案惟疑即唯字應辭也）文王曰吾如有所見於汝太公言其年月與其日且盡道其言臣此以得見也文王曰有之有之遂與之歸以爲卿士而史記

太公世家曰西伯將出獵卜之云云于是西伯獵果遇太公于渭之陽與語大說曰自吾太公望子久矣故號之曰太公望載與俱歸二說殊不合而王逸注楚詞亦載文王夢太公事與碑所書畧同方逸爲注時此書未出逸必別有所據碑又云其紀年曰康王六年齊太公望卒參考年數葢壽一百一十餘歲而史記亦不載桉前世所傳汲冢諸書獨有紀年穆天子傳師春等不載所謂周志者不知爲何書而杜預左氏傳後敘云汲冢書凡七十五卷皆藏祕府預親見之以此知不特十餘萬言史之所記葢不能盡其亾逸見于今者絶少也太公碑汲縣令盧無忌立後題太康十年三月云

晉雲南太守碑

右晉雲南太守碑文字殘缺其姓氏名字鄉里皆不可考畧可見者嘗爲尚書令史察孝廉除郎中遷武陽令從龍驤將軍王濬征討遷雲南太守年五十有七卒最後題太熙元年三月上旬造（案葉本同目錄作三月謝本汪本作正月書畫譜亦是正月）太熙武帝年號也

晉護羌校尉彭祈碑

右晉彭祈碑云君諱祈字子元隴西襄武人也其先出自顓頊有陸終之裔子太彭實主夏盟則其後也又云歷郡右職州別駕從事于時庸蜀未殄侵擾王略洮西之戰因敗運奇元帥獲安匑厥彊虜列上功狀除舍人

還參本軍事除涼州護軍河右未清戎寇鼎沸謀謨神畧簡在帝心遷西郡太守至官未久復臨酒泉遠夷望風繦負歸命白山丁令率服賓貢敦煌令狐豐拒違王度淵泉之陳兵不血刃母老弟亾辭職去官聖上仁慈聽君所求轉畧陽太守近家祿養（案舊本作洛陽非也略陽與隴西相近今定從葉本）遂罷大鴻侍喪還家服紀終始有詔以軍州始分河右未清豺狼肆虐授君節葢除護羌校尉統攝涼土前後軍功應封七侯勞謙退讓陰德不伐年未知命以太康十年三月癸酉薨天子愍悼遣使者監護喪事策曰君秉心公亮所任有方不幸殞殁朕甚痛惜故孝廉參護羌軍事酒泉馬翊故吏郎中綦毋番主簿郭曉良

吏夏侯俊等追思洪烈感想哀嗟乃刊石勒銘焉西晉石刻見於今者絶少又多殘缺此碑文字完好可喜乃録其終始事跡於此

晉彭祈碑陰

右晉彭祈碑陰題名者凡三百十二人有故孝廉計掾計史戸吏廉吏計佐主簿領校録事中部督郵西部督郵軍議從事和戎從事記室督軍謀從事録事史戸曹史賊曹史金曹史田曹史倉曹史鎧曹史兵曹史客曹史記室史節史車曹史水部都督中部都督功曹典事武猛從事舍人蜀渠都水行事中郎勸農西部勸農東都水蜀渠平水門下賊曹門下議生録事金曹掾兵曹

掾作部史法曹史參戰騎都步督散督門下書佐弓馬從事監牧史戟史金曹典事武猛史門下通事門下小史凡一官多者十人少者不減數人其餘稱故吏無官號者百六十餘人當時州郡官屬其濫如是蓋自漢以來太守皆自得署置僚佐彭君爲邊郡守故其所辟尤衆今盡録其名號以見一時之制焉

晉光祿勳向凱碑

右晉向凱碑云君諱凱字士伯河内山陽人也其後歴敘官閥甚詳其最顯者嘗爲中書侍郎尚書吏部郎給事黄門侍郎賜爵關中侯廣平太守散騎常侍遊擊將軍北中郎軍司兗州刺史中郎將後云累遷河南尹春秋六十有八元康九年四月甲子薨追贈光祿勳據此乃當世顯人而晉史無傳故其事跡莫得而考蓋君子所賴以傳者非爵位也顧所立何如爾自古老死邱壑而名稱顯著者甚衆雖在高位而功烈不見于當時聲跡無聞於後世者亦豈可勝數哉

晉鴻臚成公重墓刻

右晉成公重墓刻云永甯二年四月辛巳朔十五日乙未守鴻臚關中侯成公重魏夫人之靈柩前世以永甯紀年者三漢安帝晉惠帝僞趙石祗按三國志建安三十年曹操始置關中侯十七級安帝時猶未有此號而石祗永甯無二年然則重蓋惠帝時人也晉史有成公

簡成公綏皆東郡白馬人

僞漢司徒劉雄碑

右僞漢劉雄碑其額題漢故使持節侍中太宰司徒公右部魏成獻王之碑碑云公諱雄字元英高皇帝之胄孝宣帝元孫値王莽篡竊遠遁邊朔爲外國所推遂號單于累葉相承家雲中因以爲桑梓焉雄劉元海弟也晉書載紀元海本匈奴人冒頓之後漢高祖以宗女妻冒頓約爲兄弟故其子孫遂冒姓劉氏今此碑直云出自宣帝豈元海初起假此以惑衆乎碑後題嘉平五年歲在乙亥二月六日建按宋莒公紀年通譜劉聰以晉懷帝永嘉四年即僞位改元光興明年改元嘉平嘉平

四年改元則嘉平豈復更有五年蓋載紀初不編年故于改元歲月難考此碑當時所立不應差謬乃通譜誤之也

鄧艾碑 與下兩碑皆西晉時立

右鄧艾碑其額題魏使持節征西將軍方城侯鄧公之碑碑無建立年月以詞考之蓋晉初立按魏晉史其名皆爲艾而碑作乂古艾又通爲俊乂芟乂乂安之字〔案謝本作古文乂別本作古艾乂皆非是此謂艾古通爲俊艾芟艾艾安之字耳今改正〕疑艾名其音如此而今人讀如蕭艾之字恐非是又按艾平蜀即軍中拜太尉而碑但題爲征西將軍者疑尋被禍未嘗受命而艾始封方城侯後改封鄧侯碑尙云方城侯何哉

金鄉長薛君頌

右薛君頌在今濟州金鄉縣其額題故金鄉長汝南薛君之頌云君諱諧〔案葉本諧作言書畫譜作頌疑誤〕字公謀其他文字皆完好驗其詞蓋縣長德政頌爾雖無建立年月而有吳寇未（下缺一字）燿威海隅之語知其爲晉碑也

張平子碑

右張平子碑晉南陽相夏侯湛撰讖緯之說興於西漢之末而爛漫於東漢之世雖一時名儒皆從而惑焉獨平子奮然闢之甚力余嘗歎以爲如平子可謂豪傑之士不爲流俗所移者今湛爲此碑乃云金匱玉版之奧讖契圖緯之文罔不該羅其情可謂不知平子矣

趙浮圖澄造釋伽像碑

右趙浮圖澄造釋伽像碑唐封演聞見記云内邱縣西古中邱城寺有碑後趙石勒光初五年立碑云太和上竺浮圖澄者天竺大國附庸小國王之元子也本姓濕此碑即演所見其說皆同按晉書藝術傳澄本姓帛氏今碑作濕碑當時所立宜得其眞又史作佛圖碑作浮圖二字音相近爾惟光初乃劉曜年號而以爲石勒時蓋演誤也

趙橫山李君神碑

右趙橫山李君神碑題建武六年歲在庚子三月己亥二十一日癸丑按晉書成帝紀石虎以咸和九年自立

爲趙天王而載記云咸康元年僭稱居攝趙天王據帝紀則建武六年歲在己亥據載記則歲在庚子宋莒公紀年通譜獨以本紀爲據今此碑及西門豹祠殿基記竝六年建皆云歲在庚子以此知帝紀之失非二碑則晉紀與載記得失不復可考矣

趙西門豹祠殿基記

右趙西門豹祠殿基記云趙建武六年歲在庚子秋八月庚寅造西門祠殿基又云巧工司馬臣張由監作吏臣杜波馬孫殿中司馬臣王基殿中都尉臣潘倪侍御史騎都尉臣劉誼左校令臣趙升殿中校尉臣顏零等監其下刻物像甚多如土長强艮碩章舒悽雀之類其

名頗異近歲臨淄縣人耕地得巧工司馬印遍尋史傳皆無此官名不知為何代物今乃見于此碑云

晉樂毅論

右晉樂毅論石本舊藏高紳學士家集古錄云紳死其子弟以石質錢於富人而富人家失火遂焚其石者非也元祐間余侍親官徐州時故郎官趙竦被旨開吕梁洪掔此石隨行已斷裂用木為匣貯之竦尤珍惜親舊有求墨本者必手模以遺之竦歿今遂不知所在

學生題名

右學生題名歐陽公集古錄以為漢文翁學生余獨疑其非是蓋以為西漢時立則字畫不類以為東漢則東

漢絕無二名者今此碑二名者凡數人又唐顏有意所書益州學館廟堂記載漢以來石刻皆備獨無此題名使其為文翁學生決不冐漏落余以字畫驗之疑其為晉以後人所立然初無所據未敢遂以為然其後以地里書參考乃決知其非文翁學生也題名有幹江陽趙嵩典學從事史甯蜀常仲舒憲道左生遂甯董朗元明左生晉原陽容宗長按晉書志江陽郡蜀劉備置甯蜀遂甯晉原並桓溫平蜀後蜀四郡東西兩漢時皆未有然則此碑為東晉以後人所立無疑矣

宋武帝檄譙縱文

右宋武帝檄譙縱文按顏有意書成都學館廟堂記云石室北壁有晉義熙九年剌史朱齡石勒宋高祖檄譙縱文其字摩滅不可備識學館記唐初立距今又數百年宜其摩滅愈難識矣然其歲月官爵猶畧可辨云

金石錄卷二十終

金石錄卷二十一

槐廬叢書

宋東武趙明誠德父編著　吳縣朱記榮校刊

跋尾十一

後魏　東魏　梁

大代華嶽碑

右大代華嶽碑歐陽公集古錄云魏自道武天興元年議定國號羣臣欲稱代而道武不許乃仍稱魏自是之後無改國稱代之事今魏碑數數有之碑石當時所刻不應妄但史失其事爾余按崔浩傳云方士祁纖（案傳是祁）纖奏改代爲萬年浩曰昔太祖道武皇帝應期受命開拓洪業諸所制宜無不循古以始封代土後稱爲魏故代魏兼用猶彼殷商蓋當時國號雖稱爲魏然猶不廢始封故兼稱代爾此事亦見陽松玢談藪云（案八代談藪陽松玠著此作玢疑誤）

後魏孔宣尼廟記

右後魏孔宣尼廟記在今懷州界中文詞頗古質可喜云孔子欲北從趙鞅聞殺鳴犢遂迴車而返（案葉本作驅車）及其殁也晉人思之於太行嶺南爲之立廟焉記太和元

年立其額又有延興四年太上皇帝祭孔子文者孝文之父獻文帝也

後魏孝文弔比干文

右後魏孝文弔比干文其首已殘缺惟元載字可識其下云歲御次乎閹茂望舒會于星紀十有四日日惟甲申桉爾雅云歲在戌曰閹茂又鄭康成注月令仲冬者日月會於星紀後漢書孝文以太和十八年十一月甲申經比干墓親爲弔文樹碑而刊之是歲甲戌其說皆合其未嘗改元而稱元載者孝文以是歲遷都洛陽蓋以遷都之歲言之也

後魏比干碑陰

右比干碑陰盡紀侍從羣臣官爵姓名桉後魏書官氏志邱穆陵氏後改爲穆氏今此碑自侍中邱目陵亮以下同姓者凡三人字皆作目而元和姓纂所書與此碑正同又碑自穆崇至亮皆姓邱目陵氏姓纂亦云後改爲穆而史但云姓穆者皆有闕誤（案葉本有作其）

後魏大鴻臚卿鄭允伯碑

右後魏鄭允伯碑元和姓纂載滎陽鄭氏云華生七子白驎小白叔夜洞林歸藏連山幼驎號七房鄭氏允伯小白子也桉後漢書幼驎傳云父華生六子又云幼驎五兄長白驎次小白次洞林次叔夜次連山而無歸藏其次第亦不同又姓纂云小白名茂而史云幼驎名羲（案而史當作北史）疑自白驎以降皆其字也據碑與姓纂皆云允伯仕至大鴻臚卿而史言少卿者誤也

後魏御射碑

右後魏御射碑在今懷州桉北史及魏書宣武紀景明三年十月庚子帝躬御弧矢射遠及一百五十步羣臣勒銘於射所即此碑也碑云惟魏定鼎遷中之十載又云皇上春秋一十有七據史及孝文弔比干文皆云太和十八年遷都洛陽至景明三年蓋九年矣而碑作十載恐誤又史云宣武以太和七年生景明三年（案舊本作四年誤）當作二十而碑言年一十有七則當以碑爲據然則宣武終於延昌四年蓋壽三十歲而史以爲壽三十三

者亦誤也余桉禮記問天子國君之年對者皆不敢斥言晉襄公送晉侯晉侯問公年季武子對曰會沙隨之歲寡君以生是也今魏人乃直書其君之年於碑豈禮也哉

後魏太尉于烈碑

右後魏太尉于烈碑云初以功臣子起家爲中散轉屯田給事內都幢將遷左衞將軍而後魏書列傳云少拜羽林中郎遷羽林中郎將以本官行秦雍二州事遷司衞監以碑考之烈皆未嘗爲此官又其父洛拔爲黃龍鎮都大將而曰和龍烈爲屯田給事而曰給納卒年六十七而曰六十五者皆史之誤又桉烈始封昌國子改

鉅鹿公（案烈祖栗磾嘗假封新安公後賜爵新城男疑此亦假封也）又改洛陽侯進封聊城縣開國子再進爲開國伯開國侯其卒追封爲鉅鹿郡開國公葢當時之制如此魏書官氏志不載皆莫可考

後魏鄭羲碑

右後魏鄭羲碑魏史列傳與此碑皆云羲滎陽開封人碑又云歸葬於滎陽石門東十三里三皇山之陽而碑乃在今萊州南山上磨厓刻之葢道昭嘗爲光州刺史卽今萊州也故刻其父碑於兹山余守自州嘗與僚屬登山徘徊碑下久之傳云羲卒尚書奏謚曰宣詔以羲雖宿有文業而治闕廉清改謚爲文靈今碑首題云滎陽鄭文公之碑其末又云加謚爲文傳載賜謚詔書甚詳不應差誤而碑當時所立必不敢諱其一字皆莫可知也巳

後魏鄭羲上碑

右鄭羲上碑初予爲萊州得羲碑於州之南山其末有云上碑在直南二十里天柱山之陽此下碑也因遣人訪求在膠水縣界中遂摹得之羲之卒葬滎陽其子道昭永平中爲光州刺史爲其父磨厓石刻二碑焉桉地理書後魏皇興四年分青州置光州領東萊郡隋文帝時罷郡仍改光州爲萊州云

後魏車騎大將軍邢巒碑

右後魏邢巒碑云巒字山賓而史作洪賓其爲梁州刺史碑云徵爲都官尚書而史作度支後改爲七兵尚書而史不載又巒爲崔亮所糾據碑言戎車既班猶以在州之誣遭禁一期而史以謂元暉高肇爲巒申釋故得不坐者非也

後魏叱閭神寳脩關城銘（案書畫譜作脩關城銘前目錄作造像記）

右後魏叱閭神寳脩關城銘題右將軍西中郎將叱閭神寳銘又云維大魏神龜元年歲次戊午十一月壬午朔十日壬辰起工三十萬（案謝本工作功）脩治關城幷作館第敬造三級浮圖桉後魏書官氏志及元和姓纂有叱門氏後改爲門而無叱閭氏葢其闕漏也

後魏安東將軍孫公墓誌

右後魏孫公墓誌其名字鄉里年壽皆不載獨其末載贈官制書云故安東將軍銀青光祿大夫棗强縣開國男孫蔚知其名蔚又云歸葬於世邑武遂知其爲邑人也桉後魏書儒林傳有孫惠蔚其所書事跡與志皆合傳云先單名蔚正始中侍講禁內夜論佛經有愜帝旨詔使加惠號蔚法師焉

後魏定州刺史崔亮頌

右後魏崔亮碑題云魏鎮北將軍定州刺史崔使君至化之頌葢亮嘗爲定州既去郡人立此碑頌德爾其間載亮所歷官甚詳與北史及後魏書列傳多合惟其自

定州歸朝歷殿中都官吏部三尙書而傳但言自殿中遷吏部爾亮以正光二年卒而碑神龜三年建在亮卒前故自爲侍中以後事碑皆不及載也

後魏贈司空元暉碑

右後魏元暉碑據後魏書列傳云暉鎭西將軍忠子而北史以爲忠弟德之子今以碑考之北史是也又碑云孝文時爲主客郎中而魏史言世宗卽位拜此官碑云神龜二年卒而史言元年卒者亦非是其餘遷拜次第時有不同不盡錄也

後魏范陽王碑

右後魏范陽王碑云王諱誨高祖孝文皇帝之孫太師

武穆王之子今世所傳後魏書北史孝文諸子列傳皆文字脫落不完惟孝明紀載孝昌二年封廣平王懷庶長子誨爲范陽王以此知其爲懷子據碑云懷謚武穆而傳作文穆者誤也誨仕至僕射爲尒朱兆所殺事見莊帝本紀

後魏賀拔岳碑

右後魏賀拔岳碑岳當時名將也北史及後魏書皆有傳初爲尒朱榮親將其後齊神武使侯莫陳悅害之尒朱榮凶殘狂悖蓋魏之莽卓也而碑乃以爲圖伊霍之舉豈不可笑也哉然魏收爲魏史受榮子文略之賂亦以榮比韓彭伊霍乃知貪鄙無知之徒世不乏人也按莊帝諸書皆作孝莊而此碑獨作孝壯疑書碑者之誤

東魏膠州刺史祖淮碑

右東魏祖淮碑云君膠州平昌安邱人也六世祖逖又云其卒贈膠州刺史按後魏永安中分青州置膠州隋開皇五年改爲密州焉

東魏大覺寺碑

右東魏大覺寺碑在洛陽碑陰題韓毅書據北史毅魯郡人工正書神武用爲博士以教彭城景思王攸當時碑碣往往不著名氏毅以書知名故特自著之也然遺跡見於今者獨此碑爾

東魏大覺寺碑陰

右大覺寺碑陰題銀青光祿大夫臣韓毅隸書蓋今楷字也庾肩吾曰隸書今之正書也張懷瓘六體書論亦云隸書者程邈造字皆眞正亦曰眞書自唐以前皆謂楷字爲隸至歐陽公集古錄誤以八分爲隸書自是舉世凡漢時石刻皆目爲漢隸有一士人力主此論余嘗出漢碑數本問之何者爲隸何者爲八分蓋自不能分也因覽此碑毅自題爲隸書故聊誌之以袪來者之惑

東魏高翻碑

右東魏高翻碑翻齊獻武王叔父也魏書本傳云以元象中追加贈謚碑後題建立歲月文字殘缺惟有魏元字可辨又云歲次己未按東魏孝靖以元象二年十

一月改元興和是年歲次己未此碑蓋元象二年建立也

東魏張烈碑

右東魏張烈碑在今青州界中文字摩滅以事考之蓋張烈也按北史烈傳烈爲家誡千餘言臨終勑子姪不聽求贈但勒家誡立碣而已卽此碑是也其卒葬年月殘缺不可辨傳亦不載惟青州圖經稱卒於元象中云

東魏賈思同碑

右東魏賈思同碑思同與其兄思伯後魏書皆有傳云青州益都人今其墓乃在壽光縣而思伯之碑亡矣

東魏魏蘭根碑

右東魏魏蘭根碑按北史列傳云蘭根起家北海王國侍郎而碑云起家奉朝請遷員外散騎侍郎碑云以在岐州之功封永興縣開國侯而史不載又史云天平初謝病以開府儀同歸本鄉武定三年薨而碑云薨於天平二年其卒也史云贈司空而碑作司徒皆當以碑爲正

後魏化正寺石窟銘

右後魏化正寺石窟銘北史及魏書有宦者抱嶷傳云嶷終於涇州刺史自言其先姓杞後避禍改焉今此碑題涇州刺史杞嶷造疑後復改從其本姓爾

梁重立羊祜碑

右羊祜碑梁大同中以舊碑殘缺再書而刻之碑陰具載其事今附於次

東魏敬君像頌

右東魏敬君像頌敬君名曦顯雋從弟也碑云十世祖漢揚州刺史韶按後周書敬珍傳唐書宰相世系表皆云韶漢末爲揚州刺史與此碑所書同而姓苑與元和姓纂皆作歆疑轉寫之誤又據碑顯雋乃韶十世孫而姓纂以爲九世恐亦誤也

金石錄卷二十一終

金石錄卷二十二　槐廬叢書

宋東武趙明誠德父編著　吳縣朱記榮校刊

跋尾十二

後魏　北齊　後周　隋

後魏鎭東將軍劉乾碑

右後魏鎭東將軍劉乾碑云君諱乾字天自胡夷亂華典章文物掃地而盡至於名字書畫皆一出其私意而無復稽考可謂亂世矣若劉君者名乾字天豈不怪哉

案謝本後八字下亦有自字蓋前誤以自字屬上句故後復妄增耳

後魏汝南王碑

右後魏汝南王碑王名悅孝文子也介朱榮之亂奔梁梁武厚遇之立爲魏主後復歸北據後魏書列傳云出帝時爲大司馬卒而帝紀與北史皆言爲出帝所殺蓋

列傳之誤而此碑亦不書者諱也

北齊造像記

右北齊造像記云天保四年歲次巳酉桉齊文宣以東魏武定八年受禪改元天保是歲庚午至四年當爲癸酉而此記誤書癸爲巳爾其字畫不工特以甲子差誤恐後來疑焉因錄於此

北齊郁久閭業碑

右北齊郁久閭業碑郁久閭其姓本出東胡見於北海者有後魏景穆恭皇后郁久閭氏云河東王毗之妹今魏書列傳但有閭毗又有閭大肥皆云蠕蠕人蓋同族也大毗道武時歸國尙華陰公主以此碑考之業乃大

肥之孫魏書於皇后傳云姓郁久閭而於毗與大肥傳止言姓閭毗於景穆皇后爲兄弟其姓不應有異使後皆更姓史家亦當具載兼大肥之孫亦不當復用舊姓也蓋史之闕漏又碑云祖名大泥鵲起而史作大肥碑又云業茹茹國王步渾之元孫蠕蠕或稱茹茹見於前史爲魏書蠕蠕列傳自木骨閭以來敘其世系甚詳無名步渾者亦莫知其爲何人也

後周延壽公碑頌

右後周延壽公碑頌云勳州刺史延壽郡開國公万紐于寔考之於史寔太師燕國公于謹子也謹後魏新安公于栗磾子洛拔之後余家有洛拔子烈碑述其世系甚詳云遠祖之在幽州世有部落（案謝本作世首部落）陰山之北有山號万紐于者公之奕葉居其原趾遂以爲姓暨高祖孝文皇帝時始賜姓爲于氏焉今此碑復稱万紐于者蓋後周時凡孝文賜姓者皆復改從舊云又姓纂及唐書宰相世系表皆云謹洛拔五世孫也以後魏及周書考之洛拔以太安四年卒年四十五謹以正光四年爲廣陽王元深長流參軍年三十一洛拔之卒距謹之爲參軍蓋六十四年矣洛拔旣早世不應後六十四年巳有五世孫年三十一也以此知言謹爲洛拔五世孫者蓋未可信又周書稱謹祖名安定而唐書表作子安亦莫究其孰失也

後周太學生拓拔府君墓誌

右後周太學生拓拔府君墓誌陳使周宏正撰云君諱吐度眞魏昭成皇帝之後也夷虜以三字爲名者甚衆拓拔君爲書生尙仍舊俗何哉蓋自魏孝文帝惡夷虜姓氏盡易之至後周一切復改從舊故當時士人名字亦皆虜語無足怪也

北齊華陽公主碑

右北齊華陽公主碑云公主諱秀豔蓋魏孝文帝之孫廣平王懷之女北齊趙郡王叡之母也桉北史叡列傳其前云母華山公主而其後乃作華陽今此碑及北齊書皆止言封華陽蓋北史誤也

北齊天柱山銘

右北齊天柱山銘在今萊州膠水縣初後魏永平中鄭道昭爲郡守名此山爲天柱刻銘其上至北齊天統元年其子述祖繼守此邦復刻銘焉按後魏書道昭之父義謚文靈而道昭所立義碑乃云謚爲文今此碑又云謚文貞皆莫可考

後周華嶽廟碑

右後周華嶽廟碑万紐于瑾撰趙文淵字德本書按後周書列傳有趙文深字德本蓋唐初史官避高祖諱故改淵爲深爾万紐于瑾者唐瑾也周文帝時賜姓宇文後以于瑾請與同姓更爲万紐于云

後周河瀆碑

右河瀆碑後周天和二年建內史大夫琅邪王襃字子淵造文趙興郡守趙文淵字德本奉勅書余嘗讀楊大年談苑云千字文題勅員外散騎侍郎周興嗣次韻勅字乃梁字傳寫誤爾當時帝王命令尚未稱勅至唐顯慶中始云不經鳳閣鸞臺不得稱勅勅之名始定於此按此碑及唐瑾撰華嶽廟碑皆文淵奉勅書後周距梁時未遠又隋薛道衡撰老子碑唐初虞世南撰孔子廟堂杜如晦碑歐陽詢書昭陵九成宮碑皆作奉勅如此類甚衆略舉一二要知不獨始於顯慶大年之論非也然則唐人所謂不經鳳閣鸞臺不謂之勅者蓋言命令當由廟堂出非謂勅之名始於此也然文淵奉勅書碑而自著其字何哉

後周同州刺史普六如忠墓誌

右普六如忠墓誌普六如者楊忠隋高祖父也後魏時賜姓以誌考傳其事皆合惟其爲都督涇豳雲顯鹽靈等六州諸軍事而傳以豳爲幽者蓋傳寫誤爾

北齊隴東王感孝頌

右北齊隴東王感孝頌隴東王者胡長仁也武平中爲齊州刺史道經平陰有古冢詢訪耆舊以爲郭巨之墓遂命僚佐刻此頌焉墓在今平陰縣東北官道側小山頂上隧道尚存惟塞其後而空其前與杜預所見邢山

上鄭大夫冢無異冢上有石室制作工巧其內鐫刻人物車馬似是後漢時人所爲余自青社如京師往還過之屢登其上按劉向孝子圖云郭巨河內溫人而酈道元注水經云平陰東北巫山之上有石室世謂之孝子堂亦不指言何人之冢不知長仁何所據遂以爲巨墓乎〔案〕頌有孝子堂之語故知酈水經所載也

後周温州刺史烏丸僧修墓誌

右後周烏丸僧脩墓誌僧脩本姓王氏梁南城侯神念之子太尉僧辯之弟後歸周仕爲温州刺史卒元和姓纂及唐史宰相世系表皆云神念父岡爲護烏丸校尉因號烏丸王氏今墓誌乃云僧脩歸周賜姓烏丸又諸

書皆云神念謚壯而墓誌作莊唐表云僧脩生景孝而墓誌云名祥字景孝皆當以誌爲正

北齊長樂王尉景碑

右北齊長樂王尉景碑按北齊書景字士眞而碑云字副羽蓋傳之誤

北齊馮翊王平等寺碑

右北齊平等寺碑題太宰馮翊王定光像寳殿碑馮翊王者名潤齊神武子也碑云寺魏廣平王懷所立永平中造定光銅像一區高二丈九赤屬魏季像在寺外未果移入其後齊高祖過洛陽始遷像入寺至潤又增修殿宇焉據羊衒之洛陽伽藍記云孝昌三年十二月中

此像面有悲容兩目垂淚三日而止其後尒朱榮北海王尒朱兆入洛陽像皆悲泣如初每經神驗朝野惶懼其事甚異而此碑不載（案碑以軀爲區省文也以尺爲赤古字通用羊衒之舊本誤作楊衒之）

北齊臨淮王像碑

右北齊臨淮王像碑臨淮王者婁定遠也北齊書和士開傳定遠與趙郡王叡謀出士開爲兖州刺史未行士開納賂定遠得留復出定遠爲青州刺史責叡以不臣之罪而殺之定遠歸士開所遺加以餘珍賂之乃免如史所書定遠可謂小人矣定遠本傳但云封臨淮郡王而不書其爲青州者闕也又定遠從弟叡旣附見定遠傳而於外戚傳又重出南北朝諸史猥并類如此可笑也

北齊白長命碑

右北齊白長命碑云公字長命而其名已殘缺長命白建之父也北齊書及北史建傳皆云父名長命者葢齊魏閒人多以字爲名爾

北齊大安樂寺碑

右北齊大安樂寺碑其額題廣業王大安樂寺碑廣業王者尉萇命之子破侯也碑云魏末離亂萇命嘗營護此寺其後破侯與其弟興敬復加營葺故立此碑按北史及北齊書有尉長命傳今碑乃作萇命又史云其卒

謚曰武壯而碑乃作武莊當以碑爲正破侯嘗仕爲中書令尚書左僕射尚書令錄尚書事封廣業王官甚顯而史無傳（案何氏焯云六朝碑中長與萇莊與壯多通用）

北齊司空趙起碑

右北齊趙起碑按北齊書列傳云起天統二年除滄州刺史武平中卒於官今以碑考之起自滄州還闕除吏部尚書判外兵省事遷光祿大夫以本官兼尚書左僕射出行懷州事轉膠州刺史封南泉郡王乃卒史皆不書而云卒於滄州誤矣

北齊贈司空趙奉碑

右北齊趙奉碑奉彥深父也碑云諱奉字奉伯而北齊

書及北史但云名奉伯而已碑又云父清河府君剖符東秦著績齊士久於其職遂即家焉今爲平原貝邱人也而史乃云彦深高祖父難爲清河太守遂家清河清河後改爲平原二事不同皆當以碑爲正惟史以謂彦深本名隱避齊廟諱故以字行而碑直書爲隱何哉

北齊宜陽國太妃傅氏碑

右北齊宜陽國太妃傅氏碑其額題齊故女侍中宜陽國貞穆太妃傅氏碑碑云太妃諱華清河貝邱人也桉北史後魏置女侍中視二品然本後宮嬪御之職今以宰相母爲之惟見於此傅氏趙彦深之母有賢操事載於史

北齊赫連子悅清德頌

右北齊赫連子悅清德頌據北史列傳子悅爲鄭州刺史郡人請爲文碑詔許之碑所載亦同而碑乃在今許昌者桉隋書地理志潁川郡舊置潁州東魏改曰鄭州後周改曰許州又傳云子悅天保中爲揚州刺史而碑作陽州者桉地理志東魏於宜陽置陽州後周改爲熊州云

隋興國寺碑陰

右隋興國寺碑陰丁道護書道護所書興國啟法兩寺碑皆在襄陽歐陽公嘗得啟法寺碑列於集古錄中而於太學官楊褎處見興國寺碑以不得入錄爲恨今碑陰又有襄州鎮副總管柳止戈以下十八人姓名字畫尤完好歐陽公所未見也蔡君謨題其後云在杭州日坐有客曰小說稱丁眞永草永固知名丁何人也余謂道護豈其人耶桉法書要錄丁覘與知永同時人善隸書世稱丁眞永草非道護也

隋齊國太夫人楊氏墓誌

右隋齊國太夫人楊氏墓誌云夫人字季姜僕射高熲母也隋書熲傳云熲以母憂去職開皇二年伐陳詔熲節度諸軍據此熲之丁內艱蓋在開皇初今以墓誌考之楊氏之卒乃在十年傳稱熲既貴其母嘗誡以遠禍後熲竟以危言爲煬帝所誅如其言可謂賢母矣嘗恨

不著其姓氏今乃見於此云

隋化善寺碑

右隋化善寺碑在徐州碑陰有郎餘令題記云隋尹武撰余元祐間侍親官彭門時爲兒童得此碑今三十餘年矣

隋願力寺舍利寶塔函銘

右隋願力寺舍利寶塔函銘仁壽三年相州刺史薛胄建唐劉禹錫集載僧靈澈詩有云經來白馬寺僧到赤烏年禹錫稱其工因讀此銘序亦以白馬之寺對赤烏之年乃知前人已有此語蓋隋唐間文體大率以偶儷爲工雖格力卑弱然用事親切時有可喜也

隋周羅睺墓誌

右隋周羅睺墓誌無書人姓名而歐陽率更在大業中所書姚辯墓誌云長壽碑與此碑字體正同蓋率更書也往時書學博士米芾善書尤精於鑒裁亦以余言爲然羅睺名將隋史有傳今以墓誌考之羅睺在陳自鍾離太守遷秦郡而史不載又史云開皇中自幽州刺史轉涇州毋憂去職復起授幽州遼東之役徵爲水軍總管進爲上將軍而墓誌自幽州爲水軍總管進上將軍然後爲涇州其遷拜次第皆不同又史云拜東宮右虞候率而墓誌爲左監門率史云轉右衞率而墓誌爲右監門武候率史云自在武候大將軍進授上將軍而墓

誌不載蓋未嘗拜此官也皆當以墓誌爲據

隋禹廟殘碑

右隋禹廟殘碑其文字摩滅十五六而其末隱隱可辨云會稽郡（下缺三字）史陵書筆法精妙不減歐虞桉張懷瓘書斷云褚遂良嘗師史陵蓋當時名筆也今此碑摩滅而僅存世之藏書者皆未嘗有非余收錄之富則遂不復見於世矣

隋黃門侍郎柳旦墓誌

右隋柳旦墓誌考隋史列傳事跡皆同惟傳云攝判黃門侍郎而墓誌云檢校黃門侍郎小異爾又墓誌載旦六子變則綽楷濬亨而元和姓纂與唐史宰相世系表皆云旦五子而闕其第五子濬亦當以墓誌爲是也

隋尙書左僕射元壽碑

右隋元壽碑虞世基撰歐陽詢書桉隋史壽開皇中爲尙書主爵侍郎而碑云主爵郎碑云從晉王伐陳事兼揚州長史授行軍總管長史平陳遂爲揚州總管府長史還尙書左丞而史但云自元帥府屬平陳入爲左丞爾又爲太常少卿時兼雍州司馬史亦不載其卒贈尙書左僕射光祿大夫封博平侯而史但云贈右僕射皆其闕誤史云壽在周封儀隴縣侯而碑作儀龍侯今桉隋書地理志有儀隴縣屬巴西郡而無儀龍未知孰是

隋西林道場碑

右隋西林道場碑題太常博士歐陽詢撰而不著書人名氏余家藏隋姚辯墓誌元壽碑皆率更在大業中爲博士時所書與此碑字體絕不類知其非率更書也

金石錄卷二十二終

金石錄卷二十三

槐廬叢書

宋東武趙明誠德父編著　吳縣朱記榮校刊

跋尾十三

唐

唐司空竇抗墓誌

右唐竇抗墓誌歐陽詢撰并書其所歷官新舊史所書頗多闕略蓋抗在隋自岐州刺史遷冀州又遷定州又

爲遼東道行軍總管改朔州道遂授持節幽易燕檀四州諸軍事幽州總管幽州刺史而史直云自岐州轉幽州總管其歸唐爲宏化道安撫大使遷光祿大夫又爲左武侯大將軍時以本官領同州刺史史皆不載其卒史言謚密而誌作容新史言贈司徒而誌作司空舊史亦爲司空與誌合

後周黃羅刹碑

右後周黃羅刹碑虞世南撰羅刹仕周爲行軍總管其子君漢唐初爲將有功武德中爲父追立此碑按後魏元乂本名夜乂其弟剎本名羅刹元樹遺公卿書譏詆以謂夜乂羅刹皆鬼名也今羅刹周人去魏不遠猶以

爲名何哉

隋桂州總管侯莫陳穎墓誌

右隋侯莫陳穎墓誌穎隋書有傳以其事考之多合惟傳言穎謚曰定而誌不載按誌曰公第四子尚書考功郎中乾會而傳作虔會乾虔義理皆通然余嘗得乾會碑乃云名肅字乾會元和姓纂所載亦同疑其以字行爾蓋隋唐閒人多如此

唐孔子廟堂碑

右唐孔子廟堂碑虞世南撰武德時建而題云相王旦書額者蓋舊碑無額武后時增之爾至文宗朝〔案當作宣宗朝見舊唐書〕馮審爲祭酒請琢去周字而唐史遂以此碑爲武

后時立者誤也睿宗所書舊額云大周孔子廟堂之碑今世藏書家得唐人所收舊本猶有存者云

唐杜如晦碑

右唐杜如晦碑虞世南撰驗其字畫蓋歐陽詢書也如晦唐偉人史家立傳不應草草今以碑考之頗多異同傳言如晦大業中嘗以選補滏陽尉棄官去而碑言在隋起家爲雍州從事及煬帝幸江都代王使君判留守事蓋如晦未嘗爲滏陽尉而亦未棄官去也傳言秦王爲皇太子授左庶子而碑作右庶子傳言爲檢校侍中攝吏部尚書而碑作攝侍中吏部尚書傳云其祖名杲〔案謝本作果今本新唐書表傳亦同皆誤也今定從北史作杲〕而碑所書乃名徽傳云

謚曰成而碑所書乃誠也蓋此碑乃太宗手詔世南勒文於石其官爵祖父名諱不宜有誤皆可以正史氏之失矣〔案正譌本作證〕

唐房彥謙碑

右唐房彥謙碑彥謙元齡父也在隋任司隸刺史出爲涇陽縣令卒官不大顯而隋書立傳二千餘字者蓋修史時元齡亦爲宰相故也彥謙自曾祖而下三世皆封壯武侯隋唐史元齡碑所書皆同獨此碑作莊武未知孰是碑李百藥撰歐陽詢八分書在今齊州章邱縣界中世頗罕傳

唐房彥謙碑陰

右唐房彥謙碑陰具載彥謙歸葬恩禮儀物之盛太宗遇元齡可謂厚矣蓋厚其禮所以責其報也太宗可謂善任人矣

隋衛尉卿竇慶墓誌

右隋竇慶墓誌慶曾祖略祖善父榮定北史及北齊後周隋書皆有傳諸史皆云慶祖名善而慶之兄抗墓誌乃云名温唐書宰相世系表以謂善一名温今此誌名温善皆不可考慶大業中仕爲衛尉卿史云爲羣賊所殺而墓誌云爲賊盧圓月所殺墓誌貞觀四年刻其小楷工妙不減歐虞惜其不著名氏也

唐大理卿郎穎碑

右唐鄭穎碑李百藥撰歐陽公集古錄云穎父名基字世業而百藥書穎世次但云父世業又書穎兄茂碑亦然考其碑文有皇基締構之言則基字當時公私無所諱避而百藥書穎父字而不名不詳其義是以君子貴乎博學余按隋及唐初人多以字爲名故雖一時名公卿其名字混殽略不可考又按穎字楚之其事跡雜見北史隋書皆書爲楚之而不載其名穎獨唐書鄭餘令傳曰祖穎字楚之至於傳中敘述行事止稱楚之疑其亦以字行爾

唐丹州刺史張崇碑

右唐丹州刺史碑首尾已殘闕其可見者云公諱崇字

平高按新唐書劉裴傳後載起義功臣字跡有張平高云綏州人從唐公平京城累授左領軍將軍蕭國公貞觀初爲丹州刺史坐事以右光祿大夫還第卒今以碑考之其事皆同惟傳以字爲名爾

唐昭陵刻石文

右唐昭陵刻石文太宗爲文德皇后立歐陽詢書其文具載於太宗實錄今石刻已摩滅故世頗罕傳其略可見者有云無金玉之寶玩用之物木馬禺人有形而已欲使賊盜息心存亡無異又云俯視漢家諸陵猶如蟻垤皆被穿窬今營此陵制度卑狹用功省少望與天地相畢永無後患其言非不丁甯切至者然竟不能免溫韜之禍太宗英武聰明過人甚遠而於此眷眷不忘何哉以此知死生之際能超然無累者賢哲之所難也又云國家府藏皆在目前與在陵內何異其詞尤陋得無爲後世達士所笑乎

唐昭陵六馬贊

又唐昭陵六馬贊初太宗以文德皇后之葬自爲文刻石於昭陵又琢石象平生征伐所乘六馬爲贊刻之皆歐陽詢八分書世或以爲殷仲容書非是至諸降將名氏乃仲容書爾今附於卷末云

隋益州長史裴鏡民碑

右隋裴鏡民碑殷令名書令名與其子仲容皆以能書

擅名一時而令名遺跡存者惟此碑爾筆法精妙不減歐虞惜不多見

唐溫彥博碑

右唐溫彥博碑歐陽公集古錄跋顏勤禮碑後云按唐書溫大雅字彥宏弟彥博字大臨弟大有字彥將兄弟義當一體而名大者字彥名彥者字大不應如此蓋唐世諸賢名字可疑者多封德彝云名倫房元齡云名喬高士廉云名儉顏師古云名籀而皆以字行倫喬儉籀在唐無所諱不知何避而行字余按顏之推家訓云古者名終則諱之字乃可以爲孫氏江南至今不諱字也河北士人全不辨之名亦呼爲字字固爲字尚書王元

景兄弟皆號名人其父名雲字羅漢一皆諱之其餘不足怪也又顏師古匡謬正俗載或問人有稱字而不稱名者何也師古考諸典故以稱名爲是蓋當時風俗相尙如此初無義理也然師古既立論以稱名爲是而乃以字行殆不可曉也（案別本此句下有已字）

唐贈高熲禮部尙書詔

右唐贈高熲詔書貞觀十一年改葬有詔贈禮部尙書其事當載於史而隋書熲列傳唐書帝紀太宗實錄皆不載

唐河間元王碑

右唐河間元王孝恭碑校新唐書孝恭自宗正卿歷涼

州都督晉州刺史貞觀初爲吏部尙書以卒今以碑考之自宗正遷禮部尙書坐事免尋復舊任俄授梁州都督改晉州刺史與司空無忌等同時冊拜觀州刺史世世承襲復授光祿大夫禮部尙書蓋孝恭凡三爲尙書一免官一拜世襲刺史本傳皆不載而以梁州爲涼者亦誤也又唐初功臣皆云圖形淩烟閣而此碑乃作戢武閣戢武之名不見於他書惟當時石刻數數有之豈淩烟先名戢武而後改之耶

唐宏濟寺碑

右唐宏濟寺碑在今汾州據唐會要此碑李百藥撰唐太宗初卽位下詔於建義以來交兵之處爲義士凶徒隕身戎陳者各建寺剎分令儒臣爲銘凡七碑余所得者汜水等慈呂州普濟豳州昭仁與此碑凡四而虞世南褚遂良所撰今皆亡矣

唐段志元碑

右唐段志元碑以唐史考之多不合碑云公諱某字志元而其名已殘闕然史初不載其名也碑云鄒平人而史云臨淄人碑云謚忠壯而史云謚忠肅舊史亦作忠壯與碑合又碑云圖形戢武閣校唐史及諸書功臣圖形皆云淩烟閣初余得河間元王碑云圖形戢武意謂淩烟先名戢武後改之耳今得斯碑亦同由是益知前言之不謬二碑皆當時所立不應差誤也

唐獨孤使君碑

又唐獨孤使君碑云君諱某字延壽而其名殘缺不可辨延壽陁子也隋書外戚傳云陁二子延福延壽元和姓纂亦云陁生延壽皆不著其名又姓纂云延壽封新蔡公而碑云封新蔡縣開國男亦當以碑爲正

唐晉祠銘

右唐晉祠銘太宗撰并書晉祠者唐叔虞祠也高祖初起兵禱於叔虞祠至貞觀二十年太宗爲立碑焉

唐相州刺史侯莫陳肅碑

右唐侯莫陳肅碑肅桂州總管穎之子也元和姓纂所載侯莫陳氏云其先後魏別部居庫斛眞水周書云代

郃武川人世爲渠帥隨魏南遷爲侯莫陳氏余嘗得穎
及穎之孫涉墓誌皆云本劉姓系出漢楚元王交穎墓
誌則以爲父崇後周時賜姓涉墓誌則以爲崇王父豐
後魏時賜姓二說已是不同而肅碑乃云漢中山靖王
勝之後勝曾孫劭謀誅王莽不密避難於代因左言而
命氏改姓侯莫陳焉自古史傳所書容有異同今穎肅
涉三世歲月相接而碑誌所書自相乖戾如此皆莫知
其孰是豈其姓氏本出夷虜而唐初以族望相高故妄
言出於名胄以欺駭世俗初無所據乎不然殆不可考
也已

唐孔穎達碑

右唐孔穎達碑于志甯撰世傳虞世南書據碑云穎達
卒於貞觀二十一年時世南之亡久矣然驗其筆法蓋
當時善書者規摹世南而爲者也

唐太府卿李襲譽墓誌

右唐李襲譽墓誌唐史列傳載襲譽官閥甚略據墓誌
云武德初拜太僕卿出爲潞州總管尋徵拜太府卿而
傳言高祖定長安授太府少卿者蓋傳誤傳言襲譽坐
私憾杖殺番禾丞劉武嘗廢爲民流泉州卒而墓誌不
載疑諱之也

後周大宗伯唐瑾碑

右周唐瑾碑以後周書及北史列傳校之首尾皆抵牾
不合傳云字附璘而碑云字子玉傳云始仕爲尙書員
外郎而碑云釋褐員外散騎侍郎傳云初封姑臧縣子
而碑云永昌子傳云爲吏部尙書以父憂去職尋起令
視事而碑云爲周太祖記室其年丁武公憂起復太子
舍人傳云爲驃騎大將軍開府儀同三司進爵臨淄伯
轉吏部尙書于謹伐江陵以爲元帥府長史而據碑爲
吏部尙書皆在爲驃騎開府及元帥長史已前又其改
封臨淄伯蓋爲龍驤將軍時而其爲開府乃進爵爲公
傳云六官建授禮部中大夫而碑云授宗伯傳云出爲
蔡州刺史歷柘州硤州轉荊州總管府長史入爲吏部
中大夫歷御正納言中大夫久之除司宗中大夫兼內

史卒於位而碑云先爲拓州刺史乃遷蔡州授司宗御
正納言又轉荊州總管尋遷小宗伯乃薨其遷拜次第
不同如此傳云瑾嘗爲戶部尙書硤州刺史吏部中大
夫今據碑皆未嘗拜而柘州碑作拓碑云瑾嘗爲黃門
侍郎又爲散騎常侍尋領大著作修國史及起居注又
爲侍中傳皆不載其卒也傳云贈小宗伯而碑云贈華
州刺史傳云謚曰方而碑云謚曰懿碑于志甯撰貞觀
中其孫皎所立後周書北史皆唐初修距瑾之卒歲月
未遠而顚倒錯繆如此然其官爵名字子孫不應有誤
皆當以碑爲據也

隋皇甫誕碑

右隋皇甫誕碑余嘗得誕墓誌又得此碑以考北史及隋書列傳傳云誕字元慮而碑誌皆作元憲傳云隋高祖受禪爲兵部侍郎數年出爲魯州長史開皇中復爲比部刑部二曹侍郎遷治書侍御史爲河南道大使及還奏事稱旨令判大理少卿明年遷尙書右丞以碑銘參考誕自司後主簿出授長史俄除益州總管府司法徵授比部侍郎蓋未嘗拜兵部而其爲河北河南安撫大使乃任右丞時皆史家之謬惟墓誌稱誕嘗爲司徒主簿而碑不載傳與墓誌皆云爲魯州長史而碑作廣州則疑碑之脫漏墓誌乃葬時所述然碑亦貞觀中其子無逸追建不應差謬而不同何也

金石錄卷二十三終

金石錄卷二十四

槐廬叢書

宋東武趙明誠德父編著　吳縣朱記榮校刊

跋尾十四

唐

唐黎尊師碑
唐李勣碑
唐陽翟侯夫人陸氏墓誌
唐少姨廟碑
唐啟母廟碑
唐房元齡碑
唐高士廉塋兆記

唐益州學館廟堂記

右唐益州學館廟堂記成都縣令顏有意書撰人題法曹成王文學太子詹事待詔宏文館陵州長史而姓名殘缺不可辨集古録直以爲有意撰非也碑陰載當時

官僚姓名後人題云此記賀遂亮撰未知果是否記文序述前世遺蹟考究同異文詞古雅甚可喜也

唐萬年宮碑陰題名

右唐萬年宮碑陰者高宗自爲萬年宮碑詔宰相而下皆題名於其陰予每覽此碑見長孫無忌褚遂良許敬宗李義甫同時列名未嘗不掩卷太息以爲善惡如水火決不可同器惟人主能辨小人而遠之然後君子道長而天下治若兼收並用則小人必得志小人得志則君子必被其禍如無忌遂良是已然知人帝堯所難非所以責高宗也

唐薛收碑

右唐薛收碑文字殘缺其可讀處以唐史校之無甚異同唯收之卒謚曰懿而史不書爾又收之子元超據唐史及此碑皆云名元超而楊炯盈川集載炯所爲元超行狀乃爲名振字元超蓋唐初人多以字爲名爾

唐崔敦禮碑

右唐崔敦禮碑校新唐史列傳云敦禮字安上而宰相世系表則云名安上字敦禮今此碑作書與表合然舊史及碑皆言敦禮本名元禮高祖爲改名焉其孫兢墓誌亦云名敦禮蓋疑其以字行爾故世系表其末載崔氏爲宰相者二十餘人而獨不著敦禮乃其闕漏也

唐贈左僕射楊達碑

右唐贈左僕射楊達碑達觀王雄弟也煬帝時官至納言卒贈吏部尚書唐顯慶中以武后外祖父加贈左僕射官爲之立碑以隋書列傳考之時有異同傳云字士達而碑云字叔莊傳云年六十二而碑云年六十五皆當以碑爲正又傳云謚恭而碑云謚懿予集錄有李嶠所撰武后母墓碑亦云謚爲恭與傳合未知孰是也

唐李靖碑

右唐李靖碑集古錄云靖之封衛國公也授濮州刺史蓋太宗以功臣爲世襲刺史後雖不行史宜書而不書者闕也余校新史長孫無忌傳載無忌以下授世襲刺史者凡十四人姓名具存蓋其事已見於他傳則於本

傳似不必重載也

唐辨法師碑

右唐辨法師碑薛純陁書歐陽集古録云純陁太宗時人其書有筆法意其當時必爲知名士而今世人罕知者然亦不傳於世集古所得純陁書祇此而已余㨿法書要錄云薛純陁學歐草微傷肥純亦通之亞也然則純陁當時眞知名也余又得純陁八分書比干碑歐陽公所未嘗見也與純陁同時有薛純曹太宗命書砥柱銘者其筆法與純陁絶相類疑即一人蓋唐初時人姓名多如此耳

唐蘭陵長公主碑

右唐蘭陵長公主碑李義甫撰據唐書列傳公主太宗第十二女而碑云第十九女蓋傳誤也

唐清河公主碑

右唐清河公主碑公主太宗女也碑云下嫁程知節之子處亮知節碑及唐史知節列傳元和姓纂所載皆同惟公主列傳作懷亮非是唐史一書而首尾自相乖戾者甚衆非特此也

唐趙宏智碑

右唐趙宏智碑云宏智字處仁而史不載又云自太子舍人爲吏部員外郎遷國子博士檢校吏部郎中尋爲越王府長史兼檢校吏部侍郎遂轉黃門侍郎舊史亦云累遷而新史直云由太子舍人拜黃門侍郎爾又宏智爲國子監祭酒嘗領東宮賓客而新舊史亦皆不載

唐登封紀號文

右唐登封紀號文凡兩碑皆高宗自撰并書其一大字磨厓刻于山頂其一字差小立于山下然世頗罕傳政和初予親至泰山得此二碑入錄焉

唐司元太常伯竇德元碑

右唐竇德元碑以唐史本傳考之其事多合惟德元爲御史大夫攝吏部禮部度支三尙書遂遷大司憲史皆不載又其弟德遠史云封樂安男而碑作樂平當以碑爲正

唐于志甯碑

右唐于志甯碑以考唐史列傳其微時所歷官史多不書今亦不復錄錄其尤著者碑云大業十年爲清河縣長而傳云爲冠氏長碑云自中書侍郎遷兵部侍郎授蒲州刺史不赴後爲衞尉卿判太常卿書以本官兼雍州別駕遷吏部尙書而史皆不載史云自侍中拜尙書左僕射同中書門下三品頃之兼太子太師遷太傅顯慶四年以老乞骸骨詔解僕射更拜太子太師仍同三品今以碑考之其初拜僕射也未嘗領中書門下三品至罷僕射乃爲同中書門下參謀朝政皆史家之誤又案百官志唐初宰相有參議朝政參預朝政參知政事

其後有同中書門下三品同平章事承滄中遂以平章事入銜而獨無參謀朝政之名蓋惟見於此爾

唐宏文館學士顧君墓誌

右唐顧君墓誌已殘闕亡其前一段以事考之蓋顧允也允高宗朝爲宏文館學士司文郎中卒名姓附見唐書令狐德棻傳其子琮仕武后爲宰相今此誌但云第六子琮等而無琮豈當時官未顯故不載歟

唐碧落碑

右唐碧落碑大篆書其詞則唐宗室黄公譔所述或云陳遺玉書或云譔自書皆莫可知李肇及李漢並言李陽冰見此碑徘徊數日不去又言陽冰自恨其不如以

槌擊之今缺處是也此說恐不然陽冰嘗自述其書以謂斯翁之後直至小生於他人書蓋未嘗有所推許唐人以大篆當時罕見故妄有穪說耳其實筆法不及陽冰遠甚也案李綽尚書故實云絳州碧落碑乃高祖子韓王元嘉四男爲先妃所製陳惟玉書遺玉作惟玉與此異

唐興昔亡單于阿史那彌射碑

右唐阿史那彌射碑彌射本西突厥嘗歸朝後伐龜茲爲蘇海政所殺舊唐史紀彌射事甚詳多與碑合而新史所書甚略如高宗朝冊爲崑陵都護興昔亡單于皆不載碑云單于諱某字彌射而缺其名不書史但言名彌射豈作碑者爲緣飾之乎

唐阿史那忠碑

右唐阿史那忠碑唐書列傳云忠尚宗室女定襄縣主始詔姓獨著史今此碑當時所立題云阿史那府君之碑而元和姓纂亦云阿史那氏開元中改爲史疑傳誤也唐太宗親撥隋亂即位未幾遂致太平其好賢樂善蓋出天性故一代豪傑皆樂爲之用如忠之徒出於降虜亦皆立勳本朝著名後代雖云太宗天資英睿絕人甚遠至於輸忠盡節衆賢之助亦多矣嗚呼盛哉

唐明徵君碑

右唐明徵君碑徵君者梁明山賓也高宗朝其裔孫崇儼以方伎進故立此碑舊唐史言唐宗自製文而書之

非也蓋高宗撰文高正臣書耳

唐黎尊師碑

右唐黎尊師碑題云盧子昇字照鄰撰校唐史盧照鄰字昇之與此碑不合蓋唐初人多以字爲名爾至以子昇爲昇之則疑史之誤

唐李勣碑

右唐李勣碑按唐史太宗屬疾出勣爲疊州都督高宗立召授檢校洛州刺史今以碑考之其除洛州乃在太宗朝高宗即位授開府儀同三司爾又新舊史皆云勣年八十六而碑云年七十六碑高宗自撰其所書官爵年壽皆可信不疑也

唐陽翟侯夫人陸氏墓誌

右唐陽翟侯夫人陸氏墓誌陽翟侯者褚遂賢也元和姓纂及唐書宰相世系表載遂賢一子兼藝爲永州司功今此誌云二子兼善兼愛而無兼藝兼善兼愛二子姓纂唐史漏落容有之惟兼藝墓誌不書者何也豈非唐表誤乎

唐少姨廟碑

右唐少姨廟碑楊炯撰云少姨廟者則漢書地理志崇高少室之廟也其神爲婦人像者則故老相傳云啟母塗山氏之妹也余按淮南子云塗山氏化爲石而生啟其事不經固已難信今又以少姨爲塗山氏之妹廟而

祀之其爲淺陋尤甚蓋俚俗所立淫祀也炯既載之於碑又遂以爲漢書所謂少室之廟者何其陋哉

唐啟母廟碑

右唐啟母廟碑崔融撰按淮南子云禹治鴻水通轘轅山化爲熊塗山氏見之慙而去至嵩高山下化爲石方生啟禹曰歸我子石破北方而啟生其說可謂怪矣然漢武帝幸緱氏之中嶽見夏氏啟母石列於詔書則固已信之矣其後郭璞注山海經顔師古注漢書皆具載其語而融又文其事於碑流俗安得不惑乎自古荒誕之士喜爲奇詞怪說以欺世眩俗學士大夫能卓然不惑者蓋鮮如啟母化爲石伊尹之母化爲桑事尤不經難信然由古迄今未有非之者也嗚呼此君子所以惡攻乎異端也歟

唐房元齡碑

右唐房元齡碑文字摩滅斷續不可考究惟其名字僅存其後題修國史河南公而名姓殘闕者褚遂良也按舊唐史云元齡名喬字元齡而新史乃云名元齡字喬今碑所書與新史合惟宰相世系表又云元齡字喬松者不知何所據也

唐高士廉塋兆記

右唐高士廉塋兆記唐史及元和姓纂皆云士廉父名勵而北史作勱今此碑與北史合蓋唐史及姓纂轉寫

誤耳碑許敬宗撰趙模書模字畫甚工蓋貞觀中太宗命臨蘭亭序者（案何氏焯云此碑今所存僅百餘字趙崡石墨鐫華云存三百餘字相去百年益摩滅矣書法兼歐虞之長與蘭陵公主碑爲近）

金石錄卷二十四終

金石錄卷二十五　　槐廬叢書

宋東武趙明誠德父編著　　吳縣朱記榮校刊

跋尾十五

唐　僞周

唐褚亮碑

右唐褚亮碑唐書云亮杭州錢唐人而碑云晉南遷家于丹楊按元和姓纂自有錢唐褚氏與亮族系不同唐

史蓋失之

唐洛州刺史賈公清德頌

右唐洛州刺史賈公清德頌按唐史循吏傳賈敦頤敦實相繼爲洛州刺史有惠愛郡人皆爲刻石號棠棣碑今敦實之碑亡矣此碑載初除洛州制書又云三川之境是稱都會六條之寄允屬時英蒲州刺史賈敦賾體業强正識用優拔蓋其名乃敦賾也又武后實錄敦實傳中亦作敦賾以知此唐史傳寫之誤又按法書要錄此碑王知敬書以知敬所書他石刻較之字畫不類未知果知敬書否也

唐歐陽詢妻徐夫人墓誌

右唐歐陽詢妻徐夫人墓誌云徐始以夫恩封渤海縣君尋加渤海郡夫人最後以子恩封渤海太縣君按本朝之制婦人既封郡君或郡夫人再以子貴加恩則直封爲郡太君郡太夫人不復爲縣太君矣今徐既以夫貴封夫人後以子恩纔封爲太縣君葢一時之制如此又不曰縣太君而曰太縣君與今名號亦異也唐世婦人封邑次敘史家不載偶見於此志耳

唐襄州刺史封公碑

右唐襄州刺史封公碑宋之遜書字畫頗佳之遜之問弟也兄弟皆小人之遜奴事武三思三思五狗之遜乃其一以此知書特小技苟非其人亦何足貴哉

唐襄州孔子廟堂碑

右唐襄州孔子廟堂碑于敬之撰其前題魯大司寇贈太師宣尼父孔諱廟堂碑銘春秋之法或書字或書名皆所以寓褒貶之意今敬之爲孔子廟碑而斥書其名何哉

唐奉禮郎岑子輿墓誌

右唐岑子輿墓誌云君諱子輿字安道南陽棘陽人也曾祖之象祖文本父曼倩按元和姓纂及新唐書宰相世系表載曼倩四子獻羲仲翔仲休而無子輿今墓誌云次弟獻前太子典膳郎次弟羲前成均監主簿而無仲翔仲休墓誌既云獻羲等則不載仲翔仲休容有之惟子輿乃曼倩長子姓纂與世系表當書而闕者何也

唐醴泉令張仁蘊德政碑

右唐醴泉令張仁蘊德政碑（案目錄唐作周當是原碑作周重刻改正）長壽三年立醴泉尉顏眞卿書按魯公雖嘗爲此官然在開元閒而魯公以貞元元年爲李希烈所害年七十六上距長壽三年實九十餘歲是時猶未生也又筆法與魯公他書不類以此疑有姓名同者然碑武后時立而不用當時所製字或云碑雖建於長壽中至魯公爲尉重書而刻之未可知也（據新史紀傳魯公以貞元元年被害年七十六而舊史德宗實錄皆云歿於興元元年年七十七疑新史誤案魯公以貞元元年卒有移蔡帖可證實年七十七新舊史皆誤也此碑書於尉醴泉時猶未得筆法於張長史故與他書不類）

周武后昇中述志碑

右周武后昇中述志碑武后自撰睿宗書碑極壯偉立於嵩山之巓其陰鍾紹京書字畫皆工妙政和中河南尹上言請碎其碑詔從之

周武后封中嶽碑

右周武后封中嶽碑已殘闕書撰人名氏皆不可考然驗其筆蹟葢薛稷書也

周昇仙太子碑

右周昇仙太子碑武后撰并書昇仙太子者王子晉也是時張易之昌宗兄弟方有寵諂諛者以昌宗爲子晉後身故武后爲葺其祠親銘而書於其碑君臣宣淫無

恥類如此可發萬古之一笑也

周大雲寺碑

右周大雲寺碑賈膺福撰并八分書其筆法精妙可喜按舊唐史云武后鑄九鼎圖寫山川物象命工書人賈膺福薛昌容李元振鍾紹京等分題之紹京之書世固多有膺福筆蹟雖僅存然世亦未有稱之者如昌容等書遂不復見以此知士所以自著於不朽者果在德而不在藝也

周武士彠碑

右周武士彠碑武后時追尊士彠爲無上孝明皇帝命李嶠爲碑文相王旦書石焉戎幕閒談載李德裕言昔

爲太原從事見公牘中有文水縣牒稱武士彠墓碑元和年忽失龜頭所在碑上有武字凡十一處皆鐫去之碑高大非人力所及未幾武元衡遇害今此碑武字最多皆刻畫完好無譌闕者以此知小說所載事多荒誕不可信類如此

周孔昌寓碑

右周孔昌寓碑載其世系甚詳云宣尼父三十六世孫也十四世祖潛吳侍中生晉豫章太守竺竺生大尚書沖沖生大司農侃侃生祕書監滔滔生江夏太守僕僕生宋尚書左丞幼幼生尚書左丞遙之遙之生中書侍郎華華生齊散騎常侍珮珮生梁侍中休源休源生陳黃門侍郎宗範宗範生陳散騎常侍伯魚伯魚生隋祕書正字德紹德紹生昌寓唐以前士人以族姓爲重故雖更千百年歷數十世皆可考究自唐末五代之亂在朝者皆武夫悍卒于是譜牒散失士大夫茫然不知其族系之所自出豈不可惜也哉故余詳錄于此使後學論姓氏者有考焉按此碑及梁史皆云休源沖八世孫而元和姓纂獨以爲七代孫誤也

周崔敬嗣墓誌

右周崔敬嗣墓誌云祖咸考表而元和姓纂以咸爲誠表爲儀表又新唐書崔光遠傳中宗在房州官吏多不爲禮光遠祖敬嗣爲刺史獨盡誠推奉帝德之及反正

有與敬嗣同姓名者每擬官帝輒超拜後召見悟非是訪敬嗣已死即授其子汪五品官汪生光遠今以墓誌考之敬嗣武后時實爲房州刺史然墓誌載敬嗣長子悅次子協而無名汪者而姓纂亦云悅生光遠然則以悅爲汪蓋史誤也敬嗣卒於證聖元年中宗反正其歿已久屢遷他人官而不悟可謂昏矣

唐祝府君碑

右唐祝府君碑府君諱綝欽明父也碑欽明自撰今南京有漢祝睦兩碑其一言君兆自重黎祝融苗冑其一言其先高辛余按諸書重黎祝融皆帝高陽之後帝堯高辛之子也睦碑既云出于重黎祝融又云出于高辛

自相抵梧莫可究考而此碑引世本氏姓篇云祝氏軒轅之後也史記周本紀武王克殷封黃帝之後于祝帝堯之後于薊樂記云封黃帝之後于薊帝堯之後于祝蓋以黃堯本下闕一字同出有熊由此史傳相交祝薊互舉參考世本馬遷近之然司馬遷史記於族系多采世本不知世本果可盡信否蓋君子於學有所不知闕焉可也

唐秦州都督唐宗碑

右唐唐宗碑云君諱宗字徵仁而唐書宰相世系表云名世宗碑又云祖諱子政而世系表作二政皆當以碑爲正宗宰相休璟祖也仕隋爲朔方郡丞行郡守事大

業末爲賊梁師都所殺神龍中贈秦州都督

唐工部尚書姚璹碑

右唐姚璹碑校新唐書璹列傳云爲夏官侍郎坐族弟敬節叛貶桂州長史而碑云官兵部侍郎以敬節犯法改授司府少卿檢校定州刺史尋即眞轉都督廣循等二十三州諸軍事廣州刺史後替還仍以前累重貶桂州又璹爲宰相時嘗爲西京留守而史不載璹以妖妄諂諛事武后其事蹟皆不足取而于官職闕漏不可不記者所以正史官之失也璹徵時所歴官列傳尤簡略今皆不復載云

後周宇文舉碑

右後周宇文舉碑盧思道撰神龍中其曾孫敞追建以後周書考之官閥事迹多同惟碑云公諱舉字神舉而史但言名神舉而已又史云其曾祖名求男而碑止言名求史云祖名顯和而碑止言名和亦皆不同其卒也史云宣帝以宿憾殺之而碑稱遘疾薨疑作碑者爲詳其事當以史爲正案文舉祖名碑避中宗御名去顯字

唐魏叔瑜妻王夫人墓誌

右唐王夫人墓誌夫人魏叔瑜妻華之母也誌無書撰人姓名驗其筆法蓋華自書華以草隸擅名一時然石刻見於今者絕少此誌世尤罕傳云

唐兵部侍郎崔兢墓誌

右唐崔兢墓誌云公諱兢字明慎祖敦禮父守業按舊唐書敦禮列傳云孫貞愼神龍初爲兵部侍郎元和姓纂新史宰相世系表所書亦同今以墓誌考之其家世及名位皆合惟不著其名而以明爲貞者皆唐史及姓纂之闕誤也

唐中興聖教序

右唐中興聖教序中宗爲三藏法師義淨所作唐奉一書刻石在濟南長清縣界西禪寺寺在深山中義淨眞身塔倘存余屢往遊焉得此文入錄案御史臺記奉一齊州人善書翰武后時爲御史後坐誅鄭皇族廢

唐聖教序碑側

右聖教序碑側云則天嘗得玉冊上有銘十二字朝野不能識義淨能讀其文曰天冊神皇萬歲忠輔聖母長安證聖元年五月上之詔書褒答按宋莒公紀年通譜武后以證聖元年九月受天冊金輪聖神之號故大赦改元云先是司饎局人於水際得石函有玉冊云神皇萬歲忠輔聖母長安故改元協瑞其文與義淨所載小異云余嘗謂義淨方外之人而區區爲武后稱述符命可笑也然陶宏景號稱一代高士在梁武時屢屢上圖讖豈獨義淨也哉

唐徐有功碑

右唐徐有功碑徐彥伯撰以新舊唐史考之其本末皆

同惟舊史云長安二年卒年六十二碑云三年卒年六十八新史亦云年六十八與碑合

唐國子祭酒武承規墓誌

右唐武承規墓誌蘇頲撰顏魯公家廟碑載魯公之父名惟貞字叔堅嘗爲太子文學今此誌述太子文學顏叔堅書豈非以字行乎家廟碑又稱叔堅受筆法於舅殷仲容氏特以草隸擅名云

唐陝州刺史劉延景碑

右唐劉延景碑延景女爲睿宗妃生讓帝者碑云夫人房氏以景雲元年贈沛國夫人二年歲次丁亥附窆於延景之墓按睿宗以景雲元年六月即位改元歲次庚戌明年歲在辛亥而碑作丁亥誤也碑載延景四子溫玉承顏璵珙而元和姓纂以璵爲瓌蓋姓纂之誤

唐修封禪壇記

右唐修封禪壇記賈膺福書初余得膺福八分書大雲寺記愛其筆法後又得此記字爲小楷尤工妙可喜云

金石錄卷二十五終

金石錄卷二十六　槐廬叢書

宋東武趙明誠德父編著　吳縣朱記榮校刊

跋尾十六

唐

唐并州長史崔敬嗣碑

右唐崔敬嗣碑桉唐史崔光遠傳中宗在房州光遠之祖敬嗣爲刺史盡誠推奉帝德之及反正有與敬嗣同姓名者每擬官輒超拜後召見悟非是訪眞敬嗣已死乃用其子余集錄有光遠祖墓誌其卒在武后朝此碑敬嗣葢中宗時誤遷官者也而碑乃云景龍元年有制追不時至中宗對宰相稱其姓名三令使者趣之及謁見郎日拜羽林將軍二說不同豈中宗既召見乃悟其非是歟

唐贈右僕射王泊碑

右唐王泊碑泊王仁皎父也元和姓纂唐書宰相世系表皆云名文泊而碑云名泊字文泊疑碑是（案末三字從葉本謝）

本作云

唐巂州都督姚懿碑

右唐姚懿碑懿崇父也據碑及唐書宰相世系表皆云公諱懿字善意而崇子奕碑與元和姓纂乃云名善意豈非以字行乎懿隋末唐初人仕至巂州都督開元間崇爲宰相立此碑

唐盧懷慎碑

右唐盧懷慎碑蘇頲撰其敘懷慎官閥甚略云公諱懷慎字懷慎而史不載其字又云上因時鄠杜北望京國案別本時作游國作闕歸然有公之別廬抵其宅室甚陋據此所書乃明皇嘗親幸其第而史云馳使問之非也史云懷慎屬疾宋璟盧從愿候之臨別執二人手曰上求治切然享國久稍倦於勤將有憸人乘間而進矣蓋謂楊李也果如此懷慎可謂先見然獨新史有之舊史不載案懷慎以開元四年卒是時明皇新即位登用賢俊銳於爲治之時也乃云享國久倦於勤何哉疑初無此事蓋唐史喜取小說所載故事多謬誤以此知是非去取秉史筆者豈可不慎

唐瑯邪王沖墓誌

右唐瑯邪王沖墓誌沖越王貞子也中宗遷房陵貞與沖謀反正舉兵不幾父子皆敗開元六年始詔陪葬昭陵武后革命毒流海内而唐之宗室被禍尤甚沖父子特畏誅翦故舉兵爾非有他謀也倉卒無援卒就夷滅哀哉

唐元元觀尹尊師碑

右唐尹尊師碑郭謙光八分書謙光八分初不見稱於唐人獨歐陽公盛稱之以謂不減韓蔡史李四家余因訪求久之得崔敬嗣及此碑著錄焉

唐河侯新祠頌

右唐河侯新祠頌秦宗撰云河伯姓馮名夷字公子潼鄉華陰人也案章懷太子張衡傳注引聖賢冢墓記亦云馮夷者宏農華陰潼鄉隄首里人服八石得水仙爲河伯又云龍魚河圖云河伯姓呂名公子夫人姓馮名夷三說雖異然其爲無所稽據則同也嗚呼自古荒誕之說惑人雖聰明之士猶或不免況庸人乎

唐郭知運碑

右唐郭知運碑蘇頲撰知運有兩碑其一張說文唐書知運傳載其子二人曰英傑英乂而蘇張二公所爲碑書其子四人曰英傑英奇英協英彥而無英乂歐陽公疑焉以謂英奇等三子在唐不顯史家闕漏倘或有之英乂嘗爲西川節度使其事甚著史官不應差其世家而蘇張二公作銘在知運卒後不遠亦不應缺其子孫莫可究其孰失余案代宗實錄云英乂知運季子而元載所爲英乂墓碑亦云隴右節度使知運公之皇考也

然則英乂爲知運子無疑又桉英乂碑云公以天寶二載筮仕知運以開元九年卒明年立碑其碑所載諸子皆已有名位英乂時方孩幼且未從仕故碑不載爾余又嘗得徐浩所爲英傑碑有云移孝于忠二葉四將齊名當代同氣十人然則知運諸子碑傳闕漏者尚多不獨此三人而已德宗實錄又有郭英幹云英乂弟也

唐大雲寺禪院碑

右唐大雲寺禪院碑李邕撰并書初武后時有僧上大雲經陳述符命遂令天下立大雲寺至開元二十六年詔改爲開元寺此碑十一年建故猶稱大雲也

唐六公詠

右唐六公詠李邕撰胡履虛書初余讀杜甫八哀詩云朗詠六公篇憂來豁蒙蔽恨不見其書晚得石本入錄其文詞高古眞一代佳作也六公者五王爲一章狄丞相別爲一章

唐涼國長公主碑

右唐涼國長公主碑蘇頲撰明皇書公主睿宗女也新唐書列傳云字華莊而碑云諱兔字花妝傳云下嫁薛伯陽而碑云嫁温彥博曾孫曦桉新史睿宗第三女荆山公主已嫁薛伯陽當以碑爲正

唐衛尉正卿泉君碑

右唐泉君碑泉君者高麗蓋蘇文之孫泉男生之子也高宗時與男生同歸朝仕爲衛尉卿桉唐書及元和姓纂皆云名獻誠今此碑乃云諱寶字行於代而闕其字不書又姓纂云獻誠生元隱而碑但云名隱而已獻誠出於夷虜事跡無足考究錄之以見史傳所載名字異同耳

唐右驍衛大將軍趙元禮碑

右唐趙元禮碑潘肅撰元禮趙麗妃之父本山東倡也明皇在潞麗妃以倡得幸後生太子瑛開元初元禮父子皆超遷至顯官其卒贈越州都督謚曰忠詔爲立碑稱述甚盛夫爵祿天下公器所以待有德與功者雖人主不得而私焉明皇昵于內寵擢用匪人至爲賜謚立

碑尊寵如此使天下之士亦何所勸乎論者徒知明皇自天寶以後綱紀廢弛卒致播遷之禍不知其衽席無別履霜不戒所從來久矣

唐王方翼碑

右唐王方翼碑張說撰其事與唐書列傳皆合以校余家所藏燕公集本不同者二十餘字皆當以碑爲是也

唐龍角山紀聖銘

右唐龍角山紀聖銘明皇撰校高祖實錄武德三年四月辛巳晉州人吉善行於羊角山見白衣老父乘白馬朱鬣謂善行曰爲吾語唐天子爲吾老君汝祖也今年平賊後汝當爲帝天下太平必得百年享國子孫且千

歲太宗遣使者杜昻致祭須臾神復見謂昻曰歸語天子我不食何煩祭爲高祖異之立廟於其地授善行朝散大夫據碑稱是時太宗爲秦王討宋金剛所謂賊平汝當爲帝者指太宗也其事可謂怪矣然碑與實錄所載語頗不同文多不能備錄惟碑稱善行以武德三年二月初奉神教至四月老子又見曰石龜出吾言實旣而太宗遣昻善行乘驛表上比至長安適會郇州獻瑞石如龜文曰天下安千萬日而實錄亦云郇州獻瑞石有文曰天下千萬其語小異又碑稱善行絳州人而實錄云晉州爾老子其生以清淨無爲爲宗豈身沒數千歲而區區爲人稱述符命哉蓋唐太宗初起託以自神此陳勝所謂卜之鬼者也史臣旣載之於實錄明皇又文之於碑遂以後來爲眞可欺罔豈不可笑也哉

唐冠軍大將軍臧懷亮碑

右唐臧懷亮碑李邕撰并書臧氏世墓在耀州三原有數碑余盡得之元和姓纂云懷亮生希讓爲渭北節度使此碑具載懷亮諸子無名希讓者以余家所有顏魯公書懷恪碑考之希讓蓋懷恪子云

唐蕭璀碑

右唐蕭璀碑張說撰云璀爲內直監以外艱去職當免喪不就祥縞不撤几筵者久之夫禮爲可傳也爲可繼也子路有姊之喪可以除之矣而弗除也孔子曰何弗除也子路曰吾寡兄弟而弗忍也孔子曰先王制禮行道之人皆弗忍也子路聞之遂除之璀父喪當除其母無恙而過時不釋服不撤几筵豈禮也哉

唐楊歷碑

右唐楊歷碑題云義男光祿大夫前中書令上柱國越國公太子右諭德潁川鍾紹京撰銘并書歷中官楊思勖父也紹京出於胥吏無他才能特以夤緣附會致位宰相固無足道者然屈於閹豎至以父事之而又著之金石略無愧恥亦甚矣書之可以爲後來之戒而新舊史皆闕焉故余詳錄之於此者有以見小人苟可以得利無不爲也

唐汝陽王長女墓誌

右唐汝陽王長女墓誌甯王撰唐史及諸書汝陽王名皆爲璡而此誌獨作湝誌甯王自作不應差誤按甯王諸子與元宗子名皆從玉疑汝陽先名湝後改爲璡唐史不載爾元宗諸子名初皆從水後改從玉也

唐南嶽眞君碑

右唐南嶽眞君碑有別駕賞紫金魚袋光大晊歐陽公云賞紫蓋今借紫之比余按唐制自有借紫借緋而又有賞紫賞緋蓋以軍功被賞者耳案緋字別本俱作緣誤今從葉本改正

唐立梁宣帝明帝二陵碑

右梁宣帝明帝二陵碑開元二十一年其裔孫嵩追建

其前題銀青光祿大夫黃門侍郎同中書門下平章事而姓名已殘缺按唐紀開元二十一年韓休實爲此官然則此碑乃休之文也碑後題金紫光祿大夫行光祿卿駙馬都尉而姓名亦殘缺蓋嵩之子衡也

唐孝義寺碑陰記

右唐孝義寺碑陰記初陳徐陵爲孝義寺碑至開元二十三年徐嶠之爲湖州刺史再書而刻之因記其事於碑陰嶠之自云陵十世孫按陳書陵以後主至德元年卒距開元二十三年才百五十餘年不應已有十世孫又據嶠之父高行先生碑云曾祖儼梁岳陽王參軍則是儼與陵同時而在其前不應爲陵五世孫以此碑陰

所書可疑然其書法精妙非嶠之不能爲特恐書碑時誤耳

唐景陽井銘

右唐景陽井銘文字摩滅後有記開元中江甯縣丞王震撰震所撰記其前以爲序稱余莫知誰也其末乃云蓋隋煬帝之所製耳然則未知果煬帝之所製乎歐陽文忠公曰煬帝躬自滅陳目見叔寶事又嘗自銘以爲戒如此及身爲淫亂則又過之豈所謂下愚不移者或余以爲煬帝躬賊其父而奪之位其凶忍狂悖人神之所憤疾死蓋晚矣至於長惡不悛以亡其國乃所當然又何足議焉

唐代國長公主碑

右唐代國長公主碑云公主睿宗第四女也新唐史以爲第五女蓋史誤碑乃公主壻鄭萬鈞撰

唐趙冬曦祭仲山甫文

右唐趙冬曦祭仲山甫文開元二十三年冬曦爲漢州刺史因明皇耕藉田致祭刋此文焉按樂史寰宇記仲山甫墓在雷澤縣西北一里墓前有祠堂石室而酈道元注水經成陽堯陵北二里有仲山甫墓考地驗狀咸爲疏僻蓋聞疑書疑爾予嘗得其石室畫像上有八分書題云君爲從事時以字畫及衣冠人物驗之及東漢時所爲決非山甫墓漢末仲氏爲成陽大族堯母碑陰

題名數十人皆仲氏而廷尉定以下三碑尚存廷尉碑云聖漢龍興家於成陽孟府君堯廟碑云惟仲氏祖統所出本繼於成周之胄苗天生仲山甫翼佐中興宣平功遂受封于樊周道衰微失爵亡邦後嗣乖散各相土擇居帝堯萌兆生長葬陵在于成陽聖化常存慕巍巍之盛（案巍巍謝本誤作魏魏都）樂風俗之美遂安處基業屬都鄉高相里因氏仲焉蓋後人因仲氏葬于此遂誤指爲仲山甫墓其實非也

唐解琬碑

右唐解琬碑琬武后中睿朝爲將有功新舊史皆有傳所書事跡終始與碑多合惟碑與舊史皆云琬以開元

六年卒而新史以爲卒于五年者誤也

唐贈兗州都督裴守眞碑

右唐裴守眞碑云守眞曾祖景周富平令祖正長平郡贊持考眘鄭令新唐史宰相世系表云景生正隋散騎常侍正生眘字歸厚爲鄭令而元和姓纂乃云正生歸厚歸厚生眘者誤矣惟守眞及其子耀卿碑皆云正爲長平郡贊治（案何本作作贊治）而世系表言爲散騎常侍又云眘字歸厚不知何所據也

唐屯留令邢義碑（案前目錄無此碑）

右唐邢義碑義邢和璞父也元和姓纂云和璞父名思孝爲豐州都督而碑乃云公諱義字思義仕爲屯留令

又姓纂云後魏光祿卿邢虬虬生臧臧生元功元功生思孝思孝生和璞而碑乃云元功之祖名子艮皆當以碑爲據

金石錄卷二十六終

金石錄卷二十七

槐廬叢書

宋東武趙明誠德父編著　吳縣朱記榮校刊

跋尾十七

唐

唐八馬坊碑

唐忠武將軍王暕墓誌

唐淄州開元寺碑

唐吏部尚書楊仲昌碑

唐唐儉碑

唐龍門西龕石像銘

唐金仙長公主碑

唐雲麾將軍李秀碑

唐嵩陽觀紀聖德碑

唐駙馬都尉豆盧建碑

唐陳隱王祠堂記

唐崔潭龜詩

唐貞一先生廟碑

唐陳留尉劉飛造像記

唐棣王炎墓誌

唐金城寺放生池碑

唐多寶塔感應碑

唐滎陽王妣朱氏墓誌

唐武部尚書楊珣碑
唐宇文灝山陰述
唐永陽郡太守姚奕碑
唐雲門山投龍詩
唐忘歸臺銘
唐渭南令路公遺愛表
唐呂諲祠廟碑
唐呂公表
唐玉眞公主墓誌
唐京兆尹鮮于仲通碑
唐慧義寺彌勒像碑

唐八馬坊碑

右唐八馬坊碑郗昂撰開元之治盛矣監牧之制其詳如此錄之可以見當時之制焉

唐忠武將軍王暕墓誌

右唐王暕墓誌云父遂古皇駙馬都尉潁州刺史尙高安公主高宗皇帝之女也按唐書高宗第二女高安公主下嫁潁州刺史王勗天授中勗爲武后所誅今此誌乃云名遂古唐初人多以字爲名故名字混殽難考遂古豈非以字行乎

唐淄州開元寺碑

右唐淄州開元寺碑李邕撰并書碑初建于本寺後人移寘郡廨敗屋下余爲是州遷於便坐用木爲欄楯以護之云

唐吏部尙書楊仲昌碑

右唐楊仲昌碑席豫撰鄔縣篆仲昌有兩碑其一韓擇木八分書刻於此碑之陰文皆同仲昌元炎子也唐書元炎別傳與崔沔所撰元炎碑皆云漢太尉震十八代孫此碑乃以仲昌爲二十代唐世士人譜牒猶班班可考今元炎仲昌父子碑刻不應差其世次不同如此莫可曉也〔案〕元炎貴妃楊氏之父宰相國忠之諸父也則仲昌乃貴妃之姪世系表元炎一子名銛仲昌殆以字行者與

唐唐儉碑

右唐唐儉碑云傳字茂約而唐書列傳云字茂系又云男尙識尙豫章公主而唐書於儉傳云名善識於公主傳云名茂識皆其差謬此碑開元中儉曾孫追立距儉之沒雖已遠然至於名字皆不應有誤可以爲據也

唐龍門西龕石像銘

右唐龍門西龕石像銘禮部員外郎張九齡撰今世所有曲江集無此文惜其殘缺不完也

唐金仙長公主碑

右唐金仙長公主碑徐嶠之撰明皇御書據唐書本傳云太極元年與玉眞公主皆爲道士而碑云丙午歲度爲道士蓋神龍二年也此於史學不足道然唐史書事

差謬多如此

唐雲麾將軍李秀碑

右唐李秀碑李邕撰并書碑在幽州按明皇以天寶三年改年爲載今此碑元年正月立而稱元載何哉

唐嵩陽觀紀聖德頌

右唐嵩陽觀紀聖德頌天寶中明皇命方士鍊丹於此觀李林甫獻頌稱述功德焉天寶之政荒淫敗度而明皇區區方鍊丹以蘄長生豈不可笑乎

唐駙馬都尉豆盧建碑

右唐豆盧建碑云建其先慕容氏前燕枝族也九世祖萇在魏賜姓豆盧氏封北地王按元和姓纂云慕容運

孫北地王精之後魏道武賜姓豆盧氏精生醜醜曾孫萇生甯而北史甯傳云甯高祖勝以皇始初歸魏授長樂郡守賜姓焉唐距北朝未遠氏族書完備士大夫八人能知其得姓之自今碑與北史姓纂所載不同如此皆莫可考

唐陳隱王祠堂記

右唐陳隱王祠堂記張謂撰按明皇以尹喜舊宅得靈符遂改元天寶此記云靈符見之二載者天寶二年也其末又云龍會甲申海寇吳令先入臣之歲者據紀年通譜天寶三載歲次甲申益天寶二年蘄縣令修完祠堂至明年謂始爲記文爾又按唐書帝紀天寶二年十二月海賊吳令光寇永嘉郡明年河南尹裴敦復晉陵太守劉同昇南海太守劉巨鱗討之閏月令光伏誅今此記乃云令光入臣而明皇實錄亦止言敦復等討令光平之不言其伏誅不知唐史何所據也豈令光既降而殺之歟不然唐史誤矣

唐崔潭龜詩

右唐崔潭龜詩蔡有鄰小字八分書歐陽公稱之以謂與三代彝鼎銘無異而元祐間守京兆者取其石爲柱礎世遂不復傳可惜也

唐貞一先生廟碑

右唐貞一先生廟碣貞一先生者司馬承禎也按新舊

唐史及諸書皆云承禎字子微今此碑乃云尊師諱子徽字承禎初莫能曉後因見崔尚所撰天台桐柏觀碑乃言師名承禎一名子徽云

唐陳留尉劉飛造像記

右唐陳留尉劉飛造像記史惟則小字八分書按封演聞見記云元宗嘗幸驪山登朝元閣命羣臣賦詩正字劉飛詩最清拔特蒙激賞爲右相李林甫怒飛不先呈已出爲一尉而卒士子寃之今此記有云頃校文金殿賡歌柏梁叨沐錦衣之賜遂有長沙之役又云聖恩廣被移官大梁如此則演所記爲不誣矣林甫妬賢嫉能出於天資飛以一詩之善遂遭遠謫其險愎如此記在

洛陽龍門山字畫甚工而世頗罕傳

唐棣王炎墓誌

右唐棣王炎墓誌按唐史炎坐厭魅囚於鷹狗坊以憂卒而誌云終于咸甯縣興甯里十六王之藩邸史云寶應元年詔復炎王爵而誌云存王削官益炎初未嘗奪王爵疑寶應詔書特還其官爾

唐金城寺放生池碑

右唐金城寺放生池碑書撰人姓名皆已殘缺據田槩京兆金石錄以爲韓擇木書豈當槩爲錄時尚完好可讀乎其字畫奇偉非擇木不能爲也

唐多寶塔感應碑

右唐多寶塔感應碑岑勛撰顏眞卿書多寶塔者僧楚金所造楚金嘗寫法華經千餘部置塔中今猶有存者余於士大夫家數見之余亦得其一卷乃乾元二年肅宗所造卷首佛像絹素畫蹟尙如新也

唐滎陽王妣朱氏墓誌

右唐朱氏墓誌韓擇木書擇木以八分名家石刻存者尙多而此誌獨爲正書筆法清勁可愛擇木正書見於世者惟此爾

唐武部尙書楊珣碑

右唐楊珣碑按唐史宰相世系表以珣爲友諒子今碑乃云志謙子疑史誤珣楊國忠父也故元宗親爲製碑其末盛稱國忠之美云我有社稷爾能衞之我有廊廟爾能宰之叶和九功九功惟序平章百姓百姓昭明其語可謂褻矣豈所謂臨亂之主各賢其臣者乎碑天寶十二載建蓋後二年祿山起兵又一年國忠被戮矣

唐宇文顥山陰述

右唐宇文顥山陰述杜陵史懷則書懷則與史惟則同時必其昆弟也惟則以八分書著名懷則之書蓋不減惟則而初不見稱於當時者豈非其位不顯乎以此知士負其藝能或以垂名於不朽或遂湮沒而無聞蓋亦有幸有不幸也若懷則之書非見錄於余則遂泯滅於後世矣

唐永陽郡太守姚奕碑

右唐姚奕碑奕崇子也新唐史云崇謚文獻而此碑及張說所撰崇碑皆云謚文貞蓋崇父懿已謚文獻父子罕有同謚者當以碑爲止

唐雲門山投龍詩

右唐雲門山投龍詩北海太守趙居貞撰序言天寶元黓歲下元日居貞投金龍環璧於此山有瑞雲出於洞中有聲云皇帝壽一萬一千一百歲蓋天寶中元宗方崇尙道家之說以祈長壽故當時諂諛矯妄之徒皆稱述奇怪以阿其所好而居貞遂刻之金石以重欺來世可謂愚矣

唐忘歸臺銘

右唐忘歸臺銘集古錄云此銘及孔子廟城隍神記三碑竝在縉雲其篆刻比陽冰平生所篆最細瘦世言此石皆活歲久稍生刻處幾合故細爾恐無是理果若是更加以歲月則遂無復有字矣此數碑皆陽冰在肅宗朝所書是時年尚少故字畫差疎瘦至大歷以後諸碑皆暮年所篆筆法愈涫勁理應如此也

唐渭南令路公遺愛表

右唐路公遺愛表蘇源明撰新唐史列傳云路嗣恭字懿範今此表乃云公名嗣恭字嗣恭然則唐史以爲字懿範者不知何所據也

唐呂諲祠廟碑（案諲舊譌作禋目錄作呂公）

右唐呂諲祠廟碑衞密撰云上元紀歲之明年詔始置南都以荆州爲江陵府命長史曰尹桉元結所撰呂公表與肅宗實錄皆云上元元年九月改荆州爲南都獨此碑以爲二年改恐誤

唐呂公表

右唐呂公表元結撰前太子文學翰林院待詔顧誡奢書杜甫集有贈顧八分文學詩即誡奢也誡奢八分不多見余所得者衞密撰呂公廟碑并此表郭英奇郭偵微碑爲四耳甫詩稱其最工小字而此碑字畫甚大尤壯偉可喜桉唐書帝紀及宰相表皆云乾元二年七月辛卯諲以母喪罷十月起復上元元年五月壬子復罷爲太子賓客今此表乃云乾元二年六月丁內憂上元元年七月復罷相月日小不同未知孰是

唐玉眞公主墓誌

右唐玉眞公主墓誌王縉撰誌云公主法號無上眞字元元天寶中更賜號曰持盈而唐史但言字持盈爾誌又云中宗時封昌興縣主睿宗時封昌興公主後改封玉眞進爲長公主唐史但云封崇昌縣主而以昌興爲崇昌者皆其闕誤誌又云元年建辰月卒而史以爲卒於寶應中亦非也此於史學皆至淺末不足道然著之要見唐史多謬誤爾

唐京兆尹鮮于仲通碑

右唐鮮于仲通碑顏眞卿撰并書仲通以多財結楊國忠薦爲劒南節度使（案新唐書乃薦爲蜀郡長史耳）討南詔蠻大敗國忠爲諱之再薦爲京兆尹其始卒無他可稱見於史者惟嘗表請國忠兼領劒南節度（案新唐書國忠自請兼領劒南此似誤記）及爲國忠立碑頌功德耳魯公爲此碑稱述甚盛以此知碑志所載是非褒貶果不可信雖魯公猶爾況他人乎明皇實錄稱仲通以漏洩禁中語貶邵陽司馬而碑言爲國忠所忌坐貶小人之交初以利合終亦以利敗理固然也

唐慧義寺彌勒像碑

石唐憓義寺彌勒像碑李潮八分書潮書初不見重於當時獨杜甫詩盛稱之以比蔡有鄰韓擇木今石刻在者絶少惟此碑與彭元曜墓誌耳余皆得之其筆法亦不絶工非韓蔡比也

金石録卷二十七終

金石録卷二十八　槐廬叢書

宋東武趙明誠德父編著　吴縣朱記榮校刊

跋尾十八

唐

唐嚴浚碑

唐郭英乂碑

唐潘孝子頌

唐萬年縣令徐昕碑

唐富平尉顔喬卿碣

唐贈太尉李憕碑

唐麻姑仙壇記

唐凉國夫人李氏碑

唐吕府君敕葬碑

唐高陵令李峴遺愛碑

唐宋璟碑

唐宋廣平碑側記

唐放生池碑陰記

唐滑臺新驛記

唐右僕射裴遵慶碑

唐杜濟墓誌

唐重模延陵季子墓刻

唐顔勤禮碑

唐顏默殘碑
唐開元寺僧殘碑
唐顏魯公與郭僕射書
唐元結碑
唐張九齡碑
唐石神武將軍史繼先墓誌
唐三藏和尚不空碑
唐內侍監魚朝恩碑
唐康日知墓誌
唐工部尚書辛京杲碑
唐茶山詩并詩述

唐崔宗謝廣利方表

唐嚴浚碑

右唐嚴浚碑徐浩書題禮部尚書襄陽縣開國子席某撰而其名殘缺不可辨按天寶中席豫嘗爲此官而碑末有云豫平生交好知其爲席豫撰也唐書列傳云浚華州華陰人而碑言馮翊臨晉人碑文字剝落所存無幾惟有首大字十二尚完好筆法奇偉可愛云

唐郭英乂碑

右唐郭英乂碑元載撰按唐書百官志開元中置集賢待制官至永泰時勳臣罷節制無職事皆待制於集賢門凡十三人今此碑載英乂永泰元年實領此職余觀韋述所撰集賢注記開元天寶間凡隸名於集賢者皆一時文學之選蓋官以待制爲名所以備人主顧問言語侍從之臣也今乃以武夫庸人參於其間可乎代宗之政其紀綱廢弛者多矣豈特此而已哉

唐潘孝子頌

右唐潘孝子頌崔稱撰孝子字季通與其父良瑗相繼有至行親喪皆廬墓大歷中宣慰使李季卿以聞有詔褒美墳隴在今中牟縣祥符中章聖皇帝西祀汾陰過之詔有司封其墓且禁樵采云

唐萬年縣令徐昕碑

右唐徐昕碑韓雲卿撰碑云昕爲并州錄事參軍相國

姚元之爲法曹督部人部人誣上反狀天后臨朝方樹刑威詔公先假風憲然後按詰公表直元之則天大怒將貽鼎鑊終能犯顏曉辨正刑而出果如雲卿所書昕可謂賢矣而唐史不載其事因爲錄之昕爲有功從弟其忠厚之性固宜異於他人也

唐富平尉喬卿碣

右唐顏喬卿碣在長安世頗罕傳或云其石今亡矣有朝士劉繹如者汝陽人家藏漢石刻四百卷以予集錄闕此碣也輒以見贈宣和癸卯中秋在東萊重易裝標因爲識之

唐贈太尉李憕碑（案目錄在一千八百五十五云文宗時立與此次序不同）

右唐李㦤碑李紓撰歐陽公集古錄云新唐書列傳載㦤十餘子江渢涵瀛等同被害惟源彭免據李紓載㦤子見於碑者十二人未嘗有源也然則源者史家何從得之據史言源爲司農主簿以碑考之源當爲汶余校穆宗實錄載源事首尾甚詳云㦤被害源方八歲爲賊所虜流浪南北展轉人家凡七八年洛陽平父之故吏以金帛贖之歸於近親代宗聞之授河南府參軍自司農主簿棄官寓居洛陽惠林佛寺垂五十年至長慶中御史中丞李德裕表薦拜諫議大夫時年八十餘矣竟辭不受又李德裕會昌一品集載薦源表其事皆同然則史不爲無據蓋疑其初名汶後改爲源耳又唐人袁

郊撰甘澤謠載源隱居拜官皆同惟書僧圓澤事頗怪誕難信然至其名亦不應謬誤也

唐麻姑仙壇記

右唐麻姑仙壇記顏魯公撰并書在撫州又有一本字絶小世亦以爲魯公書驗其筆法殊不類故正字陳無已謂余嘗見黄魯直言乃慶歷中一學佛者所書魯直猶能道其姓名無已不能記也小字本今錄於後使覽者詳其眞僞焉

唐凉國夫人李氏碑

右唐凉國夫人李氏碑李郭子儀夫人也碑韓雲卿撰史惟則八分書并篆額文詞頗簡古而字畫工妙可喜或云碑今亡矣故世罕傳雲卿乃退之叔父科斗書後記所謂大歷中以文詞獨行中朝者

唐呂府君敕葬碑

右唐呂府君敕葬碑呂府君者名惠恭僧大濟之父代宗朝元載王縉用事宗尙浮圖之法大濟爲帝常修功德使殿中監故褒贈其父爲兗州刺史官爲營辦葬事爵賞之濫一至於此

唐高陵令李峴遺愛碑

右唐李峴遺愛碑峴嘗任高陵縣令後爲宰相以殁殁後縣令蘇端刻此頌焉碑云曾祖恪封吳王祖琨嗣吳王父禕信安郡王元和姓纂所載亦同而唐書列傳以

爲恪之孫誤矣

唐宋璟碑

右唐宋璟碑顏眞卿撰并書唐書載廣平六子曰昇尙渾恕華衡今此碑言公有七子曰復昇尙渾恕延華衡乃八子也魯公所撰廣平碑側記亦曰公之第八子衡謫官沙州蓋廣平實有八子唐書闕復延二人而此碑魯公誤書八字爲七耳又碑云廣平自吏部侍郎兼攝尙書左丞而史不載後自楚州刺史歷魏兗冀三州兼河北按察使遷幽州都督復爲魏州而史但言歷兗冀魏三州刺史河北按察使進幽州都督而已史又載廣平爲廣州都督時郡人爲璟立遺愛頌（案立頌在廣平爲吏部尚書侍

中時故疏云廣人以臣當國云云此當去時字瓌上疏辭讓有詔許停而碑乃云燕公張說嘗爲碑頌今燕公集中實有此文豈已爲文而未嘗刻石歟

唐宋廣平碑側記

右唐宋廣平碑側記顏魯公撰載廣平仕御史時持服於沙河縣屬突厥寇趙定州河朔兇懼邢州刺史黃文軌投艱於公公以父母之邦金革無避及賊至城下公爲曉陳禍福其徒有素聞公威名者相率而去之開元末安西都護趙含章冒於貨賄多以金帛賂朝廷之士九品以上悉皆有名後節度范陽事覺有司以聞元宗將加黜責公一無所受乃進諫爲元宗納之遂御花萼

樓一切釋放舉朝皆謝公衣冠儼然獨立不拜翌日元宗謂公曰古人以清白遺子孫今卿一人而已公曰含章之賄偶不及臣門非不受也元宗深嘉之又曰公第八子衡因謫居沙州參佐戎幕土番入寇陷於賊庭素聞太尉名德曰唐天子我之舅衡之父舅賢相也其可留乎大歷十一年以三百騎盡室護歸此皆廣平逸事有以見其清德冠當世威名動夷狄如此而新舊史皆不載故併錄之於此俾覽者得詳焉

唐放生池碑陰記

右唐放生池碑陰記唐自天寶以後紀綱廢壞百官之濫不可勝載此記具列當時僚屬名氏凡團練副使別駕四人同團練副使一人長史三人司馬三人錄事參軍三人司功司倉司兵皆一人司法司戶皆三人司田司士皆二人參軍四人烏程縣令一人丞三人主簿一人尉四人長城縣令一人丞三人主簿一人尉五人安吉縣令一人攝令一人丞二人主簿一人尉六人武康縣令二人丞三人主簿二人尉四人德清縣令一人丞二人主簿一人尉三人一郡而吏員猥多如此然史不能盡記故詳錄之於此焉

唐滑臺新驛記

右唐滑臺新驛記李勉撰李陽冰篆其陰有銘歐陽公云不知作者爲誰余嘗考之乃舒元輿玉筯篆志後贊

也其文載於唐文粹及元輿集中歐陽公偶未之見爾

唐右僕射裴遵慶碑

右唐裴遵慶碑唐書列傳載遵慶所歷官甚簡略以碑考之其尤著者自吏部郎出爲滎陽太守貶符陽郡徵拜禮部郎中而史不載肅宗朝拜給事中累遷尚書右丞兵部戶部侍郎再授吏部而史但言爲吏部侍郎而已又史云遵慶薨時年九十餘碑云年八十五碑云遵慶謚貞孝而史無之皆其闕誤也

唐杜濟墓誌

右唐杜濟墓誌但云顏眞卿撰而不云書歐陽文忠公以謂非魯公不能爲也蓋世頗以爲非顏氏書更俟識

者辨之余觀此誌字畫奇偉決非他人可到歐陽公信小字麻姑仙壇記以爲眞蹟而尙疑此誌何哉

唐重模延陵季子墓刻

右吳季子墓刻自唐以來相傳爲孔子書大歷中蕭定再模而刻之余覽史記家語及秦漢以前諸子凡孔子與學者談議問答是非褒貶纖悉必載其間荒誕之說實非出於聖人附託書之者固有之矣況於季子之賢孔子親銘其墓不應略不見稱於前世至唐而始傳也又碑銘始於東漢孔子時所未有而其字畫乃故爲奇怪以欺眩世俗者非孔子書無疑蓋好事者僞爲耳故余特爲錄之以解來者之惑後有博識之士當以余言

爲然

唐顏勤禮碑

右唐顏勤禮碑魯公撰并書元祐間有守長安者後圃建亭榭多輦取境內古石刻以爲基址此碑幾毀而存然已磨去其銘文可惜也

唐顏默殘碑

右唐顏默殘碑者初潁州人家以其石爲馬臺皇祐中王回深父之弟冋容季見而識其爲魯公書因摹本以傳深父爲文以記之默仕晉爲汝陰太守故大歷中魯公追建此碑於汝陰焉

唐開元寺僧殘碑

右唐開元寺僧殘碑雖書撰人姓名殘缺然以字畫驗之爲顏魯公書無疑也初仁宗朝吳長文參政在京師僦居治地得之當時文士皆爲賦詩今其石尙藏汶上長文家云

唐顏魯公與郭僕射書

右唐顏魯公與郭僕射書僕射郭英乂也魯公於座位高下小有失當處猶力爭之如此使之立身朝端其肯逢君之惡乎

唐元結碑

右唐元結碑顏魯公撰并書校唐書列傳結後魏常山王遵十五世孫而碑與元氏家錄序皆云十二世蓋史

之誤又碑與元和姓纂皆云結高祖名善禕而家錄作善禘未知孰是也

唐張九齡碑

右唐張九齡碑徐浩撰并書歐陽公集古錄云校唐書列傳所載大節多同而時有小異碑長慶中立而公薨在開元二十八年至長慶三年實八十四年所傳或有異同至於年壽官爵子孫宜不謬當以碑爲是今考之徐浩撰碑時爲嶺南節度使在大歷間距曲江之卒未遠至長慶中其家始刻石爾劉禹錫讀曲江集詩序以謂曲江燕翼無似終爲餒魂而碑載公嗣子拯孫藏器碑後又載曾孫敦慶元孫景新景重然則曲江爲有後

矣不知禹錫何所據乎碑又云公一名博物而史不載

唐右神武將軍史繼先墓誌

右唐史繼先墓誌徐浩撰云公諱繼先字繼先夏后氏之苗裔殷時遷於北土曾祖牟雨可汗祖墨啜可汗諱瓌父墨特勒諱逾輪肇歸皇化封右賢王又云繼先元宗時爲左金吾衛大將軍酒泉郡太守河西節度副使肅宗初知神武軍事賜姓史氏其後爲右神武將軍封潁國公卒於建中元年校唐突厥傳載墨啜子孫事甚略纔可見者云命默啜子左賢王墨特勒討毗伽可汗其歸朝及繼先賜姓等事史皆無之又史云默啜而墓誌作墨史云墨特勒爲左賢王而墓誌作右賢王皆當以墓誌爲據元和姓纂紀史氏亦不載繼先名姓故詳錄之以裨唐史及姓纂之缺漏云

唐三藏和尚不空碑

右唐不空碑唐自明皇以後職官不勝其濫下至佛老之徒亦皆享高爵重祿故不空始爲特進大鴻臚封肅國公既歿又贈司空嗚呼名器之輕一至於此昔舜命伯禹作司空與是異矣

唐內侍監魚朝恩碑

右唐魚朝恩碑吳通元撰通微書朝恩雖以譴死然其徒如竇文場焦奉超猶居中用事故德宗朝詔爲立碑通元兄弟於陸贄謗毀詆排無所不至至爲朝恩碑則

稱頌功德如此可以見其爲人矣

唐康日知墓誌

右唐康日知墓誌李紓撰唐書日知傳云祖植開元中爲左武威大將軍而誌云祖𧙕不仕傳云日知終晉絳節度使而誌云卒於左威衛上將軍傳云累加檢校尚書左僕射贈太子太師而誌云爲檢校兵部尚書其卒乃贈僕射紓與日知同時人墓誌所書宜得其實也

唐工部尚書辛京杲碑

右唐辛京杲碑校元和姓纂載辛氏云懷節生言爲都水使者言生雲京京杲而碑乃云懷節生思廉爲左驍衛大將軍公即大將軍之愛子金城郡王之從父弟新史所書亦同金城郡王即雲京也然則姓纂以京杲爲言之子雲京之同父弟誤矣

唐茶山詩并詩述

右唐袁高茶山詩并于頔撰詩述李吉甫撰碑陰記其兩卷湖州歲貢茶高爲刺史作此詩以諷高恕己孫也貞元中德宗將起盧杞爲饒州刺史高任給事中爭甚力於是止用杞爲上佐德宗猜忌刻薄出於天資儻任盧杞幾亡天下奉天之圍賴陸贄之謀以濟杞之貶黜迫於公議然終身眷眷不能忘於贄則一斥不復其奔走播遷而不亡者豈非幸歟非高等力排其姦則復任用杞未可知也唐史稱高代宗時累遷給事中建中中

拜京畿觀察使坐累貶韶州長史復拜給事中吉甫爲碑陰述高所歷官甚詳云大歷中從其父贊皇公辟爲丹陽令再表爲監察御史浙西團練判官德宗嗣位累遷尚書金部員外郎右司郎中擢御史中丞爲杞所忌貶韶州長史尋刺湖州收復之歲徵拜給事中以卒然則高代宗朝未嘗爲給事中德宗朝未嘗拜京畿觀察使其貶韶州時實爲中丞而其爲中丞與湖州刺史傳皆不載今併著之以證唐史之誤

唐崔淙謝廣利方表

右唐崔淙謝廣利方表德宗貞元中自著方書號貞元廣利方頒之郡國淙時爲同州上表稱謝德宗信任姦臣毒流天下而區區欲以醫方救民疾苦可謂婦人之仁矣

金石錄卷二十八終

金石錄卷二十九

槐廬叢書

宋東武趙明誠德父編著　吳縣朱記榮校刊

跋尾十九

唐

唐義興縣重修茶舍記（案目錄不載）

右唐義興縣新修茶舍記云義興貢茶非舊也前此故御史大夫李栖筠實典是邦山僧有獻佳茗者會客嘗之野人陸羽以爲芬香甘辣冠於他境可薦於上栖筠從之始進萬兩此其濫觴也厥後因之徵獻浸廣遂爲任土之貢與常賦之邦侔矣每歲選匠徵夫至二千餘人云予嘗謂後世士大夫區區以口腹翫好之獻爲愛君此與宦官宮妾之見無異而其貽患百姓有不可勝言者如貢茶至末事也而調發之擾猶如此況其甚者乎羽蓋不足道嗚呼孰謂栖筠之賢而爲此乎書之可爲後來之戒且以見唐世義興貢茶自羽與栖筠始也

唐昭義軍節度使王虔休碑

右唐昭義軍節度使王公碑其名已殘缺以事考之蓋王虔休也與唐書列傳所載官爵行治多同惟碑云贈右僕射傳爲左僕射小失不足道而碑與傳皆云虔休汝州梁縣人元和姓纂以爲范陽人非也

唐顔杲卿碑

右唐顔杲卿碑眞卿撰元和中舊石刓缺其甥盧佐元重書而刻之舊唐史言杲卿既殺李欽湊等元宗知之加杲卿衞尉卿兼御史大夫以袁履謙爲常山太守杲卿爲司馬今以碑考之乃進兼中丞追赴京而以賈深爲司馬新史所書亦同蓋舊史之謬碑又言公初被害懸首於右金吾街樹有張湊者收其髮謁元宗俄見夢云禦捍處多兵馬少元宗哭而設祭焉後湊以髮至夫人疑之憑牀而哭忽聞聲如鞭牀者髮箱跳而前夫人方駭信之其事甚怪而舊史不書新史所載亦簡畧杲卿忠義之節貫金石其死宜不昧而魯公之語可信不疑故盡錄其事於此

唐乘廣禪師碑

右唐乘廣禪師碑劉禹錫撰初余爲金石錄頗以唐賢所爲碑版正文集之誤禹錫之文所錄才數篇最後得此碑以校集本是正者凡數十字以此知典籍歲久轉寫脫誤可勝數哉

唐般舟和尚碑案目錄不載

右唐般舟和尚碑柳宗元撰并書子厚頗自矜其書然亦不甚工今見於世者惟此與彌陀和尚碑爾雖字畫大小不同然筆法絶相似歐陽公以爲不類又疑他人借子厚之名者非也

唐韓退之題名

右唐韓退之題名在嵩山天封觀柱蓋退之自書又一本與石洪等題名在洛陽福先寺乃同遊者所書耳世間又有退之與大顚書乃國初一學佛者僞作而歐陽公集古錄以爲非僞永叔平生爲文宗師退之且力詆釋氏而獨信此書何耶

唐國子助教薛公達墓誌

右唐薛公達墓誌韓退之撰以昌黎集本校之頗不同皆當以石本爲是今略舉數處集本云曾祖曰希莊父曰播而闕其祖石本乃云祖曰元暉果州流溪縣丞贈左散騎常侍集本云君執弓腰二矢挾一矢以興而石本作措一矢以興集本云遺言曰以公儀之子爲已後而石本作以公儀之子已已後我蓋其小字也如此類甚衆略舉數處要知石刻可貴爾

唐虞城令李公去思頌

右唐虞城令李公去思頌李白撰王遹書碑側題云元和四年二月重篆蓋遹不與白同時此碑後來追建爾歐陽公集古錄云遹在陽冰前者誤也

唐贈吏部尚書武就碑

右唐武就碑就元衡父也元和姓纂載平一四子集備就登備生元衡今此碑與唐書宰相世系表皆以元衡爲就子姓纂元和中修是時元衡爲宰相不應差其世次豈余家所藏本偶爾脱誤乎當俟別本校正

唐彌陀和尚碑

右唐彌陀和尚碑柳宗元撰并書以集本校之不同者十餘字皆當以碑爲正

唐魏博田緒遺愛碑

右唐魏博田緒遺愛碑裴垍撰張宏靖書政和中與柳

公權所書何進滔德政碑俱爲大名尹所毀

唐右僕射裴耀卿碑

右唐裴耀卿碑許孟容撰宋次道春明退朝錄載皇祐中王沂公曾之弟子融侍郎守河中還以唐明皇所題裴耀卿碑額上之仁宗遂御篆賜沂公碑額曰旌賢今此碑元和中立文與額皆歸登書非明皇所題疑子融所上乃明皇書裴光庭碑爾耀卿光庭二碑皆在絳州也又按新唐史列傳云耀卿字煥之宰相世系表作渙之而碑乃字子煥傳云耀卿守眞次子而碑乃云第三子皆史家之謬

唐劉統軍碑

右唐劉統軍碑字畫雖殘缺猶歷歷可辨以昌黎集本校之時有異同皆當以碑爲是惟敘其世系不同則疑碑之誤集本云公曾祖考爲朔州守祖令太原再世北邊樂其高寒棄楚不還逮於公身三世晉人而墓誌亦云曾大父諱承慶朔州刺史大父巨敖爲太原晉陽令遂著籍太原之陽曲今此碑乃云考令太原又云再世晉人且碑旣言陽曲之別縣公祖遷則其爲晉人非再世明矣余故曰石本誤也碑當時所立其諸子皆在不應差其世次而錯繆如此莫可曉也

唐興元節度使裴玢碑

右唐裴玢碑晉公裴度撰碑已斷裂其姓氏磨滅不可

識云公諱玢字連城以事考之蓋裴玢也玢元和中爲興元節度使以疾歸朝卒新舊史皆有傳舊史云五代祖疎勒國王綽武德中來朝授鷹揚大將軍天山郡公因留爲京兆人而新史乃云名糾今碑所載與舊史同不知新史何所據而改爲糾乎疑傳寫誤耳又新舊史皆云綽玢五世祖而碑云高祖亦當以碑爲正

唐贈司空于頔碑

右唐于頔碑集古錄載頔碑云盧景亮撰今此碑乃張躬撰疑頔有兩碑景亮所撰余錄中偶無之當俟訪求

唐左常侍薛苹碑

右唐薛苹碑唐史列傳云苹父順爲奉先尉而此碑及元和姓纂皆云名順先蓋史誤也

唐呂元膺碑

右唐呂元膺碑舊唐史云元膺字景文新史云字景夫而碑乃字孟涓新舊史皆云元膺自御史中丞拜岳鄂觀察使而碑乃爲岳鄂觀察兼中丞爾其卒也舊史云謚曰憲而碑作獻皆當以碑爲據

唐檢校太子少保田公碑

右唐檢校太子少保田公碑李宗閔撰文字殘缺以事考之蓋田宏正之兄融碑也宏正師魏博詔以融爲相州刺史使之相近唐史稱宏正幼孤事融甚謹軍中嘗分曹習射宏正聯中融怒退抶之故當田季安猜暴時

能自全及爲軍中推迫融不悅曰爾竟不自晦取禍之道也其後宏正與其子布皆被禍如融言融兄弟父子出於軍旅其智畧皆過人如宏正布之忠義融之先見眞一代豪傑也碑爲篆字題嵩山布衣書而姓名摩滅不可識其筆蹟頗佳

唐昭義軍節度使辛祕碑

右唐辛祕碑與新唐史所載事蹟大畧皆同惟碑與舊史皆云登五經開元禮科而新史云舉明經碑云其卒贈右僕射而新舊史皆作左僕射爾又舊史云謚曰昭而新史云謚曰肅後更謚懿碑不載其謚莫知孰是也

唐黃陵廟碑

右唐黃陵廟碑碑四面皆有字今其兩面字多處已摩滅不可讀此本蓋七八十年前舊物字畫完好可寶也今世所傳退之集多爲人妄加讐校而此碑人家尙時有之故譌謬爲少然退之自潮移袁入爲國子祭酒實三年而碑云三十年蓋書碑者誤爾

唐贈太保李良臣碑

右唐李良臣碑良臣李光顏之父也碑李宗閔撰文辭爾雅可喜宗閔牛僧孺皆一代奇才而自陷朋黨惜哉

唐絳守居園池記

右唐絳守居園池記樊宗師撰昔之爲文者雖務爲新語然未嘗有意於求奇也宗師之文乃故爲險怪必使

人不可曉而後已此豈作者之體哉

唐柳州井銘

右唐柳州井銘柳宗元撰沈傳師書字畫頗不工疑後人僞爲然以子厚集本校之不同者數字此本爲善又恐工人模刻不甚精好爾更俟識者辨之

唐溵州刺史高公德政碑

右唐高公德政碑王起撰按唐書地理志元和十二年以郾城上蔡西平遂平四縣置溵州長慶元年州廢今碑後題長慶而其下殘缺當爲元年蓋是年州遂廢矣高公者名承簡崇文之子爲裴度牙將後至邠甯節度唐史有傳

唐西平王李晟碑

右唐李晟碑裴度撰碑載西平子十二人愿聰揔愻憑恕憲愬懿聽惎慇唐史宰相世系表所書亦同而新舊史列傳皆云晟有十五子舊史云侗伷偕無祿早世豈以侗等早世故碑不載歟又李石撰李聽碑云西平有子十六人疑更有未名而卒者爾元和姓纂載西平子十人以碑校之姓纂闕聽揔憑懿四人而愻應二子墓碑舊史皆無之（案愻已見墓碑疑此處有誤）又其倫次差謬亦當以碑爲正

唐烏重允碑

右唐烏重允碑新唐史列傳云重允爲橫海節度使討

王庭湊久不進兵穆宗以爲觀望詔杜叔良代之以重允爲太子太保長慶末以檢校司徒同中書門下平章事爲山南西道節度使召至京師改帥天平軍文宗初眞拜司徒今以碑考之重允爲橫海節度使長慶元年徙爲山南西道周歲徵入改天平軍四年就拜太子太保文宗踐極眞拜門下平章事頃之同中書爲司徒餘如故蓋重允之罷橫海即移鎭興元未嘗拜太子太保而其爲太保實帥天平又其帥興元時未嘗兼宰相至文宗即位乃拜爾舊史與文宗實錄所書畧同皆可以正新史之失

唐李祐墓誌

右唐李祐墓誌庾敬休撰新唐書祐列傳云祐爲夏綏銀節度使從涇原討李同捷也改滄德景節度累遷檢校尚書左僕射董重質之貶（重葉作仲）未幾轉太子少詹事隸武甯軍遷左神武將軍累擢左右神策行營劍南西川節度（葉本節度下有使字）復云歷帥夏綏銀終右龍武統軍贈尚書右僕射其所書首尾顚倒今以墓誌考之祐以平蔡功超授左神武將軍從徐州李愬平李師道遷左金吾衞將軍帥綏銀夏遷戶部尚書兼左金吾衞大將軍遂爲齊德滄景等州節度使以卒其所歷官止此矣蓋未嘗爲少詹事帥涇原領劍南節度也不知史何所依據又誌云卒於滄景而傳言統龍武統軍誌云贈司徒

而傳言贈僕射亦當以誌爲是祐之爲吳元濟將也據李愬傳言吳秀琳之降爲愬策曰必破賊非李祐不可祐賊健將也守興橋柵其戰常易官軍愬候祐穫於野遣史用誠以壯騎三百伏其旁祐果輕出遂爲所擒今誌乃言祐潛布款誠於愬且曰某以某日歸命其就執也願得傷一支以爲解不然妻子之在賊城無遺類矣愬許之洎至唐州同執者十二人命斬於牙門外次至祐大呼謂愬曰公背初約邪今淮蔡未平不宜誅壯士愬乃釋之自取藥封其臂分衣服飲食與語終日卽署爲都知兵馬使二說不同未知孰是也

唐令狐公先廟碑

右唐令狐公先廟碑劉禹錫撰集本云躬若奉盈而碑本躬作躹按史記周公世家云躹躹然如畏徐廣云躹躹謹敬貌也出三倉後人不知躹字所出遂改爲躬誤矣其他異同尚多不盡錄也

唐殿中侍御史韋翃墓誌

右唐韋翃墓誌劉禹錫撰世所傳禹錫文集無此誌蓋禹錫集本四十卷今亡其十卷墓誌皆缺非獨此一篇也翃有子詢仕爲湖南觀察使舊史有傳新史無之墓誌云翃父幼卿而傳作台卿墓誌云翃官終殿中侍御史而傳作侍御史皆非也

金石錄卷二十九終

金石錄卷三十　槐廬叢書

宋東武趙明誠德父編著　吳縣朱記榮校刊

跋尾二十

唐　五代

唐義陽郡王苻璘碑
唐贈太尉王智興碑
唐丞相崔羣碑
唐何進滔德政碑
唐李聽碑
唐贈太師崔倕碑
唐相國李涼公碑

唐牛僧孺碑
唐太子太傅劉沔碑
唐醉吟先生傳并墓誌
唐贈太尉李固言碑
唐吏部尚書高元裕碑
唐贈司徒薛平碑
唐起居郎劉君碑
唐贈禮部尚書許康佐碑
唐浯溪記
唐贈司空孔岑父碑
千字文
瘞鶴銘
冬日陪羣公泛舟詩
唐題阮客舊居詩
唐遺教經
唐冰清琴銘
唐中書舍人王無競碑
後唐汾陽王眞堂記
漢重修高祖廟碑
南唐紫極宮石磬銘
周文宣王廟記
日本國誥

唐義陽郡王苻璘碑

右唐苻璘碑按唐書列傳璘姓符而碑作苻以姓氏書考之琅邪符氏出於魯頃公之孫公雅爲秦符節令因以爲氏而武都苻氏出於有扈之後爲啟所滅奔西戎代爲氏酋本姓蒲至苻堅以背有文改焉今此碑以璘爲苻氏又云其先琅邪人皆不可知然按璘與弟瑤皆封邑於琅邪豈書碑者誤以符爲苻其家出於武吏不知是正乎

唐贈太尉王智興碑

右唐王智興碑裴晉公撰智興出於卒伍無他才能其爲將帥雖有破李師道李介李同捷之功然在徐州跋

戹難制逐崔羣侯宏度剽奪貢物重歛以結權倖其功不足掩過晉公爲此碑可謂過其實矣

唐丞相崔羣碑

右唐崔羣碑裴晉公撰劉禹錫書字畫譌闕處多其可考者羣爲武甯軍節度使檢校禮部尚書而唐史本傳作兵部其自荆南節度使召拜檢校左僕射太常卿遂爲吏部尚書以卒而傳但云召拜吏部尚書而已皆當以碑爲正羣在憲宗朝號稱賢相是時皇甫鎛方有寵羣力排其姦且爲憲宗陳開元天寶治亂所以分者其語激切然憲宗竟逐羣而相鎛夫以羣之賢憲宗之明然讒閒一入且猶不免自古君臣之際能保終始者顧

不難哉

唐何進滔德政碑

右唐何進滔德政碑進滔事跡固無足取而柳公權書法爲世模楷此碑尤爲雄偉政和中大名尹建言廢去舊文別刊新製好古者爲之歎惜也

唐李聽碑

右唐李聽碑與唐史所載事跡多同惟聽罷魏博節度使碑言爲太子太師而史作少師小誤爾

唐贈太師崔倕碑

右唐崔倕碑據新唐史倕子邠傳云倕位吏部侍郎今以碑考之倕仕至檢校吏部郎中兼御史中丞爾葢傳

誤也

唐相國李涼公碑

右唐李涼公碑李德裕撰文字殘闕不可盡識按新唐史列傳載石所歷官甚略其最著者嘗兼御史中丞充巡邊使又自給事中遷京兆尹史皆不載其爲荆南節度也史云讓中書侍郎換檢校兵部尚書會昌三年檢校司空徙節河東而碑云初加檢校尚書武宗承統首讓中書侍郎就遷檢校右僕射餘如故皆當以碑爲正

唐牛僧孺碑

右唐牛僧孺碑李玨撰據碑云僧孺自襄陽節度使降授太子少師遷檢校司徒兼太子太保而傳言下遷太

子少保進少師碑云宣宗即位自汝州長史遷太子少保轉少師分司東洛而史但言遷爲少師亦不言其爲分司者皆史之闕誤又杜牧撰僧孺墓誌云文宗朝以中書侍郎領平章事而史作門下侍郎亦非也

唐太子太傅劉沔碑

右唐劉沔碑按舊史云沔許州牙將也少事李光顏爲帳中親將元和中討吳元濟有功隨光顏入朝憲宗留宿衞歷三將軍鹽州刺史天德軍防禦使移振武節度使而碑乃云沔北遊至單于都護府謁節度使范希朝希朝署牙門將入右神策軍爲大將累遷大將軍拜涇原節度使移振武葢沔初未嘗爲許州牙將從李光顏

平蔡及爲鹽州刺史天德軍防禦使皆當以碑爲正至新史所書悉與碑合疑史官嘗得此碑以訂舊史之失云

唐醉吟先生傳并墓碑

右唐醉吟先生傳并墓碑舊唐史云居易以大中元年卒年七十五而新史云卒於會昌六年年六十五今碑所書與新史合又舊史書居易拜官歲月亦多差謬不合小失不足道故不錄

唐贈太尉李固言碑

右唐李固言碑按新唐史列傳云固言自河中節度使以疾爲太子太師遷東都留守宣宗卽位遷右僕射後

以太子太傅分司東都卒以碑考之其初爲東都留守數月罷以本官分司而史不書宣宗時爲僕射再遷檢校司徒東都留守而史亦不書其卒也史云年七十八而碑云七十六亦當以碑爲正

唐吏部尚書高元裕碑

右唐高元裕碑據舊史元裕列傳及此碑皆云元裕祖名颩而新史宰相世系表獨作彪蓋誤

唐司徒薛平碑

右唐薛平碑據唐史列傳平爲平盧軍節度使就遷檢校右僕射封魏國公寶歷初入朝拜檢校司空爲河中節度使進檢校司徒更封韓以碑考之自平盧拜僕射進封韓國公敬宗卽位拜檢校司空寶歷元年朝京師換左僕射兼戶部尚書踰月復爲檢校司空節度河中文宗卽位就加檢校司徒蓋未嘗封於魏而敬宗時入朝所拜官史亦不載皆其闕誤也碑言平罷滑臺爲金吾嘗見二神人自天執節降庭中呼曰薛平還汝舊節公俯伏拜受及再爲滑臺以爲當之矣後爲平盧乃驗爲其事甚怪而唐史無之豈非妄歟

唐起居郎劉君碑

右唐劉君碑劉氏世墓在彭城叢亭里紹聖間故陳無已學士居彭城以書抵余曰近得柳公權所書劉君碑文字摩滅獨公權姓名三字煥然明白予因求得之碑

殘闕然可識者猶十三四不忍棄故錄之

唐禮部尚書許康佐碑

右唐許康佐碑康佐事文宗爲翰林侍講學士文宗嘗讀春秋問康佐閽寺事康佐顧望不敢對後以問李訓訓遂進翦除之計康佐知帝指因稱病罷爲兵部侍郎甘露之禍李訓實啟之其狂率固有罪然康佐以儒學侍講備顧問而喑默不對至辭位而去亦可謂全軀保妻子之臣矣

唐潛溪記

右唐潛溪記杜宣猷撰潛溪者在洛陽龍門山側地有谿谷之勝舊爲宰相李藩別墅宣猷購得之加葺治焉

唐史宦者傳載宣猷爲福建觀察使中官多閩人宣猷每歲時遣吏爲上冢當時號爲勑使墓戸因此除宣城夫疏泉石種樹藝草窮登覽遊觀之勝此山林獨往之士遺世棄俗者之所樂也如宣猷者區區以諂諛附會盜竊顯榮而欲擅山林獨往之樂是可笑也

唐贈司空孔岑父碑

右唐孔岑父碑鄭絪撰歐陽公集古錄云碑有子五人載戣戡戢戳校新唐書宰相世系表岑父六子戳之下又有威表據孔氏家譜譜其家所載碑文鄭絪撰絪自言與孔氏有世舊作碑時戣等尚在然則譜與碑文皆不應有失而不同者何也余按韓退之爲戣墓誌云公

之昆弟五人載戡戢戳公於次爲第二與絪所撰碑正合然則安得復有威乎益絪與退之皆當時人所書宜不謬而其家譜乃其後裔追書容有差誤不足怪也

千字文

右千字文世傳智永書非也蓋智永陳時人而此書虎字民字基字皆闕之以避唐諱乃明皇以後人所書不然筆法本出智永後來臨摹入石爾其間二十八行字畫不類益舊本不完國初時人爲補足云

瘞鶴銘

右瘞鶴銘題華陽眞逸撰莫詳其爲何代人歐陽公集古錄云華陽眞逸是顧況道號予徧檢唐史及況文集皆無此號惟況撰湖州刺史廳記自稱華陽山人爾不知歐陽公何所據也案金石文字記云此銘字體與許長史舊館壇碑正同當是梁陶宏景書無疑

冬日陪羣公泛舟詩

右冬日陪羣公泛舟詩在潤州瘞鶴銘旁其字畫正同蓋一人所書也題謫丹陽工曹掾而不見其名詩與書皆工然世頗罕傳

唐題阮客舊居詩

右唐題阮客舊居詩小篆書集古錄以爲陽冰作今驗其姓名乃縉雲令李蕃非陽冰也其字畫亦不工蓋陽冰於肅宗上元中嘗令縉雲其篆字石刻尚多有存者

故歐陽公亦誤以此詩爲陽冰作爾

唐遺教經

右唐遺教經國初時人盛傳爲王右軍書惟歐陽公識其非是余家藏金石刻二千卷獨此經最爲舊物蓋先公爲進士時所蓄爾

唐冰清琴銘

右唐冰清琴銘詞翰皆不俗可喜題曰晉陵子而不著名氏豈非隱者歟琴藏太常寺協律郎陳沂家沂死納於壙中云

唐中書舍人王無競碑

右唐王無競碑無競事跡附見唐書陳子昂傳後以碑

考傳頗不合傳言自殿中侍御史徙太子舍人神龍初出爲蘇州司馬貶廣州仇家矯制榜殺之而碑言爲中書舍人卒傳言坐與張易之等交往貶而碑云兩張弄權九有蕩析公黜而無慍皆莫知其孰是據碑言無競無子孫權知萊州刺史姚汭爲買石立碑去無競之沒已遠事得於傳聞未足盡信也無競東萊人墓在掖縣界中云

後唐汾陽王眞堂記

右後唐汾陽王眞堂記李鶚書鶚五代時仕爲國子丞九經印版多其所書前輩頗貴重之余後得此記其筆法蓋出歐陽率更然窘於法度而韻不能高非名書也

漢重修高祖廟碑

右漢重修高祖廟碑郭忠恕八分書余年十七八時已喜收畜前代石刻故正字陳無已爲余言豐縣有此碑託人訪求後數年乃得之然字畫頗輭弱余家有忠恕八分書懷嵩樓記墨跡乃其暮年所書筆力老勁非此碑之比亦嘗刻石今錄於次

南唐紫極宮石磬銘

右南唐石磬銘徐鍇撰并小篆書鍇與其兄鉉在江南以文翰著名王師南征鍇卒於圍城中鉉隨後主歸朝貴顯以壽終歐陽公集古錄云宋興違命侯來朝二徐皆得爲王臣者誤矣

周文宣王廟記

右周文宣王廟記題縣令郭忠恕撰并書按國史忠恕爲漢湘陰公從事周祖徵爲周易博士國初貶乾州司戶太宗朝復任國子主簿流登州卒不載其嘗爲縣令也記云縣在汝水之汭嵩山之陽不知其爲何縣最後題甲寅四月十五日建蓋周世宗顯德元年也或云此碑在汝州界中

日本國誥

右日本國誥題康保五年日本在海東自漢以來見於史然與中國不常通宋莒公紀年通譜載其國年號九而獨無康保其後畢仲荀見此誥錄於通譜之末然不

知康保是中國何年也余家集錄金石刻凡二千卷外國文字著錄獨此而已

金石錄卷三十終

通志・金石略

咸豐九年崇仁謝
氏仿武英殿本栞
湘鄉曾國藩署首

御製重刻通志序

宋鄭樵氏以閎通之學思欲極古今之變會通於一仿歷代史例采正史及百家雜錄為紀傳為譜為略所撰二十略者包羅天人

錯綜政典該括名物上下數千年首尾相屬用功亦良勤矣觀其詆訶司馬遷班固之失高自稱許謂足以盡學者之能事豈不卓然雄視著作之林而後人

復歷舉其疏漏如馬端臨通考之所議者則亦不能為之諱也夫博物洽聞之士殫畢生之精力從容几研囊括貫串勤為成書宜其援据精而條理密顧紀

事纂言尚不免於紕繆若此豈非所謂多而不能無失者歟而況設局分曹成於眾手動淹歲序舉後忽前亥豕魯魚觸目而是任操觚者其可不知所懼也

乎甚矣夫著述之難也好
古者類矜三通既重刻通
典通考工竣爰出内府通
志善本校而付之剞劂以
廣考索之助而序之如此

乾隆己巳冬十一月

經筵講官太子少師兵部尚書臣梁詩正奉
勅敬書

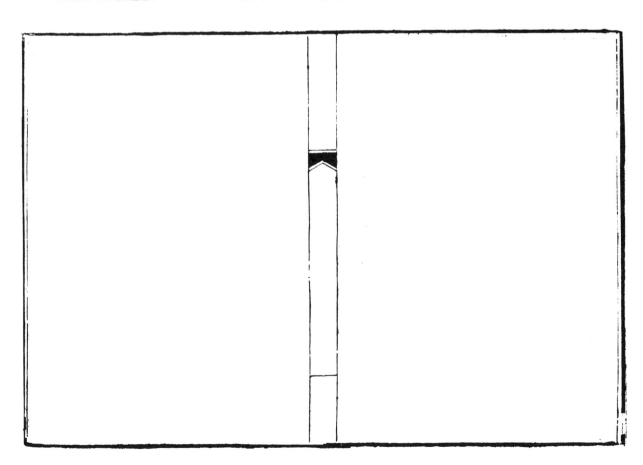

通志卷第七十三

宋右廸功郎鄭樵漁仲撰

金石略第一

金石序

序曰方冊者古人之言語款識者古人之面貌以後學跂慕古人之心使得親見其面而聞其言何患不與之俱化乎所以仲尼之徒三千皆爲賢哲而後世曠世不聞若人之一二者何哉良由不得親見聞於仲尼耳蓋

閑習禮度不若式瞻容儀諷誦遺言不若親承音旨今之方冊所傳者已經數千萬傳之後其去親承之道遠矣惟有金石所以垂不朽今列而爲略庶幾式瞻之道猶存焉且觀晉人字畫可見晉人之風猷觀唐人書蹤可見唐人之典則此道後學安得而舍諸三代而上惟勒鼎彝秦人始大其制而用石鼓始皇欲詳其文而用豐碑自秦迄今惟用石刻散佚無紀可爲太息故作金石略

歷代金石

蒼頡石室記有二十八字在蒼頡北海墓中土人呼爲藏書室周時自無人識遂秦李斯始識八字曰上天作命皇辟迭王漢叔孫通識十二字　夏禹書十二字見法帖未詳出處　比干銅盤銘十六字西京　史籀六字見法帖未詳出處　孔子書季札墓十字潤州　周穆王東巡四字邢州

右上代文字見於模刻

太昊金　尊盧氏幣　神農氏金　黃帝貨金　軒轅貨金　帝昊金　帝嚳金　高陽金　堯泉　舜策乘馬幣　舜策幣貨金　夏貨金　商貨莊布　商貨四布　商連幣　商湯金　商子貨金　周圜法貨　周圜法刖種　齊公貨　齊刀刖種　齊梁山幣　莒刀

齊布　齊刀

右見錢譜兵火以來今贛州尚有本

晉姜鼎　虢姜鼎　鄭伯姬鼎　宋君鼎　周姜鼎　文王鼎　孔文父鼎　曾公鼎　宋公鼎　周公鼎　單冏鼎　伯姬鼎　宋君夫人鼎　東宮方鼎　商鼎　得鼎　庚鼎　乙鼎　大鼎　始鼎　欒鼎　趙鼎　辛鼎　癸鼎　尨鼎　阤鼎　東宮鼎　盤鼎　公諴鼎　丁斯鼎　王子吳鼎　師寏鼎　父乙鼎　叔夜鼎　斁氏鼎　公癸鼎　父甲鼎　父丁鼎　蟬文鼎　尨生鼎　召夫鼎　師毀鼎　師毛鼎　師[illegible]鼎

周姜敦　周虞敦　雁侯敦　屈生敦　仲駒敦
孟金敦　刺公敦　叔𤞞敦　虢姜敦　散季敦　伯
百父敦　冀師敦　尨敦　㬰敦　始敦　何敦　尹
敦　𢦏敦　周敦　郝敦　牧敦　周公彝　召公彝
曹侯彝　司空彝　内史彝　楚公彝　沇子彝
䖒彝　單冏彝　伯宋彝　仲舉彝　單從彝　品伯
彝　李娟彝　敔姬彝　楚王盉彝　祖戊彝　商兄
癸彝　父癸彝　交父彝　祖乙彝　父乙彝　父丁
彝　父已彝　父辛彝　母乙彝　師艅彝　仲父彝
商彝　五彝　伯彝　敔彝　虘彝　彤彝　尹彝

應彝　亞彝　伊彝　仲父彝　小子師彝　庚午
鬲　高姜鬲　書鬲　丁父鬲　父已鬲　毛乙鬲
乃子鬲　毋鬲　虢叔鬲　諸旅鬲　莫敖鬲　寶德
鬲　聿遠鬲　伯鬲　慧季鬲　許子鐘　䎽鐘　商
鐘　元子鐘　走鐘　遲父鐘　南和鐘　分寧鐘
許子小鐘　盄和鐘　召公尊　朝事尊　韋子尊
魚尊　叔寶尊　虎尊　父戊尊　祖戊尊　商從尊
中爵　天甲爵　父丁爵　祖辛爵　父癸爵　父
辛爵　大田爵　父庚爵　庚爵　丁青爵　商爵
父戊爵　祖已爵　父己爵　已舉爵　已爵　舉爵

篆帶爵　父乙爵　祖乙爵　伯爵　飲爵　觶爵
父甲爵　王八舉爵　癸舉　父辛舉　寅盉　左
父簋　叔高簋　師㝨簋　師奐簋　弡中簠　劉公
匜　太公𠤳　子斯𠤳　史剌匜　姬寏𠤳　姬寏豆
單疑豆　仲虔洗　仲虞洗　田季匜　寒戊匜
叔匜　杞公匜　義母匜　弡伯匜　季姬匜　季宮
匜　祖戊匜　齊侯匜　卬仲盤　伯戔盤　壽盤
史孫盤　卬仲盦　伯戔盦　應婦甗　周陽侯甗
仲信甗　郝甗　孟嬭甗　父已甗　庚甗　飲甗
伯温甗　冀師舟　師淮卣　周卣　冀卣　商卣

兄癸卣　母辛卣　母乙卣　父甲卣　祖癸卣
父已卣　祖戊卣　伯王盉　趩盉　諸友盉　伯王
敦盉　沇子盉　盉豪盉　父丁盉　兹女觚　象觚
父庚觚　甲子觚　平周鉦　遅盤　丁舉甌　伯
索盂　熙之戟　銅角　武安釜　軹家釜

右三代之款識見於博古圖等

石鼓文秦鳳翔府宣和間移置東宫臣有石鼓辨明爲秦篆　泰封泰山碑兖州　嶧山
頌德碑李斯篆鄭文寶模兖州　秦相李斯等請刻始皇詔書兖州之
罘山刻石可辨者十九字登州　之罘大篆可辨者六十字登州　始皇朐山碑
淄州　稽山頌德碑李斯篆疑在越州　刻二世詔文李斯篆密州　殘碑二

十字李斯篆登州州衙　祀巫咸大湫文俗呼咀楚文李斯篆鳳翔府文渭州州學本與鳳翔小異

右秦

陳留太守程封碑東京　酸棗令劉熊紀績碑有碑陰東京　執金吾高褒碑東京　太保高峻碑東京　丞相陳平碑東京　三老袁貢碑永建六年東京　袁騰碑在東京貢之子　西平令楊期碑東京　征西大將軍楊僅碑東京　大司農陳君碑中平四年有西碑在東京　邊讓碑東京　董襲碑東京　八都神廟碑鎮州　封龍山碑鎮州　槀城長蔡湛碑有碑陰光和四年鎮州　無極山碑光和八年鎮州　上谷太守張祚碑定州　孝子王立碑定州　譙敏碑蔡邕文冀州　賈敏碑冀州　李固碑懷州　左伯桃碑安肅軍　蘇武碑京兆府　乞復華下民田租狀華州　西嶽石闕銘永和元年華州　西嶽和山亭碑華州　司徒劉奇碑華州　西嶽華山廟碑華州　劉黨碑華州　立教院君神祠碑華州　太尉楊震碑并碑陰題名華州　高陵令楊君碑及碑陰華州　繁陰令楊尋碑熹平中華州　金城太守楊統碑華州　郭有道碑蔡邕文并書太原府　郭林宗碑汾州　山陽太守祝睦二碑延熹七年南京　陽翟令許叔臺碑南京　兗州從事丁仲禮墓碑南京　太尉掾橋君墓碑南京　宋國縣繹幕令碑南京　漢橋元碑南京　慎令劉君墓碑建寧四年南京　光祿勳劉耀碑鄆州　袁安碑徐州　太傅龔勝碑徐州　劉熙碑及碑陰徐州　漢高祖感應碑延熹十年徐州　高祖廟碑徐州　太尉陳

球碑蔡邕文并書光和元年徐州　太尉陳球後碑徐州　陳球碑陰　御史大夫鄭宮碑　卜式墓碑兗州　鮑宣碑兗州　魯相史晨等奏出王家穀祠孔子碑建寧二年兗州　司徒吳雄等奏孔子廟置卒史碑元嘉三年兗州　魯相復顏氏繇發碑永嘉三年兗州　太山太守孔宙碑延熹六年兗州　孔彪碑及碑陰建寧四年兗州　漢碑永壽三年婺州從事孔君德立於孔子墓壇前兗州　小篆碑蔡邕書兗州　河東太守孔雄碑建寧四年兗州　司農孔峽碑建寧元年兗州　魯相韓叔節修孔子廟碑永壽二年兗州　博士孔志碑兗州　御史孔翊碑兗州　博士逢汾墳前石柱碑篆濰州　竹邑侯相張壽碑建寧元年單州　侯伯咸墓碑建寧中立單州　孫嵩碑密州　王章碑密州　安平王相孫根墓碑光和四年密州　盧江太守范式碑蔡邕書濟州　中郎王政碑光和元年濟州　任城府君頌濟州　司隸校尉魯峻碑蔡邕書濟州　執金吾武榮碑濟州　故司馬城鐵碑濟州　謁者景君二碑安帝元初元年濟州　御史大夫郗慮碑濟州　童恢墓雙石闕題　太尉劉寬二碑中平二年門生故吏各一碑并碑陰姓名西京　蕭何碑折作兩段西京　元儒先生婁壽碑襄州　山陽太守碑襄州　築陽侯相景豹碑襄州　司徒掾梁君碑建安二十七年襄州　學生碑襄州　侍中王逸碑襄州　南陽太守秦君碑熹平五年襄州　司徒從事郭君碑建寧五年孟州　北軍中侯郭君碑建寧五年孟州　封觀碑陳州　蔡昭碑隋州　桐柏神碑延熹六年唐州　中常侍曹騰碑建和元年亳州　老子銘

延熹八年唐州老子碑銘鍾繇書亳州幽州刺史朱龜碑有碑陰中平二年亳州趙王武臣碑宿州東海祠碑永壽元年海州楚相孫叔敖碑延熹三年固始令段君立有碑陰光州堂邑令費君碑熹平六年有碑陰湖州梁相費君碑湖州曹娥碑越州羅訓碑衡州南昌太守谷君墓碑衡州青州刺史劉君碑衡州胡騰墓碑衡州桂陽太守周府君勳德碑熹平三年桂陽監桂陽太守周使君碑韶州周公禮殿石楹記初平五年鍾會書成都府陽泊侯墓碑成都府文翁學生題名析里橋郙閣銘建寧五年李翕造漢州刺史李頊碣綿州中宮令楊暘墓碑嘉州沛相范史墓闕文劒州王襄墓碑資州中常侍樊安碑延熹元年吏立未詳故河間相張平子墓志有二碑崔瑗篆鄧州趙國相雝勸石闕碑劒州秦君之碑未詳泰山都尉孔宙碑延熹七年未詳小黃門譙君碑中平四年未詳攺西嶽廟民賦碑盧倣文光和二年未詳孔宙碑陰題名未詳孔德讓碣永興二年兗州文歆碑元光四年絳州天祿辟邪字篆書鄧州南陽宗資墓前石獸周公禮殿記蔡邕隸書成都府蔡邕石經西京人收得殘石趙殿撰家有遺字三卷窆室銘永建元年未詳周府君碑陰桂陽監麟鳳贊并記永建元年未詳巴官鐵量銘永平七年未詳會稽東部都尉路君闕銘永平八年未詳南武陽墓闕銘元和三年未詳章和石記章和三年未詳鄭令景君闕銘元初四年未詳北海相景君碑陰漢安二年未詳敦煌長史武班碑建和元年未詳武石氏闕記建和元年未詳司隸陽厥開石頌建和二年未詳吳郡丞武

開明碑建和二年未詳張公廟碑和平元年未詳祝長嚴訢碑元嘉元年未詳從事武梁碑元嘉元年未詳平都侯相蔣君碑元嘉元年未詳東海相栢君海廟碑永壽元年未詳吉成侯州輔碑有碑陰永壽三年未詳故民吳公碑熹平元年未詳議郎元賓碑延熹二年未詳韓府君孔子廟碑有碑陰永壽二年未詳冊陽太守郭旻碑延熹元年未詳封邱令王元賞碑延熹四年未詳冀州刺史王純碑延熹四年未詳河東地界石記延熹四年未詳成皋令任伯嗣碑延熹五年碑陰未詳有不興令薛君碑延熹五年未詳堯廟碑延熹十年碑陰未詳有又堯廟碑熹平四年碑陰未詳有蒼頡廟人名延熙五年未詳蒼頡廟碑光和二年三年未詳又西嶽二碑光和二年三年未詳又劉寺禹廟碑光和二年未詳白石神君碑未詳禹廟碑有碑陰未詳荆州刺史度尚碑未詳車騎將軍馮緄碑永康元年未詳廣漢縣令王君神道建寧元年未詳冀州從事張表碑建寧元年未詳堵陽長謁者劉君碑建寧元年未詳金鄉守長侯君碑建寧二年未詳柳孝廉碑建寧二年未詳衛尉卿衡方碑建寧三年未詳沛相楊君碑建寧三年碑陰未詳有淳于長夏承碑建寧三年未詳中郎馬君碑建寧三年未詳武都太守李翕碑建寧四年碑陰未詳有仲君碑建寧五年未詳成陽靈臺碑建寧五年碑陰未詳有廷尉仲定碑熹平元年未詳堂谿典嵩高山石闕銘熹平四年未詳斥彰長斷碑熹平六年未詳太尉郭禧碑有碑陰未詳逢童子碑光和四年碑陰未詳有漢三公碑光和四年未詳郁阮君神祠碑光和四年碑陰未詳有揚州刺史敬使君碑光和四年未詳涼

州刺史魏君碑光和四年未詳成陽令唐君頌光和六年有碑陰頌未詳都鄉正衛彈頌中平二年未詳尉氏令鄭君碑中平二年有碑陰未詳趙相劉衡碑中和四年未詳圉令趙君碑初平元年未詳巴郡太守樊君碑建安十二年未詳綏民校尉熊君碑有碑陰未詳司空宗俱碑有碑陰未詳馮使君墓闕銘未詳琅邪相王君墓闕銘未詳武陰令高君墓闕銘未詳永樂少府賈君闕銘未詳臨朐長仲君碑未詳富春丞張君碑未詳蜀郡太守任君神道未詳蜀郡屬國都尉任君神道　益州太守楊宗墓闕銘未詳巴郡太守張府君功德叙未詳河南尹蘇君碑額未詳武氏石室畫像未詳

右兩漢

魏武帝受禪壇記梁鵠書王明文未詳魏武帝大饗碑子建文武帝撰鍾繇書亳州魏受禪表梁鵠書黃初元年許州魏郡公上尊號表相國歆等四十五人鍾繇書魏酸棗令毋邱儉碑東京魏封議郎孔羨爲宗聖侯碑梁鵠書兗州魏隱士程沖墓碑東京魏節婦白氏碑沖妻也晉咸熙中建二碑同處魏御史大夫袁渙碑東京魏鍾繇碑東京魏征虜將軍南州刺史王賢思碑東京魏橫海將軍呂君碑黃初二年未詳魏豫州刺史賈逵碑陳州魏劉盆碑正始二年未詳魏邴原碑密州魏孫炎碑甘露五年淄州魏太尉滿寵碑　魏管寧碑密州魏太妃郭氏碑正元二年西京魏新野侯碑黃初七年魏立孔子廟碑黃初元年兗州魏又立孔子廟碑太和三年魏三斷碑皆漫滅二碑無字西京魏范式碑有碑陰青龍三年未詳魏太僕荀君碑正始五年有碑陰魏南陽太守卞統碑嘉平二年未詳吳大帝碑湖州吳征北將軍陸禕碑泰寧三年秀州魏襄州刺史劉君碑正元三年有碑陰未詳魏劉熹學生冢碑有碑陰未詳魏太保任公神道未詳吳九眞太守谷府君碑　吳禪國山碑陰未詳吳天璽元年紀功碑未詳吳臨海侯相谷府君碑未詳魏大長秋游述碑泰始十年有碑陰未詳

右三國

南鄉太守司馬整德政碑頌泰始四年有碑陰未詳南鄉建國碑未詳阮籍碑東京潘岳碑東京王戎碑惟存數十字西京陳武王碑索靖書汾州丁議碑南京老父嚴氏碑咸康五年杭州郭文碑咸和中杭州廣昌長暨遜碑咸和中杭州宣城內史陸喈碑咸和七年秀州巴西太守盧茂碑綿州紀穆侯碑建康府遂州刺史李豪碑綿州陳壽墓碑果州西平將軍葛府君碑建康府議郎陳先生碑元康二年尉氏令陳君單碑未詳周胙墓石柱題單州散騎常侍周處碑陸機文王右軍書後人重立常州西平侯顏含碑建康府石柱文太元十八年劍州泰山君改高樓碑升平三年未詳黃庭經永和十二年無名氏世傳右軍書未詳司馬士會碑亳州墮淚碑襄州峴山杜預碑襄州峴山路君墓石闕文永和元年濟州魏興郡太守覃毅德政碑均州小字東方朔畫贊王右軍書饒州張愷碑陝州征虜將軍楊亮碑未詳天台觀

題藥仙公飛白未詳 遺教經無書人名氏世言小王書京兆府 洛神賦王獻之書未詳
平西將軍墓銘王右軍書未詳 定水寺題王右軍京兆府 蘭亭修禊序永和九年王右軍書薛家本爲上定武次之長安本次之 太子詹事裴權碑元康九年有碑陰西京 裴權後碑有碑陰未詳 北嶽祠堂頌泰始六年未詳 右將軍鄭烈碑太康四年未詳 太公碑太康十年未詳 雲南太守碑太熙元年未詳 護羌校尉彭祈碑元康元年有碑陰未詳 議郎陳先生碑元康二年未詳 光祿勳向凱碑永康元年未詳 鴻臚成公重墓刻永寧元年未詳 青山君神頌永安元年未詳 安邑令徐君碑未詳 金鄉長薛君頌未詳 張子平碑未詳 夜郎太守毋稚碑隆安三年未詳 樂毅論 方城侯鄧艾碑 僞漢司徒劉雄碑嘉平五年立即晉懷帝建興三年也未詳 僞趙浮圖澄造像碑劉曜光初五年即晉元帝永昌元年未詳 僞趙橫山神李君碑建武六年即晉咸康五年也未詳 僞趙西門豹祠殿基記建武六年未詳

右晉

宋武帝受禪壇記永康元年陸綜分書壽州 宋武帝檄蕪縱文義熙九年未詳 宋文帝神道碑潤州 宋宗愨母劉夫人墓誌謝朓文大明二年江寧府 羅含碑衡州 江淹碑越州 齊海陵王照文墓誌謝朓文江寧府 齊桐栢山金庭觀碑沈約文倪珪書齊永元二年越州 梁關內侯盛紹遠碑門人立杭州 梁茅君碑孫文韜書或云張澤正書普通三年江陵府 梁貞白先生陶弘景碑蕭綸文分書江陵府 梁上元眞人司命茅君九錫文碑普通三年江陵府 梁上清眞人許長史舊館壇碑普通三年陶弘景文并書有碑陰江陵府 蕭梁二帝碑江陵府 梁重立羊祜碑大同十年 瘞鶴銘華陽貞逸文世傳即陶弘景也潤州焦山或云顧況 梁改墮淚碑劉靈正書 梁開善寺大法師碑蕭挹書普通三年建康府 梁招隱寺刹下銘蕭綸書普通二年普州 吳延陵季子二碑晉殷仲堪文梁王僧恕書潤州 麥積山應乾寺重修七佛龕銘庾信文秦州 慧遠法師碑謝靈運文張野書江州 梁栖溪寺禪房碑許懋書天監十一年未詳 齊佛龕碑天統三年立武平三年刊西京 後魏兗州刺史賈司伯碑神龜二年西京 後魏兗州刺史元王匡碑熙平二年 後魏孝侯碑天平三年東京 後魏中山太守常通碑定州 後魏宣武帝御射碑景明三年沈馥書有碑陰虢州 後魏金鄉縣令徐公碑景明中滁州 後魏侍中廣平穆王碑太昌元年西京 後魏章陵太守呂君碑鄧州 後魏司徒斛律斯公碑 後魏元成碑正始五年祁州 後魏立宣尼廟記延興四年兗州 後魏孝文帝弔比干文衛州有碑陰今亡 後魏并州刺史王坦墓碑絳州 後魏石佛像碑武定四年衛州 後魏松滋公興溫泉頌京兆府 古碑三皆剝落似魏齊時字陝府 後魏車騎將軍穆祚碑汾州 後魏侍中廣平穆王碑俗云陵家碑太昌元年西京 後魏景王碑 後魏汝南文宣王碑西京 後魏碑韓毅隸書天平四年西京 後魏末帝碑西京 後魏升仙太子碑梁雅文西京 後魏聖旨寺碑永熙三年北京 後魏爾郡太守張猛龍清德碑正光三年有碑陰未詳 敎戒經後魏順思王書未詳 後魏崔浩碑興光二年華州 大代華嶽廟碑太武太延五年未詳 後魏修華嶽碑

興光二年未詳後魏中嶽碑太安二年碑陰未詳有後魏孔子廟碑太和元年未詳比干墓刻後魏大鴻臚卿鄭允伯碑未詳後魏北巡碑太和二十年有碑陰未詳後魏太尉于烈碑景明四年未詳後魏瑤光寺碑永平三年未詳後魏鄭羲碑又有上碑皆永平四年未詳後魏鄭道昭登雲峯山詩永平四年未詳後魏天柱山東堪石室銘鄭道昭撰永平四年未詳後魏張夫人墓誌延昌元年未詳後魏鄭道昭哀子詩延昌四年未詳後魏王子晉碑延昌四年未詳後魏宣武皇帝御講碑延昌四年未詳後魏淮陽太守梁鑒碑延昌四年未詳後魏齊兗二州刺史傅公碑熙平九年未詳後魏劉使君德化頌熙平三年碑陰未詳有後魏兗州刺史元康碑熙平中立未詳後魏瀛州刺史孫惠蔚墓誌

神龜元年未詳後魏吒閭神寶造像記神龜元年未詳後魏定州刺史崔亮頌神龜三年未詳後魏堯廟碑正光元年有碑陰後魏司空元暉碑正光二年未詳後魏郭太妃碑正光三年未詳後魏邑義一千人造像記正光六年未詳後魏房曇淵等造像記永安三年未詳後魏賀拔岳碑永熙三年未詳後魏孟思文等造像碑正光六年未詳後魏化政寺石窟銘大統九年未詳後魏鎮陽謫碑太昌元年未詳後魏御史臺雙塔頌永熙三年未詳東魏鎮東將軍劉乾碑未詳東魏東平太守劉霸碑天平元年澶州東魏相州刺史徐雅碑天平二年未詳東魏膠州刺史祖淮碑天平三年密州東魏大覺寺碑天平四年韓毅隸書有碑陰洛陽東魏高翻碑元象元年未詳東魏賈思同碑興和二年青州東魏

張烈碑元象元年未詳東魏張早墓誌興和二年未詳東魏孔子廟碑興和三年未詳東魏魏蘭根碑興和四年未詳魏岐州刺史王毅墓誌大統元年未詳東魏瀛州刺史李公碑武定二年未詳東魏樂陵太守劉公碑武定二年未詳東魏劉起貴造像碑武平二年未詳東魏逢彥造像記武平二年未詳東魏安州刺史赫連相碑武定五年未詳東魏荀君像頌武定七年未詳北齊楚陽太守張樂碑澶州北齊大將軍兗州刺史劉傑碑澶州北齊太祖大師正覺寺重修佛殿二記一後魏武定四年建一北齊大統三年建北齊臨清王假黃鉞碑北齊二祖大師碑西京北齊造像記天保四年未詳北齊郭道尊等造像記天保四年未詳北齊孫士淵造像記天保四年未詳北齊建

陵山修靖館碑天保六年未詳北齊郁久閭業碑天保七年未詳北齊石當門等造像記天保七年未詳北齊東兗州須昌縣王像頌天保八年北齊二聖寺龍華讚佛碑未詳北齊造釋迦像碑未詳北齊夫子廟碑乾明元年未詳北齊石像頌皇建元年未詳北齊崇因寺碑陸乂文姚淑分書皇建二年未詳北齊闞亮造像記北邱道常書河清元年北齊救疾經偈河清二年未詳北齊雲峯山題記鄭述祖撰河清二年未詳北齊華陽公主碑河清二年未詳北齊權法師碑河清二年未詳北齊天柱山銘鄭述祖撰天統元年未詳北齊邑義人造像記天統二年未詳北齊造雙塔碑天統二年未詳北齊造石經幷記天統四年未詳北齊蒙山碑王思誠八分書天統五年未詳北齊趙智和造像碑天統五年未詳北齊

隴東平感孝頌在齊州平陰北齊帝堯碑武平二年有碑陰未詳北齊
隴東王胡長仁碑武平四年齊州北齊觀世音石像碑武平二年未詳
北齊唐邕造寺碑武平三年未詳北齊長樂王平等碑武平二年未詳
北齊馮翊王平等碑武平二年洛陽北齊臨淮王造像碑　北
齊白長命碑武平四年未詳北齊大安樂寺碑武平五年未詳北齊開
明寺彌勒像碑武平五年未詳北齊邸珍碑武平六年未詳北齊宋悅
和等造像碑武平七年未詳北齊司空趙起碑有碑陰北齊宜陽
國太妃傅氏碑未詳北齊赫連子悅清德碑許州北齊明公
道場碑未詳北齊宋使君像碑未詳北齊高隆之造像記
後周宇文衆造像碑武成元年未詳後周延壽公碑保定元年未詳後

周太學生拓拔府墓誌周弘正撰保定元年未詳後周華嶽廟碑萬紐
于瑾撰趙文淵書天和二年華州後周河瀆碑王褒撰趙文淵書天和二年未詳後周
同州刺史普六茹忠墓誌天和二年未詳後周溫州刺史烏丸
僧修墓誌天和六年未詳後周雲州刺史胡歸德碑天和六年未詳

右兩朝

平陳碑薛道衡文江陵府善寶寺碑大業中立東京尚書左丞郎茂碑
鎮州恒嶽寺舍利塔定州北絳公夫人蕭氏墓誌京兆府梁州
刺史陳茂碑河中府司徒觀德王楊公碑華州司隸大夫贈
臨河、縣公碑絳州縣令梁執威德政碑絳州啓法寺碑周彪文丁
道護書仁壽中襄陽興國寺碑李德林文丁道護書開皇六年襄陽盧山西林寺道
場碑大業中歐陽詢入江州益州至眞觀碑劉曼才書開皇十二年成都九門
縣令李康清德碑開皇十二年未詳九門縣令鉗耳文徹清德
碑大業六年鄭州刺史李淵造碑像記卽唐高祖齊鄂國公爲國
勸造龍龕碑張公禮文開皇六年智永書千文東京景陽井欄銘分書
開皇中江陵府源使君碑開皇元年未詳興福寺碑張棻撰龐旻書開皇二年未詳呂
龕碑開皇二年未詳老子廟碑薛道衡撰梁恭之分書開皇二年未詳尒朱敞碑
開皇二年未詳龍藏寺碑張公禮撰開皇五年未詳臨漳趙令清德頌開皇六年
未詳安定縣造寺碑開皇六年未詳太平寺碑開皇九年未詳修舍利塔
碑開皇九年未詳廣業郡守鄭君碑韋霈書開皇九年未詳齊國太夫人
楊氏墓誌開皇十年未詳午卯寺碑開皇十年未詳潞州頌德碑開皇十年

未詳涇州興國寺碑李德林撰開皇十年鄂州國公造鎮國大像碑
開皇十年未詳賈普智造像碑開皇十年未詳董明府清德頌開皇十年未詳
正解寺造像碑劉昇卿撰開皇十二年未詳賈春英浮圖碑開皇十年未詳
劉景韶造像碑開皇十二年未詳趙君寶塔碑開皇十二年未詳信行
禪師碑開皇十四年未詳化善寺碑尹式撰開皇十五年碑陰有郎餘令記徐州驃
騎將軍楊端墓誌開皇十五年未詳上柱國韓擒虎碑開皇十五年未
詳李氏像碑開皇十六年未詳滏山石窟碑未詳上儀同楊縉墓
誌許善心撰序虞世基銘未詳平都治碑大業十年未詳大都督袁君碑大業
十二年未詳車騎將軍盧贍墓誌開皇十六年未詳王明府造像碑
開皇十六年未詳五原國太夫人鄭氏墓誌開皇二十年未詳張光墓

誌仁壽元年未詳 賈使君墓誌仁壽元年未詳 蒙州普光寺碑仁壽元年未詳
大將軍梁恭墓誌仁壽元年未詳 舍利塔銘仁壽二年未詳 舍利寶塔
下銘仁壽二年未詳 願力寺雙七級浮圖銘仁壽二年未詳北京 願力寺
舍利寶塔銘仁壽二年 周羅睺墓誌徐敞撰大業元年未詳 文儒先生
劉炫碑大業元年未詳 唐高祖造像記太宗造像記附大業二年未詳 禹廟殘
碑史陵書大業二年 欒州使君江夏徐公碑郝王咸撰侯孝直分書大業二年未
詳 賀蘭才墓誌大業二年 隋文帝舍利塔銘大業五年未詳 西平太
守上官政墓誌大業六年未詳 海州長史劉遙墓誌大業六年未詳 黃
門侍郎柳旦墓誌大業六年未詳 開府鄭渙墓誌大業六年未詳 孔子
廟碑仲孝俊撰大業七年未詳

右隋其係歐虞等書並見于後

東平王窩眞院記東京 窣堵波幢銘薛希朝分書天寶中東京 考城令
王列德政碑東京 尉氏縣令李良清德碑天寶五年東京 刈子觀
題名李德裕三起東京 左驍衛大將軍翟作碑永徽二年東京 長垣令
鄭譔清德頌東京 陽武令陶公復故縣記唐衢文分書東京 酸棗
令毋邱悅碑東京 扶溝令馬公德政頌東京 潘孝子碑東京 魏
郡太守苗晉卿德政碑王維文北京 魏博節度使田承嗣碑
邱絳文楊志方書北京 韓王碑北京 贈太尉上黨公碑北京 南樂令鄭
信臣碑 願力寺碑北京 館陶令徐穀德政碑朱僑分書北京 護
法寺碑北京 師陁寺碑北京 文宣王廟碑北京 宗城令薛寶德

政碑永徽二年北京 宗城令衛知全德政碑長慶二年北京 魏博節度
使田公碑北京 大理卿郎頴碑宋才書李百藥文鎮州 僧道源發願
轉輪藏碑王承規書貞元十四年鎮州 述聖碑冀州 石橋記張嘉貞文柳渙銘邢
州 河內寧寺鍾銘武承泰文武盡禮書景龍三年邢州 周大宗伯唐瑾碑
于志寧文歐陽詢書京兆府 相國崔羣先廟碑牛僧孺文劉寬夫分書以下並出京兆府
江州刺史戴希謙墓誌子岑分書 太倉箴李商隱文并書 左驍衛將
軍馬寔墓誌歐陽詹文并書 崇元觀聖祖院碑徐挺古分書 齊博滄
景節度使李祐墓誌分書 昆明池堰銘徐珽書 太子右庶子
韋維碑郭謙光分書 贈戶部尚書楊瑒廟碑王縉分書 建中二年
同官記 十善業道經要略 法順大師碑許唐佐文并書 智

遠律師塔銘陳瓌書 懷素律師塔銘韋鼎書 懷素律師碑僧行
敏書 贈太保郭欽之碑蕭華書 渭南令成克立碑 道因法
師碑歐陽通書 內常侍陳文叔碑劉秦書 臨汝太守郇國公韋
斌碑韋允書 尚書郎官石記蕭良童書 太子中舍人楊承原碑
索法靖師精行清德碑范希璧書 汾陽王霍國夫人王氏
碑蕭昕書 佛牙寶塔碑王君平書 崇福觀主魏尊師碑裴炫書 張
懷英碑 食堂記羅希奭分書 中書令崔敦禮碑于九政書 吏部
尚書沈傳師墓誌好堯章書以上至崔羣廟碑並出京兆府 鳳翔節度使李
昌言德政碑李部書鳳翔府 鳳翔節度使孫志直知德碑劉瑀之書
鳳翔府 道法禪師志靜塔銘鳳翔府 法門寺舍利塔銘賀蘭敏之

書鳳翔府無憂王寺大聖眞身塔碑楊播書鳳翔府李晟爲國修寺碑僧滑瑾書鳳翔府八馬坊碑韋崇訓書鳳翔府晉衛瓘遺愛碑張君靖書解州鹽池靈慶公神祠記韋縱書解州鹽池神祠記盛滂書解州陽公舊隱碣黎燭書陝州石柱銘陝州吏部郎中楊仲昌碑鄔錄篆書陝府召伯祠堂記房次卿書陝府萬回禪師碑陝府靈寶縣令李亘碣德政頌陝府開元寺汾陽王像殿碑僧開秘書河中府霓裳羽衣曲黃幡綽書河中府登劫樓賦河中府鸛鵲樓記顏防書河中府七佛銘河中府汾陽王將佐畧河中府昭仁寺碑邠州邠寧節度使高霞寓德政碑王亘寧書邠州五夫人堂記畢誠文并書邠州楊正公德政碑華州華嶽神廟之碑華州華嶽精享昭應之碑華州靈臺觀主張欽忠碑郭漸書華州中書侍郎平章事杜鴻漸碑王縉書華州渭南令李思古清德碑馬吉甫文華州段寬碑蕭修正書華州華嶽廟題名僅百有三十人華州太尉李光弼碑張少悌書耀州阿那寺碑僧開秘書同州鄭預注心經同州代國公主碑鄭萬均書同州刺史崔綜遺愛碑韋縱書同州四皓畫圖文竇庠書同州四皓新廟記商州修武關驛記商州佛頂尊勝陀羅尼經元載書鳳翔府贈太尉烏重允碑竇易直書華州修廟靈異記衛包書及陰篆華州

右唐上

晉祠新松記顏顒書太原府聖宮石臺勅書裴灌書蕭誠題潞州元宗哀冊文史鎬分書潞州東川節度使李叔明冠冕頌趙滔書潞州雲麾

將軍燕府君碑晉州絳守居園池記絳州贈太尉裴行儉碑孫堪書絳州石天尊像記韓王元嘉諸子訓等爲妣妃建篆書絳州大雲寺碑絳州朝散大夫王公德政碑絳州澤州晉城縣令贈祕書監盧俊碑絳州薛光裔碑陸尚賓書絳州薛氏先宗文碑絳州龍門縣令皇甫君碑絳州龍門縣令王公善德政碑絳州山南西道節度掌書記右補闕裴公碑絳州巡狩碑絳州萬年縣令裴公德政碑絳州太常寺禮院請創夏禹廟事絳州祭禹廟祈雨文絳州右廂兵馬使毋府君碑絳州絳州刺史郇國公韋陟遺愛碑蘇嬰分書絳州刺史李栖筠德政頌劉均分書岷州司馬梁思楚碑魏秀書汾州司馬山彌勒佛石像記韓王元嘉諸子訓等爲妣妃建篆書澤州虞城令李錫去思碑文碑篆書南京令長新誠王適篆書南京雙廟記杜勸書南京馬先生廟碑崔植書南京修張中丞許史君南特進廟記趙晏書南京牛龍堂記郭延禧書南京微子廟碑南京韓愈谿堂詩牛僧孺書鄆州五太守宴小洞庭序蘇源明文并書鄆州徐泗掌書記題名徐州使院石柱記徐州燕子樓賦徐州薛南陽春亭詩徐州岱嶽天齊王靈應碑萬賓書兗州孔子老子顏子贊屈安書兗州兗州司馬王仁恭祭嶽頌邢靈均分書兗州沂州刺史徐孝德清德碑沂州韋君清德頌沂州齊州刺史封禪德政碑李思惲書齊州齊州刺史薛寶積清德頌齊州歷城令劉彥悟清德頌齊州平盧軍節度使薛平紀績頌淄州城門樓頌淄州

諡文宣王追封兗公等詔 李瀾書淄州 啟母碑 楊烱文並出西京
唐碑俗云金字碑 韓滉書 義成軍節度使曹公碑 長慶四年 程
公碑 陸贄書開元二十年 劍南東西川鹽鐵青苗租庸等使兼殿
中侍御史虢州刺史嚴公碑 顏頵書元和中 龍門石龕像碑 元袞
哲書 彭王傅贈太子少師徐浩碑 次子現書 啟聖宮臺勅 太子亨題
洛陽尉贈朝散大夫馬允中碑 開元九年 中書侍郎兼黃門
侍郎同三品孫公碑 荊州都督長史孫公碑 張庭珪書 延
州刺史贈幽州刺史太常卿孫公碑 開元二年 贈齊州刺史
崔府君碑 崔平書大中八年 陳公碑 蕭祐書 左衛親府中郎贈左
僕射嗣曹王碑 貞元四年 左僕射牛公碑 長慶三年 邕州刺史邕

州經畧制置等使贈右散騎常侍裴公碑 鄭還古書開成五年 故
房州刺史盧府君碑 弘全嗣文并書 屯衛將軍東都留守盧府
君碑 開元中 太原少尹盧府君碑 張文禧書貞元九年 歙州刺史郭
府君碑 開元十二年 散騎常侍黎公碑 嗣子書太和中 薊州刺史靜
塞軍使張公碑 丞相檢校司空李公碑 太和八年 明威將
軍田府君碑 開元二年 元元觀三洞韓尊師道德碑 開成四年 太
子賓客贈尚書令王府君碑 周式書大歷中 工部侍郎趙公碑
王宣書開元十年 秦公碑 贈太子少師崔公碑 盧州司馬
劉府君碑 開元三年 左右衛大將軍衛尉正卿卞國公贈羽
林大將軍泉君碑 彭粲書開元十五年 左僕射太子少保睦杭二

州刺史贈禮部尚書劉公碑 開元二年 都督隴右羣牧使贈
太僕卿韋公碑 天寶十三年 眞堂記 測景臺記 會喜寺
碑 隸書 嵩嶽廟碑 隸書 嵩山寺碑頌 胡英書開元二十七年 辯正禪師
奉先寺塔銘 徐現書 太子翊善鄭公碑 徐洪書大歷十三年 光福寺
塔題名 王仲舒書元和四年 與樊宗師等遊嵩山題名 韓愈書 江陰
縣令武登碑 長慶三年 澠池縣復南館記 盧元卿分書元和十四年 太子
賓客孟簡碑 開成元年 左羽林軍統制普寧郡王贈太子太
保陳府君碑 蕭祐書太和五年 權公碑 分書 太原尹贈工部尚書
曹公碑 盧曉分書 工部侍郎趙國公碑 開元二十一年 襄陽李公碑
景龍二年 惠林寺題名 韓愈書 惠林寺新修軒廊記 元和十一年 清

河崔公碑 貞元二十一年 太子賓客贈尚書孔府君碑 諫議
大夫興州司馬王府君碑 天寶元年 諫議大夫萬州刺史明
公碑 貞元中 白居易墓誌 刑部尚書致仕白居易碑 譚邠
書 檢校吏部郎中持節歙州諸軍事范陽盧府君碑 裴述
書 如雲鈎禪師碑 楊遠書 尊勝經幢 篆書 心經幢子 篆書 龍門
二十韻詩 醉吟先生傳 香山寺八節灘詩 白居易 鄭州司
馬王公碑 景龍三年 伊州刺史衙府君碑 長安三年 蕭府君碑
杭州刺史李公碑 部恭書 邛州刺史狄公碑 幽林思嵩
山詩 韓覃作 冬日洛城北謁混元皇帝廟詩 杜甫作陸肱書 重修
香山寺詩三十韻 白居易作賀拔惎書 平泉山居詩 李德裕 天后御

制詩 王知恭書 後魏大將軍贈并州大都督泉府君碑 懷
素草書三帖 華夷圖 洪州錄事參軍贈趙州刺史
趙道先碑 節度使畢公碑 庚惟蔚書咸通六年 魏公碑 太和六年 隋
州錄事參軍狄公碑 竇公碑 唐碑 楊友卿書 唐王公碑
分書 瀛州刺史王公碑 劉安書開元二十九年 嘉州羅目令贈鄭州
刺史郭府君碑 崔納書 竇叔向碑 姪冒真書 嵩山閑居寺珪禪
師碑 開元二十三年 徐武臣碑 周公祠 開元二年立以下並西京 贈太子
少保顏杲卿碑 顏真卿文盧元佐書未詳處所 左驍衛將軍馬寔墓誌
歐陽詹京兆府 劉貞亮碑 毛伯長書京兆 北平郡王馬燧新廟碑 于邵書京
兆 崇徽公主手痕靈石并李山甫詩 汾州 東風吹水日銜

山 李王書未詳 徑山禪師影堂記 羊士諤書杭州 鍾離權草書 邢州 孫
眞人養生銘 分書嘉州 唐立楊里子墓碣 鄭路文鄭公蒞書

右唐中

鄭州刺史李淵造石像記 鄭州 石井欄記 李振書會昌二年 延慶
院經藏記 裴光遠分書襄州咸通九年 放生池石柱文 襄州天寶十年 尹仁
恕旌表 襄州 秦五穀大夫碣 鄭璉書開元二十三年鄭州 南陽縣廳西
壖記 徐方回文并書大中十一年鄧州 令長新誡 劉飛書鄧州 等慈寺碑 顏師
古孟州 韓愈送李愿歸盤谷序 孟州 廣成子廟 汝州 復黃陂記
楊正臣書元和三年汝州 滑臺記 永泰元年滑州 流盃亭碑陰記 趙穀書光化中立陳
州 說文字源 李騰篆徐璹眞書貞元五年滑州 明皇送李邕滑州詩 程元
封書滑州 李聽修堯祠記 開元二年滑州 混元皇帝廟題碑 呂獻臣書開元
中亳州 老子祠庭 薛道衡文亳州 老子聖母碑 呂獻臣分書亳州 符離灘
水石橋碑 宿州 重修鼓角樓記 李璵書泗州 遊琅邪山題名 李德
裕男椅等遊分書滁州 望江令魏信陵碑 舒州 李翱題名 舒州 天柱山
司命眞君 楊淑文并書大歷中舒州 正覺大師碑 蘄州 修文宣王廟記
鄭彥藻分書咸通六年黃州 總管道國公周法明墓誌 至德中黃州 萬孝
子碑 盧州 淮南觀察崔公頌德碑 盧州 紫極宮記 王惟眞書會昌四年
壽州 壽州刺史張鎰去思頌 王端分書大歷中 光州刺史郭道瑜
德政碑 四望亭記 李紳文并書濠州 龍興寺碑 李涉分書景龍四年杭州
胥山銘 王遹書元和十年杭州 大覺禪師塔銘 蕭起書大中元年杭州 大覺

禪師碑 王稱書貞元十五年杭州 前餘杭縣令劉元恭德政碑 杭州 前
餘杭縣令陳允昇德政碑 上元二年杭州 晉關內侯廣昌長暨
讓碣 咸通中湖州刺史孔彭立在杭州 內供奉道士吳筠碑 貞元十年杭州 天
柱山天柱宮碑 吳筠文并書大歷五年杭州 天目山銘 杭州 於潛縣令
丁明府德政碑 殷亮書杭州 嘉興縣寶華寺碑 于頔書秀州 謝公
碣 脩道銘書湖州 題謝公詩 大歷七年湖州 有唐封崇孔宣父故事記
湖州 茶山詩 袁高于頔李吉甫碑陰徐璹書湖州 白蘋亭詩 史鎬分書湖州 陪封明
父遊靈巖瀑布詩 康仲熊睦州 白居易與劉夢得唱和 蘇州 刺
史孟簡重開孟瀆記 常州 遊善權觀呈李功曹 羊士諤詩李飛書常
州 忠烈公廟香爐贊 常州 甘露寺 李德裕沈傳師唱和 潤州

佛頂心陀羅尼經王僎之書一本作僧孺分書潤州復禹廟衮冕記馬稹
書元和五年越州禹廟祈雨詩薛苹等唱和越州法華山寺詩二十韻
李紳等越州十哲贊越州餘姚縣休光寺眞法師行業讚洪元眘書
天寶十五年越州龍泉寺碑虞世南文太和六年董爭等重建越州虞世南碑越
王碑越州徐偃王廟碑韓愈文衢州西楚霸王廟碑賀蘭咸書衢州東
陽令戴叔倫去思頌興元二年婺州蘭溪縣靈隱寺東峯亭記
婺州修桐柏觀記元稹文并書台州普濟寺碑許欽宗文台州長生田記
何歸儒書台州仙都山銘王光書貞元二年處州鍾山總悟上人林下集
序石洪文并書貞元二十年江陵府景陽宮石井欄銘篆書太和中江陵府又銘
王襃分書開元中攝山明徵君碑高正臣書上元二年江陵府福興寺碑江陵
府般若心經篆書江陵府三茅山君下泊宮記盧士元書貞元十五年江
陵府華陽洞主王軌先生記王宗書貞元中江陵府太平觀主王遠
知碑徐碩隸書江陵府茅山宗元觀碑楊幽經書江陵府宗正觀聖祖
院碑徐挺古分書江陵府茅山三洞景照法師韋公碑寶泉書江陵府禮
部侍郎信州刺史劉太眞碑江陵府黃山亭碑又題名碑
陰杜牧之太平州左史洞述張祜書池州雲齋開講詩鄭薰作咸通九年池州
有待巖記李綜書會昌四年池州圓通大師碑張文裕書江州寶稱大律
師碑陳去疾書江州東林臨壇大德塔銘弟子雲輈書江州大孤山賦
篆書李德裕作江州僧靈澈詩五首元和四年江州辨石鍾山鍾記太和中江
州修敬亭府君廟記大中十年宣州宣州東城門頌張敬元書開元十一

年東湖亭記崔璹書元和十五年洪州宣歙觀察使薛邕去思頌裴佶
分書宣州江西使院小吏記陸蔚之書崔祐甫文洪州洪州刺史王守眞
碑崔璹書洪州長生粥疏齊巳書洪州龍鳴之寺宋之問書臨江軍靖居
寺記吉州董淑妻岑夫人墓誌大歷中吉州沙門神縱墓誌乾符
四年筠州南嶽彌陀和尚碑柳宗元文并書潭州龍牙山先大師塔銘
楊玢文并篆太和中潭州修浯溪記羅泊書永州二聖金剛神碑翟參文書元和
中江陵府桃源修壇記甘從福書鼎州惠泉詩宗文鼎荊門軍頭陀寺碑鄂州
神光寺碑盧允書福州聖泉寺三碑內一碑于頔書福州二公亭記歐陽
詹泉州聖像記歐陽詹文福州南澗寺南海廟記陳諫書廣州貪泉銘一篆
書一分書廣州石室題名李紳魏元忠端州諸葛武侯祠堂碑柳公權書元和
四年成都府平南蠻碑韋悟微書成都府學館朝堂記顏有喜書成都府李
太白碑于邵文綿州天章雲篆碑王淸壽書蜀州南康郡王韋臯紀
功碑德宗制太子書簡州張仙師靈廟碑李泳書元和十五年仙井監大像碑
張紳書嘉州仙人唐公碑興元府重陽亭銘太和八年劍州光福寺楠
木歌嚴武史俊擊甌賦張曉巴州光福寺詩郗昂霍容巴州欽明寺碑
南角山詩記集州樂公修紫極宮記賈島書普州楊雲昇尊師
碑杜光庭文雲安軍哥舒翰紀功碑熙州代宗送令狐彰赴河南
詩序彰書西京左驍衛將軍郭英傑碑張蒙書大覺禪師塔銘
蕭起書杭州雲臺觀三方贊魏包篆書華州唐昭義軍節度使李抱
眞德政碑班宏書潞州枯樹賦褚遂良書蘇州搗練石記西京韓公井

記西京洛祠志西京天台觀題台州桐柏之觀台州

右唐下

溫泉銘京兆府鄭文貞公魏徵碑京兆府登逍遙樓詩河中府

唐立晉祠銘太原府

右太宗

英國公李勣碑京兆府萬年宮銘并碑陰勅鳳翔府大唐紀功之頌孟州栖霞山亭記未詳李勣碑未詳登封紀號碑未詳小字登封紀號碑未詳

右高宗

升仙太子碑

通志卷七十三　金石一　三七

右武后

道德經并注懷州陝府孝經分書太子亨題紀太山銘分書未詳謁混元皇帝廟齊慶壇詩西京嶽寺大照和尚普寂碑陰批荅西京鶺鴒頌西京盧懷慎碑分書未詳眞源觀鍾銘太子亨題亳州老子廟碑亳州登逍遙樓詩河中府涼國長公主碑分書未詳后土祠碑分書太子鴻以下題名河中府郎國長公主碑同州盧奐聽事贊未詳金山公主碑同州上黨宮燕羣臣故老詩潞州龍角山慶唐紀聖之銘晉州上黨宮啓聖頌潞州贈兵部尚書楊元琰碑太子亨題京兆府貞順皇后武氏碑未詳侍郎裴光庭碑潞州題桐栢觀頌台州道德經幢隸書蘇州武部尚書楊郇碑未詳

右明皇

批荅沙門佛藏表京兆府

右代宗

批荅河中尹渾瑊賀表京兆府太尉段秀實碑太子誦書賜張建封詩徐州

右德宗

段秀實碑未詳麟德殿宴羣臣詩未詳送張建封還鎮詩未詳

華皐紀功德碑未詳

右皇太子誦

司空竇杭墓誌分書武德五年未詳昭陵刻石文并六馬贊貞觀十年

通志卷七十三　金石一　三八

在九嵕山隋柱國皇甫誕碑于志寧撰京兆府周大宗伯唐瑾碑于志寧撰京兆府唐楚哀王稚詮碑分書京兆府右僕射溫彥博碑貞觀十一年京兆府付善奴帖鳳翔府肯利獻馬贊鳳翔府尹善殿記鳳翔府宗聖觀碑分書武德七年鳳翔府化度寺僧邕禪書塔銘貞觀三年西京道林之寺潭州隋光祿姚辯墓誌京兆府太業七年隋廬山西林道場碑江陵府九成宮醴泉銘鳳翔府貞觀六年鄱陽銘饒州心經饒州二吳論西京千字文未詳論飛帛未詳毋州刺史元長壽碑大業七年未詳工部尚書段文振碑未詳語箴未詳

右歐陽詢

千字文傳智永書碑末有虞世南小楷七十八字東京孔

了廟堂碑　周行軍總管羅刹碑滑州昭仁寺碑汾州隋隆
聖宮道場碑大業九年定州白鶴詩未詳孔憲公碑未詳狄道人墓
誌未詳

右虞世南

帝京篇太宗撰貞觀十九年東京述三藏聖教序并記京兆府永徽四年至
德觀孟法師碑貞觀十六年岑文本撰京兆府三藏聖教序記京兆府疑重出
三龕碑岑文本撰貞觀十五年西京獨孤延壽碑未詳枯樹賦未詳度人
經變像未詳

右褚遂良

隋信行禪師興教碑并碑陰京兆府佛跡圖傳京兆府周封
中嶽碑登封元年西京周昇仙太子碑陰未詳周福昌令張君清
德頌太定元年未詳唐王美暢碑景雲二年未詳洛陽令鄭敞碑久視元年
西京封府君碑西京三品李公碑西京襄城令贈魏州刺史李
公碑西京偃師縣令崔府君德政碑西京杳冥君碑未詳左散
騎常侍同三品趙郡成公碑西京

右薛稷

左羽林將軍臧懷亮碑耀州開元寺碑濰州嶽寺大照和尚
普寂碑西京李府君碑西京普光寺碑泗州娑羅木碑楚州大雲
禪寺碑海州老子孔子顏回贊海州秦望山法華寺碑越州嶽
麓山寺記潭州大律故懷道闍梨碑福州石室記端州有道先

生葉公碑　東林寺碑江州左武衛大將軍李思訓碑開元
八年未詳大雲寺講堂碑陳州雲麾將軍李秀碑　鄂州刺史
盧府君碑未詳

右李邕

華萼樓記京兆府一行禪師眞贊京兆府禹廟寶林寺二詩
東京三藏不空和尚碑京兆府尚書右丞姚奕碑西京潯陽司
馬程元封碑西京中嶽興慶觀主郭元宗碑西京大證禪師
碑西京前易州遂城縣令康正碑西京天封聖德感應頌西京
般舟寺元隱禪師塔碑西京資州刺史裴公碑西京陳州刺
史陶公碑西京苗大夫碑西京太夫人京兆杜氏碑西京嵩嶽
龍潭寺明禪師碑西京洛州刺史徐嶠之碑西京題經嵩山
在耳露寺西京嵩陽觀紀聖德感應頌分書西京金剛經西京心
經未詳濟源令房琯遺愛頌孟州濟源縣令李造遺愛碑孟州
令狐彰開河記滑州山谷寺容粲大師碑舒州法華寺元嚴
律師碣越州謁禹廟詩越州廣德禪師碑未詳寶林寺詩越州董
孝子碣明州康珽告未詳中書令張九齡廟碑　曇眞碑台州
升仙太子廟碑西京觀音堂記西京天柱山司命眞君廟碑
分書舒州王密德政碑陰明州遂城令康府君碑未詳陳留太守
徐惲碑　開梁公堰頌未詳新安太守張公碑未詳東光縣
主碑未詳文部郎中薛悌碑分書未詳資州刺史裴仲將軍碑

分書未詳山谷寺璨大師碑分書未詳魏少游碑未詳右神武將軍
史繼先墓誌未詳嚴峻碑未詳王建昌碑未詳

右徐浩

大唐中興頌永州周醴泉令張仁蘊德政碑未詳東方朔畫
贊晉夏侯湛文德州周太師蜀國尉遲公廟相州涇原節度使馬
璘先廟碑京兆府懷圓寂上人五言詩京兆府杭州刺史杜
濟墓誌京兆府大慧禪師元偘碑京兆府夔州刺史顏勤禮
碑京兆府國子司業顏允南碑京兆府多寶塔感應碑京兆府
梁國公李抱玉碑京兆府贈太保郭恭之廟碑京兆府顏氏
家廟碑耀州臧氏糾宗碑耀州工部尚書臧懷恪碑耀州宋州
官吏八關齋報德碑南京濠州刺史顏元孫碑西京麗正殿
學士殷踐猷碑西京顏君神道碑西京與郭英乂書西京河南
府參軍贈祕書丞郭揆碑西京與蔡明遠書西京元魯山墓
碣西京與李大夫乞米帖西京華陰等五郡節度使馬公碑
西京與盧八帖西京故工部尚書蜀郡長史郭福善碑西京二
十二字帖錢彥遠題西京容州都督元結碑汝州放生池記湖州項
王碑陰湖州射堂記湖州干祿字書湖州丞相神道斷碑陰越州
西平侯顏含大宗碑江陵府東林寺耶舍碑側題名江州律
藏寺永公碑陰題名江州清涼山靖居寺題名吉州律藏院
戒壇記撫州魏夫人上升記撫州麻姑山仙壇記建昌軍贈太

子少保鮮于仲通碑閬州鮮于氏離堆記閬州送劉太沖序
未詳謁金天王題名未詳江寧國題名　華嚴寺懿法師碑
杭州十金陂碑未詳潁川殘碑未詳涇縣斷碑未詳祭原明文祭
季明文未詳張恭因碑未詳元次山墓銘西京岑夫人碑吉州小
字麻姑壇記建昌軍汝陰太守顏默碑未詳西平靖侯顏含
碑江陵府大字慈竹詩未詳寶應殿記未詳元靜先生李含光
碑江陵府尚書左丞韋璟碑大歷中未詳江陵少尹顏臧碑未詳
商州刺史歐陽琟碑鄭州王密德政碑李舟文陽冰篆明州工部尚
書郭虛正碑　顏惟正并商夫人贈告未詳富平尉顏喬
卿墓碣未詳大斌令商攝碑未詳宋璟碑未詳台州刺史康希
銑碑未詳

右顏眞卿

唐魏博等州節度使何進滔德政碑北京西明寺宣公律
院碣京兆府升元先生劉從政碑京兆府柳尊師墓誌京兆府
太淸宮鐘銘京兆府相國魏謩先廟碑京兆府太子太保李
聽碑京兆府武宗皇帝巡幸左神策軍紀聖德碑京兆府嶺
南節度使韋元貫碑京兆府西平郡王李晟碑京兆府淮南
監軍韋元素碑京兆府西明寺古本金剛經京兆府大達法
師端甫碑京兆府少保牛僧孺碑京兆府臨淮普光王寺主
碑京兆府將作監韋文恪墓誌京兆府太子少保魏謩碑鳳翔

府散騎常侍致仕薛苹碑河中府山南西道節度使王起碑耀州商於新驛記商州司徒致仕太傅韓國公薛平碑絳州吏部尚書高元裕碑西京檢校吏部尚書贈太師崔陲碑西京檢校戶部尚書兼太子賓客高重碑西京江西觀察使贈禮部尚書羅讓碑西京宣武節度使太傅侍中鴈門郡王王智興碑西京陰符經序鄭瀚作西京衛尉卿李有裕碑西京檢校金部郎中贈太尉羅公碑西京唐公碑西京贈太尉崔植碑西京淮南節度使崔從碑西京檢校吏部尚書東都留守李石碑孟州心經未詳國清寺題台州復東林寺碑江州涅槃和尚碑洪州大覺禪師塔銘虔州大中寺題泉州靈巖寺空寂

寺題興化軍山南西道新驛路記興化軍河中節度李說碑西京砥柱銘西京左僕射平章事王播碑耀州華山燈記未詳王播墓誌耀州尊勝陀羅尼呪未詳檢校金部郎中崔稹碑淄王傅元公碑未詳昊天觀碑未詳太子太傅劉沔碑　河東監軍康約言碑未詳觀音院記未詳起居郎劉公碑未詳

右柳公權

唐陽實諦寺詔碑順安軍聖像應見記廣信軍易州刺史田仁琬德政碑易州鐵像記易州候臺記未詳候臺記易州唐夢眞容碑未詳

右蘇靈芝

嶲州都督姚懿碑陝府彭城郡太夫人劉氏碑西京鄭國大人鄭氏碑西京光祿卿姚彝碑西京懷州刺史陶公碑西京烏龍寺碑睦州香嚴寺碑未詳高行先生徐公碑未詳孝義寺碑及碑陰未詳

右徐嶠之

贈比干銘分書衛州周辨法師碑京兆府砥柱銘孟州

右薛純陀

大聖舍利寶塔銘鳳翔府懾山題名江陵府柳州井銘　酬侍御姚員外遊道林嶽麓寺詩潭州達磨碑陰未詳黃陵廟碑潭州杜岐公莊居記未詳惠泉詩荊門軍羅池廟碑柳州東京留守忠懿公李憕碑西京

右沈傳師

相國于頔先廟碑京兆府處道和尚碑京兆府侍中右僕射贈司空文獻公裴耀卿碑絳州張延賞碑分書統軍劉昌啓碑西京少保趙公碑西京大覺禪師國一碑杭州

右歸登

襄州牧衛府君遺愛頌襄州襄州牧獨孤府君遺愛頌襄州襄陽令狄履温遺愛頌襄州淄州縣令裴大智碑孟州前刺史李適之德政頌唐州東陽令戴叔倫去思頌婺州南嶽眞君碑潭州述聖宮碑陰未詳玉眞公主受道祥應記未詳

右蕭誠

宣歙觀察使王質碑西京唐塔記西京東都留守令狐楚先廟記西京邠州節度使贈右僕射史公碑西京丞相檢校左僕射兼吏部尚書贈司空崔羣碑西京廣乘禪師碑袁州何文慙碑未詳陽山祠神二碑鼎州

右劉禹錫

百巖禪師碑京兆府太子中允范陽盧府君碑西京檢校工部尚書贈兵部尚書盧俊碑絳州贈吏部尚書武就碑未詳相國賈耽碑未詳著作郎贈太子太保權貞孝公碑分書西京山南東道節度使樊澤遺愛碑襄州左常侍潞公碑未詳尚書省新修記未詳太子賓客孔述睿碑未詳

右鄭餘慶

太常卿贈吏部尚書崔忠公碑西京百巖禪師銘京兆府

右鄭絪

太子少傅竇希瓛碑京兆府隴右節度使郭知運碑京兆府豫州刺史魏叔瑜碑京兆府

右魏華

左散騎常侍致仕李衆碑西京贈吏部尚書李公碑西京寧武節度大使贈司徒韓充碑西京歙州刺史盧瑗碑未詳趙公拜墓碑西京唐濟亭記未詳商州刺史高承簡碑未詳太子

賓客呂元膺碑未詳薛平增修家廟碑未詳

右裴潾

盧國公程知節碑京兆府忍辱禪師塔銘京兆府阿彌陀經未詳清河公主碑未詳

右陽整

定慧禪師傳法碑京兆府祖堂字襄州圭峰禪師碑京兆府三乘興廏之藏襄州勅大寂禪寺題洪州晉惠遠法師碑江州殿中侍御史韋翃墓誌未詳

右裴休

禹穴碑越州會稽山神永興公祠堂碣越州清泉寺大藏經記明州

右韓特材

周都官郎中孔昌寓碑未詳蘇瓌碑分書未詳洛陽縣尉馬元忠碑分書未詳周紀信碑分書未詳唐建福寺三門頌東京龍興寺碑分書陳州景星寺碑容州忠烈段太尉廟碑隸書鄭州

右盧藏用

七祖堂頌潞州苗公歸鄉記未詳宋州虞城縣令李府君碑西京大智禪師碑西京乘真禪師靈塔銘未詳

右胡霈然

富平縣尉韋器墓誌西京大聖舍利寶塔銘鳳翔府觀軍容

使魚朝恩碑京兆府　楚金禪師碑并陰京兆府　裴晃碑未詳　藏
用上坐院序未詳
右吳通微
大興善寺舍利塔銘未詳　虢王鳳碑耀州　御幸流盃亭侍宴
集詩西京
右殷仲容
兵部尚書東都留守顧少連碑西京　祭唐叔文太原府　魏博
節度使田緒遺愛碑北京
右張弘靖
左威衛將軍李藏用碑京兆府　集金剛經京兆府

右唐元序
太谷縣令安庭堅美政頌太原府　交城縣石壁寺鐵彌勒
像頌汾州
右房嶙妻高氏
姜嫄公劉新廟碑邠州　郭汾陽廟碑汾州　唐立樗里子墓碣
獨孤寔文未詳
右張誼
新學記襄州　修劉景升廟記襄州
右羅讓
修延陵季子廟碑潤州　鑑智禪師碑未詳　崔圓頌德碑未詳　龍

興寺愼律和尚碑揚州　王師乾碑江陵府　立漢黃公碣未詳　元
靜先生李含光碑江陵府　平泉華木記李德裕文李陽冰篆題未詳處所
右張從申
龍泉寺常住田碑越州　太白禪師塔銘明州　右軍祠越州　天童
山景德寺記明州　又贊功德記
右范的
天台佛龕禪林寺碑台州　修禪道場碑台州
右徐放
少姨廟碑未詳　啓母廟碑未詳　奉先觀老君像碑未詳
右沮渠智烈

華嶽碑堂修飾堂記華州　金天王廟靈異述未詳　金籙齋頌
未詳　華嶽古松詩華州　靈臺觀修二方功德頌未詳
右衛包
豫章衣冠盛集記洪州　後石幢記
右郭圓
靜禪法師方墳碑京兆府　遍學寺禪師碑襄州　彌陀贊未詳　楊
歷碑未詳　愛州刺史徐元貴碑未詳
右鍾紹京
華州刺史裴乾正碑京兆府　龍牙禪師記
右馮曉

周升中述志碑未詳 周封中嶽碑未詳 應天皇帝聖教序西京
周孝明高皇后碑京兆府 周許由廟碑則天撰未詳 周武士彠
碑未詳 龍興聖教序未詳
右相王旦
司空扶風公寫真記未詳 六鐸金剛經八分書未詳 南澤廣源
公碑八分書未詳
右蓋巨源
兵部尚書王承業墓誌鄭言撰未詳 同昌公主碑保衡未詳
右柳仲年
襄州文宣王廟記襄陽 贈兵部尚書盧綸碑未詳

右崔倬
東林寺白氏文集記江州 熙怡大師石墳誌未詳 德湊公塔
銘未詳 玭禪師碑未詳
右僧雲皐
烏重允碑裴度撰未詳 左拾遺竇叔向碑羊士諤撰未詳
右竇易直
任邱令王公清德碑未詳 百家巖寺碑未詳
右崔倚
鹽池靈應公神祠碑未詳 同州刺史崔淙遺愛碑未詳
右韋縱

南海神廟碑廣州 昭義軍節度使辛祕碑未詳
右陳諫
陰符經未詳 塔陰文京兆府
右唐元度篆書
浯溪銘永州 浯臺銘永州
右李庚篆書
般若臺記福州 鄂州題 怡亭銘序興國軍 修文宣王廟記
處州 忘歸臺銘處州 城隍廟記處州 李氏汙尊銘處州 黃帝祠宇
記處州 刺史裴恭紀德碑明州 西楚霸王靈祠題和州 李幼卿
新甃琅邪泉題滁州 庶子泉銘滁州 新驛記滑州 大歷十五具

官名氏西京 龔邱縣令庚貢德政碑兗州 李氏三墳記李幼卿撰
京兆府 阮容舊居未詳 元靜張先生碑題
右李陽冰篆書
唐邱漢高祖頌未詳 虞城縣令長新戒未詳 虞城令李公去
思碑未詳 胥山銘正書未詳
右王遹篆書
渭北節度使臧希讓碑京兆府 復鄠縣記京兆府
右張璪八分書
中書令張柬之碑襄州 窊尊銘道州 陽華巖銘道州 奏舜廟狀
道州

右瞿令問八分書
呂諲祠記江陵府　郭愼微碑京兆府　呂公表江陵府　五原太守
郭英奇碑未詳
右顧戒奢八分書
孔子廟碑未詳　魏州刺史狄仁傑生祠碑分書北京　周信行禪
師碑未詳　兖州刺史韋元珪遺愛頌兖州　桂州都督長史程
文英碑分書西京　東林佛馱禪師舍利塔銘分書江州　趙公碑西京
左僕射劉延景碑未詳
右張庭珪八分書
狄梁公祠堂北京　胡珦碑未詳　工部尚書田宋正先廟碑分書

京兆　贈工部尚書烏承玼碑分書華州　少府監胡珦碑同州　夏縣
令韋公遺愛碑未詳　尚書省石幢記分書西京　王粲石井欄記
分書襄州　忠武公將佐畧未詳
右胡証八分書
斛斯府君碑西京　光祿鄭會碑未詳　張君碑未詳　同州刺史解
琬碑未詳　御史臺精金銘西京又京兆府　岷州刺史王君碑西京　華
州刺史楊公遺愛頌未詳　工部侍郎李景伯碑西京　寧州刺
史裴守正碑絳州　龐承宗碑未詳　古義士伯夷叔齊碑河中府
贈吏部尚書蕭雍碑京兆府　李希倩碑未詳　贈梁州都督郭
知運碑未詳　太子賓客楊元琰碑崔紓文未詳　樊君祠堂碑未詳

右梁升卿八分書
靈寶縣令裴遂遺愛碑陝州　華山詩　香谷渠記未詳　李德
遜碑篆書華州　鄭瞿齊碑未詳　唐慶觀金籙齋頌晉州　郭英乂碑
未詳　鄭英齊碑西京　新築龍州城記未詳　大照禪師普寂碑西京
李抱玉紀功碑未詳　大智禪師義福碑并碑陰西京　襄陽令
盧僎遺愛碑襄州　刺史杜敏生祠碑蘄州　兵部張君碑未詳　舂
申君廟記蘇州　穎陽觀碑未詳　宇文顒山陰述越州　萬回大師
神跡書京兆　沛令于默成碑未詳　京兆尹張公德政碑　華
州刺史鎭國軍節度使楊公遺愛頌華州　延州都督宋公
碑　太子詹事裴權碑未詳　郭子儀夫人李氏碑未詳　劉飛

造像記未詳　漕能大師碑未詳　贈太子詹事王同晊碑未詳
右史惟則八分書
任城縣橋亭記未詳　定進巖碑未詳　石經藏贊未詳　尉遲迥廟
碑并碑陰未詳　張嘉貞後碑并碑陰未詳　常州刺史陶雲德
政碑未詳　盧舍那珉像頌定州　顏惟正碑未詳　叢臺賦磁州　元氏
令龐公清德頌未詳　崔潭龜詩未詳
右蔡有隣八分書
大戒德律師智舟碑京兆府　梁公李峴遺愛頌鳳翔府　吏部
郎中楊仲昌碑陝府　蒲州刺史裴寬德政碑河中府　孔子廟
碑河中允　棣王墓誌未詳　韓賞祭華岳廟文華州　左武衛中郎

將臧希悅碑耀州　天台山桐柏觀碑台州　瑤臺寺大德碑未詳
歙州刺史葉君碑處州　萬年縣令徐昕碑西京　宇文顥山陰
述未詳　三絕碑西京　滎陽王妣朱氏墓誌未詳　書贈梁州都督
徐秀碑西京　洛陽縣食堂記西京　鳳翔節度使孫志直碑京兆
駙馬都尉豆盧建碑未詳　陽城太守趙公爽碑未詳　工部尚
書來曜碑未詳　慈恩寺莊地碑京兆府

右韓擇木八分書

故尚書左丞暢悅碑西京　工部尚書辛京杲碑未詳　長安縣
尉贈祕書監王府君碑西京　鄭清叔碑未詳

右韓秀榮八分書

裴公碑西京　汝州刺史李深碑汝州　華州刺史李元諒懋功
昭德頌華州　西平郡王李晟先廟碑京兆府　御史中丞裴曠
改葬碑崔造文李陽冰篆題未詳　鮮于氏里門記未詳

右韓秀弼八分書

少保李光進碑耀州　唐平蠻頌桂州　鮮于氏里門碑閬州

右韓秀實八分書

蘇氏造觀音像碑未詳　徐州刺史蘇詵碑未詳

右劉升八分書

左驍衛將軍趙元禮碑未詳　王方翼碑未詳　張嘉貞碑未詳

右陸堅八分書

飭堂記未詳　秋日望贊皇山詩未詳　沖虛真人廟記未詳　唐三
像記未詳

右李德裕八分書

亳州刺史劉懷碑未詳　河橋城樓記未詳

右李著八分書

蘇源明正德表未詳　壽張令劉公仁政碑未詳

右周良弼八分書

明皇哀冊文未詳　白蘋亭記　甘棠館記未詳

右史鎬八分書

右僕射裴遵慶碑未詳　兗州都督劉好順碑未詳

右盧曉八分書

通志卷第七十三

隸釋

樓松書屋汪氏本皖南
洪氏晦木齋集貲摹刻
同治十年曾國藩署檢

隸釋序

秦燔書廢古訓而官獄多事乃令下杜人程邈作小篆而邈復獻隸書時以施之徒隸趣簡易也亦曰佐書漢魏之際蔡邕鍾繇梁鵠邯鄲淳俱有書名後魏酈道元注水經漢碑之竝川者始見其書蓋數十百餘陵遷谷變火焚風剥至宣政和間已亡其什八本朝歐陽公趙明誠好蔵金石刻漢隸之著錄者歐陽氏七十五卷趙氏多歐陽九十三卷而闕其六自中原厄於兵南北壤斷遺刻秏矣予三十年訪求尚闕趙錄四之一而近歲新出者亦三十餘趙蓋未見也旣法其字為之韻復辨其字為之釋使學隸者藉書以讀碑則歷歷在目而咀味菁華亦翰墨之一助唯老子張公神費鳳三數碑有撰人名氏若華山亭為衛覬之文見于它說者財一二爾其文或隂而難解澀而太鑿者譬之紀甗郜鼎皆三代勵存之器其剥缺不成章與魏初之文數篇附于後如斷圭殘璧亦可寶自劉熹賈逵巳下字畫不足取者皆不著乾道三年正月八日鄱陽洪适景伯序

宋丞相番昜洪文惠公耽耆隸古會粹漢刻區別五種書譯其文曰隸釋繼此以往曰隸續毛舉數字曰隸纘倚聲而彙之曰隸韻見於扁額各尚其形曰隸圖譯弍十七卷續弍十弍卷纘十卷韻七卷圖三卷自譯以下世罕流傳續琴川毛氏本尚少弍卷而闕譌孔多纘見吾家學古編刻石會稽蓬萊閣韻見晁氏讀書志錢遵王有其半圖見於隸續而傳摹失真獨此弍十七卷秩然不紊余既鈔得集古金石二錄三千卷之目又得此百八十九之文奚啻象犀珠玉之外網得珊瑚木難云大末吾進繕校并識

右隸釋二十七卷宋丞相洪文惠公适景伯氏所著也上自建武迄於黄初青龍而以典午所刊張平子一碑殿之自劉熹賈逵以下悉棄不録徵引辨證視歐陽趙氏兩書尤為精覈蓋古之士珍如球璧特是書易隸為楷轉寫至易譌舛又漢人作隸往往好假借通用或加或省或變或行奇古譎怪中雜篆籀不知者妄加改竄愈失鄱陽之舊每一展卷真有若玉局所云如籀在口者也余從金閶借得傳是樓鈔本悉心讎勘較之明季鏤版大相逕庭於馮緄碑補三十字孫叔敖碑補三十八字武梁祠堂記補十二字

四老神坐神祚机增入綺里季一行至武梁碑明刻脱去碑文止存其末數語及銘文而誤以武班碑釋文闌入又缺其後一段魏公卿上尊號奏及受禪表二碑前後互相錯簡並一一為之釐定增補復以隸韻字原石墨鐫華金薤琳琅諸書參攷得失偏旁點畫尤多所訂正其無可據依者悉仍其故以示傳疑之意雖不能無毫髮遺恨然於盤洲老人盱衡擊節輟食罷寢之苦心或庶幾表章萬一云爾歲在彊圉作噩壯月上澣錢塘汪日秀跋

隸釋隸續二書金石家奉為圭臬惜宋槧不可得浙西唐君敦甫所藏舊鈔本亦非完帙因取樓松書屋汪氏本摹刻并將士礼居隸釋刊誤一册附焉海内博雅好古之士倘為蒐訪宋槧郵寄見示當復醵金别鐫以廣其傳又婁氏彦發漢隸字原六卷可與是書相輔而行亦將謀諸同志者刊布之晦木齋主人謹識

隸釋目録

卷第一

卷第二

卷第三

卷第四

廣漢長王君石路碑 建和二年
武都太守李翕西狹頌 靈帝建寧四年 趙有
李翕黽池五瑞碑 趙作李翕碑陰
李翕析里橋郙閣頌 建寧五年 歐趙有
桂陽太守周憬功勳銘 熹平三年 水經有歐趙有
周憬碑陰 歐趙有

卷第五

槀長蔡湛頌 靈帝光和四年 歐趙有
溧陽長潘乾校官碑 光和四年

梁相孔耽神祠碑 光和五年 趙有
成陽令唐扶頌 光和六年 歐趙有
巴郡太守張納功德敘 中平五年 趙有
張納碑陰 趙有
酸棗令劉熊碑 水經有歐作俞鄉侯季子趙有
劉熊碑陰 趙有

卷第六

謁者景君墓表 安帝元初元年 歐趙有
景君碑陰 趙有

郯令景君闕銘 元初四年 歐作景君石椁銘趙有
國三老袁良碑 水經作袁梁歐趙有
北海相景君碑 順帝漢安二年 歐趙有
敦煌長史武斑碑 威宗建和元年 歐趙有
從事武梁碑 元嘉元年 趙有
平都侯相蔣君碑 永興元年 趙有
孔謙碣 永興二年 歐趙作孔德讓
郎中鄭固碑 延熹元年 歐趙有
議郎元賓碑 延熹二年 趙有

中常侍樊安碑 延熹三年 水經有歐趙有

卷第七

冀州刺史王純碑 威宗延熹四年 水經作王紛趙有
山陽太守祝睦碑 延熹十年 歐趙有
泰山都尉孔宙碑 延熹七年 歐趙有
孔宙碑陰 歐趙有
祝睦後碑 延熹九年 歐趙有
荊州刺史度尚碑 永康元年 水經有趙有
車騎將軍馮緄碑 永康元年 趙有

卷第十一

太尉劉寬碑 靈帝中平二年 歐趙有

劉寬後碑 歐趙有

小黄門譙敏碑 中平四年 歐趙有

圉令趙君碑 獻帝初平元年 趙有

巴郡太守樊敏碑 建安十年 趙有

益州太守高頤碑 建安十四年

綏民校尉熊君碑 建安二十一年 歐趙有

梁相費汎碑 歐趙有

高陽令楊著碑 歐趙有

楊著碑陰 歐趙有

光禄勲劉曜碑 歐趙有

卷第十二

太尉楊震碑 歐趙有

楊震碑陰 歐趙有

荊州從事苑鎮碑 趙有

執金吾丞武榮碑 歐趙有

督郵斑碑 趙有

浚儀令衡立碑 歐作元節 趙有

戚伯著碑 歐作周伯著 趙有

趙相雍勸闕碑 趙有

先生郭輔碑 水經有 歐趙有

相府小史夏堪碑 趙有

李翊夫人碑

卷第十三

雒陽令王稚子闕二 和帝元興元年 歐趙有

交阯都尉沈君神道二

益州太守高頤闕二 獻帝建安十四年 趙有

幽州刺史馮焕神道 安帝永寧二年 趙有

馮焕殘碑

馮焕碑陰

鉅鹿太守金君闕

益州太守楊宗墓道 趙有

清河相張君墓道

不其令董恢闕 趙有

緜竹令王君神道 靈帝建寧元年 趙作廣漢令

金石録下

卷第二十七

天下碑録

隸釋目録

隸釋成書十年矣冉因考古始知楊司隸名渙不名厥張元益是偉伯之孫王曜非劉寬故吏膠東廟門是兩碑石𨓜詩非費鳳碑陰校官碑以菰竹為孤竹之類増改千有餘字除去者數板淳熙丙申息秘宦山陰遂正之盤洲老人書

隸釋卷第一

濟陰太守孟郁脩堯廟碑

漢永康元年缺月字缺二惟昔帝堯聖德慶苞孔蹏赫赫蕩蕩垂基赤精之胄為漢始別陵氣炎熅上交倉

玄巍巍之盛乾巛見徵敬循宗壁長吏奉祠三牲粢餴獻珍于時俵著爟銘宣颺厥休尸招禎祥萬缺是來鴻名遂顯傳于千秋

濟陰太守河南匽師孟府君諱郁字敬達治尚書經博覽衆文天姿瑋瓊體性温仁闚極道之要妙游觀六蓺之原攈旋機之政務在濟民歷典六郡威敎若神遺訓垂歌淵懿允紀功績煥炳恩如浩倉咨掊巖内服肱臂良廣祈多福雯雯夙興聞帝堯陵在成陽遣戶曹掾史具中牢祠常以甲子日與西宮樂生俱

詣大聖陳上古之禮舞先王之樂鞀磬柷圉五音闕四
字之儀莫不盡備軟列技埶以榮大聖延熹十丰仲
春二月陽氣浸陰始雩闕来享祀羣神仰瞻雲漢孟
府君奉宣詔書行縣到成陽將辭帝堯行禮未周則
景雲四集翔風膏雨即時大降嘉澍優沾利茂萬物
陰陽和協百姓賴福是時闕二字欣然闕悅諸産繁殖
倉痺充塞孟府君深惟饗應效之經典知聖堯精靈
與天通神循治闕壂地致墻堋石闌二坐闕昭配帝
圖象規柜五闕二字畫上下相承無所遺失陟五旌窓

隸釋　卷第一　二

有斑道之巧使府内百石闕城吴諱升字三君守衛
園陵興置屋闕詔書大祠升與縣令丞恭奉肅敬齊
絜炊熾莫不雅雅列種栢樹吏卒養護南通靈臺東
注城域委曲月帀墠然闕望圖紀萬世功驗永著時
令河南河南吕君諱亮字元山宰政宣化慈惠博覆
爲藝元來福奉事大聖司司不解垂拱無爲如始其
允君也丞河内州王諱萇字伯盛左尉潁川潁陽闕
諱惛字世髙皆闕綜睢埶通洞運瘦詢于上下僉然
同謀国孟府君餝治大壂自率掾史闕二字駐駕便坐

南北闕望表内相副赫如屋櫧蘭然成龍孟府君必
受大聖嘉福公侯傳子孫濟陰吏士歌術功稱萬世
常存成陽丞民蒙其榮賜闕訓發聲吕君諸辟干禄
亏天令裕衍亹永沵无窮
惟庨仲氏祖統所出本繼於姃周之遺苗天生仲山
甫翼佐中興宣平功遂受封於齊周道衰微失爵亡
郢後嗣乖散各相土譯居帝堯葥兆生長壟陵在於
成陽聖化常存慕魏魏之盛樂風俗之美遂安霧基
業屬都鄉髙相里国氏仲焉以傳亏今子孫承緒履

隸釋　卷第一　三

仁好義躭樂道術教授經業雅徒帶衆滋滋汲汲誨
人不倦海内稱之曰濾術之宗天臨孔明祚善應闕
卬紼相承鉏艾不絶稟性乾元世世廉約故能髙如
不危滿如不溢孟府君繕餝壂墻立百石舍仲氏宗
家共佗大壂前石礹階陛欄楯貧富相扶會計欣懽
不謀同辭錢應時即具招五募石爗然俱至各進琦
巧不日成之詔書九月三往大祠諸所造佗焕然成
龍仲氏宗家並受福賜復刋碑勒誄昭示来世俵著
孟府君美勛於陽賕紀祖禰所出闕四字官位宦學皆

不可測子子孫孫必蒙大聖休烈之福以勸後進昌
熾無極

右濟陰太守孟郁脩堯廟碑漢威宗永康元年立
記是歲春陽為沴孟府君行縣謁廟即獲膏雨以
聖堯靈與天通遂繕治大殿成陽令呂亮丞王長
率掾史佐之仲氏宗家共作殿前石礦階陛欄楯
九月之間詔書三祠作文者既襃揚守令丞尉治
効繼叙仲氏得姓業儒之美也杜欽傳云仲山父
異姓之臣無親於宣就封于齊鄧展晉灼云山甫

銜命往治齊城韓詩誤以為封而欽引之顔師古
云韓詩既有明文未得專非杜氏此碑云山甫受
封於齊周衰失爵後嗣遂居成陽蓋同韓杜之說
碑云地致墦⿰土胡石闟二坐圖象規矩工巧精密以
為神物之靈商君傳持矛而操闟戟闟音翕字書
⿰木翕與榻同此蓋借闟為⿰木翕借墦⿰土胡為璠瑚言其石
之似玉也此碑假借字如旋機為琁機祝圜為柷
敵之類甚多俵為表浩倉為昊蒼柜為矩旌為精自為周蕠為黎蘭為爛歌術為歌述
壁為辟滋滋為孳孳屋楮為渥赭濾為儒紼為紱𤊿即煇字欄楯即欄楯字𢓡即彌字又广之類多

从疒其中乾川與潁川字相類雖家語有乾川猶天
淵也然隸書未嘗有坤字此乃乾坤爾其曰無為
如治高如不危者用春秋星隕如雨之法它皆類
此

帝堯碑

帝堯者蓋昝世之聖王也其先出自塊隗翼火之精
有神龍首出于常羊闕九字生赤闕十字也名紀見乎河
雒爰嗣八九慶都與赤龍交而生伊堯及堯之生也
不闕凡等凶闕七字龍顔闕角眉闕八采譔自侯伯遊

於玄河之上龍龜負銜投鈐授與然後堯乃受命蜀
鹿闕十六字隶圖書察度表御九州統屬理聞名應郘又
緯順砮然後風化大洽普天闕三字不闕十字功成告讓
遂禪舜黄聖漢龍興纘堯之緒祠以上犧暨于七新
圯漢之業禮祠闕五字祀闕是故廷尉卿闕二字以為大
聖親垂隆烈遺歌在民而壇場夷替屏懾無位非所
以表神聖闕五字民者闕四字爲闕三字復舊興造立壼廟
以一大牢春秋秩祠是以好道之疇自遠方集或弦
琴闕三字一或譚闕二字歷丹田闕三字痾者蹕恭祈福即

獲祐若丕叓恪輙赴瘨故知至德之宅兆實眞聖之
祖也熹平四秊冬十二月濟陰太守河南張寵丞穎
川李政成陽令陳國鄭眞故鉅鹿太守仲訢故廣宗
長仲選故吕長仲球闕丞闕十一字百石巳氏讓禮等咸
各有惟追慕聖烈乃共立壇墠刋碑紀石巳章聖德
闕後闕二字有下闕
於赫大聖弈孔禎純性發蘭石生自馥芬琦表射出雙
握嘉文排啓闥闥馳步闕十二字順叙五品用訓民丕伔忒
化洽百蠻歷運遭七乃禪舜焉功綿日月名勒管弦立

靈廟子闕休神闕九字鼇子湘黔民億丕殄子祉無沂
故濟陰太守劉郃字季承漁陽泉州人也自以體別
枝系堯之裔冑下車出奉闕萬爲祠醊弱闕七字至於
朔旦特復五百稱玄玄孫以叙嘉敬舊祠屬縣君以
爲奉事神聖禮叓當闕冝崇祖濯以汁闕二字敇縣闕
二字設供曹掾史令養牲犧即堯陵廟神亭靈洞款巳
嘉瑞李樹連理生於堯闕圖闕府殿夙早闕拜遷闕
中大夫後太守河南張寵繼擬前緒到官始初出錢
二千敬致禮祠臨立壇碑特復闕四字羣闕二字爲闕始

闕六字學徒莫不歡樂咸曰張父敦我巳德厲我巳仁
將獲禎應齊風前人鸞皇闕十八字解將恙臻兵密勿匪
休將恙至兵熹平四年十二月十日癸卯立時將伔
吏胡能守堯掾仇伯爰闕十四字掾成闕四字余

右帝堯碑篆額靈帝熹平四年立帝王世紀曰炎
帝一曰魁隗氏此云塊隗者猶包犧之爲伏羲也
春秋緯曰慶都出觀三河有赤龍負圖下有人衣
赤面八采兑上豐下足履翼星奄然風雨龍與慶
都合而有娠旣乳視堯如圖表茲所謂翼火之精

也炎帝傳八世故曰爰嗣八九堯在位七十載故
曰歷運遭七蔡邕集有王子喬碑凡六十字與此
同其間云或弦琴以歌太一或譚思以歷丹田其
有疾痾厓瘵者靜躬祈福即獲其祚正此碑之闕
文也漢刻載脩廟及表墓人所費有出錢百者張
寵到郡以二千祠堯此遂夸而書之可見漢代錢
重如此今物價翔踊錢日益少非有術以權之使
子母重輕略能倣古則不足之患未易捄也碑以采爲
懾爲攝弁爲亦汁爲叶闉爲閭沂爲垠系即布字蠡即繼字

成陽靈臺碑

惟帝堯母昔者慶都兆舍穹精氏姓曰伊禮蘭石之
操履規柜之度則乾川之象通三光之曜游觀河濵
感赤龍交始生堯厥後堯来祖統慶都告以河龍堯
歷三河有龍授圖躬行聖政以育苗萌火陽之盛先
闇後明遂以侯伯迹踐帝宮慶都僊歿蓋埿于茲歆
人莫知名曰靈臺上立黃屋堯所奉祠下營以水神
龍所熹靈龜隱刑汾踊波深比目魹魚濯鱗通泉玄
纍菟蘆生遊臺涯貫長歷久崇如闕二字三代改易荒

廢不循五運精還漢受濡期興廢繼絕如堯為之承
祠基丰魹魚復生故有靈臺畫夫魚帥衞仕驛憲魹
魚肸之逆壽闕二字之際道小衰沮遂遭亡新禮祠絕
矣於是故廷尉仲定深惟大漢隆盛德彼四表大平
未至靈瑞未下四夷數侵軍甲數擾匪皇啟居日禝
不夏案經考典河洛祕輿漢感赤龍堯之苗胄當脩
堯祠追遠復舊復沼治字黃屋推原聖意災生變見天
以譴告前後奏上陳叙大義招祥塞咎為漢来祐朝
廷克省帝納其謀歲以春秋奉大牢祠時廷尉造位
連自表奏詔英嘉命遂見聽闕二字為大中大夫歸沼
黃壁令月吉日圖立規營興業會工厥霧夷平上合
天意下應闕五字餝五色華精上闕通天戶嚮少陽前
設大壁侯神之堂地致石墠其下清涼可舞几闕以
闕大童時濟陰太守魏郡審晃成陽令博陵管遵各
遣大掾輔助仲君經之營之不日成之神靈精氣依
怙於人廢之則亡存之則神復帥羣宗貧富相均共
慕市碑着立功訓闕勒石銘中門之表卜擇元日齊
革精誠先慶毛血謹慎犧牲祈祠獲福神享其靈甘

雨時降百穀孰成幽荒率服徐方來庭萬國蒙祉犂
元賴榮莫不被德咸歌頌讚其辭曰
於赫慶都德彌大兮承神精耀統赤裔兮爰生聖堯
名蓋世兮上受符命迹帝制兮廣彼之恩深荒外兮
歷紀盈盈字千垂遺愛兮陵廟復崇享大祭兮上来多
怙降福沛兮萬國禧盛孰不賴兮光宣美勛亢闕齊
兮垂視罔極億萬歲兮
濟陰太守魏郡陰安審君諱晃字元讓從公車令來
成陽令博陵蠡吾管君諱遵字君臺從東明門司馬

来丞穎川新汲尹茂字伯舉遷下邳尉尉穎川襄城
楊調字君舉仲訢伯海從右中郎將遷鉅鹿太守仲
球伯儀從大尉掾遷呂長仲選孟高辟司徒府遷從
不絶皆與沿大聖黄屋之力

建寧五年五月造

右成陽靈臺碑篆額靈帝建寧五年立與堯廟二
碑在成陽皆有陰堯葬慶都于成陽名曰靈臺上
立黄屋爲奉祠之所漢綴其祀至亡新而繼於是
廷尉仲定奏請興治郡守審晃縣令管遵各遣大

掾助成之案兩漢地志濟陰成陽有堯冢靈臺不
明言靈臺爲堯母冢也章帝紀元和二年使使者
祠唐堯於成陽靈臺注引郭緣生述征記曰成陽
有堯陵陵南一里有堯母慶都陵稱曰靈臺据此
則與碑合靈臺非堯冢明矣淮南子墬形訓載海
外三十六國西北方有無繼民硥魚在其南注云
硥魚如鯉魚有神靈者乘行九野硥讀如蚌字書
蚌或作鮮硥無鮱字也所謂鮱魚疑即此爾碑稱
漢代脩祠之後鮱魚復生故有靈臺畫夫魚師衛

仕驛憲鮱魚服之延壽疑仕當讀爲士憲當讀爲
獻也（碑以不夏為不暇刑為形咸為滅基為朞犂為黎德被廣被為彼迹即恢字造即迮字慶即廌字）

靈臺碑陰

司徒掾仲選孟高出錢二千鉅鹿太守仲訢伯海出
錢萬呂長仲球伯儀出錢三萬七千五官掾仲着䅭
孟出錢二千從事仲謨升高出錢二千督郵仲賕伯
敬出錢二千督郵仲酆伯遠出錢二千主吏仲浮䅭
輔出錢二千主吏仲均季遠出錢二千主吏仲闕伯

豪出錢二千主吏仲眈伯通出錢二千主吏仲遐季
甫出錢二千主吏仲曇仲賀出錢二千主吏仲蓋升
高出錢二千主吏仲福䅭惠出錢二千主吏仲笐子
臺出錢二千主吏仲壽宣德出錢二千主吏仲卑仲
進出錢二千主吏仲瓚景鸞出錢二千督郵仲郃子
周出錢二千主吏仲調子蹇出錢二千主吏仲客生
出錢二千主吏仲阿東出錢二千主吏仲阿先出錢
二千主吏仲子朴出錢二千主吏仲阿先出錢二千
督郵外孫閭止郴景信出錢四千義民陳彦出錢二

千
右仲氏門宗前所會計浧黃屋出錢名
司徒掾仲選孟高出錢千四百鉅鹿太守仲訢伯海
錢千四百呂長仲球伯儀出錢三千二百從事仲謨
升高出錢千四百督郵仲熊伯敬出錢千四百督郵
仲斐升臺出錢千四百主吏仲福尉惠出錢千四百
主吏仲璜景鸞出錢五百主吏仲調子蹇出錢千四
百督郵仲郃子周出錢千四百主吏仲熾客生出錢
千四百主吏仲東阿東出錢千四百主吏仲阿同出

錢四百義民陳彦弟富富弟贖出錢千
惟仲阿東幸在元冠务有中質遵桓跔規上仁好義
見羣從冊者代出錢萬以立碑大意翻然君子善之
恩加骨闕鄉朝所稱縣令管君即請署門下議生都
市掾官未可測矣
主吏仲葵字尌武出錢五百
右仲氏宗門所會計立佗石碑誦出錢名
守皇屋啚夫仲氏主
仇福字仲淵累世同居州里稱術慈孝大聖立祠時

令管君欲造皇屋壁廡来縈忠良咸白福間葵溢闕二
字雔闕周理字文機字闕五嚴萌將佗福吏縣掾功曹
府諸曹史守尉闕下
右靈臺碑陰治黃屋者二十八人作碑者十五人
凡諸仲三十一人異姓者四人其間稱美仲阿東
代群從出錢數十言其末又載工師仇福事亦數
十言碑以皇屋為黃屋遵桓跔規為遵矩蹈規碑誦為碑頌稱術為稱述
益州太守高眹脩周公禮殿記
漢初平五年倉龍甲戌旻天季月脩舊築周公禮壁

始自文翁應期鑿度開建畔宫立堂布觀廟門相鉤
閟司幬延公蹤相承至于甲午故府掾潼文君增造
吏寺二百餘間四百年之際變異蠭啓旋機離常壬
衡失統强桀弁兼人褱僥夲戰兵雷合民散失命烈
火飛炎一都之舍官民寺室同日一朝合爲灰炭獨
留文翁石廟門之兩觀禮樂崩坦風俗混亂誦讀已
絶倚廡雔散夫禮興則民壽樂興則國化郡將陳留
高君節苻興境造斯十有三載會直擾亂畫憲匡救
濟民塗炭閔斯丘壼字闕三冠學者表儀字闕四大小推

誠興復第館八音克諧鬼方来觀爲後昌基闕神不

右益州太守高眹脩周公禮殿記今在成都獻帝初平五年正月朔已改元興平矣此碑書九月事尚用初平者天下方亂道路擁隔置郵到蜀稽晚也碑云始自文翁開建畔宫者西都蜀郡守也又云至于甲午故府梓潼文君增造吏寺者建武中益州太守文參也又云烈火飛炎一朝灰炭者華陽國志云安帝永初時講堂火災獨存石室也又云郡將陳留高君者高眹也諸書多有誤以眹爲

眹者眹再作石室在文翁石室之東又東即周公禮殿規模古質井斗異制柱皆削方上狹下廣此記刻于東南之一柱亦木爾歐陽氏以爲文翁石柱記者誤也自興平甲戌至于乾道丁亥千有三年殿宇巋然如故由唐顯慶以来以孔子爲先聖令禮殿無周公像矣政和中郡守席貢有請詔封文翁爲盧江伯高眹爲陳留伯在從祀之列云此碑以旋機爲琁機以援爲擾以蠭啓爲蜂起幬恐作蔓壬衡即玉衡

孔廟置守廟百石孔龢碑

司徒臣雄司空臣戒稽首言魯前相瑛書言詔書崇聖道勉闕藝孔子作春秋制孝經闕二字五經演易繫辭經緯天地幽讚神朙故特立廟褒成侯四時來祠事已即去廟有禮器無常人掌領請置百石卒史一人典主守廟春秋饗禮財出王家錢給大酒直須報謹問大常祠曹掾馮牟史郭玄辭對故事辟雍禮未行祠先聖師侍祠者孔子子孫大宰大祝令各一人皆備爵大常丞監祠河南尹給牛羊豕雞闕二字各一大司農給米祠臣愚以爲如瑛言孔子大聖則象乾

巛爲漢制作先世所尊祠用衆牲長吏備闕二字欲加寵子孫敬恭明祀傳于罔極可許臣請魯相爲孔子廟置百石卒史一人掌領禮器出王家錢給大酒直他如故事臣雄臣戒愚戇誠惶誠恐頓首頓首死罪死罪臣稽首以聞

制曰可制字高出一字司徒公題名在此行之下司空公在雒陽宫之下

元嘉三年三月廿十七字日王壬字寅奏雒陽宫

司徒公河南原武吳闕字季高

司空公蜀郡成都趙戒字意伯

元嘉三秊三月丙子朔廿七日壬寅司徒雄司空戒
下魯相承書從事下當用者選其秊卌以上經通一
藝雜試通利能奉弘先聖之禮爲宗所歸者如詔書
書到言
永興元秊六月甲辰朔十八日辛酉魯相平行長史
事卞守長擅叩頭死罪敢言之
司徒司空府壬寅詔書爲孔子廟置百石卒史一人
掌主禮器選秊卌以上經通一藝雜試能奉弘先聖
之禮爲宗所歸者平叩頭叩頭死罪死罪謹案文書

守文學掾魯孔龢師孔憲戶曹史孔覽等雜試龢脩
春秋嚴氏經通高第事親至孝能奉先聖之禮爲宗
所歸除龢補名狀如牒平惶恐叩頭死罪死罪上
司空府
讚曰巍巍大聖赫赫彌章相乙瑛字少卿平原高唐
人令鮑疊字文公上黨屯留人政教稽古若重規闕
乙君察舉守宅除吏孔子十九世孫麟廉請置百石
卒史一人鮑君造作百石吏舍功垂无窮於是始闕
右孔廟置守廟百石卒史孔龢碑無額在兖州仙
源縣威宗永興元年立嘉祐中郡守張稚圭按圖
經立鍾繇書碑載孔子十九世孫麟廉請置百石
卒史一人掌廟中禮器魯相乙瑛書言之於朝司
徒吳雄司空趙戒奏於上詔魯相選年四十以上
通一經者爲之時瑛巳滿秩去後相平復以其事
上于朝予家所藏石刻可以見漢代文書之式者
有史晨祠孔廟碑樊毅復華租碑太常耽無極山
碑與此而四此一碑之中凡有三式三公奏于天
子一也朝廷下郡國二也郡國上朝廷三也按孔

僖傳云永元四年褒成侯損徙封褒亭侯子孫相
傳迄于漢末襲褒亭之封者二人此碑與史晨碑
皆在永元之後仍稱褒成又安帝紀延光三年賜
褒成侯帛韓勑碑陰有褒成侯建壽即損也疑損
未嘗徙封傳之誤爾鍾繇以魏太和四年卒去永
興葢七十八年圖經所云非也豕即豕字 赫即赫字

魯相韓勑造孔廟禮器碑

惟永壽二年青龍在涒歎霜月之靈皇極之日魯相
河南京韓君追惟大古華胥生皇雄顔闕育闕寶俱

制元道百王不改孔子近聖為漢定道自天王以下至于初學莫不驅思嘆卬師鏡顏氏聖舅家居魯親里并官聖妃在安樂里聖族之親禮所宜異復顏氏并官氏邑中繇發以尊孔心念聖歷世禮樂陵遲秦項作亂不尊圖書倍道畔德離敗聖輿食粮亡于沙丘君於是造立禮器樂之音苻鍾磬瑟鼓雷洗觴觚爵鹿柤梪籩杞禁壺脩飾宅廟更作二輿朝車威熹宣杼玄汙以注水深法舊不煩備而不奢上合紫臺稽之中和下合聖制事得禮儀於是四方土[士字]仁聞

君風燿敬咏其德尊琦大人之意逴彌之思乃共立表石紀傳億載其文曰

皇戲統華胥承天畫卦顏育空桑孔制元孝俱祖紫宮大一所授前闓九頭以什言教後制百王獲麟来吐制不空作承天之語乾元以来三九之載八皇三代至孔乃備聖人不世期五百載三陽吐圖二陰出讖制作之義以俟知奧於穆韓君獨見天意復聖二族逴越絕思脩造禮樂胡輦器用存古舊宇殷懃宅廟朝車威熹出誠造[闕]涑不水解工不爭賈深除玄汙水通[闕]注禮器升堂天雨降澍百姓訢和舉國蒙慶神靈祐誠竭敬之報天與厥福永享牟壽上極華紫旁伎皇代刊石表銘與乾運燿長期蕩蕩於盛復授赫赫罔窮聲垂億載

韓明府名勑字叔節潁川長社王玄君真二百河東大陽西門儉元節二百故涿郡大守魯麃次公五千故會稽大守魯傅世起千故樂安相魯麃季公千故從事魯張嵩眇高五百相主簿魯薛陶元方三百相史魯周乾伯德三百

右魯相韓勑造孔廟禮器碑無額威宗永壽二年立其文雜用讖緯不可盡通呂氏春秋云有侁氏女採得嬰兒于空桑是為伊尹蓋託之神物與履拇吞鳦同或曰空桑地名也此云聖母顏氏育於空桑不經之甚洎歎者以歎為灘也聖妃者以妃為配也雷洗觴觚爵鹿柤梪籩杞禁壺者以雷為罍以柤為俎也古爵三足而兩柱前若噣後若尾有爵之象趙曰青州近獲一器全為鹿形此所謂鹿豈非肖其形因以名之乎說文木豆謂之梪杞

音凡木名也皮可爲索禮器曰大夫士於禁注云
禁如今之方案儀禮鄉飲酒禮戶閒斯禁設篚于
禁南注禁切地無足者韭與上下文符觚興汙協
韻當是壺字也胡輦者瑚璉也碑以伎爲暨騃音驥遵即邊字涑即
漆字

韓勑碑陰

曲成侯王暠二百河南成睾蘇漢明二百其人處士
河南雒陽种亮奉高五百故兖州從事任城吕育季
華三千故下邳令東平陸王褒文博千故潁陽令文

陽鮑宮元威千河南雒陽李申伯百趙國邯鄲宋瑱
元世二百彭城廣戚姜尋子長二百平原樂陵朱恭
敬公二百平原濕陰馬瑤元異二百彭城龔治世平
二百泰山鮑丹漢公二百京兆劉安初二百下邳周
宣光二百河閒東州齊伯宣二百陳國苦虞崇伯宗
二百潁川長社王季孟三百汝南宋公國陳漢方二
百山陽南平陽陳漢甫二百任城番君舉二百任城
王子松二百任城謝伯威二百任城高伯世二百相
主薄薛曹訪濟興三百相中賊史薛虞韶興公二百

薛弓奉高二百相史卞吕松闕遠百騶韋仲卿二百
處士魯劉靜子著千故從事魯王陵少初二百故督
郵魯开煇景高二百魯曹悝初孫二百魯劉元達二
百故督郵魯趙煇彥臺二百即中魯孔宙季將千御
史魯孔翊元世千大尉掾魯孔凱仲弟千魯孔曜仲
雎二百處士魯孔方廣率千魯孔巡伯男二百魯孔
憲仲則百尚書侍郎魯孔彪元上三千魯孔汎漢光
二百守廟百石魯孔恢聖文千褒成侯魯孔建壽千
故從事魯孔樹君德千魯孔朝升高二百行義掾魯

弓如紂都二百魯劉仲俊二百魯夏侯廬頭二百魯
孔儀甫二百文陽蔣元道二百文陽王逸文豫二百
魯石子重二百北海劇袁隆展世百魯周房伯臺百
遺西賜樂張普仲堅二百故薛令河內温朱熊伯珍
五百故豫州從事蕃加進子高千南賜宛張光仲孝
二百河南雒陽王敬子慎二百

右韓勑碑陰六十有二人不稱字者一人不稱名
者二十一人漢人題名必書名字否則各有說也
楊震碑陰孫宂博諸人不名者非其門生也逢盛

碑陰崔孟祖數人不名者乃其父黨也題名於韓
勑碑左凡八人魯之二麃一傳不名者别守相之
尊也張納碑陰主簿白文巳下不稱字者示其卑
於從事季元也史晨後碑五官掾孔暢六人不稱
字者亦示其卑於長史李讙也孔僖傳云永元四年
徙封孔損為褒亭侯損卒子曜嗣曜卒子完嗣此
碑有孔曜仲雅則永壽時曜尚未襲封所謂褒成
侯建壽當是孔損之字傳作褒亭其說在孔龢碑自永元四年
至永壽二年亦六十五年矣題名中孔族凡十四

人有譜可考者曜及郎中宙御史翊侍郎彪皆孔
子十九世孫也建壽爵齒俱尊而在子姓之間宜
其不名餘人雖不見爵秩當亦是一時耆老獨曲
成侯王暠一人不稱字豈爵雖襲而年尚穉者乎
蘇漢明者巳鐫而續書故以其人處士識于下張
普朱熊五人書體不同蓋後人所增者

韓勑脩孔廟後碑

皇漢帝元永壽三年青龍建酉孟秋之旬升布天德
帝拜大臣曾曾玄玄曾相河南京韓君追惟

孔聖素王受象乾巛生于周衡匡政天文德燦燿闕
佗應星神稽易制孝升出大人徵符洞靈論要道根
赤書黄字蜚于倉天北落復下大帝閭門龍闕三字精
歷星官雷動玄紫鼓隱闕震春秋既成效以獲麟功
定道立封禪闕三字玄闕二字魯天地窮冥精皇炳辟河
雒摘靈散六制二百生師經元德浸潭孝道滋榮為
漢制佗萬世闕功志誦受命以授煌煌帝闕二字載天
意流通弟闕四字生徒三年素王以下至于兆生聞名
傾耳視若見形天挺三五三九之闕德闕二字子痩終

獲麟天為移柜曰闕七字賢俊以傳君以順顯臣以無
衙韓君於氏憤慉之思惟古之嘆念闕畜闕為世寶
具受符相魯敦舒闕十字謁廟拜墓感有曾玄脩餝舊
宅侯神廟堂肙闕瘖域庫室中郎立先王禮樂器闕十
字二輿朝車威熹歷日久長承法而制以遵古常崇
聖帷坐慶席十重改畫聖象如古圖闕十五字章規柜玄
汙唯深且方宅廟悉脩敬脩藥房闕五字道路闕二字闕
周衛行闕十五字恭肅春秋烝嘗欣樂之情和見於顏惟
墓以闕三字歷秦闕高闕業文闕十二字君於闕五字龍闕二字

玄禮有制瘦國疑少磚壇法不即闕五字磚闕二字造石
壇闕十六字遣上公名卿奉表牢祠來闕四字佗大开闕二字
方闕二字之用闕二字韓君闕九字政以孔闕二字四方土梁
異人同心共術韓君德政闕八字鈐約闕四字曰其安闕九
字以臨東海功闕伊望洮歌欽烈蘭芳青雲目闕二字
郡闕十字菿民闕魯之曰闕二字盛隆恩及孤弱惠閔闕
窮民共闕魯飢寒得充業以土屋闕小懽康存奮闕
德夫闕所行闕四字足用深英徐闕楊闕望者成行頌
彼豫闕獨專景闕且立表石勒銘之功君輔潚室聖

隸釋　卷第一　二十四

帝闕躬子子孫孫封闕三字石表基垂名八皇
府君諱勑字𢦍節即闕二字字仲則弟闕字子臺東
海闕敬讓字季松河東臨汾人闕四字字子睢潚中南
鄭人長史李亮字威明河南人故少府卿任城樊府
君諱豹字伯尹丞駱景字子雲河南熒陽人道人潁
川長闕三字君直五百左尉趙福字闕二字北海劇人右
尉闕三字子與九江浚遒人

右韓勑脩孔廟後碑威宗永壽三年立其間云脩
飭舊宅改畫聖象立禮樂器車輿薦席牆室壇井
皆脩廟事也其云謁廟拜墓謂孔墓也又云異人
同心共述德政即題名中道人潁川君直也樊豹
書法獨與衆異當是魯之前相也碑以於氏為於是室為室即為
廊術為述菿為黎畄即圖字䕺即薦字

魯相史晨祠孔廟奏銘

建寧二年三月癸卯朔七日己酉魯相臣晨長史臣
謙頓首死罪上
尚書臣晨頓首頓首死罪死罪臣蒙厚恩受任符守
得在奎婁周孔舊寓不能闡弘德政恢崇壹變夙夜

隸釋　卷第一　二十五

憂怖累息屛營臣晨頓首頓首死罪死罪臣以建寧
元年到官行秋饗飲酒畔宮畢復禮孔子宅拜謁神
坐仰瞻榱桷俯視几筵靈所馮依肅肅猶存而無公
出酒脯之祠臣即自以奉錢脩上案食餟具以叙小
節不敢空謁臣伏念孔子乾巛所挺西狩獲麟為漢
制佗故孝經援神挈曰玄丘制命帝卯行又尚書考
靈燿曰丘生倉際觸期稽度為赤制故佗春秋以明
文命綴紀撰書脩定禮義臣以為素王稽古德亞皇
代雖有褒成世享之封四時來祭畢即歸國臣伏見

臨辟雍日祠孔子以大牢長吏備爵所以尊先師重
教化也夫封土爲社立稷而祀皆爲百姓興利除害
以祈豐穰月令祀百辟卿土士字有益於民矧乃孔子
玄德煥炳光于上下而本國舊居復禮之日闕而不
祀誠
朝廷聖恩所宜特加臣寢息耿耿情所思惟臣輒依
社稷出王家穀春秋行禮以共煙祀餘闕賜先生執
事臣晨頓首頓首死罪死罪臣盡力思惟庶政報稱
爲效增異輒上臣晨誠惶誠闕頓首頓首死罪死罪

上
尚書　時副言大傅大尉司徒司空大司農府
治所部從事
昔在仲尼汁光之精大帝所挺顏母毓靈承敝遭衰
黑不代倉闕汗應聘嘆鳳不臻自衛反魯養徒三千
獲麟趣作端門見徵血書著紀黃玉韻應主爲漢制
道審可行乃作春秋復演孝經刪定六藝象與天談
鉤河擿雒却揆未然魏魏蕩蕩與乾比崇
右魯相史晨祀孔廟奏銘靈帝建寧二年立按永
興元年孔龢碑載吳雄奏用辟雍禮春秋饗孔廟
出王家錢給大酒直距此纔十有七年史晨復云
到官秋饗無公出酒脯之祠至於自用奉錢乞依
社稷出王家穀以共煙祀此蓋有司崇奉不虔旋
踵廢格也孔龢碑中吳雄奏章則云奏雒陽宮此
亦奏牘乃云上尚書者郡國異於朝廷不敢直達
帝所因尚書以聞也樊毅復華下民租奏其式與
此同漢末專尚讖緯乃以鉤河擿雒而頌尼父鄙
哉碑以倉爲蒼煙爲禋汁爲叶悕即怖字挈即契字韻古響字

史晨饗孔廟後碑
相河南史君諱晨字伯時從越騎校尉拜建寧元年
四月十一日戊子到官乃以令日拜闕孔子望見闕
觀式路虔跽既至升堂屏氣拜手祗肅屑僾髣髴若
在依依舊宅神之所安春秋復禮稽度玄靈而無公
出享獻之薦欽因春饗導物嘉會述脩辟雍社稷品
制即上尚書參以符驗乃敢承祀餘胙賦賜刊石勒
銘并列本奏大漢延期彌歷億萬
時長史廬江舒李謙敬讓五官掾魯孔暢功曹史孔

淮户曹掾薛東門榮史文陽馬琮守廟百石孔讃副
掾孔綱故尚書孔立元世河東大守孔宪元上䕶士
孔褒文禮皆會廟堂國縣員宂吏無大小空府竭寺
咸俾来觀并畔官文學先生執事諸弟子合九百七
人雅歌吹笙考之六律八音克諧蕩耶反叵奉爵稱
壽相樂終日於穆肅廱上下蒙福長享利貞與天無
極
史君饗後部史仇誧縣吏劉耽等補宗里中道之周
左廧垣壞決作屋塗色脩通大溝西流里外南注城

池恐縣吏斂民侵擾百姓自以城池道濡麦給令還
所斂民錢材
史君念孔瀆顔母井去市遼遠百姓酤買不能得香
酒美肉於昌平亭下立會市因彼左右咸所願樂
又勅瀆井復民餝治桐車馬於瀆上東行道表南北
各種一行梓
假夫子冢顔母井舍及魯公冢守吏凡四人月與佐
除
右史晨饗孔廟後碑前碑載奏請之章此碑叙饗
禮之盛其補墻垣治瀆井種梓守冢皆在饗廟之
後字畫亦大小不等盖史君孔林中事不一書也
碑以文陽為汶陽濡為壖蔑即薦字宂即宂字廧即墻字壞即壞字肉即肉字

隷釋卷第一

隸釋卷第二

西嶽華山廟碑　西嶽華山亭碑
樊毅復華下民租碑　樊毅脩華嶽碑
東海廟碑　桐柏淮源廟碑
殽阬君神祠碑并陰

西嶽華山廟碑

周禮職方氏河南山鎮曰崋謂之西嶽春秋傳曰山嶽則配天乾巛定位山澤通氣雲行雨施既成萬物易之義也祀典曰日月星辰所昭卬也地理山川所

生殖也功加於民祀以報之禮記曰天子祭天地及山川歲徧焉自三五迭興其奉山川或在天子或在諸侯是以唐虞疇咨四嶽五歲壹巡狩皆以四時之中月各省其方親至其山柴祭燔燎夏商則未聞所損益周鑒於二代十有二歲王巡狩殷國亦有事于方嶽祀以圭璧樂奏六歌高祖初興改秦淫祀大宗承循各詔有司其山川在諸侯者以時祠之孝武皇帝脩封禪之禮思登假之道巡省五嶽禋祀豐備故立宮其下宮曰集靈宮殿曰存僊殿門曰望僊門仲宗之世重使使者持節祀焉歲一禱而三祠後不承前至于亡新寖用丕䢜訖今垣趾營兆猶存建武之元事舉其中禮從其省但使二千石以歲時往祠其有風旱禱請祈求靡不報應自是以來百有餘年有事西巡輒過亨祭然其所立碑石刻紀時事文字摩滅莫能存識延熹四年七月甲子弘農大守安國亭侯汝南袁逢掌崋嶽之主位應古制脩廢起頓閔其若茲深達和民事神之義精通誠至礿祭之福乃案經傳所載原本所由銘勒斯石垂之于後其辭曰

巖巖西嶽峻極穹蒼奄有河朔遂荒崋陽觸石興雲雨我農桑資糧品物亦相瑤光崇冠二州古曰雍梁馮于豳岐文武克昌天子展義巡狩省方玉帛之贄禮與岱亓六樂之變舞以致康在漢中葉建設宇堂山嶽之守是秩是望侯惟安國兼命斯章尊脩靈基肅共壇場明德惟馨神歆其芳遏穰凶札揫斂吉祥歲其有年民說無疆

袁府君肅恭明神易碑飾闕會遷京兆尹孫府君到欽若嘉業遵而成之延熹八年四月廿九日甲子就

袁府君諱逢字周陽汝南女陽人孫府君諱璆字山
陵安平信都人時令朱頡字宣得甘陵鄃人丞張昜
字少游河南京人左尉唐佑字君惠河南密人主者
掾崋陰王萇字德長
京兆尹勑監都水掾霸陵杜遷市石遣書佐新豐郭
香察書刻者潁川邯鄲公脩蘇張工 闕 君 闕

右西嶽華山廟碑篆額在華州華陰縣威宗延熹
四年袁逢守洪農郡以華嶽舊碑文字摩滅遂案
經傳載原本勒斯石以垂後會遷京尹乃勑都水

掾杜遷市石遣書佐郭香察書碑成於後之四年
蓋孫璆典郡時也逢者司徒安之曾孫太尉湯之
次子嘗為司空而卒史不載其歷洪農京兆乃闕
文也東漢循王莽之禁人無二名郭香察書者察
涖它人之書爾小歐陽以為郭香察所書非也碑
云四時中月省方柴祭不讀中為仲其義亦通至
以宣帝為仲宗則是借仲為中說者謂漢世字少
故多假借或曰漢人簡質字相近者輒用之予以
為不然亦好奇之過爾以帝者廟號而借以它字
不恭孰甚焉 碑云昭卬禮記作瞻仰亓即亢字昜即昉字香即香字邯即邯字又以癈為廢女陽為汝陽

西嶽華山亭碑

惟光和元年歲在戊午名曰咸池季冬巳巳弘農大
守河南河南樊君諱毅字仲德下車之初恭肅神祀
西嶽至尊詔書奉祠躬親自往省從蔄議即事有漸
散齋攀亭齋室逼窄 窄字 郡縣官屬濃齋龤處尊卑錯
總精誠不固畏天之威逢斯旱怒時雨不興曰 甘字 澍
弗希念存黔首懼闕曠祭於是與令巴郡朐忍先讜

公謀圖議繕故斷度揆廓立室異處左右趣之莫不
競慕二年正月巳卯興就既成有亓 亢字 休嘉殷薦各
得竭情福祿是顧刻茲碑號吏卒俠路其辭曰
巖巖西嶽亙鎮次宗緒德之尊大華優隆皇帝亦思
祀典孔明高神肎宴珪璧贄通赫赫左上以畜萬邦
惟嶽降神寔生羣公卿士百辟纘業役蒙帝命不違
歲事報功后辟命卿殿齋外亭敬恭明祀以奉皇靈
處所逼窄屑罕有聲神樂其靜牖暈龤形尊卑有序
絜心致誠因繕舊室鳌頓端平左其板屋孰不加精

天人同道萬祀是迎既受帝祉延于後生為龍為光顯人王庭為公為侯福禄来成刻石紀號永亨利貞

府丞勃海劉固村長功曹史楊儒㝷先主簿湖楊𡘋伯馮供曹掾楊基伯載史陜許礼文化縣丞隴西彭和伯怡左尉隴西䫜璪村㝷臨典者門下掾駱瑗伯先主記史柏覽文進户曹掾巍當威長史田賂文祖将佐掾曹鑒孔明任就务成史吴武丙昌

右西嶽華山亭碑篆額碑云光和元年歲在戊午名曰咸池案淮南子論天之四宫曰咸池者水魚之囿天官書云西宫咸池曰天五潢奎婁胃昴畢觜參居之敦牂歲歲星以五月與胃昴畢晨出東方名曰天津蓋三宿在西宫之中而歲星以午年舍其分故以咸池為名所云天津者亦取五潢之意淮南又以斗杓為小歲咸池爲太歲而謂其每歲自卯逆行四仲即陰陽家所推以忌乘航者是也許癸酒注云咸池星名水魚天神蓋經星隨琁機之運不可離其次者周流四仲當是其神爾故晉志又云咸池魚囿也碑以佽為㸚斋即布字縩即素字㲄即啓字肎即肯字尋即曼字

樊毅復華下民租田口筭碑

光和二年十二月庚午朔十三日壬午弘農大守臣毅頓首死罪上

尚書臣毅頓首頓首死罪死罪謹案文書臣以去元年十一月到官其十二月奉祠西嶽華山省視廟舍及齋衣祭器率皆久遠有垢故魯不脩大室春秋佐讖臣以神嶽至尊宜加恭肅輙遣行事荀斑與華陰令先讜以漸繕治成就之後仍雨甘霔灑潤宿麦惠滋蕍蔗臣即日以詔書齋祠霔未消澤時日清和神歡民喜誠

聖朝勞神日吴廣被四表覆魭之德神人被施遐邇大小莫不牽甚臣毅頓首頓首死罪死罪讜又書言縣當孔道加奉尊嶽一歲四祠養牲百日常當充肥用𣪊𥡴三千餘斛或有請雨齋禱役費兼倍每被詔書調發無差山高聽下恐近廟小民不堪役賦有飢寒之窘違宗神之敬乞差諸賦復華下十里以内民租田口筭以寵神靈廣祈多福隆中興之祚臣輙聽

行盡力奉宣詔書思惟惠利增異復上臣毅誠惶誠
恐頓首頓首死罪死罪上
尚書
掾臣條屬臣准書佐臣謀
弘農大守上祠西嶽乞縣賦發差復華下十里以內
民租田口筭狀
右樊毅乞復華下民租田口筭狀此碑全載光和
二年十二月壬午奏牘别無它詞蓋毅到郡即遣
官屬繕治廟宇縣令以地當孔道一歲四祠有養
牲之費調發之勞故為華下十里之內希匄恩卹
雖不同孔廟卒史碑併載朝廷施行語案後碑云
上奏復賦克厭帝心則知已從其請矣碑後有唐
興元中縣令盧儆題字云碑在廟北隟地沒于荒
榛時方從之縣治云（此碑𦷜為黎瀸為漸前漢志注云三輔黃圖漸臺亦作瀸）

樊毅脩華嶽碑

山經曰泰華之山削成四方其高五千仞廣十里周
禮識方氏華謂之西嶽祭視三公者以能興雲雨產
萬物通精氣有益於人則祀之故帝舜受堯歷數親

自巡省設五鼎之奠祡燎壇埋致敬神祇艾用昭明
百穀蕃殖黎民時雍鳥獸率儛鳳皇來儀暨夏殷周
未之有改也其德休明則有禎祥荒淫臊濊薦災必
降秦違其典辟遺鄗池二世以亡
漢祖應運禮遵陶唐祭則獲福亦世克昌亡新滔逆
鬼神不享建武之初彗掃頑凶更率舊章設用玄牡
牲牷必充天惟醇祐萬國以康光和二年有漢元舅
五侯之冑謝陽之孫曰樊府君諱毅字仲德承考讓
國家于河南究職州郡辟公府除防東長中都令誅
彊𨚨撫瘵民二鄙以清命守斯邦威隆秋霜恩踰冬
日景化既宣由復夕惕惟寵祿之報順民之則孟冬
十月齋祠西嶽以傳窄狹不足處尊卑廟舍舊久牆
屋傾亞世室不脩春秋佐譏特部行事荀班與縣令
先讜以漸補治設中外館圖珍琦畫怪獸嶽瀆之精
所出禎秀役不干時而功已著暫勞久逸神永有憑
自古泰山郡邑由存五嶽尊同哀此勤民獨不賴福
乃上復十里內工商農賦克厭帝心嘉瑞仍畜風雨
應時瀸潤品物君舉必書允乃盛德惠及神人可無

述焉於是功曹郭敏主簿魏龍户曹史許禮等遂刊玄石銘勒鴻勛垂曜无齡永有昭識其辭曰

兩儀剖判清濁始分陽凝成山陰積為川泰氣𪆃吞洪波汜臻堯命伯禹決江開汶以靈既定（闕二字）兆民永亨歷年赤鋭煌煌受茲介福京夏密清殊俗賓服乃列祀典辯于羣神因瀆祭地嶽以配天𠀤主遵脩令問不違可謂至德德音孔昭實惟我后出自中興大漢之𣅜本枝繁昌延慶長久俾守西嶽達奉神禮𢾾傳飾廟靈則有濟降瑞畣祐景風凱悌惟風及雨

成我稷黍穡民用章康艾室宇刊銘紀誦克配梁甫

右樊毅脩華嶽碑華嶽有樊毅之碑三華亭及華祖碑皆云祠事在元年季冬華亭碑云繕治就緒在二年正月此碑叙始祠乃在二年十月與前不同蓋此碑多誇如云復十里內工商農賦夫以祠祭勞民養牲費禀為農乞復租筭可也工商何與焉前碑以午年季冬已巳齋祠至未春巳卯一旬之內工役已就則所脩者散齋外亭爾蓋是以次整治工役相繼至未年之冬衆作咸畢十月之祠乃是次年再舉此云役不干時而功已著蓋欲美其速成故不引午年之祭也碑云有漢元舅五侯之胄謝陽之孫按范書樊宏封壽張侯樊丹射陽侯樊尋玄鄉侯樊忠更父侯樊茂平望侯樊氏侯者凡五國毅即丹之後也水經云泚水西南流謝水注之詩所謂申伯番番既入于謝者樊丹封謝陽即其國又云自廣陵出白馬湖逕山陽城西即射陽縣之故城高祖封項纏為射陽侯乃其地据此則傳以丹為射陽誤也碑以識方為職方壇為禋犂為黎熾為幟纖為

漸兄為況蓄軨為億齡𦐇即舜字畣即荅字夵即介字

東海廟碑

惟永壽元年春正月有漢東海相南陽桓君（下缺）念四時享祀有常每飾壺切旋則陁崩骻閔吏（下缺）貴者不永寧凡尊盧祇敬鬼神寔為黔黎祈福（下缺）咸慕義民相帥四面並集乃部掾何俊左榮（下缺）殿作兩傳起三樓經構既立事業畢成俊等鐫石欲（下缺）榮非仁也故遂闕而不著初縣典祠雖有災出附增之（下缺）絶請求姑息之源瀕海鹽（缺）月有貴賤收責侵侔民多（下缺）限

貧富俱均下不容姦缺仁憂字缺三恵康民賴其利
熹平元年夏四月東海相山陽滿君字缺四初陑令缺下
進瞻壇缺退宴礼堂嘉羡君功既爾字缺三是𠯁退咨
缺下惜勛績不著後世無聞遂作頌曰
浩浩倉海百川之宗經落八極潢字缺二洪波潤缺下物
雲雨出焉天淵字缺二禎祥所缺昔在前代昭事百缺下
有司齊肅致力四時奉祠蓋亦所以敬恭明神報功
缺下闕倚傾於欒桓君是繕是脩字缺二慕缺不日而成
功缺下孫　退述爰勒斯銘芳烈惟著缺載垂馨

碑陰

闕者秦始皇所立名之秦東門闕事在史記

右東海廟碑靈帝熹平元年立在海州永壽元年東海相南陽君崇飾殿宇起三樓作兩傳其掾屬何俊左榮欲為鐫石而南陽君止之厥後山陽滿君踵其武嘉歎勛績為作碑頌而二君名皆淪滅矣別有數句載秦東門事乃頌所謂倚傾之闕者碑錄朐山有秦始皇碑云漢東海相任恭脩祠刻於碑陰似是此也任君當又在滿君之後南陽之從更十八年後人猶頌其美則樸撫決非苟然者予官京口日將士往來朐山者云海廟一椽不存自今非四十年前舊物不復見此刻矣歐陽公時天下一家漢碑雖在遐陬窮谷無脛而可至集古錄中已屢言難得為可寶況今乎碑中以陁為阤

桐柏淮源廟碑

延熹六年正月八日乙酉南陽大守中山盧奴缺君處正好礼尊神敬祀以淮出平氏始於大復潛行地中見于陽口立廟桐柏春秋宗奉災異告愬水旱請

求位比諸侯聖漢所尊受珪上帝大常定甲郡守奉祀濟絜沈祭從郭君以來廿餘年不復身至遣丞行事簡略不敬明神弗歆灾害以生五嶽四瀆與天合德仲尼慎祭常若神在君准則大聖親之桐柏奉見廟祠崎嶇逼狹開祐神門立闕四達增廣壇場餝治華蓋高大殿宇缺齊傳館石獸表道靈龜十四衢廷弘敞宮廟嵩峻祗慎慶祀一年再至躬進三牲執玉以沈為民祈福靈祗報祐天地清和嘉祥昭格禽獸碩茂草木芬芳黎庶賴祉民用作頌其辭曰

泫泫淮源聖禹所導湯湯其逝惟海是造䟽穢濟遠
柔順其道弱而能强仁而能武缺二字晝夜明哲所取
寔爲四瀆與河合矩烈烈明府好古之則虔恭礼祀
不徵其德惟前廢弛匪躬匪力災眚以興陰陽以忒
陟波高岡臻茲廟側肅肅其敬靈祇降福雍雍其和
民用悅服穰穰其慶年穀豐殖曁君輿駕扶老攜息
慕君塵軌奔走忘食懷君惠賜思君罔極于胥樂兮
傳于萬億
春侍祠官屬五官掾章陵劉訢功曹史安衆劉瑗主

薄蔡陽樂茂戶曹史宛任巽
秋五官掾新缺梁懿功曹史酈周謙主薄安衆鄧嶷
主記史宛趙旻戶曹史宛謝綜
右桐柏淮源廟碑今在唐州載延熹六年南陽守
躬祠淮廟事水經云廟前有碑是郭苞立又二碑
延熹中守令所造此則其一也碑云奉祀禱絜字
書無禱字以文意推之當爲齋戒之齋此碑又有
一正書者如華蓋誤作萃豊晝夜誤作立式凡十
數字婁壽亦有正書一碑州鄰誤作鄰里愛懷誤
作盛德其難辨如朱爵及處謚字則以爲闕文予
之費目力於此書良不少也祐即拓字華即華字祖即祇字夬即奔字

敎阬君神祠碑

天地定位山缺七字嶽瀆諸侯缺事其細缺祭法曰山
林川谷有益於民缺二字在祀典夫中條之山者蓋華
岳之體也石隄樹谷南通商雒以屬熊耳百川鍾集
充崖滿谷時有盛雨彭濞涌溢兼高趨下揚波跳沫
於是敎阬以爲之賓承寫其流北注諸渭蠲渫滀暴
使不爲害前世通利吏民興貴有御史大夫將軍牧

伯故爲立祠以報其功自亾新已來其祀隋廢阬稍
堙塞隄防沮潰漂浸田疇濡敗亭市神怒民怨縣遂
以衰賤仕官失官暗弊不震迄光和四年仩路之歲
令河東聞憙缺君諱缺字君缺爲政以德五敎時序
肅恭明神敬奉禋祀勤卹民隱而除其害愍一縣之
陵遲懼缺至之無脩追惟伯禹過治之利乃復浚治
敎阬通利其水紹脩舊祀弘祐其祠使民報祈視於
社稷其有徵拜州郡辟名皆當來辭大小有差敎阬
君尚饗後之人是遵是奉神必據焉

光和四年六月辛未造
丞陳留陳留夏龔叔淵左尉金城令居張德元缺有
秩長安賈福仲鮫田亮伯南蘇憙仲夏高紺子彊蘇
瑋元興路陽子慎缺二字仲義蘇立仲節李部伯孝李
歐辱安王勝元超趙榮宣昌侯榮缺方趙殷仲理王
弘漢侯楊習元汞萇防季万介冲景升趙濟子成但
郃仲雲田芝子紂張珪子珪栢梁子順来臨選高許
傾缺二字楊平長方李玠伯缺丁封漢侯李和元汞范
建子順呂泉文淵田表文飾王范顥方李紀德和靳

苗長南賈熙子寧任觀缺二字吳楞子方張巽勿譲李
衡升擢王琦威賢張脩元載田禧元明王衍元升田
譲敬讓趙慎季都劉翔進方王頌子睢王咸勿寍梁
和子陽馬缺選高營缺仲公營遼升高郭義君思蘇
禎元升閔漢國寍郭歆賢明郭楗仲楗趙萬瑋高劒
翊子翊田儸勿和高盛紂排楊服國先賈靚子上慈
仁安國張信紂信
右穀阬君神祠之碑銘篆額在鄭縣靈帝光和四
年縣令裴畢字君先立碑无縣令姓名据水經得
之穀有二陵古稱地險蓋小阜高深雨盛水集有
阬以儲之則可以疏泄溉注而無溢溢之患自晉
魏以来謂之五部神廟歐陽公嘗託部使者模此
碑命工以麪填其刻而鐫剔之始可讀云廟有石
隄西戍樹谷五樓先生東基御史王翦將軍之像
莫可曉今碑云石隄樹谷南通商雒當是有石為
隄有木為谷後人因以名其神碑云前世通利吏
民興貴有御史大夫將軍牧伯故為立祠孝其文
意蓋謂前世阬不堙塞水泉通利地產人物有至

御史將軍牧伯之貴者後人不孝亦以名其神爾
光和之四年龍集辛酉此碑以作𠱾為作詻者出
西漢天文志碑之末有題名六十六人云有秩長
安知其皆長安人也李翕碑云衡官有秩李瑾倉
頡碑云蓮勺左鄉有秩衛彈碑云有秩定陵杜則
漢志有秩郡所署秩百石掌一鄉人户五千則置
言其官裁有秩也碑以彭為澎阬即阬字柘即拓字

穀阬碑陰

上缺五人蕟散字鴿伯鸞缺龍子恩梁儸伯然張叙敬升鍾

乾元遜王裴仲輔王典劢讓吴中文和王肅伯雄徐
相子柜(缺)茂宣德張鴻子恩杜賾元載姚堂元政蔱
(缺)劢舉孔脩仲(缺二字)衛伯魯(缺十一人)趙翔德鸞李鬲子
師尹擢升先李(缺二字)禮史鬲君義史訇德和張棐彦
輔王賢尌善靳訓彦德田珠尌王史柜劢升王鳳德
鸞解訓元龍馬彤仲選董衡奉德王興升矦徐禰升
舉(缺七人又缺二字)景傳介覽孔紀(缺二字)文德張(缺)延明季
覽景豪程(缺)孔臺壽翼彦瑛吴(缺)文平王蘭元臺李
義孝鸞鄭續劢嗣楊深劢羅

右郡吏名

王祺孔鸞吴楚彦林吴頌仲升王衡相如蔱常德淵
灌珠升明張儁廣漢郭亦子長介演仲璐費常伯臨
欒授傅文董(缺)德和(缺三字)信(缺)相(缺二字又缺一人)張訓(缺二字)
李操劢卿王巽仲宜田昌世昌姚恪文珪萇(缺)元
和(缺)竇劢才夏廣歐方戴玘文亶閔芳瑋瑛張祺叔
盖王晧景然張奉文鸞田俱伯俱李玹永齊趙超文
材陳異子都高廣廣盗万珪叔珪薛胡威甫救舉遂
興韓高元寶尹廣元佐王方叔叚袁渡廣世(缺二人又缺二字)
升(缺二字)蔣仲謀田翕伯佑郭曙元良王(缺)叔海田
撈威甫趙撫盖(缺)来仁伯仁馬弘阿買田式文嗣王
京子京李龍升和楊常子騫趙授保受龐龍子贛李
(缺二字)羲王酺雲甫救昜文曜田盗叔威姚豊富(缺)楊
暉進(缺)張宗宣平范甫次君(缺二字)子雲(缺四人又缺二字)顯
明胡放子封王盖盖德李康季邑蘇排尌排蘇香伯
志籍昌仲昌田嵐仁卿馬碭尌碭萇冬冬生王雲文
謙緱羣伯羣徐位建明趙達文達李㫮漢威趙尋尋
昌尹涼升和張旲子師略陽京師張寵孟升李沇長

珠涂衡仲緒杜淵季淵(缺)忠子信王忠長和趙春孟
春王覽文進(缺二字)阿(缺一字又缺一人)王尊長珪楊愔子(缺)
上官季弟楊道尌道騫亮君謙(缺)滿顯成楊甬石甬
北宮世平楊寍長寍吴累元累許和元德劉尋尋興
劉盛子上劉奉阿奉劉興阿興劉緒長升鄭文文平
袁帶尌平朱長桂房(房字)張輔伯輔(缺二字)孟堅王遠庠
興華選孟方陳友尌友潘京阿京北宮子禄朱汜伯
(缺)李延延方靳歐方歐車春阿春田㑗劢彦孫慎子
慎王賀元賀華長阿長張選尌安田高長高魚升升

明趙始始昌楊明阿明楊陽阿陽張丙阿丙李靚孔
和趙墨阿黑李賢阿賢張長阿長李南阿南魏騫伯
信李誨元稱藥遼字長楊覽文博矦懿文都張僉元
行王進缺楷田普元臺蘇缺伯臺楊祺伯昌孫恪文
敬桓敦公平范叙文彊劉文文載吴鴻子超趙懿子
胥潘建文德雲協選和陳步紂寸朱瑄子紂史容子
容楊吉文行缺遠子遠北宫阿猛王剄季希布字張矦
孟都張蕃市生駱紹承先蘇都紂寸馬金阿金趙覽
文博車詡季詡靳彥彥平魏熹缺熹缺汜文寸田黑

阿黑缺一人吴缺三字田缺阿羣高悰子珪陳傾阿傾杜
宴阿宴韓廣廣寧任負阿負趙徹阿越田擢子缺王
臺紂臺田缺孝缺夏矦阿升吴道文建王尊阿尊龍
曜文曜于繇升高馮羣阿羣松龍文猷吴鳳阿鵠趙
衆文德李超元德缺脩文和矦暘文義田寄阿寄詹
觀阿缺田缺二字彥賈缺仲缺一字缺一人又田缺三字李崇阿
崇來畗升高楊寸達升趙長阿長龍寧阿寧帶宫阿
宫蘇永德長王忠阿忠張湘元缺李曜务寸張蘭蘭
卿史式阿式鄭儉紂節董逐升高任羣阿羣潘升阿

升楊敞阿敞田通升達巖别阿保趙客阿生田讜阿
讜龍就务德任遷阿遷張金阿金陳奉文和高楊宣
舉缺三字達缺一人壽盖阿盖張飛务龍賈奉阿奉王脱
萬歲略陽孝弟趙尊元敬缺玉缺瑛戴缺文持趙缺
元崇夏統子治田受子道高真子慎楊通子通張睢
子升張寧子安吴丙子升缺豪文賀隗益阿盛張漢
子缺甄謀子謀矦選子選張睢睢缺孫龍子缺趙堅
子堅魏生長生金缺三字杜缺三字缺一人又略陽子缺季偃
子缺秦靈孔靈楊缺子缺樂朝朝卿王炅阿炅

右殽阬神碑陰三百四十二人其磨滅不可見者三十餘字小而勁漢隸之神品也前碑之後曰有秩者六十餘人在碑之陰則無秩可知矣其前四十餘人稱之曰郡吏其間四十人皆字其名而繫以阿字如劉興阿興潘京阿京之類必編户民未嘗表其德書石者欲其整齊而强加之猶今閭巷之婦以阿挈其姓也又有複姓數人但云北宫世平夏矦阿升可見其不欲參差也靈臺碑陰載諸仲名字有仲東阿東及仲阿同仲阿先數人與此

正相類鼻即曼字它碑皆然

隸釋卷第二

隸釋卷第三

老子銘

老子姓李字伯陽楚相縣人也春秋之後周分爲二稱東西君彊六卿專征與齊楚竝僭號爲王以大并小相縣虛荒今屬苦故城猶在在賴鄉之東過水處

其陽其土地鬱埆高敞宜生有德君子焉老子爲周守藏室史當幽王時三川實震以夏殷之季陰陽之事鑒喻時王孔子以周靈王廿年生到景王十年年十有七學礼於老聃計其年紀聃時以二百餘歲聃然老旄之貌也孔子卒後百廿九年或謂周大史儋爲老子莫知其所終其二篇之書稱天地所以能長且久者以不自生也厲初生民遺體相續其死生之義可知也或有浴神不死是謂玄牝之言由是世之好道者觸類而長之以老子離合於混沌之氣與三

光為終始觀天作讖缺降升斗字星隨日九變與時消
息規榘三光四靈在旁存想丹田大一紫房道成身
化蟬蛻渡世自羲農以來缺為聖者作師班固以老
子絕聖棄知禮為亂首與仲尼道違述漢書古今人
表檢以法度抑而下之老子缺與楚子西同科材不
及孫卿孟軻二者之論殊矣所謂道不同不相為謀
也延熹八年八月甲子
皇上尚德弘道含閎光大存神養性意在淩雲是以
潛心黃軒同符高宗夢見老子尊而祀之于時陳相

邊韶典國之禮材薄思淺不能測度至人辯是與非
案攄書籍以為老子生於周之末世玄虛守靜樂無
名守不德危高官安下位遺孔子以仁言辟世而隱
居變易姓名唯恐見知夫日以幽明為節月以虧盈
自成損益盛衰之原倚伏禍福之門人道惡盈而好
謙蓋老子勞不定國功不加民所以見隆崇于今為
時人所享祀乃昔日逃祿處微損之又損之之餘胙
也顯虛无之清冡云先天地而生乃守真養壽獲五
福之所致也敢演而銘之其辭曰

於惟缺德抱虛守清樂居下位祿執弗營為繩能直
屈之可縈三川之對舒憤散遲隱不填陽孰能滯并
見機而作需郊出垧肥遁之吉辟世隱聲見迫遺言
道德之經譏時微喻尋顯推冥守一不失為天下正
處厚不薄居實舍榮稽式為重金玉是輕絕嗜去欲
還歸於嬰晧然歷載莫知其情頗違法言先民之程
要以无為大缺用成進退无恒錯綜其貞以知為愚
沖而不盈大人之度非凡所訂九等之敘何足纍名
同光日月合之缺星出入丹廬上下黃庭背棄流俗

舍景匿形苞元神化呼吸至精世不能原卬其永生
天人秩祭以昭厥靈羨彼延期勒石是旌

右老子銘篆額在亳州苦縣苦屬陳國故其文陳
相邊韶所作碑云延熹八年八月帝夢老子尊而
祀之帝紀此年春冬兩遣中常侍至苦祠老子水
經載蒙城王子喬碑亦云延熹八年八月帝遣使
致祠國相王璋乃銘紀遺烈盖感宗方脩神仙之
事故一時郡國競作碑表此石立於延熹元疑杜
子美云苦縣光和尚骨立者誤也碑中多用大史

公語唯眲然老旄之說不同韶以老子與子西同
科深詆班孟堅之失至於韓非同傳則又置而不
論何也碑云孔子學礼於老子時年十有七按世
家孔子年十七孟釐子病誡其嗣必師孔子故孟
懿子與南宮敬叔往學焉其次又云敬叔與孔子
適周見老子詳史之所記初非一年中事況孟釐
子卒在魯昭公二十四年孔子蓋年三十有五矣
韶不詳究史家之指而誤用之何貴乎五經笥也
碑以浴神為谷神旄与耄同渡与度同林与綠同彙与累同家与寂同

楚相孫叔敖碑 舊碑缺五十餘字此用續刻者故其文全

楚相孫君諱饒字叔敖本是縣人也六國時期思屬
楚楚都南郢南郢即南郡江陵縣也君受純靈之精
懷絕世之才有大賢次聖之質少見枝首虵對其母
泣吾將死母問其故曰吾聞見枝首虵者死今日見
之母曰若奈之何吾煞行數十步念獨吾死可空復
令他人見之死為因埋掩其刑母曰若無憂焉其陰
德玄善遂為父母九族所異及其為相布政以道考
文象之度敬授民時熙獵於山殖物於藪宣導川谷
波障源湶溉灌坂澤堤防湖浦以為池沼鍾天地之
美收九罩之利以慇潤國家家富人喜優啥樂業拭
序在朝野無螟蜮豐年蕃庶人有曾閔貞孝之行四
民美好從容中節高梱改幣一朝而化其憂國忘私
乘馬三年不别牝牡繼高陽重黎五舉子文之統其
忠信廉勇禮樂文章軌儀同制其富國充民明天時
盡地力霆堅禹稷不能踰也專國權寵而不榮華一
旦可得百金至於歿齒而無分銖之蓄破玉玦不以
寶財遺子孫終始若矣去不善如絕紹辟患害於無

刑銜節高義敦良奇分自曹臧孫竹吴札子罕之倫
不能驗也生於季末仕於靈王立溷濁而澄清霧幽
昬而照明其遺武餘典怛不與戲皇帝代同世世為
列姬國在朝廷其意常墨墨若冠章甫而坐塗炭也
病甚臨卒將無棺郭令其子曰優孟曾許千金貸吾
孟楚之樂長與相君相善雖言千金實不負也卒後
數年莊王置酒以為樂優孟乃言孫君相楚之功即
忼慨商歌曲曰貪吏而可為而不可為廉吏而可為
而不可為貪吏而不可為者當時有汙名而可為者

子孫以家成廉吏而可為者當時有清名而不可為者子孫困窮披褐而賣薪貪吏常苦富廉吏常苦貧獨不見楚之相孫叔敖廉絜不受錢涕泣數行若 缺 首王王心感動覺悟問孟孟具列對即求其子而加封焉子辭父有命如楚不忘亡臣社稷 缺 而欲有賞必於潘國下濕墝埆人所不貪遂封潘鄉潘即固始也三九無嗣國絕祀廢固始令叚君夢見孫君則存其後虢其故祠為架廟屋立石銘碑春秋烝嘗明神報祐即歲還長掖大守及期思縣宰叚君諱光字世賢

魏郡鄴人庶慕先賢體德允恭篤古尊舊奉履憲章欽翼天道五典興通文藉祭祠祇肅神明臨縣一載志在惠康𡙇枯稟乏愛育蕠蒸討掃醜類鰥寡是矜杜僞養善是忠表仁感想孫君廼發嘉訓興祀立壇勤勤愛敬念意自然刻石銘碑千載表績萬古摽記福祐期思縣興士熾孫氏蒙恩

漢延熹三年五月廿八日立

右楚相孫君之碑隸額今在光州延熹三年固始令叚光為叔敖作廟所立昔楚莊王朝而晏罷樊姬因言虞丘子之非虞丘乃薦叔敖代已而去楚國區區前有虞丘後有孫叔其內又有樊姬莊王雖欲不霸得乎左氏傳載蔿敖蔿艾獵杜預皆以為叔敖它書但云孫叔敖此碑獨言其名饒未知何據高梱改幣乃孫叔革故易俗之事左傳所云君子小人物有服章亦是類也蛇有二首謂之枳首枳讀如枝亦曰岐首此云披首蓋是借用鼂錯倪寬史家亦用朝与兒字此以伍舉作五舉以庭堅作霆堅豈古亦通用乎碑中以刑為形以波為陂以拭為式以偾為蟦

以蕠為黎以縣為參以墨為默以郭為椁以長掖為張掖泉添水而為潒澤去水而為睪孫叔以忠清相楚不以寶財遺子孫玉玦尚猶破之蓋季文子公儀休之倫也云亾未幾妻子至於披褐賣薪楚廷非无左右大臣塗其耳而不聞卷其舌而不談慷慨悲歌感寤主聽乃一伶人爾豈樊姬已死而叔敖薦進之士不逮虞丘乎三九無嗣者死相繼為三公九卿也又质㬎嗇墅蟆霰塗遷鱞即質聚游野蟆處塗遷鰥

孫叔敖碑陰

延熹三年歲在 缺二字 中夏之節政左封表期思長光

視事一紀訪問國中耆年舊齒素聞孫君楚時良輔本起此郑垂名於後博求遺苗曾玄孫子孝龜吉辰五月辛卯宜以存廢可立碑祀招請諸孫都會國右郭西道北處所顯好與上牢祭倡優鼓儛式序其胄授之端首光以不肖貪追賢烈以自榮寵時丞左馮翊姓如諱武尉京兆周陵詳集共造户曹掾袁騰令史許松

相君有三嗣長子即封食邑固始少子在江陵中子居三缺壺蘐缺業績林二宗則其苗胄也相君卒後

十有餘世有渤海大守字武伯武伯有二子長子字伯尉少子字仲尉仕郡為掾史伯尉有一子字世伯舉江夏孝廉城門候仲尉有二子長子字孝伯荊州從事弟世信仕缺二字掾功曹會丐哀之間宗黨為賊寇所敍世伯孝伯世信缺各遺一子財八九歲微弱不能仕學世伯子字子仲治產於績壺有六男一女大子字長都次子蘭卿次弟字仲陽次弟字料通次弟字衛公次弟字劉卿比績宗六父也孝伯子字文缺亦不仕學治產於村壺亦有六男一女大子字惠明次弟字次卿次弟字堅公次弟字稚卿次弟字彥卿次弟字少都比材宗六父也世信一子相承季陵文卿孝公比缺壺一父别其高祖與材高祖父親兄弟孫氏宗族別缺誼紀也

右孫料敖碑陰此陰与前碑皆延熹三年五月所作前云臨縣一載此云視事一紀蓋以一紀為一年爾段光宦君子之鄉懷良輔之美訪問耆舊博求遺苗卜擇令日興廟植碑招集諸孫倡樂高會又以其雲来長幼之序仕學生産之實刻于碑之

陰雖自譜其家者亦不如是之詳也績即綫字敖即敍字誼即譜字

仙人唐公房碑

君字公房成固人蓋帝堯之缺十字之故能舉家缺五字去上陟皇耀統御陰陽騰清躡浮命壽無疆雖王公之尊四海之富曾缺五字毛天地之性斯其至貴者也耆老相傳以為王莽居攝二季君為郡吏缺四字土域啖瓜旁有真人左右莫察而君獨進美瓜又從而敬禮之真人者遂與缺期聓谷口山上乃與君神藥曰

服藥以後當移意萬里知鳥獸言語是時府在西成去家七百餘里休謁往來轉景即至闔郡驚焉白之府君從為御吏舁翻軓車被具君乃畫地為獄名昌誅之視其腹中果有被具府君（缺）賓燕欲從學道公房頃無所進府君怒勑尉部吏收公房妻子公房乃先歸於谷口呼其師告以危急其師與之歸以藥飲公房妻子曰可去矣妻子戀家不忍去又曰豈欲得家俱去乎妻子曰固所願也於是乃以藥塗屋柱飲牛馬六畜須臾有大風玄雲來迎公房妻子屋宅六

畜翛然與之俱去昔喬松崔白皆一身得道而公房舉家俱濟盛矣傳曰賢者所存澤流百世故使聟鄉春夏毋蚊蚋秋冬鮮繁霜癘蠱不遐去其蝗蟘百穀收入天下莫知斯德祐之效也道牟羣仙德潤故鄉知德者鮮歷世莫紀

漢中大守南陽郭君諱芝字公載脩北辰之政馳周邵之風歆樂唐君神靈之美以為道重者名邵德厚者廟尊乃發嘉教躬損奉錢倡率羣義繕廣斯廟（缺）和祈福布之兆民刻石昭音揚君靈譽其辭曰

（上缺）遂享神樂超浮雲兮翱（下缺）

碑陰

故江陽守長成固楊晏字平仲東部督郵成固左介字元術故江陽守長南鄭楊銀字伯慎處士南鄭祝龜字元壽司徒掾南鄭祝楊字孔達處士南鄭祝岱字子華故益州從事南鄭祝忱字子文處士南鄭祝恒字仲華處士南鄭祝朗字德靈處士南鄭祝崇字季華大守史南鄭祝榮字文華大守史南鄭趙英字彥才處士南鄭劉通字海（缺）故襄中守尉南鄭趙忠

字元楚（字缺二）南鄭楊鳳字孔鸞

右仙人唐君碑篆額漢中太守郭芝立今在興元唐君字公房王莽時人也博物志云城固縣壻鄉有唐公昉得道雞犬皆升仙惟以鼠有悪不得去鼠自悔每月一吐其腸胃更生謂之唐鼠搜仙錄所引博物志又云鼠至空中自墮腸出一月三易故山中有拖腸鼠水經云智水川有唐公房祠公房入雲臺山合丹服之白日升天雞鳴天上狗吠雲中以鼠惡留之鼠乃感激以月晦日吐腸胃更

生公房升仙之日壻行未還不獲同階雲路約以
此川為居言无繁霜蛟虎之患其俗因号為壻鄉
二說唯鼠事小異神仙錄則云神仙李八百為公
房家傭僞作惡瘡使公房夫婦及三婢舐之又索
美酒三十斛浣瘡因以餘酒浴公房夫婦顏色更
少授以丹經一卷公房入雲臺山作藥藥成服之
仙去其說俱異唯鍊丹雲臺与水經同爾後漢志
云褒中有唐公防祠蓋隸法房字其戶在側故人
多不曉或作防或作昉皆誤也美即蕣字聟即壻字昪即鼠字孌即戀字

張公神碑

惟和平元年正月缺二字朝歌長鄭郴造缺張公建缺
良缺之山運置綦陽刋蠽涿摩立左右闕表神道缺
豎碑廟堂之前到五月缺二字乃成長缺二字之銘勒神
懿光祕後昆其辭曰
於穆張公舍和泰清受符皇極乾剛川靈何天之休
元亨利貞無缺二字貴神燿洞缺二字度缺泉殷商北垌
嶽朝綦陽厥土敞平芝草茂木潚潚滋榮羣萌勳哭
激川通缺三字懷缺八字廟克儉損盈詔命有司祭以中
牲歲聿再慶公其饗零興來億載歷數萬君缺七字太
缺二字顯猶昭拂英勳缺錫介福惠此吏民國無災寂
屢獲豐年
皇帝眉壽干祿于天牧守皆升握台輔辰長與丞尉
超遷相國休缺烈烈無缺三字臨黎暘營謁者李君
畏敬公靈好鄭長文徹奉佐工悃愊殷勤缺吏缺三字
熹且惶作歌九章達李君缺頌公德芳其辭曰綦
水湯湯揚清波東流缺折缺于河缺五字朝歌縣以絜

靜無穢瑕公缺守相駕蜚魚往來倏忽遂熹娛祐此
兆民寧厥居　出自綦缺四字松柏鬱茂蘭公缺二字神
往來乘浮雲種德收福惠斯民家饒戶富無缺貧畺
界家靜和睦缺　朝歌蕩蹊及黎陽三女所處各殊
方三門鼎列推其鄉時攜甥爲歸候公夫人缺三字容
缺五字饗缺觴穆風眉兮起壇旁樂吏民兮永未央
麃喝喝兮缺二字庭文樂樂兮缺三字飲清泉兮缺三字見
缺伏兮不駭驚惟公德兮之所寧上陵廟兮助三牲
天時和兮甘露冷日畨缺兮無斷傾缺二字蜚兮朱

烏棲缺二字榮兮鳴喈喈㦸鵠勬兮乳俳佪給御卵兮
獻于西惟公德兮之所懷　池水缺兮釣臺祭四角
樓兮臨深澗魚岌岌兮踊躍見振鱗尾兮游盱盱時
釣取兮給亭㱿惟公德兮之所衍　栗蕭廿兮稟鋪
陳新美萷兮香苾芬蕙草生兮滿園田競菩茗兮給
萬錢惟公德兮之所缺　門堂欝兮文燿光公神赫
兮坐東方明㬥視兮儼卬卬夫人缺女芳列在旁陳
君處北兮送官缺　車騎駱驛兮交錯重乘軿軺兮駕
蜚龍驂白鹿兮從仙僮游北獄兮與天通　玄碑既

立雙闕建兮缺四字大路畔兮亭長闇缺二字扞難兮列
種槐梓方茂爛兮天下遠近缺不見兮公神日著聲
洞漏兮缺二字乾川傳億萬兮
監犂陽營謁者豫章南昌李朝伯丞左馮翊夏陽趙
寵德雅朝歌長潁川陽城鄭郴伯林左尉京兆下缺
水缺二字陽里郭寔子下缺扶風安陵缺二字郘公處士
魏郡缺封缺仲舉處士魏郡犂陽缺四字

右張公神碑隸額在黎陽威宗和平元年立碑云
朝歌長鄭郴為張公建闕作碑銘勒神懿監黎陽
營謁者李君好鄭之文既徹俸佐工又作歌九章
刻之石皴剝不明僅能辨其梗槩其辭依放離騷
頗亦遒雅可觀詩中再稱其夫人又云朝歌蕩陰
及黎陽三女所處各殊方三門偶列推其鄉時携
甥幼婦候公不知張公是何神也漢志注云世祖
以幽并州兵騎定天下故於黎陽立營以謁者監
之碑以㯒為淇涿摩為琢磨勦為巢僮為僮漏為偏盈即盈字薦即薦字家即宋字从水之字皆作篆文

三公山碑

封龍君　靈山君
上缺二字分氣建立乾川乾為物父川為物母運生六子
缺二字為缺𡉊土為山缺二字風雨天有九部地有八極
天地通缺神明別序州有九山丘缺成土北缺之山
缺升缺阻上為祈首舍缺陰實南鏞三公厥體嵩高
峻極于天鼎足帝缺二郡宗祀缺奉缺三字公嘉佑缺
為形北觸石缺雲不崇而雨陰缺氛廓莫不缺二字德
配五嶽王公所緒四時珪璧月醮酒脯缺公降靈缺六
字得志列缺羣后或在王庭輔翼聖主風雨時降和

其寒暑𫷷豐歲稔尒我稷黍倉府既盈以穀士女缺二字得進陳其鼎俎黃龍白虎伏在山所禽獸缺二字億兩為耦草木暘茂臣伋不𣪍下民知禁順時而取皆受德化非性餘者頗明公垂恩网極保我國君羣犂百姓缺受元恩光和四秊歲在辛酉四月缺亥朔二日甲子元氏左尉上郡白土樊瑋字子義瑋缺要缺二字陵側陋出從幽谷遷于喬木得在中州尸素食祿缺以弱缺歸于缺族缺明缺讙缺以缺足觀聽缺二字道無拾遺消扞缺難路無怨讟得應廉選貢名王室

靈祇福祐施㞢缺冊於是感恩缺二字立銘勒石乃作頌曰

巖巖明公民所瞻兮山缺窮窕石巖巖子高倉缺一字候羣神兮興雲致雨除民患兮長吏肅恭缺二字心兮四時奉祀黍稷缺兮缺用缺五字兮百姓家給國富殷兮仁愛下下民附親兮遐邇攜負來若雲兮或有薪采投輻檀兮或有缺鬼阻出缺兮或有缺四字耘子或有隱遁辟語言兮或有恬淡養皓然兮或有呼吸求長存兮政行喙息皆缺恩兮缺佑樊瑋出谷遷子封侯食邑傳子孫兮刻石紀德示後昆兮永永不缺億載年兮

舉將南陽冠軍君姓馮諱巡字季祖缺脩六經之要析缺二字㞢歷受命北征為民父母攘去寇殃缺用无缺姦缺越竟民移俗改恭肅神祇敬而不怠皇靈缺佑風雨時節農缺執耜或耘或芓童妾壺饁敬而賓之稼穡穰穰穀至缺錢𣁋粟如火咸褱仁心君姿前喆喬札季文蒍缺粮秀不為苛煩愍俗陵遲缺二字咨缺山無隱士藪無逸民褱道以德慕此缺二字百姓歐

歌得我惠君功參周邵受祿于天長履景福子子孫孫

缺長史甘陵甘陵夏方字伯陽令京兆新豐王翊字元輔丞河缺二字武李缺字公興　石師劉元存

右三公之碑隸額兩旁又有封龍君靈山君六隸字頗大郡國志常山國元氏注云有石塞三公塞所謂三公塞即此山也石塞即白石山也白石碑云縣界有六名山三公封龍靈山先得法食无極山碑載光和詔書出元氏縣錢給三公山四時祠

具又云三公山与龍靈山无極山共興雲雨盖封
龍与靈山是兩山之名揭其神於額之旁者即是
配食三公之祠故碑中有鼎足之文也頌云儼儼
明公民所瞻兮碑云顧明公垂恩罔極保我國君
盖以明公稱山之神而謂國相為國君也此碑光
和四年左尉樊子義立頌末有樊君徽福之句而
讚美舉將馮巡幾二百言馮君乃常山相也頃者
先公太師以使事為北方所留紹興癸亥年政地
王次翁使至燕　先公屬垣墻与驛中人語為覘

者所得賴副留守高吉祥之力脫縲紲而歸予之
出疆也高之子嗣先相迓勞以先世之故丞繼殊
從容嘗諉其訪尋中原古刻云北人所不好市无
粥碑者及道過真定顧瞻名山三嘆而已碑以仮為物犂
為黎叔為菽秀為莠迟為遲歐為謳鼎即鼎字柔即黍字殹即凶字芋即耔字壷即壷字褢即懷字

無極山碑

光和四年缺月辛卯朔廿二日壬子大常臣耽丞敏
頓首上
尚書謹案文書男子常山盖高上黨范遷詣缺三字為

元氏三公神缺字一本初元年二月癸酉光和二年二
月戊子詔書出其縣錢給四時祠具去年五月常山
相巡遣吏王勳三缺弘衰詣三公山請雨山神即使
高傳言令勳衰歸缺雨可得三公山即與龍靈山無
極山共興雲交雨國相巡元氏令王翊各白羊塞神
山復使高與遷及縣吏和卞令俱詣大常為無極山
神索饗食比三公山臣疑高遷言不實輒移本國缺
覈令常山相書言部督郵書掾成熹熹叩訊實問熹縣
令翊各言無極山與元隆俱生卯上至體可三里所

立石為體二丈五尺所政南缺上缺青下黃白色前
政平可布兩大席山周帀廿餘左西南廿里縣界有
名山其三公封龍靈山皆得法食無長吏祈福吏民
禱告如言有驗乞合無極山比三公封龍靈山祠缺
七牲出用王家錢小費蒙大福尊神以珪璧為信臣
愚以為如巡言為民來福以祠祀為本請少府給珪
璧本市祠具如癸酉戊子詔書故事報臣耽愚戇頓
首頓首上
尚書

制曰可
大尚承書𠕋事
上缺月十七日丁丑尚書令忠奏雒陽宮
光和四年八月辛酉朔十七日丁丑尚書令忠下
光和四年八月辛酉朔十七日丁丑大常耽丞敏下
常山相缺𠕋事下承缺用者如詔書書到言
昔在礼典國有名山能昇材用興雲出雨為民來福
除央則祀元氏縣有先呰三公封龍靈山已得法食
而獨未光和四年二月所子大男盖高上黨范遷奏

記大常大常下郡國相南陽馮府君咨之前志缺問
耆便僉曰為寔神且明毎國縣水旱及民疾病禱祈
輒應皆有報又有終南之敦物与岱崇之枱及楊詵
之梡缺絛蕩爲村用於是乎出官民於是乎給左禮
秩祀有功必報今皆無極山應灋食誠其宜且於是
言大常奏可其年八月丁丑詔書聽其九月更造神
廟恢祏祠宮置吏犧牲𠕋制月醮皆祠禮与三山同
乃立碑銘德頌山之神爲其辭曰
巖巖無極厥體巍巍嵩缺萬常𡶼字缺二梯淩谷千刃

窮窕㔾隈楙林蕊毒倉氣蔚伊缺碩硐礙隗缺嶒漼
遥望巖然即就有威觸石膚寸興雲祁祁雨我公田
遂及我私百穀用成家有其資禱禳請祈應速不遲
鳥獸艸木番茂隆字缺四猥神為之哀歆案礼典咨古
遺則功加于民官報其德今𠈉七牲珪璧法食改館
興廟恢祏宇室增益吏役恭君下職月醮皆祀肅桓
齊壹缺必博碩酒必嘉粢粢盛馨香如禮不失顏君
歆享降福孔缺官民禱祈僉缺密勿有已禳解報應
可必字缺二灋食將祐我君我君高缺衆多子孫君其

遺慶副稱顏云
常山相南陽冠軍馮巡字季祖長史潁川缺申屠缺
字字缺二元氏令京兆新豐王翊字元輔丞河内字缺五
左尉上郡白土字缺二字字缺二祠祀掾缺賢廉吾缺掾
和字缺五祠仁德掾樊瓶史吳宜小吏吳黑
光和四年十月十三日字缺二石師字缺二造
右無極山碑篆額在真定此山与三公山封龍山
靈山白石山皆在元氏男子盖高范遷援三公龍
靈有請於太常乞官給珪璧四時祠具詔送之吏

民吏造廟宇而立此碑靈帝光和四年也蔡質漢官典儀曰司隸城門校尉上尚書言頓首上下言誠皇恐頓首上謁者上尚書頓首死罪上下言誠皇恐頓首死罪上令所有者史晨樊毅兩碑皆用謁者式与蔡説合惟此碑其后但再稱頓首又太常稱臣而丞不稱莫詳其制碑云有終南之敦物俶宗之松楊越之篠簜盖以敦物為終南所產与松篠同科今經史多作惇物注云山之名也顔之推謂詩之有渰萋萋興雲祁祁當是興雨趙氏据

此碑云漢以前本皆作興雲因顔氏改之予按左雄傳已作興雨祁祁則漢代言詩者自不同由唐以來定本始以興雨為正非因顔氏也碑以塞為賽夬為決條為篠刃為仞畨茂為蕃茂灋即法字霰即霰字死墜即天地字刎即從字翹即翹字祏即拓字梴即杝字僊即叟字左傳趙傻傳傻是也

白石神君碑

盖聞經國序民莫急於禮禮有五經莫重於祭祭有二義或祈或報報以章德祈以弭害古先哲王類帝禋宗望于山川徧于羣神建立兆域脩設壇屏所以昭孝息民輯寧上下也白石神君居九山之數參三條之壹兼將軍之號秉斧鉞之威體連封龍氣通北嶽幽讚天地長育萬物觸石而出膚寸而合不終朝日而澍雨沾洽前後國縣屢有祈請指日刻期應時有驗猶自抱損不求禮秩縣界有六名山三公封龍靈山先得法食去光和四年三公守民盖高等始為無極山詣大常求法食相縣以白石神君道德灼然乃具載本末上尚書求依無極為比即見聽許於是遂開祏舊兆改立殿堂營宇既定禮秩有常縣出經

用備其犧牲奉其珪璧絜其粢盛旨酒欣欣燔炙芬芬敬恭明祀降福孔殷故天無伏陰地無鱻陽水無沉氣火無災燀時無逆數物無害生用能光遠宣朗顯融昭明年穀歲熟百姓豐盈粟升五錢國界安寧尒乃陟景山登峥嶸采玄石勒功名其辭曰

巖巖白石峻極太清皓皓素質因體為名惟山降神髦士挺生濟濟俊乂朝野充盈災害不起五穀熟成乃依無極聖朝見聽遂興靈宮于山之陽營宇之制是度是量卜云其吉終然允臧匪奢匪儉率由舊章

華殿清閑肅雍顯相玄圖靈像穆穆皇皇四時禋祀
不愆不忘擇其令辰進其馨香犧牲玉帛黍稷稻粮
神降嘉祉萬壽無畺子子孫孫永永番昌
光和六年常山相南陽馮巡字季祖長史潁川申屠
熊字缺三元氏令京兆新豐王翊字元輔丞河南李邰
左尉上郡白土樊瑋祠祀掾吳宜史解徼石師王明
右白石神君碑篆額在真定靈帝光和六年立前
二年蓋高等援三公封龍靈山請于朝爲无極山
得法食至是常山相馮巡元氏令王翊復具白石

本末求依無極爲比朝廷聽許遂開拓殿宇琢石
勒碑其文有云居九山之數參三條之一趙氏莫
曉三條爲何語按尚書正義曰從導岍至敷淺原
舊說以爲三條地里志云禹貢北條之荊山則在
馮翊懷德縣南條之荊山則在南郡臨沮縣是舊
有三條之説也故馬融王肅皆以導岍爲北條西
傾爲中條嶓冢爲南條自岷山之南至敷淺原別
以岷山爲首不與大別相接則岷非三條也殺阬
碑云中條之山者蓋華嶽之體南通商雒以屬熊
耳其文與正義合漢人分隸固有不工者或拙或
怪皆有古意此碑雖布置整齊略無纖毫漢字氣
骨全與魏晉間碑相若雖有光和紀年或后人用
舊文再刻者爾碑以番昌爲蕃昌祏即拓字

隸釋卷第三

隸釋卷第四

蜀郡守何君閣道碑　青衣尉趙君羊竇道碑
司隸楊君石門頌　廣漢長王君石路碑
武都守李翕西狹頌　李翕黽池五瑞碑
李翕析里橋郙閣頌　桂陽守周憬功勳銘并陰

蜀郡太守何君閣道碑

蜀郡太守平陵何君遣掾臨邛舒鮪將徒治道造尊楗閣袤五十五丈用功千一百九十八日建武中元二年六月就道史任雲陳春主

右蜀郡太守何君閣道碑光武中元二年刻此碑蜀中近出毗陵胡世將丞公好藏金石刻紹興巳未年帥蜀尚未見之東漢隸書斯為之首字法方勁古意有餘如瞻冠章甫而衣逢掖者使人起敬不暇雖敗筆成冢未易窺其藩籬也蜀人以為尊楗閣碑棧路謂之閣道非樓閣之閣也邛僰九折坂蓋其地華陽國志云道至險有長嶺楊母閣之峻昔楊氏倡造作閣故名焉范書光武之紀年二曰建武曰中元祭祀志云以建武三十二年為建武中元元年宋莒公紀年通譜云紀志俱出范氏而所載不同必傳寫脫誤學者失於精審以意刪去梁武帝大同大通俱有中字是亦憲章於此司馬公作通鑑不取其說葉夢得少蘊避暑錄云韓王汝家有一銅枓其銘云新始建國天鳳上戊六年紹興中郭浩知金州田夫耕得一鉦其銘云新始建國地皇上戊二年予案王莽始建國之后改天鳳又改地皇二器與碑特相類殆莽漢之際習俗相尚以即位初元冠於新歷之上故此碑有建

武中元之文漢志亦采取一時所記失於筆削爾東夷傳云建武中元二年倭奴國奉貢蓋與志同

青衣尉趙孟麟羊竇道碑

羊竇道舊故南上高山下人（入字）深谷危駁回遠百姓患苦永初六年青衣尉南安趙孟麟更易由此道濱江平澤無盜賊差近廿里騎馬僑免水弱得過除去危難行人萬姓莫不蒙恩傳于無窮乎

維世青衣尉趙君故治所書佐郡督郵隨牒除到官六日郡召南蜀鐵官長積四月治狀亦明徙守成都

今復還歸尉訚羊竇故道高危君叓窀（穿字）崖易道盜
賊徼止老弱往来無患時興（典字）主通道者積谿故吏
梁汜捕盜賊王留百姓過者皆蒙恩君延壽萬年
書此盛巨永元十一月九日造
右青衣尉趙君羊竇道碑亦近歲始出於眉州趙
君字孟麟以安帝永初六年穿崖易道行人去危
即安故刊石以志其事字畫甚拙非何君閣道碑
之比嘉州夾江縣又有磨崖四百餘字云平鄉明
亭大道北与茂陽西与青衣越巂通界回曲危險

隸釋　卷第四　三

扶風王君為民興利除害遣掾何章修治故書崖
以頌之蓋和帝永元八年也筆札亦拙又崖石增
長字體失真无可取者（碑以徼為徼駿即峻字叓即吏字儁即擔字過即過）

司隸校尉楊孟文石門頌（華陽國志楊君名渙）

惟巛靈定位川澤股躬澤有所注川有所通余谷之
川其澤南隆八方所達益域為充
高祖受命興於漢中道由子午出散入秦建定帝位
以漢詆焉（焉字）後以子午塗路歮難更隨圍谷復通堂
光凡此四道垓鬲尤（尤字）艱至於永平其有四年詔書

開余鑿通石門中遭元二西夷虐殘橋梁斷（斷）絕子午
復循上則縣峻屈曲深顛下則人（入字）㝠（冥字）廎寫輸淵
平阿涼泥常蔭鮮晏木石相距利磨确硌臨危槍碭
履尾心寒空輿輕騎遰导弗前惡蟲蔽狩蛇蛭毒蟃
未秋截霜稼苗夭（天字）殘終年不登匱餧之患卑者楚
惡尊者弗安愁苦之難焉可具言於是明知故司隸
校尉犍為武陽楊君厥字孟文深執忠伉數上奏請
有司議駮君遂執爭百遼咸從帝用是聽廢子由斯
得其度經功飭爾要敞而晏平清涼調和烝烝艾寧

隸釋　卷第四　四

至建和二年仲冬上旬漢中太守犍為武陽王升字
稚紀涉歷山道推序本原嘉君明知美其仁賢勒石
頌德以明厥勳其辭曰
君德明明炳煥彌光刺過拾遺厲清八荒奉魁承杓
綏億衙彊春宣聖恩秋貶若霜無偏蕩蕩貞雅以方
寧靜烝庶政與乾通輔主匡君循禮有常咸曉地理
知世紀綱言必忠義匪石厥章恢弘大節讜而益明
揆往卓今謀合朝情醳艱即安有勳有榮禹鑿龍門
君其繼縱上順升（斗字）極下荅巛皇自南自北四海攸

通君子安樂庶士字士悅雍商人咸憓震夫永同春秋
記異今而紀功垂流億載世二嘆誦
序曰明哉仁知豫識難易原度天道安危所歸勤二
竭誠榮名休麗
五官掾南鄭趙邵字季南屬襃中鼂漢彊字產
伯書佐西成王戒字文寶主
王府君閔台道缺難分置六部道橋特遣行丞事西
成輔服字顯公都督掾南鄭魏整字伯王後遣趙誦
字公梁案察中曹卓行造作石積萬世之基或解高

格下就平易行者欣然焉
伯王即日造署行丞事守安陽長
右故司隸校尉楗為楊君頌隸額在興元褒宗建
和二年漢中太守王升立碑云司隸校尉楊君厥
字孟文水經及歐趙皆謂之楊厥碑蜀中晚出楊
淮碑云司隸校尉楊君厥諱淮字伯邳大司隸孟
文之元孫也始知兩碑皆以厥為語助此乃石攷
頌其勳德故尊而字之不稱其名順帝紀延光四
年詔益州刺史罷子午道通襃斜路蓋從其所請

也子午者長安正南山名襃斜者漢中谷名高祖
開石門史策不書亦見鄐閣碑平帝時王莽以皇
后有子孫瑞遂通子午永平之詔史亦闕文安帝
永初元年先零叛斷隴道寇三輔入益州殺漢中
守乃橋梁斷絕時也自明帝永平四年通石門至
永初幾五十年自永初襃斜斷絕至延光四年凡
十五年水經云石門穿山通道六丈有餘即秦人
取蜀之石牛道楊君因而廣之蜀都賦岨以石門
是也門在漢中之西襃中之北襃水南歷襃口北

出斜谷鄧騭傳元二之災注云元二即元元也古
書字當再讀者即於上字之下為小二字言此字
當兩度言之后人不曉遂讀為元二或全之陽九
或附之百六良由不悟致斯乖舛岐州石鼓銘凡
重言者皆為二字明驗也趙氏云此碑有曰中遭
元二西戎虐殘橋梁斷絕若讀為元元則為不成
文理疑當時自有此語漢注未必然也予按漢刺
如北海相景君及李翊夫人碑之類凡重文皆以
小二字贅其下此碑有烝烝明明蕩蕩世世勤勤

亦不再出上一字然非若元二遂書為大二字也
又孔耽碑云遭元二轗軻人民相食若作元元則
下文不應又言人民漢注之非明矣王充論衡云
今上嗣位元二之間嘉德布流三年零陵生芝草
五本四年甘露降五縣五年芝復生六年黄龍見
大小凡八章帝紀所書建初三年以后龍芝甘露
之瑞皆同則論衡所云元二者蓋謂即位之元年
二年也鄧君傳云永初元年夏涼部畔羌搖蕩西
州詔騭將羽林軍五校士擊之冬徵騭班師迎拜

為大將軍（帝紀班師在二年十一月傳有脫字也）時遭元二之災人
士荒飢盜賊群起四夷侵畔騭崇節儉罷力役進
賢士故天下復安四年以母病求還侍養則此傳
所云元二者亦謂元年二年也安帝紀書兩年之
間万民飢流羌貊叛戾又与傳同此碑所云西戎
虐殘橋梁斷絶正是鄧騭出師時則史傳碑碣皆
与論衡合建初者章帝之始年永初者安帝之始
年乃知東漢之文所謂元二者如此（碑以余台為斜谷充為衝為
詆為抵歫為洰蔭為陰遼為寮蔡狩為獵獸衙為潔縱為蹤憓為喜積為積西成為西城禼即禹字）

（蓬即塗字斷即斷字腤即磐字遰即滯字㝵即碍字悳即惡字彊即彊字㾕即恢字醳即釋字繼即
繼字）

廣漢長王君治石路碑

表
惟右部官國之珍寶衝路危險俠石磐岩（缺）道人馬
（缺）行為民隆害歷世彌久靡有留心長廣漢
王君建和二年冬任掾楊（缺）攻沿（治字）破壞又從涂口
谿平（缺三字）井閣道至別鹽得去危就安功夫九百餘
日成就通達永傳億歲無窮記

弟子楊子欽奉為作（缺）定遠（缺六字）造
右廣漢長王君治石路碑以一表字題其上溝洫
志武帝穿漕渠令齊人水工徐伯表注謂巡行而
表記之与此蓋同意王君攻治崖路危險去民隆
害標表其事文不滿百在今漢州威宗建和二年
楊子欽所作（彌即彌字）

武都太守李翕西狹頌

漢武都太守漢陽阿陽李君諱翕字伯都天姿明敏
敦詩悅禮膺祿美厚繼世郎吏幼而宿衛弱冠典城

有阿鄭之化是以三葥符守致黃龍嘉禾木連甘露
之瑞動順經古先之以博愛陳之以德義示之以好
惡不肅而成不嚴而治朝中惟靜威儀抑抑督郵部
職不出府門政約令行強不暴寡知不詐愚屬縣趍
教無對會之事儌外來庭面縛二千餘人年穀屢登
倉庾惟億百姓有蓄粟麦五錢郡西狹中道危難阻
峻緣崖俾閣兩山壁立隆崇造雲下有不測之谿阨
芒促迫䝿（財字）容車騎進不能濟息不得駐數有顛覆
霣隧之害過者創楚惴惴其慄君踐其險若涉淵冰

（冰字）嘆曰詩所謂如集于木如臨于谷斯其殆哉困其
事則為設備今不圖之為患無已勑衡官有秩李瑾
掾仇審因常繇道徒鐉燒破析刻臽確嵬減高就埤
平夷正曲柙致土石堅固廣大可以夜涉四方无雍
行人懽悀民歌德惠穆如清風乃刊斯石曰
赫赫明后柔嘉惟則克長克君牧守三國三國清平
詠歌懿德瑞降豐稔民以貨稙威恩並隆遠人賓服
鐉山浚瀆路以安直繼禹之迹亦世賴福
建寧四年六月十三日壬寅造時府

丞右扶風陳倉呂國字文寶
故府掾　孟字

右武都太守李翕西狹頌在成州今之階成興鳳
皆漢武都郡也李君治武都橋道前后三処磨崖
棧險架橋則郙閣鑿崖治路則西狹天井此碑靈
帝建寧四年刻彼兩碑皆次年刻者歐得其一趙
得其二天井一碑是時未出南豐曾子固跋此碑
云翕与功曹史李旻定策勑衡官掾仇審治東阪
有秩李瑾治西阪鐉燒大石人得夷塗作頌刻石
其文有二所識一也其一刻於四年六月十三日

壬寅其一是年六月（三十日刻今集古之家惟有壬寅一碑李旻定策碑中不見天井吏屬却有李旻姓名始知南豐非輕信異聞必是西狹第二）碑所載近歲武
都樵人斬刈藤蔓始見石上有天井刻字倚崖縛
架椎拓甚艱寺僧或以惡木蔽晦日后碑恐有此
患（碑以葥為剳芒為宊隧為墜悀為踊稙為殖悳即惡字）

李翕黽池五瑞碑

黃龍　白鹿　木連理　嘉禾　甘露降　承露人

君昔在黽池脩崤嶔之道德治精通致黃龍白鹿之
瑞故圖畫其像

右李翕黽池五瑞碑李君昔治黽池臻此瑞物及西狹磨崖因刻於前非碑陰也黽池有二殺屬洪農郡

李翕析里橋郙閣頌

惟斯析里處漢之右谿源漂疾橫柱于道涉秋霖漉盆溢缺涌濤波滂沛激揚絕道漢水逆讓稽滯商旅路當二州經用袨沮沮縣士民或給州府休謁往還恒失日晷行理咨嗟郡縣所苦斯谿既然郙閣尤甚緣崖鑿石處隱定柱臨深長淵三百餘丈接木相連

號爲萬柱過者慄慄載乘爲下常車迎布歲數千兩遭遇隤納人物俱隋沈沒洪淵酷烈爲禍自古迄今莫不創楚於是

大守漢陽阿陽李君諱翕字伯都以建寧三年二月辛巳到官思惟惠利有以綏濟聞此爲難其日久矣嘉念高帝之開石門元功不朽乃俾衡官掾下辨仇審改解危殆即便求隱析里大橋於今乃造校致攻堅缺二字互巧雖昔魯班亦莫儗象又醳散關之嶃漯從朝陽之平燥減西缺二字高閣就安寧之石道禹導江河以靖四海經記厥續艾康萬里臣缺三字勒石示後乃作頌曰

缺四字降茲惠君克明俊德允武允文躬儉尚約化流若神處氓如缺三字平均精通皓穹三納苻銀所歷垂勳香風有隣仍致瑞應豊稔缺五字樂行人夷欣慕君靡已乃詠新詩

缺四字子川兑之間高山崔隗兮水流蕩蕩地既塉确兮與寇爲隣缺六字以析分或失緒業子至丐困貧危危累卵兮聖朝閔憐毹艾究缺兮矛缺五字救傾子全

百缺遺劬勞日稷兮惟惠勤勤黃邵朱龔兮蓋不缺四字充贏兮百姓歡欣僉曰大平兮文翁復存

建寧五缺二字月十八日癸缺下

時衡官缺三字仇審字孔信

從史位缺四字字漢德爲之頌

故吏下辨缺三字子長書此頌

時石師南缺四字威明

右析里橋郙閣頌隸額今在興州靈帝建寧五年立后西狹碑一歲刖有數行刺書撰人及石師姓

名歐公謂遭遇隤納及醳散閑之嶃斷歐誤作嶄潔逸朝
陽之平慘刻畫完而莫詳其義或是用字假借案
碑言閣道危殆車乘往還人物俱隨則隤納謂墜
淵也燥即燥字醳与釋仝太史公書皆肰楊著碑
醳榮投黻景君碑農夫醳耒之類是也其云劬勞
日稷蓋用穀梁子日下稷之文壹臺豐鳳碑亦有
之碑以横柱為横注盜溢為溢溢行理為行李厥續為厥績崔巍為崔嵬禍即禍字

桂陽太守周憬功勳銘

桂陽大守周府君者徐州下邳人也諱憬字君光體

性敦仁天姿篤厚行興閨門名缺州里舉孝廉拜尚
書侍郎遷汝南固始相遂拜桂陽廼宣魯衛之政敷
二南之澤政以德綏化猶風騰撫集烝細缺綏有方
進則貞直退則錯桂崇舉濟濟吉土士字充朝招訓缺
蒙開誘六藝君子道長小人道消信感神祇靈瑞苻
缺嘉穀生於壄奇草像蓮葡異相之樹超然連理於
此缺時郡域惟寧鄙又與與字南海接比商旅所臻自
瀑亭至乎曲紅壹由此水其水源也出於王禽之山
山蓋隆缺三字兮天泉賦沸踊發射其顛分沉離散為

十二川彌陵隮阻止阜錯連隅阪壓鷙未由騁駕爾
尸貫山鑽石經缺四字揚爭怒浮沈潛伏虵龍蜻屈澧
隆鬱泡千渠萬澮合聚谿澗下迄安匬六瀧佗難湍
瀨湍瀨注沄瀑溪雖詩稱百川沸騰高岸為谷深谷
為陵蓋莫若斯天軌所經惡得已改其下注也若奔
車失轡狂牛無縻缺勿忽臚睦不相知及其上也
則羣輩相隨檀柁提缺唱號慷慨沈深不前其成敗
也非徒喪寶玩隕珍奇替珠貝不象犀也往古來今
變甚終矣於是府君尸思夏后之遺訓缺應龍之畫

傷行旅之悲窮哀宂人困戹感蜀守冰殄絕犁魋嵩
夫昧淵求用夷易廼命良吏將師壯夫排磧磨石投
之窾缺二字高墳下鑿截回曲弼水之邪性順導其經
脈斷碨溢之電波弱陽侯之洶涌由是小溪尸平直
大道允通利抱布貿絲交易而至升涉周旋功萬於
前除昔缺二字樹基於茲雖非龍門之鴻鴻字績亦人君
之德宗故船船字人嘆於水渚行旅語於涂陸孔子曰
禹不決江疏河吾其魚矣於是熹平三季歲在攝提
仲冬之月曲紅長零陵重安區祉字景賢遵承典憲

宣揚德訓師禮不越欽仰高山乃與色子故吏龔臺
郭蒼龔雒等命工擊石建碑于瀧上勒銘公功傳之
萬世垂示無窮其辭曰
乾川剖兮建兩儀剛柔分兮有險夷浴中嶽兮穆崔
嵬嘆衡林兮獨傾虧增陵陗兮甚嶇碕鯀莫涉兮禹
不規仰王禽兮又崟峗俯瀧淵兮怛以悲岸黎天兮
無路谿石縱橫兮深洄洄波隆隆兮聲若雷或抱償
兮以逆利或追恩兮有赴義汜自楫兮有不避缺躬
軀兮於玄池委性命兮於芒繡憯寒慄兮不皇計忽

隨深兮殆忘歸懿賢后兮發𦊔聖字英閑不通兮治斯
谿釃巨石兮以湮填開功促兮遵曲機摧六瀧兮弱
兮散其波威怒定兮混瀾瀾息聊啾兮逝
兮蛟龍滅睦耆唱兮臚人歌名爾昔兮
超踰倫令稱缺兮燿深沙功斐斐兮鏡海裔君兮君
壽不訾
右神漢桂陽太守周府君功勳之紀銘隸額周君
名憬自固始相為桂陽守碑云熹平三年歲在攝
提仲冬之月曲紅長區祉與色子故吏建碑于瀧

上蓋靈帝甲寅年也茲水發源王禽山千渠萬澮
下湊六瀧舟楫過之若奔車失轡狂牛無縻喪寶
玩流象犀積有日矣周君思夏后龍門之績感李
冰離堆之事排治湍梗人得利涉故紀其功勳銘
辭全逼騷雅有柳子歌遺意韓退之詩云南下樂
昌瀧險惡不可狀者即謂此也樂史寰宇記云瀧
上有太守周昕廟今碑在韶州張九齡廟中其名
尚隱隱可辯蓋憬字也予嘗侍親度嶺留英州其
郡東亦有瀧問之云彼處壤沃宜稻而山甚高峭

僅有鳥道負擔者不可下土人斬竹為簰以器貯
米寘其上俟雨至澗通隨飛瀑魚貫而下注于深
潭入水底始再出碎于石者什五六謂之瀧如此
碑以塵藹為壅遏犂雕為犂堆小溪路蹊皆為蹊

周憬碑陰

故曲紅長零陵重安區祉字景賢故含洭長南郡郢
蒼陸字缺夏故湞陽守長南平丞長沙漢昌蹇秪字
宣節故行事耒陽舉憂字漢威故荊州從事曲紅龔
臺字少議故荊州從事曲紅郭蒼字伯起故荊州從

事郴王鼎字季尼故南部督郵曲紅龔雄字缺然故吏曲紅鄧音字孝亶故吏曲紅朱隲字義德故吏曲紅張源字子才故吏曲紅龔達字𢇁通故吏曲紅黃部字奇尼故吏曲紅周蓋字伯甞故吏曲紅黃晏字子齊故吏曲紅馬珪字元序故吏曲紅潭承字寧升故吏曲紅劉鵠字季産故吏曲紅黃祺字𢇁仁故吏曲紅周習字仲鸞故吏曲紅劉虓字子省故吏郴褚禧字缺讓故吏耒陽蔡缺字巳明故湞陽左尉零陵泉陵缺三字故吏湞陽劉明字仲缺故吏湞陽左勝字

仲升故吏湞陽左龢字妙舉故吏湞陽宗碩字子張故吏含洭秃禹字公剌故吏含洭張郃字寧威故吏含洭黃詳字伯節工師南陽宛王遷字子纏

右周憬碑陰宰曲紅者一人貫曲紅者十六人熊君碑亦全兩漢書皆作曲江諸家地理書皆云水流屈曲故曰曲江唯水經云縣昔号曲紅山之名也前書工女大功皆只同用紅字未知水經何所據也

隸釋卷第四

隸釋卷第五

槀長蔡湛頌　溧陽長潘乾校官碑

梁相孔耽神祠碑　成陽令唐扶頌

巴郡守張納功德叙并陰　酸棗令劉熊碑并陰

槀長蔡湛頌

君諱湛字子德河内脩武人也其先缺周封𢇁缺二字葉文王采食蔡缺五字剬其氏厤世卿尹有功王室迄于大漢繼踐繁隆内任台翼外作股肱元初之缺三字擾攘君孝衜詔東掃其難宰化缺苻守吴郡再莅缺二

字復牧青州風聲所加缺三字希爱樹之美湛剬其忠子也少眈七典缺二字碩材缺二字州郡名寶鄉黨辟州從事上缺三字舉孝廉以疾辭讓應司徒府除廣川長公事去官復辟大尉以熹平四年六月乙卯詔書除缺四字政也躬清絜以草穢班五禮以齊衆官剬不勞民亦龢事於斯缺二字孝翕習而帥缺三字蕭滌而雲消爾乃來幽秀於巖列嘯缺二字於閭閻欽者賢以缺命缺齊偕以殊禮缺三字良缺足而思節爲惡迎化而移心缺風清和而琬琰時雨應氣而投閒嘉祥臻缺四字

生年穀豐儲歲有其成遠鄰附就户口增前視事三
年遷高邑令吏民追思如缺三字朝夕思爲夫播禮以
正俗少律以擿姦䥽爲而稱治溫溫有功缺飛陶唐
氏其孰能缺三字乎鄭產密豹之迨殆不及矣蓋良君
興遺愛缺民琹銘樹　㐱五乀通義也於是吏缺三字栗
尹等相與合會立碑起頌刊斯石焉
其辭曰
穆穆蔡君國之俊緦應禮缺二字不降其光乃就台鼎
釐是高缺協英公門衮職是望缺賦廣川不挫其芳

乃旋色厲更迹惟良舒羽来臨我國是煌靡缺不缺
罔禋不通民用寧缺風俗以康三載勳最功蹬王府
命作高邑臨拜州缺吏民追思乃銘其叙昭示缺裔
亦孔之表君德含洪有君子道四焉
聖朝明哲以爵寵賢光和四年十二月甲缺詔書拜
并州刺史
光和四年七月七日丁缺二字
右漢故槀長蔡君之頌隸額在真定有陰靈帝光
和四年立蔡君名湛治槀三載而遷高邑吏民思
其惠政故栗尹等共刊斯石頌后又志其并州之
除蓋續書也碑以溫爲湯飛爲非䥽即歷字希即布字劓即則字釐即厲字禋即禱字

溧陽長潘乾校官碑

蓋漢三百八十有七載缺三字于缺二字銘功著斯金石
畀誄曰溧陽長潘君諱乾字元卓陳國長平人蓋楚
大傅潘崇之末緒也君稟資南缺之缺四字德之絕操
髫髦缺敏缺學典謨祖講詩易剖演奧藝外覽百家
衆缺挈聖抱不測之謀秉高世之介屈私鶂公即仕
佐上郡位既重孔武赳著疾惡義形從風征暴執訊

獲首除曲阿尉禽姦戔猾寢息㦤讙履菰竹之廉蹈
公儀之絜察廉除茲初廬清肅賦仁義之風缺三字之
迹鉴化放虖岐周流愛雙虖缺二字親臤寶智進直退
慝希政優優令儀令色獄䥽呼嗟之冤權䥽叩匈之
結矜孤頤老表孝貞節重義輕利制户六百省無正
繇不責自畀百姓心歡官不失實於是遠人聆聲景
附樂受一廛既來安之缺設三乘惟泮宮之教反缺
俗之禮構脩學宮宗懿招德既安且寧干侯用張優
豆用𤖭發彼有的雅宮缺閑鍾磬縣矣于胥樂焉乃

伀叙曰翼翼聖慈惠我黎蒸貽我潘君平茲溧陽彬
彪赳武扶弱抑彊缺刈骾雄流惡顯忠洛疑元老師
臤伀朋脩學童冊琢質繡章宣天生德有漢將興尚
旦在碆我君存今缺此龜艾遂尹三梁亢由支百民
人所彰彡子子孫孫畀介熾昌
丞沛國銍趙勲字蔓伯左尉河內汲董竝字公房右
尉豫章南昌程陽字孝遂
時將伀吏名戶曹掾楊淮議曹掾李就議曹掾桓檜
戶曹史賀缺迎掾位侯祖主記史吳超門下史吳訓

門下史吳翔門下史時球
光和四季十月巳丑朔廿一日己酉造

右校官之碑隸額靈帝光和四年溧陽為其長潘
君作紹興十三年溧水尉喻仲遠得之固城湖中
碑今在溧水縣潘君名乾自曲阿尉來宰溧陽興
學宮講肄射碑頌所由作也其閒用字刻省其刀
賢去其貝干侯用張者周礼士以三耦射豻侯大
射礼用干字尚旦在碆者似謂太公周公也碑以薛為
黎畀為俾綴即逆字廔即屬字䜌即垂字智即智字遝即退字檪即野字賣即責字薵即蔓字㕑即
房字

梁相孔耽神祠碑

君諱耽兄弟三人君冣長厥先出自殷烈㷍家者質
故君字伯本初魯遭亡新之際苗冑析離始定茲者
迴紂陽以来君少治礼經遭元二轗軻人民相食舜
土茅茨聄采蔆藕消形瘦瘠呂養其親慈仁質桷精
靜誠信天授之性飛其學也治產小有追念祖母故
舜魂構於是君乃竭凱凮呂惆悽惟慕儀呂愴悢悕
閶郭藏造伀堂宇增土種柏孝心達寘平石上見䰟

虵有頃復亾放龍羅之雜救窮禽出尾小弟升高遊
玄畜積道富財貧君引共居卅餘季雖賖升如義合
故天應厥證木生連理朮體一爲下則宮人上則洪
茂馨卓流布縣請署主薄功曹府招稽議郡將烏程
沈府君表病委職署君行事假穀郭長印綬揔領文
書季踰皓首縣車家巷黃髮玄耇背有胎表孫息敖
姚驩樂壽考觀金石之消知萬物有終始圖千載出
洪憲定吉兆於天府目覼互匠出所營心欣悅於所
處其內洞房四通外則長廡功賦合 出世萬呂光和

四秊歲在壬戌夏六月訖成於此行夫君子欽美舍
譔如頌曰
君之德兮性自然蹈仁義兮履卦純傯隱至兮祂虵
存皇悉象兮木理連矜偈獸兮放舍旃享蕺榮兮景
颻宣達情性兮覩未然亦億載兮傳功勳刊石祠兮
示詰賢子淂述父臣淂錄君故紀焉時君年七十二自所立伩君子颯伩內至時已更郡諸曹史
智鄧承詔紀行手自注石治師同縣朱適朱祖并伩畜郭
右漢故行梁相事碭孔君之神祠隸額靈帝光和
五年立在亳州永城縣孔君名耽梁國古碭郡也

郡將沈君表病委職故耽假穀執長而行相事謂
之碭孔君之神祠者其祠在碭也此碑筆法頗古
怪其文又自左而右數行之后字畫頓小其末又
有小字數十叙孔君之年及其子歷官与石工姓
名孔君有孝友之行致神蛇木連理之祥白首退
休驩樂壽考其文云亡吉兆於天府覩工匠之所
營心欣悅於所処又有子淂述父之句則是孔君
自作壽藏而厥子刊石也吳雄置卒史碑有孔子
十九世孫麟廉文學掾龢師悳戶曹史覽又史晨

碑有五官掾暢功曹史淮守廟百石讚副掾綱故
尚書立又韓勑碑陰有從事樹太尉掾凱百石恢
処士方朝巡汎儀甫此有耽颯凡二十人孔氏譜
皆不著以聖人之后見之碑刻尚如此况它人乎
碑中輱作轗刑作形飛作非蔽作緩胎作台卦作朴傯作惻從字有作遡者此碑以從為迦盖省文也寂即最字桒即采字穿即宇字寘即寘字廿音入廿音悉盡切卌音息入切漢碑俱用此數字

漢成陽令唐扶頌

君諱扶字正南潁川鄢人也其先出自慶都感赤龍
生堯王有天下大號為唐治致廱熹尊天重民禪位

寘缺光受茅土通天三統苗胄枝分相土脉居曰氏
唐爲累坂含柁受天之怙滑嗣彌光為漢台輔君父
孝廉郎中早卒季父蜀郡蜀郡從弟會稽會稽從弟
南陽君從兄東萊大守南陽弟司空公在朝逶隨正
色竭忠為國討纂六侯俱封受土襲爵金緡十三君
繼厥緒少有岐嶷耽道好古敦書咏詩綜緯河雒底
究羣典戔紐士進守舞陽丞弱冠守昆陽尉潁陽令
隱練州郡所臨有迩迹字帝嘉其德特拜郎中察能治
劇除豫章鄡陽長夷粵拚檍忮强難化君奮威颺武

視㠯好悪鑾𨫳振疊稽顙𠂔服 缺 上前逋千有餘萬
盜賊衰息境界晏然三載有成州郡諍表遷成陽令
承先聖之弘軌見讚像之高蹤遂興無為之治優賢
颺歷表壽紕惡遵九德㠯綏民崇晏晏之惠康凨移
俗易莫不革心朝有公卓家有棨騫分郟之治優隆
於君追惟堯德廣被之恩依陵亳廟造立授堂四遠
童冠摳衣受業著録千人朝益莫習衎衎誾誾尼父
授魯邑㠯復加盧禔瑞應木連理生白菟紫鳩遊君
園庭蕩蕩之治莫能名焉三司察功朝廷審貞㠯君

隸釋　卷第五　八

威恩竝流文武兼興東萊海濱須君㠯寧詔書換君
昌陽令吏民慕戀士女惟艱捺挐君車輪不得行君
臣流涕道路琅玕迫有詔命靡由復還於是故從事
仲字仲援張躬萬龍督郵仲覘郡掾閻葵 缺 仲瑝處
士王 缺 董頜閻葵斑等乃共刊石樹公頌歌君之美其
辭曰赫赫唐君帝堯之苗氏族不一各任所安本同
末異蓋謂斯焉君體煥炳有芬有馨如山如嘼嵩如
不傾如 缺 如海滄如不盈惟直如矢 矢字 秉銓據衡在
朝𤸎𤸎閨門雍雍廉蹃伯紂絜如珪璋賦政于外爰

及鬼方匯夷来降寇賊迸亡黎庶攸寧黔首歡康㠯
德綏撫宣恩六陽㠯仁恤弱㠯義抑彊恩由春夏威
如秋霜賞罰分爾白黑著明憂耆閔稚不侮寡矜眈
樂道述咀嚼七經乂六六七訓導若神接下施與投
財如捐吏服其德民歸其恩父父子子君君臣臣不
𠂔自舉不拘不煩囹圄空虛國無佞民德及草虫澤
流無垠蜎飛蠕動咸賴𢦏君顯顯令稱德音常存
光和六秊二月壬午朔廿乂日丙午處士閻葵斑戀
念唐君爲立碑 缺 斑字宣高脩春秋嚴氏大子讓公

隸釋　卷第五　九

謙龔斑葉次龔紂謙治尚書歐陽次廉仲絜小夏侯
眈經史兮履仁義内和陸兮外發卦㠯家財兮讚君
號諸學 缺 兮相埤助垂後坟兮不之譽
右漢故成陽令唐君頌篆額在濮州雷澤縣有陰
唐君名扶潁川人由舞陽丞昆陽尉潁陽令入拜
郎中出爲鄢陽長自成陽令換治昌陽邑人慕戀
恩惠至於泣攀其車轍既行之后處士閻葵斑等
共立此碑靈帝光和六年也首云承先聖之洪軌
見讚像之高蹤又云造立授堂四遠童冠摳衣受

業著録千人朝益莫習衎衎誾誾尼父授魯曷以
復加又云歡樂道術咀嚼七經五六六七訓導若
神所叙讀學之事其詳如此盖溧陽潘君校官碑
之類也授堂者講授之堂五六六七者用曾點冠
者童子之文也司空者名珍熹平二年自太常拜
中常侍唐衡之弟也延熹中衡与宦官共誅梁冀
受封世謂之五侯即討暴俱封事也匯夷者匯澤
之盜也朝有公阜即孟公綽也家有桼騫以桼爲
參即曾閔也廉踰伯紂即夷齊也分陝則反夾爲

郟此用字之異者又有題名云成陽令潁川潁陰
高諱其成陽丞廣陽薊史珍瑋寶盖是刻於碑首
之旁者捹揜音如布戶不順理也碑以諍爲爭棃爲黎述爲術陸爲睦埤爲裨叏即受

巴郡太守張納碑

巴郡大守都亭侯張府君功德叙

君諱納字子郎勃海南皮人也其先缺二字之冑立姓
定氏應天文像炎漢龍興留侯維幹枝裒滋布竝極
爵秩君之曾祖暨其先考軌迹相繼俱缺三字州追倅
昔人卒顯其光鍾美積德寔乃毓君膺大雅之淑姿
牖烝烝之孝友綜覽責典靡古不通察孝廉除郎中
尚書侍郎夙宵在公匪懈于職遷甘陵安句令親病
去官念缺二字復義童海内辟司空司徒府廣缺二字引
股桓弗就復辟大尉舉高第拜侍御史廸謨弼諧密
靖王室楊州寇賊陸梁作難五府表君中丞督缺二字
武汾泫所向禽殪日不移晷收功獻捷省息錢轂還
充府帑朝以缺四字騷震剖符守任綏慰騃散缺二字畏
者祉克大勳丙子璽書封都亭侯延公曲阜尚父營
丘周啓厥缺五字自君到官也勤恩乾乾缺二字暇食菲

身約儉鳩時著麗清踰公儀絜如素絲旌飄秀異抽
拔孤缺五字以内照外貪饕革悔姦缺二字遯刑無斧鉞
之周狩無拘絏之人朐忍蠻夷滔天蠢動乘虛唐突
缺五字忿缺斯怒爰整干戈虎缺二字眈搏則有獲羣醜
惛怖絶迹幽竄竄字鎮集乖離併寧業宇郵潛湅餧缺八
字賦出梁益頻年缺二字杼柚其空洊流轉漕轂恒輸
沮戊申詔書騰前付異道逈且艱潮缺六字上言如舊
常童雖得缺二字家不行哨然愍悼民亦勞止繇是辭
疾闔閤委政中關毅慈養之缺七字之怨故大尉掾王

缺三字府丞李元掾史張勳黎景馮經趙中毋俊蒲勝
猶潭等庶慕奚斯缺二字之義共論叙紀著休烈刊缺二
字頌其辭曰
缺四字蔫生我君姿兼申甫懿鹽缺二字師興稽古正始
順元允恭肅恪唯禮是遵乃訓五品敦敎在寬舍缺五
字乾乢其潤如雨其主缺二字既循沮桓導我以文且
衞殺暴建此式勳四竟家謐群庶艾安童謡缺三字德
慕思昔在郃伯佘也復缺三字穆矣卓爾超倫亐胥令
問先乎意年

右巴郡太守都亭侯張府君功德叙靈帝中平五
年立今在巴州張君名納勃海人碑云立姓定氏
應天文像蓋謂二十八舍有張宿其不經与郲敏
碑同張君爲郎中尚書侍郎甘陵寃句令侍御史
揚州賊作以中丞督捕封都亭侯碑有殘缺不見
守巴郡事蓋在朐忍蠻夷蠢動之下此碑乃掾屬
李元等爲之碑陰各書曹掾之職而不稱故吏則
是張君在郡之日所立碑以汾沄爲紛紜以湣爲贈以哨爲悄以沮桓爲徂
亘以悳爲億賁即墳字懸即懈字晨即曩字家即寂字

張納碑陰

益州從事宕渠李元字次公行丞事從掾位江州然
存字元久主簿江州白文主記掾閬中黄機録事掾
江州王翕上計掾安漢趙瓌議曹掾宕渠李思議曹掾
朐忍扶古議曹掾江州上官延議曹掾安漢陳阜議
曹掾枳楊本文學主事掾任穆從掾位閬中嚴晏從
掾位閬中楊虵從掾位宕渠馮譽從掾位宕渠李竝
文學掾閬中周雜尉曹掾安漢缺昕金曹掾宕渠缺
林漕曹掾安漢缺業法曹掾江州缺洽集曹掾江州

缺玄兵曹掾江州缺岺比曹掾江州缺盛功曹史宕
渠缺經詩事掾宕渠缺訓文學掾江州缺阿詩事掾
充國缺亘詩事掾枳負缺詩事掾枳張缺詩事掾宕
渠缺敵詩事掾枳章缺詩事掾安漢王業文學主事
史閬中張榮奏曹史江州董國奏曹史宕渠沈祢戶
曹史宕渠李舍戶曹史埶江龔祖戶曹史充國李啚
戶令史埶江宋亶獻曹史宕渠威丕辭曹史江州毋
龜辭曹史安漢陳低賊曹史充國胥遺賊曹史江州
然雄賊曹史平都張恃賊曹史宕渠曲滑右賊曹史

枳牟梁決曹史宕渠王安右金曹史安漢范謀左金曹史宕渠王裦左倉曹史充國楊涂右倉曹史江州尹裴左漕曹史安漢曹巳右漕曹史鞏江田嵎法曹史江州愠益右集曹史江州張南右兵曹史鞏江夏晉比曹史充國何鐔中部督郵安漢陳脩南部督郵閬中王湯監市掾閬中趙應領校安漢長江州上官旦中部案獄閬中張有府後督盜賊枳李街文學史江州鈆遷守屬江州丁盛守屬江州謁恭守屬安漢郭興守屬充國譙將守屬宕渠李平守屬充國王可守屬安漢楊連守屬安漢邠升

中平五年三月上旬書君升台祚承天百福子孫千億

右張納碑陰題名七十有四人從事及丞則書其字主簿以下掾史並書名蓋一郡之吏也主記掾錄事掾上計掾各一人文學主事掾史各一人從掾位四人文學掾二人史一人議曹掾五人法曹集曹比曹史各一人金曹漕曹掾各一人左右史亦如之尉曹掾一人詩事掾七人功曹獻曹決曹

左倉曹右倉曹史各一人奏曹辭曹史各二人戶曹史三人戶令史一人賊曹史四人左賊曹史一人中部南部督郵各一人監市掾一人領校安漢長一人中部案獄一人府後督盜賊一人守屬八人其分職置吏如是其衆且詳也漢世郡縣吏開敏有材者上之人可以察舉達而爲公卿無所碍故人知自愛重犯法今日唯以鞭笞用事宜乎廉恥汨喪也

酸棗令劉熊碑

君諱熊字孟缺廣陵海西人也厥祖天皇大帝垂精接感篤生聖明缺仍其則子孫亨之分源而流枝葉扶疏出王別胤受爵列土封侯載德相繼丕顯字缺五光武　皇帝之玄廣陵王之孫俞鄉侯之季子也誕生照明岐嶷踰絕長字缺四柴守約履勤體聖心叡敦五經之瑋圖兼古業覈其妙行脩言道字缺五宜京夏莫不師卬六藉五典如源如泉既練州郡卷舒委遺忠貞缺效官字缺三出省楊土流化南城政猶北辰衆皇所從三祀有成来臻我邦循東缺之惠抑缺禮官

賞進厲頑約之以禮博之以文政敎始初慎徽五典
勤恤民殷 缺 心顧下 字缺二 仁恩如冬日威猛烈炎夏
貪究革情清脩勸慕德惠潛流㗲芳旁布尤愍縣 缺
濟濟之儀孜孜之踰帥厲後學致之雝泮草上之風
莫不嚮應悅誨日新 砬字缺二 素七業勃然而興咸居
今而好古雖未盡道善必有所由慮民之秉彛宴我
劉父其人魯無君子斯焉取旃允我劉父言善誘人
講禮習聆匪徒豐學屢獲有年 缺 載克成神民協欣
雨不相傷故德反歸焉自古在昔先民有作洪勳則

甄盛德 缺 刻表諸来世垂之罔極褒賢表善揚幽拔
徽式序在位量能授宜官無曠事 字缺二 為正以卒為
吏愍念烝民勞苦不均為作正彈造設門吏富者不
獨逸樂貧者 缺 順四時積和感暘歲為豐穰賦稅不
煩寔我劉父吏民愛若慈父畏若神明悔 缺 令德清
越孤竹德牟産奇誠宜褒顯照其憲則乃相 缺 洛度
諏詢采撫謠言刋 缺 詩三章其辭曰
清和穆鑠寔惟乾川惟嶽降靈篤生我君服骨叡聖
允鍾厥醇誕生岐嶷言協 缺 墳懿德震耀孝行通神

動履規繩文彰彪續成是正服以道德民
有父子然後有君臣理財正辭束帛戔戔 缺 夢刻像
雈鳴一震天臨保漢寔生 缺 勳明試賦授夷夏已親
嘉錫来撫潛化如神其神伊何靈不傷人
猗歟明哲秉道之樞養 缺 之福惟德之偶淵乎其長
渙乎成功 缺 暇民豫新我 缺 通用行則達以誘我邦
賴茲劉父用說其蒙澤零年豐黔首歌頌
右酸棗令劉熊碑篆額右一行徵有棗令劉字則
知所題非十即八也碑云出省楊土流化南城三

祀有成來臻我邦則酸棗非始仕之地碑美其勤
恤民隱恩威並行帥厲后學善誘日新至叙力役
之事尤詳其辭云以卒為吏愍念烝民勞苦不均
為作正彈造設門吏富者不獨逸樂貧者淂順四
時積和歲豐賦稅不煩可見劉君茲事尤為民便
故百姓以劉父稱之碑之所以作也以卒為吏之
上有為正二字而闕其餘董仲舒云月為更卒已
復為正小民安得不困注云更卒謂給郡縣一月
而更者正卒謂給中都官者西京吏有三品後雖

改易官不得人則害常自若也水經云酸棗城有縣令劉孟陽碑令碑損其一字歐陽公不知碑在酸棗元以名其官遂謂之俞鄉矦季子碑趙氏云光武子廣陵王荆以讒死李利涉編古命氏云荆生俞鄉矦平平生彪襲封據此熊當為彪之弟然則於光武乃其曾孫而曰玄孫碑之誤也唐王建題此碑詩云蒼苔滿字土埋龜風雨消磨絶妙辭不向圖經中舊見無人知是蔡邕碑元祐中蘇邁書胡戢之語謂此与劉寬碑同建詩為不誣予謂此固漢隸之上品似非中郎筆法其文有云七業勃然而興咸居令而好古其詩則曰有父子然後有君臣文律如此難以謂之絶妙辭也碑以亨為享殷為隱究為宄踰為諭偶為隅鶴在鳴上省文佐寉

劉熊碑陰

故徵試博士下缺故華長蘇真下缺華長戴燿下缺故上計掾下缺故郎中許弘尉寵三百故兗州從事仇審季缺三百故缺事君仇方孟魴三百故外黄守令尹松大德五百故雍丘守令李保世德三百故雍丘守令缺

穆元憲三百故外黄守令李卓卓異三百故守東昬長蘇勝德陽二百故五百掾王遲宜孟二百故雍丘守令王習尉河三百故督郵左位宣高二百故督郵李璫景德二百故督郵李瀲景臺二百故督郵蘇翔山甫二百故督郵楊茂季曾二百故督郵顔亮光祖二百故郡曹史李豫妙高二百故郡曹史顔詩惠祖二百故郡曹史楊寃世直二百故郡曹史王仁公直二百故郡曹史王貢尉臺二百故郡曹史蘇寯寯缺二百故郡曹史仇惟彥成二百故郡列掾李表憲臺

二百故郡文學李義子仁二百故浚儀守丞李瓚伯瓌二百故缺二字守丞仇郃景傳二百故陳留守尉樊殖仲舉二百故河隄從事缺萬世缺三字故河隄從事李脩彥缺三字故兗州書佐尹雒彥真五百故雍丘守尉李謙子山二百故外黄守尉誠咸升卓二百故功曹尹愼元節二百故功曹郁腨世高二百故功曹蘇信君咨二百故功曹馬昂卓舉二百故功曹三頌季寍二百故功曹尹真元真二百故功曹馬氾解卿三百故功曹蘇僑文雅二百故功曹蘇缺景真二百故

功曹楊缺仲紀二百故功曹毛儀雒方二百故功曹
李儒公林二百故功曹蘇奉奉祖二百故功曹皮周
雒真二百故功曹楊芬伯曾二百故功曹顏規孝舉
二百故功曹殷脩山祖三百故功曹常周彥周二百
故功曹田宣宣孟三百故功曹仇缺彥博二百故功
曹左鳳彥皇五百故功曹李性孝慈三百故功曹李
護子讓三百故主簿衛宣宣臺二百故主簿張芝缺
真二百缺一人從掾位李奉奉明二百從掾位缺二字子
然三百從掾位尹彬雒方三百從掾位王東公舉三

百從掾位左宜扶風二百從掾位景殖紂敬二百從
掾位張除紂缺二百從掾位張臨缺二字二百從掾位
李榮彥德二百從掾位左脩敬祖三百從掾位宋盖
季甫三百從掾位馬萌子明二百從掾位陳揖文讓
二百從掾位彭來紂祖二百從掾位揚橫公節三百
處士宋缺仲博三百處士許宗苑祖二百處士李相
成祖二百處士王鳳德升三百處士焦鳳德皇二百
處士顏缺子礼五百處士尹官彥高二百處士蘇位
雲臺五百處士李勝子丈三百處士紀桂孝范三百

處士董悝彥臺五百處士蘇瑋孔彥五百處士屈孔
子瑋三百處士李綝奉和三百處士缺二字彥宜五百
處士尹茂孔丈四百處士尹瑋彥璜五百處士尹缺
德橫五百處士殷郁缺德二百處士李礼公儀三百
處士邰畺孔丈五百處士崔鵠孝丈五百處士缺二字
昭明三百處士殷經德明三百處士雄桐景直五百
處士韓庠元序五百處士尹愔孝讓五百處士尹雄
雲臺二百處士許將彥榮五百處士王缺德讓五百
處士殷瞀彥直五百處士殷沉元像二百處士楊商

子翼三百處士蘇豔彥公三百處士桃詩彥雲五百
處士馬儀彥周三百處士馬郢彥朝五百處士公缺二
字雲五百處士曹長顯丈五百處士缺二字仲章五百
處士缺三字博五百處士王鍾紂璜五百處士馬順德
缺三百處士缺四字五百處士樊缺下處士缺下處士蘇恩
公缺五百處士蘇穆公臺缺百處士缺二字德缺二字百
處士杜缺彥璜五百處士左儀德祖二百處士張缺
子讓五百處士張缺元表三百處士缺四字三百處士
杜缺子惠五百好學尹缺下二百好學韓彫子缺二字百

好學魯庠子序二百好學李泉衬缺二百好學閻仲
衬明二百好學誠缺二字宻二百好學張章子章二百
好學寇髙彦髙二百好學雄𣲝子成二百好學江缺
敬萋二百好學毛部彣和二百好學焦寄子琚二百
好學李恭敬讓二百好學宗茂彦缺二百好學宗寧
萬歲二百好學稽詳子季二百好學趙稺景缺二百
好學張武彦成二百好學焦方子政二百好學下缺好
學下缺好學蘇下缺好學許礼文燿已下石皆下缺好學程當子
缺好學李墨子缺好學李仲紂仲好學尹朝子缺好

學缺二字子缺好學左重彦松好學李漢子漢好學李
泰子缺好學尹𠌶缺二字好學衛阿子缺好學江真子真好
學趙缺子賢好學李豎子豎好學缺二字吉甫好學張
侶紂缺好學掾缺子和好學李周子周好學王福子
祿好學翟馮子缺德行蘇倉子盈缺好學缺好缺好
缺好缺

右劉熊碑陰其可見者百八十人不書郡邑皆酸
棗人也其稱故華長故雍𠀠令之類則邑之薦紳
大夫也其稱故郡文學故督郵之類則嘗吏於郡
者也其稱従掾位則酸棗之吏而不稱故吏則可
見劉君之在官也處士之后有好學四十餘人必
泮宫之后進以處士爲文人行者其閒有德行一
人必是嘗貢孝察廉者

隸釋卷第五

隸釋卷第六

謁者景君墓表

惟元初元年五月丁卯故謁者任城景君卒嗚呼缺二字國亟淑臣朝失貞良同缺四字吏無缺四字瞻學者靡缺六字紀德缺二字生有爵號殁缺其功缺二字追缺二字即

辭云

惟君東脩仁知缺興門缺發政缺然缺三字爾缺五字風
無體缺二字明撕幽通言信行篤謙廉允躳缺二字不缺三字不悔人缺勇匪石外和内公疾遁曲缺詭隨缺十字通缺二字義命秉肅以缺理政治孝親忠君缺嘉命挽缺敬應缺八字股肱耳目缺四字彈缺刊枉茹剛吐柔五官功轉骨骾之臣缺二字嚴缺二字祖之貞史任之直公缺浩清辟州從事缺邦之雄喧動萬里州郡位升察舉孝廉百國之宗能文綳缺於缺心缺四字光缺帝庭缺五字問股肱龍升鳳翔進退缺便缺二字公劉姿缺六字益缺昌缺四字逝缺二字降年百遺失氣京師鄂驚皇帝賻缺五字大缺三字其福缺五字興缺軌缺端剖符北海缺二字所缺六字寇攘缺二字而有缺二字曷缺兮缺曰缺二字孔缺曰缺二字子曰缺四字無傷兮異色缺艾知命亾兮不缺百缺四字兮缺七字兮更去缺二字是其缺兮缺動後昆兮缺將子缺五字永昌兮紀此銘

右故謁者景君墓表隸額景君任城人以安帝元初元年卒石磨滅可讀者纔數句碑陰有諸生服義者十五人即立碑之人也東都自路都尉始見墓闕蓋表阡銘壙之濫觴也有文而傳于今則自景君始其分行布字已井井有法題首七字波勢清逸有八分之骵惟皇帝賻三字特出於誌文之上齊葬穆妃議立石誌王儉以為非禮經所出元嘉中顔延之筆為之遂相祖述爾梁任昉作文章緣起又云墓碑自晉始予考酈氏水經所載漢刻

已不少後魏与齊梁時相先後也豈碑碣多在北方南人未之見乎然郭林宗傳云林宗既葬同志者立碑蔡邕爲其文謂盧植曰吾爲碑銘多矣唯郭有道无愧色史稱王儉晉宋以來故事儀典諳憶無遺每博議引證先儒无能異者范書所載豈不知之今漢人墓刻猶存數十百碑其云始於晉宋非也（碑以玔柾爲糾柾鄂驚爲愕驚）

景君碑陰

諸生服義者

義士北海劇張敏字公輔弟子濟北茬平甯尊字伯尊弟子山陽南平陽方京字孟平弟子濟北茬平吳良字威賢弟子齊國臨菑宋成字子賓弟子齊國臨菑劉封字漢輔弟子魯國卞呂昌字汞興弟子樂安高宛牟龍字文舟弟子清河靈劉翼字仲禹弟子清河靈孟訢字輔公弟子清河靈孟福字苻道弟子魏郡序止田朗字季持弟子魏郡內黃景茂字元愷弟子山陽湖陸尹倉字升進弟子山陽湖陸董奮字元夜

右景謁者碑陰義士一人曰北海張敏碑中若有剖符北海字其文斷續難考餘人皆稱弟子則傳道受業之人也墓之有碑所以紀功述德昭垂後世者也一時賓客因以刻名其陰託之不朽爾今景君之碑淪碎不復成章而碑陰諸人姓名略無刓缺物之不可預期如此

郯令景君闕銘

惟元初四年三月丙戌郯令景君卒以五年二月（缺四字）序君存時恬然無欲樂道安貧信而好古非法不

言治歐陽尚書傳祖父河南尹父步兵校尉業門徒上録三千餘人明明側陋遠近照聞（缺）司聘請添化下邳未極孝績續毋朞之子無隨没俯就礼畢故府復請司空大常博士竝舉高經君爲其元假涂郯（缺）姦耶洒心澄激清靜英書衰嘆年（缺）黃耇終始無衍被病噩身歸于幽冥祖載之日游魂象生玄路皆（缺）朱艸（缺二字）達巷方軌涕泣賨（缺）諸生服義百有餘人逌剜屯石紀（缺）行（缺）見（缺）懷德聞自嘆吟千秋萬世（缺二字）爲（缺二字）孝積德（缺四字）堂壇羅（缺）闕（缺）壂魂而有

靈缺無缺

右鄭令景君闕銘諸生服義者所立景君歷下邳鄭兩邑以安帝元初四年卒墓有雙石闕其一刻此文在濟州任城縣南景君三世傳歐陽尚書高第編牒至三千人公卿皆以為明經舉首亦顯門之耆儒也碑既不載其名儒林傳唯有廣漢景鸞乃治齊詩施氏易者范氏囹羅踈略蓋不止一鄭令也惜哉弃即棄字寘即冥字

國三老袁良碑

君諱良字厚卿陳國扶樂人也厥先舜苗世為封君周之興虞閼父典陶正嗣滿為陳侯至玄孫濤塗初氏父字立姓曰袁魯僖公四年為大夫哀十一年頗佐司徒其末或適齊楚而袁生缺獨留陳當秦之亂隱居河洛高祖破項寔從其冊天下既定還宅扶樂孝武征和三年生曾孫幹斬賊公先勇拜黃門郎封關內矦食邑六百戶後錫金紫纍脩城之䆊幹薨子經嗣經薨子山嗣傳國三世至王莽而絕君即山之曾孫纘神明之洪族資天息之清劘惲綜易詩而悅禮樂舉孝廉郎中謁者將作大匠丞相令廣陵大守討江賊張路等威震徐方謝病歸家孝順初政治缺二字白三府舉君徵拜議郎符節令時元子光博平令中子騰尚書郎少子璋謁者詔書辟缺二字可父事羣司以君父子俱列三臺夫人結髮上為三老使者缺節安車親缺几杖之尊袒割之養君宴饗之後拜梁相帝御九龍殿引君對覲與酒飯賜飲宴冊曰頃者連遇運害災𢦏備至陰陽不和寒暑不節詧孔子制義承奉劘有興盛之福憪期即致來咎之

變朕以妙身襲裒繼業二九之式今直其際圖記占缺惟在藩國自先帝至德猶有十七字國之謀蓋治世者不諱其難朕追蕘社稷之重恐有交會諸國王矦開導以驕滿之漸令姦邪因緣生慝相以顯選簡練內升詧掌符竟惠撫我民故連拔授不問勳次典郡職重親執經緯隱括在手往者王尊發縱於平陽清約藩輔其節衎然忠臣之義有獻蕘去字否其加精徹瀏切防繼朕疚心以式今特賜錢十萬雜繒卅匹壬王字具劒佩書刀繡文印衣無極手巾各一注悉乃

心勉宻協同便宜數上君子曰優臤之寵於斯盛矣
宰縣治郡粸民不思載八十五以病致仕永建六季
二月戊辰卒居㘣室廬殯于假館谷行父平仲小國
之卿其儉猷稱況漢大夫父子同升而粸環堵不遭
乚明實録之時使前喆孤名而居獨立於是厥孫衛
尉湳司徒掾弘缺逌刊石佔銘其辭曰
飛清邈紛其屬跨高出山字鋪雲際佔帝父振迣瀸登
華龍眺天坐酌不揮凱以邁民被澤䋺纖乂寸本㥁
曜其碣缺煌煌毀萬世

右漢故國三老袁君碑篆額在開封之扶溝袁君
名良歷郎中謁者將作大匠丞相令廣陵太守議
郎苻節令國三老梁相以順帝永建六年卒其孫
衛尉滂立此石滂以光和年為相其作九卿當在
靈帝之初水經云扶溝有袁梁碑者悞也趙氏云
唐宰相表及元和姓纂云袁幹封貴鄉侯八世孫
良生昌璋昌生安璋生滂按袁安以永平四年薨
良之卒猶在其后三十九年又安乃汝南人滂則
陳郡人相去歲月甚遠鄉族皆不同乃以為從父
兄弟踈繆甚矣諸書皆云幹以討公孫勇功封貴
鄉侯而碑作公先勇又云封關内侯食遺鄉六百
戶皆莫可考趙氏辨安滂非仝祖其論詳矣然遺
鄉侯事蓋在田廣明傳中傳云故城父令公孫勇
謀反衣繡衣乘駟馬車至圉圉使小史侍之知其
非是守尉魏不害等共收捕之上封四人為侯小
史竊言上問之對曰為侯者得東歸否上曰汝鄉
名為何對曰名遺鄉上曰用遺汝矣於是賜小史
爵關内侯食遺鄉六百戶小史即幹也碑云僊脩

城之鄙者以僊為遷蓋遺鄉其后徙封也碑云袁
生當秦之時隱居河洛高祖破項宴從其策太史
公書高祖之出滎陽收兵欲東袁生説帝深壁武
關令滎陽成皋間且得休使韓信等輯河北趙地
連燕齊帝從其計碑所書二事皆与史合惟班史
以袁生為轅生左傳載濤塗頗皆作轅古字通用
也梁相之冊其文甚溫厚漢志載陰陽交會有陽
九陰九之戹此云二九之戒似謂此也張平子賦
云合二九而成譎謂王莽十八年而成變計此冊

盖憲藩方或有七國之難且云恐有交會非用新室事也元帝窮極幼眇讀曰要妙此云妙身繼業者讀妙爲眇也碑以辟爲辟以猷爲猶楙即楚字𢇍即絶字𠟭即則字㦧即惇字勳即勛字徃即往字㴱即測字臤即賢字𣲡即沙字

北海相景君銘

惟漢安二秊仲秋缺二字故北海相任城景府君卒歿歍哀哉國缺二字竇英彥失疇列宿虧精晚學後時于何穹倉布命授期有生有死天寔爲之豈夫仁𢘉彼勊不遺於是故吏諸生相與論曰上毋辠后莫不流

光缺於無窮毋勞燿於書篇身殁而行明體亡而名存或著形像於列圖或數頌於管𥿁弦字後來詠其烈竹帛叙其勳乃作誄曰伏惟

明府受質自天孝弟淵懿帥禮蹈仁相道核藝抱淑守眞晶白淸方勊已治身寔深寔劉乃武乃文遵孝孝謁假階司農流惪元城興利惠民強衙改節微弱蒙恩威立澤宣化行如神帝嘉厥功授目符命守郡益州路遐攣親弱佐遜讓夙宵朝廷建英忠讜辨秩東衍𡔷追嘉錫據北海相郜城十九𨛜鄒字鉅歸向分明好惡先目敬讓殘僞易心輕黠踰竟鴟梟不鳴分子還養元二𦋺寘蒙祐目寧蓄道脩惪缺祉目榮紛紛令儀明府體之仁義道術明府膺之黃朱邵父明府三之台輔之任明府宜之目病被徵委位致仕民缺思慕遠近搔首農夫醳耒商人空市䠞轝飲淚奈何朝廷奪我慈父去官未旬病乃困危珪璧之質臨卒不回歍缺賁絶奄忽不缺孝子憖憪顛倒剝摧遂缺勊宿永潛長歸州里鄉黨蹎涕長哀故吏忉怛歍歎𠊱佪四海冠蓋驚慟傷裹大命缺期寔惟天缺明

主設位明府不就臣子欲養明府弗留歍歍哀哉

亂曰孝積幽窮缺三字兮缺四字翔議郎兮再命甫將綏元二兮覩英𤋮謨主忠信兮羽衞藩屏撫萬民兮缺四字恩缺二字兮宜參鼎轉缺翰禎兮不永麋壽弃臣子兮仁敷海外著甘棠兮缺石勒銘缺不亡兮

右漢故益州太守北海相景君銘篆額濟州任城有景氏三碑皆不著其名字景君嘗屬司農宰元城剌益部相北海以順帝漢安二年卒其前已有誄曰其後有亂曰者亂省其乙也其文曰冝參鼎

咈字書无咈字當是借作拂取輔拂之義趙氏云
碑陰載故吏自都昌台止遲而下十九人皆作脩
行漢隸循循二字頗相近恐是借用尒予蓋未見
也碑以倉為蒼以深為柔以衙為禦以醳為釋以憧為慟以麋為眉貭即質字孿即戀字恩即悪字㚘即奔字褢即懷字弃即棄字

敦煌長史武班碑

建和元年大歲在丁亥二月辛巳朔廿三日癸卯長
史同缺下
敦煌長史武君諱班字宣張昔殷王武丁伐鬼方

元功章炳勳臧王府官族分析因以為氏焉武氏蓋
其後也商周假蕤歷世壙遠不隕其美漢興以来爵
位相踵缺朝忠臣君务缺顏閔之楙質長敷旌夏之
文學慈惠寬缺孝友玄妙苞羅術蓺貫洞聖缺博兼
缺二字眈綜典籍缺三字純求福不回清聲美行闡形遠
近州郡貪其髙賢缺二字請以缺二字歲舉缺翼紫宮缺二
字詔除光顯王室有缺於國帝庸嘉之掌司古缺領
校祕鄭研缺幽徹追昔劉向辯賈之徒比缺萬矣時
戎缺二字匡正一缺二字朝廷惟憂缺二字有司缺二字舉君

班到官之日缺癘吏士哮㕧之怒薄伐缺九字並百姓
賴之邦域既寧久勞于外當還本朝以叙左右以求
嘉元年缺月缺日遭疾不缺哀缺於是金鄉長河間
髙陽史恢等追惟昔日同歲郎署感缺為自古在昔
先聖與仁缺二字興替缺二字人存生榮死哀是缺萬年
伊君遺德缺孔之珍故缺石銘碑以旌明德焉其辭
曰於惟武君允德允恭受天休命積祉所鍾其在孩
提岐嶷發蹤謙缺守約唯誼是從孝深凱風志絜羔
羊樂是缺二字恬此缺光孳孳臨川闚見缺膚庠仰萁

首徹妙玄通缺然清邈缺六字升缺為帝股肱扶朂大
和萬民迺蒙顯宗缺二字史官書功昊天上帝降茲鞠
凶晻忽徂逝缺四字不享缺耇大命缺二字百遺惟缺后
帝感傷學夫邑怖士女悽愴缺表金門令問不忘垂
缺後昆萬載歎誦
尚書丞沛國蕭曹芝缺宣成武令中山安憙曹种缺二
字豐令下邳良成徐崇缺二字故陳留府丞魯國魯缺四
字防東長齊國臨菑缺紀伯允書此碑嚴祺字伯曾
右故敦煌長史武君之碑隸額在濟州任城武君

名斑字宣張從事梁之猶子吳郡府丞開明之元
子執金吾丞榮之兄也以沖帝永嘉元年卒碑者
後三年同舍郎史恢曺芝六人所立字小石損官
壽殘失威宗建和之元年開明為其兄立闕刻其
傍云宣張仕濟陰年二十五曺府君察孝廉除敦
煌長史被病夭殁苗秀不遂闕以二月癸丑作碑
以二月癸卯立相去浹辰之間爾碑云金鄉長河
間史恢等追惟昔日同歲郎署歲字雖不瞭然考
梛敏碑云縣長同歲犍為趙臺念素帛之義為君

立碑則知此為同歲無疑蓋謂同年為寮也漢碑
多門生故吏所立至於同舍為之者唯武斑及梛
敏兩碑夫一死一生而寮友之好不變如此彼有
並游誣其懷金身後不能清酒者不可同日語也
碑以假為遐以擴為曠以斿為游以鄉為輿以晻為奄以遼為寮

從事武梁碑

闕故從事武掾掾諱梁字綏宗掾體德忠孝岐嶷有
異治韓詩經闕幘傳講兼通河雒諸子傳記廣學甄
徹窮綜典闕靡不闕覽州郡請召辭疾不就安衡門
之陋樂朝聞之義誨人以道臨川不倦恥世雷同不
闚權門季踰從心執節抱分終始不貳彌彌益固大
位不濟為衆所傷季七十四元嘉元季季夏三日遭
疾隕靈烏雩哀哉孝子仲章季章季立孝孫子僑躬
脩子道竭家所有選擇名石南山之陽擢取妙好色無
斑黃前設礓砠後建祠堂良匠衛改雕文刻畫羅列
成行攄騁技巧委虵有章垂示後嗣萬世不亡其辭曰
懿德玄通幽以明兮隱居靖處休曜章兮樂道忽榮
垂蘭芳兮身殁名存闕四字

右從事武君碑在濟之任城武君名梁以威宗元
嘉元年卒孝子仲章等立此碑輿服志古者有冠
无幘秦後稍稍作顔題漢文迺崇其中為屋末冠
童子幘无屋者示未成人也此碑及武榮碑皆有
闕幘傳講之文蓋謂其未冠之年已能傳道講學
也武君屢辭辟召不闚權門踰七望八爵秩不躋
故銘文無可鋪叙而其后云孝子孝孫躬脩子道
竭家所有選擇名石南山之陽擢取妙好色無斑
黃前設壇墠後建祠堂良匠衛改雕文刻畫羅列

成行擿騁技巧委虵有章若曰松萩窀穸之事不應辭費如此此碑長不半尋廣纔尺許既无雕畫技巧亦非羅列成行其辭決不爲碑設也詳味之似是指石室畫像爾碑中貣即貳字遭即遭字𥖄即壇字砠即墠字

平都相蔣君碑

君諱缺字缺二字其先出自缺二字后稷之缺至於成王先有天下錫地缺鐵俾侯于蔣回而缺九字秦缺二字諸夏缺三字恥損缺二字土缺三字紂曰缺遐阻缺居来南適彼荆缺四字漢君之祖考缺四字爲交州刺史遷父交阯

大守缺能輸力王室以萬臣節功列天府令問不已君纘厥緒載德不缺三字山之缺八字秉缺二字之芳刑僭顔夏之殊行孝友著於閨門弟順稱于鄉黨敦書説禮缺二字好仁缺四字事缺三字學優則仕歷郡五官掾功曹正色立於朝有孔父缺三字前後牧以礼辟命委質承缺九字行成於内名播于外再爲計掾光光撝撝與缺三字乃時京師百郡覲會莫不缺十字中昭缺五字之則夙夜惟寅缺三字翼天缺二字禮朝遷明德出宰豫章平缺十字季文之清約缺二字約之政布愷悌之化經國以

禮缺二字以義異郡黥首緥負歸缺九字君文不犯順武不違敵賞善罰否寬猛恊中缺濟清瑛遵五迸四仁慈春夏威若缺九字咸囹圄空虚路靡怨缺四字睦宇宙稱平三載考績功業顯明當攄苻缺受福無疆缺天不弔降灾賢良缺六十有五元嘉二年三月甲午卒遭疾不豫缺卒于官國喪恵君朝失楨幹百缺悲恨若鄭亡產遐邇缺三字女增歎缺暫怮怛缺二字罔極缺二字愛敬終以哀感禮畢祥除餘悲憑億瞻望墳塋循墓俳佪松柏缺寘涕泣愴悽感慕詩人慕蓼者儀追

頌遺訓刊之玄珪其辭曰

於穆林烝寔乾所生缺二字挺出缺性純清文爲儒宗武則干城顒顒昂昂臨朝有光宿衛紫徵受恪在勤典國治民其化若缺三字州郡缺二字龜銀皇矣上帝賦命不均喪漢良輔社稷之鎮淑人君子胡不萬年臤世不朽缺沐後昆

右漢故平都侯相蔣君之碑篆額今在道州碑石潯滅不得其名字平都侯國屬豫章郡碑有出宰豫章平五字其下闕文即平都也蔣君以威宗元

嘉二年卒其文有云礼畢祥除瞻望墳塋則此碑
乃后來所立學記蛾子時術左傳蛾析皆讀蟻爲
蟻史記索隱讀淳化鳥獸蟲蛾亦作蟻漢碑書蕠
莪皆作蕠儀亦有作蕠莪者詩人以儀与河阿叶
韻則是讀儀爲俄也此以蕠蕠者儀叶涕泣愴悽
刋之元珪則又讀如本字大學云迸諸四夷釋迸
爲屛后漢傳有遵五迸四之文此碑亦肰盖漢人
傳曾論有如此者碑以芳刑爲芳形搞搞爲犒犒憑億爲憑臆清瑛爲清英

孔謙碣

孔謙字德讓者宣尼公廿世孫都尉君之子也务體
蘭石自然之姿長膺清妙孝友之行禮述家業脩眷
秋經升堂講誦淡究聖指弱冠而仕歷郡諸曹史季
廿四永興二季七月遭疾不禄

右孔謙碣其名不甚可辨考孔氏譜得之所謂都
尉君者太山都尉宙也孔融別傳云宙有七子融
之次第六載於譜錄者惟有謙褒融三人褒之名
見史晨碑

郎中鄭固碑

君諱固字伯堅蕃君元子也含中和之淑質履上仁
缺三字孝友著乎閨門至行立乎鄉黨初受業於歐陽
遂窮究于典籍膺游夏之文學襄冉季之政事弱冠
仕郡吏諸曹掾史主薄督郵五官掾功曹入則腹心
出則爪牙忠㠯衛上清㠯自脩犯顏謇愕造膝佹辭
加㠯好成方類推賢達善逡遁退讓當世㠯此服之
郡后琜瑋㠯爲儲舉先屈計掾奉我缺貢清眇冠乎
羣彥德能簡乎聖心延熹元年二月十九日詔拜郎
中非其好也㠯疾錮辭未滿期限從其本規乃遘凶

愍年卌二其四月廿四日遭命隕身痛如之何先是
君大男孟子有楊烏之才善性形於岐嶷缺二字見於
髫髦年七歲而夭大君夫人所共哀也故建缺共墳
配食斯壇㠯慰考妣之心琦瑤延㠯爲至德不絕則
鍾鼎奚銘昔姬缺二字武弟述其兄綜缺四字行於蔑陋
猷㠯敢忘乃刊石㠯旌遺芳其辭曰
於惟郎中寔天生德顧親誨弟恭恭竭力敦我義方
導我礼則傳宣孔業作世模式從政事上忠㠯自勖
貢計王庭華夏歸服帝用嘉之顯拜殊特將從雅意

色斯自得乃遭氛災隕命顛沛家失所怙國缺忠直
俯哭誰訴卬噃焉告嗟嗟孟子莤而弗毓奉我元凡
脩孝罔極魂而有靈亦歆斯勒

右漢故郎中鄭君之碑篆額鄭君名固威宗延熹
元年卒固以曹掾事其郡將而云犯顏謇諤造膝
詭辭漢人用事不拘㝵如此秦紀引賈生去九國
之師逡巡遁逃而不敢進陳涉世家則删逡巡二
字班史又作遁巡故顏師古讀遁為逡而訢潘岳
用遁逃為非游俠傳逡逡有退讓君子之風此云

逡遁退讓蓋用史記語歐讀遁為循趙又惑於顏
注予謂皆當讀如本字碑以愕為諤以俷為詭以錮為固以慔為模盾即質字獸即獨字咠即咠字劦音慉

議郎元賓碑

上缺字元賓魯相之孫成德缺四字東安平令北海相下缺
守之弟子中牟令兄子也君生也即有殊操循孝行
下缺鄉黨乾乾積善念於濟人故多疇宗親受爵位者
皆下缺也加有聰明叡㨗之才慱五經之滋味覽羣書
之要下缺圖藉攄翰著作時人莫能豫其思辯論缺二字

文章爛下缺孝廉亢弘名於三署揚清厲於海內除倉
龍司馬詔下缺試經第一衛尉察尤異遷吳令憲春陽
以加惠則陰下缺擊有鴟宰鄭見思之歌視事二稔民
用寧康以不媚下缺雲之高翻著色斯辟州從事雖進
缺退不枉尺直㝷下缺罕聖朝旌勳公車徵拜議郎當
豊缺姻媾光國興家下缺毓殲我良人年卅八延熹二
年二月缺二字卒天子閔下缺咨嗟使者臨弔賻賵特加
於是族舊門人莫不傷瘁下缺立銘以訫君德其辭曰
上缺三字雝無倫揚休斅為三臣播忠𠕋列帝庭名顯章

光四下缺建靈石岳鴻勳昭來㨗示後昆

右議郎元賓碑在亳州碑無額故不得其姓石缺
又失其名元賓以孝廉入三署除倉龍司馬衛尉
察尤異遷吳令辟州從事召拜議郎以威宗延熹
二年卒漢宮掖門每門司馬一人比千石倉龍司
馬主東門蓋衛尉之屬也元賓為九卿所察由千
石而治縣時以為遷近歲亦嘗詔從臣薦士矣皆
超擢二千石刺史而不以為過其肯以千石中都
官而出宰百里者乎碑云有鴟宰鄭即國僑也翻

署色斯則以署爲翥枉尺直搱則以搱爲尋也摻即操字爤即爛字

中常侍樊安碑

漢故中常侍騎都尉樊君之碑

君諱安字子仲南陽湖陽人也厥祖曰仲山父翼佐周宣出納王命爲之喉舌以致中興食采于樊子孫氏焉亦世載德守業不衍在漢中葉篤生掂媛佁合南頓實產世祖征討逆畔復漢郊廟而樊氏以帝元舅顯受茅土封寵五國壽張侯以公德加位特進其

次竝以高毅霥卿校侍中尚書據州典郡不可勝載爲天下著姓君蒭以好學治韓詩論語孝經兼通記傳古今異義甘貧樂約意不回慼天姿淑慎稟性有直秉操不移不以覲貴世政促峻邑宰宣識慱賢役德被以勞事然後慷慨徼憤宦于王室歷中黄門宂從假史拜小黄門小黄門右史遷臧府令中常侍其事上也貞固密慎矜矜戰戰佁主股肱助國視聽外職不誣内言不泄爲近臣楷模是以兄弟竝盛雙據二郡宗親賴榮年五十有六以永壽四年二月甲辰卒朝思其忠追拜騎都尉寵以印綬英書襃歎賻贈有加嗣子還宦以蒭弱夙叙王爵而喪所天禮備復位以延熹三年冬十有一月自上烝祭乃尋惟烈考恭脩之懿勒之碑石俾不失墜其辭曰

肅肅我君帝躬是翼王事多難我君是力秉此小心以亮皇職惟帝念功庸以輿服大命傾霣魂神僊伏龜艾追遷用光其德藹藹遺稱佁呈佁式勒銘茲石鉴示罔極勳名不剟永昭千億

制詔中常侍樊安宿衛歷年恭恪淑慎嬰被疾病不

幸奄終今使湖陽邑長劉操追號安爲騎都尉贈印綬魂而有靈嘉其寵榮烏呼哀哉

延熹元年八月廿四日丁酉下

右漢故中常侍騎都尉樊君之碑無額書其首行如此樊君名安字子仲歷中黄門宂從假史小黄門小黄門右史臧府令中常侍漢志有中黄門宂從僕射而無假史有小黄門而無右史蓋闕文也安以威宗永壽四年卒其子以延熹三年仲冬烝祭畢始刻此碑其末又載延熹元年八月丁酉贈

騎都尉詔趙氏遂以碑爲元年所立而歐公云字子佑皆誤也壽張侯者名宏碑在唐州湖陽三五十年來椎拓巳濅滅其半矣治平中縣令樂京亦嘗爲之再刻碑以公德爲功德著性爲著姓失隧爲失墜作呈爲作程貮即貳字皦即激字憒即憒字冗即冗字畚即畚字

隸釋卷第六

隸釋卷第七

冀州刺史王純碑

君諱純字伯敦魏郡太守之子其先出自缺五字後也㕓祖儒宗缺二字春秋君天資卞敏行不諮而達學不勞而能遵父業術缺三字始仕事君立朝正色缺二字恂

智宣慈惠和以喪州從事永和二年察孝廉除郎謁者執法㨂牘僑筆憲臺亶遏發無任見逵掌録遣之或有罪過徵刑輕笑深君缺二字坐行惡譎疑閔其粥糜凍餧之患勑大司農衛易衣痰懚隱缺至恩加窮民其三年有九夷之難出將征西君請詔衮豫督趣軍糧其所過歷彈正缺三字赫馨烈宣于方國拜守宮令以父司隸還謁者官遷左都候喪父服除復拜郎敬北缺三字失妹盜歸遂釋印綬司空辟舉高弟選侍御史出使楊州聖朝嘉君旋拜徐州深化甘棠缺過

宥罷攺尚寬弘視事二載換左冀州西征東怨紀歌
遺風以公事去官窮則樂善達則缺人進則延賔分
禄退則却掃閉門年五十九延熹四年八月廿八日
甲寅不缺隕徂五年十一月十八日丙申葬存有令
跡亡述存勳銘載金石永世不刊其頌曰
奐矣王君有寘之冑封陳興齊枝葉繁茂君綜典謨
無道不究逆政履規在公竭謀登翼缺臺文武兼備
發政舉刑親恤缺二字將西征缺二字命使缺善紬不聖
朝嘉異牧徐宰冀惠缺三字邊則缺二字潛缺不缺四字朽

不永年壽縉紳凡百孰不哀思
右漢故冀州刺史王君之碑篆額王君名純在朝
歷郎謁者左都候侍御史出刺徐冀二州以威宗
延熹四年卒其文有不可讀者頌辭某將西征之
上少一字水經云須句西有冀州刺史王紛碑中
平四年立年与名皆誤也趙氏云碑陰有東平馮
定伯凡百餘人可識其題義士云各發聖心共出
義錢予未之見也碑在鄆州中都縣衮即兖字瘝即裝字

山陽太守祝睦碑

君諱睦字元德濟陰己氏人也其先蓋高辛氏之火
正以能淳曜天地曰祝融遂獲豐阜之胙燀爵昌遠
大乃佚伯分仕諸夏鄭有祝聃者君其肖也君膺嵌
懿量在約淵潛潛心耽學該洞七典探嘖窮神無物
不辯缺二字州郡以孝貢察賔于王庭除北海長史潁
川鄢令遵濟以禮三載之後而民知讓有恥且格君
惟老氏名遂身退色斯翻翔紆精衡門缺三字道缺事
諮度辟司空府北軍中候拜大尚書尚書僕射喉舌
納言翼皇正樞遷常山相山陽太守齊和五品崇化

以寬昭德塞違不訓其仁抽拔隱伏缺賢式禮缺二字
攸堪九功以著當享繁禄為帝幹楨年六十有八延
熹七年八月丁巳卒臨困紆纊遺令素櫬蔞萋以席
賻賵非禮啬不得犯存無玩飾亾遺以儉所謂令終
純固者已盖銘功紀勛所以旌往示來於是廼共登
山鐫石刊勒鴻伐其辭曰
懿我君國之光履忠順闡道常升紫微平機衡統缺二字
龥律章撫二郡蹈名黄恭儉己民用康紀頌興詠
遺缺不稱馥垂令芳生見樂歿不忘名儷日億載揚

右漢故山陽太守祝君之碑篆額祝君名睦濟陰人歷北海長史鄮令北軍中候尚書尚書僕射常山相山陽太守以威宗延熹七年卒碑云導濟以禮有恥且恪与魯論不同殆亦借用（嘖与賾同萎与婁同㾓即㾓字典籅皆典字卒即丕字紹即紀字）

泰山都尉孔宙碑

有漢泰山都尉孔君之銘

君諱宙字季將孔子十九世之孫也天姿醇嘏齊聖達道少習家訓治嚴氏春秋緝熙之業既就而閨閾

之行允恭德音孔昭遂舉孝廉除郎中都昌長祗傳五教尊賢養老躬忠恕以及人兼禹湯之辠己故能興朴（缺二字）彫幣濟弘功於易簡三載考績遷元城令是時東嶽黔首猾夏不（缺三字）祠兵遺畔未寧乃擢君典式（戎字）以文脩之旬月之間莫不解甲服罪（缺三字）槈田畯喜于荒圃商旅交乎險路會鹿鳴於樂崩復長㓜於酬酢（缺三字）稔會遭篤病告困致仕得從所好年六十一延熹六年正月乙未（缺三字）疾貴速朽之反真慕寧儉之遺劚窀夕不䉡明器不設凡百卬高（缺三字）

述於是故吏門人乃共陟名山采嘉石勒銘示後俾有彝式其辭曰

於顯我君懿德惟光紹聖作儒身立名彰貢登王室閻（缺）是叏夙夜（缺二字）左公明明乃綏二縣黎儀以康於亓時廱撫茲岱方帥彼凶人覆俾（缺二字）南畝孔饁山有夷行豐年多稼稱彼兕觥帝賴其勳民斯是皇疾（缺三字）乃委其榮忠告殷勤屢省乃聽恭儉自終盡蓋不慭生播高譽嫂欲令名永夫（矢字）不刊啻載揚聲

延熹七年七月戊（缺）造

右漢泰山都尉孔君之碑篆額孔君名宙即融之父也歷郎中都昌長元城令泰山都尉威宗延熹六年正月卒碑以次年七月立宙有七子曰讓曰襃皆見於碑誌凡漢刊其首行即入詞无額者或題其前如張納樊安之比亦甚少已篆其上復標其端惟此碑爾釋左傳者以窀穸為厚夜此云窀夕非借也（碑以幣為弊槈為耨啻為億叺憂劚桼兕盡蓋慭即以夏則桼兕篮篕陳字）

門生故吏名

門生鉅鹿癭陶張雲字子平門生鉅鹿癭陶趙政字

元正門生鉅鹿廣宗捕巡字升臺門生東平寧陽韋
勳字幼昌門生魏郡館陶張上字仲舉門生魏郡館
陶王時字子表門生魏郡陰安張典字少高門生魏
郡魏孟忠字詩政門生魏郡魏李鎮字世君門生魏
郡館陶吳讓字子敬門生魏郡館陶文儉字元節門
生魏郡館陶䏰瑱字仲雕門生魏郡鄴暴香字伯子
門生東郡東武陽梁淋字元祖門生東郡衛公國趙
恭字和平門生東郡東武陽張表字公方門生東郡
東武陽滕穆字奉德門生東郡樂平桒演字仲厚門

生東郡樂平靳京字君賢門生東郡樂平梁布字叔
光門生東郡樂平桒顯字伯異門生陳留平丘司馬
規字伯昌門生安平下博張祺字紂松門生安平下
博張朝字公房門生安平下博蘓觀字伯臺門生安
平堂陽張琦字子異門生北海安丘齊納字榮謀門
生北海都昌呂升字山甫門生北海劇秦麟字伯麟
門生北海劇如盧浮字遺伯門生北海劇薛顗字滕
輔門生北海劇高冰字季超門生濟南梁鄒趙震字
紂政門生濟南梁鄒徐璜字幼文門生濟南東平陵

吳進字升臺門生甘陵廣川李龍字元童門生甘陵
貝丘賀曜字升進門生魏郡清淵許祺字升明門生
魏郡館陶史崇字少賢門生魏郡館陶孫忠字府文
門生東郡樂平盧精字子節門生任城任字缺三字景
漢門童安平下博張忠字公直故吏北海龍昌逢祈
字伯憙故吏北海龍昌𤼵章字文理故吏北海龍昌
魏稱字文長故吏北海龍昌呂規字元規故吏泰山
費魚淵字漢長故吏泰山華母樓覬字世光故吏泰
山南城禹規字世舉故吏泰山南武陽蕭誨字伯謀

故民泰山費淳于黨字季缺弟子北海劇陸暹字孟
輔弟子陳留襄邑樂禹字宣舉弟子下邳下邳朱班
字宣缺弟子東平寍陽周順字承缺弟子沛國小沛
周升字仲甫弟子魯國文陽陳襃字聖博弟子汝南
平輿謝洋字子讓弟子山陽瑕丘丁瑢字實堅弟子
魯國戴璋字元珪弟子魯國卞王政字漢方

右門生故吏名孔宙碑陰也漢碑多有陰然稀少
有額獨此刻以五大篆表其上凡門生四十二人
門童一人弟子十人故吏八人故民一人都昌者

四泰山者五漢儁開門受徒著録有盈万人者其
親受業則曰弟子以久次相傳授則曰門生未冠
則曰門童揔而稱之亦曰門生舊所治官府其掾
屬則曰故吏占籍者則曰故民非吏非民則曰處
士素非所涖則曰義士義民亦有稱議民賤民者
逢盛碑有姓雖者二人趙氏謂氏族書无雖姓此
碑有都昌雖童則古来自有此姓但譜者考之不
詳爾漢人雖姓氏亦借用字如伍爲五歐陽爲歐
羊之類或是借雖爲解亦不可知也麟即麟字囊即襄字邴即邳字

山陽太守祝睦後碑

故吏王堂等竊聞下有述上之功臣有叙君之德自
昔左前列莫不紀名於典缺六字者故孔子曰民人登
祝上天歆焉用求其世而豊其年奮屬欽熙執不浴
賢代佗頌曰伊余
祝君兆自蓺辛祝融苗胄承獲禎慶光裔熾貔分仕
六國張雄諸夏鄭有祝聃者君其胄也昔祖仕湯湯
治於梁洮顛自翔家于濟陰君齔髫入學脩韓詩嚴

氏春秋七典並立缺綜百家文豔彬彧淵然深識怕
然執守躬潔氷雪亦然清皓漸心於道通神達明無
物不覽鄉黨逡逡朝廷便便踐距州郡階究右坐以
孝察舉讃拜王庭除北海長史潁川鄢令化行如風
民應如草三載考績名登明堂色斯舉矣復身衡門
童冠翔集耽經樂術潛神默記與俗殊好辟司空府
北軍軍中候擢拜尚書尚書僕射七政館錧佐輔升
樞功冠帝庭懿德遑優遷常山相山陽太守協齊行
律悏崇三樂追惟九思遵闡泮宮附庸攸同温化以

禮帥由舊華摘隱取伏訓承賢良國無珠蔵悉浴蘭
湯壺林巨萬七子在菜粟貰遠遜竟界尼康休鳌充
缺功馨升揚當享紫祚爲漢棟梁年六十八寢疾不
瘳延熹七年八月丁巳卒臨絶紘誒毋誨素棺幣以
葭發贈襚賵醱非禮之常壹不得當穀無珍玩歿就
以約所謂守忠啓予其去也善蓋彰功表勛所以煥
徃煇采於是三年礼闋乃相與刊勒金石其辞曰
穆我君邦之陽資五就闡道綱陟泰徹准樞衡稽列
宿覽四方德合乾翼應皇領二郡曜重光化流洽棍

𡖖昌性天約元用長頌聲作諮令香功烈著遺𣓨芳
存觀榮淪弗忘稱彌煇玄為常

右漢故山陽太守祝君碑頌篆額與前碑皆在應天府虞城縣祝君以延熹七年卒故吏王堂等三年禮闋相與刊此石則延熹之九年也其詞聲牙頗有難通者所云鄉黨逡逡亦與論語今文不同碑以寮為寮以怕為泊斷即斷字奈即介字跐即作字錧鎋即管轄字升即斗字絖即纊字

荊州刺史度尚碑

君諱尚字博平其先出自顓頊與楚同姓熊嚴之後缺亦世掌位統國法度秦兼天下缺和之純質秉黃中之𢀳性智含淵藪仁隆春煖義高秋雲行絜冰霜忼慨壯厲臨下缺休譽固已著矣及其興牧必招振賢才抽拔幽逸選名所任極當世之秀士養民有下缺令聞彌崇暉光日新可謂盛德者已初奉歲計拜郎中除上虞長又化潛洞百姓下缺戢縣恩信並宣令行禁止以從父憂去官吏舉孝廉為右校令是時南蠻蠢動擢拜下缺醜殊俗賓服遠人用綏封右鄉侯遷遼東大守旬月之閒歲路寧輯會楊賊畔於下缺拜中郎將枝𣪊剸勝威謀合神持重履於營平深入則輕冠軍附士渥於李廣御衆下缺同滋味必達井辯幕然後飲舍惠以厚下說以犯難是故所征輒剋師徒無頓下缺寇殄燼干戈戢定馬以冀朝貪厥重復拜荊州刺史以故秩居用書尉薦因賜下缺之荊域號慕雖周人之思名伯弗此踰也於是故吏感清廟之頌歎斯父之詩乃下缺曰於惟我侯允懿允明文武是該言忠言貞學初發藻在彼上虞邁種厥德下缺矣匪褖是榮無言不讎帝揚厥聲俾作配缺注撫于荊撫荊惟何南夏是下缺邦家亂字載彼海外續莫匪嘉天生我侯實為民望心乎其愛四方是卬如何不永下缺而不奴勞烈遺于

永康元年歲在鶉尾龍集丁未時惟缺歲下缺

右漢故荊州刺史度侯之碑篆額威宗永康元年立度君名尚山陽湖陸人漢書本傳尚自郎中為上虞長文安令長沙賊起荊州刺史劉度敗走詔公卿舉代者尚書朱穆舉尚自右校令為荊州刺史冦定封右鄉侯遷桂陽大守明年召還荊兵復

亂以尚爲中郎將討平之復爲荆州刺史坐誣奏張磐詣廷尉對以先有功得原后爲遼東太守年五十延熹九年卒傳載其事甚詳此碑既以荆牧題其首又不見宰文安守桂陽及初拜荆州事其守遼東又先后不同蓋此碑石下一段殘闕事有遺失上雲之下既有闕文而后云數縣令行禁止必其間嘗治文安也右校之下載南蠻蠢動而擢拜下闕文其后云復爲荆州刺史則知拜字之下乃初拜荆州也荆域號慕如思名伯之上闕文恐

是守遼東事但封侯之后碑云守遼東而傳作桂陽二說不同羣賊十年逋誅寇后深藏桂陽山谷間尚多設方畧始能翦除恐或就守其壤不可得而辯也碑中不見度君所終歲月末有題字一行云永康元年丁未蓋是記立碑之歲即延熹九年之次年也尚自荆牧坐罪起家作守故碑以荆州題之此碑在湖陵荒野政和壬辰巡檢王當世見之始遷于官廨其后邑令滕君欲從碑於沛舟三載而三覆繼因大水漲没不出乙未年劉宗儀攝

事乃能立之使星亭去（碑以瀀爲優暂𢿫官䅘夓續即智料充祿夏績字）

車騎將軍馮緄碑

君諱緄字皇卿幽州君之元子也少耽學問習父業治春秋嚴韓詩倉氏兼律大杜弱冠詔除郎還吏仕郡歷諸曹史督郵主簿五官掾功曹舉孝廉除右郎中蜀郡廣都長遭直荒亂以德綏撫政化流行到官西載功稱顯著郡察廉吏州舉尤異遷犍爲武陽令誅疾彊豪以公去官部廣漢別駕治中從事辟司空府侍御史御史中丞督使徐揚二州討賊范容朱生

徐鳳馬勉張嬰等竝迫州郡進兵正法復辟司徒府廷尉左監匠治書侍御史廣漢屬國都尉隴西大守竝問吏辜旬不分去官以羌駚動爲西府所襄復家拜隴西大守上病辟同産弟徵議郎復治書侍御史尚書遼東大守廷尉大常車騎將軍南征五溪蠻夷黄加少高相法氏趙伯潘鴻等斬首萬級没溺以千數降者十萬人收逋賨布卅萬匹（匹字）不費官財振旅還師臨當受封以諳言奏河内大守中常侍左悺弟竝遜位拜將作大匠河南尹復拜廷尉褢荆州刺史

李隗南陽大守成晉大原大守劉瓆不宜以重論坐
正法佗左校後詔書特貫拜屯騎校尉復廷尉奏中
臣子弟不宜典牧州郡獲過左右遜位永康元年十
二月薨一要金紫十二鋁艾七墨綬
將軍軆清守約既来歸塋遺令墳塋取藏刑而已不
造祠堂可謂履眞者矣恐後人不能紀知官所更歷
故刊石表績以陟来世孝桓皇帝以命將軍討此彊
夷有桓桓烈 缺 之姿曰謚為桓
右漢故車騎將軍馮公之碑篆額今在渠州馮公

名緄巴郡宕渠人碑云字皇卿而本傳作鴻卿傳
云舉廉七遷為都尉中丞持節督討揚賊守隴西
遼東為京兆司隸廷尉大常車騎以長沙賊復作
策免起為將作匠河南尹廷尉坐考殺單遷謫左
校再為屯騎廷尉卒官其遷絀及物故先后与碑
甚矛盾威宗以命將武功定謚緄亦虎臣之一云
亾適當其時故作文者以帝謚書左方趙氏以為
緄有此謚而史不載誤也碑云一要金紫十二銀
艾緄終於廷尉而以將軍題碑者尊金紫也帝紀

揚徐賊范容周生寇城邑遣中丞馮赦督州郡兵
討之以緄為赦紀之誤也許曼傳云隴西守馮緄
始拜郡開綬笥有兩赤虵分南北走曼筮之曰三
歲后為邊將官有東名當東北行三千里后五年
為將軍南征延熹元年緄守遼東討鮮卑至五年
拜車騎擊武陵蠻郤与碑合水經宕渠不曹水下
注潛水縣有馮緄及桂陽守李溫冢二子之靈常
以三月還鄉水暴長郡縣吏民莫不祭於水上謂
之馮李此異聞也 碑以彊為彊刑為形衷瑩謚即表塋謚字漢史成晉劉瓆作成瑨劉質

沛相楊統碑

君諱 缺九字 冨波君之 缺 子也 缺 天 缺 性少有令問敦
缺 孝吕勑內 缺 名行吕脩外紹 缺二字 烈隆構厥基既
仕州郡會孝順皇帝西巡吕掾史召見帝嘉其忠臣
之苗器其璵璠之質詔拜郎中遷常山長史換犍為
府丞君雖詘而就之吕順時政非其好也迺翻然輕
舉辠司累辟應弓司徒州察茂才遷鮦陽侯相金城
太守德吕化圻民威吕懷殊俗慕義者不肅而成師

服者變衽而屬疆易不爭障塞𨼆事功顯不伐委而
逿厲亶南蠻蠢迪王師出征㠯君文武備兼廟勝光
戰拜車騎將軍從事軍還策勳復㠯疾辭後迺徵拜
議郎五官中郎將沛相天吏之治副當神人秩禮之
選舉不踰賢故望大和則侯生毓睎嚴霜則畏辜戮
欣悅竦慄寬猛必衷遭貴戚專權不稱請求考績不
論徵還議官年五十六建寍元年三月癸丑遘疾而
卒朝廷愍悼百遼歎傷缺民假爾莫不隕涕故吏戴
條等追在三之分感秦人之哀顯從贖其無由庶考

斯之頌儀迺鐫石立碑刊銘鴻烈光于億載俾永不
滅其辭曰
明明楊君懿鑠其德其德伊何官忠官力勤止厥身
跡缺靡革蓍茲萬猶道㠯經國班化敕元既清且寍
武稜攜貳文懷遐冥遠人斯服伱杰充庭剄梁洨淂
㠯和㠯平勳速蕤矣莫與爭光甘棠遺愛東征企皇
念彼蒼人愍焉永傷立言不朽先民所臧載名金石
貽于无疆

右漢故沛相楊君之碑篆額碑缺不知其名仿佛

有富波君字按楊震碑云長子牧富波侯相牧子
統金城太守沛相則知此爲楊統碑也順帝以其
忠臣之苗特召爲郎歷常山長史犍爲府丞鮦陽
侯相金城太守車騎將軍從事議郎五官中郎將
沛相以靈帝建寍元年卒故吏戴條等共立此碑
其從昆弟高陽令著碑陰題名所云沛君者即統
也此碑辭翰俱妙以百寮作百遼以遐邇作遐爾
璵即璵字續即績字顯即顯字官即克字貳即貳字速即迹字震子孫名見于史
者數人富波相及其孫衛尉奇皆在焉統居其中

而不見錄亦史策之缺遺也

楊統碑陰

故缺三字郎中令缺戴缺字材缺故吏懷陵園令相蔣
禧字武仲故吏宜祿長蕭劉瑞字仲祐故吏孝廉杍
秋劉旭字子明故吏大官曰甘字丞譙曹臻字建國故
辭曹史鄭公孫銀字山祖故門下書佐豐韓純字子
敬故門下書佐豐畢珮字廣由故門下書佐鄭孟縱
字河雒故決曹書佐鄭公孫暘字元暘故吏贊陳俊
字仲顯故吏蘄夏陽字儀公故吏蘄兒鋸字伯玉故

吏杼秋劉順子選故吏沛周儀字帛民
右楊統碑陰凡十五人不稱郡皆沛人也贊卧鄰
葢是借用前史已嘗書俛寛爲皃此有皃銀乃知
兩京之所通用

竹邑侯相張壽碑

君諱壽字仲吾其先葢晉大夫張老盛德之裏世載
缺勳遵帥紀律不忝厥緒爲冠帶理義之宗君孝友
恭懿明允篤信敦悅經雎習父東光君業兼綜六藝
博物多識略涉傳記犒取其用服肱州郡匡國達賢

登善濟可登斑叙優能正船師陪臨疑獨照確然不
撓有孔甫之風舉孝廉除郎中給事謁者贊衛王臺
婁缺忠謇上嘉其節仍授命英匡其京輦昭德塞違
内平外成舉無遺巡遷竹邑侯相明德慎罰縣奉采
土遭江楊劋賊上下缺征没賦彌年蒴于缺戈杼軸
罄殫君下車崇尚儉節船自菲薄儲偫非法悉無所
留弁官相領省倉缺小府御吏朝無姦官野無淫寇
教民樹藝三農九穀稼嗇滋殖國無災祥歲聿豐穰
皤白之老率其子弟以循仁義蚌賊不起厲疾不行

視事平載黔首樂化户口增多國盈民殷功刋王府
將授輔邦對揚其勛功曹周憐前將故溫君徹澄清
憐顧巡悔過督郵周紘承會表問君常懷色斯含無
宿儲遂用高逝老弱相攜撲援持車千人以上沛相
名君駱驛要請君捐禄收名固執不顧民無所卬國
違所賴上下同慼州郡聞知拴兮禮招復爲逆事覬
覬帍視不折其節辟司徒府進退以禮合弘内光頭
缺皓爾顧天不憫遺疾無瘳年八十建寧元年五月
辛酉卒嗚呼哀哉夫積脩純固者爲天人所鍾功假

於民者叙左銘典於缺儁缺訪諸儒林刋石樹碑式
昭令徽其辭曰
亮元德於我君膺清茂體懿純超三署垂令缺飄聲
號缺憲臺穪王業踐紫微彈擧司清公缺緩薄賦牧
邦畿黎烝殷四荒饑感良臣哀其靈揭輕舉缺来征
民歎思曀輿人宰府命遂返缺名振射缺彌闡垂令
紀亦不刋兮胥德深後昆
右漢故竹邑侯相張君之碑隸額張君名壽以孝
廉爲郎嘗相竹邑靈帝建寧元年卒張君治功曹

周憐之過反爲督郵周紘所寋至於揖禄而歸此
風古今一也前史多以牟爲蟊海廟碑嘗借侔字
此碑又借蛑用之字書亦通用也碑以畱爲榴輸爲藩駱驛爲絡繹顧爲是悁爲弔覬爲眈棃爲黎忝即忝字

隸釋卷第七

隸釋卷第八

衛尉衡方碑　冀州從事張表碑
金鄉長侯成碑　孝廉柳敏碑
淳于長夏承碑　郎中馬江碑
慎令劉脩碑　博陵太守孔彪碑幷陰

衛尉衡方碑

府君諱方字興祖肇先蓋堯之甾本姓缺二字則有伊
尹在殷之世號稱阿衡因而氏焉缺三字土家于平陸
君之烈祖少以濡術安貧樂道履該顔原兼脩季由

聞斯行諸砥仁癘缺四字土階夷愍之貢經常伯之賓
位左馮翊先帝所尊垂名竹帛孝廬江太守冘鴈門
大守缺三字孝長發其祥誕降于君天資純懿昭前之
美少以文塞毅庬允元長以欽明眈詩悅書缺三字秋
仕郡辟州舉孝廉除郎中即丘侯相膠東令遵尹鐸
之導保鄣二城參國起按斑叙缺三字本肇末化速郵
圍州舉尤異遷會稽東部都尉將繼南仲邵甫之軌
飛翼軨之旌操參缺三字綏來王之䜌會喪太夫人感
背人之凱風悼蓼儀之劬劳寢闇苫凷仍缺上言倍

榮向衰扎服祥除徵拜議郎右北平大守尋李廣之
左遵恢纙絳之和戎戎戰土供費省巨億懷缺四字靜
有績還頴川大守滫清滌佁招拔隱逸光大茅茹國
外浮談淡界繆動氣泄狂缺五字歸来洙泗用行舍臧
徵拜議郎遷大醫令京兆尹舊都餘化詩人所詠並
有亡新君缺四字隆寬慄鶉火光物隕霜剿姦振滯起
舊存亾繼絕恩降乾太威肅剝川本朝錄功入登衛
缺二字翼紫宮夙夜惟寅禕隋在公有單襄穆典謨之
風詻選賢良招先逸民君務在缺失順其文舉巳從

政者退就勑巾汞康之末君衛孝桓建寧初政朝用
舊臣留拜步兵校尉處六師之帥維時假階將授緄
職受任浹旬庵離寫疾年六十有三建寧元年二月
五日癸丑卒詔遣使缺二字弔賻礼百寮臨會莫不失
聲其年九月十七日辛酉塋蓋雅頌興而清廟肅中
庸起而祖宗缺故仲尼既歿諸子綴論斯干作歌用
昭于宣謳呂旌德銘呂勒勳於是海內門生故吏缺三
字采嘉石樹靈碑鐫茂伐秘將来其辭曰
峨峨我君懿烈孔純高朗神武歷世忠孝馮隆鴻軌

不忝前人寬猛不主德義是經韜綜頤缺溫故前呈
檻典接香踵迹晏平初據百里顯顯令聞濟康下民
曜武南會邊民是鎮惟缺三字憂及退身眾議帝室剖
苻守藩北靖缺二字有缺有聲旋守中獄幽滯呂榮邁
種舊京缺四字含澤戴仁缺六字波寧剋長剋君不㝠不
陽維明維允燿此聲香能悊能惠剋亮天功入統缺二
字刱刱先光法言稽古道而後行兢兢業業素絲羔
羊誾誾侃侃顒顒昂昂何規履榘金玉其相謇謇王
臣群公憲章樂旨君子缺二字无疆銘勒金石缺五字問

缺二字萬世是傳門生平原樂陵朱登字仲
右漢故衛尉卿衡府君之碑隸額建寧元年立趙
氏誤以為三年衡君名方歷郎中即丘侯相膠東
令會稽東部都尉名拜議郎為右北平潁川兩太
守再除議郎遷大醫令京兆尹碑有本朝錄功入
登衛七字衛下缺文必尉字也又云汞康之末君
衛孝威建寧初政朝用舊臣留拜步兵校尉蓋靈
帝初立更易朝士自九卿而作五校殆是左遷故
碑首舉其尊者稱之碑云海內門生故吏采嘉石

鐫壺碑末有小字門生朱登題名則其人也銘文甚溫潤如云鶉火光物隕霜剿姦尋李廣之在邉恢魏絳之和戎唐人誌墓多用此辭雖栁子厚少作亦然履該顔原謂顔子原憲也禕隋即委蛇出韓詩內傳碑以濡為儒倍為背淡為痰緄為袞庵為奄夲即太字盧江鴈門皆从疒

冀州從事張表碑

君諱表字元異糸帝高辛㚇暨后稷張仲孝友雅藝攸載天挺笛侯應期佐治與漢龍興誕發神謀君其洧也懿烈純德繼踵相承于来我君亦邦之雄兼才

伯知高朗令蝠該覽羣緯靡不究竊初仕郡為督郵鷹撮霆擊威德日隆糾剔荷慼抵拂韵詢属城祇肅千里折中入為主簿舍謨吐忠委蛇公門謇謇匪躬將美匡醜對颺休光歷𠄠官掾功曹山缺時行頁眞紬儁過漸防萌后滅其勛俾守犂陽正身帥下神化缺通方伯術職嘉君義綱旌命𠝣任北國用寧遂播芳譽有馥其馨當陟台階注紀王庭穎禦未合實命不同度時否泰盤桓利貞缺歸斯服舍之則藏優攸陶父怡志岳陽恬靜湛泊匯偟時榮春秋六十四以

建寧元年三月癸巳夢疾而終其年十有一月丙寅克葬僉以為洪德宜演述億載彌以新功烈不讚紀後来無所聞於是刊石勒銘以示後昆其辭曰

於穆君兮煥流芳闡洪軌兮休烈彰令德攸兮宣重光仕郡州兮廸民康宜王臣兮為棟梁是不淋兮降淪霜殞芝華兮殲彥良伊詰人兮壽不將世雖短兮名悠長位雖少兮功悠揚伐松栢兮構斯堂鐫金石兮豈不亡萬子孫兮永烝嘗

右故冀州從事張君之碑篆額在冀州張君名表

靈帝建寧元年卒此碑皆作四言韻語其末四句又五言云洪德宜演述億載彌以新功烈不讚紀後来無所聞与費鳳碑文辭相類碑云張仲孝友雅藝攸載者指詩為雅藝也后滅其勛俾守犂陽者帝美其功使官于冀也犂陽讀為黎陽歐陽公謂鷹撮靈擊是以狗喻人擊上一字石損其半予初刻此碑失於深考徐而察之乃鷹撮霆擊非靈擊也郭仲奇為司隷從事碑云鷹偫電擊意与此同碑以荷為苛韵為訇蝠即融字慼即感字優即退字攸即脩字億即億字

金鄉長侯成碑

君諱成字伯盛山陽防東人也其先出自豳岐周文之後封于鄭鄭共仲賜氏曰侯厥胤宣多㠯功佐國要盟齊魯嘉會自邠曰㠯為家焉漢之興也侯公納英濟大上皇於鴻溝之阨謚曰安國君曾孫酺封明統侯光武中興玄孫霸為臨淮大守擁兵從光武平定天下轉拜執法右刺姦五威司命大司徒公封於陵侯枝葉繁茂或家河湑或邑山濟君則上黨大守之弟务履慈孝之德長執忠謇之搸治春秋經慱綜

書傳㠯典藉敎授滋滋履眞安貧樂道忽於時榮敬上接下溫故知新翹蓈建志冠于羣倫孝友内著仁義外宣郡請署主薄督郵五官掾功曹守金鄉長即家假印綬君夰心如石不易其志刺史嘉其高名辟部東平泰山治中從事君叡精謙虛委虵衡門㠯禮盤桓名德可尊行顯身隱縣輿養神聖人制命曰仁常存今胡不然喪此國偉君年八十一建寧二年歲在已酉四月二日癸酉遭疾而卒嗚呼哀哉於是遐邇土（士字）仁祁祁來庭集會如雲號哭發哀泣涕汎蘭將去白日歸彼玄陰同盟必至縞素塡衢存有顯名終有遺勳魂如有靈嘉斯寵榮於是儒林衆儁惟想邢景乃樹立銘石㠯揚洪美其辭曰

於穆君德姿履正平乾皇所挺應符如生耽藝樂術恬忽世榮壹位禮請不然不傾壽非南山不俟河清梁木圯頹鴻儀催零昆嗣切剝哀慟感情乃銘乃勒億載永寧

夫人㠯延熹七年歲在甲辰十一月三日庚午遭疾終

右漢故金鄉守長侯君之碑隸額侯君名成山陽人守金鄉長以靈帝建寧二年卒碑云侯公濟太上皇於鴻溝謚曰安國君光武中興霸為臨淮太守從定天下拜執法右刺姦五威司命大司徒封於陵侯按高帝紀侯公歸太公封為平國君非謚安國也侯霸傳云五威司命陳崇舉霸德行遷隨宰再遷執法刺姦后為淮平大尹淮平即臨淮也王莽傳置執法刺姦選侯霸等分督六尉如漢刺史謂霸嘗作五威司命及執法臨淮在光武時皆

非也丞相封侯自平津始光武以功臣未封故霸但侯關内既薨方追封則鄉其子昱徙封於陵爾謂霸封於陵又非也所貴乎石刻以其可以考正史傳之失今此碑与史不同者四蓋所引阜祖前朝之事非聞見所接故也西漢表平帝封侯輔為明統侯此以輔為酺未知孰是碑以滋滋為孳孳邪為形催為摧

孝廉柳敏碑

故孝廉柳君諱敏字愚卿其先蓋五行星仲廿八舍柳宿之精也放像為用縣設為道缺商家而禪缺三字

而主或聞生柳惠國大夫而深佁稱焉君父以孝廉除郎中缺部府丞君追祖繼體歷職五官功曹守宕渠令本初元年太守蜀郡缺君復察舉君缺命先年君清節儉約厲風子孫固窮守陋不缺三字堂無文麗墓無碑識建寧元年縣長同歲犍為屬國趙臺公憤然念素帛之義其二年十月甲子為君立碑傳于萬基曰勒銘歎之厥辭曰

惟斯柳君天憒鯁缺韺祖缺風行無遺闕授政服肱諫争匡弼奮威外梱屬城震栗宰守伯煩垂名所立表貢王庭望極爵位何辜穹倉官寵不遂子惟三六庶昔延季建豎斯碑傳于萬世子孫蕃昌永不湮滅嗚呼悵哉嗚呼悵哉

辭曰山陵玄室缺斯郑兮先人渻質尚約清兮汶飭不雕隩霰減兮季子信竊薷樹松兮僑佁追殁激缺揚兮亾而像存樂嘉靈兮宗子于集喈其鳴兮四祀烝嘗不廢亢子

右孝廉柳君碑今在蜀中柳君名敏歷五官功曹宕渠令碑以孝廉稱之重其行也其父亦因孝廉

除郎中碑字雖有湮滅考其文意蓋柳君以本初元年舟為郡守所舉不幸而死后二十三年縣令趙臺念其墓无碑識故為立石時靈帝建寧二年也碑云敏之先廼二十八舍柳宿之精頗類張姓連天之説不典孰甚焉碑以星仲為星中萬基為萬春亢即荒字湮即漫字

淳于長夏承碑

君諱承字仲兖東萊府君之孫大尉掾之中子右中郎將弟也累葉牧守印紱典據十有餘人皆德任其位名豐其爵是故寵祿傳于歷世策薰著于王室君

鍾其美受性淵懿含和履仁治詩尚書兼覽羣藝靡不尋暘州郡更請屈已匡君爲主簿督郵五官掾功曹上計掾守令冀州從事所在執憲彈繩糾枉忠絜清肅進退以禮允道篤愛先人後已克讓有終察孝不行大傅胡公歆其德美旌招俯就羔羊在公四府歸高除淳于長到官正席流恩褒善糾姦示惡旬月化行風俗改易輜軒六轡飛躍臨津不日則月皓天不弔殲此良人年五十有六建寧三年六月癸巳淹疾卒官嗚呼痛哉臣隸辟踊悲動左右百姓號咷若

喪考妣咳孫憤泣忉怛傷摧勒銘金石惟以告哀其辭曰

於穆皇祖天挺應期佐時理物紹縱先軌積德勤約燕于孫子君之羣感並時繁祉明明君德令問不已高山景行慕前賢烈庶同如蘭意願未止中遭冤夭不終其紀夙世實祉早喪懿寶抱器幽潛永歸蒿里痛矣如之行路感動黨魂有靈垂後不朽

右漢北海淳于長夏君碑篆額元祐中洺州治河堤始得之夏君名承仕郡爲主簿督郵至冀州從事四府舉辟除淳于長靈帝建寧三年卒此碑字體頗奇恠唐人蓋所祖述漢字有八分有隸其學中絕不可分別梁庾元威作書論載隸有十餘種曰芝英隸花草隸幡信隸鍾鼎隸龍虎隸鳳魚隸麒麟隸仙人隸科斗隸雲隸蟲隸龜隸鸞隸此碑蓋其間之一體郭仲奇碑云有山甫之縱又云徽縱顯魯峻碑云比縱豹產趙圉令碑云羨其縱高外黃碑云莫與比縱此碑云紹縱先軌皆以縱爲蹤蕭何傳發縱指示獸處顔師古注云書本皆不

爲蹤字讀者乃爲蹤跡之蹤非也據此數碑則漢人固多借用顔氏之注殆未然也碑以薰爲勳淹爲奄咳爲孩感爲戚黨爲儻蔕即策字還即退字戀即巒字

郎中馬江碑

君諱江字元海者濟陰乘氏人缺三字之長孫湯官丞之元子其先帝顓頊翳嬴之後世在趙國以功封趙賜號馬服因遂氏焉暨于君身乾靈特挺岐嶷有度玄然清妙長有令稱通韓詩經贊業聖典左書右琴明於先上之術顯於君臣之道郡將平原高君深昭

其德以和平元年舉孝廉除郎中謙虛接下府名三署昊天不缺遭離缺癘年卅元嘉三年正下缺失貞榦仕喪儀宗於是盟軌遺醜縞素來赴憯痛號咷者不可勝數矣夫人寃句曹氏終溫淑慎咸曰女師年五十五建寧三年十二月卒君中弟字文緒位主簿督郵志行缺期落落自有大節年卅二早世短折故塋迫芒北告斯士先君之庚地缺處還敞缺五字神東看祖禰西睠舊廬皇神仿佛爰缺二字居乃缺一字碑銘勒厥勳其辭曰

鑠鴻德赫含光缺天爵喬紫缺聲缺著于周京穰桷存其人亡缺五字歲顧几遐悽裒傷嗟詩云感凱風歎寒泉惟梓柔缺靈缺期缺四字裔永克昌歿不朽久彌章

右漢故郎中馬君之碑篆額馬君名江咸宗和平元年為郎將高君所薦入補執戟之列元嘉三年卒郎位无可紀之事惟載其全寮醜類縞素遠來之衆尒此碑字體古拙而行間踈密不等其間載建寧三年夫人曹氏卒蓋相去十七年矣又載其弟文緒年三十二早世當是因夫人卜兆以馬君共塋又同告改厝其季故作碑併言之石有斷缺不能詳攷其云東看祖禰西睠舊廬可見其瘞以昭穆也碑中仕喪儀宗仕讀為士遺醜即寮醜仿佛讀為髣髴

慎令劉脩碑

君諱脩字伯麟從事君缺十六字履和而至少罹囏苦身服田畮動乎儉由從虛缺七字弟克諧其於鄉黨遜遜如也卑謙博愛恕已接人缺六字政事君則安上竭節不求聲譽故為五福所歸流神明所缺三字時兄弟竝

興千城子孫盈門克昌堂構非至德淳粹其孰能與缺斯舉孝廉除郎中以將事去官辟從事司徒掾典掌邊事遷慎令行齋為之政崇澹泊以惠利素苦風痺到官朞月見臣吏勑兒子人命噓吸不欲煩擾吏民欲生見舊土歸終於家百姓追逐扣馬攀輪遂不復還年六十七建寧四年五月甲戌卒二弟龍紀孿哀孔懷孤生儁協郃長號恩慕立此碑銘以表景行其辭曰

於惟君德忠孝正直至行通洞高明柔克鬼神富謙

受茲豕福知命不延引興旋歸忽然輕舉忐嗷拔葵人皆有亾貴終譽兮殁而不朽垂名著兮

右漢故慎令劉君墓碑隸額在應天府下邑縣劉君名脩以孝廉爲郎終於宰邑靈帝建寧之四年也劉君不欲以后事煩擾吏民且欲生見舊土遂解印去官可謂知命履道者矣漢碑多門生故吏爲之此則其二弟三子所立古之經籍未有雕刻之本學者各習其師故其文不一左氏春秋小戴禮荀孟諸子班馬二史所引詩書多与今文不同漢末有私行金貨定蘭臺泰書經字以合其私文者故靈帝詔諸儒正定羣經刋於石碑使天下取則焉所存遺刻復与今之經傳文異而句別此碑云鄉黨遜遜如也祝睦碑則云鄉黨逡逡皆与論語異而二者又自不一蓋其師說然也此碑又有動乎儉中鬼神富謙亦与今之易不類豕即介字淳即淳字

博陵太守孔彪碑

君諱彪字元上孔子十九世之孫潁川君之元子也君少履天姿自然之正帥禮不爽好惡不愆孝衷度衷脩身踐言龍德而學不至於穀浮旂塵埃之外皭焉汜而不俗郡將嘉其所履前後聘名盖不得已乃翻爾束帶弘論窮理直道事人仁必有勇可以託六授命如毛諾則不宿美之至也莫不歸服舉孝廉除郎中博昌長疾病畄宿缺遷缺京府丞未出京師遭大君憂泣踰皐魚喪過乎哀謹畏舊章服竟還署試拜尚書侍郎無偏無黨遵王之素䕡可黜否出缺二字度日恪位佇所在祗肅拜治書御史膺臯陶之廉恕缺二字叅之缺五字律祗用既平缺博陵大守郡阻山缺三

字以饑饉斯多草竊罔不缺賊劉冩張丙等白日攻剽坐家不命君下車之初缺五教以博缺削四凶以勝殘乃缺三字爰尚桓桓拼馬謖害醜類巳殫路不拾遺斯民以安發號施憲每合天心缺之所惡不以強人義之所欲不以缺三字姓樂政而歸于德望如父母順如流水遷下邳相河東大守舉此缺二字君子風也未怒而懼不令而從雲行雨施缺二字大和海內歸公卿之任矣勞而不伐有實若虛固執謙需以病辭官去位閭缺以孝竭缺餘暇逞遠彈琴擊磬缺三字之味

而不攺其靜上帝棐諶天秩未究將據師輔之紀（缺）緫（缺三字）疾彌流乃碩乃（缺二字）卌九建寧四年七月辛未哀哉魂神超邁冢兮寘寘遺孤怮絕于嗟想形（缺二字）哀遠念不欲生羣臣號咷靡所復逞夫逝往不可追兮功（缺三字）識惟君之軌迹兮如列宿之錯置易建八卦揆肴𣪊辭述而不佗彭祖賦詩皆讚所見于時頌（缺二字）是（缺）吏崔（缺三字）王沛等伏信好古敢訫顯（缺）乃刊斯石欽銘洪基昭示後昆申錫鑒思其辭曰

穆穆我君大聖之冑惇懿允元叡其玄秀惟嶽降精

誕生忠良奉應郡貢亮彼我（缺）克明王道辯物居方周（缺四字）也亙名朝無秕政亶哉惟清出統華夏化以莫成（缺）猾殄迸賢倚（缺）庭帝重乃飭自（缺二字）証所臨如神（缺六字）之翰先民是程宜乎三事金鉉利貞而絜白駒俾世憒惻當享眉壽莫匪爾極大（缺三字）遐矣不意于嗟悲兮（缺三字）息潺潺庶幾復焉所力咨乎不朽沒而德存伊尹之休格于皇天惟我君績表于丹青永永無沂與日月并于嗟（缺二字）于以慰靈

碑陰

故吏司徒掾博陵安平崔烈字威考故吏齊（缺）博陵安平崔恢字行孫故吏乘氏令博陵安平王沛字公豫故吏司空掾博陵安國劉悳字伯栢故吏外黃令博陵安國劉楊字子長故吏白馬尉博陵齊智字子周故吏五官掾博陵安平劉麟字匁公故吏五官掾博陵安平王璿字顯祖故吏五官掾博陵安平孟循字敬節故吏五官掾博陵高陽史應字子聲故吏五官掾博陵南深澤程祺字伯友故吏五官掾博陵南深澤程祐字元祐故吏五官掾博陵安國劉機字（缺）

閣

右漢故博陵太守孔府君碑篆額孔君名彪歷郎中博昌長京府丞（京上缺字）尚書侍郎治書御史博陵守下邳相河東守以靈帝建寧四年卒趙氏云孔君自博陵再遷河東而碑額題博陵莫曉其何謂予觀漢人題碑固有用前官如馮緄魯峻者俱自有說此碑陰有故吏十三人皆博陵之人也蓋其函甘棠之惠痛夏屋之傾相与刊立碑表故以本郡題其首也此碑作文多用經傳語考中度吏周

調有之可以託六歌後甚矣史漢書宿留讀皆去聲郭林宗爾刺就謁仇覽請其留宿与此疾病留宿同碑以脊為爻沂為涯藁即薦字冡即寂字美即羨字拼即拯字躍即躅字轂即鬱字溽即漫字渥大奚切倲与而切

隷釋卷第八

隷釋　卷第八　十八

隷釋卷第九

北軍中侯郭仲奇碑

君諱缺字仲奇元城君之第四子其先蓋周之冑緒寔郭建國享土受胙啟褏道失晉克其郛遭靡項之際高祖初起運天符命序秦擿楚遂定漢基枝葉雲

隷釋　卷第九　一

布列於國郡或潁川馮翊公卿校尉將相州郡令問休貴自東郡衛國家乎河內波亦世載德以臻于君君惠兄竹邑侯相次尚書侍郎次濟北相順弟臨沂長次徐州刺史次中山相次雒陽令咸以孝廉公府茂選貞亮瞰白翼翼瑛烝配周之八為國楨幹君務有岐嶷天然之資長有明肅弘雅之撥剛毅多略有山甫之縱沈懿敦篤為萬夫之望缺為郡五官掾功曹司隷中都官從事虎視眈眈鷹偫雷轂貴㑺肅承莫不畏憚三辟將軍府徵書沓沓貞亮亶方謇謇衎

行忠信可結義然後諫舉廉比陽長五教加仁施於
惠康爲于之武以抑於彊改邑移風遺愛不忘閒兄
疾病率爾逝將褒職有闕賴君缺匡復辟司徒拜軍
中候當授缺城萬里膺揚念妨弟路遜位恬榮脩黃
老之術謙守足之讓禄有不究命有短長缺臨孔明
殘隕貞良卒被窮氣掩忽徂亡年六十有六建寧四
年九月丙子卒五年三缺四字孝孫忉乎悲慟剝裂行
路泣血辟踊傷絕凡百君子靡不哀惻喪國之鎮朝
失模式缺二字奐乎位未副德刊石甄表以昭罔極其
辭曰
鑠明德繇郭君外忠絜内資親烈桓桓煥有文所臨
缺三字風崇和陸樂以仁絬斯發威若神動規柜禮義
遵徽縱顯功加民感兄疾電指官妙缺三字海閒亮矣
清寘匹倫爵不副命乖分土士字歍欷惜增歎孝流涕
癒傷肝魂靈餘號有榮缺四字永存勒金石示後昆
右漢故北軍中候郭君碑篆額郭君字仲奇嘗爲
司隸中都官從事辟將軍府宰比陽建寧四年卒
碑書其官無北字郭究碑但稱爲軍中若与額殊

按祝睦嘗爲北軍中候而其後碑書云北軍軍中
候則知此亦省文爾郭君閒兄之疾則指官恐妨
其弟而辭位故有惠兄順弟之目而歷載之隸華
蓋可想也碑以縱爲蹤掩爲奄陸爲睦懺即感字借作戚嬴雲憧柜歎即羸雲慟矩欷字

故民吳仲山碑

熹平元年十二月上旬吳公仲山少立名迹約身剛
已節廣無使不貪仕進隱匿世間府縣請召未曾闚
城守鮮貧苦不豫煇榮兄弟三人居其中央事長接
㓜出入敬詳元少不幸棄世早亡乾此蓋載八十有

長年壽未究而遭禍央子孫飲泣呼招不能還與世
獨介慼癒奈何々惟公德美布惠州里遠近假求不
言無有春秋舉償貸字給與無已不逆人意率導此理
市進祐渠餘倉空乏收禮遺孤皆寘門裏先亡爲垔
㓜弱娶婦罔恩者無販不能悲嗟敎敫字新社里其息
捐施豈誰照矣公两有三息遺孤二庄無介少德父
有余財東西南北不能起樓高殿樓觀采色宗諸避
逅連有不得兼官徹傍緣不爲大孫懇亡父恩屈夙
夜如有囟勢務郤藥蓋裸零有知水沮挺勇篤焉矣

矣子孫萬嵗

右漢故民吳公碑隸額宣和中知鄢陵縣穆延年
淂之于民間碑无其名仲山其字也靈帝熹平元
年立漢之仕者沒有遺愛其州縣之民爲之采石
鑱銘則自稱曰故民吳公匿迹韜光不荅聘名作
碑者辭其謙晦之操故以民稱之所謂故民者物
故之民也其字畫譎怪兼有篆筆㥁者人知其爲
憂𪖙者若彌非彌若疆非疆盖其甚異者 碑以禍央爲禍殃訶爲何譫爲瞻零爲靈闚即窺字奔即弃字𠤎即以字㢟即庭字

司隸校尉魯峻碑

君諱峻字仲嚴山陽昌邑人其先周𡙇公之碩胄 二缺
字伯禽之懿緒以載兮祖考之銘也君則臨營謁者
之孫脩武令之子體純龢之德秉仁義之操治魯詩
兼通顏氏春秋博覽羣書無物不栞學爲儒宗行爲
士表漢 缺 始仕佐職牧守敬恪恭儉州里歸稱舉孝
廉除郎中謁者河內大守丞喪父如禮辟司徒府舉
高第侍御史東郡頓丘令視事四年比縱豹産化行
如流遷九江大守 缺 殘酷之刑行循吏之道統政 缺
載穌若清風有黃霸名信臣在潁南之歌吕公事去
官休神家衖未能一朞爲司空王暢所舉徵拜議郎
太尉長史御史中丞延熹七年二月丁卯拜司隸校
尉董督京輦掌察羣寮蠲絀舉大権然疏發不爲小
威吕濟其仁弼中獨斷吕效其節案奏 缺 公彈紏五
卿斆夏祗肅佞穢者遠遁毋憂自乞拜議郎服竟還
拜屯騎校尉吕病遜位守疏廣止足之計樂於陵灌
園之契閉門靜居琴書自娛年六十一熹平元年 缺
月癸酉卒明年四月庚子葬於是門生汝南干 缺 沛

國丁直魏郡馬萌勃海吕圖任城吳盛陳留誠屯東
郡夏侯弘等三百廿人追惟在昔游夏之徒作謚宣
尼君事帝則忠臨民則惠乃昭告神明謚君曰忠惠
父息叡不才弱冠而孤承堂弗構斯薪弗何悲蓼義
之不報痛昊天之靡嘉頎企有紀能不號䛐刊石敘
哀其銘曰
巖巖山岳礧落彰較棠棠忠惠令德孔𡢃命 缺 時生
雅度弘綽允文允武厥姿烈逴內懷溫潤外撮強虐
暂司京師穌然清邈當 缺 綏職爲國之権匪究南山

遐邇忉怛凡百君子欽謚嘉樂永傳萬齡喚矣昀昀
右漢故司隸校尉忠惠父魯君碑隸額在濟州任
城縣魯君名峻歷郎中謁者河内丞侍御史頓邱
令九江守議郎太尉長史御史中丞司隸校尉遭
母憂自乞拜議郎服竟還拜屯騎校尉靈帝熹平
元年卒明年葬門生丁直等三百二十人謚之曰
忠惠其子叡立石作銘水經亦載此碑但悞以爲
名恭爾歐陽公云峻遭母憂自乞拜議郎又最后
爲屯騎而碑首題以司隸二者莫曉予嘗攷漢代

風俗相承雖丁私艱亦多以日易月鮮有執喪三
年者故元初詔書始聽大臣二千石行三年喪至
建光元年復禁不許李翊去官二交故銘文頌其
考憂釋紼皆則有居憂不釋紱者矣肅宗時越騎
校尉柏郁以母憂乞身詔公卿議皆以郁身爲名
儒學者之宗可許之詔聽以侍中行服后其子焉
爲大子大傅以母憂自乞聽以大夫行喪二公纏
陟屺之痛皆避劇就閑与魯君以議郎行喪全漢
人所書碑誌或以所重之官揭之司隸權尊而秩
清非列校可比亦猶馮緄捨廷尉而用車騎也周
官注云義儀二字古皆音俄詩以實惟我儀協在
彼中河樂且有儀叶在彼中阿太元亦以各遵其
儀叶不偏不頗左傳音蛾析作蟻徐廣音檥舡作
俄漢碑凡蔡義皆作蔡儀此碑又作蔡義銘詩煥
矣灼灼俱易火以日令德孔鑠又復从女若堂堂
作棠棠則它碑亦有之碑以栞爲看緃爲蹤斨爲析緄爲衮侇即儒字絪即細字㛃即潔字蓍即嗟字虘即虐字

廣漢屬國候李翊碑

君諱翊字輔國牂柯大守曾孫謁者孫從事君之元
子也其先出自箕子之苗奕世載德迄君之身務有
貞恪謙約之操長柯芬芳成人之行通經綜緯兼究
古雅初缺妣憂勤思盡情及繼母嗣承慈愛如前養
則竭力克勤和顏名顯近遠論者稱爲郡守嘉貪禮
請署督郵五官功曹守長朝有申甫之節居則曾閔
之風延熹六年大守東萊李君懿其高絜順天報國
察舉孝廉除郎中特慕供養常託疾在家時益部擾
穰爲三府所選拜廣漢屬國候到官鷹揚威震以文

得殊俗驩心撥理之效至建寧元年遭逆事君憂去官二交追攣詠其甘棠竭孝道以送終悢松柏而憔刑禮服既盡州郡爭取比辟部諸郡深執腒匪棲遲不就童冠相娛閨門雍雍夷史之高著臨究前軌當爲國之榦匡穹旻缺逝皇祚不永年五十四以熹平二年卒凡百憭愴同時感傷九族內外莫不絕傷於是乃采石勒銘垂示後昆

赫赫惟忠屬國李侯發迹邑屋聲冠方嵎貢德王室顯名遠疇衛侮鎮戎經爲大儒孝憂釋紼公義卓休

終而有禮哀榮兼殊沒而含曜比列陵於嗟子魂靈烏呼悲夫

右廣漢屬國侯李翊碑翊孝於奉親官游之日鮮自郎位繞爲屬國侯以靈帝熹平二年卒其文云幼有貞恪謙約之操長柯芬芳成人之行此兩句語停而意對上言幼下言長也或讀爲長柯殊无義訓窃疑柯乃假借或歌或荷爾二交者歲再換也磐匪者匪石不可轉也比列陵於者似倒用於陵以迹韵也碑以咩柯爲牂柯搷穰爲擾攘刑爲形遼爲寮紼爲紱攣即戀字衛即禦字

玄儒先生婁壽碑

先生諱壽字元考南陽隆人也曾祖父攸春秋以大夫侍講至五官中郎將祖父大常博士徵朱爵司馬親父安貧守賤不可榮以祿先生童孩多奇岐嶷有志捥髮傳業好學不猒不攸廉隅不餝小行温然而恭慨然而義善與人交久而能敬榮且溺之耦耕甘山林之杳譪遁世無悶恬倓淨漠漽洟衡門下學上達有朋自遠冕紳華華朝夕講習樂以忘憂郡縣禮

請終不回顧高位厚祿固不動心蔗絺大布之衣糲粢蔬菜之食蓬户茅宇棬樞甕牖樂天知命榷乎其不可拔也是以守道識真之立士字高尚其事鄉鄙州鄰缺親𤈦懷年七十有八熹平三年正月甲子不祿國人乃相與論悳㝠謚刻石作銘其詞曰

皇矣先生褎悳惟明優於春秋玄嘿有成知賤爲貴與世無爭漽洟衡門禮儀滋醇窮下不苟知我者天身殁聲鬯千載作珍縣之日月與金石存

右玄儒婁先生碑篆額今在光化軍婁君名壽以

靈帝熹平三年卒國人相与論德処詞謚之曰元
儒先生猶陳寔之文範法真之元德也隸釋又有
忠惠父魯峻碑亦非謚於朝者群下私相謚非古
也末流之弊故更相標榜三君八顧之目紛然而
奇禍作矣碑首所篆婁字頗異圖經謂之翟先生
碑歐陽公問之王洙原甫以李陽冰篆文證之始
知元儁為婁姓西漢紀從官給事宫司馬中者注
云宫之外門為司馬門盖今之皇城門也東漢志
宫掖門凡七每門一司馬考之扵碑元賔為蒼龍

司馬沇君為北屯司馬則主南宫門者劉曜為宋
爵司馬霊臺碑管遵為東明司馬則主北宫門者
婁君之祖為朱爵司馬而書作朱时者猶帝堯碑
以繼作𢇍校官碑以剗作戔省其文也又有兩脩
字皆作攸殆亦類此夫不脩廉隅不飭小行居今
則為過舉作文者廼以諱婁君之美何也書不云
乎不矜細行終累大德漢儒其何擇焉 蔍即麤字 糒即糲字
㤅即愛字 褱即懷字 渫音大奚切 湏音與而切

婁壽碑陰

故五官掾婁 缺 伯三百故守長史掾夏光淵二百故
從事 缺二字 張千故府掾 缺 子 缺 二百故五官掾陳季
高三百故府掾終百衆五百故督郵終仲行千故從
事終紂嚮二百故督郵終伯康千故督郵范仲隱二
百故府掾婁伯脩五千故校官祭酒婁伯就五百故
府掾陳德賢四百故府掾終紂興二百 下缺一人 處士夏
仲高二百處士夏扐高二百處士婁元 缺 三百處士
終求梁二百處士婁元 缺 三百處士張產 缺 百處士
婁紂都二百故守葉令終文勝二百故督郵陳瑋公

二百故督郵婁紂生五百故府掾婁仲絢百故府掾
婁敬 缺二字 百處士 缺 仲順二百處士呂和孝二百 下缺
心處士豊子能三百處士婁宣卿二百處士夏伯明
四百處士陳子讓二百處士馮求南三百處士鄧紂
敬二百處士婁 缺 臺五百處士婁扐碧五百故從事
南郡許孔俊三百故從事 缺 陽 下缺 故五官掾 缺 都
尹紂 缺 五百故督郵 缺二字 仲儀二百故督郵 缺四字 百
故督郵 下缺 處士鄧超 下缺 處士 缺 郁 下缺 處士友趙文弘
三百處士汝南 下缺 處士 缺四字 百處士 下缺 處士 缺二字 二

百冢丕缺三字二百處丕缺二字君缺百下缺二人冢丕缺二字
舉缺百冢丕缺二字明百冢士缺三字二百

右婁壽碑陰可見者五十四人漫滅者四人其稱南郡汝南者二人餘盖南陽人也此碑在兗化而歐趙不云有陰初若可疑盖漢人立碑多有陰注惟拓者畧而棄之好古之士身在它壤无自而知也婁先生南陽人而此有葉令又其間姓婁之可見者十有二人以前碑合之大小与中穿適相等然后知為婁君碑陰決也諸人所書者皆其字

繁陽令楊君碑

上缺二十九字弟富波君之少子也生姿令喆長履忠孝立仁行道實體彌隆岳授尚書為國師輔君述而好古少傳祖業兼苞載籍靡不周覽英儒仰則景附其高應禮州郡仍奉貢覲察類瑕爾僉服歸稱大駕省方為郡功曹名見專對亭廷帝心擢拜郎中除右都候開鑿宮衞閽闥肅焉遷繁陽令崇德尚儉吕興政化和穆威恩吕移風俗楙無姦回宿不命闈敎學吏士精横侍者常百餘人咸訓典誨帥導吕缺鄰遠歸懷爰集疆場州郡嘉異並上絕迹大司農劉佑猶復表劉將有命授會討父大尉公薨委榮輕舉投紱如遺吏民攀轅老弱軔輪追慕跋涉盖二千餘人續留守闕上書歷年運穀萬斛助官振貧吕乞還君自非慈愛孰能若茲有司譖昧莫能識察君挈己吕俟不愉禍求趨功顯弗有退入于林處靖衡門童冠如雲故乃名問俞高休聲益著三府競辟又入宰朝常登茂御復紹祖烈旻穹不惠年又十一熹平三年三月巳丑卒國失其良民望永絕京夏凡百靡不慼悼故吏

臣隸叫天訴墜嗟兮何及哀矣催傷感惟既殁德之隆者莫盛不朽適共追鐫厥勳鐫石示後俾延億齡繼不騫隊其辭曰

惟岳降靈於我明君膺天鍾慶誕德孔醇溫恭博敏貞曒簹倫帝嘉忠懿乃詔寵光俾侯禁宮夙夜是勤命出作宰清風穆神委蕘成勳赴義長逝民思遺愛奔告于丞頎不審真莫肯慰揚遲𢓭樂志纏紳仰从二公並招當為國暉壽不缺二字早葉隕林朋徒濟淒士女愴悲顯百其身皇不我予銘頌玄石下缺

右漢故繁陽令楊君之碑銘篆額逸其名楊君者
太尉震之孫富波相牧之子太尉秉之猶子沛相
統之親昆弟高陽令著之從昆弟也自郎中除右
都候遷繁陽令以靈帝熹平三年卒漢公卿二千
石父母之喪不得奔赴荀爽對策詳矣度尚及楊
君皆以朞喪去官可見漢代位高而創鉅者反奪
情廢礼也守令有美政百姓愛之如父母攀車截
鐙不忍其去者固有之楊君之行老弱跋涉其衆
至於二千餘人守闕上書其父至於歷年繁陽在

河之北去漢京七百餘里運穀助官乞還令君其
多至於万斛此事則未之前聞史氏罔羅脫略至
后世不得其名惜哉今之俗或投甌以借笛或列
陳於外臺蓋有欺而不寔者此之輸粟万斛則其
出於誠心也作碑者再三歎惋斯事其文云有司
諝昧莫能識察說文生而聾曰聵其詩又云頎不審真莫
肯慰揚嗚呼政令委靡淋憿无所甄別在位者憒
憒如聵聵熹平之間不特此一事也碑以假爾佐遐邇犆作特
獸作紱俞作愈軨作齡言即克字逋即迹字契即瀔字漫即退字墬即地字適即乃字隊即隧字

繁陽令碑陰

故功曹史下缺故功曹史成功豫伯舉故功曹史王月
伯師故功曹史缺二字元祐故功曹史丞俊緐嚴處士
功曹丞休季盛處士功曹申琛夠厚處士功曹公乘
儀元表處士功曹丞缺伯尹故民張掾季助故民丞
詳子琦故民張順顯臺故民張商伯瑋故功曹史張
敫孔明故功曹史丞備仲載故功曹史丞升志賢故
功曹史魏希世興故功曹史董高叔海故功曹史成
功缺一字珪處本功曹缺譽顯甫處士功曹程琦緐缺

處士功曹馮缺子珪故功曹史下缺故功曹史魏缺三字
故功曹史樊曜子珪故功曹史程缺伯盛故功曹史
丞沸伯載故民朗陵長沮缺子輔故吏成功缺夠厚
故主簿張合元孝故功曹史董昂元政故功曹史良
堅子石故吏杜茂彥才故吏韓永君政故功曹史馮
億仲戴故吏馮玓敬祖故吏馮烈元軌故吏缺義仲
盛故吏丞宮子行故功曹史劉璜子雲故功曹史樊
充國榮故功曹史張瑛子璐故吏滕厝瑛季嚴處士
功曹缺尹仲缺故民馮缺夠缺故民富弘缺祖故吏

申俊紂遂故吏張遂季祐故吏尹貴仲持故吏張立
仲德故吏李兼元緄故吏張時子節故吏魯缺文長
故吏馮种元妙故門下史魏昱元夏故吏申貞子明
故吏申根紂德故吏申巨妙才故吏勝屠曜子節故
吏成功宜元助故吏常曜少賢故吏申徽岳歐故吏
申甫伯舉故吏申弘仲缺故吏申彤紂缺故吏巫廉
仲讓故吏申穌仲訓故吏申真仲真故民段肅子恭
故民樊興子上故民吳方季遠至孝沮𡢃君威故吏
宗連建興故吏張讚务議故吏張烈仲孝故吏張純

子淋故民馮嘉紂祉故民侯臨伯弘故民叏進仲進
故吏段寅季馮故吏郃騰文光故吏程規紂表故吏
巫嚴伯俊故吏許貞元表故吏闞敏缺安故民周演
少平故吏申曾伯德故吏武與季慜故缺三字君缺霧
巫逯瓌德瑋霧巫張進子明霧巫范譚子亮故民趙
表元顯故民隗副务豪故民隗愔子才故民劉影顯
方故民張運季方故吏程勑伯嚴故吏巫褒景博故
吏程周仲密故吏段術元埶故吏馬盛盛明故吏成
功連建賢霧巫黃叏子敬故吏鞠像伯嚴故吏段官

元顯故民杜忠文歐故民李冰元固故民王叔子助
故民公乘桂漢舉故民缺二字伯觀故民段兼元韻故
吏薛誼升舉故吏焦武文伯故民薛恬仲突故民張
隗子皇故吏駱盛進興故吏梁平子衡故民周晉子
助故吏程瑋伯珪故民李羕元高故民武晉伯讓故
民巫佘子嚴故民巫貞伯亮故民楊方子遠故民巫
祥伯慎故門下史楊亶子璜故門下佐公孫壽元壽
故門下佐路熾子盛故門下佐杜良伯信故門下佐
鄧澄元景故小史缺魯子衞故民缺下典仛者馬子明

右繁陽令碑陰凡百三十有四人不書郡邑皆繁
陽之人也嘗仕於異邦惟一朗陵長亦稱故民者
桒梓之敬也帝紀安帝威宗獻帝皆嘗詔公卿郡
國舉至孝之士列傳荀爽趙咨崔寔皆嘗爲九卿
本郡所舉此有至孝沮𡢃盖是此科歐公論韓勑
云前世見於史傳未有名勑者此碑又有程勑則
漢代不獨一韓勑也范史及韓碑所用勑字甚多
是時盖上下通用非若后世有鑾臺鳳閣之拘雖
勑本音徠去聲然韓字叔節程字伯嚴詳其義皆當

讀与飭同非勞倈之倈也

堂邑令費鳳碑

惟熹平六年歲佫于大亂无射之月堂邑令費君寢
疾卒烏嘑哀哉於是夫人元弟故缺三字守卜脩追而
誄之其辭曰
君體履柔和溫其如玉脩孝友于閨閾執忠謇於王
室立迹州郡仕更右職舉直措枉彊衞缺僨貢孝三
署勛譽有則出宰近甸民懷厥德色斯輕翔翻然高
絜王人述職分缺珽爵台缺二字招助鼎調物退巳進

弟不營榮禄栖遲歷稔項領滯畜鄣土不庭黔民佌
卣命君缺二字政化缺行從善遷恩三基朞字致道有恥
且佫牧守拴功轉左堂邑垂拱不言而民帥伏三時
之間卒以缺洽旻天不弔命也早殂春秋六十六絜
儀瘁傷泣涕連漉豈愛我躬命不可贖臨終迷缺三字
內蕤祖業良田畝直一金推子弟息辞位讓財行義
高邵卓不可及名實相副有始有卒缺二字人善癋子
切惻
故吏故鄣施業字世堅義民堂邑佽忠忠年十有一

慈考早隕喪以備於禮制潾首而缺三字壞而消辟地
缺三字行毋氏以缺四字而悼傷服缺菲又又纕杖其未
除廣陵之郡守東海缺二字聞寢疾而終卒凡百普悲
缺四字爲化以屋之餘慶隨缺棺柩車哀以而進之祖
載巳畢訖還返其故鄉君缺其節操悲其有缺二字姆
以缺五字其老親忠缺君厚德念君之仁恩聞君之隕
隧剝斷而辛酸項截纏麻杖缺君之柩楯扶號而唱
缺泣涕其缺八字甫於岐山缺二字其從之迷君而到官
上書而慶薦字君盡禽息之缺三字君之缺三字君缺三缺七

字於山缺列種嘉奇樹特為之潤鮮忠業與缺二字猶
君恩使然雖君有大化訊能爾者難子亟之終缺三字
思其顏而缺死可贖不愛缺二字人今君缺於彼卓謡
而超倫吏氏慕高蹤来者其如雨偉名建賂石垂示
於缺二字門下功曹徐侃字元節主簿呂嘉字元缺主
史陳信字聖舉主記史缺忠字建臺門下游激缺二字
字紂騰門下賊曹缺二字字聖臺門下史曹助字仲臺
缺吏呂常字孝讓從掾位徐超字元貴
右漢故堂邑令費君之碑篆額今在湖州費君名

鳳自郎中嘗宰新平故鄣堂邑三縣以壹帝熹平六年卒其妻之弟卜君追誄之乃作此碑碑中无名字見之石君詩碑云祖業良田畝直一金推予弟息此固可嘉至於退已進弟不營榮祿則又人之所難其云行義高卻卓不可及名實相副有始有卒信哉此云棃儀瘁傷孔宙碑亦云𨓍綏二縣勑儀以康勑則棃老之稱儀則讀如旄倪之倪也誄之后載施業感忠二人竭力送終之事業者鄣

土之故吏忠者堂邑之義民皆費君之舊部也其

辞皆五言石磨滅文不相屬初叙感忠早喪慈考毋服未除有廣陵之役聞訃来奔祖載還鄉及泉隧有期復截經杖扶號柩棺列種奇木建立磐石此其大略也菲五五者居喪菲食二十五月也岐山者其地名其后有門下功曹題名者九人碑以埶為執格于大荒有恥且格皆不从木

費鳳別碑

君㖡家中孫日陵石勛字子𡬶載馳載驅来奔亐亟庭肝礭意悲感切傷心瞻彼碑誄懷之好音司馬慕蘭相南宮復白珪仰之以彌高鑽之而彌堅不堪哀且思叙詩之一篇庶畿昔子夏起夫子之所言其辭曰

君諱鳳字伯蕭梁相之元子九江大守之長兄也世德龍爵銀艾相亞恢退祖之鴻軌拓前代之休蹤逸越而難継非羣愚之所頌仁義本於心慈孝著於性言不失典術行不越矩度清潔皦爾湼而不滓恤憂矜厄施而不記由近及遠靡不覆載故能闡令名而雲騰揚盛聲而風布踐郡右職三貢獻計辟州式

部忠以衞上漢安二丰吳郡大守東海郭君以君有逶虵之節自公之操丰卌一舉孝廉拜郎中除陳國新平長神化風靡惠以流下靜而為治匪煩匪擾乾乾日稷矜以黔首功成事就色斯高舉宰司委職位思賢以自輔玄懿守謙虛白駒以遜咀丹陽有越寇漫缺四字命君討理之試守故鄣長蓋危亂有不讓又畏此之罔罔缺二字而缺牧爰止其師旅鴝若飛鷹鴳鋪若夫嘯虎彊者綏以後弱者以仁撫鬧左上帝心功訓而特紀轄輿宰堂邑基月而致道覩缺四字遂擾

亐卿尹中表之恩情兄弟與甥舅樢与女蘿性樂松之茂好閒君顯令名舉宗為歡喜不悟奄忽終臧形而匿景耕夫釋耒耜桑婦投鉤音道阻而且長望遠淚如雨莫馬循大路搴裳而涉洧悠悠歌桑離思黃鳥集亐楚惴惴之臨內送君於亭土嗟嗟悲且傷毋食缺不絕夫人篤舊好不以存亡改文平感渭陽悽愴益以甚諸姑咸擗踊爰及君伯姊孝孫字元宰生不識考妣追惟厥祖恩蓬首斬縗杖世所不能為流稱於鄉黨見吾若君存剝裂而不已壹別會無期相去三千里絕翰永忼慨泣下不可止

右費鳳別碑刻舅家中孫甘陵石勛詩一篇其辭云瞻彼碑誄懷之好音謂卜君所作也其詩先敘世系歷官繼以韵語六十句其三句六言餘皆五言石君蓋鳳之中表也所述兄弟甥舅諸姑伯姊夫人孝孫悲傷哀痛之意宛轉淒切費氏父子三碑合並列於吳興校官之壁不知者指此為碑陰趙氏亦有斯悞其中涅而不滓蓋用涅而不緇鴆若飛鷹鷂鑢若夫虓虎蓋用鴧彼飛隼闞如虓虎其字有不同若非假借則是傳授異也碑以確為摧以邊為幾以逶虵為委蛇以遰為逐以基為朞以辟為辟

隸釋卷第九

隸釋卷第十

太尉陳球碑

君諱球字伯真有虞氏之裔也當周盛德有虞遏父爲陶下缺公生公子完適齊爲桓公公正其後強大遂有齊土楚漢之下缺官生乇有令名廣漢太守公既纂

世業不隊前軌孝友祇穆下缺典誥徽言雅頌情指意發綱統莫不守其條貫綜其倫理槩下缺換東城門候虔恭職司夙夜匪解遷繁陽令寬以缺二字溫而下缺不缺遺跡遐而不缺喪母去官服除辟司徒府拜侍御史下缺陵梁荊揚州郡缺弱莫能禁禦太尉楊秉舉公下缺師溪缺二字弱缺三字難一缺而平詔書缺五字十萬州下缺公發遣家屬辟缺二字難公赫下缺有言者斬尻悉缺人民老弱缺共缺三字村爲大弧下缺攻前缺遇之弘衆而遁全郡保缺六字拜子男下缺作大匠孝桓晏駕缺四字躬親功下缺司空喬玄表公爲河南缺惟明克缺公下缺遂作司空通導水泉稼畜繁阜陰陽下缺致仕賜策而退復拜求樂少府光和下缺而不撓雖有周之申甫漢佐之匡翟下缺知公之明德其辭曰

於顯明德峻喆缺二字亶缺丕度伊下缺

右漢故太尉陳公之碑篆額陳公名球下邳淮浦人三剖郡符五入卿寺再爲三公靈帝光和二年卒本傳云球令繁陽郡守求賄不獲撾督郵令逐之督郵不可曰魏郡十五城獨繁陽有異政乃止

桂陽賊李研陸梁荊部州郡懦弱不能禁太尉楊秉表爲零陵守朞月而賊散州兵朱蓋反与桂陽胡蘭轉攻零陵編木爲城不可守備掾史白遣家避難球怒曰復言者斬乃悉內吏人老弱与共城守弦大木爲弓相拒十餘日會救至賊破詔拜一子爲郎熹平元年爲廷尉曹節欲別葬竇太后詔公卿大會朝堂球忠憤奮發抗議不撓姦倖爲之退聽史載其事六百餘言光和二年爲求樂少府与司徒劉郃謀誅宦官事泄下獄死史載其事又

三百餘言大凡碑碣率与史傳抵牾球之二碑獨
繁陽事迹不全所書零陵平賊事雖石破文缺其
存者皆与傳合至廷尉永樂時則一辞不措故熹
平之議宄和之謀咸无爲殆有所畏而然也嗚呼
東漢閹寺之盛人主拱手君子喪氣然剛毅之士
寧接踵以赴死不詘身以媚竈故漢道雖日陵遲
无法度紀綱可以憑藉而能立國又百餘年者皆
義士忠臣之力也漢志洛陽城有中東門上東門
后碑亦作中東城門此碑云換東城門候殆省文

也左傳寘閼父爲周陶正而此作遏父陳敬仲至
齊爲工正掌百工之官也而此作公正太尉橋公
而此作嶠皆借用也碑以隊爲隧畫爲穡

陳球碑陰

故吏缺九字息缺故吏缺二字平恩缺三字祖早終息櫂下缺
故吏缺二字嚴缺三字五百故吏缺六字五百故吏缺四字允
明千故民繁缺嚴缺子夏二百故缺三字嚴逞季祖
三百故民缺二字嚴缺李安二百故民缺二字許缺顯德
二百故民缺五字遷二百故吏缺二字吴憲元將千故吏
缺二字毛缺君缺五百故吏缺二字王缺子缺五百故吏
缺四字元起五百故缺三字侯高君舉五百故吏缺二字周
清文德五百故吏缺二字趙缺子興五百故吏缺二字岐
周子然五百故吏缺二字李忠世持二百故缺三字王茂
季盛千上缺公乘儀元表二千上缺趙下缺故吏繁下缺故吏
繁陽下缺故吏繁陽下缺故吏繁陽李下缺故吏繁陽李下缺
故民繁陽下缺故吏繁陽劉下缺故吏繁陽張下缺故吏繁
陽缺三字公五百故吏繁陽劉缺三字三百故吏繁陽缺三
字嚴三百故吏犁陽郭缺二字選五百故吏内黄馮缺三

字三百故吏内黄焦松缺三字二百故民斥丘李缺三字
千故吏斥丘王缺三字二百故吏陰安審配缺二字三百
故吏陰安缺訓缺三字千故吏列人孟條缺二字二百
右陳球碑陰故吏故民凡四十人各有出錢之數
陳公兩碑書法皆不精此則遠過之球一爲令三
爲守繁陽既有異政復典其郡則惠露所霑爲多
南陽零陵去下邳道遠故立碑皆魏郡之民吏惟
一孟條則鄴郡鉅鹿之人也此碑惟存穿之下横
兩列餘皆剥落矣其前二行特書兩人之事与它

碑不同雖文字漫滅不見其全行之上皆云故吏其中皆有息字次行息之上又有早終字蓋謂二人者已卒所出繙錢則其子也碑以二人居右必其府之元僚也水經云下邳陳球墓前有三碑是弟子管寧華歆等造此碑所見皆故吏故民而無管華姓名豈与劉寬碑相類其一則弟子所立乎又姓苑載炅氏兄弟各分一姓曰炅香桂炔字皆九畫一音引漢太尉陳球碑陰有城陽炅横此碑亦不見之若非石損則恐是彼一碑也陳公兩碑

皆在淮陽莫適為先后趙氏但有一碑陰而水經謂墓前有三碑似亦指碑陰為一也此碑有兩裂文与前一碑仝故附之其后碑以犁陽為黎陽

陳球後碑

君諱球字伯真廣漢太守之元子也蓋周存六代媯滿繼夏建國于陳遝完徂齊實為陳氏公下缺父自營州來宅海淮世就典籍兼通勤誨振衰禍即徵聘荅宰司荷顯貢者繼世而傳爲至公下缺劉寘欲缺懿惠和高明柔克甘味道埶強學博物凡墳素遺訓聖賢

立言掬精極微無缺不究下缺除郎中尚書苻節郎恒陵園令換中東城門候遷繁陽令養老長孤救災匡困化惡以善擾逆以下缺幸厥澤鴻醇則百姓敬之如神祇愛之如慈親矣暨于孝績遭繼母憂礼紀向闋群公爭招遂下缺拜侍御史爾時蠻缺賊胡蘭李研等蜂聚蛾動剝落荊楊出帥命将輒有奔北之困太尉楊下缺公嚴缺曲陳為鷙為缺兵揚霆激碁月獻捷有詔厚賜策書歎述續遇畔兵朱蓋等建下缺三牧二守零陵之宜初缺阻缺土地平夷編木為城舊有過寇

未嘗能亢蓋等望下缺以為缺二字入便就館穀公慨然抑留妻子以鎮民心擐甲登埤親帥吏士身當鋒下缺圍城至乎旬有六日傷熘稍逸仍隨馘截威震南夷功光王室詔拜子為郎下缺優缺二字勞事列缺二字遷魏郡大守徵拜将作大匠會孝桓皇帝崩實掌梓宮缺事身安荼下缺南陽大守父病去官居家半年弘授廷尉八議寔缺二字無辜民乃遷衛尉遂作司空缺土缺二字濟可黜否不缺盈致仕復拜廷尉進登大常三礼咸缺二字時西戎不王選能缺二字朝下缺舉荒傷干戈斯

戩缺三字黜又拜汞樂少府年六十有二光和下缺執法
三應苻守八佐卿缺二字任相缺慎左宰割缺二字茂思
樹缺為志下缺特立缺三字顧秉心茲隆天命弗缺嗚呼
哀哉缺是凡我困曚洒掃之下缺廓缺壼懸將缺稚泣
涕漣如惟缺不朽實在傳紀乃相缺三字勳績銘缺玄
石下缺缺五字臨萬國降茲缺毦爰佐民牧遠鎮南缺
近撫缺服芟缺五字凶雲虐字播恩下缺升大鹿沛乎如川
礮缺猶嶽下缺休休之志天缺為之隨我梁下缺勿思是
用鑽勒汞缺萬基

右漢故太尉陳公之碑篆額公既不得其死門人或畏憚凶焰必不敢立石雙表也兩碑之前凭二百字可讀其末則文字凋落如晨星相望豈其間蓋有憤懟哀切之語后來益有所慂而剔之乎漢人隸法有所謂省文者如爵之為財鶴之為隺是也經傳多書蟻作蛾似亦是省文左傳蛾析戴記蛾子時術列子未聚禽獸蟲蛾黃帝紀淳化鳥獸蟲蛾元帝紀白蛾群飛蔽日長楊賦扶服蛾伏皆讀蛾為蟻隸釋仲秋下旬碑有蛾附之句此云蜂聚蛾動亦蟻省也弘卽引字

童子逢盛碑

童子諱盛字伯彌溥令之玄孫遂成君之曾孫安平君之孫五官掾之長子也胎懷正氣生克自然摘育孩嬰弱而能言至於垂髦智惠聰哲過庭受試退誦詩禮心開意審聞一知十書畫規柜制中园梲日就月將學有緝熙才亞后橐當為師楷自天生授因不左初謂當卬遂令儀令色磬齊珪角立朝進仕究竟人爵克啟厥後以彰明德脩嗣昭達何寤季世顯天

不惠伯彊淫行降此大戾年十有二歲在協給五月乙巳噎喻不反夭隕精晃苗而不秀命有悠短無可柰河慈父悼傷割哀回鯉其十二月丁酉而安措諸汞潛黃壚沒而不存於是門生東武孫理下密王升等感慠三成一列同義故共刊石叙述才美以銘不朽其辭曰

嘉慈伯彌天授其姿奄克岐嶷聰叡敏達當遂遹迆立號建基時非三代苻命無恒人生在世壽無金石身潛名彰顯於後葉

光和四年四月五日丁卯立

右逢童之碑篆額在維州靈帝光和四年立童子名盛年十二而天門人孫理等立此碑其文云才亞后槖當為師楷甘羅曰項槖七歲為孔子師董仲舒傳孟康以達巷黨人為項槖趙廣漢傳鉤箘之鉤音項碑以童子當為師楷故比之項槖后鉤偏旁相類鉤有項音故借后為鉤又借鉤為項也歲在未曰協洽史記亦作叶洽又作汁洽此作協給亦借也漢碑雖有範字而楊著碑云喪茲師范

司空碑云納我鎔范与戴記范金合土荀子形范正金錫美之類正仝梡与帆同音此云制中园梡者又借梡為范而用园為模也碑以柜為矩奈河為柰何懒為激邁迆為委虵智即智字啓即啟字蚕即蚤字

逢盛碑陰

五官掾崔孟祖　五官掾呂仲謙　晳郎雖敬賓　晳郎周便祖　晳郎梁懷則　晳郎司文对　盛晳郎雖后升

右縣中士大夫

高密涂承興祖　平壽孫嘉世賓　下密王升高　缺　琅邪東武孫理子義

右家門生

刁真解子　逢信伯臺

右逢盛碑陰雖后升已右曰縣中士大夫者其父黨也故不名刁真逢信在家門生之左又其微者司馬相如云烏獲逢蒙之技王襃云逢門子彎烏号藝文志亦作逢門即逢蒙也古今人表有逢於何數人陽朔中有太僕逢信左傳有逢伯陵逢丑父東漢有逢萌編古命氏逢絲為趙王傅莊子羿

逢蒙不能睥睨淮南子重以逢蒙門子之巧皆作逢迎之逢龜策傳羿名善射不如雄渠蠭門注引七略有蠭門射法則劉楮又借蠭為逢也至孟子則云逄蒙學射於羿楊子羿逄蒙分其弓后之言姓者始皆作逄石刻有漢故博士趙傅逄府君神道逢童之碑其篆文皆从夆魏元丕碑有逢牧孔宙碑陰有逢祈此有逢信亦不書作逄子謂漢儒尚借蠭為逢則恐諸逢當讀為鼉鼓逢逢之逢爾

安平相孫根碑

府君諱根字元石司空公之伯子樂安大守之兄子
漢陽大守侍御史之兄秉氏令之考厥先出自有殷
玄商之系子湯之苗至于東叩大雹戒仁聖武定周
封干之墓胄裔分析避地匿軌姓曰孫爲缺四字各以
文憲將相諸國君其胄也於君權輿發基有嶷受性
明叡聞一知十誦詩習藉研綜其眞講缺三字童冠吕
營發憤臨川敦誨不倦節㨶忼慨甝毅仲行東𨼮立
朝政事敏通心小志大日宵左公缺四字琦其分缺式
叙左位極驥之路察孝抱疚中司乃就𨸏鼎以忠三

事歸稱遷郿長興吏所好去缺四字奐有成還雍奴令
先施博愛威而不猛換元氏考城令以塞延竚後我
之望圻甫考績聖朝簡缺四字議大夫升降闉闥天子
是𥙊讜言未列遭公夫人憂憔悴消形齒不見口服
閔徵拜議郎謁者缺四字濟濟衎謇不撓遷荆州刺史
蠢爾猃狁缺手稽顙德澤沵征逨捡置卻聖上貪
暱徵拜議郎御缺四字坐無雙輔弼唐虞上稽缺古功
紀宗彝無善不章還安平相遵脩前列五教缺訪赫
赫之譽𩙪缺四字溫之仁以寧土彊求己不媚以疾去

官闈門守家不競時榮養育孤穉以保壽年上乾弗
祐獲疾固缺三字七十有一以光和四年十二月乙巳
卒嗚呼有哀孝嗣夙夜不舍嚴父孝孫臨殯禮服承
後怚怛有感缺惟古聖孔尼喪鯉羸縮有命不可增
損於是握粟卜葬中坰冠缺奔赴充衢塞庭同胞惻
愴涕淚交零呱呱豎子𧘐咤共聲故吏門生邦人咸
曰令問弗銘缺勒孰覩孰聞乃立石碑昭名不朽其
辭曰
皇矣府君含德厚純恢廓術藝以道莅民行行義勇

無猾不賓抑抑珪質光容有暉綏强以缺二字弱以仁
罰惡以威賞善　息仲伯撥亂蔡足譎權　嚴恪色
匠不犯子養　珉化与産　配我九閾　相波大國
東菅儉不損晏宣慈惠和柔不可詘桓桓烈烈剛不可
折缺三字城缺四字其缺四字父缺三字祐子孫缺不缺
右漢故安平相孫府君之碑隸額在盗州孫君名
根嘗爲諫大夫議郎謁者出宰四色刺荆州相安
平以靈帝光和四年卒司空者名郎承壽中自太
常爲三公姓氏書未嘗以孫氏爲比干之后碑云
至于東叩大虐戒仁聖武定周封干之墓說文音

吅為喧按班孟堅幽通賦云東厸虐而殲仁注云厸古鄰字謂紂也仁即三仁也碑中之語蓋出於此則是以吅為厸以戕為殲或為戕也比干墓在衛州汲縣其俗立三仁像併商紂謂之四王廟以四月四日為比干誕日承平時祠具甚盛雖千古尊仰英風敬事不懈沒而有靈必不與獨夫共此血食也廟有後魏孝文弔比干文唐太宗賜比干詺兩石刻魏之文云鬼侯已醢子不見與邢侯已脯子不聞與微子去矣子不知與箕子奴矣子不

覺與何其輕生一至斯與何其愛義勇若歸與又云靈名傳於千載詎何勲之可揚奚若騰魂以遠逝飛足而歸昌得比肩於尚父卒同協於周王哀傷頓挫其詞甚多魏主亶喪之裔也乃能遐想忠魂駐輪往弔亟其禮賢納諫治道浸興魏鄭公願為良臣一碑尚猶仆之雖封干刻詺視拓跋有慙德矣此碑體豐而勢逸字法與漢代它碑絕不類唯華山亭一碑差相近爾唐韓擇木史惟則輩蓋得此筆意今之言漢字者則謂之隸言唐字者則謂之分殆不知在秦漢時分隸已兼有之唐張懷瓘書斷云蔡邕八分入神隸入妙又云張昶八分碑在華陰今華山所存漢碑凡四華亭一碑乃昶分書也又云八分者秦羽人上谷王次仲所作始皇時官務稍多得次仲文簡略赴急速之用甚喜遣使三召不至漢和帝時賈魴用隸字寫三倉隸法由滋而廣蓋八分為小篆之捷隸又八分之捷其贊八分則曰龍騰鳳踞兮勢非一交戟橫戈兮氣雄逸其贊隸則曰摧鋒劍折落點星垂詳其說

而察其字則孫根及華亭碑為漢人八分无疑矣唐人自稱八分蓋有自來考古博雅之士更為辯之

闓讀為闓儐讀為賔霅毳賸鼎鼒斅赦䧢即虐耽聲鼎㬎教赫域字

孫根碑陰

中軍督孫玄象孫彥龍大中孫孝考舍人孫延林博昌領校孫林淵孫九原大中孫始中大中孫長玄舍人孫長聲舍人孫長陵中郎孫休聲大中孫子固五官掾孫真伯五官掾孫稱仁舍人孫元會中郎孫長宰舍人孫玄固大中孫倫伯大中孫遺緒陽豐長孫

長升郎中孫長恂大中孫玄秋舍人孫登文舍人孫
方督舍人孫孟初中郎孫紹世計史孫穆元孫孟昭
駙馬都尉孫孟陵計史孫元俊孫元威大中孫叔元
孫仲俊孫士應舍人孫巨先計掾孫朝鳳督郵孫長
威孫彥威大末尉孫仲春孫士威孫威弘孫令興孫
玄虎孫應陽孫仲有孫休仁孫伯譽孫世治孫宗嗣
孫延熙孫來舒孫義伯孫子雲孟缺領校孫夷叔孫
延嗣中郎孫穉承孫元中孫稚始孫時祖孫道安孫
林夏孫祖房孫世群孫玄通孫林舒孫方晃孫休明

缺二字領校終利士楊孫望之大中王延祖孫宣瑜孫
令機中郎孫長同孫承初缺世龍孫長應終利延世
孫俊延終利茂真孫長春終利道機駙馬都尉王應
明閔世玄孫震兊孫士俊孫世祖孫玄祚舍人王仲
基孫長元王延夏孫犾元劉俊文孫士基劉孟真孫
林衡閭邱長龍孫玄嶷萬君翁孫初基孔季缺孫上
英孔世俊孫缺栢涂士英孫缺二字浩景同督郵孫徵
時孫斑梁王弘春劉彥缺孫武龍大中王缺二字孫慶
高郎中缺二字臺孫長芝缺洪度祭酒孫士中舍人閭

丘長世孫公儀孫缺周孫景秋孫世尼孫林祖孫祖
林孫孟祖孫林季孫叔祖孫列秋孫武秋孫延基孫
世治孫景安孫道文孫休英孫萬春孫祖倫舍人孫
稚龍孫泰斌孫道開孫士昭孫斌初孫道寧孫長里
孫元春孫雄真孫元安孫龍舒孫伯康孫仲豊孫缺二
字孫弘㔉孫乾泰孫宣明孫黃伯孫祖玄孫公威孫
泰夏孫休祖孫平叔孫林夏孫君冲孫威明孫泰遠
孫君雅孫君治孫絓藐孫泰雲孫道倫孫泰真孫子
長孫泰冲孫威平孫弘奉孫次昌孫元齊大中孫長

明孫 發大中孫延宗孫欽伯大中孫延武孫万應
孫㝵將孫令元孫偉範孫宣祖舍人孫偉明孫道林
孫龍威孫長平孫武祚缺二字領校盧缺二字五官掾孫
㬎仲大中王彥康孫平舒舍人王彥祖孫義叔王延
林孫承舒王顯祖孫伯智孫祖仲孫士栢孫玄寶計
史孫孟本孫大石孫士和孫洪基孫延威孫陽治孫
祖初孫陽季舍人孫玄發孫列缺孫世固孫稚懽孫
暉中孫泰權孫玄治孫道徵孫元祖孫惠儒孫武冑
孫泰真孫初平孫顧期孫玄寵孫尚忠舍人孫德林

孫威御孫惠明孫缺公孫令明孫缺元孫穆恭孫景
威孫定表孫景雲孫方倫孫弘缺孫彥伯孫景缺孫
長舒舍人孫缺應孫缺元
右孫根碑陰可辯者凡二百四十四人異姓纔十
之一爾有嘗仕縣邑者則陽豐長太末尉是也其
稱駙馬都尉祭酒舍人中郎五官掾督郵計史計
掾則漢官也有博昌領校等數人張納碑亦有領
校安漢長樊敏稱領校巴郡太守蓋是末命於朝
者其中軍督則非漢官甚明又有大中十四人陳

勝傳以朱房為中正兩漢无之魏陳群始擇州之
有鑒裁者為中正晉宣帝加置大中正故有大小
中正乃是晉官當時省其正字此碑字畫苟且尚
不及魏末諸刻殆類吳晉間下品書札爾似是孫
根后裔衆多諱其名於上世之碑陰也異姓有王
劉數人雜其間豈其姻戚乎

涼州刺史魏元丕碑

君諱缺字元丕京兆缺牙都尉之下缺有畢萬者僊去
仕晉遂勛封魏秦下缺良茂暨于君稟乾氣之純懿履
轜奚之下缺聖喆缺五字苞容允執虔恭其仕州郡也躬
素忠謇犯而勿欺兼綜憲法通識百典下缺孝廉除郎
中尚書侍郎右丞遭泰夫人憂服闋還臺拜尚書侍
郎東總下缺廷枡績特拜左丞每在選舉遜讓匪石鑽
前忽後遂耽思舊章尋徹貫缺能下缺樞衡匡弼九年
而罔衍西羌放動餘類未輯訓咨群僚惟德是與拜
涼州刺史下缺流以盪邪志樂季文粟帛之不公儀徹
織庖園之節崇文德以來遠珽下缺下彝戎賓服干戈
戢藏施舍弗券求善不猒舉不失選官不易方百工

惟時下缺有優洋洋奐乎若德光耀冠乎諸牧蓋四時
之序功成則退君屢辭以疾三下缺無窮而鋈式度不
可革幣芾其縱而眉者不往溫疾來升春秋缺十光
和四下缺民失慈父四海之內莫匪摧傷於是故吏茂
才雲中太守漢陽缺冑從事下缺威較琰等不遠萬里
斷制縗裳感恩奔哀乃與門生平原曹鮮等缺山缺
石下缺
於戲使君既膺渠德貢躡帝宇入參文昌出化西土
仁義充衍澤洽下缺德世記其軌辭疾輕居棄榮潛處

丕卒苻宿究是台輔三方共缺三字黯缺下沮落丕畄舜
禹二書缺應臻于巳丑辰五盈虧猶有代序缺茲后
土光燿缺下
尚書令弘農宜陽周嘉彥英故并州刺史伯栁彥高
故豫州刺史朱虛炅寖公遷故東萊大守梁國碭陳
缺三字樂浪大守劇騰述元丈議郎河南鞏王暹元肖
海陽令逢牧左伯缺二字令沛國缺周龍務興齊缺下薄
令劇皇循恭義膠東令東萊黃缺仲真尚書郎番尋
缺上缺故廣宗長淳于孫典禮缺故孝廉劇嚴缺景

缺故缺三字部司缺河南張循缺二字
右漢故涼州刺史魏君之碑篆額碑損其名有其
字曰元丕在朝為郎中尚書侍郎左右丞出刺涼
州以靈帝光和四年卒故吏雲中守門生曹君共
立此碑碑有京兆牙都尉五字而缺其一蓋安帝
所置虎牙都尉也范蔚宗避其父諱後漢書無泰
字郭林宗鄭公業之名皆易之漢人書碑廟號如
太宗官名如太尉太常太守太中地名如太原太
陽之類皆作大泰山亦作大此碑載魏君之母郜

作泰夫人其用字故相反如此其間弗倦作弗卷
夷戎作彝戎它碑所未嘗用者又以詶咨羣寮為疇咨羣寮蔽芾其
緃為蔽芾其蹤彝即彝字

司隸從事郭究碑

君諱究字長全浿人也其先出自郭𨙸應運挺度寔
有懿德文武諮焉條枝雲跳班缺華夏世載令問昭
前之光咸攄玄謨理物佐時君則元城君之孫雒陽
君之適南和尚書濟北軍中臨沂徐州中山君之從
子也河岳降祀務而有跲孝弟恭肅與性俱成溫慈

惠和覩義輕財懷刑拜讜舍己從人蹈中庸之路處
匹直之節內省不疚兼姿缺問物格能缺臨疑弗惑
弱冠踐郡歷主薄督郵五官掾功曹守令長舍章吐
忠或從王事嚴恮莊字可恐柔順可愛進善替否所舉
見則雖趙武之佐晉宋甫之癘色祿壽撰功君其越
諸辟司隸從事部郡都官耽耽鷹揚所莅以齊翕然
之論風飛川流本朝察孝貢器帝庭恬榮忽浮委爵
禮讓辟公側席書垂置郵不牽拒祀命登六辰春秋
廿八而卒中平元季歲在甲子三月而葬悲夫破鎮

鄒之刃而不宰元摧晨風之翼而不厲天者姪士女
嗚悒惟慽感字孤嗣叫𪒠涕零如雨咸曰缺晨有殁歷
數猶終自古迄玆孰能保存生榮死哀弈貴遺稱敢
慕衛悝讃先之義乃伐石與碑以旌厥魂俾後亦有
鑑焉其辭曰
忴嬫我君皇精藴良昭德塞違克紀克綱握柜綜缺
規步履方麟跱清朝委虵自公棟隆千里庶績艾康
佐命牧伯扶義遏私缺繩彈枉屬以改缺榮名京邑
縣桓知幾當享爵壽佗漢輔毗靈祇貪哀逝葉翼嶶

詰人其徂萬夫憯惟銘勳金石以慰孔褱
右漢故司隸從事郭君碑篆額在河陽郭君名究
仕郡諸曹史辟司隸從事年二十八而卒靈帝中
平元年葬碑歷叙其諸父與郭仲竒碑同惟竹邑
侯相此云南和盖互舉之也竹邑者侯國屬沛南
和者鉅鹿之邑漢列侯大者食縣置相一人其秩
各如本縣主治民如令長爾號叔見於周書左傳
皆然獨公羊以虞虢爲虞郭後之言姓者稽焉此
碑遂以虢叔爲郭叔也郭君盛年短祚作碑者哀

傷之謂鎮鄒破刃晨風摧翼可也何至以辰象没
歷數終爲比乎碑以邢爲刑姪爲耋嬫爲鑠惟爲摧

幽州刺史朱龜碑

君諱龜字伯靈廣陵太守之孫昆陽令之元子也君
系祖考之鴻軌履大和之缺三字岳載德不隕缺二字仁
義成於束脩孝弟根其本性然而虛巳下士勞謙克
缺五字厚載多容察孝廉除郎中尚書侍郎以將事去
官三府更辟以大尉高第缺五字堂之論建弘遠之議
𥕈落煥炳臨疑獨逝故能光明越聞顯於區夏英聲

缺五字公族兮時益州蠻夷侵寇邊鄙陸梁山野爲害
日甚朝廷以君文能缺二字武不缺三字御史中丞討彼
亂略君統整群帥方謀並設威神庭雷燭兮上下至
缺二字郡缺四字授手乞降永昌大守曹鸞上缺解黨以
不糾擿獲戾胥靡潛兮缺巷群缺六字辟輒以疾辭鮮
卑數犯鄣塞僉復舉君拜幽州刺史爾乃邁種缺九字
禁以糾姦宄養譱繇時雨之澍品物除惡如農夫之
務去草遏缺九字其壘土門衛弛榍而無怵惕百姓不
復屯其城郭出塞追寇缺十字咨歎萗策字詔并涼以君

爲式命不少延年六十四㠯光和六年缺十字故吏牟
化等僉㠯爲夫有嘉功祀而不輟或銘鍾鼎書缺是
述缺九字巳乃立碑寫而作頌曰星精畫緼馮儀韶人
我君受之膺其淑真研綜藝賁好斯文缺九字罔徼
馨名懿允升蠢爾夷貉蕩我邊氓銜命督使武氣飆
騰董㠯缺八字幽方卒衛天常撫㠯仁德渙若風翔分
命部隊出竟觀兵缺禽遠驅缺七字甲綏我土畺降乖
不永匱民之望烈烈遺勛景炎彌光

右漢故幽州刺史朱君之碑篆額有陰在亳州朱

君名龜石有碎落不能詳其官閥其可考者甞以
御史中丞督捕益州蠻又爲幽州刺史檕鮮卑爾
靈帝光和六年卒水經云故吏別駕從事史右北
平無終年化中平二年造碑碑陰故吏姓名悉薊
涿及上谷北平人後漢帝紀熹平五年四月益州
夷叛太守李顒討平之五月永昌太守曹鸞坐訟
黨人棄市門生故吏在位者皆免官禁錮西南夷
傳云蜀郡諸夷反執太守雍陟遣御史中丞朱龜
討之不能尅李顒發板楯蠻平之碑所載與紀傳

合趙氏謂碑云授手乞降非實錄也予謂碑中初
無斬首獻俘策勳受賞之語但云乞降未甞受降
何害於理乎碑以𥖁落爲磊落庭電爲霆電壹緼爲絪緼罔即播字

外黃令高彪碑

上缺十四字師求仁無遠缺六字師事缺二字尉汝南許公缺
左精橫畫缺十字敏達義理恢廓天地之道缺二字王公
之事令問缺章爲斆者宗裒積篇藉萬缺四字朗於左
氏桓帝時上立博士章文褚袍顙乎斑賈京夏碩儒
海内儁彥靡不擬缺於是郡請州缺二字桓不就至于

數四蕤執利之權庶幾乎仁義之道缺二字孝廉缺二字
徵行缺病缺就缺四字被朱衣缺步三署恬虛守約五
十以斆弘農楊公爲光祿勳乃缺表君缺二字取缺四字
觀蹕兮缺二字所著斐然邈兮難追超等出群遷外黃
令聖朝宗虔特加禮饋缺以缺刀祖錢三萬缺七字詠
到官缺古譏令奢煩形不妄濫恩如晧春獄犴生屮
邦無怨聲百工缺二字咸列厥所中和之化洞于皇亟
三單闒莫與比縱州郡表政琹稱紀功銘當臨典爲
牧爲守人鬼之謀詃期朝莫君舉將穎川大守南陽

文府君徵詣廷尉君感綱紀指官赴義吏民攀車解
銜脫軛遂志確然終不反顧皇行載驅不日係路飢
不及飡至以生疾光和七季龍在困敦月次鶉火六
月丙申卒邦喪楨幹家失欃梁遼黨感慟凡百切傷
櫬柩旋歸故吏門生奔送相随盈道充涂如雲如缺二
字旋翩翩靡不哀惟痛兮隕殁不待耇耋昭德兮銘
其辭曰
光光高君命世作蕃流化外黃質晳蘿檀當缺州尹
缺理陰陽缺二字申甫稽功猗衡萬禮崇義忽於官榮

缺二字逝將節行邈然何天盹順而不祐焉遘痾不永
朝失鯁臣孤嗣缺絶潛缺無聲百遼歎傷聖朝愍愴
缺二字令德亡有神魂身殁名紀闡于萬祀
惟中平二年龍旂奮若月次星紀郡守廬江龍舒范
府君假公侯之尊來典鄙邦慎終追遠惟舊思下缺
右故外黃高君碑隸額凡兩行石已損疑其上當
有漢令二字紹興中吳郡取土於郭外而得之令
碑在郡齋高君舉孝廉步三署令外黃受經於汝
南許公受知於光禄勳楊公其舉將潁川太守文

君詣廷尉遂指官以赴之道病而卒碑之所載頗
詳獨其名字皆剥缺不可考碑云光和七年龍在
困敦月次鶉火六日丙申卒蓋靈帝甲子年六月
也是歲十二月改元中平又云中平二年龍旂奮
若月次星紀龍舒范君來典鄙邦即乙丑十一月
也乃是述立碑之事文苑傳有高彪字義方吳郡
無錫人傳云彪為諸生遊太學有雅才而訥於言
郡舉孝廉試經第一除郎中校書東觀數奏賦頌
奇文因事諷諫靈帝異之第五永使督幽州百官

祖餞於長樂觀皆賦詩彪獨作箴蔡邕等美其文
以為莫尚也後遷内黃令帝勑同僚臨送祖於上
東門詔東觀畫像以勸學者彪到官有德政病卒
詳史之所書甚與碑合家無錫而葬姑蘇蓋不遠
也則知此乃高彪之碑無疑但傳以外黃作内黃
一字之誤爾東都五經博士春秋惟有嚴顔皆傳
公羊者建武中因韓歆陳元之請嘗以李封為左
氏博士羣儒數廷爭遂廢其官高君復上章於威
宗時蓋亦不行其言說書者以阿衡為倚平正義

曰古人讀阿倚同音故以阿為倚此銘以猗衡對申甫若取音同則是借猗作伊若以偏旁假借則倚阿皆與猗相近也碑以襜為瞻彨為刑縱為蹤遼為寮潛為潛達即達字夏即夏字狱即犴字鋘即侯字鷻即鶉字遀即隨字

隸釋卷第十

隸釋卷第十一

太尉劉寬碑

公諱寬字文饒弘農華陰人也其先缺二字聖漢王侯繼次有國有號列存冢序公之考乃佐司徒輔毗安順勳載二葉公託受純和之氣缺有樂道寧儉之性疾雕飾尚樸素輕榮利重謙讓务與同好鐫墳典於苐廬是以相經緯綜精徹誨童冠而不倦介浮雲之志三公莫能致之大將軍以禮脅命舉高第拜侍御史遷梁令缺康踰産豹喪舊君以棄官遵洙泗之業有悔仕思初之計三府竝招博士徵皆辭疾不就司隸缺茂林大尉舉有道公車徵拜議郎司徒長史入登侍中宣美顧問延熹八年地震有詔詢異公以演莿沉漸對當帝心轉拜尚書齊密機㬋

丕命惟允遷東海相吕德興化澤臻民物復遷南陽
大守壹行質省簡易之教推貞諒吕示下顯衆善吕
厲吝惻隱之誠通乎神人故能去鞭拊如獲其情弗
用刑如弭其姦帝初即位開學稽古訓咨儒林僉曰
公優徵拜大中大夫納用勸講復拜侍中屯騎校尉
宗正光禄勳遂授大尉悉謨百揆四門之職懷夫三
事和昭鼎實功成則退固疾遜位拜光禄大夫遷衛
尉復佗大尉每執臨柏成則三讓吕交會缺精引咎
折躬朝克忠讜思其良猶即名里巷拜來樂少府光

禄勳先是時也狂寇張角缺二字妖逆公卬觀見像上
過其源未還誅討亂佗不旋帝乃追實先謀錫之土
田封逯鄉侯食邑六百户年六十有六中平二年二
月丁卯薨
天子閔悼惻怛内發手筆為蕭缺涕咨嗟使右中郎
將張良持節臨弔贈車騎將軍印綬位特進賜琀賵
禒有加典禮復使五官中郎將何夔持節謚曰昭烈
侯夏四月庚戌葬公卿百寮縉紳之徒其會如雲可
謂其存也榮其亡也哀者焉於是故吏李讓等有感

敃魯述德之頌吕為洪勳休蕭冝著彝䆦故雜論攸
行紀其大略鐫石立碑其辭曰
於穆顯融惟予公侯纘我前烈克明厥緒熙精恬默
潛庸庭昭德吕莅政俾民是缺其樂伊何匪誘匪威
允罙禮讓實化玄為入缺誨保訓導萬機佗鎮上司
御勸不迷温温其悉缺尹寔秬秩秩其芭羣儒寔師
弈弈其容隅裔缺二字刊距萬祀孰嗣厥徽
右漢故太尉車騎將軍特進逯鄉昭烈侯劉公之
碑篆額有陰劉公名寬其父崎為順帝司徒寬事

靈帝兩為太尉通四載以中平二年卒故吏李謙
等立此碑又有門生一碑皆在洛陽上東門外兩
碑遺文頗相犯字畫又不相遠所叙歷官行事多
與本傳合其不同者碑云延熹八年地震有詔詢
異自侍中轉拜尚書遷東海相南陽太守後碑亦
同傳則云為司徒長史京師地震特見詢問再遷
出為東海相延熹八年召拜尚書令遷南陽守碑
以對地震拜尚書在八年傳則以問地震相東海
在前而八年所拜乃尚書令按帝紀延熹八年九

月丁未京師地震傳之誤也寛之初罷相傳云以
日食策免此云固疾遜位後碑云寢疾遜位蓋東
都雖以災異去三公亦示體貌使之稱疾也及再
罷相傳云以日變免兩碑至此俱有闕文此云引
咎折躬後碑云獨引其咎文婉而事章是皆不復
飾詞以誣天下後世也

劉寛後碑

上缺四字文饒弘農華陰人也厥祖出自
缺三字臣王侯相繼纘漢中微失其爵土

世祖復阼仍有顯位光輔王室公之考伦司徒亏安
缺三字勲績昭亏前朝公㠯嵩高之門好謙儉之操布
衣糲食涉履寒苦周覽五經氾篤尚書缺三字徵潛隱
講誨世之榮利不滑其守州郡禮招王公竝辟皆不
詘志大將軍辟舉缺第拜缺三字遷梁令喪舊君去官
博士徵三府辟皆又不到司隸校尉察茂材大尉缺三
字有道徵缺五字長史侍中延熹八年地震為異聖朝
咨問公㠯對蕭嘉黨充猒帝心引拜尚書出缺五字謐
靜雖龍左納言山甫喉舌𪏰㠯尚焉遷東海相南陽

太守公之缺性也柔而能缺五字弘裕凱弟𪏰競伊人
及其涖官統政推是心也㠯御萬事故缺民見德義
而興行缺五字讓而不爭政不肅而威宣敎不舒而德
洽帝將入學選定講缺三字舉公宜榮誨缺五字拜大中
大夫勸講亏華光之内遷侍中屯騎校尉宗正光祿
勲大尉股肱元首宣缺五字臣工允勑帝載粤熹寢疾
遜位復拜光祿大夫衛尉大尉缺二字交會獨引其咎
缺五字拜永樂少府光祿勲先是時妖民張角造為邪
孽逆節有萌公缺四字聞罪誅未缺五字用首謀先覩封

逯鄉侯食邑六百户春秋六十有六㠯中平缺年缺
月丁卯薨缺六字張良錫蕭嘆悼贈㠯車騎將軍印綬
位特進賵襚琀斂缺備缺禮有加復遣五缺七字曰昭烈
侯詺蕭休命宜宣𪏰鎔庸器銘勒若古有訓門生郭
異等缺公永慕缺七字紼𪏰㠯慰懷洵涕述高迺共刊
石建碑式序鴻烈其辭曰
上缺八字祐慕祖武允廸不道厥罕如何兊此箕諆用缺
聖主納諸軌度統缺三事缺九字行雨希海隅緝熈群
生賴祐降命罕融民缺悠慕生榮亾哀厥聲載路

門生潁川殷苞京兆（缺二字）河内李照等共所與立

右劉寬後碑亦有陰門生商苞等所立比前碑字頗淪碎寬之考在安帝時為九卿本紀云永建四年十二月宗正劉崎為司徒陽嘉三年十一月免傳云順帝時為司徒是也前碑云公之考乃作司徒輔毗安順勳載二葉以其為卿相於兩朝故云輔毗安順勳載二葉可也此碑雖文有剥缺然其文云公之考作司徒于安則司徒不可作絶句謂作司徒于安不可也但碑無全文難以深摘其失

小黄門譙敏碑

君諱敏字漢達鄴君之中子章君之弟郎中君之昆也其先故國師譙贛深明典奥讖録圖緯能精微天意傳道與京君明君承厥後不忝其美務而好學文略聰叡詩書是綜言合雅謨慮中聖權既体在公忠允篤誠己直佐主帥下惟約肅将丕命振之于外群寮有司各敬爾儀君商時度世引已倍權守靜徵究韜光韞玉己遠悔咎耻與鄭人犫竝枱驅識貟之杢謂君為詰在谷甯武當亨南山難老之禱昊天不惠降茲殉疾年五十有七己中平二年三月九日戊寅卒嗚嘑哀哉國喪良佐家隕棟梁遐邇洛悼士女哀懷寮朋親慼莫不失聲泣涕雙流於是立表寫憤斯銘傳于网極其辭曰

於穆使君盛德炤明爰惟懿業帥由舊章文武彬或柔而能剛屈道從政令名顯揚臣多醜直是用遜讓且己毓姿優游（缺一字）京邑偆遘羅景命不長屋棟㥯覆君（缺一字）喪亾如何如何吁嗟昊蒼身没名存永世遺芳中平四年七月廿八日癸卯造

右漢故小黄門譙君之碑篆額在冀州譙君名敏靈帝中平二年卒又二年立此碑歐陽公云其文不甚磨滅而予之所得惟三字不能辨碑中並無爵秩所謂鄴君章君郎中君又不類宦者官稱非題額則不知敏之為黄門也其文盛稱敏倍權守靜韜光韞玉雖銘墓之言不可盡信方中官用事之際敏不附麗同類年垂耳順而宦簿不進恐是特然不群者又云耻與鄭人犫竝枱驅說文犫音剝羊相厠也一云傍入曰犫枱音洽斂柙也此句

蓋是不與群閹冠劍並驅之意漢人書姓雖亦借用如橋喬伍五之類甚多此碑以焦贛為譙所謂京君明即京房也左傳楚師伐陳取焦夷注謂焦今譙縣若是則焦譙可以通用漢碑多借意作億此云㠯億講罹郤是借億作意也亨讀曰享

園令趙君碑

君諱缺字缺建缺四字纂脩其緒温良恭儉敦詩缺六字積而能散菲薄其身慱施缺八字芬芳暘于諸夏郡仍優署五官掾功曹州辟從事司徒楊公辟以兄憂不至其後司徒袁公仍辟缺二字除新缺長遷園令播德二城風曜穆清當缺八字會被疾去官年六十有八以中平五年冬十一月壬寅卒缺十八字斯詠缺十七字紀伐以慇後昆其辭曰天寔高唯聖同戲我君羨其縱體弘仁蹈中庸所臨歷有休功追景行亦難雙刊金石示萬邦

初平元年十二月廿八日立

右漢故園令趙君之碑隸額名字俱缺趙君所歷二邑其一惟存新字而滅其下文其卒以靈帝中

平五年又二年獻帝初平元年立此碑趙君先為司徒楊公所辟後為司徒袁公所辟洪農楊氏汝陽袁氏為司徒者皆三人陳國袁氏一人此蓋靈帝時事熹平五年十月司徒袁隗罷十一月楊賜為司徒六年十二月楊賜免光和元年二月袁滂為司徒此碑先楊而後袁則楊賜袁滂也兩相或輓之或推之不過一縣令吹噓而上九天良不易云碑亦以縱為蹤

巴郡太守樊敏碑

君諱敏字升達肇祖宓戲遺苗后稷為堯種樹舍潛于岐天顧亶甫乃萌昌發周室衰微霸伯匡弼晉為韓魏魯分為楊充曜封邑厥土河東楙漢之際或居于楙或集于梁君纘其緒華南西畺濱近聖禹飲汝茹汸總角好學治春秋嚴氏經貫究究字道度無文不睹於是國君備禮招請濯冕題剛傑立忠謇有夷史之直卓密之風鄉黨見歸察孝除郎永昌長史遷宕渠令布化三載遭離母憂五五斷仁大將軍辟光和之中京師擾穰雄狐綏綏冠履同囊投核長驅畢志

枕企國復重察辭病不就再奉朝娉十辟外臺常為
治中諸部從事舉直錯枉譚思舊制彈饕糾貪務鉏
民穢患苦政俗喜怒作律案罪殺殺字人不顧倡儌告
子屬孫敢若此者不入墓門州里僉然號曰吏師季
世不祥米巫𣧑瘧續蠢青羌姦狡並起陷附者衆君
執一心賴無洚恥復辟司徒道隔不往牧伯劉公二
世欽重表授巴郡後漢中秋老乞乞字身以助義都尉
養疾閭里又行褒義校尉君仕不為人祿不為己桓
桓大度體蹈萁首當窮台緄松僑協軌八十有四歲

在汁洽紀驗期臻奄曶滅形凡百咸痛士女涕泠臣
子褒術刊勒銘其辭曰
於戲与考經德炳明勞謙損益耽古儉清立朝正色
能無撓廣威恩御下持滿億盈所歷見慕遺歌景形
書載俊乂股肱幹楨有物有則模楷後生冝黍鼎鉉
稽建皇靈王路阪險鬼方不庭恒戢節足輕寵賤榮
故缺大選而捐陪臣晏嬰邲殿留侯距齊非辭福也
乃辟禍兮
亂曰演元垂缺岳瀆缺字一兮金精大佐寔生賢兮缺

欲救民德彌大兮遭偶陽九百六會兮當缺遐年今
遂逝兮歍呼悢哉魂神缺兮
建安十年三月上旬造石工劉盛息懆書
右漢故領校巴郡太守樊府君碑篆額今在黎州
樊君名敏屢為公府所辟有甯武之智肥遯不出
甞表巴郡以褒義校尉養疾閭里碑云八十有四
歲在汁洽盖獻帝建安八年癸未歲也卒後二年
立此碑碑云牧伯劉公二世欽重表授巴郡後漢
中其額以領校巴郡太守稱之者朝無成命也後

漢中者亦甞再表此郡也二劉謂焉與璋也强藩
擅命智者見幾而作所謂捐陪臣者不食二劉之
粟也帝紀中平元年春鉅鹿人張角反其秋巴郡
妖巫張脩反注云脩療病愈者出米五斗號為五
斗米師劉焉傳張陵作符書以惑百姓受道者出
米五斗謂之米賊陵傳子衡衡傳子魯魯與張脩
掩殺漢中守雄於巴漢注引典略云張脩為太平
道張角為五斗米道數說雖小異同盖諸張皆有
妖術總是米巫惟張角不曾犯蜀此云米巫𣧑虐

姦狡並起謂脩魯也中平五年益州黃巾馬相攻破州郡自稱天子是時蜀人必有淪於偽命者此云君執一心賴無洿恥謂此也碑云遭離母憂五五斷仁與費鳳碑菲五五同義謂二十五月也投核長驅者以核為刻也京師擾攘雄狐綏綏謂中官用事也助義都尉裦義校尉史策未之見劉焉到蜀以張魯為督義司馬可見助義裦義皆劉焉率爾創置者爾雅西漢淮南子歲在未皆作協洽史記天官書作叶洽歷書亦作協洽又作汁洽史晨碑云汁光之精即黑帝叶光紀也此作汁洽其音與協同碑以擾攘為擾攘朝甥為朝聘譚思為覃思倡獗為猖獗裦術為褒述題剛為題綱頋即顧字禹即禹字殺即殺字歍嘑即烏呼字

益州太守高頤碑

君諱頤字貫方其先出自帝顓頊之苗胄裔乎逢伯陵者殷湯受命陵有功食采齊缺樂邑世為正卿氏采建姓至高缺為桓公將南陽之師而成魯缺美於春秋訖漢缺有四城缺八字闕外家缺二字道至君立缺五字親仁樂善游心無藉無缺三字翔缺十字仕郡辟州清蹇之缺不淪時缺舉孝廉缺九字州表蜀郡北部府丞武缺令缺阿鄭之缺二字賦晏缺之缺性試守廣漢屬國都尉猶宓子之在䣈配字李牧之鎮代試守益州太守缺三字之缺罰膺求由之政事斑芳聲於國織理高滿之危溢當登緄職緌缺時靡運缺未濟天降缺殃缺字害缺貞良建安十四年八月於官卒臣吏播舉而悲叫梨庶踊泣而忉怛追恩念義縗絰墳側因佐頌曰穆穆我君帝顓之胄匡輔齊桓缺無其偶苗裔流衍缺彼梁州惟君立節卓爾絕殊學缺從政缺無

茹柔寧城子牧惠澤沾優剖符典郡威德缺二字示民敬讓闕斷苞組宜享瀟輔缺德將舒乾流缺戾缺見隕徂凡百悽愴痛乎何辜祚爾後嗣子孫之模

右漢故益州太守高君之碑隸額今在雅州高君名頤又有兩闕偏舉其官一云益州太守陰平都尉武陽令北府丞一云益州太守武陰令上計史舉孝廉諸部從事此碑磨滅不見察廉宰邑之文惟北部府丞之下若有一武字當是武陰或武陽也碑云廣漢都尉而闕作陰平者廣漢有陰平道

也碑云蜀郡北部府丞而闕作北府丞者省文也
銘有闕斷苞組之句下文以舒徂韋模協韻知其
以組為苴明矣輔齊侯者謂高傒也碑亦以組為衮梨為黎

綏民校尉熊君碑

君諱缺字子缺其先蓋帝顓頊高陽氏之苗裔周有
天下成王建國熊繹封楚慶祚缺三字於缺二字亦世載
德世餘代君高祖父籌自汝南吴缺五字子盃王玄孫
大漢龍興缺舉鄉缺拜議郎南巡郡國封龍平缺三字
祖父旻舉缺三字大司馬郊隧缺曾祖父範督郵守長

州辟元缺六字君缺四字應上計缺祖父師缺二字上計掾
君缺高字漢舉更督郵主薄五官缺二字三奏辟頣志
晧首不肎應就君立迹唯仁與缺十字祖父缺二字治歐
羊尚書六日七分少仕州郡臨朝謇鄂孔甫之搽以
忠孝稱吏諸曹缺二字賊曹主記史督郵主薄五官功
曹州缺八字舉孝廉上計掾興平元年八月二十八日
王寅詔書除補桂陽曲紅長既敦文武為政果達臨
化宣惠所去遺績視事六載荊缺八字奔缺掩迫之周
罹災致寇缺郡潰亂鎮南將軍荊州牧侯山陽劉君
諱表字景升以君秉純履正出自帝宇緬禁輕舉厲
志疾朋邪字牧侯缺弃缺為民所安命還拜綏民校尉
領曲紅長復莅五年政隆上古派移歸懷繈負而至
吏民佗誦曰彼熊父兮解我患周安我缺移遭母憂
缺二字去官暘九應會王室威缺君功顯宿著海内諮
羙拜騎都尉受命立灌陽縣督長六載無為而治稽
則先民缺二字附容無怨曠聲君春秋七十有一以廿
一年三月廿七日丙寅卒官吏民懷慕官屬五從黃
郭缺二字奚湯缺扶送靈缺哀如彫傷顧見農夫泣淚

路堣皆懷悽愴哀我惠君君同產弟望季公質性伉
慨史魚之直吏功曹列掾督郵郵梁長早終君長子
再孝存姿搡敦良耽志好學博覽雅藝缺二字曹列缺
三奏辟名於州終昔周文公作頌宋成孝父公子奚
斯追羡遺績紀述前勲於是刊碑以示後緄其詞曰
赫赫熊君遷基缺字漢興伐項巡行南土顯封受爵
遂爾延祖絫葉休隆君脩其緒克明盛德字牧城社
所在有績龜銀之祐河雒挺録為國毗輔懿懿其搽
穆穆其姿光光其行桓桓其威清壺澹泊後嗣式序

冠秩之應實賴厥後旻天忽然枕榮終祐喪我良則
國失良輔其存也榮其亡也哀銘勒金石没而不朽
靈也有知祐福子孫支千相生吉而無咎咎字詩云嘉
樂君子顯顯令德延于無極
追叙君兮懷純精名稱於州里兮樞機發動執忠貞
兮涸亂而不惑不枉身事汙君兮指土慚而進退崇
禮約行兮舉動而不跌遭濁而自靖兮泥而不滓織
嗚呼君兮匪石是為州郡禮遇兮名貫於四表德稱
並宣先兮賢比於前列紹冕之歎岐兮東脩稷由文

武兮興後葉子孫殖兮世享祿龍潛軆於枯木兮虢
生存是以刊石兮為君立碑攬瑛雄之迹兮以缺来
詰嗣長基而廣宇兮後世無癈違
故長沙荼陵長文春字季秋質搽貞良慈仁汜愛治
天官日度風角列宿明知聖術左官脩德民歌遺風
春秋七十以道殞遷宗脩不紀故爲宣昭
故桂陽陰山豫章缺長重安侯相杜暉字慈明軆質
弘亮敦仁好道治易梁丘春秋公羊氏綜覽百家無
所不甄典歷三城居官清惠遺愛在民春秋六十終
旋後缺術故曰顯德从示来脩
建安廿一年十缺月丙寅朔一日丙寅大歲丙申碑
師春陵程福造
右漢故綏民校尉騎都尉桂陽曲紅灌陽長熊君
之碑篆額今在道州獻帝建安二十一年造漢人
書墓闕及神道則有盡列其平生所歷官者及銘
誌則舉其所終或所歷之清高者題之其叙先世
但云某君之孫某君之子既不名其父祖亦不著
其德美此碑獨異於它刻高曾之間又有祖父昊

其上闕文蓋伯叔祖也祖之下云君喬字漢舉喬
上亦闕一字必父也碑首熊君名字皆殘缺歐陽
公曰喬為綏民非也後漢志荆部無灌陽晉志零
陵始有觀陽水經云湘水北逕觀陽與觀水合唐
上元中吕諲奏用蕭銑舊名復置灌陽今隸全州
碑云受命立灌陽縣則是劉表初命熊君置此邑
也綏民校尉亦表所創者與高顧褒義校尉相類
漢末王政不綱始建牧伯諸劉在荆益擅權專恣
無尊奬王室之心名官置縣皆不以告故史氏逸

而不書碑後載荼陵長文春重安侯相杜暉二人官壽行事各數十言似是同郡盛德之士作文者惜其無所記録故附之左方也碑以歐羊為歐陽以謇鄂為謇諤後緄為後昆琪雄為英雄堨即偶字尉即爵字質即質字凬即風字

梁相費汎碑

梁相諱汎字仲慮此邦之人也其先季友為魯大夫有功封費曰姺為姓秦項兵起避隆于此遂留家焉丗業稼穡好學禮樂大漢之缺宦司相繼絕而復續至梁府君以孝友至行聞於鄉邑仕吏郡右蹇鄂質

亘左公履法察孝廉除郎中屯騎司馬遷蕭令眐民如子先敎後罰流玄默之化奉以忠信守以敦篤左位九年百姓移風苛慝不作姦寇不發爭路銷推讓道生三年不斷獄禎祥感應時沛有蝗獨不入界由此顯名國以狀聞朝廷嘉諸拜梁相宣慈惠缺不帥自正當登台階延究眉壽被病遜位春秋八十卒二子纂缺鳳由宰府至堂邑令政九江大守適孫均感奚斯之義刊銘玄石旌勒厥美俾缺覽焉其辭曰緜緜顯祖厥德鏘鑠播舫於前不頃基業遺愛於民福流後胤庶缺昌缺左堂缺室功烈休矣未昆勠力

右漢故梁相費府君之碑篆額今在湖州費君名汎堂邑令鳳九江太守政之父也鳳以威宗熹平中卒碑載費君二子所終之官此盖其孫均所立故其銘有穆穆顯祖之句鳳碑云孝孫字元宰生不識考妣追惟厥祖恩遂首斬衰杖則鳳之子已蚤卒此所謂均乃九江之子得鳳畝一金之產者左傳魯僖公賜季友汶陽之田及費碑作季文誤也趙氏曰費有兩姓音讀不同源流亦異其一音

蜚嬴姓出於伯翳史記所載費昌費中楚費無極漢費長房其後也其一音祕姬姓出於季友琅邪費氏及梁相者其後也碑以蹇鄂為蹇諤姺即氏字墬即地字

高陽令楊著碑

上缺十字之情窮七道之奧缺綜書藉缺三字賢仕郡歷五官掾功曹司隸從事仍辟大尉遷定潁侯相特以儒學詔書勑留定經東觀順玄企之指躅歷丗之疑天子嘉焉擢捽議郎遷高陽令德以柔民刑以威姦是以勑庶愛若冬日畏如雷旻恩洽化希未基有成頎

甫班䨢方授鉏苻聞母氏疾病孝烝內發醳榮投黻
步出城寺衣不暇帶車不俟駕載馳缺二字躬親嘗禱
追遻曾參繼迹樂正百行之主於斯爲盛復辟司徒
舉治劇掾思善侯相遭從兄沛相憂篤義忘寵飄然
輕舉位淹名顯敷聞于下宜𩊱帝室佐國輔臣上天
不惠不我愸愸字遺年五十有三缺三字年十月廿八日
壬寅卒凡百隕涕縉紳摧傷門徒小子喪茲師范悲
將焉告卬叫穹倉感三成之義惟銘勒之制皆所已
紀盛德傳無窮者也若茲不刊後哲曷聞故樹斯石
以昭厥勳其辭曰
玄乾鍾德于我楊君其德伊何如玉如瑩烝烝其孝
恂恂其仁躬尚節儉缺十一字文綱紀典謩缺四字

右漢故高陽令楊君之碑篆額楊君名著太尉震
之孫常山相讓之子碑缺其名得之于震碑仕歷
司隸從事議郎高陽令思善侯相年五十三而卒
石損亡其年漢之王國相則秩二千石侯國相纔
與令長等耳思善者汝南之小國碑首題以高陽
者蕞爾國不若壯哉縣也楊震碑亦稱著爲高陽

爾晉宣溫薦譙秀表云敦在三之節李善引國語
欒共子之言曰人生於三事之如一謂父生之師
教之君食之也漢代銘誌類皆門人所立故用此
語者頗多逢盛碑云感激三成一列同義楊震碑
云綠在三義一楊統碑云追在三之分此碑云感
三成之義三楊碑皆用之同出晉語也詩以圻父
作祈父此云頎甫盖又借用碑以耒畢爲耒碁醳榮投撥爲釋榮投紱師范爲師範穹倉爲穹蒼掾即拜字龝即秋字蹤即蹤字

楊著碑陰

上缺二字孫甫缺鉅鹿時稚明魏郡公孫㝅陽魏郡畾㝅
明魏郡申缺二字魏郡吴缺二字中山張季興彭城丁季
珍五東郡楊卓成缺四字秋河東缺子河河東李順英
中山李景持博陵信都晏和南陽李長龍南陽呂武
康上缺千
河東杜仲異河東李子嚴五博陵王仲臺五博陵缺
公義河內馬仲師魏郡李孟賢缺二字許元賓平原孫
伯仁右後公門生
汝南陳萬昌汝南尹仲慈勃海高文啟勃海孫叔亘

河東孫定博彭城閒仝亞成彭城劉德祖涿郡張子
岐馮翊上官孝蘭馮翊于元歷魯國朱登高北海齊
安祖東郡劉季義河閒缺三字河閒劉子顯
右四人五百
右沛君門生
河東常仲嘗河東任歆河河東相里文調河東枝彥
光河東侯子宣
右人五百
河東楊公博河東賞威立河東盧文式河東盧叔逵

河東盧子辯河東缺文和河東常文則河東楊景鴻
河東常德寅會稽李子義廣漢古世弘魏郡扈子明
右三人沛君生
右楊著碑陰其閒有沛君門生者沛相統也後公
門生者太尉秉也楊震拜于前故以秉為後沛君
者著之從兄後公者著之季父後公之薨其猶子
繁陽君委榮而投紱高陽君以沛相之喪亦棄官
而歸一門孝義如此宜其門人事之如一伐石立
表無彼此之分非皆著之門生也故不名

光祿勳劉曜碑

君諱曜字季尼蓋孝文枝冑梁孝河東之裔孫也祖
考山陽令顯考柏人令缺呂孝缺公府麻三縣令缺二
字孝缺開陽長缺二字從事守長早終君天姿孝友缺
拜樂缺長乞留宿衛除郎中謁者大官令壺母服闋
復為郎中朱爵司馬昆陽缺三字視事九年吕拘夷自
缺無游談之助遷居延都尉缺克嘉績特授議郎書
缺六字用康機缺四字河内大守缺二字震怖缺二字改心句
月之缺弘引字領缺五字然高缺四字沒齒毋缺二字世叺缺三

字大缺六字敎缺四字遜位旋復缺四字水校尉缺二字宗正
衛尉光祿勳缺六字末缺基月缺八字正忠缺衛上嗷然
守節切書王府缺四字皇極𡴘七十三寖疾缺九字七日
庚午缺世缺二字沒缺四字賻缺禮贈畢備缺二字榮亡哀
缺三字貴於是故吏陽安缺令郭缺門生防房字缺蕃缺
其徒缺乃共立碑刊石缺四字其辭曰
天臨大漢錫吕明喆寔缺三字君缺五字城統邦缺十二字澄
九列三履宗伯婚缺八字命傾歿勤勳金缺七字歍呼哀
哉

君諱闕六字

右漢故光禄勲東平無鹽劉府君碑篆額在鄆州有陰劉君名曜漢之公族也歷郎中謁者太官令朱爵司馬居延都尉議郎河内太守長水校尉宗正衛尉光禄勲七十三而卒故吏門生立此碑其石碎裂失其所終之年漢人銘墓以郡邑題其首者所見惟此一碑碑以麻為歷基為朞

隸釋卷第十一

隸釋卷第十二

太尉楊震碑

缺三字字伯起缺二十字氏焉聖漢龍興楊憙佐命克項於垓錫缺四字公侯之胄必復其始是以神祇降祉乃

生于公實履忠貞恂美且仁慱學甄徹靡道不該又明尚書歐陽河洛緯度窮神知變與聖同符鴻漸衡門羣英雲集咸共飲酌其流者有踰三千至德通洞天爵不應貽我三魚以章懿德遠近由是知為亦岳繼明而出者并州郡虛已競以禮招大將軍辟舉茂才除襄城令遷荆州刺史東萊涿郡大守所在先陽春以布化後秋霜以宣威寬猛惟中五教時序功洽三郡聞于帝京徵旋本朝歷大僕大常遂究司徒大尉立朝正色恪勤竭忠無德不恎靡惡不形將訓品

物以濟大清而青蠅嫉正醜直實繁橫共構譖慷慨
暴薨于時群后卿士凡百棃萌靡不欷歔垂涕悼其
為忠獲罪乾臨孔昭神鳥送葬王室感寤姦佞伏辜
公功乃伸追録元勲策書慰勞賻賵有加除二子郎
中長子牧富波侯相次讓趙常山相次秉寔能纘脩
復登上司陪陵京師次奉黃門侍郎牧子統金城大
守沛相讓子著高陽令皆以宰府為官奉遵先訓易
世不替天鍾嘉祉永世罔極統之門人汝南陳熾等
緣在三義一頌有清廟故敢慕奚斯之追述樹玄石

于墳道其辭曰
穆穆楊公命世而生乃台吐燿乃嶽降精明明天子
寔公是匡寔賓六合寔公是光謇謇其直皦皦其清
懿矣盛德萬世垂榮勒勳金石日月同炯
右漢故太尉楊公神道碑銘篆額楊公名震洪農
華陰人安帝時為司徒垂四載為太尉閱半載以
延光三年卒楊氏墓在陝州閿鄉所存隸碑凡四
此碑乃其孫沛相統之門人汝南陳熾等所立碑
中載楊秉陪陵則威宗延熹八年事也沛相以靈

帝建寧元年卒此碑葢建寧以後刻者去楊公物
故時已四十餘年碑載其諸子官秩凡四人而傳
云震五子誤也今之門下士且握權則獻諛飾詐
靡所不至夕失勢則相忘於江湖矣沛君已死而
門人為其禰廟立碑漢人風義後世不可跂及奚
斯所作葢謂作廟此及張納費汎碑皆誤用以棃為黎

楊震碑陰

河東孫宣博河東唯君淵河東刁仲凱汝南張伯玉
河間劉公顯河間賈伯錡河間劉子顯博陵劉顯祖

中山劉文章彭城閻叔斑成中山石元容山陽趙敬
德山陽趙輔翔山陽師子則魏郡刑升高魏郡劉楊
先河南楊中和弘農輔子文彭城劉德祖沛國朱君
祖沛國朱季優沛國皃伯玉缺三字儀公缺一人中山張
升舉平原翟伯眞勃海高文殷甘陵傅君瑋河南張
眞明魯國朱登高汝南尹仲宗汝南周升舉汝南陳
斑則汝南端滿公彭城虞泰伯河東馮德時涿郡張
子岐陳留董公熹河內樊公琦河內張斑輔河內張
子威河內涅君興漢陽張孟孝東郡劉季義魏郡岐

伯犀缺一人汝南缺悳長汝南表子曾汝南張文靈勃
海黄仲博勃海楊伯耳牙字勃海吳仲犀勃海公玉子
舉河南馬子才河南閔通遠河南趙公軼南陽衛茬
公南陽程輔時南陽董仲謌潁川史季濟河東楊仲
夏河東上官仲祖河東杜輔漢河東張通國河東馬
國興河東陳茬允河東姚德卿河東陽成惠明廣漢
楊茂遂常山缺三字常山馬適缺大原吳璋高北海賨
安祖大原劉文高中山張仲妙中山孫仲成中山劉
瑋起中山齊叔讓扶風郭子仁扶風馬伯超魏郡信

成君嚴魏郡孫子臺魏郡石垚與魏郡郭子雎魏郡
郭子尚馮翊賈仲讓馮翊孫元鳳馮翊孫升國馮翊
劉茬長馮翊楊季明馮翊趙子惠馮翊虔建侯馮翊
蘇文夏京兆田元矩缺一人京兆左元臺大原杜叔茂
大原韓孝達梁國富公輔梁國劉伯恪山陽李仲聲
南陽王文徽甘陵張伯寶甘陵董季缺甘陵趙公缺
甘陵宋多缺甘陵韓漢缺甘陵馬公缺甘陵田元缺
甘陵王仲缺鉅鹿游望缺鉅鹿趙仲茂鉅鹿三川宣
缺陳留田季舉陳留王升臺東郡雄君舉東郡高伯

德東郡樊垚舉河東任升明缺一人馮翊缺三字山陽苗
元陏弘農薄君明魏郡張垚則汝南張季缺汝南缺
宣則南陽缺孔伯勃海宋王胥勃海吳公士南陽楊
仲寧魏郡李子承馮翊張子則河南南宮進明京兆
表子方河東缺文伉馮翊救辯卿勃海刑公節勃海
孫叔缺勃海李公山勃海綦毋仲魏勃海吳子讓勃
海邢伯德勃海石季博安平缺漢賢缺四字博缺二字右
文寵甘陵閻季臺甘陵公孫垚博甘陵咨君威甘陵
傅子觀魏郡郭子堅魏郡馮伯海魏郡劉仲顯魏郡

王伯密魏郡焦仲達涿郡古師子操汝南井尋博汝
南尹仲恭汝南薛景賓汝南區德榮汝南季文度汝
南孫子斌汝南費卓成汝南何輔興汝南謝季升南
陽衛伯光南陽真仲忽南陽真孝祖河南魯妙才濟
陰缺三字鉅鹿宋文臺大原王子廉魏郡李升山勃海
紀雒多魏郡劉子祐魏郡劉建昌馮翊項文幾河東
董子翼汝南缺仲祖汝南鄭孝慈汝南張季方汝南
文伯思勃海王顯臺南陽左孝伯甘陵韓仲昭魏郡
房魏郡沐季興潁川解子則潁川王仲方潁川

燕仲智潁川虞公𦵏潁川劉伯瑜傅陵李季臺傅陵
李輔政人缺一鉅鹿魯子仁河閒李伯浮河閒趙季臺
河閒劉德和平原陶企輔漢平原劉子忠安平吳顯
慱安平嚴子夏陳畱耿子髙南陽陳子才

右楊震碑陰可識者百九十餘人皆其孫之門生
也歲月相距又遠故不名漢碑刑形邢三字多互
用此碑有刑升髙刑公節疑若借用作邢郄又有
邢伯德豈刑自一姓乎胏即師字 旹即胥字

荊州從事苑鎮碑

漢故荊州從事苑君諱鎮字仲兮南陽𦙶陽人也其
先出自苑柏何為晉樂正世掌朝禮之制失其官次
侈𠂤自偕缺釆替絀春秋錄徹謀祖諸世有苑子園
寔能紀陰陽之理其稱徹而顯缺名著遂兹盛建功
子孫爰居来宅𦙶陽君即其胄也君肇建仁義之基
始創五福之衢韜律大杜綜皋陶甫侯之遺風故易
稱師出𠂤律五用是綏平不柱理政𠂤憲徧須律定
紀功績缺德缺州里水蓄流速行著即体先公門
之忠盡節君父遂登朝階為郡督郵列掾膺姿管蘇
靖供衛上方平不阿嚴而不缺清介之　曒然發越
州伯是聞備禮招納𠂤部江夏過郡麻縣莫不雲披
風靡畏威褱德㙛芳遺藼紀謌兮今當陟泰階配燿
峚嵩壽不極旋早世隕終景胐之胥二葉州郡官有
世功位即繼倫於是乃欽樹玄石甄德表勛其辭曰
於惟從事茂德翔芊構基崇葉侯室侯堂契擬季文
仁若春風義𠂤繼志禮為宗匡叓缺慈愛與世無傷
上德不德身翳名章靈永邁矣享斯榮光

右漢故荊州從事苑君之碑篆額苑君名鎮碑無

所終歲月其云韜律大杜綜皋陶甫侯之遺風蓋
法家者流范史云律謝皐蘇而制令數易注以蘇
為司寇忿生此云膺姿管蘇謂夷吾與忿生也供與共同 麻即歷字 褱即懷字 繼即絶字 契即絜字

執金吾丞武榮碑

君諱榮字含和治魯詩經韋君章句闕幘傳講孝經
論語漢書史記左氏國語廣學甄微靡不貫綜久斿
大學𧩙然髙厲鰥於雙匹字匹學優則仕為州書佐郡
曹史主薄督郵五官掾功曹守從事𠦄世六汝南蔡

府君察舉孝廉缺二字郎中遷執金吾丞遭孝桓大憂
屯守玄武慼慼字慼哀悲憧加遇害氣遭疾隕霊缺四字君
即吳郡府卿之中子敦煌長史之次弟也廉孝相承
亦世載德不忝缺四字命缺不竟台衡盖觀德於始述
行於終於是刊石勒銘垂不無窮其辭曰
天降雄彦資才卓茂仰高鑽堅允文允武内幹三署
外缺沛旅缺勒屯守寵威缺武缺旗絳天雷震雷舉
歎燿赫然陵惟哮庯當遂股肱缺之元輔天何不弔
降此缺咎癒乎我君仁如不壽爵不副德位不稱功

咸裒傷愴遠近哀同身没缺二字萬世諷誦

右漢執金吾丞武君之碑隸額在濟州武君名榮
吳郡君名開明敦煌君名班榮之亡在霊帝初漢
興魯申公為詩訓故齊轅固燕韓嬰皆為之傳又
有毛氏之學故曰詩分為四申公授瑕邱江公韋
賢治詩事江公傳子元成皆至丞相孫賞以詩授
哀帝至大司馬魯詩有韋氏學此云治魯詩經韋
君章句者此也闕幘者未冠幘之稱語在武梁碑
中𩵋古鮮字𩵋於雙匹者鮮雙寡匹也

督郵斑碑

督郵諱斑字子翁司吾君少子尚書之小弟缺下翁稟
中和之正氣攬生民之上操含仁孝之缺下慎終于追
遠尚德乎歸厚敦濟濟集門宇缺下秉時而苟求丗儒
家無缺三字從政之得亡缺下嘖意𠀆業遂悉包之握樞
運棋要道氏綜百缺貪請缺顯雲光匡化衛君卓有
殊蹤及左國為曹史督郵固缺下六藝虞精孔流渫柔字
遠而邇以息又新自同寒苦服麤缺下蹈寬大禮然淡
亮有似老氏非凡所識賢缺下可具書衆善之報實謂

永壽掌文懷寶道審當缺下貫顔氏遇諸嗟戠字哉吉士
與此為疇刑藏缺下北共發憤猛刋石勒銘傳之于後
其辭曰昂昂子翁如珪如璋樂古眈道思散緯經缺下
棟梁秕謬缺録仲夏霣霜隱儀厚土缺下靈真身潛名
顯旌精大玄嗚呼缺下

右督郵碑云諱斑字子翁司吾君之子尚書君之
弟也碑無額故不得其姓石既碎落故不知其所
終司吾者侯國屬下邳碑有與顔氏為疇之句又
有少子小弟之稱銘云仲夏霣霜必不幸蚤夭者

嘖志五業嘖當讀爲賾要道氏綜氏當讀爲是也

浚儀令衡立碑

君諱立字元節其先出自伊尹阿衡官有缺三字爲氏
君其冑也曾祖父以儒林清節建缺於缺二字官至左
馮下缺出缺固缺二字君务有嘉搽長而缺二字傳帥缺業
下缺友缺二字尊賢汜愛含弘缺髮爲縣功曹無僭石之
穡乃缺絜已約下缺仕爲缺史遷蕭尉紀吾浚善良隱
缺二字情缺二字見懷下缺然乃志高蹈濯鱗常爲缺從缺
昭違朝政下缺望有缺二字人諸友含哀傷悼相與論述

缺以爲先缺殁問缺二字者也缺刊斯石以銘缺代其
辭曰
於穆從事淑慎廣淵柔嘉其德儀門孔芬其芬如何
允孝允缺六字有烈勳宜享難老彭祖爲卬旻天不弔
降此咎氛嗚缺痛感缺五字此有靈貽厥後昆

右浚儀令衡君碑有額在鄆州衡君名立字元節
歐陽公以爲元節碑云可見者數十字銘云於穆
從事疑其姓伊而爲從事趙氏曰碑有額題浚儀
令衡君之碑予亦未之見也石多缺惟銘尚可讀

碑云其先出自伊尹衛尉卿衡方碑亦云伊尹稱
阿衡因而氏焉二人蓋同族也碑以吅爲厶古鄰字也

戚伯著碑

冑周別封氏衛緎邑而爲姓焉缺漢缺三字乏缺二字王
甥昰時顧特進朝侯大僕光祿侍中臨營持節缺三字
勞充列王室遇謗兮呂委位捐爾調官沛土尉卜困
營安措東山子孫孝弟篤學應鄉舉止選位至屬國
都尉泉晁府鼎勃海大守功德渙彰
伯著勃海君玄孫季景長子也二七府名禮性仁知

約身學事卓略旨通要墨敏疾儀高茂盛議者觀侶
謂復龜鉅已緒而乎大歲丁亥娉妻朱氏旬期著橫
遇𤰞度帀蒙禱卜奄遂霣殁豈魂俱靈父哀母悲傷
其缺絕缺怛缺頤咷緒遠近悽愴失氣伯著缺鄉相
已缺十字伯著下缺

右本周末嗣緎氏襲以興勃海君玄孫伯著之碑
隸額本之上有一字石損其半嘉祐中宿州浚汴
得之泥沙中碑敘其先云調官沛土安措東山子
孫孝弟蓋戚姬遭呂后之禍其族有官于沛者宅

兆所卜子孫因家焉符離即沛之封内也襄以興者謂襄周之後而興此時墓刻始萌牙標題未當律令其字畫古怪偏旁增減亦有不可辨者世祖建武三年章帝章和元年威宗建和元年獻帝建安十二年皆丁亥也碑有太歲丁亥字當是建武或章和年所刻者碑云而為性焉以性為姓也京𡳐府丞以昆為兆也疋即之字是即是字宋即中字臬即京字鼎即丞字事即事字亍即才字粪即筆字龜即龜字娼即始字䣊即邪字帀即不字賈即賈字惟芀字未詳

趙相雍勸闕碑

高祖父諱寳字伯著孝廉河南令侍御史九江太守缺三字君子望字伯栢右校令望子陟孝廉朐忍令缺五字陟弟朗字仲㝊孝廉弘農令武都太守朗弟勸字㳌缺孝廉成皐令趙國相勸子煜字稚缺孝廉資中長江令缺三字都尉自右校君以舊墓在水關而墳墓多地勢缺五字斯造墳壠樹碑銘至趙國府君在官五載莅政清平有苴棠之化季世五卒於官故吏民漢中太守邯鄲缺四字等慕戀恩德刊石稱頌焉

右漢故趙國相雍府君出闕十隸字今在梓潼漢代銘墓所叙人之上世未嘗書其名諱此碑載雍君父祖諱兄名又有字其官秩甚詳而雍君事迹則甚略趙氏以此為碑而謂前十字為闕予考其文水關舊墓者謂九江君也右校既易地造壠此之諸冢皆同兆域趙相故吏併志其事盖題闕之文非墓道之碑與邱中之銘也九江乃資中曾祖謂之高祖者似指其子言之也此碑全類魏晉間所書劉備及劉淵國中所刻碑亦題為漢存于今如車騎將軍關成獻王碑是也此刻甚可疑但無年歳可證趙氏又寘諸漢碑中故存之

先生郭輔碑

先生諱輔字甫成其先出自有周王季之中子為文王卿士采食於虢㞷于武王錫而封之後世謂之郭春秋之時為晋所并遭戰國秦漢子孫流分来居荆土氏國立姓焉傳云聖賢之後必有達者先生應焉其少也孝友而恱學其長也寛舒如好施是以宗親歸懷鄉鄙高尚直巳而行年五十有二遇疾而終有四男三女咸高賢姣孋富貴顯榮可謂子孫繁者巳

其季女明文顏𠃋之夫人也感惟孝妣克昌之德登
山采石致丂墓道邑人縉紳刻石作歌昭示来嗣其
辭曰
寔惟先生𦗟仲之裔盛德遺祀休矣亦世孝友貞信
仁恕好惠直己自求不欲榮埶綽綽令人獲道之㘸
篤生七子鍾天之祉堂堂四俊碩大婉敏娥娥三妃
行追大姒葉葉昆嗣福禄茂止克昌厥後身去烈在
鐫石作歌昭示萬祀

右郭先生之碑隸額今在襄陽郭君名輔碑無歲

月時代歐陽以為漢碑趙以為魏晉字畫今碑有兩昭字晉人所諱疑此是魏刻郭君有四子碑云堂堂四俊碩大婉敏而此碑乃其季女所立何也又云娥娥三妃行追大姒漢碑嘗以孔宙比禹湯矣此以大姒比郭氏諸女擬人不以其倫如此

相府小史夏堪碑

缺三字曹小史夏堪字尌德帝禹之精苗缺侯之遺缺三
字零陵太守之相嗣也易世承系休祚仍世印紼缺三
字鹽罔託堪繼令縱㝡氣蹈眞丰在洗缺奉親恭順
缺二字東脩㩲絜冰雪苟獲縣選初涉府朝典職首曹
聰缺施布天𢧵良善卒遘瘵疴霣命夌摧國亡貞俏
收傳寵遭官道臨呼慈恩感踴族姻追傷娉會謝氏
弁靈合柩古命有之仲泥何侘嗚呼哀哉其辭曰
嗟尌德含澍勳質珪玉性馥芬視缺㩲斎騏顏悓龍
階望浮雲躡尺水津未彊春䔿萌遭雹霜壽不究魄
蜚揚情悲切著篇章刊石銘傳萬年

右故相府小史夏堪碑隸額在亳州文則崛奇字甚怪陋有難以意會者東都辟公府掾皆上言故

有秩比古之元士三命者東西曹比四百石餘掾比三百石屬比二百石其不言者則為百石屬後皆自除故通為百石自西曹東曹之下有戶曹奏曹辭曹法曹尉曹賊曹決曹兵曹金曹倉曹此碑之前曹上有闕文其間云典職首曹必東西曹也以其蚤世故謂之小史爾躡尺水津未彊春華萌遭雹霜造語殊為不苟希騏顏者盖用法言晞驥亦顏之語然以夫子為仲泥則狎侮之罪大於子雲之準易也碑以紼為紱遺為寮躡為研

李翊夫人碑

廣漢屬國侯夫人節行絜静德配古之聖母早失匹匹字壽眉耇不吋憤然懱瘱稱列迹厥辭曰昔彼衛姬輔齊匹桓文母脩導周室獲蕃於䣜夫人臧侯苗馬自彼適斯蹈禮伉言恭順承明孝行布宣述嬪慈惠聰達楚樊繼姑入室勤養㨾㨾育理家道羣宗為軒求福不回操無遺衍懋字約身紡績殖賄圃園敬姜誨子林敖陰恩男三女二靡穆閨門女則括禮男則與權節義踰古訓導不煩九族和親若葉附

根歲在大淵獻精魂奄昏飛神天庭收刑玄都冥不歎息涕零烏呼明智有德咸曰何辜害我仁良顛缺夭殂瘱感路人泣霑泥塗逝而不返子孫呱呱歎曰陰陽分子鍾律滋星月列子有四時神災設子萬姓熹壽十二子九九期五三未末字子喪在姬秋發子春華殆周公九子成稱災靡黃鼓子蓋天胎世有皇子氣所裁赴鴻淵子逝不來鳳延頸子泣交頤額頭悲子涕隕零寐耿耿子催傷情设倉天子愬神靈懂切剝子丰不榮蘭芷亡子喪足英誰不恤子佗佷聲曉匹號子鳴嚚二杞之生子感動城陬四極子升天庭曰司命子毆不平飛蠡蠱子害仁良魂魄孤子獨煢二陳祠祠子返所生幽不見子存厥刑嗟曰遐子適窅二

右廣漢屬國侯夫人碑李翊之配也兩碑今在渠州歐趙時皆未出其文云於戲夫人臧侯苗馬蓋夫人之姓臧也其後歎辭九九十二之數殊未易曉中有重文數句惟其末嚚嚚三處字不再出其間假借字以額頭作鴟鴞蠡蠱作蠢蠹它碑所無

者漢婦人墓銘見於文士集中固不一其石刻存于今者獨此一碑爾㨾即拳字煢即㷀字窅即冥字睂即眉字

隸釋卷第十二

隸釋卷第十三

雒陽令王稚子二闕

漢故先靈侍御史河内緜令王君稚子闕

漢故兗州剌史雒陽令王君稚子之闕

右雒陽令王稚子二闕王君名渙其字稚子廣漢郪人也東漢循吏有列傳渙舉茂材歷温令兗州剌史侍御史洛陽令以和帝元興元年卒今成都新都縣有渙墓此墓前之雙石闕也其上各刻車馬之狀一則二人乘馬一則二人乘車見於隸釋惟馮煥高頤金恭三人有闕又有碑趙氏云本傳稚子嘗為温令而碑作河内令乃史之誤其說非也温者河内之邑河内是郡名無令也碑云河内縣令者以郡為尊蓋謂河内之縣令爾即温也先靈之稱它碑所無碑中縣字反糸作緜

交阯都尉沈君二神道

漢謁者北屯司馬左都候沈府君神道

漢新豐令交阯都尉沈府君神道

右交阯都尉沈君二神道今在梁山軍其上各刻

朱雀其形相向知此蓋是一人猶王稚子闕盡書其所歷官也其下又刻龜蛇虎首所畫甚工此字及馮煥王稚子闕皆是八分書張懷瓘所謂作威投戟騰氣揚波者也

益州太守高頤二闕

漢故益州太守武陰令上計史舉孝廉諸部從事高頤字貫方

漢故益州太守陰平都尉武陽令北府丞舉孝廉高府君字貫缺一字

右益州大守高頤二闕今在雅州高頤字貫方有墓碑載其歷北部府丞廣漢屬國都尉益州太守以獻帝建安十四年卒碑石淪碎官不盡見此兩闕一有高君名字一不稱名而字闕其一予所見六十年前石刻貫字之旁刻云缺一字近世所見乃有以光字補之者此一闕雖無頤之名而陰平北府皆見之碑誌可據則兩者皆高頤之闕也漢志緣邊屬國無陰平惟廣漢有陰平道前書注陰平云北部都尉治墓闕所以書廣漢為陰平者指

其理所也

幽州刺史馮焕神道

故尚書侍郎河南京令豫州幽州刺史馮使君神道

右幽州刺史馮焕神道今在渠州馮緄傳云父焕安帝時為幽州刺史建光元年卒隸釋有元初六年賜豫州刺史馮焕詔焕之殘碑有郎中尚書侍五字惟京令無所見也

馮焕殘碑

君諱焕字平侯（下缺）廣除郎中尚書侍（下缺）遷豫州刺史鄄別（下缺）以北鮮卑畔逆（下缺）史英書嘉嘆賜錢（下缺）守以

永寧二年四（下缺）

右馮焕殘碑三十九字其云北鮮卑叛逆則元初六年詔除幽州時事也其云策書嘉嘆賜錢者馮緄傳載焕死於獄中帝愍之賜錢十萬當是此事也末有永寧二年四字蓋其卒之年月也帝紀書建光元年正月幽州刺史馮焕率十二郡太守討高句驪穢貊不克四月遼東都尉龎奮承偽璽書殺元菟太守姚光緄傳云焕為幽州刺史疾忌姦

惡元菟太守姚光亦失人和建光元年怨者詐作璽書賜焕光以歐刀下遼東龎奮行刑奮即斬光收焕焕疑詔有異上書自訟病死獄中建光之元即永寧二年是歲七月改元焕以四月終故碑尚用舊年也碑字雖無幾而皆與史合

馮焕殘碑陰

（上缺）曹史（缺六字）衡賊曹令史汝南（缺）表德官兵曹令史

河内樊晏世寧兵曹令史漢中祝颺孔達士曹令史

潁川闞揚武節集曹令史北海孫登元叙（缺三字）下（缺六）

字漢缺戶曹史汝南缺三字臺客曹史汝南過嘸子讓
外兵曹史陳國丁武妙生帳下司馬陳國陳景伯載
武罰司馬汝南程旻季劉
右馮煥殘碑陰諸曹史及帳下司馬武剛司馬十
餘人其間有貫潁川汝南陳國者皆豫州舊部也
過即過字罰即剛字嘸即謙字西漢太玄皆有之

鉅鹿太守金君闕

鉅鹿太守金君闕
右鉅鹿太守金君闕七字今在蜀道不知其人也

益州太守楊宗墓道

漢故益州太守楊府君諱宗字德仲墓道
右益州太守楊宗墓道十六大字今在西州

清河相張君墓道

清河相弘農太守張君墓下缺一字
右清河相張君墓道一碑甚大其中但存此數字
惟河相弘農君五字點畫具爾漢人用字有假借
者有通用者有奇古者有變易偏旁及減省者隸
釋皆已表出其間點畫小異尋文而可識者皆不
復釋如此碑農上安西之類是也顏之推論揖下
無耳鼓外設皮離則配禹阜分澤外咸以世俗為
非今隸字皆然盖各是一家之書不可拘以古法
也其詳已類之隸韻略舉數字于此平聲則窂窂字
霊靈通通濡濡遷遷上聲則嚮響覽覽秉秉啓啓
典典去聲則據據裔裔孟孟驗驗舜舜入聲則衕衕
屬屬隲陟惻惻壹壹凡巍字山皆在下魏字却
有山在上者惟字皆从心獨尚書从系爾

不其令董恢闕

漢故不其令董君闕
右不其令董君闕碑録云濟州任城有童恢墓雙
石闕字一云童恢琅邪人一云漢故不其令童君
東漢循吏有童恢傳注云謝承書作僮种兩姓異
同史氏固有所疑矣初未嘗見此闕遂以董為童
與宗均相類當以碑為正前書地里志不其屬琅
邪注云其音基范史王景傳云八世祖琅邪不其
人郡國志東萊郡有不期侯國故屬琅邪恢宰邑
有異政為青州所舉則恢為令時不其已不隸琅

邪矣志作不期誤也傳云㤝字漢宗琅邪姑幕人
辟公府除不其令舉尤異遷丹陽太守暴疾卒其
爲令在楊賜罷相之後則㤝盖孝靈時人也但㤝
甞守丹陽而闕不書者或是如王稚子之類有兩
闕而互見之歟此闕刻一冢冢上三物植立若木
葉然二男子拜于前其後有一婦人二稚子又有
六婦人魚貫于後冢旁有一大樹其下有一馬立
於木下及馬後者各一人馬前有數物如雞鶩之
狀者

緜竹令王君神道

廣漢緜竹令王君神道

右緜竹令王君神道九字微雜篆體緜字作曰下
木略與縣字相混故趙氏誤作廣漢縣令而謂其
借夲爲令也歐陽公博收並蓄顧弗深考姓名字
畫多有誤讀者德父治郡之餘專意金石刻辨證
亦甚精確獨此碑爲可笑爾

江原長進德碣

君諱就字進德故蜀郡江原長延熹三年五缺孟彥
造作

右江原長碣有名字而不知其姓似闕非闕似碑
非碑其文由左而右其下刻一怪獸之首若虎而
有角碑在今蜀州江原縣

上庸長司馬孟臺神道

故上庸長司馬君孟臺神道

右上庸長司馬孟臺神道石文皴剝而字札甚精
漢人所作墓闕神道者弟欲表封陌限樵牧爾非
若鐫過實之辭有意乎欺誑來世也

高直闕

漢故高君諱直字文王

右高直闕九字今在蜀中字畫甚不工漢人題墓
有云神道者有云墓道者有云闕者惟高頤及高
直但書姓名字爾

處士金恭闕

處士金恭字子下缺一字

右處士金恭闕子下一字惟存一筆以墓碣及金
廣延母碑參之知其字子肅也此石圭首甚銳其

上刻三足烏其次横刻此數字其下有一人執扇而乘馬兩旁有螭銜環近歲出於雲安軍土中

金恭碑

金君缺二字碑

生諱恭字子肅年廿二東脩聰缺三字年六月十一日侵疾絶命身缺三字妻缺往缺四字溺救缺五字武缺嘉缺二字人缺四字年方弱冠孫缺三字攻缺何不缺三字夙茂缺九字道而缺六字成家缺二字姑缺二字之道缺六字粉缺二字心缺意萬來缺不改其樂缺二字率缺六字松缺三字不矜缺五字爲其宅兆

右金恭碑其石剥缺殘章少有可句者金掾季本即其父也二弟曰廣延曰雍直其母徐氏有紀砦産碑

韋氏神道

韋氏神道

右韋氏神道石文中斷似若韋字爾

張賔公妻穿中二柱文

維兮本造此宦者張賔公妻子偉伯伯妻孫陵在此右方曲内中

維兮張偉伯子長仲以建初二年六月十二日與少子牀元俱下世長子元益爲之祖父宦中造内栖柱佗崖棺葬父及弟牀元

右張氏穿中記土本張賔公之妻之穴也其子偉伯及偉伯妻與其孫陵皆祔葬右方曲内中故志之其一則偉伯之孫元益葬其父長仲并弟叔元所志也維兮猶烏呼之類其間云建初二年則章古而拙在會稽都尉路君闕之後人

闕之前二十八年亦埋銘之椎輪

眉州李治中云武陽城東彭亡山之巔耕夫斸地有聲尋鐏入焉石窟如屋大中立兩崖崖柱左右各分二室左方有破瓦棺入泥中右方三崖棺泥穢充仞執燭視之得題識三所一在門旁爲土所蝕塵存其上十許字穿中沙石不堅數日間觀者揩摩悉皆漫滅其二在兩柱前稍高故可拓時紹興丁丑年也上距建初丁丑千八十有一年

隸釋卷第十三

隸釋卷第十四

石經尚書殘碑　石經魯詩殘碑
石經儀禮殘碑　石經公羊殘碑
石經論語殘碑　學師宋恩等題名

石經尚書殘碑

命(孔本作身)何及相(缺)散(孔作憸下缺)言白人維舊(孔舊上有求下缺
二字)殺(孔作求)舊(下缺)有志女毋翕侮成人毋流(孔作汝無侮老成人
無弱下缺)各共爾事齊乃位度爾(孔作乃)口(下缺)民之承保
后胥高(孔作感)鮮以不浮(下缺)試以爾(孔作汝)遷安定厥

國(孔作邦)今(孔無)女不(下缺)其或迪(孔作稽)自怨(孔作怒下缺)永
(孔作誕)勸憂今其有今罔後女何(下缺)之勞爾先子不
(下缺)于茲高后不乃知(孔作崇)降圉疾白(下缺)能迪古
我先后(下缺)民女有近(孔作戕)則在乃心我先后綏(下缺)
興降不永於戲(孔作崇降弗祥嗚呼)今予(下缺)絕遠女比猶(孔作
分猷)念以相從各翕(孔作設)中(下缺)建乃家　股(孔作盤缺一字)
既(下缺)衆白女罔台民(孔作無戲怠)勖(孔作懋)建大命今我
(孔作予下缺)凶德綏(孔作嘉)績(下缺)今(孔無)爾惠(孔作謂)朕(缺)桓
(孔作震)動萬民以遷肆上(下缺)乘(孔作隱)哉予其勖(孔作懋)

藺相爾念敬我衆朕不(已上盤庚三篇)
民中絕命民有不若德不聽罔天既寸(孔作孚已上高宗肜日篇)
厥遺任(孔作王)父母弟不迪乃維四方(下缺)不謫于四
伐五伐六伐七伐乃(已上牧誓篇)
伊(孔無)鴻(孔作洪)水白(孔作汩)陳其㐅行帝(下缺)白建用皇
極次六白艾(孔作乂)用三德(下缺)潤下作鹹炎上作苦
曲直作(下缺)食二白貨三白祀四白司空(下缺)極凡
厥庶民無有淫朋人無有(下缺)明人之有能有為使
差其行而(下缺)路毋偏毋黨王道蕩蕩毋黨(下缺)為

天下王三德(孔三上有六)一白正直二(下缺)家而(孔無)凶于
而國人用(缺)頗辟(孔作僻下缺)乃心誎及卿(缺)誎及庶民
(孔作人已上洪範篇)
維天命元(孔元作無違)朕不敢有(下缺)罔時維天命王白
告爾(孔無二字)多(下缺)茲雒(孔作洛)予維四方罔攸責亦維
爾(下缺)有年于茲雒爾小子乃興從爾遷王(已上多士篇)
嗇(孔作穡)之艱難乃劮(孔作逸)乃憲(孔作諺)既延(孔作誕)不(孔作
否)則侮厥(下缺)中宗嚴恭寅畏天命自亮以(孔作度治)民
祗懼(下缺)或怨肆高宗之饗國百年(孔作享國五十有九年)自

時厥後下缺功田功㴔眔懿共懷保小人孔作民惠于
矜孔作鮮鰥下缺酒孔作淫毋劮孔作逸于遊田維缺共孔作無淾
于觀于逸于遊于田以萬民惟正之供毋兄孔作無皇曰今日下缺厥丕聖
孔作聽人乃訓變孔變上有之乃亂正刑孔正上有先王之至于下缺
則兄曰孔作皇自敬德厥愆曰朕之愆允下缺公曰於戲
嗣王臨于茲孔監上有其已上無逸篇
道孔作終出于丕詳於戲君缺曰時我已上君奭篇
我則致天之已上多方篇
常伯常任辟孔作準下缺亂孔無謀面用下缺于厥邑其在

下缺有會孔作俊心以敬事下缺王維厥孔厥上有克度孔作
宅心乃下缺受茲孔作此丕丕其孔作基於戲下缺旦以
前孔作已受人之徽孔作徽言下缺訓德孔德上有于是罔顯哉
孔作在厥世下缺王之鮮孔作耿光以揚武王已上立政篇
几乃缺名大保下缺通孔作達殷就孔作集大命在下缺
非幾茲即孔作既下缺黼衣孔作扆已上顧命篇
右石經尚書殘碑盤庚篇百七十二字高宗肜日
篇十五字牧誓篇二十四字洪範篇百八字多士
篇四十四字無逸篇百三字君奭篇十一字多方

篇五字立政篇五十六字顧命篇十七字合五百
四十七字熹平四年議郎蔡邕所書者漢儒傳伏
生尚書有歐陽大小夏侯之學孔安國尚書漢人
雖有爲之訓傳者然不立於學官永嘉之亂三家
之書並亡故孔氏傳獨行以其書校之石本多十
字少二十一字不同者五十五字借用者八字鴻
艾劮猶之類是也通用者十一字於戲毋女之類
是也孔氏敘商三宗以年多少爲先後此碑獨闕
祖甲計其字蓋在中宗之上以傳序爲次也但云

高宗饗國百年異爾范史云蔡邕以俗儒穿鑿經
籍疑誤後學與堂谿典馬日磾等奏求正定六經
文字時博士試甲乙科爭第高下至有行賂改蘭
臺漆書經字者靈帝乃從諸儒之請刊石立之太
學天下咸取則焉碑高一丈廣四尺陸機洛陽記
云碑凡四十六書易公羊二十八碑其十二毀論
語三碑其二毀禮記十五碑皆毀北齊徙之鄴都
至河陽岸頹半沒于水隋復載入長安有易一卷
書六卷魯詩六卷儀禮九卷春秋一卷公羊九卷論

語一卷未及補治而亂作營繕者至用為柱礎唐初魏鄭公收聚之十不存一則石經之散亡久矣本朝一統時遺經斷石藏於好事之家猶崑山片玉巳不多見今京華鞠為氈罽之鄉殘碑日益鮮矣予既集隸釋因以所有鑱之會稽蓬萊閣勖音愊勉也㓜亦逸字

石經魯詩殘碑

惟毛作維是褊心是以爲刺　葛屨下缺汾一曲言采其蕢彼其之子美下缺之誰知缺一字毛誰上有其之蓋亦勿思

園有棘其實之下缺父子父缺一字毛無曰嗟予子行役夙夜毋毛作無已尚毛作上慎下缺猶來毋死　陟岵三章章六句　十下缺兮毛作猗不稼不嗇毛作穡胡取禾三百廛兮不狩不下缺特兮彼君子兮不素食兮　欿欿毛作坎伐輪兮下缺毋食我黍三歲宦毛作貫女莫我肎顧逝將去女缺宦女莫我肎勞缺將去女適彼樂郊樂郊下缺　蟋蟀在堂歲聿其逝今我不樂日月其下缺句　山有蓲毛作樞隰有榆子有衣裳弗曳下缺酒食胡毛作何不日鼓瑟且以喜樂下缺既見君子云胡其憂　楊下缺

右石經魯詩殘碑百七十三字魏唐國風數篇之文也與毛詩異者如猗作兮貫作宦樞作蓲數字又有一段二十餘字零落不成文惟有叔于田一章及女曰雞八字可讀其閒有齊韓字蓋叙二家異同之說猶公羊碑所云顏氏論語碑所云盍毛包周之比也漢代詩分為四在東京時毛氏詩不立學官隋志有石經魯詩六卷此碑既論齊韓於後則知隋志為然也

石經儀禮殘碑

東面主人下缺卒爵坐奠爵拜執下缺人盥洗升媵觚于賓下缺上拜受爵于筵前下缺首公荅拜媵爵者立下缺媵爵者執觶待于下缺公坐取大

右石經儀禮殘碑四十五字皆大射儀之文也石摩滅字畫比它經不明白靈帝紀云詔諸儒正五經文字刻石立于太學蔡邕傳則云奏求正定六經紀傳既巳不同陸機洛陽記所載但有書易公羊禮記論語爾惟隋志云後漢刻七經於石碑皆蔡邕所書其目有一字石經儀禮九卷乃漢史陸

記之踈略也未央宮有曲臺殿天子射宮也西京
無太學於此行禮故后蒼著書説禮數萬言名曰
曲臺記今禁中有選德殿蓋便坐觀射之地而清
閒之燕咨訪治道率在於是殆與曲臺暗合古者
射為六藝之一儀禮一經説射者兩篇後世非介
胄之士則不習與古殊矣媵郁媵爵云者媵蓋送
也

石經公羊殘碑

翬者何公子翬缺一字何以不稱公下缺桓於是謂桓

隸釋　卷第十四　七

曰吾爲缺三字矣隱曰下缺之之辭也然則孰立之石
缺二字之石踖板本作碏立下缺美大之之辭也棠者何濟缺一
字之邑也曷爲下缺仲子板本有也字桓未君則曷爲祭
仲子缺一字爲桓立故下缺諸侯四諸公者何諸缺一字
者何天子三公稱下缺相處乎内始缺一字諸公放板本
作昉於此乎前此矣前下缺其成也曰吾成敗矣吾與
鄭人未有成板本有也字吾下缺後爲年外取邑不書此
何以書久也下缺弟母兄稱兄凡缺五字之大夫也此
下缺之邑也天子有缺四字諸侯皆從泰山下缺而葬不日

卒赴而缺一字不告公曷為與徹者下缺大夫之未命
者也　十年此公子翬也何下缺外於外大惡書小
惡不書於内大惡諱小下缺國也何以不書葬隱之
也何隱爾試板本作弑也試下缺葬板本有以為字不繫缺一字匡
子缺二字薨何以不地不忍言已上隱公
何易之也易之則其下缺諱取周田也諱取已上威公
十有四年何以缺一字記異也何異下缺則至無王者
則不至有以告者曰有麕而下缺乎隱祖之所遝板本
作逮聞缺一字所見異辭所聞異辭所下缺不亦樂乎堯

隸釋　卷第十四　八

舜缺一字君子也制春秋之義以已上哀公
有　傳桓公二年顏氏有所見異辭所聞異下缺何
以書記災也　世年顏氏言君出則已入下缺顏氏
無伐而不言圍者非取邑之辭也　十下缺
谿典諫議大夫臣馬日磾臣趙隇議郎臣缺二字臣劉
弘郎中臣張这臣蘇陵臣傅楨雜
右石經公羊殘碑三百七十五字自隱公四年至
威公元年及哀公十四年之文也所書者皆是公
羊氏傳辭而無春秋正經又有顏氏説石文斷續

不可考繹蓋嚴顏異同之辨也以今板本校之惟
易四字省四字爾漢注引陸機洛陽記云禮記碑
上有馬日磾蔡邕名今此碑有堂谿典八人姓名
論語碑亦有左立二人姓名陸氏所記未之詳也

石經論語殘碑

鮮矣不好犯上而好佗（下缺）本本立（缺一字）道生孝（下缺）
曰道千乘之國敬事（下缺）使民以時　子曰弟子（下缺）
而有信雖曰未學吾必謂（下缺）君子不重則不威學
則（下缺）與意（板本作抑）予之與子贛（板本作貢）曰夫子（缺五字）以

得之夫子之求之也（下缺）道斯爲美小大由之有所
不行知（缺五字）禮節之亦不（板本有可字）行（下缺）焉可謂好
學已矣（板本作也已）（下缺）而無諂富而無驕（下缺）告諸往
而知來（下缺）人之不（下缺）章（已上學而篇）
免而無恥道之以德齊之（下缺）乎（板本作于）學世（下缺）孫問孝
於我我對曰毋違樊遲（缺一字）何（下缺）曰生（下缺）葬之以禮
祭（下缺）以別　子夏問孝子曰色難有（下缺）勞有（下缺）孝（下缺）
廋哉人焉廋（板本有哉字）　子曰溫故而知（下缺）子（下缺）器子
贛問（下缺）乎異端斯害也已　子曰（下缺）子（下缺）曰何爲則

民服孔子對曰（下缺）之（下缺）子曰書云孝于（板本作乎）惟孝友
于兄（下缺）也周因於殷禮所損益可知（下缺）（已上爲政篇）
曰人而不仁如禮何人而不仁如樂何　林（缺十一字）與
（下缺）與對曰不能子曰（缺五字）山不如林放（缺九字）也射
（下缺）曰起予（板本有者字）商也始可（下缺）子曰（下缺）殷禮
吾（下缺）也知其說（缺三字）天下也其（缺一字）示諸斯乎（下缺）
如神在（下缺）於二代郁郁乎（下缺）大廟（下缺）子知禮
（下缺）禮（下缺）也（下缺）以柏周人以栗曰使民（下缺）往
（下缺）門國（板本作邦）君爲兩君之好有反（缺一字）管氏（下缺）

知禮（下缺）吾未嘗不得見也從者（缺二字）出曰（下缺）無
道也久（下缺）觀之哉　凡廿六章（已上八佾篇）
人　子曰苟志於仁矣無惡（板本有也字）　子曰富與貴
是人之所欲也（下缺）顛沛必於是　子（缺二字）未見好
仁（板本有者字）惡不仁者好仁者無以尚之（下缺）過也各
於其黨（缺二字）斯知仁矣　子曰朝聞道夕死可也（板本
作矣）（下缺）子懷刑小人懷惠　子曰放於利而行多怨
子曰能以禮（下缺）曰唯子出門人問曰何謂也曾子
曰夫子之道忠恕而已（下缺）曰父母在不遠遊遊必

有方　子曰三年無改於父之下缺已上里仁篇
有三年之愛於缺一字父母板本有乎字　子曰飽食終日
無所用心難矣哉下缺　君子板本有亦字　有惡乎子曰有
板本有惡字　惡稱人之惡者惡居下板本有流字　而訕上者惡
下缺之則不孫遠之則怨　子曰年卌板本有而字見惡
焉其終也已　凡廿六章已上陽貨篇
枉道而事人何缺一字去父母之國板本作邦缺一字景公
詩孔子曰若季氏下缺子曰鳳兮鳳兮何而板本無而字
德之衰也板本無也字注缺二字可諫也板本無来者猶可追

也板本無下缺執車板本作輿者為誰子板本無子路曰為孔丘
曰是魯孔丘與曰是板本有也曰二字是知津矣下缺若從
避板本作辟世之士哉櫌板本作耰有而字不輟子路板本有行字以
告板本有夫字子憮然曰鳥獸不可與同下缺穀不分孰
為夫子置板本作植其杖而耘板本作芸子路拱而缺一字止子
路宿殺雞下缺禮板本作義如之何其廢之也板本無欲絜
其身而亂大倫君子之仕也行其義下缺志辱身矣
言中倫行中慮其斯以乎板本作而已矣謂虞仲夷佚板本作逸
隱居下缺少缺陽擊磬襄入于海　周公謂魯公曰

君子不施其親下缺已上微子篇
交於子張子缺一字曰子夏缺一字何對曰子夏曰可者
缺四字者距板本作拒下缺子夏曰雖缺五字觀者焉致遠恐泥
是以下缺其事君子學下缺子夏曰小人之過下缺曰下缺子
夏曰大德缺五字出入可也　子斿板本作游缺六字子下缺君
子之道焉可缺二字有缺一字有卒者其唯聖人下缺仕而
下缺曾子曰吾聞諸板本有夫字子人未有自致也者板本作者
也　必也親喪乎缺一字子曰下缺如得其情則哀矜而勿
喜子贛曰紂之缺一字善缺一字是其板本作之下缺贛曰仲尼

焉學子贛曰文武之道未隧板本作墜於地在人賢者志
板本作識其下缺告子贛缺一字贛曰辟諸板本作之宮蘠板本作牆賜
之蘠缺二字窺見室家之好夫下缺尼不可毀缺二字人之
賢者丘陵也缺三字踰也仲尼日月也下缺一言以為不
知言不可不慎也夫子之不可及也猶天之下缺已上子張篇
不蔽簡在帝心朕躬有罪毋板本作無以萬方萬方有缺一
字板本有兩罪字在朕躬下缺歸心焉所重民食喪缺一字寬
則得衆敏則有功缺一字則說下缺不驕威而不猛子
缺一字曰何謂惠而不費子曰缺一字民之下缺尊其瞻

視儼（缺三字）而畏之斯不亦威而不猛乎（下缺　已上堯曰篇）

凡廿篇萬五千七百一（缺一字）字

賈（板本作沽）諸賈之哉包周（缺四字）蓋肆乎其肆也（缺一字）

周（下缺）曰言（缺一字）而在於蕭牆之内盍毛包周無於（下缺）

詔書與博士臣左立郎中臣孫表

工陳興刻

右石經論語殘碑九百七十有一字前四篇後四篇之文也每篇必計其章終篇又總其字又載盍毛包周有無不同之説以今所行板本校之亦不

至甚異其文有增損者其字亦有假借及用古者有字異而訓不遠若置其杖賈之哉者漢人作文不避國諱威宗諱志順帝諱保石經皆臨文不易樊毅碑命守斯邦劉熊碑來臻我邦之類未嘗為高帝諱也此碑邦君為兩君之好何必去父母之邦尚書安定厥邦皆書邦作國疑漢儒所傳如此非獨遠避此諱也水經云光和六年立石於太學其上悉刻蔡邕名魏正始中又刻古篆隸三字石經蓋諸儒受詔在熹平而碑成則光和年也隋志有一字石經七種三字石經三種其論云漢鐫七經皆蔡邕書又云魏立一字石經其説自相矛盾新舊唐志有今字石經七種而注論語云蔡邕作又有三字石經古篆兩種蓋唐史以隸為今字也觀遺經字畫之妙非蔡中郎輩不能為以黃初後來碑刻比之相去不啻霄壤豈魏人筆力可到當以水經為據三體者乃魏人所刻儒林傳云為古文篆隸三體者非也史稱邕自書丹使工鐫刻今所存諸經字體各不同雖邕能分善隸兼備衆體

但文字之多恐非一人可辦史云邕與堂谿典楊賜馬日磾張訓韓説單颺等正定諸經今公羊論語之後惟堂谿日磾二人姓名尚存別有趙䧡劉弘張文蘇陵傅楨左立孫表數人竊意其間必有同時揮毫者予詳玩遺字公羊詩書儀禮又在論語上劉寬碑陰王曜題名則公羊詩書之雁行也黃初孔廟碑則論語之苗裔也識者當能別之

學師宋恩等題名

師宋恩元遂師王忠仲舜師郭翔季安師張澤君潤

師楊淮世期師張仁郃游師李衡德仁師羅僵德達
師都達賓髙師程旻孟興師缺直進方師王缺朝卿
師郃缺子河師榮寵定缺師戴龍缺髙師宋缺仲下缺
一字又缺二人史杜楊缺表師景遷孝通師張柳缺鄉師杜
缺二字方師衡翔仲鄉史缺通缺二字孝義掾王山缺二字
業掾缺世缺二字易掾缺四字易掾胡缺三字易師張缺元
缺易師求缺進缺易師缺二字孝缺尚書掾吕缺三字尚
書掾缺四字尚書掾缺四字尚書師張缺二字尚書師楊缺三
字尚書師司馬缺四字詩掾楊缺三字詩掾張缺四字掾趙

揆道明缺掾王興紀缺春秋掾常寵缺二字議掾劉务
缺二字文學孝掾周治元經文學掾猶玉子朝文學師
胡通禮達文學師上官震产照文學師王紞季堅文
學師程順元呆從掾位梛魯缺四字趙下缺三字中缺一人又缺二字
掾瞿缺伯中鄉賊捕李缺八字伯德缺六字元下缺四人又缺二字
張涉缺晉缺二字智郝馬陵孟缺三字智郝缺三字子下缺一字
又缺二人集曹史缺四字法曹史舒邟产万賊曹史缺二字盛
尌陽辭曹史趙漢伯产穀曹史張儀尌缺二字曹史張
詡孝舉金曹史羅圃子髙穀曹史趙缺光節比曹史

田缺二字产兵曹史缺苞茂思水曹史楊煇子禮金曹
史缺二字产缺二字曹史缺二字伯齊缺曹史缺一字务郭户
曹史缺五字曹掾趙缺季信缺曹掾張缺四字曹掾缺三字
申功曹史頡孝尌缺三字常洽盛缺五字紀明缺二字掾壽
缺孟起缺五字明後缺二人

右學師宋恩等題名今在成都周公禮殿門之西序蜀人謂之學師題名其稱師者二十人史二人孝義掾業掾各一人易掾二人易師三人尚書掾尚書師各三人詩掾四人春秋掾議掾文學孝掾文學掾各一人文學師四人從掾位及集曹法曹賊曹辭曹史又三十二人其漫滅不可辨者十三人漢永平中嘗為四姓小侯立學置五經師此則蜀郡諸生也當是郡守興崇學校者鐫石紀德諸生既刻姓名而諸曹史亦綴其末惜亡其碑不可考爾成都又有左右生題名一巨碑盖左學右學諸生也其間江陽寧蜀晉原遂寧乃蜀晉所置郡歐陽公以為漢文翁學生題名非也　達即達字

隸釋卷第十四

隸釋卷第十五

賜豫州刺史馮煥詔

告豫州刺史馮煥令（下缺）常爲效用遏將統御（下缺）內以威恩撫喻杜（下缺）去卑鮮卑連犯鄣塞（下缺）過掩卒擣轂無距捍（下缺）率攝大守以下進退（下缺）曾不表罪誅多攤（下缺）麗王宮僞輕狡猾（下缺）纖（下缺）絕宮不自效楚（下缺）化頃屬樂浪久矣（下缺）當所謂設詭不定決（下缺）月左右欲來犯法（下缺）北顧傷心（缺）煥有（下缺）異煥能竭心盡慮有（下缺）上如不從化暂録部（下缺）惟前後詔書以前人（下缺）侍御史便宜數上（下缺）

元初六年十二月

右賜豫州刺史馮煥詔安帝元初六年也首云告豫州刺史馮煥者漢詔之式如此帝紀注云漢制帝之下書有四一曰策書編簡也其制長二尺短者半之篆書起年月日稱皇帝以命諸侯王三公以罪免亦賜策而以隸書用尺一木兩行書之二曰制書其文曰制詔三公皆璽封尚書令印重封露布州郡三曰詔書其文曰告某官云如故事四曰誡敕其文曰有詔敕某官此詔云去年鮮卑連

犯鄣塞列傳云元初五年秋代郡鮮卑穿塞入寇攻城邑燒官寺殺長吏發緣邊甲卒黎陽營兵備之其冬又入上谷六年秋入馬城度遼將軍鄧遵率南單于擊破之按馮君乃車騎將軍緄之父緄傳云煥爲幽州刺史又煥有墓闕題云豫州幽州刺史馮使君神道元初季年豫州境內無盜賊事上谷代郡皆幽州所部詔有北顧傷心及頃屬樂浪之文亦幽州語也詔中諭其竭心盡慮而使之便宜數上必是自豫徙幽而賜此詔其石下斷惟

存上八字文意不能詳考煥猶在豫故其前尚稱
故官也犯即犯字過即過字搗轂即擣擊字儒即慓字猧即猾字纖即殲字屬即屬字

費亭侯曹騰碑陰

惟建和元年七月廿二日巳巳
皇大后曰其遺費亭侯之國爲漢藩輔臨君境內毋
有出缺六字變卒缺七字百姓不可不愛不愛則不附大
臣不親百姓不附可不慎下缺
制曰缺　中常侍費亭侯曹騰騰見克
先帝能自奮拔於險阻之中不陷于羣小害已之譖

遂亦缺五字前後英謀缺二進賢納缺踐阼之初受爵
于東土厥功章然騰守足退居約身自持遭離母憂
孝行純篤缺慎禮紀喪能過哀服祥有不忍遠離之
恩情缺感病毀性早薨朕甚閔焉詩曰靡不有初鮮
克有終騰能終之春秋之義旌缺采介日勸為善及
其在殯使兼諫議大缺六字特進贈費亭侯印綬魂而
有靈嘉其寵榮嗚呼哀哉

右費亭侯曹騰碑陰水經云譙縣有曹騰碑題云
漢故中常侍長樂太僕特進費亭侯曹君之碑延
熹三年立碑陰又刊詔策二歐趙不指此為曹騰
碑陰失稽考也本傳云騰自安帝時為黃門從官
後以定策立威宗與州輔等七人皆封侯至大長
秋此碑前一篇建和元年七月巳巳就國策書乃
梁太后臨朝時也後一篇乃褒贈制書傳云奉事
四帝而水經有据則其亡在威宗時嗚呼東漢之
亡也以閹官雖小人道長作福作威履霜堅冰勢
之必然者盖上失其道爾高帝約非有功不侯自
和帝封鄭衆而苴茅裂土者相踵至有同日十九

侯者順帝又聽其養子襲爵騰用事省闥三十餘
年其養子嵩至於竊位台輔至孫操遂問鼎矣胙與阼同篆額今獨存云中常侍長樂大僕特進費亭曹侯碑水經誤多四字

蜀郡屬國辛通達李仲曾造橋碑

惟延熹龍在甲辰三月甲子傷民秉集涓月扶攜缺五
字憂造圯梐橋缺之缺基改奢就儉莫不安之以五
月甲午竟領道揚缺荷杜仁領道揚瑗缺二字叙悳勒
石文不能嘆一以衰賢君其辭曰
缺二字我邦乾川垂極缺二字土埶缺汜反側位在角精

崖崖山嶽水缺汶江漂缺湍濁道缺企阜棧格陵陵
地則居缺新缺二字栢竟缺官缺夷羌𩂣賊頃丰畔厲
有道則服有缺二字隘吏民缺栗赫赫
皇辟矜哀下民命彼喉舌拜我
明君惟君至惪應甫及申缺恩褱貧其知如缺漢缺三
字謀謨若神小閤
明府恊同斷金西征鄙國撫育犂元除煩省苛公劉
之仁單甫牧英不忍戰民恤彼缺二字戲險登陵橋壞
求正歲歲缺二字津缺滿首缺七字呵逆流沈深往往覆

隸釋 卷第十五 五

没傷害行人四縣衙衙老弱所湛耿耿寔勞缺二字愍
愍缺二字日稯閡乇之艱記吉領道杜沂楊瑗佗莅橋
梁師爾徒乇待事楊缺三字守古荷賊曹掾杜仁至孝
殷懃雖不缺四字出神祇祐助橋遂考缺蔄坻頼祉子
子孫孫百穀豐穰內外靖安必缺三字我
君高遷取公缺侯福流後昆萬壽无疆千禄億丰
亂曰缺二字戠君明且缺兮徠儀于國缺三字兮吏民河
潤受靈福兮莫不慕化心如結兮缺十字鼎足期不逝
兮

領道缺八字漢嘉楊瑗字缺二字領南部道橋掾軍功卒
史漢嘉杜沂字祖長漢嘉盟掾缺二字荷吏代誦從吏
杜閏荷吏缺省義工王文宰義工缺二字髙義工王漢
期義工缺三字義徒漢嘉缺杜缺
時下缺
右蜀都屬國辛李二君造橋碑今在雅州碑首刻
二人冠帶相向而坐一器居中如豆登之狀後有
二人折腰低首雙垂其袖若胡舞者其上橫行有
數字惟府卿明府四字不毀二人之下又橫刻二

隸釋 卷第十五 六

十有六字兼篆隸之體曰蜀郡屬國明府穎川陽
翟辛君字通達卿揵為李君字仲曾其下三字不
可曉漢碑無如是模式者首行云惟延熹龍在甲
辰蓋威宗延熹七年也石損字拙頗難想象其辭
初云造此橋末云橋遂考又云橋壞求正又云師
徒屯作橋梁而官屬有領南部道橋掾則知此為
造橋碑也其辭云扶携濟舟又云逆流沈深往往
覆没又云四縣衙衙老弱所湛則知此橋跨據川
險也其云赫赫皇辟矜哀下民命彼喉舌拜我明

君惟君至德應甫及申者頌辛君也其云西征鄙國撫育犁元除煩省苛公劉之仁者頌李君也中有恊同斷金之句則知李為辛之佐也二君遣杜沂楊瑗三四輩董此役起三月甲子以五月甲午竟改奮就儉萌兆賴祉故勒石褒嘆而掾史及義工義徒數人皆題其名于後惟二人稱荷吏而杜仁稱荷賊曹掾所不可解鄰邑雖有荷節或是遣吏助之又不應獨用一字也漢志屬國置都尉一人丞一人又注引應劭云大縣有丞左右尉所謂

命卿三人小縣一丞一尉者命卿二人隸刻有武開明碑終於吳郡府丞其子榮碑中書為吳郡府卿沈子琚碑有云縣丞揵為王卿諱某字季河据史及碑則漢人蓋有稱其丞為卿者此碑不顯題辛君為都尉而謂之明府則李君稱卿蓋是屬國丞也蜀人謂此為神水閣碑考其文則謀謨若神是絕句下文二字其水似小其閣似閤特未能判今摘三語而强名之非也 逹即達字 舟即舟字 褢即褒字 犂即黎字

廣漢太守沈子琚緜竹江堰碑

熹平五年五月辛酉朔一日辛酉緜廿縣南缺川缺二字宮缺黃化出家錢建下缺漢世誠明廣被四表南域墅居蠻夷缺五字戕賊缺連缺百姓被下缺三年十月廣漢大守潁川長墅縣沈君諱缺字子琚緜廿令安定樊君諱缺以四年三月到官視事到官之初移風缺三字占世土百姓吏民皆有缺二字之缺五字弱不安躬耕者少溉田企㐬諸縣湔灉缺以陂田下缺誠道缺五字施以周邰之化疾犯王憲缺意吏民缺四字君遣下缺悉缺其本息繕佗湔灉化開渠口成而山足缺崔缺下

下缺君遣掾缺三字鄭施都求掾儀尹便且缺水曹掾王缺史下缺刑世章桀功又破截崖足開缺本缺二字民缺五字池缺四字甫田千下缺難鼍易水由池中通利便好水未缺田即到下缺緜廿缺足缺四字消散五稼豐茂缺民歸附㐬缺三字辭曰聖帝明明缺蘭缺郡缺二字望下缺川缺五字欲行之兮缺四字以威德兮輔缺三字夏缺二字後兮下缺時成缺兮缺甚下缺

縣丞揵為屬國王卿諱缺字季河宣陽缺五字水曹史杜慈字子仁共章缺三字

右廣漢太守沈子琚緜竹江堰碑今在漢州靈帝熹平五年立沈君字子琚其名不可辨碑載沈君以熹平三年十月到郡緜竹令樊君以次年三月到縣雖石多剥缺文句斷續其間指意猶可推尋盖二人相繼到官俱以移風惠民為意碑稱其視事之初百姓躬耕者少溉田邱荒有遺都水掾水曹史等姓名有繕作湔灉之句又有陂田及渠口之字末云水由池中通利便好五稼豐茂人民歸附所紀盖水利之事也蜀人謂之緜竹江堰碑姑因其名云碑以長墍為長社

鄭子真宅舍殘碑

上缺一字所居宅舍一區直百萬　故鄭子真地中起舍一區作錢下缺　故鄭子真舍中起舍一區七萬
故潘盖樓舍弁二區十一下缺　故呂子近樓一區五萬　故像樓舍一區二萬五千缺　扶毋舍一區萬二千缺二字　鳳樓一區三萬缺二字　車舍一區萬缺二字　奉樓一區二萬缺二字　子信舍一區萬
熹平四年缺月丁酉朔下缺桃為後缺弟缺郎中下缺賊曹下缺左都字彦和無掾史下缺胡恩真道史胡陽缺文下缺文缺陳景玄雄等實下缺千九百八十其二百下缺舍宅奴婢財物及臺為下缺妻無適嗣祖傅婢缺宜下缺分臺祖餘財物所得下缺未知財事缺舉缺為領下缺姊缺精魂未臧而有怨下缺春秋之義五讓為首熏下缺

右鄭子真宅舍殘碑所存其上十數字餘石碎矣首云所居宅舍一區直百萬繼云故鄭子真地中起舍一區七萬凡宅舍十有二區其次有辭語有歲月云平四年上存四點必熹平也官吏有郎中及賊曹與掾史又有左都字彦和及胡恩胡陽陳景等姓名似是官為檢校之文其中有宅舍奴婢財物之句其云妻無適嗣又云未知財事其前有為後二字則知旋立嬰孺為嗣也其云精魂未臧而有怨上有一字從女當是其母則知其親物故未久也末云春秋之義五遜為首所以戒其宗姓或女兄弟之類息爭室訟也碑今在蜀中樓即樓字

金廣延母徐氏紀産碑

光和元年五月中匽金廣延母自傷紀考紕徐氏元

初産永壽元年出門託軀金掾季本供下缺不並立
朝爲縣端首子男恭缺字子肅年十八下缺收從孫
即廣延立以爲後年十八娶婦徐氏弱冠仕下缺終
殁五内催碎又少入金氏門承清淦之後眥業缺四字
步也一下缺地耕殖陝少缺脩産業夫婦勤苦積入
成家彊缺三字止足不下缺萬季本平生素以奴婢田
地分與季子雒直各有𡈽域缺二字三下缺蓄積消滅
責負衆亡缺三字立依附宗家得以蘓下缺及歸故主
三分屋一才得廿一萬六百供竟下缺故文進升地

一町直五萬五千家乃隤收責地下缺雒直徑營尉
駿勞來以缺國故缺子尉地一町直下缺令能胥不
缺二字又所將缺及所缺如後可服事勤下缺子孫以
其不祭祀智之不缺拘持入門勤苦五十下缺二萬
四千其婦共衣食去留之後悉以歸雒直大婦下缺
卌八萬小婦慈仁供養周亭奉順缺煖不離左右自
下缺曰缺戀衛夫人之去婦之缺二字狐無所歸輙爲姪
下缺之㥏下缺不下缺

右金廣延母徐氏紀産碑今在雲安其辭云光和
元年五月中旬金廣延母自傷紀考妣徐氏元初
産永壽元年出門託軀金掾季本自此之後其石
半滅所存者其下段爾徐氏歸于季本有男曰恭
字子肅早終故立從孫廣延爲後廣延弱冠而仕
又復不禄碑云廣延年十八娶婦徐氏子肅亦有
年十八字而闕其下文當亦是載其昏聘子肅殘
碑亦有妻字可證徐氏自言少入金氏門夫婦勤
苦積入成家又云季本平生以奴婢田地分與季
子雍直各有𡈽域繼云蓄積消滅債負奔亡依附

宗家得以蘇則雍直似是季本庶孽不肖子分以
貲産居之于外者徐氏老而廣延死故又析其財
有雍直徑管及悉以歸雍直之文慮雍直爲嫂姪
之害也故刊刻此石其云大婦小婦則子肅廣延
之妻也碑稱小婦慈仁供養奉順不離左右則廣
延夫婦俱孝其云五内摧碎則可見子孝而母慈
也廣延雖非嫡長而事親久即世新故徐氏舍子
肅而稱廣延母也此碑字子肅之上有兩字不甚
明上一字髣髴是恭其下頗類成字但漢人無二

名而金恭有墓闕及殘碑皆云恭字子肅可以證
季本之子字子肅者即金恭也但恭之下多一字
所不可曉碑以考紕為考妣弱冦為弱冠清渝為清儉催碎為摧碎陜少為狹少叐即奔字町即邨字

都鄉正衛彈碑

缺四字國缺六字公缺伯子缺呂缺二十四字其缺十六字國缺勞
用民缺九字於一缺十字相扶助卒缺曰缺三十五字不彊迄
亐中平二年正月缺令缺國寧陵缺君諱脩字缺十四字
中缺以府丞董察缺二字撫昆陽承缺亂之餘缺稱聖

烈缺有林官凡𠙚缺循缺六字軫既到庶缺亐缺二字慇
夫繇役之不缺乃缺惟缺三字聖之缺二字亐有缺吕缺二
字忠於是亐輕賦缺斂調缺二字富結單言府斑董科
例收其缺四字之目臨時慕顧不煩居民時大守東郡
禾壞丞濟陰華林優郵民隱欽若是由缺五字郡校劉
缺為民約缺三字亐無窮自是之後黎民用寍吏無荷
擾之煩墅無愁痛之缺二字囙民所利斯所謂惠康之
茱缺景均之缺三字也政之缺二字於是亐成役之艱苦
於是缺二字頌曰缺三字命猗歟我君敦詩說禮寧德

亐民庶缺輕賦帥約孔均繇役吕缺二字士不缺六字我
好爵聿懷多缺明德惟馨民吕夲缺二字耕千耦梵梵
黍稷亐胥缺二字永缺不缺五字中明慧通缺若五大夫
服膺缺四字為缺掌領缺書缺二字單錢復不缺吏缺五字
若其缺勸導有功
時缺二字范秩字元睢尉曹掾都缺字漢賔史張芭字
子才有秩定陵杜則字孝缺七字守字國寶陳缺四字

右都鄉正衛彈碑隸額文十一行頌四行張芭杜
則數人題名二行靈帝中平二年立在汝州昆陽

城中水經魯陽縣有南陽都鄉正衛為碑平氏縣
有南陽都鄉正衛彈勸碑此則其一也趙氏誤認
衛為街遂云莫曉其為何碑予初得已翦貼本續
後始獲全碑考其文則縣令寧陵君承昆陽喪亂
之餘愍繇役之害結單言府斑董科例收其舊直
臨時募顧不煩居民太守東郡王瓌丞濟陰華林
優郵民隱為之立約自是之後吏無苛擾之煩野
無愁痛之聲其大略如此又云因民所利斯所謂
惠康之策又有輕賦斂及役艱苦之語頌則美其

輕賦均約蓋是紀述守令繇役條敎也前書食貨志月為更卒巳復為正注云更卒謂給郡縣一月而更者正卒謂給中都官者衛宏漢官舊儀民年二十三為正一歲為衛士一歲為材官習射御騎馳戰陣又云民給正衛材官年五十六老衰乃得免為民酸棗令劉熊碑云愍念烝民勞苦不均為作正彈造設門更此云都鄉正衛彈者與劉君碑

碑以棃為黎荷為苛梵梵為芃芃顏即顧字褱即褱字埜即野字

舜子巷義井碑

縣邑字缺二宮前以宛缺汜字缺二衣缺去古下缺踰彊者缺二字弱者下缺訾下缺鄉下缺任然下缺丁吉缺二字守府下缺如縣記利廣興缺中下缺記下缺百下缺光和三年缺月下缺縣下缺發下缺州下缺計市馬下缺四萬下缺亂常下缺大缺木字缺三會字缺三百萬分下缺升下缺

右舜子巷義井碑凡二十三行行三十七字石理皺剥僅有五十餘字依約可辨其間有光和三年字知為漢碑也其始有縣邑二字蓋是叙述其事末有四萬及百萬等字則是紀其所費也中有彊者弱者之文當是彊者捐其財弱者輸其力也据水經云義井出隨城東南常湧溢而津注冬夏不異下流與溠水合又南注于涢則此非穿鑿之井故工役之費至五十餘萬碑在隨之舜子巷元祐丁卯年郡守許覺之始徙于後圃識其陰云五大夫秦爵也秦距今千數百年漢東故物獨此尚存又刻詩一篇於碑之額云一千二百餘年外萬事

銷磨不可尋舜子井泉誰記古隨人閒巷秖知今隸書字雜科蟲體民爵名存樂石陰登覽時來醒醉目猶勝他物在園林予謂秦人刻石皆用篆許君不能詳視碑中光和紀年遂指此為秦碑非也

義井碑陰

五大夫王缺本二萬五大夫段缺本二萬五大夫段遹本二萬五大夫段缺本二萬五大夫魏忠本二萬五大夫蔡缺本二萬五大夫魏加本二萬五大夫呂石本二萬五大夫黃海本二萬五大夫段宮本二萬

五大夫缺任本二萬五大夫段缺本二萬五大夫段
方本二萬五大夫段錫本二萬五大夫缺萬本二萬
五大夫陳缺本二萬五大夫缺二字本二萬五大夫缺
禮本二萬五大夫缺二字本二萬五大夫耿缺本二萬
五大缺三字本二萬五大缺三字本二萬五大缺三字本萬
五大缺三字本萬五大缺三字本萬五大缺四字萬五大缺四
字萬五大缺五字千五大缺五字千五大缺五字千缺一人五
下缺分子缺四字萬分子下缺分子下缺分子下缺分
子下缺分子梁下缺分子下缺分子下缺分子缺二字

隸釋　卷第十五　十七

本萬分子潘缺本萬分子缺安本萬分子缺二字本萬
缺二字周閑本萬分子缺二字本三千分子缺二字本三千
分子缺四字千分子缺四字千分子缺三字三千分子缺容
本三千分子缺林本三千分子缺南本三千分子缺
將本三千缺子季宜本三千分子缺二字本三千分子
樂缺本三千缺二人分子黃國本三千分子孫景本三
千分子竇詡本三千分子廉祥本三千分子賈方本
三千分子黃遷本三千分子王潤本三千分子缺與
本三千分子缺二字本三千分子蘇尚本三千分子張

采本三千分子張缺本三千分子缺三字本三千分子
周謂本三千分子周季本三千分子缺能本三千分
子張宣本三千分子缺海本三千缺二人分子張景
本三千分子張芳本三千分子龔儀本三千分子楊
徹本三千分子唐豪本三千分子孟戊本三千分子
馬相本三千分子唐缺本三千分子許臺本三千分
子蔡泯本三千分子王豊本三千分子黃持本三千
分子張雙本三千分子郭昌本三千分子缺二字本三
千分子張濟本三千分子謝林本三千分子缺二字本

隸釋　卷第十五　十八

三千缺四字本三千缺一人
上缺二字羽下缺馬及下缺息匆下缺功下缺千下缺不
下缺門下諸下缺平馬下缺萬五千下缺死備如下缺
自下缺本矣下缺

右義井碑陰稱五大夫者三十一人稱分子者六十人摩滅者數人題名之下又有數十字蓋是紀事之辭殘缺無成文者漢承秦制爵二十級其九爵曰五大夫帝紀安帝永初三年三公以國用不足奏令吏人入錢穀得為關內侯虎賁羽林郎五

大夫緹騎營士又靈帝光和元年初開西邸賣官自關内侯虎賁羽林入錢各有差則知漢末以貲受爵比屋皆然此碑五大夫所以若是之衆也惟分子未詳穀梁曰燕周之分子也注云燕召康公之後分子謂周之别子孫也景北海碑鴟梟不鳴分子還養盖用家富子壯則出分之語謂惡逆之鳥鉗喙無聲外爨之息歸奉三牲也耿勳碑脩治狹道分子効力謂正丁已供差徭分子亦來助役此碑分子似指土豪出分之子三碑皆與穀梁合

隸釋卷第十五

隸釋卷第十六

武梁祠堂畫像　　四老神坐神祚机
麒麟鳳凰碑　　劉讓閣道題字
詔賜功臣家五字　　中部碑

武梁祠堂畫像

伏戲倉精初造工業畫卦結繩以理海内
祝誦氏無所造為未有者欲刑罰未施
神農氏因宜教田辟土種穀以振萬民
黄帝多所改作造兵（缺三字）裳立宫宅

帝顓頊高陽者黄帝之孫而昌（缺二字）子
帝俈高辛者黄帝之曾孫也
帝堯放勳其仁如天其知如神就之如日望之如雲
帝舜名重華耕於歷山外養三年
夏禹長於地理（缺一字）泉（缺一字）陰随（缺二字）退為肉刑
夏桀（自伏戲至夏桀是一段）
管仲　齊桓公　曹子刦桓　魯莊公
（缺一字）侍郎（缺一字）專諸炙魚刾殺吴王　吴王
荆軻　樊於其頭　秦武陽　秦王（自管仲至秦王是一段）

缺二人名　豫讓殺身以報知己缺一人名　韓王　聶政
齊王　無鹽醜女鍾離春自豫讓至無鹽是一段
梁高行　奉金者　使者
缺一人名　胡妻　秋胡
義姑姊　姑姊兒　衛將軍自梁高行至衛將軍是一段
缺一人名　使者
長婦兒　梁節姑姊　救者　姑姊其室失火取兄
子往輙得其子赴火如亡示其誠也
缺二人名　後母子　前母子　齊繼母

隸釋　卷第十六　二

京師節女　怨家攻者自使者至怨家攻者是一段
藺相如趙臣也奉璧於秦　秦王
范且　缺二人名　自藺相如至范且是一段
曾子缺二字　孝已通神明貫感缺一字　祇著乎朱方後世
凱式缺二字　無綱
子騫後母弟　子騫父　閔子騫缺一字　母居喪缺一字
移子騫缺一字　寒御缺一字　失缺一字
老萊子楚人也事親至孝衣服斑連嬰兒之態令親
有驩君子嘉之孝道大爲　萊子母　萊子父

丁蘭二親終後立木爲父鄰人假物報乃借與自曾子至丁蘭是伏戲下一段
𩂻士　縣功曹是豫讓下一段
缺一人名　榆母
渠父　邢渠哺父
永父　董永千乘人也
章孝母　朱明　朱明弟　朱明妻
李氏遺孤　忠孝李善
休屠像　騎都尉自榆母至騎都尉是梁高行下一段

隸釋　卷第十六　三

缺一人名
義漿羊公　乞漿者
湯父　魏湯缺一字
孝缺一字　莫缺一字　者
孝孫　孝孫缺一字　父自羊公至孝孫父是梁節姑下一段
右武梁祠堂畫像爲石六其五則横分爲二梁高
行藺相如二段又廣於它石所畫者古帝王忠臣
義士孝子賢婦各以小字識其旁有爲之贊文者
其事則史記兩漢史列女傳諸書合百六十有二

人有標題者八十七人其十一人磨滅不可辨又有鳥獸草木車盖器皿屋宇之屬甚衆水經云金鄉有司隸校尉魯恭冢冢前有石祠自書契以来忠臣孝子貞婦孔子及七十二弟子形像皆刻之四壁今此碑無闕里聖賢知其非魯君石祠中物也又云鉅野有荆州刺史李剛墓其石室三間四壁雕刻為君臣官屬龜龍麟鳳之文飛禽走獸之像今此碑不畫四靈又知其非李剛石壁也趙德夫雖云嘗得魯君石室所刻而題其所藏碑則云

武氏石室畫像其說云武氏有數墓在濟之任城墓前有石室四壁刻古聖賢像趙君東人當知其實而不能辯此畫為武氏誰人冢前者金鄉鉅野皆隸山陽與任城接境必是東州阡壟當時競有此製予案任城有從事掾武梁碑以威宗元嘉元年立其辭云孝子仲章季章季立孝孫子僑躬脩子道竭家所有選擇名石南山之陽擢取妙好色無斑黃前設壇墠後建祠堂良匠衛改雕文刻畫羅列成行攄騁技巧委蛇有章似是謂此畫也故予以武梁祠堂畫像名之後之人身履其壤會能因斯言以求是先儒說三皇五帝者不一太史公采大戴禮舉少昊而不録經傳皆云帝顓之後黎為祝融盖高辛之火正也惟莊子以祝融氏與戲農赫胥同辭白虎通旣依史記五帝之序遂以戲農祝融為三皇至論五行則又以祝融為南方之神初非通論此碑以祝誦為祝融而介於戲農之間則白虎通之說也帝王世紀稱上古聖人牛首蛇身之類亦猶孔子四十九表所謂龜脊虎掌世

之言相者有犀形鶴形之比也俗儒作圖譜遂有真為異類之狀者此碑所畫伏戲自要以下若蛇然亦非也碑以樊於其為樊於期秦武陽為秦舞陽媿女為醜女凱式為楷式斑連為斑爛耆即嗜字刦即劫字湪即漿字魏即魏字

四老神坐神祚机

圜公神坐

甪里先生神坐

圜公神祚机
綺里季神祚机

右四老神坐神祚机凡四揚子雲法言曰美行園

公綺里季夏黄公角里先生班孟堅叙近古逸民與揚子同陳留志云園公姓庾字宣明常居園中因以為號夏黄公姓崔名廣隱居夏里號曰黄公角里先生姓周名術或曰覇上先生皇甫謐之徒説又相戾故顔師古注漢書悉棄不取陶淵明詩有黄綺之南山杜子美詩有黄綺終辭漢之句似亦以夏為地名也惟圈稱陳留耆舊傳自序云圈公為秦博士避地南山恵太子以為司徒至稱十一世此刻有圈公神坐及神祚机則圈公蓋有所

隷釋　卷第十六　六

據也此四人者神坐及胙几當各有之今綺季角里尚闕其一而黄公者未見傳者云數十年前商於農人耕地得此

麒麟鳳凰碑

麒麟

鳳凰

右麒麟鳳凰碑凡二石其像高二尺餘圖寫甚有生意所題四字頗大漢代鳳皇集郡國頻有之惟麟不多見爾此刻亦猶李翕黄龍白鹿碑之類也

又有山陽麟鳳碑二物共一石其像小於此碑像下有贊云天有奇鳥名曰鳳皇時下有德民富國昌黄龍嘉禾皆不隱藏漢德巍巍分布宣揚又云天有奇獸名曰麒麟時下有德安國富民忠臣竭節義以脩身闕愆秉善明明我君碑陰有記云永建元年山陽太守河内孫君新刻瑞像最後有銘辭皆篆文也胡承公云其石兩旁有隷書六十九字趙氏但得其篆予所藏亦然

劉讓閣道題字

隷釋　卷第十六　七

建寧元年十月上旬工楗為武陽劉讓造

右劉讓所題十六字相傳云在蜀中閣道建寧者靈帝年號漢碑書犍為之犍皆作楗

詔賜功臣家字

詔賜功臣家

右詔賜功臣家五大字今在蜀中似是漢人所書其事不可詳也

中部碑

上缺二字祭酒謝俊下缺主記缺三字尉規主簿缺二字子缺

門缺史李慈世字缺一曺掾任下缺右下缺曺下缺水
曺下缺周下缺祭下缺武功下缺史下缺伯下缺臺
下缺盛舉下缺王元陽下缺長尊下缺門下功曺下缺
門下游徼下缺主記史下缺門下賊曺下缺史缺球
下缺掾卓下缺掾字缺三宣下缺曺掾黃字缺三章右金
曺掾慶暠元下缺甫下缺法曺缺周順下缺曺掾缺二
字子能右賊曺掾下缺胡真下缺兵曺掾文雄字缺二
功曺史謝陽字缺二右户曺史陳字缺三右金曺史王缺二
字法曺史字缺二子慎右賊曺史王缺紂缺兵曺史下缺

供曺史下缺尉曺史下缺中倉曺史任烝下缺曺史
字缺二舉下缺史張缺元下缺曺史字缺二元才字缺二壽
夫鄭憲德量校官主缺師周缺子堅校官祭酒缺尋
升舉缺部缺書掾缺任定英茂缺里祭酒任下缺陽
里祭酒李元升下缺新安缺里祭酒缺郡字缺二卓下缺
威缺里祭酒卓世下缺明字缺二里祭酒解下缺亦安
里祭酒下缺安昌里祭酒楊邦下缺宜遷里祭酒韓
子下缺中東里祭酒缺海明下缺西賈里祭酒任仲
礼下缺高陽里祭酒王暘德下缺營里祭酒缺德下缺

中文營里祭酒周升下缺營里祭酒張亦下缺

右中部碑隸額今在均州凡題名五十餘人如漢世碑陰而有額謂之中部殊不可曉石理漫滅名字勵有存者所稱諸曺掾史功曺主簿與它碑同其間游徼嗇夫各一人祭酒十六人其一人曰校官祭酒餘則里祭酒也游徼嗇夫漢縣皆有之凡此諸曺史盖縣吏也成都左右生碑有文學祭酒則此之校官祭酒也如淳曰祭祠時唯尊長者以酒沃酹胡廣曰古者賓客得主人饌則老者一人

舉酒以祭地凡官名祭酒皆一位之元長也西京以宗室為劉氏祭酒著節老臣如蘇武亦有此稱東京擇博士聰明有威重者一人為祭酒此碑所書里祭酒雖未詳所出殆是閭里高年如鄉三老之類者

隸釋卷第十六

隸釋卷第十七

趙相劉衡碑

君諱衡字元宰濟南東平陵人也厥先尚矣聖漢龍
興下缺王爰啓巢土遷于岱陰自康侯以来弈世丕

承君肩缺頌之純缺丁炎缺之運時放依下缺相王
缺三字其采孚藻發於成就纂周行而彌長不缺二字竝
之缺二字蹈缺二字之則不缺師訓之范而踐四教人道
所謂義方缺二字所謂言忠信不師而自缺者也是缺
雄儁協服莫不歸稱仕下缺侯下缺于缺勃海王帝
之家弟不遵憲典君以特選為郎中令彈枉缺慝匡
弼缺二字以缺凡琅琊相亡即日輕舉州察茂材缺除
蓨令遷張掖屬國都尉以病徵拜議郎缺遼東屬國
都尉不缺拜趙相左位三下缺左疾缺二字行缺拜議
郎缺二字連徵不就君之始仕為吏師仍綏京缺興惠
訓下缺陟功西尉渠搜荒服来王後遷于趙叙民種
德威懷缺立缺清缺二字匡缺二字直缺三字俗惡容悦之
客缺承缺靈以缺二字宜錫缺福三壽佗朋旻穹不弔
缺三字疾年五十有三以中平四缺二月戊午殀其四
月己酉葬梁木圯墜閔嗣煢孤下缺所自律缺栞勒
缺三字詒聲伐于後昆其辭曰
於穆我君邦家之缺正已帥義求福不回缺言以道
遠缺先幾缺二字有疾百侯僉咨舍德何取將缺名缺

如何弗缺三字云亡天方缺靡缺昌降缺歿而名播善
缺令終休烈孔缺永缺二字風爰勒金石千載

右趙相劉君碑在齊州歷城縣劉君名衡字元宰
為渤海王郎中令察茂材除蓨令歷張掖屬國都
尉議郎遼東屬國都尉趙相再為議郎以靈帝中
平四年卒碑云渤海王帝之家弟不遵憲典君以
特選為郎中令渤海王名悝威宗之母弟也靈帝
紀熹平元年書渤海王被誣謀反自殺曹節傳云
節與王甫逐捕朱雀闕誹書人不獲誣奏渤海王

誅之宋后傳載靈帝夢威宗曰悝巳自貶又受誅斃今訴於天上帝震怒帝以問許汞對曰渤海處國奉藩未嘗有過曾不證審遂伏其辜如史所載則渤海死非其罪似作碑者附會時論辭有溢惡然威宗紀延熹八年書勃海王謀反降為癭陶王後二年復舊則渤海亦非身端行治者癭陶既巳覆車不能率德遷善遂罹孥戮之禍哀哉孝靈之夢則齊諧家所志也碑以范為範琗即卒字栞即刊字

冨春丞張君碑

君諱缺字缺龍缺君之第三子缺君之紨弟下缺承父兄下缺矜矜寡悔遊居出缺孝友宣聞忠信灡下缺涉貫多缺通朝立節正言卓下缺如松歲寒而不凋缺十六字州從事臨疑吐下缺深下缺其操缺智缺君缺之尤可稱下缺有秩除吳郡下缺約清閒教下缺丞道邁缺疾三年癸亥景命不禄君缺嚴平李德上感下缺新市富春各復早世旣隕慈恕續嗣不茂哀心摧剝靡下缺碑古今之常乃登山萊石刊照厥勛其辭曰峨峨富春膺姿清烈孝擬參騫人無間伐與友必信久而缺密缺三字敬州閭稱實佐政流化垂歌吴域位細德弥禮讓雍穆昌寤旻穹圯此英喆哀矣汞徂命不可追周孔至仁弗能扞違銘勛示後吕章厥煇

右漢故富春丞張君碑篆額在亳州張君之名彷佛如湞字土人以為張湛亦非也碑載其父兄而官稱磨滅誌文多不成章而銘詩可讀其間云三年癸亥景命不禄考東都歷年凡三癸亥汞平與光和之六年延光之二年是也建光有三年則歲在癸亥但次年壬戌巳改延光亳社去雒陽不遠

不應踰兩載而不知改元也此碑先巳裝剪不無顛倒棄去者三年之下盖有闕文也世即世字菜即采字

郎中郭君碑

漢郎中郭下缺君業缺安命晝哳缺五字肅缺六字其下缺主簿督郵缺師下缺守缺二字思缺二字以齊其民缺二字氏其殆庶幾缺其有之是以似之以孝廉缺三字郡缺功缺二字樹缺室與缺二字如缺二字臨缺如缺二字祠烝嘗惠兄仲犀奉繆鄉缺禮終缺舉缺臺閣以尹王室遭疾缺旬醫茲缺究缺三字剝切天子使弔羣后咸怨掂

人違殂絶缺寒之性旣納嬪缺二字頌周南之缺遭缺二字之誼為人後者為之子州郡缺兆俊艾叙聖踰掐君之功烈缺銘天府乃共刊石樹碑式旌下缺

缺矣鄭君枲嘉惟則玄靜缺重猗缺令色缺德惟缺威儀是力從善懲惡謰慝斯缺功奮千里缺二字咸缺孰不呼天懷忠傷絶元兄繼世貞缺守節壼缺三字載典藉矣追顏驂冉通神明矣後人缺二字永不缺矣

右漢郎中鄭君之碑隸額名字皆缺文辭亦有可句者其云惠兄仲犀又云元兄繼世而有為人後者為之子之文蓋鄭君以兄之子為後也鄭仲奇碑嘗有惠兄之稱此碑復爾仲犀者若非仲奇之伯仲則其同族也

廣漢屬國都尉丁魴碑

廣漢屬國故都尉丁君諱魴字䂶河君缺往知形九德就穆耽樂術埶文雅少疇治易韓詩垂意春秋兼究祕缺五義率由缺二字明哲缺二字漢劉缺落高明與世絶殊建迹蜀郡屬國風泝巴蜀施刑缺四字表以糾上缺荒缺州恖加一郡化洽罰柔三載功成遷廣漢缺七字善疾惡缺二字有缺朱紫不替缺蜀汶水㬥弘郛郛漑灌田畝缺泝疇佰缺四字二缺五字百缺二字起駱驛紫徹覽察授以符莢缺理邊郛羌夷缺兇缺二字分部頊顙缺二字朝廷諷誦四遠翕赫鄉人好事嚴子脩缺仲容趙伯缺二字發缺二字汝報缺荨六十餘人因斯表勒以效後彥其辭曰

炎唐聖德祚缺漢皇百缺三字自西徂東隆平缺三字以建郛缺不協和萬國明洞君恵子行志則缺從化缺三字奕缺六字火缺八字以公為世建缺五字无窮兮

元嘉元年十一月六日造

右廣漢屬國都尉丁君碑今在巴州威宗元嘉元年立丁君名魴字叔河其碑僅有數句成文如云耽樂術藝文雅少儔治易韓詩垂意春秋其仕則初為蜀郡屬國都尉三載功成遷于廣漢立碑者六十餘人嚴子脩為之首碑以施刑為弛刑疇佰為疇陌駱驛為絡繹

南陽太守秦頡碑

上缺冑伯益下缺佐成禹績下缺曰下缺厶人下缺邦奕世載德㐲萬生君稟堅和之行秉賢明之下缺施不求報惠子缺二

字然而質性剛毅温恭以將之勇缺以守貞下缺有
全缺之事三司来上為會稽府丞下缺三缺光和三
丰拜下缺宣威恩齊其敎不易其俗下缺交字缺二降
萬有缺人下缺可下缺久下缺之後下缺作下缺子
道焉下缺之方下缺
孝廉宛字缺二子仁孝廉安衆下缺孝廉安衆劉略子達
孝廉安衆字缺四孝廉安衆張儉子約孝廉章陵字缺四
孝廉新野陰劉子直孝廉犨字缺四孝廉順陽郭儀文
卿孝廉葉虞字缺三孝廉宛史琬子俊孝廉章字缺二㲀

茂升上計掾平氏朱諒季平上計掾字缺二育子和上
計史宛卓韶缺伯上計史宛缺艾字缺二上計下缺
右漢故南陽太守秦君之碑篆額歐趙皆云文已
磨滅惟存其額十大篆予所得者猶有九十餘字
其後有孝廉十二人上計掾史五人題名靈帝紀
中平元年三月南陽黄巾張曼成攻殺郡守褚貢
六月南陽太守秦頡擊曼成斬之三年二月江夏
兵趙慈反殺南陽太守秦頡水經云宜城有南陽
太守秦頡墓墓前有二碑頡鄀人也以江夏都尉
為南陽守道過宜城見一家東向頡駐車視之曰
此可作塚後頡卒於南陽喪還至此車不肯進故
吏因市此宅葬之則知此為秦頡碑也其間有光
和三年字蓋是述其前事天下碑録云碑在宜城
熹平年立非也

魯相謁孔廟殘碑

上缺許缺帝命英授俾相于魯吉月令辰欽謁下缺兆
龜缺藏寶覽鴻基之曠蕩觀林木之窮下缺揚美風
而動物和陰陽以興雨假爾洨仰下缺訪之儒彦稽

之典謨聖德設章先民有下缺在質樸春秋烝嘗幾
以獲福昔在周人下缺成共立碑石因而銘之咸自
紀籍天下缺
上缺史字朴德東海況基人下缺儒字仲雎東海人鄒
右無名碑首尾上下皆碎裂餘石纔有數行詳其
辭非是誄墓中人者亦非頌德政紀工役之事前
有帝命英授俾相于魯吉月令辰欽謁十四字又
云春秋烝嘗幾以獲福蓋是謁廟之文後有訪之
儒彦稽之典謨聖德設章及昔在周人之句似皆

是鋪張孔子也中云覽鴻基之曠蕩觀林木之窮深似指孔林而言或題爲駐蹕亭前斷碑此亭蓋在闕里趙氏著録有魯相謁孔子碑而無其説疑即此也末有叔德仲雅題名皆東海人而亡其姓碑以況基爲祝其乃春秋夾谷之地又假爾爲邇迴質即質字

平原東郡門生蘇衡等題名

上缺國缺字文缺門生平原高缺三字字缺二字門生東郡下缺門生北海劇缺二字字孟高門生東郡樂平蘇衡字缺二字門生平原高缺二字儀字威祖門生東郡樂

平高扶字缺二字門生下缺門生平下缺道超門生東郡聊城路下缺平原安德缺二字字缺貴門生陳留缺馬師缺三字門生平原安德寧下缺漢興下缺門生陳留下缺平原安德缺二字字雒子門生東郡缺三字伯將門生平原安德缺二字字缺方門生陳留下缺門生下缺子弘門生汝南缺楊下缺原安德缺武字文祖下缺公輔門生平原安德缺諟字伯超下缺門生汝南下缺字缺二字門生平原濕陰馬象字世輔門生潁川下缺表門生平原濕陰方缺字次缺門生潁川下缺門生

平原股丁缺字興祖門生梁國睢陽下缺甫興門生平原股祝循字缺二字門生下邳徐祖紂字常真門生南陽樊下缺門生下缺文超下缺門生平下缺東平無鹽下缺

右平原東郡門生蘇衡等題名三十餘人蓋東郡平原北海陳留汝南潁川梁國下邳南陽東平十郡之士也姓名多已淪滅或云碑在孔里駐蹕亭前或題云孔府君碑陰天下碑録載孔墓之碑凡八隸釋有其三矣趙氏有元年乙未孔君碣亦不

知爲何人也如司空孔扶河東太守孔宏御史孔翊從事孔君德博士孔志五碑皆世所未見者碑以股爲般

益州太守無名碑

永壽元年三月十有九日益州太守缺君卒嗚呼懷哉缺四字如何我君遭命隕墜國喪雄幹世也罔則吏民缺二字立石紀迹其辭曰

上缺五字君其祖後缺五字爲漢表磨位缺術缺九字名缺二字緄彷狘皦稟堅良缺三字大郡缺有缺二字澄内清外以

身帥下誅豪討恩處缺二字口缺二字消慝述缺以寧貪
饕改操革濁爲清犂兆安土人歌大平超前守之治
迹缺沒世而無缺當缺五字何缺二字命不豫缺疾徂靈
遠近傷切痛于倉乾缺於舊缺長決缺二字折而不朽
名勒冊書嗚呼懷哉
亂曰仲尼去魯子君子失路喪賢君子與誰愬失明
掊子入川户名不滅子功留後缺三字子祐孫子
功曹掾建伶缺澤字文缺主缺五字字缺二字從史牧靡
缺二字字元白從史㮲棟缺二字字缺二字故吏牧靡孫缺

字缺二字故吏滇池缺二字字缺二字故吏建伶缺二字字缺二
字故吏滇池王缺字缺村故缺五字字缺二字故缺五字字
缺二字故缺五字字缺二字故吏下缺故吏下缺故吏缺二字
王缺四字故吏建伶李缺四字故吏下缺故吏下缺故吏
下缺故吏下缺故吏下缺故吏滇池王加字缺二字故
吏縠昌下缺故吏俞元下缺故吏下缺故吏下缺故
吏下缺故吏下缺故吏下缺故吏下缺故吏下缺故
吏下缺故吏下缺七字又缺六人故吏滇池王缺字少下缺一字又缺
二人又缺六字字升下缺一字又缺三人故吏下缺故下缺故吏縠昌下缺

右益州太守碑以朱爵爲額龜蛇爲趺龍虎銜壁
在其兩旁一崇碑也首云永壽元年三月十九日
益州太守某君卒其姓獨刓滅或有謂之馮君者
豈予所藏偶不明邪碑云澄内清外以身帥下又
云貪饕改操革濁爲清則素絲羔羊之風必有先
前絕後者夫丹書鐵契高帝所以申信誓於功臣
也後人以斐豹之事遂指丹書爲罪籍講德者不
復用之此云名勒丹書謂丹青也碑之左有功曹
掾故吏題名四十八人皆屬邑建伶牧靡㮲棟滇

池縠昌俞元之人也僅有王李數姓可辨名字皆
不具矣碑以犂爲黎倉爲蒼懷即哀字恩即惡字川即坤字

益州太守碑陰

故吏牧靡陳漢字伯成故吏牧靡楊缺字茂村故吏
牧靡下缺

右益州太守碑陰有牧靡故吏三人題名在趺之
右此碑刻五玉三獸下有牛首蜀中漢碑如是者
有郙敏碑陰馮緄墓道雙排六玉碑又有單排六
玉碑與此凡四郙敏馮緄兩碑六者皆同此碑無

璜單排碑兩璜而無琱鄭氏注周官云璧圜象天琮八方象地圭銳象春半圭曰璋半璧曰璜惟琥但云琥猛象秋為之圖者皆云琥以方玉刻伏虎之形聶崇義所畫琮八出如花片陳祥道禮書又云琮體方而四角此碑之琮則五角單排碑則十角馬柳碑中者則同鄭説玉人云天子執冒以朝諸侯説者謂冒方四寸其下邪刻之廣狹如圭首諸侯執圭來朝以此冒之所以濟瑞信猶合符也碑有　者三獨無六器之琥爾此碑刻琱圭璋於

上琮璧於下其中則鼎列三獸柳敏碑則一禽於首一獸為之趺六玉之中有牛首一而貫之以環馮緄碑則其上刻禽獸各一其下一牛首六玉之下又刻兩獸有一人跨其右者單排碑則爵而下玄武其六玉則右璋左圭又雙璜相向如佩次之璧與琮又次之蜀人名之單排六玉未知何人冢前物也此碑之圭琱馮緄之璧琮璜則白餘皆黑也緄墓前又有一碑亦上朱爵而下玄武其中無文謂之六物碑

吉成侯州輔碑

缺二字輔字缺二字世字缺五字于炎字缺八字君字缺五字卿衛特以才明敏達拜小黃門遷事和熹后孝安帝安思皇后時為大宮令孝順皇帝踐阼之缺復引拜小黃門遷臧府令當拜中常侍讓與同郡錡任後以病孫位起家復拜謁者令中尚方缺遷中常侍遭順帝棄天下扶佐孝沖孝質帝兼領黃門令順烈皇后攝政以君舊缺拜長樂大缺遭孝質無嗣乃定冊帷幕援立聖主有安社稷之勳建和二年七月己巳詔冊曰蓋聞

春秋之缺采豪毛之善大漢典制有恩澤之封輔歷世守省恪恭位著建立之際處乎左右常伯之職同缺協意以亮天功往者鄭衆蔡倫行事科比其封輔為葉吉成侯和平中君復轉拜大長秋兼以缺侍之位括統前後明先帝法令曉舊章之事周密淑慎奉己守度左寵弗盈態自挹損爵缺日隆特之益懼每所典領威禁不犯遠惡辟害不離艱難所謂摩而不磷湼而不緇者缺朝廷禮之以君耇老有机杖之賜年六十有二永壽二年十二月丙子薨中外咨悼賻

贈缺等昔管蘇之尹楚以直見跣死託其缺張卿之
在漢缺季布之缺以安高后論德比隆君寔訹缺於
是鄉人姻族乃相與刊石樹碑昭宣令問其辭曰
盛德之休寶生君侯天授厥美忠貞以缺退翼軒缺
達缺華樞六帝四后是咨是諏錫以寵衣紫艾兼紆
幹國棟家以光以舒後缺二字禮缺四字人誰缺泥我貴
不濡缺君守固終始不渝旋之萬祀顯燿亦譽
右漢故中常侍長樂大僕吉成侯州君之銘篆額
州君名輔爲小黄門大宮令復拜小黄門歴臧府

令謁者令中尚方令中常侍黄門令長樂大僕大
長秋封葉吉成侯以威宗永壽二年卒曹騰傳云
與輔等以定策功封亭侯騰所封者費亭輔之封
葉吉成者葉縣之吉成亭也此碑叙其歴事六帝
四后詳贍有史法與漢代它碑體格絶不同也東
都閹尹挾震主之威舉動回山海呼吸變霜露及
家凶身裂而龜鼎亦遷矣其碑刻存於今者有四
曹騰碑陰乃兩制策爾此碑謂其恪恭周密在寵
弗盈當拜中常侍而遜其鄉人樊安碑則謂其甘

貧樂約不覬榮貴爲邑宰所慢然後慷慨從宦譙
敏碑則謂其倍權守靜韜光遠咎恥與鄰人並驅
三人者俱無列傳豈咸有殊操異於輩流乎譽之
必過其實蓋諛墓之辭爾逯即逮字湼即涅字繡即緇字訹即越字

州輔碑陰

漢陽太守下缺故京兆尹延篤叔堅故東平相溫賁
顯宗故益州太守駱肅文惠故交阯太守冠軍橋術
伯道故上黨太守州郡當世司徒長史宛任缺伯陽
故光禄丞宛趙堅叔貞故臨湘令扶缺仲缺故鹵令

馬浮元顯廣平令王璋伯玉故廩犧令章陵錢訢禮
公車騎將軍司馬宛缺二字守矩小侯新野鄧辰伯臺
故細陽侯相州寶季琜故河陽長州宗伯興尚書侍
郎比陽張超伯載故海昬侯相謝泉缺朝郎中州博
起世光禄丞州亦孟元公車令州忠叔玉故建城長
何柜世舉故建昌長唐超景遼故鄱陽長王福仲昭
故南武陽侯相張和仲異故便長㬱匡仲英故襄陽
長辟敏叔公故郎長州湯伯德郎中王恭季公郎中
陳充廣世郎中州超巨堅故隋守長州歆宣雎故荆

州從事州繇宣豫故荆州從事州憙伯平故河隄從
事張睢伯宗故軑長胡肅伯於處士趙訢公甫處士
李缺文德故督郵蘇缺義山故督郵杜合巨孫故督
郵魯陽袁芭景伯故缺守令州稱子明故府掾杜瑗
次高故府掾何進定安故府掾王莨伯缺故府掾汪
亶元孝處士州龍宣興處士王缺公缺處士傅稠公
下缺

右州輔碑陰自漢陽太守而下四十有九人其八
人稱邑曰冠軍曰宛曰章陵曰新野曰比陽曰魯

陽皆南陽之邑也餘人唯延篤有傳乃南陽犨人
則不稱邑者犨之人也碑云鄉人姻族相與刊石
則又知輔為犨縣人也輔當拜中常侍而遜其同
郡錡任則輔蓋厚於鄉黨者故其殂而鄉人肯為
之立碑趙氏云東漢名卿賢大夫死則門生故吏
立碑而題其陰延叔堅當代顯人挂名于此亦可
恥觀叔堅與李文德書豈登州氏之門者其後坐
鉤黨廢錮鄉里至於圖其形于屈原之廟非終始
無疵安能有此靈帝時中常侍張讓歸葬潁川一
郡畢至而名士無往者張甚恥之太丘長陳仲弓
獨弔焉及後復誅黨人張感仲弓故多所全宥史
官稱之曰漢自中世閹人擅恣俗遂以遁身矯絜
放言為高士有不談此者則芸夫牧兒巳叫呼之
矣故時政彌惛而其風愈往唯陳先生進退之節
必可度也蓋達而得位則正色立朝不可朋姦而
趨勢及身退窮處則同塵所以遠害固大雅君子
之所尚方叔堅居里而同郡為輔勒石借其名以
為重叔堅亦不得而拒也非若它碑門生故吏之

比趙氏其何疑焉州姓見于簡策甚鮮此碑所題
乃十有三人在內則令公車丞光祿居郎位在外
則守上黨相細陽小者亦為州從事縣令長一璫
在朝不但三人綬帶而已

隸釋卷第十七

隸釋卷第十八

司空宗俱碑　太丘長陳寔壇碑
縣三老楊信碑　益州太守城壩碑
是邦雄桀碑　仲秋下旬碑
故吏應酬殘題名

司空宗俱碑

公諱俱字伯儷南陽安衆人也缺先蓋四岀㞢後缺宗缺十九字禮父司隸校尉父長沙太守自初仕漢㠯來禮族枝葉缺二十字不缺㞢缺七字殊缺七字大缺二十三字郡辟

州察孝除缺二字城門候缺五字郎中缺七字令缺十二字詔尹萛督胥徒缺二十字移缺不肅而成缺四字州郡仍缺十一字㞢足缺二字政缺一外缺二字內缺二字任缺二字㞢缺十三字㞢缺二字㠯缺二缺十七字令名布兮華夏缺三字不缺七字清而缺六藉徵拜議郎缺漢缺大缺三字不缺二十字列功缺㞢缺三十六字議郎五官中郎將越騎校尉缺十字汝南太守缺十二字功缺十一字大缺六字統八缺三字台司缺十二字踐位缺九十三字

其辭曰

上缺九字不缺四字有缺伊缺入缺二字天缺八字㠯缺九字故缺十字而缺三字不缺二十二字大缺三字功缺九字言缺二十三字康功缺二字承英迺為大缺六字少府缺慈肅恭迺萛大僕缺四字迺秩大常三礼有缺帝曰缺詔迺陟司空疆理物土缺十一字同穹旻下缺

右漢司空宗公碑篆額有陰碑之文皆已殘缺惟名字郡邑父祖獨存而官秩尚可見宗公名俱以察孝為城門候歷郎中議郎五官中郎將越騎校尉汝南太守少府太僕太常遂拜司空碑云祖父司隸校尉父長沙太守范史靈帝紀建寧三年七

月太常宗俱為司空熹平二年正月薨宗均傳云族子意意自有傳以章和中為司隸校尉其傳云孫俱靈帝時為司空碑與史皆合惟傳誤以宗為宋爾俱持國秉一歲有半雖無列傳不詳其人賢否而宦者傳云熹平元年有人書朱雀闕言天下大亂曹節王甫幽殺太后公卿皆尸祿無忠言者司隸劉猛以誹書言直不肯急捕若俱者亦尸祿一人之數也以禮為祖萛即典字迺即乃字碑中之字皆用篆文

太丘長陳寔壇碑

君諱寔字仲躬缺十二字之禮樂番番良缺既光既耀缺
立於朝行成缺七字竝荷從司徒掾缺九字教宣流缺六
字儀巍巍大清唯玄缺之明明缺十六字著望色缺飛缺勛
克戰缺四字翼缺十字險而不缺三字食缺魚缺五字其君缺六
字志老缺四字耄矣梁頓山缺三字貽缺九字賢絫之方缺二
字仁學缺宗道缺二字百辟缺四字臣吏民缺三字懷惟缺三
字相與缺二字碑缺二字勒壇缺五字靈我缺二字昭下缺

右故太邱長潁陳君壇其篆額潁之下闕二字陳
君名寔以靈帝中平三年卒本傳云潁川許人郡

國志注獻帝徙都許改曰許昌此額所缺者潁之
下是川又一字當是許也額之題郡邑猶劉曜東
平無鹽之比其云壇者蓋指廟中之壇叚光為孫
叔敖立廟作碑其文云興祀立壇是也此碑在亳
州永城縣即古之太邱也傳云以沛相賦斂違法
乃解印綬去吏人追思之碑中有色飛之句而飛
之上下缺字蓋用色斯舉矣之意乃載其去邑事
也蔡中郎凡作陳君三碑其第一碑云許令以下
至于國人立廟舊邑四時烝嘗歡哀承祀如其祖
禰先生存享重稱亡歆血食脩行於已得斯於人
固上世之所罕有前哲之所不過也所謂立廟舊
邑則知太邱有此碑勒其文皆已亡缺無可讀者
惟其首云君諱寔字仲躬尚存諸書皆字陳君曰
仲弓獨此碑不同殆是借用

縣三老楊信碑

故縣三老楊信字伯和祖自河東缺七字子任為陳畱
大守子游缺舉孝廉缺七字遷陵蠻夷為盜賊居交侵
缺蔣厲兵甲缺二字衆患缺敵缺阻與主簿缺六字子缺十

三字營缺二字里弟缺丕缺七字畱為缺民部縣缺三字曹上
列掾缺七字官掾功曹缺事缺二字長子缺六字少缺子缺
昌隱處潛缺四字人子缺十二字世〻存惟兮和平大漢元
年缺丕缺四字有缺五字六月上旬大陽用事扶衛缺二字
孿缺六字大中缺布乃缺二字罪罪缺極之缺靡丕缺六字
三老天性缺三字字缺七字郡缺之缺禮鄉黨稱焉七十
有二遭疾丕缺哀我缺三字愴缺然叓缺辟世乾川丕
缺三字宗缺三字丕生春秋缺殞魂兮有靈時來歸缺五字
顏家絕缺亦缺三字子孫揚缺追念義刑出缺四字勒石

下缺

右縣三老楊信碑今在蜀中石已刓剥鮮有成章
者惟官氏名字俱存所云陳留太守則其父祖也
其文有蠻夷盜賊及蔣厲兵甲之句蓋是述其扞
寇之績其官惟有官掾功曹四字其中有惟兮和
平大漢元年之文惟兮歎息之辭張偉伯墓中石
文亦用之和平者威宗之紀年其末云七十有二
遭疾則其所終之壽也碑以蔣為奬犾即赫字

益州太守城垻碑

上缺夫缺矣君之先也肇自軒轅以臻于君缺行布
光燿八埏君纂厥緒缺二字之下缺衍然旃學魯衞師
孔氏門鈎深河雒綜覽典墳於忠報君缺以禮招歷
下缺公缺獨立君臨危授命迺卧波迴回缺君缺一字
二百餘人缺三字請缺四字尚書下缺漢中先零沈亙羌
攻缺三字皆犯缺十一字之好缺所鄉風靡缺二字汁缺四字四
方會聚萬有餘人牧守缺四字寺缺後使者高缺二字君
二子稭缺二字擊治之所苦史缺故缺五字分缺二字遣徐
福漢龍缺二字皆壺不實缺二字不缺君缺移缺收捕缺四

字蜀之缺郭缺師徒缺七字三府交命遂就大尉歷臺
下缺八缺二字益州郡縣十八下缺十年三司集議缺
君缺謀首露缺之缺有詔拜君益州大守下缺沛水下缺
流邑無敝日之宇路無禽鳥之跡缺三字所加下缺仁
慈蔾首愛下缺師以狥于衆收葬路殍缺育孤缺至于
玄月以下缺又缺悉缺所缺二字小有缺人缺扶携老小
弘顙而至缺人缺四字鰥寡衆下缺十有八年缺復缺火
此残益州缺三字賴缺四字有缺二字十二下缺之前缺二字悉
亡缺三字之後六下缺二缺廿缺方三百里旬月之間下缺

木下缺大圍二尺缺四字災缺丕下缺於缺三字二百餘人因
缺四字功後世下缺

右無名碑蜀人謂之城垻碑末有方三百里圍二
尺字及用人用日數似是記板築事首云肇自軒
轅以臻于君則紀其族系也游學魯衞師孔氏門
鈎深河雒綜覽典墳則美其問學也自此歷官皆
刓缺多叙討擊寇攘鳩集流散之事有先零氐羌
攻犯及四方會聚萬有餘人之語三司集議以其
有謀詔拜益州太守餘或句有可讀而上下文不

相屬矣弘即引字

是邦雄桀碑

是邦缺峻缺生雄桀遇則國良失缺八字羌畔戾缺動
干戈州郡時無賦發君設貲寶俱謁缺五字不缺人命
義缺二字晉楊侯苗由彼適梁楗為武陽世缺七字迄君
缺知缺二字郡舉貢缺五字㨗缺十字思缺五字聲陰陽燮節
百穀滋盈洽遠存缺三字應缺七字凶孽缺二字楚荆大史
缺二字君將出征遠缺六字人缺十字千君以缺三字賓布缺四
字率缺羣缺八字五年政崇缺平道不拾遺缺六字九缺十

三字為中興勲少缺四字不義缺四字紀其缺曰
上缺二字兮缺二字兮缺四字伯缺德行光缺愛之風缺三字畏
下缺

右無名碑以天祿為額其下刻一牛首又有碑陰上朱鳥而下玄武其中則没字碑也此碑之首云是邦峻生雄桀峻之上下各缺一字盖言其山川孕秀也其間有晉楊侯苗由彼適梁犍為武陽之句疑其姓楊而家犍為也其初云畔羌動干戈州郡無賦發君設貲寶當是出家財以禦寇也其中又有君將出征及賓布字亦是破賊之事碑今在西州字畫類李翊碑盈即盈字

仲秋下旬碑

上缺漢元成下缺氏之宗功爵當世下缺烈丕隕厥問鎬惣
下缺淵隩發明憲於事類鄉下缺蛾附遐邇睎風嘉再卓
缺執股桓辭病丕降下缺方犖淹瘵絫載和下缺紀涒缺
仲秋下旬粵曰辛下缺忉怛羣儒咨嗟凡下缺其悢辭白
上缺大明爰茲衰徵三命縮贏悲彼下缺幽臭背介嬪儷
孤嗣禪煢歍歔悢哉下缺徵嘉斯缺煢歍歔悢哉

右無名碑字畫清逸頗類故吏所立劉寬碑但石損字缺所餘亡幾其云紀涒者歲在涒灘也仲秋下旬粵日辛者所終月日也淹瘵累載者久苦沉痾也三命縮贏者嘗選貢也背爾嬪儷孤嗣禪煢者有妻祭也爾雅父為考母為妣嬪婦也郭璞注引詩書大傷厥考心聿嬪于京明非死異稱冀州郭從事碑哀哀考妣追惟霣靈卜商號咷喪子失明此碑背爾嬪儷皆祖爾雅之說禮記生曰父母妻死曰考妣嬪後人自當為二親避獨不以故妻

為嬪者豈以妃嬪之故乎碑以蛾為蟻禪為單

故吏應酬殘題名

故吏應酬故吏趙溢

右郷

故吏舒苗故吏樠宗故吏眾習故吏樠田故吏張緒

故吏樠會故吏常揖故吏樠旦故吏樠庭故吏李稱

故吏張衍故吏趙肇故吏常荒故吏苟雅故吏王思

故吏王弋故吏董興故吏魏光故吏李興故吏朱明

故吏楊生故吏王麻故吏王恂故吏呂赤故吏唐治

故吏馮慈故吏楊瑋故吏劉賓

右江原

右故吏應酬殘題名共三十人此石所存者橫兩行爾上一行兩人之後則左右郷字其下一行凡十五人末有右江原字二邑皆隸蜀郡此盖蜀郡太守碑陰也樠即樠字肇即肇字

隸釋卷第十八

隸釋卷第十九

魏大饗碑　魏公卿上尊號奏

魏受禪表　魏脩孔子廟碑

魏橫海將軍呂君碑　范式碑

張平子碑附

魏大饗碑

惟延康元年八月旬有八日辛未魏王龍興踐祚規恢鴻業構亮皇基萬邦統世忿吳夷之凶暴滅蜀虜之僭逆于赫斯怒順天致罰奮虓虎之校簡猛銳之

卒爰整六軍率匈怒暨單于烏桓鮮卑引弓之類持戟百萬控弦千隊玄甲曜野華旗蔽日天動雷震星流電發戎備素辦役不更藉農夫安疇商不變肆是以士有拊譟之驩民懷惠康之德皇恩所漸無遠不至武師所加無強不服故寬令西飛則蜀將東馳六旆南徂則吳黨委質二虜震驚魚爛渚潰將氾自三江之流方軌卬來之阪斬吳夷以染鉞血蜀虜以釁鼓曜天威於遐裔復九圻之疆寓除生民之災孽去聖皇之宿憤次于舊邑觀釁而動築壇壝之宫置表

著之位大饗六軍爰及譙縣父老男女臨饗之日陳兵清涂慶雲垂覆乃備俾御整法駕設天宮之列衛秉金華之鑾路建升龍於大常張天狼之威弧千乘風舉萬騎龍驤威靈之飾震曜康衢旣登高壇蔭九增之華蓋處流蘇之幄坐陳旅酬之高會行無荓之酣飲旨酒波流肴烝陵積鼘師設縣金奏讚樂六變旣畢乃陳祕戲巴俞丸劍奇舞麗倒衝夾踰鋒上索蹹高船鼎緣橦舞輪擿鏡騁狗逐兔戲馬立騎之妙技白虎青鹿辟非辟耶魚龍靈龜國鎮之恠獸瓌變

屈出異巧神化自卿校將守以下下及陪臺隸圉莫不歆淫宴喜咸懷醉飽雖夏啟均臺之饗周成岐陽之獀高祖邑中之會光武舊里之宴何以尚茲是以刊石立銘光示來葉其辭曰

赫王師征南裔舊靈威震天外吳夷讋蜀虜竄區夏清八荒艾幸舊邦設高會皇德洽洪恩邁刊金石光萬世

右大饗之碑篆額在亳州譙縣魏文帝延康元年立相傳為梁鵠書碑字有不明者唐大中年亳守李暨再刻故有文可讀漢獻帝建安二十五年正月魏王曹操死其子丕嗣位改元延康魏志云丕以七月甲午軍次于譙大饗六軍是時漢鼎猶未移也丕為人臣而自用正朔刻之金石可謂無君之罪人也武王載西伯神主于軍中者弔民伐罪之師也丕以姦賊之心欲吞吳翦蜀遂攘神器爾操之肉未寒而置酒高會酣飲無筭金奏間作祕戲畢陳誇辭諛語無所忌憚可謂無父之罪人也士大夫櫝藏其碑者特以字畫之故爾碑云八月

至譙而史作七月亦不必多辨也碑以俾御為蹕欒九增為九層均臺為鈞臺獀為蒐

魏公卿上尊號奏

相國安樂鄉侯臣歆大尉都亭侯臣詡御史大夫安陵亭侯臣朗使持節行都督督軍車騎將軍缺二字臣仁輔國將軍清苑鄉侯臣若虎牙將軍南昌亭侯臣輔輕車將軍都亭侯臣忠冠軍將軍好畤鄉侯臣秋渡遼將軍都亭侯臣渠衛將軍國明亭侯臣洪使持節行都督督軍鎮西將軍東鄉侯臣真使持節行都

督督軍領揚州刺史征東將軍安陽鄉侯臣休使持節行都督督軍征南將軍平陵亭侯臣尚使持節行都督督軍徐州刺史鎮東將軍武安鄉侯臣霸使持節左將軍中鄉侯臣郃使持節右將軍建鄉侯臣晃使持節前將軍都鄉侯臣遼使持節後將軍華鄉侯臣靈匈奴南單于臣泉奉常臣貞郎中令臣洽衛尉安國亭侯臣昱大僕臣夔大理東武亭侯臣繇大農臣霸少府臣林督軍御史將作大匠千秋亭侯臣照中領軍中陽鄉侯臣楙中護軍臣陟屯騎校尉都亭

侯臣祖長水校尉關內侯臣淩步兵校尉關內侯臣福射聲校尉關內侯臣質振威將軍涅鄉亭侯臣題征虜將軍都亭侯臣觸振武將軍尉猛亭侯臣當忠義將軍樂鄉亭侯臣生建節將軍平樂亭侯臣圃安衆將軍元就亭侯臣神翼衛將軍都亭侯臣衢討夷將軍成遷亭侯臣愼懷遠將軍關內侯臣巽綏邊將軍常樂亭侯臣儁安夷將軍高梁亭侯臣昺奮武將軍長安亭侯臣豊武衛將軍安昌亭侯臣楮等稽首言臣等前上言漢帝奉天命以固禪羣臣因天命以固請而陛下違天命以固辭臣等頑愚猶知其不可況神祇之心乎宜蒙納許以福海內欣戴之望而丁卯制書詔臣等曰缺五字魏志云以德則孤不足以時則虜未滅若以羣賢之靈得保首領終君魏國於孤足矣若孤者胡足以辱四海至乎天瑞人事皆

先王聖德遺慶孤何有焉是以未敢聞命臣等伏讀

詔書於邑益甚臣等聞易稱聖人奉天時而論曰君子畏天命缺五字魏志云天命有去就然後帝者有禪代是以唐之禪虞命以在爾虞之順唐謂之受終堯知天命去

已故不得不禪舜知歷數在躬故不缺五字魏志云敢不受不得不禪奉天時也不敢不受畏天命也漢朝雖承季末陵遲之餘猶務奉天命以則堯道是以願禪帝位而歸二女

陛下正於大魏受命之初抑虞夏之達節尚延陵之讓體所枉者大所直者小所詳者輕所略者重中人凡士缺二字魏志云猶為

陛下陋之歿者有靈則重華必忿憤於倉梧之神墓大夏必鬱悒於會稽之山陰

武王必不悅於
高陵之玄宮矣是以臣等敢以死請且漢政在奄官
祿去帝室七世矣遂集六石于其宮殿而二京為之
丘虛缺七字魏志云當是之時四海蕩覆天下分崩
武王親衣甲而冠胄沐雨而櫛風為民請命則活萬
國為世撥亂則致升平鳩民而立長櫱宮而置吏元
缺四字魏志云元無過罔於缺五字魏志云前業而始有造於華裔
陛下即位光昭文德以翊武功勤恤民隱視之如傷
懼者寧之勞者休之寒者以煖飢者以充遠人以德

服魏志云恩復寇敵以缺三字魏志云恩降邁恩種德光被四表稽
古篤睦茂于放勳冈漏吞肙裕于周文是以布政未
朞人神並和皇天則降甘露而臻四靈缺三字魏志云后土則
挺芝缺二字魏志云草而吐醴泉虎豹鹿兕咸素其色雉鳩燕
爵亦白其羽連理之木同心之瓜五采之魚珍祥瑞
物雜遝於其間者無不畢備缺一字魏志云古人有言黴缺一
字魏志云禹吾其魚乎黴大魏則臣等之白骨既交橫于
曠野矣伏省羣臣內外前後章奏所以陳敘
陛下之符命者莫不條河洛之圖書授天地之瑞應

因漢朝之款誠宣萬方之景附可謂信矣著矣缺矣
裕矣高矣郡矣缺二字魏志云三王無以及五帝無以加民命
之懸於魏邦民心之繫於魏政世有餘年矣缺一字魏志云
此乃千世時至之會萬載壹遇之秋達節廣缺三字魏志云
度宜昭於缺三字魏志云斯際拘孿狹缺一字魏志此句云拘牽小節一不施於
此時久稽天命罪在臣等輒營壇場具禮儀擇吉缺一
字魏志云日昭告昊天上帝秩羣神之禮須禋祭畢缺三字魏
志云會群寮于朝缺一字魏志云堂議傘號正朔服色當所以施
行臣謹拜表朝堂臣歆臣詡臣朗臣仁臣若臣輔臣

忠臣秋臣渠臣洪臣真臣休臣尚臣霸臣郃臣晃臣
遼臣靈臣泉臣貞臣洽臣昱臣夔臣繇臣霸臣林臣
照臣楙臣陟臣祖臣淩臣福臣質臣題臣觸臣當臣
生臣圃臣神臣衢臣慎臣巽臣俊臣曷臣豊臣楮誠
惶誠懼頓首頓首死罪死罪

右公卿將軍上尊號奏篆額在穎昌相傳為鍾繇
書其中有大理東武亭侯臣繇者乃其人也曹氏
父子睥睨漢祚非一朝夕勢極事就乃欲追大麓
之蹤竊箕山之節後世果可欺乎又自比嬀汭納

漢二女豊碑至今不磨所以播其惡於無窮也當時内外前後勸進之辭不一此盖刻其最後一章魏志注中亦載此文有數字不同非史臣筆削之辭也皆當以碑為正碑自造于華裔之後石理皴剥字跡晻昧今世所傳者多是前一段爾

魏受禪表

維黄初元年冬十月辛未

皇帝受禪于漢氏上稽儀極下考前訓書契所録帝王遺事義莫顯於禪德美莫盛於受終故書陳納于

隸釋　卷第十九　八

大麓傳稱歷數缺二字是以降世且二百年幾三千堯舜之事復存于今允皇代之上儀帝者之高致也故立斯表以昭德缺義焉

皇帝體乾剛之懿姿紹有虞之黄裔九德旣該欽明文塞齊光日月材兼三極及嗣位

先皇龍興饗國撫柔烝民化以醇德崇在寛之政邁愷悌之教宣重光以照下擬陽春以播恵開禁倉散滯積冢臣缺五字之錫衆兆陪臺蒙賙餼之養興遺勲繼絶世廢忘之勞獲金爵之賞襁褓之孤食舊德之禄善無徹而不旌功無細缺五字戎士哀矜庶獄罷戍役焚丹書囹圄虚靜外無曠夫玄澤雲行罔不沾渥若夫覆載蔺易剛柔允宜乾巛之德陰陽缺六字類育物奮庸造化之道四時之功也寛容淵嘿恩洽羣黎皇戲之質堯舜之姿也孜孜業業邁德濟民伯禹之勞缺五字叡智神武料敵用兵殷湯之略周發之明也廣大配天地茂德苞衆聖鴻恩洽於區夏仁聲播於八荒雖象胥所缺六字和而來王是以休徵屢集和氣烟熅上降乾祉下發巛珍天闕啓闢四靈具臻涌醴

隸釋　卷第十九　九

横流山見黄人所以顯受命之缺五字之期運也其餘甘露零於豊草壄蠶繭於茂樹嘉禾神芝奇禽靈獸窮祥極瑞者朞月之間盖七百餘見自金天以缺五字嘉祥之降未有若今之盛者也是以漢氏覩歷數之去已知神器之有歸稽唐禪虞紹天明命釐嬪二女欽授天位

皇帝謙退讓德不嗣至于再至于三於是羣公卿士僉曰

陛下聖德懿侔兩儀皇符照晰受命咸宜且有熊之

興地出大蠖夏后承統木榮冬敷殷湯革命白狼銜
鉤周武觀（缺五字）方之今日未足以喻而猶以一至之
慶寵神當時紹天即祚負依而治況於大魏靈瑞若
兹者乎蓋天命不可以辭（缺五字）以意距大統不可以
久曠萬國不可以乏主宜順民神速承天序於是
皇帝乃回思遷慮旁觀庶徵上在璿機並之周易卜
以守龜龜並龢吉五反靡違乃覽公卿之議順皇天
之命練吉日（缺四字）唐典之明憲遵大鹿之遺訓遂於
繁昌築靈壇設壝宮蹐圭璧儲犧牲延公侯卿士常

伯常任納言諸節岳牧邦君虎（缺四字）匈奴南單于東
夷南蠻西戎北狄王侯君長之羣入自旗門咸旅于
位
皇帝乃受天子之籍冠通天龢衮龍穆穆皇皇物有
其容上公萊祝燔燎柲樸告類上帝望秩五岳烟于
六宗徧于羣神（缺三字）晏祥風來臻乃詔有司大赦天
下改元正始開皇綱闡帝載殊徽幟革器械脩廢官
班瑞節同律量衡更姓改物勤崇垂鴻創（缺）佐則亦
保天禄傳之罔極

右魏受禪表篆額在潁昌亦曰鍾繇書所謂表者
蓋表揭其事非表奏之表也碑云黄初元年十月
辛未受禪于漢漢紀作乙卯魏志作十一月庚午
裴松之注所載甚詳蓋是月十三日乙卯漢帝使
張音奉璽綬詔冊禪位于魏魏王辭者三反漢冊
四至乃以二十九日辛未升壇受命碑之所載是
也水經云繁昌城内有三臺人謂之繁昌臺壇前
有二碑其後六字生金論者以為司馬金行故曹
氏六世遷魏而事晉此蓋附會符命之談也（碑以羣為

契以烟煴為絪縕以烟于六宗為禋于六宗）

魏脩孔子廟碑

維黄初元年大魏受命胤軒轅之高縱紹虞氏之遐
統應歷數以改物揚仁風以作教於是揖五瑞班宗
彝鈞衡石同度量秩羣祀於無文順天時以布化既
乃緝熙聖緒昭顯上世追存二代三恪之禮兼紹宣
尼褒成之後以魯縣百戸命孔子廿一世孫議郎孔
羨為宗聖侯以奉孔子之祀
制詔三公曰昔仲尼姿大聖之才懷帝王之器當衰

周缺二字魏志作之末而無受命之運缺生乎魯衛之朝教化
乎洙泗之上栖栖焉皇皇焉欲屈己以存道貶身以
救世當缺三字魏志作時三公終莫能用乃追考五代之禮脩
素王之事因魯史而制春秋就大師而正雅頌俾千
載之後莫不宗其文以述作卬其聖以成謀咨可謂
命世大聖億載之師表者已遭天下大亂百祀隳壞
舊居之廟毀而不脩褒成之後絕而莫繼闕里不聞
講誦之聲四時不睹烝嘗之位斯豈所謂崇化報功
盛德百世必祀者哉嗟乎朕甚閔焉其以議郎孔羨

為宗聖侯邑百戶奉孔子之祀令魯郡脩起舊廟置
百石吏卒以守衛之又於其外廣為屋宇以居學者
於是魯之父老諸生遊士睹廟堂之始復觀俎豆之
初設嘉聖靈於髣髴想貞祥之來集乃慨然而歎曰
大道衰廢禮學滅絕世餘年
皇上懷仁聖之懿德兼二儀之化育廣大苞於無方
缺恩淪於不測故自受命以來天人咸和神氣烟熅
嘉瑞踵武休徵屢臻殊俗解編髮而慕義遐夷越險
阻而來賓雖大晧遊龍以君世虞氏儀鳳以臨民伯
禹命玄宮而為夏后西伯由岐社而為周文尚何足
稱於大魏哉若乃紹繼微絕興脩廢官疇咨稽古崇
配乾巛允神明之所福祐宇內之所歡欣也豈徒魯
邦而已哉爾乃感殷人路寢之義嘉先民泮宮之事
以為高宗僖公蓋嗣世之王諸侯之國耳猶著德於
名頌騰聲乎千載況今
聖皇肇造區夏創業垂統受命之日曾未下輿而褒
崇大聖隆化如此能無頌乎乃作頌曰
煌煌大魏受命溥將弁體黃虞含夏苞商降釐下土

上清三光羣祀咸秩靡事不綱嘉彼玄聖有邈其靈
遭世霧亂莫顯其榮褒成既絕寢廟斯傾闕里蕭條
靡歆靡馨我皇悼之尋其世武乃建宗聖以紹厥後
脩復舊堂豐其甍宇華華學徒爰居爰處王教既備
羣小遄沮魯道以興永作憲矩洪聲登假神祇來和
休徵雜遝瑞我邦家內光區域外被荒遐殊方重譯
搏拊揚歌於赫四聖運世應期仲尼既沒文亦在茲
彬彬我后越而五之並于億載如山之基
右魯孔子廟之碑篆額嘉祐中郡守張稚圭按圖

經題曰魏陳思王曹植詞梁鵠書魏志黃初二年正月詔以議郎孔羨爲宗聖侯奉孔子祀令魯郡脩起舊廟置吏卒守衛碑云元年而史作二年誤也後漢孔僖傳注以羨爲崇聖侯亦誤也文帝履位之初首能尊崇先聖刊寫琬琰知所本矣使其味素王之言行六經之道則豈止鼎峙之業而已哉魏隸可珍者四碑此爲之冠甚有石經論語筆法大饗碑蓋不相遠若繁昌兩碑則自是一家亦有以爲鵠書者非也碑以烟熅爲絪縕終軍傳辮髮作編髮

魏横海將軍呂君碑

君諱缺六字博望人也其先四嶽出自炎帝缺八字內輔機衡外司方職是呂缺族繁衍申呂竝興君其胄也君天姿果毅仍缺於武武而不害當值季末漢失其御羣雄爭逸海內缺隅王塗穢塞君呂中勇顯名州司試守雉長執戈秉戎慎守壘易兵不頓於敵國壁不侵於四鄙拜武猛都尉厲節中郎將裨將軍封關內侯王師南征與充軍從奄有江漢舍爵册勳封陰德亭侯領鄙鳩集荒散爲民統紀三考有成轉拜平狄將軍改封盧亭侯莅國賦政十有三年正身帥下儉呂足用食不厭膳坐不重席廄無食粟之馬出無副車之從生不利家死不託孤可謂良大夫也雖叔敖相楚晏嬰在齊不能尚也行師御衆暑即不蓋寒即不裘其於戰也即履矢石之所及鋒刃之所先雖古良將不能踰也會水　關羽猖獗爲寇蕩搖邊鄙虔劉民人而洪水播溢汜沒樊城平源十刃外潰潛通猛將驍騎載沈載浮於是不逞佗慝羣弛鼎沸或保城而叛或率衆負旌自即敵門中人呂下竝生異

心君威懷之信臨難益著故能桀然攘除姦逆獨存社稷連城十三民無迆蝪帝加其庸轉拜横海將軍徙封西鄂都鄉侯食邑井七百戶將遂盾聲亏方表掃醜虜於南域建元功亏大魏書洪缺於宗彝不弔旻天降茲災咎寢疾一旬大命隕隧年六十有一黃初二年正月缺子薨亏缺帝主閔缺二字寮傷悼使謁者弔祠賻贈有加臣吏士庶莫不哀缺於是故郡吏缺二字楊向缺二字追惟惠君攀慕罔極迺共刊石勒銘昭示來裔其辭曰

炎靈降精嶽祚後昆庴期誕授寔生我君栢栢 缺 毅
抑之吕文 缺 整軍容入在惠民御敵用威附下吕仁
義刑既著允濟 缺 勳鑽功金石 下缺

右魏故橫海將軍章陵太守都鄉侯吕君之碑篆額吕君名字皆刓剝以黄初二年卒關羽傳云建安二十四年羽攻曹仁於樊秋霖水溢于禁七軍皆没羣盜遥受印號為之支黨羽威震華夏曹公議遷許以避之碑云水　闕羽猖獗為寇洪水播溢猛將沉没羣凶鼎沸皆實録也魏隸之佳者惟

鍾梁之碑四若范式碑則又次之此刻差勝賈逵劉熹爾姑存之 碑以中勇為忠勇壘易為疆埸平源十刃為平原十仞隕隧為隕墜 墬即地字稯即稷字貳即貳字掛即播字

范式碑

君諱式字 缺八字 功存有夏寔曰御龍 缺 肶商周世昭其隆晉主夏盟有士會者光演弘謨翼崇霸業錫邑命族 缺 為范氏則其後也君稟靈醇之茂度體玄亮之姝高徽柔懿恭明允篤恕九德靡爽百行淵備弘道就藝懨韜墳籍探嘖研機罔深不入若乃立德隆

禮樹節寶真志諒足以弼國篤友足以輔仁用能昭其洪懿聲充宇甸接華茬於汝墳潤枯槁於荊漢超萅鮑之遐蹤信靈評乎炳煥是以 缺 化泉流芳 缺 鴻奮燿仁闡於權輿濟俗侔乎皇訓羣公偉焉弓旌盈路再讓考 缺二字 三府舉高第侍御史拜兾州刺史糾剔瑕慝六教允施翰飛肅於鷹揚典刑 缺二字 軌 缺 帝 缺 其勳遷廬江大守擬泰和以陶化昭八則以隆治彌 缺 弘略惠訓亡倦 缺二字 恊 缺三字 齊 缺二字 清源之深閎寶疏氏之至順以疾告辭韜光潛燿詠琴詩以寧

缺九字 其猶充洽外内寔紹德之輿藪而儀民之淵表也未亮三事 缺三字 終 缺六字 常山相曁子汜孫而胤嗣罔繼粵青龍三年正月丙戌縣長汝南薛 缺七字 感靈墠之不饗思隆懿模以紹弈世乃與縣之碩儒咨典謨之中 缺 同宗 缺三字 之冑昭告祖考俾守厥祀本支著宣融之祚人神恊休茂之慶焉禮也於是鄉 缺二字 上計掾翟循州部泰山從事史翟郃等僉以為君雖煇名載籍光颺前列而靈墳亡 缺 儀問靡述遂相與略依舊傳昭撰景行刊銘樹墓以聲百世其辭曰

於昭上德實唐之胤誕表靈和蹈規履信窮神周覽
祗道之訓邁德徽猶鴻漸缺奮職彼夲眦寶此醇懿
以文會友以仁翼缺敷化濟殖羣生以遂永言孝思
民之攸塈如何昊天不信其軌明德不報胤胣亡紀
爰輯訓典詢爾髦士育茲赥缺以永遐祉詒厥孫謀
燿于萬祀
右故盧江太守范府君之碑篆額在濟州任城魏
明帝青龍三年縣長薛君鄉人翟循等所立范君
名式字巨卿山陽金鄉人仕漢至盧江太守傳書

張劭陳平子孔嵩三事甚詳至治郡則云有威名
而已此碑辭勝而事寡雖曰略依舊傳昭撰景行
但云篤友足以輔仁超菅鮑之遐蹤爾未足以光
颺盛德也傳云為荆州刺史而碑作兗州以新野
之事證之則碑誤也此碑雖不及延康黃初四刻
在魏隸它碑中可取爾唐李嗣真作書後品乃云
蔡公諸體惟范巨卿碑風華艷麗古今冠絶甚矣
藻鑒之謬也嘖即賾字赥即赫字
張平子碑附

河閒諱衡字平子南陽此縣人也體德純和秉行孝
友加以俊才命世英識秀建崔子壬為之下缺造化高
才瑋藝與神合契君子以為褒然聞之風聲至於仕
乎史官筭二儀之數研陰陽之理缺二字日月致巧渾
儀有極深探賾之思叡哲知來之驗此崔生所以發
德音也若夫好學博古貫綜謨藉墳典丘索之流經
禮訓詁之載百家九流之辯詩賦雅頌之辭金匱玉
板之舁識弄圖緯之文音樂書畫之藝方技博弈之
巧自湑範彝倫以還于若鄭子之所習介盧之所識

者罔不該羅其情原始要終故能學為人英文為辭
宗紹義和之顯跡系相如之遐風向若生於春秋之
閒游乎闕里之堂將同貫宰貢齊衡游夏豈值取足
於身中壐名於一涂哉是以先生恬屈於不知已仕
居下位再為史官而發應閒之論時不容道遂興思
玄之賦爰登侍中則黨言允諧出相河閒則黎民時
雝庸渠限其所至哉若夫巡狩誥頌所以敷陳主德
二京南都所以贊美畿輦者與雅頌爭流英英乎其
有味與若又造事屬辭因物興缺下筆流藻潛思發

義文無擇辭言必華麗自屬文之士未有如先生之善選言者也南陽相夏侯湛自涉境以經于諸邑毎縣咨其故老訪其先賢有圯者表其墓經墳者揖其魂涂出魯陽行次西鄂眄狐山而頌缺羙歷兹邑而懷夫子暨路過塋域止駕衢首覩封樹之蕭蓧觀高碑之稱美於是慨然永思愴介長懷若死者可起吾其與歸乃延邑宰而問之曰昔武王入殷封比干之隴高祖經魏酹信陵之墓此聖賢之所以禮忠旌能甄表明德也有可以優其盾嗣者禮其在是而㞢冑

絕紹支庶無聞於是乃翦其堙落寵其宗人使奉其四時歔其粢盛遂糾集舊跡攝載新懷而書之碑側以闡美抒思焉其頌曰

弈弈張生秉德淑清研深綜理思俊才羙實掌天地幽贊神明冠冕興美傾漢流聲匪唯天象亦番人文有炳其猶有鑠其新仰鑒遺藉馳心跖人殊丗投好百載交神奉命南邦行出爾涂缺及隧首輟駕前衢徘徊崇碑逍遥故墟企仰罔瞻長懷焉如昔在先賢唯德佗友古而無死顛言携手丗則兹泯道乃缺二字在珠詠隋于璧稱和戢寶無彫人壽幾何望蕪京臺思踰歧河

右張平子碑晉南陽相夏侯湛作水經云西鄂縣有平子墓墓東有碑文字悉是篆崔瑗之辭也盛弘之郭仲産並云夏侯孝若爲郡薄其文復刊碑陰爲銘然碑陰二銘乃崔子玉及陳翕隸字耳墓次又有二碑唯見其一以夏景驛途疲而莫究酈氏之說如此今世所傳凡百君子者即平子篆碑其石已中斷合向城後碑始能成文此刻有夏侯

湛姓名而云書之碑側蓋酈氏考之不詳也魏隸自范式之後隸釋悉棄不取吴之谷明陸禕碑晉之旌述鄧乂碑皆體弱格卑已去黄初遠甚視熹平光和年所刻殆天冠地履之不侔也此碑在同時字畫中僅有可觀因贅之篇尾亦以見一代佐書其工者止此爾碑以值爲直以黨言爲讜言以蕭蓧爲蕭條

隸釋卷第十九

隸釋卷第二十

司馬遷碑　　酈道元水經注

在夏陽文云高門華池在茲夏陽夏陽號邑也華池方三百六十步永嘉四年漢陽太守殷濟瞻仰遺文及其功德遂建石室立碑樹垣太史公自叙曰遷生於龍門是其墳墟所在

洛陽北界碑

洛縣河水之南岸有一碑北面題云洛陽北界上舊有河平侯祠祠前有碑今不知所在

夷齊廟碑

首陽山上有夷齊廟前有二碑並是後漢河南尹廣陵陳導雒陽令徐循與處士平原蘇騰南陽何進等立

郭林宗宋子浚碑

介休縣有徵士郭林宗宋子浚二碑宋冲以有道司徒徵林宗縣人也辟司徒舉太尉以疾辭其碑文云將蹈洪崖之遐迹紹巢由之逸軌翔區外以舒翼超天衢以高峙禀命不融享年四十有三建寧四年正月丁亥卒凡我四方同好之人永懷哀痛乃樹碑表墓昭銘景行云陳留蔡伯喈范陽盧子幹扶風馬日磾等遠來奔喪持朋友服心喪朞年者如韓子助宋子浚等二十四人其餘門人著錫衰者千數其碑文故蔡伯喈謂盧子幹馬日磾曰吾為天下碑文多矣皆有慙容唯郭有道無愧於色矣

堯廟碑

平陽縣汾水東原上有小臺臺上有堯神屋石碑

石門銘

滎陽有浚儀渠建寧四年於敖城西北壘石為門以遏渠口謂之石門西去河三里石銘云建寧四年十一月黃場石也而主吏姓名磨滅不可復識

王誨碑

滎口石門南際河有碑云惟陽嘉三年二月丁丑使河堤謁者王誨疏達河川述荒庶土云大河衝塞侵齧金堤以竹籠石葺土而為遏壞隤無已功消億萬請以濱河郡徒疏山采石壘以為鄣功業既就徭役用息辛未詔書許誨立功府鄉規基經始詔策加命

遷在沇州乃簡朱軒授使司馬登令纘茂前緒稱遂休功登以伊洛合注大河南則緣山東過大伾回流北岸其勢鬱㠋濤怒湍急激疾一有決溢彌原淹野蟻孔之變害起不測盖自姬氏之所常慼昔崇鮌所不能治我二宗之所劬勞於是乃跋涉躬親經之營之比率百姓議之于臣伐石三谷水匠致治立激岸側以捍鴻波隨時慶賜說以勸之川無滯越水土通演役未踰年而功程有畢斯乃元勳之嘉課上德之弘表也昔禹脩九道書錄其功后稷躬稼詩列于雅

夫不憚勞謙之勤夙興厥職充國惠民安得湮没而不章焉故遂刊石記功垂示于後其辭云云使河堤謁者山陽東昏司馬登字伯志代東萊曲城王誨字孟堅河內太守宋城向豹字伯尹丞汝南鄧方字德山懐令劉丞字季意河堤掾匠等造陳留浚儀邊韶字孝先頌石銘歲遠字多淪缺其所滅盖闕如也

劉孟陽碑

酸棗縣城内有漢酸棗令劉孟陽碑

王紛碑

須朐城安民山有兾州刺史王紛碑漢中平四年立

薛季像碑

昌邑縣有沇州刺史河東薛季像碑以郎中拜郯令甘露降園熹平四年遷州明年甘露復降殿前樹從事馮巡主簿華操等相與褒樹表勤棠政

楊叔恭碑

又有沇州刺史茂陵楊叔恭碑從事孫光等以建寧四年立

班孟堅碑

又有東太山成人班孟堅碑建和十年尚書右丞拜沇州刺史從事秦閏等刊石頌德政

李剛碑

鉅野黄水南有荆州刺史李剛墓剛字叔毅山陽高平人熹平元年卒見其碑有石闕祠堂石室三間椽架高丈餘鏤石作椽瓦屋施平天造方井側荷梁柱四壁隱起彫刻為君臣官屬龜龍麟鳳之文飛禽走獸之像作制工麗不甚傷毀

魯恭碑

戴延之西征記曰焦氏山北數里有漢司隸校尉魯恭(冢穿)山得白虵白兔不葬更葬山南鑿而得金故曰金鄉山山形峻峭冢前有石祠石廟四壁皆青石隱起自書契以來忠臣孝子貞婦孔子及弟子七十二人形像像邊皆刻石記之文字分明

范巨卿碑

金鄉有范巨卿冢名件猶存(范巨卿碑至今尚在恐名件二字水經誤也)巨卿名式山陽之金鄉人漢荊州刺史與汝南張劭長沙陳平子石交號為死友

越碑

獲嘉縣西有漢桂陽太守趙越墓冢北有碑越字彥善縣人也累遷桂陽郡五官將尚書僕射遭憂服闋守河南尹建寧中卒碑東又有一碑碑北有石柱石牛羊虎皆碎淪毀莫記

比干碑

朝歌縣牧野有殷大夫比干冢前有石銘題隸云殷大夫比干之墓所記唯此今已中折不知誰所誌也

李雲碑

廣宗縣清河之右有李雲墓雲字行祖甘陵人好學善陰陽舉孝廉遷白馬令中常侍單超等立掖庭民女亳氏為后(后家)封者四人賞賜巨萬雲上書移副三府曰孔子云帝者諦也今尺一拜用不迳御者是帝欲不諦乎帝怒下獄殺之後冀州刺史賈琮使行部過祠雲墓刻石表之今石柱尚存俗猶謂之李氏石柱

漳河神壇碑

鉅鹿縣銅馬祠側有碑述河內修武縣張導字景明

以建和三年為鉅鹿太守漳津汎濫土不稼穡導披按地圖與丞彭參掾馬道嵩等原其逆順揆其表裏修防排通(以正)水路功績有成民用嘉賴題云漳河神壇碑而俗老耆儒猶揭斯廟為銅馬劉神寺是碑頃因震裂餘半不可復識矣

太公廟碑

汲縣有太公廟廟前有碑云太公望者河內汲人也縣民故會稽太守杜宣白令崔瑗曰太公本生於汲舊居猶存君與高國同宗太公載在經傳今臨此國

宜正其位以明尊祖之義於是國老王喜廷掾鄭篤
功曹邠勤等咸曰宜之遂立壇祀爲之位主

冀州壮界碑

代郡靈邱縣高氏山上有石銘題云冀州壮界世謂
之石銘陘

張平仲碑

盧奴縣有漢上谷太守議郎張平仲碑光和中立

王立碑

安喜縣有漢明帝時孝子王立碑

幽冀二州界石文

壮平縣界有漢熹平四年幽冀二州以戊子詔書遣
冀州從事王球幽州從事張昭郡縣分境立石標界
具揭石文也

趙徵碑

安平縣城内有漢冀州從事安平趙徵碑

大石嶺碑

新城縣大石山上有大石嶺碑河南隱士通明以漢
靈帝中平六年八月戊辰於山堂立碑文字淺鄙殆
不可尋

洛陽橋右柱銘

洛陽建春門石橋建兩石柱橋之右柱銘曰陽嘉四
年乙酉壬申詔書以城下漕渠東通河濟南引江淮
方貢委輸所由而至使中謁者魏郡清淵馬憲監作
石橋梁柱敦勑工匠盡要妙之巧攢立重石累高周
距橋工路博流通萬里云河南尹邳崇隗丞勃海重
合雙福水曹掾中牟任防史王蔭史趙興將作吏睢
陽申翔道橋掾成皐卑國洛陽令江雙丞平陽降監

掾王騰之主石作右壮平山仲三月起作八月畢成

石經 魏三字石經 魏典論六碑

漢靈帝光和六年刻石鏤碑載五經立於大學講堂
前悉在東側蔡邕以熹平四年與五官中郎將高堂
谿典光禄大夫磾議郎張訓韓說太史令單颺等奏
求正定六經文字靈帝許之邕乃自書丹於碑使工
鐫刻立於太學門外於是後儒晚學咸取正焉及碑
始立其觀視及筆寫者車乘日千餘兩填塞街陌今
碑上悉刻蔡邕等名魏正始中又立古篆隸三字石

經魏文帝又刊典論六碑附于其次陸機言太學贊別一碑在講堂西下列石龜碑載蔡邕韓説高堂谿䓁名太學弟子贊復一碑在外門中今二碑並無

太學碑

石經東有一碑是漢順帝陽嘉八年立碑文云建武二十七年造太學年積毀壞永建六年九月詔書修太學刻石記年用作工徒十一萬二千人陽嘉九年八月作畢碑南面刻頌表裏鏤字猶存不破

趙融碑

郁夷縣有漢邠州刺史趙融碑靈帝建安元年立

五部神廟碑

鄭縣城南山北有五部神廟廟前有碑漢光和四年鄭縣令河東裴畢字君先立

華山祠堂碑

華陰縣華山下有漢魏文帝三廟廟有石闕數碑一碑是建安中立漢鎮遠將軍段煨更修祠堂碑文漢給事黄門侍郎張昶造昶自書之元帝又刊其二十餘字二書有重名傳於海內又刊侍中司隸校尉鍾繇弘農太守毋邱儉姓名廣六行鬱然循平是太康八年弘農太守河東衛叔始爲華陰令河東裴仲恂役其逸力修立壇廟引道樹栢迄于山陰事見永興元年華百石所造碑

河南界石柱 洛陽南界碑

汝水出南山北流逕石碣東柱側刊云河南界又有一碣題云洛陽南界碑柱相對旣無年月竟不知何代所表也

葉公廟碑

葉縣有公子高諸梁碑令長汝南陳晞以魏正始元年立

張明府祠碑

平輿縣有神廟謂之張明府祠水旱之不節則禱之廟前有圭碑文字紊碎不可復尋

許由廟碑

潁川其縣箕山有許由廟碑闕尚存是漢潁川太守朱寵所立

郭奉孝碑 九山祠碑

陽翟縣有郭奉孝碑側水有九山祠碑叢柏猶茂北枕川流也

司馬文預碑

灞陵明渠北有漢京兆尹司馬文預碑

梁嚴碑

成國渠左有安定梁嚴冢碑碣尚存

魏受禪碑

繁昌縣城内有三臺時人謂之繁昌臺壇前有二碑魏文帝受禪於此自壇而降曰舜禹之事吾知之矣

故其石銘曰遂於繁昌築靈壇也於後其碑六字生金論者以為司馬金行故曹氏六世遷魏而事晉

張伯雅碑

綏水東南流逕漢弘農太守張伯雅墓塋兆四周壘石為垣隅阿相降列於綏水之陰庚門表二石闕夾對石獸於闕下冢前有石廟列植三碑碑云德字伯雅河内密人也碑側樹兩石人有數石柱及諸石獸舊引綏水南入塋域而為池沼沼在丑地皆蟾蜍吐水石湟承溜池之南又建石樓石廟前又翼列諸獸但物謝時淪凋毀殆盡夫富而非義比之浮雲況復此乎王孫士安斯為達矣

袁梁碑

扶溝縣有袁梁碑云梁陳國扶樂人

王君造四縣邸碑

陳縣城内有漢相王君造四縣邸碑文字剥缺不可悉識其略曰惟茲陳國故曰淮陽郡云云王君清惠著聞為百姓畏愛求賢養士千有餘人賜與田宅吏舍自損奉錢助之成邸五官掾西華陳箕等二百五人

以延熹二年云云故其頌曰修德立功四縣回附今碑之左右遺墉尚存基礎猶在時人不復尋其碑證云孔子廟學非也

袁滂碑　袁騰碑　袁光碑

過水逕大扶城西城之東北悉諸袁舊墓碑字傾低羊虎碎折唯司徒滂蜀郡太守騰博平令光碑字所存唯此自餘殆不可尋

許績碑

過水之北有漢溫令許績碑績字嗣公陳國人也舉

賢良拜議郎遷温令延熹中立

虞詡碑

武平縣有漢尚書令虞詡碑題云虞君之碑諱詡字定安虞仲後為朝歌令武都太守文字多缺不復可尋按范曄漢書詡字升卿陳國武平人祖為縣獄吏治存寬恕嘗曰于公為里門子為丞相吾雖不及于公子孫未必不為九卿故字詡曰升卿定安盖其幼字也

柘令許君頌 許叔臺碑 許嬰碑

柘縣城内有柘令許君清德頌石碎字紊唯此文見碑城西南里許有漢陽臺令許叔種碑光和中立又有漢故樂成陵令太尉掾許嬰碑嬰字虞卿司隸校尉之子建寧年立餘碑文字碎滅不復可觀當似司隸諸碑也

老子廟碑 魏石闕

過水北逕老子廟東廟前有二碑在南門外漢桓帝遣中官管霸祠老子命陳相邊韶碑北有雙石闕魏黄初三年逕譙所勒

孔子廟碑

又有孔子廟廟前有一碑西面是陳相魯國孔疇建和三年立

李母冢碑

又有李母冢東有碑是永興元年譙令長沙王阜所立碑云老子生於曲過間許慎又云過水首受淮陽扶溝縣蒗蕩渠不得至沛方為過水也過水又屈東逕相縣故城南其城卑小實中邊韶老子碑又云老子楚相縣人也相縣虚荒今屬苦故城猶存在賴

游鄉之東過水處其陽疑即此城也

曹嵩碑

譙城南有曹嵩冢冢北有碑碑北有廟堂餘基尚存柱礎仍在廟北有二石闕雙峙高一丈六尺榱櫨及柱皆彫鏤雲炬上復思已碎

曹騰碑

曹嵩闕北有圭碑題云漢故中常侍長樂大僕特進費亭侯曹君之碑延熹三年立碑陰又刊詔策二碑文同夾碑東西列對兩石馬高八尺五寸石作粗拙

潁川太守曹君碑

騰兄冢東有碑題云漢故潁川太守曹君墓延熹九年卒而不刊樹碑歲月

曹熾碑

潁川太守墳北有其元子熾冢冢東有碑題云漢故長水校尉曹君之碑歷太中大夫司馬長史侍中遷長水年三十九卒熹平六年造

曹胤碑

曹熾弟胤冢東有碑題云漢謁者曹君之碑熹平六

年立

魏大饗碑

魏文帝以延康元年幸譙大饗父老立壇於故宅壇前樹碑題云大饗之碑

朱龜碑

過水東逕朱龜墓冢南枕道有碑題云漢故幽州刺史朱君之碑龜字伯靈光和六年卒官故吏別駕從事史右北平無終年化中平二年造碑陰刊故吏姓名悉薊涿及上谷北平等人

門生沛國蕭劉題名

山桑城東南有一碑碑文悉破無驗唯碑背故吏姓名尚存熹平元年義士門生沛國蕭劉定興立

文穆碑

山桑縣東有文穆冢碑三世二千石穆郡戶曹史徵試博士太常丞以明氣候擢拜侍中右中郎將遷九江彭城陳留四郡光和中卒故吏涿郡太守彭城呂虔等立

熹平君碑

汳水逕睢陽縣襄鄉塢襄鄉浮圖漢熹平君所立死

因葬之弟刻石樹碑以旌厥德隧前有師子天鹿累塼作百達柱八所荒蕪頹毀彫落略盡矣

橋載碑

睢城南有漢太傅掾橋載墓碑載字元賓梁國睢陽人也睢陽公子熹平五年立城北五里有石虎石柱而無碑誌

王子喬碑

薄城有王子喬碑冢側有碑題云仙人王子喬碑曰

王子喬者蓋上世之真人聞其仙不知興何代也博問道家或言潁川或言產蒙初建斯域則有斯丘傳承先民曰王氏墓暨于永和之元年冬十二月當臘之夜上有哭聲其音甚哀附居者王伯怪之明則登而察焉時天鴻雪下無人徑有大鳥跡在祭祀處左右咸以為神其後有人著大冠絳單衣杖竹立冢前呼採薪孺子伊永昌曰我王子喬也勿得取吾墳上樹也忽然不見時令太山萬熙稽故老之言感精瑞之應乃造靈廟以休厥神於是好道之儔自遠方集

或絃琴以歌太一或譚思以歷丹田知至德之宅兆寔真人之祖先延熹八年秋八月皇帝遣使者奉犧牲致祀祗懼之敬肅如也國相東萊王章字伯義以為神聖所興必有銘表乃與長史邊乾遂樹之玄石紀頌遺烈觀其碑文意似非遠既在經見不能不書存耳

繹幕令碑

蒙縣有漢故繹幕令匡碑匡字公輔魯府君之少子也碑字碎落不可尋識不知所立歲月

袁安碑　魏徐庶碑

彭城城內有漢司徒袁安魏中郎徐庶等數碑並列植於街右咸曾為楚相也

盛允碑

虞縣有漢司徒公盛允碑允字伯世梁國虞人也其先奭氏至漢中葉避孝元皇帝諱改姓曰盛世濟其美以迄于公察孝廉除郎累遷司空司徒延熹中立

廣野君廟碑

高陽有漢廣野君廟碑延熹六年十二月雍丘令董

之仰餘徽於千載遵茂美於絕代命縣人長照為文用章不朽之德其略云輟洗分飡諮謀帝猷陳鄭有涿鹿之功海岱無牧野之戰大康華夏綏靜黎物生民以來功盛莫崇今故宇無聞而單碑介立矣

楊彥楊禪二碑

郿縣水次有單父令楊彥尚書郎楊禪字文節兄弟二碑漢光和中立

橋玄三碑　三鼎文　征鉞文

睢陽有漢太尉橋玄墓列數碑一是漢朝群儒英才

哲士感橋氏德行之美乃共刊石立碑以示後世一碑是故吏司徒博陵崔烈廷尉河南吴整等以為至德在已揚之由人苟不稱述夫何考焉乃共勒嘉石昭明芳烈一碑是隴西枹罕北次陌碭守長騭為左尉漢陽獂道趙馮孝高以橋公嘗牧涼州感三綱之義慕將順之節以為公之勳美宜宣舊邦乃樹碑頌以昭令德光和元年主記掾李友字仲遠作碑文碑陰有右鼎文建寧三年拜司空又有中鼎文建寧四年拜司徒又有左鼎文光和元年拜太尉鼎銘文曰

故臣門人相與述公之行咨度體則文德銘于三鼎武功勒于征鉞書于碑陰以昭光懿又有鉞文稱是用鏤石假象作茲征鉞軍鼓陳之于東階亦以昭公之文武之勳焉

皇毓碑

臨睢有豫州從事皇毓碑殞身州牧陰君之罪時年二十五臨睢長平輿李君二千石丞輪氏夏文則高其行而悼其殞州國咨嗟旌閭表墓昭叙令德式示後人

臨睢長王君碑

城內有臨睢長左馮翊王君碑善有治功累遷廣漢屬國都尉吏民思德縣人公府掾陳盛孫郎中兒定興劉伯鄜等共立石表政以刊遠績

鄭陂頌

鄭渾為沛郡太守於蕭相二縣興陂堰民賴其利刻石頌之號曰鄭陂

堯陵碑

地理志曰成陽有堯冢靈臺今成陽城西二里有堯

陵陵南一里有堯母慶都陵於城為西南稱曰靈臺鄉曰崇仁邑號脩義皆立廟四周列水潭而不流水澤通泉泉不耗竭至豐魚筍不敢採捕廟前並列數碑栝柏數株檀馬成林二陵南北列馳道逕通皆以塼砌之尚脩整按郭緣生述征記自漢迄晋二千石及丞尉多刊石述叙堯即位至永嘉三年二千七百二十有一載記述堯妃見漢建寧四年五月成陽令管遵所立碑文云

季札子碑

奉高縣有吳季札子墓季札聘上國喪子於嬴博之間卽此處也前有石銘一所漢末奉高令所立無所述叙標誌而已自昔常蠲民戶洒掃之今不能然碑石糜碎靡有遺矣唯故趺存焉

東平憲王碑

無鹽縣有東平憲王蒼冢碑闕存焉

孔廟碑

譙周云孔子死後魯人就冢次而居者百有餘家命曰孔里孔叢子曰夫子墓塋方一里在魯城北六里

泗水上諸孔氏封五十餘所人名昭穆不可復識有銘碑三所獸碣具存皇覽曰弟子各以四方奇木來植故多諸異樹不生棘木刺草今則無復遺條矣

道兒君碑

高門一里餘道西有道兒君碑是魯相陳君立

魏孔廟碑

魏黃初二年文帝令郡國修起孔子舊廟置百戶吏卒廟有夫子像列二弟子執卷立侍穆穆有詢仰之容漢魏以來廟列七碑二碑無字栝柏猶茂

度尚碑

湖陸城東有度尚碑

漢高祖廟三碑

沛縣有漢高祖廟廟前有三碑後漢立廟基以青石爲之階陛尚存

泗水亭高廟碑

泗水亭有高廟廟前有碑延熹十年立廟闕崩褫略無全者

陳球三碑

下邳有漢太尉陳球墓墓前有三碑是弟子管寧華歆等造

梧臺石社碑

臨淄梧臺西有石社碑猶存漢靈帝熹平五年立其題云梧臺里

孫嵩碑

朱虛縣汶水東北漢青州刺史孫嵩墓西有碑碣

孫賓碩碑

安邱縣牟山之西南有孫賓碩兄弟墓碑誌並在

鄭康成碑

高密縣有厲阜阜上有漢司農卿鄭康成冢石碑猶存

唐公房碑

智水川有唐公祠唐君字公房城固人也學道得仙人入雲臺山合丹服之白日升天雞鳴天上狗吠雲中惟以鼠惡留之鼠乃感激以月晦日吐腸胃更生故時人謂之唐鼠也公房升仙之日壻知行未還不獲同階雲路約以此川為居言無繁霜蛟虎之患其

俗以為神因號為壻鄉故水亦名焉百姓為之立廟於其處刊石立碑表述靈異也

黃尚石闕

邔縣有黃家墓墓前有雙石闕雕制甚工俗謂之黃公石闕黃公名尚為漢司徒

秦頡二碑

宜城有漢南陽太守秦頡墓墓前有二碑頡鄀人也以江夏都尉出為南陽太守逕宜城中見一冢東向頡住車視之曰此居處可作冢後卒於南陽喪還至昔住車處車不肯進故吏為市此宅葬之孫墳尚整

冠蓋里碑

宜城縣有太山山下有廟漢末名士居其中刺史二千石卿長數十人朱軒華蓋同會於廟下荆州刺史行部見之雅歎其盛號為冠蓋里而刻石銘之此碑於永嘉中始為人所毀其餘文尚有可傳者其辭曰蛾蛾南嶽烈烈離明寔敷儁乂君子以生惟此君子作漢之英德為龍光聲化鶴鳴此山以建安三年崩聲聞五六十里

華君銘

武當縣有一碑文字磨滅不可復識俗相傳是華君銘亦不詳華君何代之士

張仲瑜碑 郭先生碑

筑陽縣闕林山之東有二碑其一即記闕林山文曰君國者不躋高堙下先時或斷山岡以通平道民多病守長冠軍張仲瑜乃與邦人築斷故山道作此銘其一郭先生碑先生名輔字甫成有孝友悅學之美其女為立碑於此並無年號皆不知何代人也

張敏碑 魏張詹碑

冠軍縣有漢太尉長史邑人張敏碑碑之西有魏征南軍司張詹墓墓有碑碑背刊云白楸之棺易朽之裳銅鐵不入凡器不藏嗟矣後人幸勿我傷自後古墳舊冢莫不夷毀而是墓至元嘉初尚不見發六年大水蠻饑始被發掘說者言初開金銀銅錫之器朱漆彫刻之飾爛然有二朱漆棺棺前垂竹簾隱以金釘墓不甚高而内極寬大虛設白楸之言空負黃金之實雖意固南山寧同壽乎

左伯豪碑

涅陽縣南有二碑碑字紊滅不可復識云是左伯豪碑

衛彈勸碑

平氏縣城内有南陽都鄉正衛彈勸碑

胡著碑

湖陽有漢日南太守胡著碑子珍騎都尉尚湖陽長公主即光武之伯姊也廟堂皆以青石為階陛廟北有石堂珍之玄孫桂陽太守瑒以延熹四年遭母憂於墓次立石祠勒銘于梁石祠傾頹而梁字無毀

樊重碑 樊萌碑 樊安碑

湖陽東城中有二碑似是樊重碑悉載故吏人名司馬彪曰仲山甫封於樊因是國焉爰自宅陽徙居湖陽能治田殖至三百頃起廬舍高樓連閣波陂灌注竹木成林六畜放牧魚蠃梨果檀棘桑麻閉門成市兵弩器械貲至百萬其興功造作為無窮之功巧不可言富擬封君世祖之少數歸外氏及之長安受業齎送甚至世祖即位追爵敬侯詔湖陽為重立廟置吏

奉祠巡祠章陵常幸重墓湖陽故蓼國也城之東南有若令樊萌中常侍樊安碑城南有數碑無字又有石廟數間依于墓側棟宇崩毀惟石壁而已亦不知誰之胄族也

淮源廟三碑

桐柏山南有淮源廟廟前有碑是南陽郭苞立又二碑並是漢延熹中守令所造文辭鄙拙殆不可觀

賈彪廟碑

新息北門内有新息長賈彪廟廟前有碑

孫叔敖廟碑

期思縣城之西北隅有楚相孫叔敖廟廟前有碑

衛爲碑

魯陽縣有南陽都鄉正衛爲碑

焦立碑

魯陽牛蘭水側有漢陽侯焦立碑

彭山廟碑

小湍水逕彭山西下有彭山廟廟前有彭山碑漢桓帝元嘉三年杜仲長立

尹儉碑

彭水西北有漢安邑長尹儉墓冢西有石廟廟前有兩石闕闕東有碑闕南有二獅子相對南有石碣二枚石柱西南有兩石羊中平四年立

侯苞碑

犨縣湍水南有漢中常侍長樂太僕吉侯苞冢冢前有碑墓西枕岡城開四門門有兩石獸墳傾墓毀碑獸淪移人有掘出一獸猶全不破甚高壯頭去地幾一丈許作制甚工左髆上刻作辟邪字門表壍上起石橋即時不毀其碑云六帝四后是諮是諏蓋仕自安帝沒于桓后于時閹閽擅權五侯暴世割剥公私以事生死夫封者表有德碑者頌有功自非此徒何用許爲石至千春不若速朽苞墓萬古秪彰誚辱嗚呼愚亦甚矣

張平子碑

西鄂縣南有張平子墓墓之東側墳有平子碑文字悉是古文篆額是崔瑗之辭盛弘之郭仲產並云夏侯孝若爲郡薄其文復刊碑陰爲銘然碑陰二銘乃

是崔子玉及陳翕耳而非孝若悉是隸字二首並存當無毀壞又言墓次有二碑今唯見一碑或是余夏景驛途疲而莫究

王子雅碑

淯水南道側有二石樓相去六七丈雙跱齊竦高可丈七八柱圓圍二丈有餘石質青緑光可以鑒上欒櫨承栱雕簷四柱窮巧綺刻妙絶人工題言蜀郡太守姓王字子雅南陽西鄂人有三女無男而家累千金父沒當葬女自相謂曰先君生我姊妹無男兄弟

今當安神玄宅翳靈后土冥冥絕後何以彰吾君之德各出錢五百萬一女築墓二女建樓以表孝思銘云墓樓東平林下近墳墓而不能測其處所矣

魏黃權碑

預山南有魏車騎將軍黃權夫妻二冢地道潛通其冢前有四碑其二魏明帝立二是其子及臣吏所樹者

范蠡碑

宛縣三公城側有范蠡祠蠡宛人祠即故宅也後漢

末有范曾字子閔為大將軍司馬討黃巾賊至此祠為蠡立碑文勒可尋

光尼和碑

符縣長趙祉遣吏光尼和以永建元年十一月詣巴郡沒死成濡灘子賢求喪不得女絡年二十五歲有二子五歲以還至二年二月十五日尚不得喪絡乃乘小船至父沒處哀哭自沉見夢告賢曰至二十一日與父俱出至日父子果浮出江上郡縣上言為之立碑以旌孝誠也

王子香廟頌

枝江縣有陳留王子香廟頌子香於漢和帝之時出為荊州刺史有惠政天子徵之道卒枝江亭中常有三白虎出入人間送喪踰境百姓追美甘棠以永元十八年立廟設祠刻石銘德號曰枝江白虎王君其子孫至今猶謂之為白虎王

舜廟碑

九疑山南有舜廟前有石碑文字缺落不可復識山之東北泠道縣界又有舜廟縣南有舜碑碑是零陵

太守徐儉立

二妃祠碑

湘水上黃陵廟大舜陟方二妃從征溺於湘江民為立祠於水側荊州牧劉表刊石立碑樹之於廟以旌不朽之傳

屈原廟碑 程堅碑

汨水又西為屈潭即汨羅淵也淵北有屈原廟廟前有碑又有漢南太守程堅碑寄在原廟

曲江瀧中碑

瀧水又南逕曲江縣東又云縣昔號曲紅山名也瀧中有碑

曹娥碑

上虞縣有曹娥碑娥父盱迎濤溺死娥時年十四哀父尸不得乃號踴江介因解衣投水呪曰若值父尸衣當沉若不值衣當浮裁落便沉娥遂於沉處赴水而死縣令度尚使甥邯鄲子禮為碑文以彰孝烈

右東漢及魏正始以前碑見于水經者如此周秦先漢刻石皆用篆故不録有不著歲月疑似難明

者亦幷載之道元罔羅四方異聞所涉獵者廣博傳疑書疑宜有謬誤而轉寫歲久後人更失其真時無善本雌黃不可妄下若袁梁王紛之類則又仍其舊也其碑到今不毀者十財一二凡歐趙録中所無者世不復有之矣姑聚其說以見思古之意夫物莫壽於金石而大書顯刻光沉迹絶者不可勝計獨傳之竹帛猶可久此君子所以取乎編類之書也水經曰上郡王次仲變倉頡舊文為隸秦皇三召不至令檻車送之次仲化為大鳥落翮於居庸山中又曰篆字文繁無會劇務秦用隸人之省謂之隸書或云即程邈於雲陽增損者孫暢之嘗見青州刺史說臨淄人發古冢得桐棺隱起為字言齊太公六世孫胡公之棺惟三字是古餘同今隸書證知隸自出古非始於秦其說固已二三案齊胡公以周孝王時卒歷數世至宣王時始有大篆又數百年至秦有小篆既云隸出於篆不應篆未萌而隸先作也書傳多以隸為程邈所造兩漢書亦云然當據正史為是異端之說非所惑

也

隸釋卷第二十

隸釋卷第二十一　歐陽氏集古録上

沛相楊君碑　楊君碑陰題名
郭先生碑　楊震碑
繁陽令楊君碑　高陽令楊君碑
文翁石柱碑　樊常侍碑
玄儒婁先生碑　老子銘
費亭侯曹騰碑　桂陽周府君碑後本跋尾
桐栢廟碑　修西嶽廟復民賦碑
楊君碑陰題名　殘碑陰

朔方太守碑陰　朱龜碑
太尉劉寬碑　劉寬碑
孫叔敖碑　殽阬君神祠碑
樊毅修華嶽碑　祝睦碑
祝睦後碑　殘碑
修孔子廟器表　泰山都尉孔君碑
呉雄修孔子廟碑　兾州從事張表碑
郭中候碑　司隸從事郭究碑
田君碑　堯母碑

魯相晨孔子廟碑　楊君碑陰題名
無極山神廟碑　劉曜碑
小黄門譙君碑　太尉劉寛碑陰
武榮碑　郎中鄭固碑
班碑　魯峻碑
公昉碑　藁長蔡君頌
郎中王君碑　太尉陳球碑
北海相景君碑　金鄉守長侯君碑

物長聚於所好而常得於有力之彊有力而不好好之而無力雖近且易有不能致之象犀虎豹蠻夷山海殺人之獸然其齒角皮革可聚而有也玉出崐崘流沙萬里之外經十餘譯乃至乎中國珠出南海常生深淵採者腰絙而入水形色非人往往不出則下飽鮫魚金礦于山鑿深而穴遠篝火餱糧而後進其崖崩窟塞則遂葬於其中者率常數十百人其遠且難而又多死禍常如此然而金玉珠璣世常兼聚而有也凡物好之而有力則無不至也湯盤孔鼎岐陽之鼓岱山鄒嶧會稽之刻石與夫漢魏已來聖君賢

士桓碑彝器銘詩序記下至古文籀篆分隸諸家之字書皆三代以來至寶怪奇偉麗工妙可喜之物其去人不遠其取之無禍然而風霜兵火湮淪磨滅散棄於山崖墟莽之間未嘗收拾者由世之好者少也幸而有好之者又其力或不足故僅得其一二而不能使其聚也夫力莫如好好莫如一予性顓而嗜古凡世人之所貪者皆無欲於其間故得一其所好於斯好之已篤則力雖未足猶能致之故上自周穆王以來下更秦漢隋唐五代外至四海九州名山大澤

窮崖絶谷荒林破冢神仙鬼物詭怪所傳莫不皆有以為集古録以謂傳寫失真故因其石本軸而藏之有卷帙次第而無時世之先後蓋其取多而未巳故隨其所得而録之又以謂聚多而終必散乃撮其大要别為録目因并載夫可與史傳正其闕謬者以傳後學庶益於多聞或譏予曰物多則其勢難聚聚久而無不散何必區區於是哉予對曰足吾所好玩而老焉可也象犀金玉之聚其能果不散乎予固未能以此而易彼也廬陵歐陽修序

沛相楊君碑

右沛相楊君碑在閿鄉楊震墓側碑首尾不完失其名字按後漢書震及中子秉秉子賜賜子彪皆有傳又云震長子牧富波相牧孫奇侍中奇子亮陽成亭侯又云少子奉奉子敷敷子衆蓩亭侯又有彪子修楊氏子孫載于史傳者止此爾不知沛相為何人也碑云孝順皇帝西巡以掾史召見拜郎中遷常山長史換犍為府丞宰司累辟應于司徒州察茂才遷鮦陽侯相後拜議郎五官中郎將沛相年五十六建寧

元年六月癸丑遘疾而卒其終始尚可見而惜其名字亡矣治平元年六月十日書

楊君碑陰題名

右楊君碑陰題名首尾不完今可見者四十餘人楊震子孫葬閿鄉者數世碑多殘缺此不知為何人碑陰其後有云右後公門生又云右沛君門生沛君疑是沛相者自有碑而亡其名字矣後公亦不知其為何人也治平元年六月十日書

郭先生碑

右郭先生碑云先生諱輔字甫成其先出于王季之中子為文王卿士食采於虢後世謂之郭歷戰國秦漢子孫流分來居荆土先生其少也孝友而悦學其長也寬舒如好施是以宗親歸懷鄉鄙高尚年五十有二遇疾而終其以而為如及用鄉鄙字與婁壽碑同蓋漢人如此爾治平元年六月二十二日書

楊震碑

右楊震碑首題云漢故太尉楊公神道碑銘文字殘缺首尾不完其可見而僅成文者云聖漢龍興神祇

降祉乃生于公又云窮神知變與聖同符鴻漸衡門群英雲集又云貽我三魚以章懿德又云大將軍辟舉茂才除襄城令遷荆州刺史東萊涿郡太守又云司徒太尉立朝正色恪勤竭忠其餘字存者多而不復成文矣治平元年六月十日書

繁陽令楊君碑

右繁陽令楊君碑首尾不完文字磨滅可識者四百三十字不可識者六十一字碑云君遭叔父太尉薨委榮輕舉吏民攀轅守闕上書運糓萬斛助官賑貧以乞君還又云富波君之子也按漢書楊震子牧為富波相君廼牧子也叔父太尉者秉也出米乞令前史所無惜其名字磨滅不可見矣嘉祐八年十月二十三日書

高陽令楊君碑

右高陽令楊君碑首尾不完而文字尚可識云司隸從事定頴侯相最後為善侯相善上一字磨滅不可見蓋其中間嘗為高陽令而碑首不書最後官者不詳其義也按楊震碑高陽令著震孫也今碑在震墓

側

文翁石柱記

右文翁石柱記云漢初平五年倉龍甲戌旻天季月修舊築周公禮殿始自文翁開建泮宮據頗有意益州學館廟堂記按華陽國志文翁為蜀郡守造講堂作石室一名玉堂安帝永初間烈火為災堂及寺舍並皆焚燎惟石室獨存至獻帝興平元年太守高眹於玉堂東復造一石室為周公禮殿有意又謂獻帝無初平五年當是興平元年蓋時天下喪亂西蜀僻

遠年號不通故仍稱舊號也今檢范瞱漢書本紀初平五年正月改為興平顏說是也治平元年六月十三日

樊常侍碑

右樊常侍碑云君諱安字子佑南陽湖陽人也君幼學治韓詩論語孝經歷中黄門拜小黄門小黄門右史遷藏府令中常侍年五十有六永壽四年四月甲辰卒其先為中黄門後為小黄門又為小黄門右史蓋漢官之制今不詳其次序也余少家漢東天聖四

年舉進士赴尚書禮部道出湖陽見此碑立道左下馬讀之徘徊碑下者久之後三十年始得而入集録蓋初不見録于世自予集録古文時人稍稍知為可貴自此古碑漸見收采也嘉祐八年十月十四日書

玄儒婁先生碑

右玄儒婁先生碑云先生諱壽字元考南陽隆人也祖太常博士父安貧守賤不可營以禄先生童孩多奇岐嶷有志好學不厭不飾小行善與人交久而能敬榮沮溺之耦耕甘山林之杳靄又曰有朋自遠冕紳華華講習不倦年七十有八熹平三年二月甲子不禄今光化軍乾德縣圖經載此碑景祐中余自夷陵貶所再遷乾德令按圖求碑而壽有墓在穀城界中余率縣學生親拜其墓見此碑在墓側遂據圖經遷碑還縣立於敕書樓下至今在焉 治平元年六月十三日

老子銘

右老子銘按桓帝紀云延熹八年正月遣中常侍左悺之苦縣祠老子至十一月又遣中常侍管霸祠之而此碑云八月夢見老子而祠之世言碑銘蔡邕作

今檢邕集無此文皆不可知也

中常侍費亭侯曹騰碑

右中常侍費亭侯曹騰碑文字磨滅其粗可見者云維建和元年七月廿二日己巳皇帝若曰其遣費亭侯之國其餘不可識也建和桓帝即位之元年也後三十七年獻帝中平元年騰養子操始為騎都尉擊黄巾矣治平元年六月十日書

桂陽周府君碑

右桂陽周府君碑按韶州圖經云後漢桂陽太守周

府君廟在樂昌縣西一百一十八里武溪上武溪驚湍激石流數百里昔馬援南征其門人轅寄生善吹笛援為作歌和之名曰武溪深其辭曰滔滔武溪一何深鳥飛不渡獸不能臨嗟哉武溪何毒淫周使君開此溪下合真水桂陽人便之為立廟刻石又云碑在廟中郭蒼文今碑文磨滅云府君字君光而名已訛缺不可辨圖經但云周使君亦不著其名後漢書又無傳遂不知為何人也按武水源出郴州臨武縣鸕鷀石南流三百里入桂陽而桂楊桂水真水梨溪

盧溪曹溪諸水皆與武水合流其俗謂水湍浚為瀧韓退之詩云南下昌樂瀧即此水也碑首題云神漢者如唐人云聖唐爾蓋當時已為此語而史傳他書無之獨見於此碑也

後本跋尾

右周府君碑余初得前本恨其名遂磨滅後有國子監直講劉仲章者為余言前為樂昌令因道府君事云名憬問其何以見之云碑刻雖缺尚可識也乃以此碑并陰遺余盖前本特模者不工爾又余初以韓集云昌樂瀧疑其誤乃改從樂昌仲章曰不然縣名樂昌而瀧名昌樂其舊俗所傳如是韓集不誤也乃知古人傳疑而慎於更改者以此治平二年六月二十二日

桐栢廟碑

右桐栢廟碑磨滅雖不甚而文字斷續粗可考次盖南陽太守修廟碑也其辭云延熹六年正月乙酉南陽太守中山盧奴君奴下正缺一字當是其姓又云尊神敬祀立廟桐栢春秋宗禜災異告變水旱請求

位比諸侯聖漢所尊太守奉祀二十餘年不復身至遣丞行事簡略不敬明神弗歆災異以生五嶽四瀆與天合德仲尼慎祭常若神在君準則大聖親之桐栢來見廟祠崎嶇逼狹開拓神門立闕四望增廣壇場又云執玉以沉為民祈福靈祈報祐天地清和其大意止於如此其後有頌亦可讀第不見太守姓名爾然不著他事惟修廟祀神爾桐栢淮瀆廟也治平元年六月十三日

修西嶽廟復民賦碑

右修華嶽廟請復民賦碑云光和二年十二月庚午朔十三日壬午弘農太守臣毅頓首死罪上尚書臣毅頓首頓首死罪死罪謹按文書臣以去元年十一月到官其十二月奉祠西嶽華山省視廟舍及齋衣祭器率皆久遠有垢臣以神嶽至尊宜加恭肅輒遣行事荀班與華陰令先讜以漸繕治成就之後仍雨甘雪又曰讜言縣當孔道加奉尊嶽一歲四祠養牲百日用穀槀三千餘斛或有請雨齋禱役費兼倍小民不堪有饑寒之窘違宗神之敬乞差諸賦復華下

十里以内民租田口筭臣輒聽盡力奉宣詔書思惟惠利增異復上臣毅誠惶誠恐頓首頓首死罪死罪上尚書漢家制度今不復見惟余家集録漢碑頗多故於磨滅之餘時見一二而此碑粗完故録其首尾以傳臣毅者樊毅也治平元年六月十四日書

楊君碑陰題名

右楊君碑陰題名楊氏世葬閿鄉墓側皆有碑今其存者四余家集録皆得之乃太尉沛相高陽繁陽令也此碑陰者不知為何人碑文字殘缺其僅存者十五人又滅其一其在者十四人曰懷陵圍令相蔣禧字武仲宜禄長蕭劉瑞字仲祐孝廉杍秋劉旭字子明大官曰丞譙曹臻字建國辭曹史鄖公孫銀字山根門下書佐史韓純字子敬豐畢珮字廣世鄖孟縱字河雒決曹書佐鄖公孫暘字元暘皆稱故吏又有故吏贊陳俊字仲顯靳夏陽字儀公靳兒銀字伯王杍秋劉順字子選沛周儀字帛民凡五人皆不著職但稱故吏而孟縱字河雒周儀字帛民文字皆完非訛謬而莫曉其義也治平元年六月十四日書

殘碑陰

右殘碑陰前後磨滅不知為何人碑其知為漢碑者蓋其隷字非漢人莫能為也其字僅可見者尚數十而姓名完者九人曰王伯鄉趙仲方費元周王景陽費元輔宗石處王仲宣馬安國王通國皆無官號邑里莫知為何人惟漢隷在者少為難得故録之治平元年五月十八日書

朔方太守碑陰

右朔方太守碑陰題云永壽二年朔方太守上郡仇

君察察下滅一字除郎中大曲長大下又滅一字延熹四年九月乙酉詔書遷衙令五年正月到官奉見明府見下又滅一字立祠刊石表章大聖之遺靈永示來世之末末下又滅一字謹出錢千千下又滅兩字者下行因紀姓名據此乃當時修廟出錢人爾今其姓名往往可見云衙鄉三老時勤伯秋上官鳳季方録事史楊禹孟布衙主記掾楊綬子長門下功曹裴篤伯安倉曹掾任就子優又有集曹掾軍假司馬之類名字多不完其所出錢不過三百至五百蓋漢

世物輕幣重今華嶽孔子廟碑陰所列亦皆如此其所立祠蓋不知為何廟也治平元年夏至日書

朱龜碑

右朱龜碑云字伯靈察孝廉除郎中尚書侍郎以將事去官于時幽州州下滅一字夷侵寇以君為御史中丞討伐其後磨滅又云鮮卑侵犯障塞復舉君拜幽州刺史年六十四光和六年卒龜之事迹不見史傳其僅見於此碑者如此碑在今亳州界中云將事去官莫曉其語後余守亳州徙碑置州學中　治平元年六月十四日書

太尉劉寬碑

右太尉劉寬碑寬漢書有傳其官閥始卒與碑多同而傳載遷官次序頗略蓋史之所記善惡大節官次雖小略不足為失惟其繆誤不可不正碑云大將軍以禮脅命拜侍御史遷梁令三府並用博士徵皆不就司隸校尉舉茂材太尉舉有道公車徵拜議郎司徒長史而傳但云大將軍辟五遷司徒長史今據碑止四遷爾博士未嘗拜也碑於長史下遂云入登侍

中延熹八年地震有詔詢異轉拜尚書遷南陽太守拜太中大夫復拜侍中屯騎校尉宗正光禄勳遂授太尉傳至太中大夫始云遷侍中其前自長史入登侍中史缺書也碑又云固疾遜位拜光禄大夫遷衛尉復作太尉而傳云以日食免拜衛尉以日食免當從傳為正而不書光禄大夫史缺也其餘皆同故不復録治平元年六月十四日書

劉寬碑

右太尉車騎將軍特進逯鄉昭烈侯劉公碑公諱寬

有兩碑皆在洛陽余家集録皆得之其一故吏李謙等立而此碑門生殷苞等所立其所書與李謙等所載不異惟漢隸難得當録漢公卿卒故吏門生各自立碑以伸感慕惟見於此今人家碑碣非其子孫則它人不為立也治平元年六月十四日書

孫叔敖碑

右孫叔敖碑云名饒字叔敖而史記不著其名而見於他書者亦皆曰叔敖而已微斯碑後世遂不復知其名饒也此碑世亦罕傳余以集録二十年間求之

博且勤乃得之然則世之未見此碑者猶不知為名饒也謂余集古為無益可乎

殽阬君神祠碑

右殽阬君神祠碑今在鄭縣慶歷中樞密直學士施君為陝西轉運使為余模此本云碑文磨滅初不可辨以麪填其刻稍尋其點畫命工鐫治之乃可讀漢碑今在者類多磨滅不完故獨斯碑歷歷可見也惟裴瞱姓名為鄉人鑱去矣殽阬所以畜洩水患據碑文云自亡新以來廢之則前漢時已有之矣光和中瞱為鄭縣令始修復之事見水經及華州圖經殽阬君祠今謂之五部神廟其像有石隄西戍樹谷五樓先生東臺御史王翦將軍皆莫曉其義施君名昌言今為涇原路安撫使治平元年二月一日書

樊毅修華嶽廟碑

右樊毅修華嶽廟碑云惟光和元年歲在戊午名曰咸池季冬己巳弘農太守河南樊君諱毅字仲德下車之初恭肅神祀西嶽至尊詔書奉祠躬親自往齋室逼窄法齋無所於是與令巴郡朐忍先讜圖議繕

故二年正月己卯興就刻茲碑號吏卒挾路據此碑乃即時所立而太守生稱諱者何哉治平元年末伏日書

祝睦碑

右祝睦碑云君諱睦字元其下遂缺滅不能成文惟其官壽年月可見云賔于王庭除北海長史潁川郾令辟司空府北軍中候拜大尚書僕射遷常山相山陽太守年六十有八延熹七年八月丁巳卒睦有二碑皆在今南京虞城縣此碑不見世次而隱隱有云

其先高辛爾其後碑則頗完故録於次也治平元年
六月立秋日書

祝睦後碑

右祝睦後碑其前碑不知所立人名氏兩碑所載官閥壽考年月悉同而此碑有立碑人名氏及睦世次云故吏王堂等竊聞下有述上之功臣有叙君之德又曰君兆自棃辛祝融苗胄鄭有祝聃君其脩也其餘文字亦完可讀二銘皆以三言為文而後銘猶完云穆我君邦之陽資五就閭道綱綱下滅一字表徵

準樞衡稽列宿覽四方德合乾道應皇領二郡曜重光化流洽緄幽昌性天約元用長頌聲作誈令香功烈著遺椒芳存覿榮淪弗忘其後二句磨滅難詳故録其成文以見其雅質亦可佳也治平元年六月立秋日書

殘碑

右殘碑不知為何人所存者纔三十二字不復成文惟云高字幼知其名高又云漢興復知為後漢時人而隸字在者甚完體質淳勁非漢人莫能為也故録之

修孔子廟器表

右韓明府修孔子廟器碑云永壽二年青龍在涒灘霜月之靈皇極之日永壽桓帝年號也按爾雅云歳在申曰涒灘桓帝永興三年正月戊申大赦改元永壽明年丙申曰歳在涒灘是矣云霜月之靈皇極之日者莫曉其義疑是九月五日前漢文章之盛庶幾三代之純深自建武以後頓爾衰薄崔蔡之徒擅名當世然其筆力辭氣非出自然與夫揚馬之言醇醨

異味矣及其末也不勝其弊霜月皇極是何等語韓明府者名勑字叔節前世見於史傳未有名勑者豈自余學之不博乎春秋左氏傳載古人命名之説不以為名者頗多故以勑為名者少也治平元年二月晦日書

泰山都尉孔君碑

右泰山都尉孔君碑云君諱宙字季將孔子十九世之孫也年六十一延熹四年正月乙未以疾卒其序官閥甚簡又或殘滅不完但見其舉孝廉為郎遷元

城令遂爲泰山都尉爾其辭有云躬忠恕以及人兼禹湯之罪已宙爲人臣而引禹湯以爲比在今人於文爲不類蓋漢世近古簡質猶如此治平元年閏五月二十一日書

吴雄修孔子廟碑

右魯相置孔子廟卒史碑云司徒臣雄司空臣戒稽首言魯前相瑛書言詔書崇聖道孔子作春秋制孝經演易繫辭經緯天地故特立廟褒成侯四時來祠事已即去廟有禮器無常人掌領請置百石卒史一

人典主守廟謹問太常祠曹掾馮牟史郭玄辭對故事辟雍祠先聖太宰太祝各一人備爵太常丞監祠河南尹給牛羊豕大司農給米臣愚以謂如瑛言可許臣雄臣戒愚戇誠惶誠恐頓首頓首死罪死罪臣稽首以聞制曰可按漢書元嘉元年吴雄爲司徒二年趙戒爲司空即此云臣雄臣戒是也魯相瑛者據碑言姓乙字仲卿漢碑在者多磨滅此幸完可讀録之以見漢制三公奏事如此與群臣上尚書者小異也又見漢祠孔子其禮如此治平元年六月二十日書

冀州從事張表碑

右冀州從事張表碑云君諱表字元異其碑首題云漢故冀州從事張君碑而文爲韻語叙其官閥不甚詳但云春秋六十四以建寧元年三月癸巳寢疾而終其辭有云仕郡爲督郵鷹撮盧擊是以狗喻人也又有畔桓利正之語蓋漢人猶質不嫌取類於鷹犬畔桓疑是盤桓文字簡少假借爾治平元年六月二十九日書

郭中候碑

右北軍中候郭君碑其名字磨滅云元城君第四子也其先蓋周之胄緒枝葉雲布列於州郡自東郡衛國家於河内汲兄竹邑侯相次尚書侍郎次濟北相順弟臨沂長次徐州刺史次中山相次雒陽令君爲五官掾功曹司隸中都官從事三辟將軍府舉廉比陽長復辟司徒拜北軍中候年六十有六建寧四年九月丙子卒其於兄竹邑侯相上一字缺滅不完疑是惠字其下又云順弟莫曉其義豈漢人謂兄弟爲

此語耶故闕其疑以俟知者治平元年六月二十九日書

司隸從事郭究碑

右司隸從事郭君碑云君諱究汲人也元城君之孫雒陽令之適歷主簿督郵五官掾功曹守令長辟司隸從事部郡都官春秋二十八而卒中平元年歲在甲子三月而葬據北軍中候碑爲元城君子而弟爲雒陽令考其世次皆同前世碑碣但書子孫而不及兄弟惟郭氏碑載其兄弟甚詳蓋古人譜牒既完而

於碑碣又詳如此可見其以世家爲重不若今人之苟簡也治平元年六月二十九日書

田君碑

右田君碑在今沂州其名字皆已磨滅惟云其先出自帝舜之苗裔自完適齊因以爲氏乃知其姓田爾又云周秦之際家於東平陽君揔角修韓詩京氏易究洞神變窮奥極微爲五官掾功曹州從事辟太尉延熹二年辛亥詔書泰山琅邪盜賊未息州郡吏有仁惠公清撥煩整化者試守滿歲爲真州言名時牧

劉君知君宿操表上試守費自此以後殘缺不可次第而隱隱可見蓋無年壽卒葬月日而有故吏薛咸等立石勒銘之語迺費縣令長德政去思碑爾治平元年六月二十九日書

堯母碑

右堯母祠碑漢建寧五年造其文略曰堯母慶都感赤龍而生堯遂以俟伯恢踐帝宫（下缺）慶都僊殁蓋葬于兹欲人莫知名曰靈臺上立黄屋堯所奉祀三代改易荒廢不脩漢受濡期興滅繼絶如堯爲之遂

遭亡新禮祠絶矣故廷尉（姓名磨滅不可讀）深惟大漢堯之苗胄當修堯祠追遠復舊前後奏上帝納其謀歲以春秋奉太牢祠時濟陰太守魏郡審晃成陽令博陵管遵各遣大掾輔助（缺一字）君經之營之不日成之此其大槩也按皇覽云堯冢在濟陰城陽吕氏春秋云堯葬穀林皇甫謐云穀林即成陽然自史記地志及水經諸書皆無堯母葬處惟見於此碑蓋亦葬成陽也而諸書俗本多爲城陽獨此碑爲成陽當以碑爲正碑後列當時人名氏又云審晃字元讓管遵字君

臺又云漢受濡期莫曉其義也治平元年三月二十九日書

魯相晨孔子廟碑

右魯相上尚書章其畧云建寧二年三月癸卯朔七日已酉魯相臣晨長史臣謙頓首死罪上尚書臣晨頓首頓首死罪死罪臣以元年到官行秋饗飲酒泮宮復禮孔子宅而無公出酒脯之祠臣輒依社稷出王家穀春秋行禮建寧靈帝年號也於此見漢制天子之尊其辭稱頓首死罪而不敢斥至尊因尚書以

致達而已余家集録漢碑頗多亦有奏章患其磨滅獨斯碑首尾完備可見當時之制也又云孔子乾坤所挺西狩獲麟為漢制作故孝經援神契曰玄丘制命帝卯行又尚書考靈曜曰丘生倉際觸期稽度為赤制讖緯不經不待論而可知甚矣漢儒之狹陋也孔子作春秋豈區區為漢而已哉治平元年三月二十五日書

楊君碑陰題名

右楊君碑陰題名凡一百三十一人有稱故吏者故民者處士者故功曹史者故門下佐者類例不一似當時人各隨意書之而文字磨滅僅可讀其姓名字俱完可識者八十三人其餘或在或亡蓋後漢楊震墓域中碑也楊氏墓在閺鄉有碑數片皆漢世所立余家集録得其四震及沛相繁陽高陽令碑并得碑陰題名然得時參錯不知為何碑之陰也其名氏可見者當時皆無所稱述顧其人亦不足考究第以漢隸真蹟金石所傳者至今類多磨滅可惜故録之爾治平元年三月晦日書

無極山神廟碑

右無極山神廟碑文字磨滅斷續然尋繹次敘其可見者尚可成文云太常臣耽丞敏頓首上尚書謹按文書男子常山蓋高上黨范遷為元氏三公神山去年五月常山相巡詣山請雨山神即使高傳言白國縣即與封龍靈山無極山共興雲雨常山相巡元氏令王翊各以一白羊賽復使高與遷俱詣太常為無極山神索法食臣疑高遷言不實輒移本國令常山相巡書言郡督郵言無極山體可三里所立石為體

長二丈五尺所山周匝二十餘里其三公封龍靈山皆得法食乞令無極山比三山祠牲出王家以珪璧爲信愚臣如廵言請以少府給珪璧故事須報臣耽愚戇頓首頓首上尚書制曰可尚書令忠奏雒陽宫太常丞書從事光和四年八月十七日丁酉尚書令忠下太常耽丞敏下常山相其奏章如此其後遂言造廟事而有銘其文多不載按漢奏章首尾皆言臣某頓首頓首死罪死罪上尚書而此碑所載太常章首尾不稱死罪而丞敏又不稱臣莫曉其制碑後又

列常山官屬云常山相南陽馮廵字季祖元氏令王翊字元輔云治平元年四月一日書

劉曜碑幷陰

右劉曜碑幷陰在今鄆州界中文字磨滅僅有存者云諱曜字季尼年七十三其餘爵里官閥卒葬歲月皆不可見字爲漢隸亦不甚工惟其銘云天臨大漢錫以明哲碑首題云漢故光禄勳東平無鹽劉府君之碑以此知爲漢碑也治平元年四月一日書

小黄門譙君碑

右小黄門譙君碑云君諱敏字漢達年五十七中平二年卒其文不甚磨滅而官閥無所稱述惟云肅將王命守静韜光以遠悔咎而已後漢宦者用事靈帝時尤盛敏卒之歲張讓等十二人封侯於斯之時能守静遠悔是亦可佳然敏以一小黄門而立碑稱頌於此可見宦官之盛也治平元年四月三日書

太尉劉寛碑陰

右太尉劉寛碑陰題名寛碑有二其故吏門生各立其一也此題名在故吏所立之碑陰其别列於後者

在寛子松之碑陰也寛以漢中平二年卒至唐咸亨元年其裔孫胡城公爽以碑歲久皆仆于野爲再立之幷記其世序嗚呼前世士大夫世家著之譜牒故自中平至咸亨四百餘年而爽能知其世次如此之詳也蓋自黄帝以來子孫分國受姓歷堯舜三代數千歲間詩書所記皆有次序豈非譜繫源流傳之百世而不絶歟此古人所以爲重也不然則士生於世皆莫自知其所出而昧其世德遠近其所以異於禽獸者僅能識其父祖耳其可忽哉唐世譜牒尤備士

大夫務以世家相高至其敝也或陷輕薄婚姻附託邀求貨賂君子患之然而士子脩飭喜自樹立兢兢惟恐墜其世業亦以有譜牒而能知其世也今之譜學亡矣雖名臣巨族未嘗有家譜者然而俗習苟簡廢失者非一豈止家譜而已哉嘉祐八年七月二十九日書

武榮碑

右武榮碑云君諱榮字含和治魯詩韋君章句孝經論語漢書史記左氏國語為州書佐郡曹史主簿督

郵五官掾功曹年三十六汝南蔡府君察舉孝廉執金吾丞孝桓大憂屯守玄武闕加遇害氣遭疾殞靈其餘文字殘缺不見其卒葬年月又不著氏族所出惟其碑首題云漢故執金吾丞武君之碑云治平元年五月六日書

郎中鄭固碑

右郎中鄭固碑文字磨滅其僅可見者云諱固字伯堅孝友著于閨門至行立乎鄉黨初授業於歐陽仕郡諸曹掾史主簿督郵五官掾功曹又曰忠以衛上清以自修其餘殘缺不復成文又云延熹元年二月詔拜郎中非其好也以疾錮辭年四十二遭命殞身而中間又有逡遁退讓之語遁當作循錮當作固疑漢人用字多假借又疑以疾錮辭謂疾已堅固若云以疾篤辭覽者詳之治平元年四月十二日書

班碑

右班碑者蓋其字畫殘滅不復成文其氏族州里官閥卒葬皆不可見其僅見者曰君諱班耳其首書云建元年太歲在丁亥而建下一字不可識以漢書考

之後漢自光武至獻帝以建名元者七謂建武建初建光建康建和建寧建安也以歷推之歲在丁亥迺章帝章和元年後六十一年桓帝即位之明年改本初二年為建和元年歲又在丁亥則此碑所缺迺建和元年也碑文缺滅者十八九惟亡者多而存者少尤為可惜也故録之治平元年四月二十日書

魯峻碑

右魯峻碑云君諱峻字仲嚴山陽昌邑人監營謁者之孫脩武令之子治魯詩顏氏春秋舉孝廉除郎中

謁者河内太守丞辟司徒府舉高第御史東郡頓丘令遷九江太守拜議郎太尉長史御史中丞司隸校尉遭母憂自乞拜議郎服竟還拜屯騎校尉以病遜位熹平元年卒門生于商等二百三十人謚曰忠惠父其餘文字亦粗完故得其遷拜次序頗詳以見漢官之制如此惟云遭母憂自乞拜議郎又其最後爲屯騎校尉而碑首題云漢故司隸校尉忠惠父魯君碑二者莫曉其義治平元年四月二十三日書

公昉碑

右公昉碑者廼漢中太守南陽郭芝爲公昉脩廟記也漢碑今在者類多磨滅而此記文字僅存可讀所謂公昉者初不載其姓名但云君字公昉爾又云耆老相傳以爲王莽居攝二年君爲郡吏啖瓜旁有真人左右莫察君獨進美瓜又從而敬禮之真人者遂與期谷口山上廼與君神藥曰服藥以後當移意萬里知鳥獸言語是時府君去家七百餘里休謁往來轉景即至闔郡驚焉白之府君徙爲御史鼠齧被具君乃畫地爲獄召鼠誅之視其腹中果有被具府君

欲從學道頃無所進府君怒敕尉部吏收公昉妻子公昉呼其師告以厄其師以藥飲公昉妻子曰可去矣妻子戀家不忍去於是廼以藥塗屋柱飲牛馬六畜須臾有大風雲來迎公昉妻子屋宅六畜翛然與之俱去其說如此可以爲怪妄矣嗚呼自聖人没而異端起戰國秦漢以來奇辭怪說紛然爭出不可勝數久而佛之徒來自西夷老之徒起於中國而二患交攻爲吾儒者往往牽而從之其卓然不惑者僅能自守而已欲排其說而黜之常患乎力不足也如公昉之事以語愚人豎子皆知其妄矣不待有力而後能破其惑也然彼漢人乃刻之金石以傳後世其意惟恐後世之不信然後世之人未必不從而惑也治平元年四月二十三日以旱開宮寺祈雨五日中一日休務假書

槀長蔡君頌

右槀長蔡君頌碑在鎮府故天章閣待制楊畋嘗爲余言漢時隸書在者此最爲佳畋自言平生惟學此字余不甚識隸書因畋言遽遣人之常山求得之遂

入于録

郎中王君碑

右王君碑文字磨滅不復成文而僅有存者其名字官閥卒葬年月皆莫可考惟其碑首題云漢故郎中王君之銘知其為漢人姓王氏而官為郎中爾蓋夫有形之物必有時而弊是以君子之道無弊而其垂世者與天地而無窮顔回高卧於陋巷而名與舜禹同榮是豈有託於物而後傳耶豈有為於事而後著耶故曰久而無弊者道隱而終顯者誠此君子之所

貴也若漢王君者託有形之物欲垂無窮之名及其弊也金石何異乎瓦礫也治平元年四月晦日書

太尉陳球碑

右太尉陳球碑云君諱球字伯真廣漢太守之元子也又云除郎中尚書符節郎慎陵園令換中東城門候遷繁陽令拜侍御史其後又云拜将作大匠其餘磨滅僅存按後漢書球傳云父亹廣漢太守陽嘉中球舉孝廉稍遷繁陽令太尉楊秉表球零陵太守後累拜司空光和元年遷太尉坐日食免復拜光禄大夫與司徒劉郃等謀誅宦官曹節等不果下獄死球在零陵破賊胡蘭朱盖有功威著南邦今碑破蘭盖事班班可讀與傳皆合惟不著誅宦官事至其卒時文字磨滅不可識惟云六十有二亦與傳合余所集録古文與史傳多異惟此碑所載與列傳同也治平元年四月晦日書

北海相景君碑

右北海相景君銘其碑首題云漢故益州太守北海相景君銘其餘文字雖往往可讀而漫滅多不成文

故君之名氏邑里官閥皆不可考其可見者云惟漢安二年北海相任城府君卒城下一字不可識當為景也漢功臣景丹封櫟陽侯傳子尚尚傳子苞苞傳子臨以無嗣絶安帝永初中鄧太后紹封苞弟遽為監亭侯以續丹後自是而後史不復書而它景氏亦無顯者漢安順帝年號也君卒於順帝時盖與遽同時人也碑銘有云不永麋壽余家集録三代古器銘有云眉壽者皆為麋盖古字簡少通用至漢猶然也治平元年四月二十九日書

金鄉守長侯君碑

右金鄉守長侯君碑云君諱成字伯盛山陽防東人也其先出自豳岐周文之後封于鄭鄭共仲賜氏曰侯厥胄宣多以功佐國漢之興也侯公納策濟太上皇於鴻溝之阨謚曰安國君曾孫酺封明統侯光武中興玄孫霸為臨淮太守轉拜執法右刺姦五威司命大司徒公封於陵侯枝葉繁茂或家河湑或邑山濟君即上黨太守之弟郡請署主簿督郵五官掾功曹守金鄉長建寧二年四月癸酉卒年八十一碑文首尾皆完故得詳其世次其云上黨太守不見其名按漢書執法左右刺姦五威司命皆王莽官名侯霸列傳云霸莽時為隨令遷執法刺姦而未嘗為五威司命後事光武代伏湛為大司徒封關內侯旣薨光武下詔追封則鄉侯而此碑言封於陵侯未知孰是據碑言刺姦司命為光武時官蓋碑之謬治平元年四月二十九日書

隸釋卷第二十一

隸釋卷第二十二　歐陽氏集古録下

王元賞碑

右王元賞碑云君諱某字元賞御史君之孫茂材君之子也歷秦及漢有國有家宰相牧守踵武相襲又曰遭父喪以孝行稱土皆環堵兼業並授門徒雲集盛於洙泗又云郡察孝廉郎中謁者宛陵丞封丘令母憂去官服祥辟司空府延熹四年五月辛酉遭命而終其文字磨滅隱隱可見者如此其名既亡又不序其姓惟其銘云於惟王君以此知其姓王爾治平元年五月二日書

元節碑

右元節碑文字磨滅不見其氏族其可見者纔數十字爾云君諱立字元節其先出自伊尹其餘不復成文其銘云於穆從事疑其姓伊而為從事也碑無年月而知為漢人者以其隸體與他漢碑同爾治平元年五月二日書

竹邑侯相張壽碑

右竹邑侯相張壽碑云君諱壽字仲吾其先晋大夫張老盛德之裔孝友恭懿明允篤信博物多識略涉傳記臨疑獨照確然不撓有孔甫之風舉孝廉除郎中給事謁者遷竹邑侯相年八十建寧元年五月辛酉卒其大略可見者如此其餘殘闕或在或亡亦班班可讀爾治平元年端午日書

無名碑

右無名碑文字磨滅其姓氏名字皆不可見其僅可見者云州郡課最臨登大郡又曰居喪致哀曾參閔損又曰辟司隸從事拜治書侍御史又曰奮乾剛之嚴威揚哮虎之武節又曰年六十三光和四年閏月

庚申遭疾而卒其餘字畫尚完者多但不能成文爾夫好古之士所藏之物未必能適世之用惟其埋没零落之餘尤以為可惜此好古之僻也治平元年六月五日書

司隸楊君碑

右司隸校尉楊厥碑云惟坤靈定位川澤股躬澤有所注川有所通余谷之川其澤南隆八方所達益域為充高祖受命興於漢中道由子午出散入秦建定帝位以漢詆焉後以子午塗路澁難更隨圍谷復通

堂光凡此四道垓鬲尤艱至於永平其有四年詔書開余鑿通石門中遭元二西夷虐殘橋梁斷絶子谷復循於是故司隸校尉犍爲武陽楊厥字孟文深執忠伉數上奏請廢子由斯得其度經至建和二年漢中太守王升字稚紀嘉君明知美其仁賢勒石頌德以明厥勲其辭大略如此其刻畫尚完可讀大抵述厥修復斜谷路爾但其用字簡省復多舛繆惟以巛爲坤以余爲斜漢人皆爾獨詆字未詳永平明帝建和桓帝年號也

孔君碑

右孔君碑其名字磨滅不可見而世次官閥粗可考云孔子十九代孫潁川君之元子也舉孝廉除郎中博昌長遭太守君憂服竟拜尚書侍郎治書御史博陵太守遷下邳相河東太守建寧四年十月卒其餘文字歷歷可讀以其斷絶處多文理難續故不復盡録然其終始略可見矣惟其名字皆亡爲可惜也治平元年五月十日書

費府君碑

右梁相費府君碑其名字若云諱汎字仲慮而汎疑爲汎慮疑爲寬其官閥可見者爲蕭令九年沛有蝗獨不入其界國以狀聞朝廷嘉諸拜梁相春秋八十卒其銘頗簡而粗完云穆穆顯祖厥德懿鑠播勲於前丕碩基業遺愛於民福流後胙自此八字已滅不可識卒章云功烈休矣来昆戮力而穆爲穌古文多如此也熙寧二年十一月十六日山齋書

樊毅華嶽碑

右樊毅華嶽碑云泰華之山削成四方其高五千仞

廣十里周禮識方氏華謂之西嶽祭視三公者以能興雲雨産万物通精氣有益於人則祀之故帝舜受堯親自巡省暨夏殷周未之有改秦違其典壁遺鄗池二世以亡漢祖應運禮遵陶唐祭則獲福亦世克昌亡新滔逆鬼神不享建武之初彗掃頑凶光和二年有漢元舅五侯之冑謝陽之孫曰樊府君諱毅字仲德命守斯邦孟冬十月齋祠西嶽以傳窄狹不足處尊卑廟舍舊久墻屋傾亞特部行事荀班縣令先讜以漸補治此其事也又云功曹郭敏等遂刊玄石

銘勒鴻勳其字畫頗完其文彬彬可喜惟以周禮職方為識方氏其字畫分明非訛闕疑當時周禮之學自如此盖識誌其義皆通也治平元年五月十日書

北嶽碑

右北嶽碑文字殘滅尤甚莫詳其所載何事弟其隱隱可見者曰光和四年以此知為漢碑耳其文斷絕不可次序多言珪幣牲酒黍稷豐穰等事似是禱賽之文其後有二人姓名偶可見云南陽冠軍馮巡字季祖甘陵夏方字伯陽其餘則莫可考矣治平元年

五月十日書

碑陰題名

右碑陰題名在閿鄉楊震墓側文字磨滅不復可考其僅可見者曰侯長汾陰趙遺子宣侯上滅一字又曰故督郵曹史縣功曹鄉部史柏昱等人名鄉上又滅一字又曰西鄉亭長柏昱子政又曰鄉亭長翟國相如鄉上又滅一字又曰麟都亭長陰定安定谷口亭長方文雅方上又滅一字東門亭長梁忠子孝四望亭長吳鴻子名麟武亭長常曷君宣其餘闕裂不完盖楊氏子孫當時皆葬閿鄉碑碣往往磨滅此不知為誰碑也治平元年五月二十日謝雨致齋于太社書

慎令劉君墓碑

右慎令劉君墓碑在今南京下邑其名已磨滅其字伯麟少罹艱苦身服田畝舉孝廉除郎中辟從事司徒掾遷慎令卒年六十有二其銘曰於惟君德忠孝正直至行通洞高明柔克鬼神福謙受茲介福知命不延引輿旋歸忽然輕舉志皦抜葵人皆有亡貴終

譽兮殁而不朽垂名著兮余家漢碑常患其銘多缺滅而斯銘偶完故録之

伯著碑

右伯著碑者在今宿州出於近歲盖宮部春夫開汴渠於泥沙中掘得之其文字古恠而磨滅無首尾了不可讀伯著不知為何人其僅可見者云渤海君玄孫季景長子也其事迹不可考文辭莫曉而字畫不工徒以其古恠録之此誠好古之弊也治平元年七月三十日

袁良碑

右袁良碑云君諱良字卿卿上一字滅陳國扶樂人也厥先舜苗世為封君周興虞閼父自此而滅又云滿為陳侯至玄孫濤塗以字立姓曰袁自此又滅又云當秦之亂隱居河洛高祖破項寔從其策天下既定還宅扶樂蓋不知為何人也又云孝武征和三年曾孫斬賊先勇拜黄門郎曾孫滅其名賊下亦滅一字又曰封關内侯食遺鄉六百户甍子經嗣經甍子山嗣傳國三世至王莽而絶君即山之曾孫也舉孝廉郎中謁者將作大匠丞相令廣陵太守討江賊張

路等威震徐方謝病歸家孝順初初下數字滅又云府舉君拜議郎符節令其後又云永建六年二月卒其碑首題云漢故國三老袁君碑而碑文有使者持節安車又有几杖之尊袒割之養君實饗之語以此知良嘗為三老矣其餘磨滅雖時時可讀而不能次第也又云帝御九龍殿引對飲宴九龍殿名惟見於此治平元年五月二十九日夏至假書

王稚子闕

右漢人闕銘二其一曰永樂少府賈君闕其一曰雒陽令王君闕二者皆不知為何人按漢書桓帝母孝崇匽皇后居永樂宮和平元年詔置太僕少府如長樂故事又按顔師古注地理志曰魚豢云漢火行忌水故去洛水加隹師古謂光武以後始改為雒然則二人者皆後漢時人也又按漢官儀長樂少府以宦者為之則賈君蓋亦宦者也治平元年九月十五日書

堯祠碑

右堯祠碑在濟陰碑云帝堯者蓋昔世之聖王也又

曰聖漢龍興纂堯之緒祠以上犧至於王莽絶漢之業而壇場夷替屏攝無位大抵文字磨滅字雖可見而不復成文其後有云李樹連理生於堯祠太守河南張寵到官始初出錢二千敬致禮祠其餘不能讀也碑後有年月蓋熹平四年建也治平元年五月晦日書

碑陰題名

右碑陰題名不知為何人碑余家集録古文既多或失其所得之自然漢碑存於今者惟華嶽與孔子廟

最多其陰往往列修廟人姓名并記其所出錢數不過三百至五百今斯碑所題文字缺滅而中間有錢各五百四字則似是修廟人所記其人可見者有濟陰定陶蔡顥子盛山陽金鄉張諺孝德河南宛陵趙堂世萇南陽南鄉鄧升升遠濟陰成武周鳳李節而其餘人姓名邑里多不完又時時有故吏字不知為何人祠廟第以漢隸難得録之爾治平元年閏五月八日書

張公廟碑

右張公廟碑在黎陽而碑無題首又其文字殘滅不可考究莫知為何碑第時時得其字之可識而僅成文者曰惟和平元年正月丙寅和平桓帝年號以此知為漢碑也又曰豐碑廟堂之前又曰於穆張公則又知為張公廟碑矣又云國無災寇屢獲豐年作歌九章頌公德芳其辭有云公與守相駕蜚魚往來倏忽遠熹娛祐此兆民寧厥居其餘字畫尚完者甚多但不成文爾治平元年閏五月九日書是日奏事垂拱退召赴延和閣謝契丹禮物遂歸休

碑陰題名

右碑陰題名二皆不知為何碑陰其人各記所出錢數似是漢時修廟人題名余家集録華嶽及孔子廟碑多如此此亦疑是二廟中碑前碑殘滅尤甚第時有門生濟南東郡等字而姓名無復完者後碑則有議曹功曹騎吏有蓮勺左鄉有秩池陽左鄉有秩池陽集丞有秩皆不知是何名號又有夏陽候長祋祤候長則是縣吏之名其隸字不甚精又無事實可考姑録其名號以俟知者爾治平元年閏五月九日書

西嶽華山廟碑

右西嶽華山廟碑文字尚完可讀其述自漢以来高祖初興改秦淫祀太宗承循各詔有司其山川在諸侯者以時祠之孝武皇帝修封禪之禮巡省五嶽立宮其下宮曰集靈宮殿曰存僊殿門曰望僊門中宗之世使者持節歲一禱而三祠後不承前至於亡新寖用丕虛建武之元事舉其中禮從其省但使二千石歲時往祠自是以来百餘年所立碑石文字磨滅延熹四年弘農太守袁逢修廢起頓易碑飾闕會遷

京兆尹孫府君到欽若嘉業遵而成之孫府君諱璆其大略如此所謂集靈宮者他書皆不見惟見此碑則余之集録不為無益矣治平元年閏月十六日書

孔德讓碣

右孔德讓碑蓋其名已磨滅但云字德讓者宣尼公二十世孫都尉君之子也仕歷郡諸曹史年二十永興二年七月遭疾不禄碑在今兖州孔子墓林中永興孝桓帝年號也其人早卒無事蹟可考余集録所蔵孔林中碑最後得此遂無遺者盖以其文字簡少

無事實故世人遺而不取獨于家有之也治平元年閏五月二十日書

孔宙碑陰題名

右孔宙碑陰題名漢世公卿多自教授聚徒常數百人其親受業者為弟子轉相傳授者為門生今宙碑殘缺其姓名邑里僅可見者纔六十二人其稱弟子者十人門生者四十三人故吏者八人故民者一人宙孔子十九世孫為太山都尉自有録治平元年閏五月二十一日書

楊震碑陰題名

右楊震碑陰題名者一百九十人其餘磨滅不完者又十餘人余家所録漢碑陰題名頗多或稱故吏門生弟子或稱從事曹掾之類其人皆著州縣邑里名字甚詳獨此碑所書簡略直云河間賈伯錡博陵劉顯祖之類凡百九十人者皆然疑其所書皆是字爾盖後漢時人見於史傳者未甞有名兩字者也漢隸世所難得幸而在者多殘滅不完獨此碑刻畫完具而隸法尤精妙甚可喜也治平元年中伏日書

唐君碑

右唐君碑其名已磨滅其字正南云頴川郾人也其先出自慶都感赤龍生堯王有天下苗胄枝分相土視居因氏唐焉君父孝廉郎中早卒君繼厥緒躭道好古敦書咏詩守舞陽丞頴陽令察能治劇遷豫章其後遂復磨滅文字班班可見而不能得其次序其後又云換君昌陽令吏民慕戀牽君車輪不得行君臣流涕道路琅玕是故從事郡掾刊石樹頌歌君之美據此盖縣令去思碑爾其後又云光和六年二月

壬午朔二十五日丙午則知唐君為後漢時人矣治平元年閏五月二十八日書

熊君碑

右熊君碑云君諱喬字舉舉上滅一字其官閥不可詳考其僅可知者劉表時為綏民校尉後遷騎都尉建安二十一年卒享年七十有一其辭有云治歐羊尚書其字非訛缺而以陽為羊盖古文字少故須假借至漢字已備而猶假用何哉後云太歲在申申上滅一字以歷推之當是丙申又云碑師舂陵福造福

上滅一字當是其姓其書顯字皆為顯按許慎說文顯從㬎聲而轉為累其失遠矣莫曉其義也熙寧二年十月晦日山齋記

敬仲碑

右敬仲碑者其姓名字皆不可見惟其初有敬仲二字尚可識故以寓其名爾盖疑其人姓田氏也大抵文字磨滅比其他漢碑尤甚字可識者頗多第不成文爾惟云州郡課最臨登大郡又云居喪致哀又云司隸從事治書侍御史又云光和四年閏月庚申此數句粗可讀爾其餘字畫僅完者以漢隸今為難得録之爾治平元年閏五月二十九日書

衡方碑

右衡方碑云府君諱方字興祖其先伊尹在殷號稱阿衡因而氏焉又曰州舉孝廉除郎中即丘侯相膠東令州舉尤異遷會稽東部都尉又拜議郎北平太守遷潁川太守又曰拜步兵校尉年六十有三建寧元年二月五日癸丑卒於是海内門生故吏采嘉石樹靈碑鐫茂伐秘將來此其始終之大略其餘歷歷

可見而時亦磨滅以其文多不備録也治平元年六月三日書

俞鄉侯季子碑

右俞鄉侯季子碑云君諱熊字孟孟下缺一字廣陵海西人也厥祖天皇大帝垂精接感篤生聖明子孫享之分源而流枝葉扶疎出王別胄受爵列土君光武皇帝之玄廣陵王之孫俞鄉侯之季子也由是而後文字闕滅其稍稍可讀者時得其一二云六籍五典如源如泉既練州郡卷舒委隨化流南城政猶北

辰三祀有成来臻我邦仁恩如冬日威猛烈炎夏吏
民愛若慈父畏如神明其後又云采摭謡言作詩三
章攄碑文無卒葬年月而其辭若此似是德政碑按
後漢書光武皇帝子曰廣陵思王荆荆子元壽等四
人皆封鄉侯而不載其名俞鄉侯者不知為思王荆
之第幾子也治平元年六月五日書

堯祠祈雨碑

右堯祠祈雨碑首尾殘滅其僅可識者有云股肱賢
良廣祈多福虔虔夙夜又云常以甲子日詔大常陳

上古之禮舞先王之樂又云延熹十年仲春二月陽
氣侵陰又云享祀羣神仰瞻雲漢又云嘉澍優沾利
茂萬物又云孟府君知堯精靈與天通神修治大殿
以此知為祈雨於堯祠也堯祠在漢濟陰郡孟府君
者當是濟陰郡太守也其餘隸字完者頗多亦往往
成句但斷續不可次序爾治平元年六月六日書

景君碑

右景君碑尤磨滅惟謁者任城景君數字尚完其餘
班班可見者皆不能成文故其年世壽考功行卒葬
莫可考也蓋漢隸今尤難得其磨滅之餘可惜爾熙
寧二年十月晦日山齋書

景君石郭銘附

右景君石郭銘余既得前景君碑又得此銘皆在任
城不知一景君乎將任城景氏之族多耶文字磨滅
不可考故附於此熙寧三年正月朔旦山齋記

鄐閣頌

右析里橋鄐閣頌建寧五年立云惟斯析里處漢之
右溪源漂疾橫注于道涉秋霖漉稽滯商旅休謁往

還常失日晷行理咨嗟郡縣所苦斯溪既然鄐閣尤
甚臨深長淵三百餘丈接木相連號為萬柱遭遇隤
納人物俱隋沉没洪淵酷烈為禍於是太守河陽李
君諱會字伯都以建寧三年二月辛巳到官思惟惠
利有以綏濟聞此為難其日久矣乃俾府掾仇審改
解危殆即便求隱析里大橋於爾乃造又醳散關之
嶃漯從朝陽之平慘減西高閣就安寧之石道禹導
江河以靖四海經紀厥績艾康萬里乃作頌曰頌後
又有詩皆磨滅不完其云遭遇隤納又云醳散關之

嶰漯徙朝陽之平㑹刻畫適完非其訛謬而莫詳其義疑當時人語與今異又疑漢人用字簡略假借不同爾故録之以俟博識君子治平元年六月十日書

費鳳碑

右費鳳碑云字伯蕭梁相之元子也漢安二年舉孝廉拜郎中除陳國新平長又云試守故障長其文班班可見而卒葬年壽皆不載其後悉為五言韻語其略曰不悟奄忽終藏形而匿景耕夫釋耒耜桑女投鉤莒道阻而且長坐起淚如雨其文既非工故不悉

録熙寧二年十一月十六日山齋書

魏受禪壇碑

右魏受禪碑世傳為梁鵠書而顏真卿又以為鍾繇書莫知孰是按漢獻帝紀延康元年十月乙卯皇帝遜位魏王稱天子又按魏志是歲十一月葬士卒死亡者猶稱令是月丙午漢帝使張愔奉璽綬庚午王升壇受禅又是月癸酉奉漢帝為山陽公而此碑云十月辛未受禪于漢三家之說皆不同今據裴松之注魏志備列漢魏禪代詔冊書令羣臣奏議甚詳盖

漢實以十月乙卯策詔魏王使張愔奉璽綬而魏王辭讓往反三四而後受也又據侍中劉廙奏問太史令許芝今月十七日巳未可治壇場又據尚書令桓階等奏云輙下太史令擇元辰今月二十九日可登壇受命盖自十七日巳未至二十九日正得辛未以此推之漢魏二紀皆謬而獨此碑為是也漢紀乙卯遜位者書其初命而略其辭讓往反遂失其實爾魏志十一月癸卯猶稱令者當是十月衍一字爾丙午張愔奉璽綬者辭讓往反容有之也惟庚午升壇最

為謬爾癸卯去癸酉三十一日不得同為十一月此尤謬也禪代大事也而二紀所書如此則史官之失以惑後世者可勝道哉嘉祐八年九月十七日書

魏公卿上尊號表

右魏公卿上尊號表唐賢多傳為梁鵠書今人或謂非鵠也乃鍾繇書爾未知孰是也嗚呼漢魏之事讀其書者可為之流涕也其巨碑偉字其意惟恐傳之不遠也豈以後世為可欺歟不然不知恥者無所不為乎

右歐陽公集古録二卷公名修字永叔廬陵人平生嗜古有歷代石刻一千卷軸而藏之撮其大要為之說既刻而傳於世矣嘉祐治平年公在政府時又各書其卷尾文或小異蓋竄定有先後也凡說漢隸者今録之張平子碑南陽秦君額皆篆也左右生題名非文翁學生也故去之其間姓名官稱歲月文辭考證之誤者視隸釋則可見也千卷之藏其傳不一再世而靡有孑遺矣聚之難而散之易如此惜哉

隸釋卷第二十二

隸釋卷第二十三

歐陽棐集古録目

集古録既成之八年家君命棐曰吾集録前世埋沒缺落之文獨取世人無用之物而藏之者豈徒出於嗜好之僻而以為耳目之玩哉其為所得亦已多矣故嘗序其說而刻之又跋於諸卷之尾者二百九十六篇序所謂可與史傳正其闕謬者已粗備矣若撮其大要别為目録則吾未暇然不可以缺而不備也棐退而悉發千卷之藏而考之曰嗚呼可謂詳矣蓋自文武以來迄於五代盛衰得失賢臣義士姦雄賊

亂之事可以動人耳目者至於釋氏道家之言莫不皆有然分散零落數千百年而後聚於此則亦可謂難矣其聚之既難則其久也又將遂散而無傳宜公之惜乎此也於是各取其書撰之人事迹之始終所立之時世而著之為一十卷以附於跋尾之後夫此千卷之書者刻之金石託之山崖未嘗不為無窮之計也然必待集録而後著者豈非以其繁而難於盡傳哉故著其大略而不道其詳者公之志也熙寧二年二月記

沛相楊君碑

右不著書撰人名氏楊君震之後也孝順帝時以掾史召拜郎中累遷沛相建寧中卒碑為隸字首尾不完失其名字矣碑在閿鄉震墓側

楊君碑陰題名

右不著書人名氏碑首尾不完今可見者四十餘人各有所出錢數楊氏數世皆葬閿鄉此碑有稱後公門生者有稱沛君門生者不知何人碑陰也後公義不可知沛君所謂沛相者也碑在陝府閿鄉

郭先生碑

右隸書不著書撰人名氏書字甚古蓋漢碑也先生名輔字甫成荊州人碑在襄州穀城縣

魏受禪壇記

右隸書不著書撰人名氏世傳以為鍾繇書或以為梁鵠書魏文帝黃初元年為壇於繁昌以受漢禪碑不著所立年月在許州魏文帝廟中

魏公卿上尊號表

右不著書撰人名氏字與受禪壇記同漢既禪位文帝未受魏相國安樂鄉侯華歆等上表勸進碑在許州

楊震碑

右隸書不著書撰人名氏其前不完碑首題曰漢太尉楊公神道碑銘震安帝時位至太尉碑在陝府閿鄉縣

繁陽令楊君碑銘

右漢隸不著書撰人名氏殘缺不完不見其名字其可見者曰富波君之小子據楊震碑考之富波侯相

名牧震之子也碑在陝府閿鄉

高陽令楊君碑

右漢隸不著書撰人名氏首尾不完不見名字據碑嘗為高陽令寂後為善（上一字缺）侯相而碑額但曰高陽令楊君碑據楊震碑高陽令名著震孫也碑在陝府閿鄉

文翁石柱記

右漢隸不著書撰人名氏初文翁為蜀郡守始立學校至安帝永初中以火災被焚惟廟門兩石闕獲存

獻帝時太守高眹重修立之又於其東別築周公禮殿碑以初平五年立在益州

魏大饗碑

右隸書不著書撰人名氏亳州圖經以為梁鵠書魏文帝初即王位將伐吳南行至譙饗軍士耆老于故宅此碑其元年上兩字缺不可見當為延康元年也在亳州魏帝廟中

魏魯孔子廟碑

右不著書撰人名氏字為隸書魏文帝黃初二年封

議郎孔羨為宗聖侯奉孔子祀詔魯立廟置吏卒守衛魯人立此頌碑在兗州

樊常侍碑

右漢隸不著書撰人名氏常侍名安字子佑南陽湖陽人官至中常侍追贈騎都尉此碑并追贈制書同刻以延熹三年立在唐州湖陽縣

玄儒婁先生碑

右隸書不著書撰人名氏先生名壽字元考南陽人隱居不仕以教授為業碑延熹中立在光化軍乾德縣壽墓之側

老子銘

右漢陳相邊韶撰字為隸書不著名氏世以為蔡邕書據碑延熹八年八月桓帝夢見老子尊而祀之韶時典其禮因而為銘碑在亳州衛真縣太清宮

曹騰碑

右漢隸不著書撰人名氏騰桓帝時官至中常侍長樂大僕封費亭侯追加兼諫議印綬碑無所立年月在亳州

桂陽周府君碑

右漢隸不著書撰人名氏韶州圖經云郭蒼撰初桂陽有瀧水人患其險太守下邳周憬字君光穎山鑿石以通之延熹三年故吏區祉刻石以紀功并祉等故吏題名者二十二人在韶州樂昌縣昌樂瀧上周君廟中

桐柏廟碑

右漢隸不著書撰人名氏南陽太守盧奴（碑缺不見姓）君延熹六年重修桐柏廟作此頌桐柏淮源也碑在鄧

州

修西嶽廟復民賦頌

右隸書不著書人名氏漢弘農太守樊毅上尚書表也毅使從事荀班華陰令先讜繕治嶽廟幷復華下十里民田租口算以其事表上光和二年也碑久埋沒唐興元元年華陰令盧倣求得而為之記八分書於碑末在華州

楊公碑陰題名

右漢隸無名氏題名可見者十五人皆稱故吏在閿

鄉楊氏墓側不知何人碑陰也幷漢殘碑題名附首尾殘缺存者四十餘人又有衙令修廟題名寂完可見者曰朔方臨戎孫羨太守仇君察孝廉遷衙令到官立祠刊石其後列時人姓名所出錢數然亦不言所立為何祠也碑延熹五年立

朱龜碑

右不著書撰人名氏字為隸書龜字伯靈廣陵人官至幽州刺史碑以中平中立碑缺不見年數在亳州

劉寬碑

右漢隸不著書撰人名氏寬字文饒弘農華陰人靈帝時官至太尉封逯鄉侯謚曰昭烈此碑故吏李謙等所立在洛陽

劉寬碑

右漢隸不著書撰人名氏寬門生殷苞等立不知所立年月在洛陽

孫叔敖碑

右漢隸不著書撰人名氏叔敖事迹著於史傳然皆謂之叔敖而已獨此碑言其名饒叔敖乃字也其他

事迹與史傳同延熹三年期思令光碑亡其姓為之立廟及此碑在光州

穀阬神君碑

右漢隸不著書撰人名氏中條山有石隄樹谷常湧溢為患故立穀阬泄其水注之於渭自前漢時立廟以祠之其後阬稍堙塞廟亦毀廢後漢鄭縣令裴瞧字君光復浚阬立廟碑以光和四年立幷縣丞夏龔等題名者六十三人在華州鄭縣

樊毅修華嶽廟碑

右隸書不著書撰人名氏據碑漢光和元年弘農太守河南樊毅字仲德初至郡親祠西嶽以其齋室逼窄使縣令盷忍先讜繕治之明年正月巳卯而就立此碑在華州

祝睦碑

右漢隸不著書撰人名氏睦字元德濟陰巳氏人桓帝時官至山陽太守碑以延熹七年立在南京虞城縣

范式碑

右隸書不著書撰人名氏式字巨卿山陽金鄉人後漢時官至廬江太守獨行之士也此碑文字斷缺其字及鄉里皆不可見魏青龍三年縣長薛名缺為之立廟建碑在金鄉

祝睦後碑

右漢隸不著書撰人名氏睦故吏王堂等所立其所敘述與前碑同在南京虞城縣

殘碑

右隸書今殘缺之餘所存者數十字而有其名字曰高字幼德其他皆不可知也

修孔子廟器表

右隸書不著書撰人名氏據碑孔子甥顔氏居魯親里妃开官氏居安樂里魯相河南京人韓勑字叔節復其里中繇役以尊孔子孔子廟所藏舊車見毀於秦項之際君修立宅廟造柤梪瑟鼓之屬更作二輿時桓帝永壽二年也碑在兖州

泰山都尉孔君碑

右隸書不著書撰人名氏孔君名宙字季将孔子十

九世孫後漢桓帝時為泰山都尉以疾致仕碑以延熹七年立在兖州

吴雄修孔子廟碑

右隸書不著書人名氏其奏曰司徒雄司空戒言魯前相瑛言孔子廟褒成侯四時祀巳即去有禮器無常人掌領乞置百石卒史出王家錢給饗禮元嘉三年奏制曰可司徒司空下魯相承書從事選年四十通經藝者永興元年相平等言司徒司空府除文學掾魯孔龢如牒并為贊刻於後吴雄河南人字季直

趙戒成都人字意伯瑛姓乙字少卿平原高唐人碑
在兗州

張表碑

右漢隸不著書撰人名氏表字元異嘗爲冀州從事
後去官不仕而終碑以建寧中立在冀州

郭中候碑

右隸書不著書撰人名氏中候名已磨滅不可見而
字有其下一字曰奇河內汲人仕至北軍中候碑以
建寧五年立在河陽

司隸從事郭究碑

右漢隸不著書撰人名氏究字長碑缺汲人也官至司
隸從事碑以中平元年立在河陽

田君碑

右漢隸無書撰人名氏田君名字皆缺亡不可見東
平陽人也延熹中太山琅邪盜起以選爲費令碑以
永康中立在沂州

堯母碑

右隸書不著書撰人名氏堯母慶都葬於成陽立黄
屋其上謂之靈臺歷代常奉祠之至王莽而絶後漢
故廷尉碑缺姓名請於朝復立其廟及濟陰太守審晃修
營之以建寧五年立此碑在曹州濟陰

魯相晨孔子廟碑

右建寧二年魯相晨長史謙表言臣到官謁孔子宅
而無公出酒脯之祠輒依社稷出王家穀春秋行禮
以事上尚書幷有銘辭皆隸書在兗州

楊君碑陰題名

右隸書凡故吏故民處士等百有餘人在閿鄉楊氏

墓側碑陰

無極山神廟碑

右隸書光和四年太常耽丞敏表上尚書言中山男
子高遷等爲無極山索法食乞少府給珪璧制曰可
後有銘辭在定州

劉曜碑幷陰

右隸書不著書撰人名氏曜字季尼東平無鹽人仕
至光祿勳碑缺不見其卒葬年月碑陰有門生故吏
題名及所出錢數在鄆州

石經遺字

右古文篆隷三體凡八百二十九字後漢熹平中校定五經使蔡邕以三體書令其石亡失皆盡皇祐中有蘇望者得摸本左傳於故相王文康家取其完者而刻之莫辯其真僞也在洛陽蘇氏家

小黄門譙君碑

右隷書不著書撰人名氏君名敏字漢達碑以中平四年立

太尉劉公碑陰

右隷書故相國别部司馬王曜等數百人皆有所出錢數劉寬故吏共為寛立碑因記於碑陰唐咸亨元年寛十五世孫湖城公爽重立此碑又為記刻於後不著書人名氏又有寛子松碑陰題名漫滅不見者今過半矣皆在洛陽

武榮碑

右漢隷不著書撰人名氏榮字含和桓帝末官至執金吾丞碑不書其鄉里及卒葬年月

郎中鄭固碑

右漢隷無書撰人名氏固字伯堅延熹中仕至郎中

武班碑

右不著撰人名氏嚴祺字伯魯隷書君名班字宣（下一字缺）敦煌人碑以建和元年立今其文字磨滅姓名鄉里粗得其髣髴而官爵事迹皆不可復知矣

魯峻碑

右隷書不著書撰人名氏峻字仲嚴高平昌邑人官至屯騎校尉以病去位門生于商等追謚曰忠惠父碑以熹平中立在今濟州

公昉碑

右不著書撰人名氏公昉成固人碑不書其姓名公昉乃字也耆舊相傳云公昉以王莽居攝中及其妻子室屋牛馬皆升天後漢漢中太守郭芝修其廟立此記不知所立年月在興元

豪長蔡君頌

右不著書撰人名氏字為隷書君名湛字子德河内修武人碑以光和中立在鎮府

郎中王君碑

右隸書不著書撰人名氏碑石剥缺其間可見者曰季輔漢中太守之孫餘不復可讀而其額曰漢郎中王君銘故知其姓氏官閥耳

太尉陳球碑

右隸書不著書撰人名氏球字伯真後漢光和中位至太尉不知所立年月

北海相景君碑

右隸書不著書撰人名氏景君任城人嘗為北海相終於益州太守碑文歷歷可見而不著君之名字蓋

北海故吏諸生之所立也漢安二年立在任城

金鄉守長侯君碑

右隸書不著書撰人名氏君名成字伯盛山陽防東人碑以建寧二年立

王元賞碑

右隸書不著書撰人名氏碑以延熹四年立王君嘗為封丘令辟司空府元賞其字也碑已漫滅元賞之名及其鄉里皆不可見故以其字稱之

元節碑

右隸書不著書撰人名氏君名立字元節出于伊尹之後其姓氏爵里卒葬之年月皆不可辯然其隸字甚古所以知為漢碑也

張壽碑

右漢隸不著書撰人名氏壽字仲吾官至竹邑侯相碑以建寧元年立

無名碑

右隸書不著書撰人名氏漢司隸從事之碑以光和四年立文字缺滅亡其姓名鄉里故謂之無名碑

司隸校尉楊君頌

右隸書不著書撰人名氏文為韻語然其事迹粗可考見其所頌者楊君復余谷之路也永平中始詔開余谷中間西羌亂道絶不通復由子午谷險阻為患司隸校尉犍為武陽楊厥孟文請廢子午道復由余谷建和二年漢中太守王升稚紀為之刻石頌德其所謂余谷者蓋斜谷也漢人用字多從省文如此耳碑在興元

孔君碑

右隷書不著書撰人名氏孔君名缺不可識其字曰
元上孔子十九世孫官至河東太守碑以建寧四年
故吏王沛等立在兖州

費府君碑

右隷書不著書撰人名氏君名況字仲慮官至梁相
碑不載其鄉里及刻石年月在今南京

樊毅碑

右隷書不著書撰人名氏漢光和二年華陰太守樊
毅修嶽祠記也幷唐貞元三年檢校太子庶子董叔

經等十五人題名附在華州

北嶽廟碑

右隷書不著書撰人名氏文字磨滅者多不可悉考
其中間有稱光和四年元氏左尉上郡瑋其意若瑋
被選舉而立此銘以報神貺在定州

碑陰題名

右隷書殘缺不完其可見者數十人在陝府閿鄉楊
氏墓側

慎令劉君墓碑

右隷書不著書撰人名氏劉君名氏缺有其字曰伯
麟仕至慎令弃官終于家其卒葬之年月缺滅不明
而隱隱可見疑為建寧四年也碑在南京下邑縣

周伯著碑

右其字畫如隷書而甚古怪又多磨滅伯著者莫知
為何人其時世亦不可考但其文有曰伯著者渤海
君玄孫季景長子而其額曰周末嗣某氏（某字不可識）襲
興與上又缺一字渤海君玄孫伯著之碑而已然則
周亦非伯著之姓也碑在宿州

袁良碑

右隷書不著書撰人名氏良字卿卿上一字缺陳國
扶樂人歷議郎符節令嘗為三老其額曰國三老袁
君碑碑以永建中立在今開封扶溝

王君闕

右漢人闕銘二其一篆書曰漢故永樂少府將作貫
君之闕而將作下二字缺不可識其一隷書曰漢故
兖州刺史雒陽令王君之闕而王君下亦缺二字

堯祠碑

右隸書不著書撰人名氏文字漫滅者多其大略曰漢纂堯之緒祠以上犧王莽偕漢壇場亶替又曰復舊典造立靈廟以一太牢春秋秩祠陳國鄭下一字缺故太守仲又缺一字廣宗長仲選共立壇墠刊碑紀德李木連理生於堯祠太守河南張寵繼擬前緒以錢二千敬致禮祠臨立壇碑時熹平四年也碑在濟陰

碑陰題名

右隸書不知其為何碑之陰無書人名氏刻石年月

張公廟碑

右隸書不著書撰人名氏字多訛缺雖事迹粗可見而不復成文其間有銘辭凡二首漢朝歌長鄭郴以和平元年為張公立碑於廟又為監黎陽營謁者李君作歌九章同刻其後有李君等題名亦訛缺不可辯矣在黎陽

碑陰題名

右凡二本皆隸書前本皆稱舊吏門生後本皆諸曹史騎吏及萬年蓮勺等鄉有秩各有所出錢數

西嶽廟碑

右不著撰人名氏書佐郭香察隸書延熹四年弘農太守袁逢以嶽廟故碑磨滅改立碑作銘會遷為京兆尹後太守孫璆成之碑以延熹八年立在華嶽其後有唐人題名

孔德讓碣

右漢隸不著書撰人名氏孔君名缺德讓其字也孔子二十世孫仕至郡諸曹史碑以永興中立在兗州孔氏墓林中

孔宙碑陰

右泰山都尉孔宙碑陰題名凡六十二人其四十三人稱門生八人稱故吏一人稱故民十人稱弟子皆隸書不著書人名氏宙碑在別卷

楊震碑陰題名

右隸書不著書人名氏題名者百九十餘人皆著鄉里姓字而不名在漢太尉楊震碑陰

唐君碑

右隸書不著書撰人名氏唐君名缺字正南潁川郾人歷潁陽令遷豫章府後徙昌陽令故從事等刊石

六二一五

立頌中間文字或完或缺不得其詳其後又題曰處士間缺一字班戀念唐君為立碑表蓋去思碑也光和六年立

綏民校尉熊君碑

右隸書不著書撰人名氏熊君名喬字舉舉上一字缺不可識後漢末為桂陽曲紅長拜綏民校尉遷騎都尉灌陽長而卒其銘辭之後又曰長沙茶陵長文春字季秋重安侯相杜暉字慈明皆略有所敘述碑以建安二十一年立

敬仲碑

右隸書不著書撰人名氏碑石刓缺其人之名氏皆不可知而碑首有敬仲二字故以為名其間有云拜治書侍御史又曰光和四年卒其他不可詳也

衡方碑

右隸書不著書撰人名氏方字興祖平陸人位至步兵校尉碑以建寧中立

俞鄉侯季子碑

右隸書不著書撰人名氏君名熊字孟孟下缺一字廣陵海西人漢之宗室父封俞鄉侯此其德政碑也但曰來居此邦而不書其郡縣之名不著所立年月在今揚州

堯祠祈雨碑

右孟府君堯祠祈雨碑隸書不著書撰人名氏碑以延熹中立在曹州濟陰

景君碑

右隸書不著書撰人名氏文字訛缺其首曰惟元元下缺二字蓋其年號也又曰謁者任城景君卒其餘

雖時有完者不可考矣景君石槨銘附其文曰惟元初四年三月丙戌景君卒以五年二月葬又曰司空太常博士舉高經君為其元其後遂曰以病喪身蓋文多訛缺此其粗可見者也皆在任城

郙閣頌

右不著撰人名氏漢仇紼隸書據碑所載析里郙閣皆地名也其地有溪水漂溢為患太守阿陽李會使衡官掾仇審作大橋於析里以建寧五年立此頌在興元

費鳳碑

右石勖撰隸書不著書人名氏鳳字伯蕭漢安中歷守故鄣堂邑長勖自稱鳳舅家中孫文悉為五字句不著所立年月

右歐陽君集古録目一卷君名棐字叔弼六一翁之季子也仕至太常少卿直龍圖閣君佩趨庭之訓讀父之書摭其略而目之凡集古所藏歐陽公未嘗無說獨三體石經置而弗論豈有所疑而未決乎叔弼遂定作漢刻蓋為儒林傳所誤中常侍曹騰死漢遣諫議大夫以特進印綬贈之而此云贈騰為諫議非也其載碑碣所出如劉熊碑在酸棗而云揚州費汎碑在湖州而云南京則有不可盡信者

隸釋卷第二十三

隸釋卷第二十四　趙明誠金石録上

成皐令任伯嗣碑　任伯嗣碑陰
平輿令薛君碑　泰山都尉孔宙碑
孔宙碑陰　西嶽華山廟碑
老子銘　荊州刺史度尚碑
車騎將軍馮緄碑　魯相晨謁孔子冢文
廣漢縣令王君神道　金鄉守長侯君碑
郴孝廉碑　衛尉卿衡方碑
沛相楊君碑　淳于長夏承碑

余自少小喜從當世學士大夫訪問前代金石刻詞以廣異聞後得歐陽文忠公集古録讀而賢之以為是正譌謬有功於後學甚大惜其尚有漏落又無歲月先後之次思欲廣而成書以傳學者於是益訪求藏畜凡廿年而後粗備上自三代下訖隋唐五季內自京師達于四方遐邦絶域夷狄所傳倉史以來古文奇字大小二篆分隸行草之書鍾鼎簠簋尊敦甗鬲槃杅之銘詞人墨客詩歌賦頌碑志叙記之文章名卿賢士之功烈行治至於浮屠老子之說凡古物奇器豐碑巨刻所載與夫殘章斷畫磨滅而僅存者

略無遺矣因次其先後為二千卷余之致力於斯可謂勤且久矣非特區區為玩好之具而已也蓋竊嘗以謂詩書以後君臣行事之迹悉載於史雖是非褒貶出於秉筆者私意或失其實然至其善惡大節有不可誣而又傳之既久理當依據若夫歲月地理官爵世次以金石刻攷之其抵牾十常三四蓋史牒出於後人之手不能無失而刻詞當時所立可信不疑則又攷其異同參以他書為金石録卅卷至於文辭之媺惡字畫之工拙覽者當自得之皆不復論嗚呼自三代以來聖賢遺迹著于金石者多矣蓋其風雨侵蝕與夫樵夫牧童毀傷淪棄之餘幸而存者止此爾是金石之固猶不足恃然則所謂二千卷者終歸於磨滅而余之是書有時而或傳也孔子曰飽食終日無所用心難矣哉不有博奕者乎爲之猶賢乎已是書之成其賢於無所用心豈特博弈之比乎輒録而傳諸後世好古博雅之士其必有補焉東武趙明誠序

會稽東部都尉路君闕銘

右路君闕銘二其一云會稽東部都尉路君闕永平八年四月十四日庚申造其一云君故豫州刺史溫令元城令公車司馬令開陽令謁者議郎徵試博士路君不知為何人按漢書志建武六年省諸郡都尉惟邊郡往往有之豈會稽邊海故置此官歟又任延嘗為會稽西部都尉而此云東部疑當時會稽分東西部各置都尉史不載爾

南武陽功曹闕銘

右南武陽功曹墓闕銘云南武陽功曹鄉嗇夫又云

以為國三老又云章和元年其它族系名字皆磨滅不可考究墓在今沂州有兩闕其一銘元和中立文字尤殘缺難讀

王稚子闕銘

右王稚子闕銘二其一云漢故先靈侍御史河內縣令王君稚子闕其一云漢故兖州刺史洛陽令王君稚子之闕按范曄後漢書循吏傳王渙字稚子嘗為溫令而刻石為河內令者葢史之誤渙以元興元年卒然則闕銘葢和帝時所立也

謁者景君表

右謁者景君表其額題漢故謁者景君墓表而其文云惟元初元年五月丁卯故謁者任城景君卒其他文字磨滅時有可讀處皆斷續不復成文矣元初安帝時年號也此在漢時石刻中殘缺為甚特以安帝以前碑碣存者無幾不可棄也故録之

景君碑陰

右謁者景君碑陰其前題云諸生服義者又云義士北海劉張敏字公輔弟子濟北荏平甯尊凡十五人

皆完好可讀云

鄭令景君闕銘

右鄭令景君闕銘云維元初四年三月丙戌鄭令景君卒又云君存時恬然無欲樂道安貧信而好古非法不言治歐陽尚書傳祖父河南尹父步兵校尉業門徒上録三千餘人又云三司聘請流化下邳又云司空太常博士並舉高經君為其元假涂鄭城姦邪洗心又云被病喪身歸于幽冥門人服義百有餘人按漢人為景君刻銘本欲傳于不朽而不著其族系

名字何哉

國三老袁君碑

右國三老袁君碑按元和姓纂云袁幹封貴鄉侯始居陳郡爲著姓八代孫良生昌璋昌生安璋生滂爲司徒唐書宰相世系表云袁生玄孫幹封貴鄉侯八世孫良二子昌璋昌成武令生安璋生滂以此碑及後漢書攷之姓纂與唐表殊爲踈謬袁安列傳云安祖父良平帝時舉明經爲太子舍人建武中至成武令今據此碑良以永建六年卒相距蓋百餘年以此

知非一人無疑又安以永元四年薨良之卒乃在其後三十九年以此知非安之祖亦無疑也蓋安汝南汝陽人滂乃陳郡扶樂人其鄉里族系亦自不同而安與滂相去歲月甚遠不得爲從父兄弟明矣豈二人之祖其名偶同遂爾差謬邪又此碑與李利涉編古命氏皆云良幹五世孫而姓纂唐史皆以爲八代孫碑云幹袁生之曾孫而唐史以爲玄孫諸書皆云幹以討公孫勇功封貴鄉侯而碑獨作公先勇又云封關內侯食遺鄉六百户者皆莫可考安列傳稱祖良爲成武令而唐史謂昌爲此官者疑唐史之誤也又酈道元水經注扶溝城北有袁梁碑云梁陳國扶樂人事與碑合唯水經誤以良爲梁爾袁氏自漢以來世爲著姓安與滂皆一時顯人而諸書於其族系錯謬如此以此知典籍所載其失可勝道哉

西嶽石闕銘

右西嶽石闕銘云永和元年五月癸丑朔六日戊午弘農太守常山元氏張勳爲西嶽華山作石闕高二文二尺其後爲韻語文詞頗恠又字多假借時有難

曉處永和漢順帝晉穆帝姚泓皆有此號穆帝時華陰不屬晉以此碑字畫驗之恐非姚泓時蓋漢刻也又按晉書載記姚興與泓傳本朝宋莒公紀年通譜皆云泓以義熙十二年即僞位改元永和獨帝紀作十一年未知孰是因考永和年號并記之

北海相景君碑

右北海相景君碑在濟州任城縣景氏在漢世爲任城人今有三碑尚存余皆得之此碑㝡完

景君碑陰

右景君碑陰按後漢書百官志注河南尹官屬有循行一百三十人而晉書職官志州縣吏皆有循行今此碑陰載故吏都昌台丘暹而下十九人皆作脩行他漢及晉碑數有之亦與此碑陰所書同豈循脩字畫相類遂致訛謬邪碑陰又有故午營陵是遷等六人名姓莫知其為何官又台丘不見于姓氏書惟見于此者兩人云

敦煌長史武班碑

右敦煌長史武班碑歐陽公集古錄云漢班碑者盖其字畫殘滅不復成文其氏族官閥卒葬皆不可見其可見者君諱班爾今以余家所藏本考之文字雖漫滅然猶歷歷可辨其額題云漢故敦煌長史武君之碑知其姓武而官為敦煌長史也碑云君諱班字宣張昔殷王武丁克伐鬼方元功章炳勳藏王府官族析分因以為氏知其名字與氏族所出也又云永嘉元年卒知其卒之年月也

武氏石闕銘

右武氏石闕銘云建和元年太歲在丁亥三月庚戌朔四日癸丑孝子武始公弟綏宗景興開明使石工孟季季弟卯造此闕直錢十五萬孫宗作師子直四萬開明子宣張仕濟陰年二十五曹府君察舉孝廉除敦煌長史被病云殁苗秀不遂嗚呼哀哉士女痛傷武氏有數墓在任城開明者仕為吳郡府丞綏宗名梁仕為郡從事宣張名班皆自有碑

費亭侯曹騰碑

右費亭侯曹騰碑云惟建和元年七月二十二日己巳皇太后曰其遣費亭侯之國為漢輔藩而歐陽公集古錄乃言皇帝若曰其遣費亭侯之國誤也按後漢書建和元年桓帝即位梁太后臨朝稱制盖此碑所載遣騰之國詔書乃梁太后非桓帝也東漢自安順已來閹竪尊寵用事往往封侯貴顯其後騰之孫操及其曽孫丕再世數十年憑藉勢力卒移漢祚而有之以此觀之閹竪用事之禍可勝言哉

司隸楊厥開石門頌

右司隸楊厥開石門頌余嘗讀范瞱後漢書鄧騭傳有云時遭元二之災人士饑荒章懷太子注以謂元

二即元元也古書字當再讀者即於上字下為小二字後人不曉遂讀為元二或同之陽九或附之百六良由不悟致斯乖舛今岐州石鼓銘凡重言者皆為二字明驗也其說甚辨學者信之今此碑有曰中遭元二西戎虐殘橋梁斷絕若讀為元元則為不成文理疑當時自有此語漢書注未必然也

吳郡丞武開明碑

右吳郡丞武開明碑云君字開明而其名已殘闕又云永和二年舉孝廉除郎謁者漢安二年遷大長秋

丞長樂大僕丞永嘉元年罷母去官復拜郎中除吳郡府丞壽五十七建和二年十一月十六日遘疾卒其可見者如此其他磨滅不能盡讀按後漢書志大長秋丞一人秩六百石本注宦者又長樂少府位長秋上及職吏皆宦者又有太僕二千石在少府上丞六百石據志所載中官及長樂宮官屬皆以宦者為之而以史傳及漢魏石刻參考如大長秋少府之類皆雜用士人今武君以孝廉為郎謁者郎中吳郡府丞皆非宦者之職然則兩宮官屬蓋亦雜用士人也

祝長嚴訢碑

右祝長嚴訢碑政和中下邳縣民耕地得之碑云惟漢中興卯金休烈和平元年歲治東宫星屬角房月建朱鳥中呂之均萬物慈射華澤青葱蚑行蠕動咸守厥常人物同授獨遭災霜顛實徂落壽不寬弘經設三命君獲其央年六十九又云伊歎嚴君諱訢字少通兆自楚莊祖考相承招命道術治嚴氏春秋馮君章句又云幼為郡掾史會稽諸暨尉烏程毗陵餘暨章安山陰長以病去官後為丹陽陵陽丞守春穀

長舉廉遷東牟侯相下邳祝長典牧十城所在若神其後有銘銘為五言頗殘闕難讀云

從事武梁碑

右從事武梁碑云故從事武掾諱梁字綏宗體德忠孝岐嶷有異治韓詩闕幘傳講兼通河雒諸子傳記又云州郡請召辭疾不就安衡門之陋樂朝聞之義又云年七十四元嘉元年季夏三日遭疾隕靈其後有銘云懿德玄通幽昌明兮隱居靖處休曜章兮樂道忽榮垂蘭芳兮身沒名存傳無疆兮其他刻畫皆

完可讀文多不盡録碑在濟之任城余崇寧初嘗得此碑愛其完好後十餘年再得此本則缺其最後四字矣

平都侯相蔣君碑

右平都侯相蔣君碑文字殘缺其名字官閥皆不可考惟其額題漢故平都侯相蔣君之碑而碑云年六十有五元嘉二年三月甲午卒爾有劉季孫景文者知名士與余先公有舊家藏金石刻千餘卷既歿其子不能保爲一武人得之其後余故人王偁定觀復

得數百卷其中漢碑數本余所未有者悉以見贈此其一也

孔子廟置卒史碑

右孔子廟置卒史碑其前有司徒吳雄司空趙戒奏章歐陽文忠公具載于集古録其後又有魯相奏記司徒司空府文字尤爲完好云永興元年六月甲辰朔十八日辛酉魯相平行長史事卞守長擅叩頭死罪敢言之司徒司空府壬寅詔書爲孔子廟置百石卒史一人掌主禮器選年四十以上經通一埶雜試能奉弘先聖之禮爲宗所歸者平叩頭叩頭死罪死罪謹按文書守文學掾魯孔龢師孔憲戶曹史孔覽等雜試龢修春秋嚴氏經通高第事親至孝能奉先聖之禮爲宗所歸除龢補名狀如牒平惶恐叩頭死罪上司空府其詞彬彬可嘉故備録之且以見漢時郡國奏記公府其體如此也按華陽國志後漢書注皆云趙戒字志伯而此碑乃作意伯疑其避桓帝諱故改焉

東海相桓君海廟碑

右東海相桓君海廟碑云惟永壽元年春正月有漢東海相桓君又云熹平元年夏四月東海相山陽滿君其餘文字完者尚多大略記修飾祠宇事而其銘詩有云浩浩倉海百川之宗知其爲海廟碑也桓君與滿君皆不著其名莫知爲何人碑在今海州

孔君碣

右孔君碣在孔子墓林中其額題孔君之墓文已殘闕其前云元年乙未而元年上缺二字按東漢自建武以後惟桓帝永壽元年歲次乙未其他有三乙未

皆非元年然則此碣所缺二字當為永壽也

韓明府孔子廟碑

右韓明府孔子廟碑其略云君造立禮器樂之音符鍾磬瑟鼓雷洗觴觚爵鹿柤梪籩柉禁壺修飾宅廟更造二輿所謂鹿者禮圖不載莫知為何器又據字書柉木皮可為索壺陳樂也亦非器名皆不可曉故幷著其語以俟知者（余後見汶陽陳氏所藏古彝為伏鹿之形近歲青州獲一罍亦全為鹿形疑所謂鹿者因其形而名之尓）

吉成侯州輔碑

右吉成侯州輔碑名字已殘缺其額題云漢故中常侍長樂太僕吉成侯州君之銘輔名姓見范曄後漢書宦者傳以定策立桓帝與曹騰等七人同時封為亭侯今此碑載當時詔書有云其封輔為葉吉成侯以此知其名輔而酈道元注水經云澨水南有漢中常侍長樂太僕吉成侯州苞冢前有碑其詞云六帝四后是諮是諏今驗其銘文實有此語獨以輔為苞蓋水經之誤當取漢史及此碑為正

州輔碑陰

右州輔碑陰京兆尹延篤叔堅而下題名者凡四十餘人自東漢以後一時名卿賢大夫死而立碑則門生故吏往往寓名其陰蓋欲附託以傳不朽爾今輔一宦者而碑陰列名者數十人雖當代顯人如延叔堅亦預焉有以見權勢之盛如此雖然區區掛名於此者亦可恥也夫

州輔墓石獸膊字

右州輔墓石獸膊字酈道元注水經云州君墓有兩石獸已淪沒人有掘出一獸猶不全破甚高壯頭去

地丈許制作甚工左膊上刻作辟邪字余初得州君墓碑又覽水經所載意此字猶存會故人董之明守官汝頴間因託訪求之踰年持以見寄其一辟邪道元所見也其一乃天祿字差大皆完好可喜之明又云天祿近歲為村民所毀辟邪雖存然字畫已殘缺難辨此蓋十年前邑人所藏今不可復得矣

郎中鄭君碑

右郎中鄭君碑賈誼過秦論云九國之師遁巡而不敢進顔師古曰遁音千旬反流俗書本巡字誤作逃

讀者因之而爲遁逃之義潘岳西征賦云遁逃以奔
竄斯亦誤矣今此碑有云推賢達善逡遁退讓詳其
文意亦是逡巡之義然二字决非一音蓋古人用字
與後世頗異又多假借故時有難曉處不知顔氏何
所據遂音遁爲逡乎

丹陽太守郭旻碑

右丹陽太守郭旻碑云君諱旻字巨公有周之裔也
又云治律小杜幼仕州郡察孝廉除郎中謁者遷敬
陵園令廷尉左平治書侍御史獄刑無頗憲臺如砥

以父憂去官還拜郎中侍御史遭母憂服除復拜郎
中治書侍御史遷冀州刺史徵拜尚書是時淮夷蠢
迪帝疇官綏策書褒寵俾守丹陽爲政四年以公事
去官年過耳順寢疾殞顇延熹元年十月戊戌卒其
十二月丙申葬徽言絶矣諸子曷仰三載禮闋廼羣
相與刻石勒銘最後云昔君即世雖立碑頌裁足載
字加有瑕（下缺一字）君之弟故太尉甍歸葬舊陵於是從
子故五原太守鴻議郎某及脩孫某（其名殘缺）懷祖之德
乃更刻石不改舊文蓋用昭明祖勳焉郭氏爲陽翟
著姓自公以來世以通法律顯名此碑所謂太尉公
者禧也

議郎元賓碑

右議郎元賓碑者在今亳州姓名已殘缺所可見者
云字元賓魯相之孫又云舉孝廉除倉龍司馬衛尉
察尤異遷吳令視事二稔民用康寧州辟從事公車
徵拜議郎年四十八延熹二年二月卒使者臨弔賻
賵特加其餘文字完好者尚多惜其名氏皆亡也

孫叔敖碑陰

右孫叔敖碑陰云延熹三年中夏之節政在封表期
思長光視事一紀訪問國中耆年素聞孫君楚時良
輔又云愽采遺苗曾玄孫子考龜吉辰五月癸卯宜
以存廢可立碑祀招請諸孫都會國右郭西道北處
所顯好與上牢祭倡優鼓舞又云相君有三嗣長子
即封食邑固始少子在江寧中子居三（下一字磨滅）又云
相君卒後十有餘世有渤海太守其後歷叙子孫名
字甚詳而文字斷續不可次第按期思長光碑陰不
載姓氏叔敖碑雖有之然已殘缺矣漢時令長有在

官一紀不遷者乃知前世官吏重於移易如此不惟吏民免送迎之擾而士人亦皆安於其職無僥倖苟進之心與後世異矣

封丘令王元賞碑

右封丘令王君碑其姓名已殘缺所可見者字元賞而已云察舉孝廉郎謁者考工菀陵葉封丘令而銘文亦有撫臨三國之語歐陽公集古録云為菀陵丞者蓋誤以葉字為丞爾

王元賞碑陰

右王元賞碑陰載門生姓名有云右奔畧右斬杖三年余嘗謂聖人之制禮為可繼也無過與不及之弊務合於中庸而已禮曰事師無隱服勤至死心喪三年孔子之喪門人疑所服子貢曰昔者夫子之喪顏淵若喪子而無服喪子路亦然請喪夫子若喪父而無服彼漢人為王君乃為斬衰之服於禮無乃過乎

冀州刺史王純碑

右冀州刺史王純碑延熹四年立桑欽水經云濟水逕須句城西鄘道元注濟水西有安民山山西有漢冀州刺史王紛碑漢中平四年立按地里書須朐即今中都縣此碑在中都又其官與姓氏皆合疑其是也然以純為紛以延熹為中平則疑水經之誤

王純碑陰

右王純碑陰其前題門人姓名自東平馮定伯而下文字完好可識者九十餘人磨滅不可識者又九十餘人字畫淳勁可喜其後題義士名云各發聖心共出義錢埤碑石直刊紀姓名埤當讀為裨助之裨漢時墓碑多其門生故吏所立往往各紀姓名於碑陰

或載所出錢數其非門生故吏而出錢者謂之義士今漢人為王君出錢造碑而云各發聖心可謂陋矣

蒼頡廟人名

右蒼頡廟人名歐陽公集古録云此碑有蓮勺左鄉有秩池陽左鄉有秩池陽集水有秩皆不知是何名號又有夏陽候長祋祤候長則是縣吏之名其隸字不甚精又無事實可考姑疑其名號以俟知者爾按前漢書張敞以鄉有秩補太守卒史後漢書百官志鄉置有秩三老游徼本注曰有秩郡所署秩百石掌

一鄉人注引漢官儀曰鄉戶五千則置有秩風俗通曰秩則田間大夫言其官裁有秩爾然則有秩蓋亦鄉吏名也

成皋令任伯嗣碑

右成皋令任伯嗣碑其首已殘缺其可見者云字伯嗣南郡編人也其先蓋任座之苗冑又云舉孝廉除郎中蜀郡府丞江州令以服去官爲筑陽侯相延熹五年遷來臨縣其後歷叙政績又云遷君桂陽最後云都邑謡詠甄勒勛績永昭于後碑在今汜水縣汜

水在漢爲成皋此碑蓋成皋令德政頌爾後漢書桓帝紀延熹八年有桂陽太守任胤以此碑校之歲月相符又名與字協知其名胤也

任伯嗣碑陰

右任伯嗣碑陰大觀初獲此碑寘于汜水輂運司廨舍壁間余聞其陰有字因託人諷邑官破壁出之遂得此本蓋漢碑有陰者十七八世多弃而不録爾

平輿令薛君碑

右平輿令薛君碑文字完好云惟延熹六年春二月

平輿令薛君卒烏虖哀哉吏民其咨咨君之德迺建碑石于墓之側其後有銘三百餘言叙述甚詳惟不載其名字世系故莫得而考焉

泰山都尉孔宙碑

右泰山都尉孔宙碑孔北海父也見後漢書融列傳又據桓帝紀泰山都尉元壽元年置延熹八年罷宙以延熹四年卒蓋卒後四年官遂廢矣

孔宙碑陰

右孔宙碑陰門生有鉅鹿廣宗捕巡字升臺按氏族

書如姓苑姓纂皆無捕姓獨見於此碑爾

西嶽華山廟碑

右西嶽華山廟碑其略云孝武皇帝修封禪之禮巡省五嶽立宮其下宮曰集靈宮殿曰存仙殿門曰望仙門歐陽公集古録云所謂集靈者他書不見見於此碑爾余按班固漢書地里志華陰有集靈宮武帝起而酈道元注水經亦云敷水北逕集靈宮引地里志所載其語皆同然則不獨見于此碑矣而所謂存仙殿望仙門者諸書不載

老子銘

右老子銘舊傳蔡邕文并書蓋杜甫李潮小篆八分歌有曰苦縣光和尚骨立書貴瘦硬方通神世云此碑是也今驗其詞乃邊韶延熹八年作非光和中所立未知甫所見是此碑否而本朝周越書苑遂以為韶撰文而邕書初無所據碑言孔子學禮時計其年紀聃以二百餘歲聃然老旄之貌也而史記言謚曰聃按古謚法無聃字又碑云孔子以周靈王二十年生今以年表及世家考之孔子以魯襄公二十二年

生實靈王二十一年未知孰是史書周太史儋事云孔子死後二百二十九年徐廣注曰實一十九年今此碑所書正與史合不知徐廣何所據也

荆州刺史度尚碑

右度尚碑其首題曰漢故荆州刺史度侯之碑碑云其先出自顓頊與楚同姓熊（下缺一字）之後又曰統國法度其下殘缺不可辨按元和姓纂度姓但云古掌度之官因以命氏不言其與楚同姓也又范曄後漢書列傳度尚自右校令擢為荆州刺史破長沙零陵賊以功封右鄉侯遷桂陽太守徵還京師以中郎將破賊胡蘭等復為荆州刺史後為遼東太守卒於官今以碑考之云封右鄉侯遷遼東太守拜中郎將復拜荆州刺史以故秩名蓋尚未嘗為桂陽太守而曰卒於遼東者皆史之誤余每得前代名臣碑板以校史傳其官閥歲月少有同者以此知石刻為可寶也

車騎將軍馮緄碑

右車騎將軍馮緄碑以范曄後漢書考之史云字鴻卿而碑云皇卿史云初舉孝廉七遷至廣漢屬國都

尉拜御史中丞順帝末持節揚州諸軍事與中郎將滕撫擊破群賊今據碑自舉孝廉至為廣漢屬國都尉凡十一遷而為中丞與督使徐揚二州討賊皆在為都尉前碑云討賊時坐迫州縣正法而史不載又云為隴西太守坐問吏辜旬不公去官以羌駭動為四府所表復家拜隴西太守而史但言遷隴西太守耳史云為遼東太守徵拜京兆尹轉司隸校尉遷廷尉大常拜車騎將軍以碑考之緄為遼東太守以前嘗復為治書侍御史遷尚書遂為廷尉未嘗拜京兆

尹及司隸也史云振旅還京師監軍使者張敞承宦者旨奏緄會長沙賊復起攻桂陽武陵緄以軍還盜賊復發策免而碑云臨當受封以謡言奏河内太守中常侍左悺弟坐遜位史云復拜廷尉時山陽太守單遷以罪繫獄緄考致其死遷故車騎將軍超之弟中官相黨遂共誹章誣緄坐輸左校而碑云表荊州刺史李隗南陽太守成晋（晋漢史作縉）太原太守劉瓆不宜以重論坐正法作左校亦皆不合史又云爲河南尹時上言舊典中官子弟不得爲牧人職帝不納拜

屯騎校尉復爲廷尉卒於官而碑云復廷尉奏中官子弟不宜典牧州郡獲過左右遜位永康元年薨亦當以碑爲正碑又云緄謚爲桓而史亦不載余嘗謂石刻當時所書其名字官爵不應差誤可信無疑至於善惡大節則當以史氏爲據今此傳首尾顛倒錯謬如此然則史之所載是非褒貶失其實者多矣果可盡信耶

魯相晨謁孔子冢文

右魯相晨謁孔子冢文巳斷裂缺其上一段其略可見者云建寧元年三月十八日丙申晨又云其四月十一日戊子到官謁孔子冢其他文字雖完皆不可次第魯相晨有兩碑皆在孔子廟中其一碑云臣蒙恩受任符守得在奎婁周孔舊寓又云臣以建寧元年到官其一碑云魯相河南史君諱晨字伯時從越騎校尉拜以建寧元年四月十一日戊子到官然則斯碑所載名晨者蓋魯相史晨也

廣漢縣令王君神道

右廣漢縣令王君神道建寧元年十月造縣令字作

夵漢人淳質文字相近者多假借用之如縣令字人所常用而尚假借何耶

金鄉守長侯君碑

右金鄉守長侯君碑載其上世云漢興侯公納策濟太上皇於鴻溝之阸謚曰安國君曾孫酺封明統侯光武中興玄孫霸爲臨淮太守擁兵從光武平定天下轉拜執法刺姦五威司命大司徒公封於陵侯歐陽公集古録云執法左右刺姦五威司命皆王莽時官侯霸列傳云霸莽時爲隨令遷執法刺姦而未嘗

為五威司命後代伏湛為大司徒封關内侯旣薨光武下詔追封則鄉侯而此碑言封於陵侯未知孰是據碑言剌姦司命為光武時官蓋碑之謬余按霸列傳霸薨追封則鄉侯至子昱改封於陵而遂以霸為於陵侯疑亦碑之誤又按高祖紀侯公説項羽歸太公呂后乃封侯公為平國君今此碑言安國旣不同而平國君乃生時稱號如婁敬為奉春君之類碑以為謚恐亦非是又酺封明統侯漢書功臣表亦不載不知碑何所據也

柳孝廉碑

右柳孝廉碑云君諱敏其先蓋五行星(下缺一字)二十八舍柳宿之精也其説亦可謂恠矣自戰國以來聖人不作諸子百家異端恠説紛然而起其弊至東漢而極焉自非豪傑之士卓然不為流俗所移未有不從而惑者也若此碑直以柳君得姓出于柳宿果何所據哉

衛尉卿衡方碑

右衛尉卿衡方碑有云感昔人之凱風悼蓼儀之劬勞以蓼莪為蓼儀也漢碑多如此蓋漢人各以其學名家故所傳時有異同也

沛相楊君碑

右沛相楊君碑歐陽公集古録云碑首尾不完失其名字余按楊震碑沛相名統震長子富波侯相牧之子也

淳于長夏承碑

右淳于長夏承碑云君諱承字仲兖東萊府君之孫太尉掾之中子右中郎將弟也累葉牧守印紱典據

十有餘人皆德任其位名豐其爵是故寵禄傳于歷世策勳著于王室君鍾其美受性淵懿含和履仁治詩尚書兼覽羣藝靡不尋暢州郡更請屈已匡君為主簿督郵五官掾功曹上計掾守令冀州從事又云察孝不行太傅胡公歆其德美旌招俯就羔羊在公四府歸高除淳于長又云年五十有六建寧三年六月癸巳淹疾卒官碑今在洺州元祐間因治河隄得于土壤中建寧靈帝時年號也距今千歲矣而刻畫完好如新余家所藏漢碑二百餘卷獨此碑最完

隸釋卷第二十四

隸釋卷第二十五　趙氏金石録中

安平相孫根碑　涼州刺史魏君碑
碭孔君神祠碑　成陽令唐君頌
唐君碑陰　白石神君碑
幽州刺史朱龜碑　朱龜碑陰
都鄉正街彈碑　太尉劉寬碑
劉寬碑陰　尉氏令鄭君碑
趙相劉衡碑　陳君碑
陳仲弓碑　陳仲弓碑陰

郎中馬君碑

右郎中馬君碑文字殘缺所可見者字元海而已又云其先賜號馬服因遂氏馬又云以和平元年舉孝廉除郎中謙虛接下冠名三署又云年卅元嘉三年正月卒又云夫人年五十五建寧三年十二月卒其它不可考究矣

武都太守李翕碑　漢時文字多與今隸書不合皆依石本錄之

右武都太守李翕碑文字首尾完好云漢武都太守漢陽阿陽李君諱翕字伯都其後歷叙在郡治蹟云郡西狹中道危難阻峻緣崖俾閣兩山壁立隆崇造雲下有不測之谿阨笮促迫財容車騎進不能濟息不得駐數有顛覆隕墜之害君敕衡官有秩李瑾掾仇審因常繇道徒鐉燒破析刻臽崔嵬滅高就埤柙致土石堅固廣大可以夜涉四方無雍行人懽悀民歌德惠穆如清風乃刊斯石其後有頌詩廁後題建寧四年六月十三日壬寅造云

博陵太守孔彪碑

右博陵太守孔彪碑歐陽公集古録云孔君碑者其名字磨滅不可見而世次官閥粗可考云孔子十九

代孫潁川君之元子也舉孝廉除郎中博昌長拜尚書侍郎治書侍御史博陵太守遷下邳相河東太守建寧四年十月卒其終始略可見惟其名字皆亡為可惜也今此碑雖殘缺而名字尚完可識云君諱彪字元上又韓府君孔子廟碑陰載當時出錢人名亦有尚書侍郎孔彪元上與此書正同惟孔君自博陵再遷為河東太守而碑額題故博陵太守孔府君碑漢人多如此然莫曉其何謂也

成陽靈臺碑

右成陽靈臺碑成陽屬今雷澤碑略云堯母慶都仙歿蓋葬于兹欲人不知名曰靈臺歐陽集古録以謂自史記地志及水經諸書皆無堯母葬處余按班固西漢劉昭東漢書地里志皆曰成陽有堯冢靈臺而東漢志章帝元和二年東廵狩將至泰山道使使者奉一太牢祠帝堯於濟陰成陽靈臺與章帝紀所載正同帝紀章懷太子注引郭緣生述征記云成陽縣東南有堯母慶都墓上有祠廟堯母陵俗亦名靈臺文母水經注今成陽城西二里有堯陵陵南一里有

堯母慶都陵於城為西南稱曰靈臺蓋兩漢史所載似以靈臺為堯冢惟此碑與述征記水經廼直指為堯母冢爾然水經云在成陽西南而述征云在東南未知孰是又集古録云諸書俗本多作城陽獨此碑為成陽當以碑為正余嘗考之成陽縣名屬濟陰郡城陽乃王國名漢文帝二年以封齊悼惠王子章者漢志所載各異未嘗差誤也碑有廷尉某歐陽公以為姓名磨滅不可讀今驗其缺處姓下隱隱有定字知其名定而其後云濟陰太守審晃成陽令管遵各遣大掾輔助仲君知其姓仲仲氏世為成陽人定有墓在雷澤碑尚存其額題漢故廷尉仲君碑有云表祠唐堯為漢祈福又云為廷尉卿託病乞歸脩堯靈臺黄屋卅餘上聽拜太中大夫云余為淄州同官李堯雷澤人云冢正在城西南蓋述征記誤也

廷尉仲定碑

右廷尉仲定碑在今濮州雷澤其額題漢故廷尉仲君之碑碑載官閥甚詳雖殘缺然尚可次第其略云君諱定聖漢龍興家于成陽父張掖廣漢太守以父

勲拜琅邪太守南陽陰府君察孝不行南郡胡公除濟陰復舉孝廉拜尚書左丞除郎中遷彭城呂長徵試博士太傅下邳趙公舉君高行遷豫州刺史將軍從事符節令豫章太守徵議郎拜大尚書遜位復徵拜將軍長史遷城門校尉執金吾拜太中大夫遷廷尉卿託病乞歸修堯靈臺黄屋卅餘上聽拜太中大夫基成事訖上以君先帝舊臣筴請令州郡以禮特遣熹平元年孟秋上旬君遘疾不瘳於是門生養徒故吏鄉黨刊石勒銘樹碑表道焉兩漢遷拜次第史

旣不能詳載而石刻類皆磨滅難考今此碑所載詳悉故盡著之所謂南郡胡公者廣也太傅下邳趙公者峻也按定漢史無傳惟風俗通元和姓纂具載姓名官爵云

故民吳公碑

右吳公碑其額題漢故民吳公之碑碑云熹平元年十二月上旬吳公仲山其他刻畫完好如新文詞頗拙陋書亦怪而不工然漢時石刻存者漸少而此碑特完故錄之以資博覽

司隸校尉魯峻碑

右司隸校尉魯峻碑云君諱峻字仲嚴酈道元注水經引戴延之西征記曰焦氏山北金鄉山有漢司隸校尉魯恭冢冢前有石祠四壁皆青石隱起自書契以來忠臣孝子貞婦孔子及七十二弟子形像像邊皆刻石記之今墓與石室尚存惟此碑為人輦置任城縣學矣余嘗得石室所刻畫像與延之所記合又其他地里書如方輿志寰宇記之類皆作峻惟水經誤轉寫為恭爾

桂陽太守周府君頌

右桂陽太守周府君頌歐陽公集古錄云府君字君光而名已訛缺不可辨圖經但云周使君而亦不著其名後漢書又無傳遂不知為何人而曾子固言嘗得此碑於知韶州王之才之才以書來言曲江縣圖經周府君名昕字君光則永叔云圖經不載其名者蓋考之未詳也今此本雖訛缺然究其點畫殊不類昕字二公所說既不同而韶州圖經余家偶無有皆未可知也余後見市中印本歐陽公廬陵集別有一跋尾云周君名憬憬字頗近之

周府君碑陰

右周府君碑陰題名凡卅一人姓氏具存按酈道元注水經瀧水南逕曲江縣東縣昔號曲紅曲紅山名也而東西兩漢史皆作曲江今據此碑自縣長區祉而下凡十七人皆書為曲紅則是當時縣名曲紅無可疑者不知兩漢皆作曲江何也

石經遺字

右石經遺字者藏洛陽及長安人家蓋靈帝熹平四年所立其字則蔡邕小字八分書也其後屢經遷徙

故散落不存今所有者纔數千字皆土壤埋沒之餘磨滅而僅存者爾按後漢書儒林傳叙云為古文篆隸三體者非也蓋邕所書乃八分而三體石經乃魏時所建也又按靈帝紀言詔諸儒正五經文字刻石立于太學門外蔡邕傳乃云奏求正定六經文字既已不同而章懷太子注引洛陽記所載有尚書周易公羊傳論語禮記今余所藏遺字有尚書公羊傳論語又有詩儀禮然則當時所立又不止六經矣洛陽記又云禮記碑上有諫議大夫馬日磾議郎蔡邕等

名今論語公羊後亦有堂谿典馬日磾等姓名尚在據邕傳稱邕以經籍去聖久遠文字多謬俗儒穿鑿疑誤後學乃奏求正定自書于碑於是後儒晚學咸取正焉今石本既已磨滅而歲久轉寫日就訛舛以世所傳經書本校此遺字其不同者已數百言又篇第亦時有小異使完本具存則其異同可勝數邪然則豈不可惜也哉而後世學者於去古數千百歲之後盡絀前代諸儒之論欲以已之私意悉通其說難矣余既錄為三卷又取其文字不同者具列于卷末云

堂谿典嵩高山石闕銘

右堂谿典嵩高山石闕銘云中郎將堂谿典伯并熹平四年來請雨嵩高廟按後漢書靈帝紀熹平五年復崇高山名為嵩高山章懷太子注引前漢書武帝祀中嶽改嵩高為崇高東觀記曰使中郎將堂谿典請雨因上言改之復為嵩高今此文乃熹平四年可以正漢史之誤又蔡邕傳注引先賢行狀云典字子度而延篤傳注又作季度今此碑乃云字伯并亦當

以碑為正

帝堯碑

右帝堯碑云帝堯者昔世之聖王也其先出自塊隗翼火之精有神龍首出于常羊又云名紀見乎河雒爰嗣八九慶都與赤龍交而生伊堯又云侯伯遊於玄河之上龍龜負銜投鈐受與然後堯乃受命其說出於讖緯可謂怪妄不經矣堯之所以為聖者豈假此而已哉

蒼頡廟碑

右蒼頡廟碑文字殘缺其略可辨者有云蒼頡天生德於大聖四目靈光為百王作憲而其銘曰穆穆聖蒼知為蒼頡碑也考其歲月蓋熹平六年立

庠彰長斷碑

右庠彰長斷碑在華陰已斷裂惟存下一段故其姓名皆亡矣所可見者有云先高祖時以吏二千石自齊臨菑徙充關中祖字興先為執金吾弟颷漁陽太守又云元初元年遭家不造三歲喪父事母有柴頴之行初仕為縣主簿功曹郡諸曹史帳下司馬劉君

招命署議曹掾假除百石遷補任尉假印綬守廣平夏曲陽令庠彰長熹平二年秋七月寢疾不豫寂後題熹平六年十月九日辛酉造按史記及漢書本紀高祖九年徙齊楚大族昭屈景懷田五姓關中而其四姓皆楚人自齊徙者惟田氏爾然則此碑所謂高祖時自齊臨菑徙者其人必姓田氏也按第五氏亦云自齊徙關中然本亦出于田氏也庠彰東西漢史皆作斥章

梁相費汎碑

右費汎碑在湖州其額題漢故梁相費君之碑碑云梁相諱汎字仲慮此邦之人也其先季文為魯大夫有功封費因以為姓秦項兵起避地於此遂留家焉余家所收姓氏文字粗備以諸書參考頗多牴牾不合姓苑云費氏禹後漢有長房蜀志有丞相禕又云今琅邪亦有此姓音父位反李利涉編古命氏云費氏出自魯桓公少子季友有勳于社稷賜汶陽之田封邑于費子孫氏焉漢有費將軍其後有費忠費柔適蜀為寧蜀人忠之孫徙於荊州後遷江夏忠十代孫奕奕孫禕又家於蜀晉平蜀禕之子承復歸江夏

林寶元和姓纂云費氏亦音祕史記紂幸臣費中夏禹之後楚有無極漢有直蜀有禕晉有詩又云琅邪費氏直之後也陳湘姓林云費氏音蜚夏禹之後余嘗考之此字有兩姓音讀不同源流亦異其一音蜚嬴姓出於伯翳史記所載費昌費中楚費無極漢費將軍費直費長房蜀費禕之徒是其後也其一音祕姬姓出於魯季友姓苑所載琅邪費氏而此碑所謂梁相費君是其後也然則姓苑姓纂姓林皆云夏禹之後姓纂又云亦音祕及謂琅邪費氏為直之後皆

其差誤而編古命氏以費將軍費褘之徒出於魯季
友亦非也余又按春秋僖公賜季友汶陽之田及費
而左傳亦以謂季友有功於魯受費以為上卿今以
為季文有功封費者蓋碑之誤

堂邑令費君碑

右堂邑令費君碑云惟熹平六年無射之月堂邑令
費君寢疾卒嗚呼哀哉於是夫人元弟卜肖追而誄
之其後有銘詩碑所述費君事不甚詳悉而其名字
世次官秩具載於碑陰今附於後

費君碑陰

右費君碑陰云君諱鳳字伯蕭梁相之元子九江太
守之長兄也世德襲爵銀艾相亞又云君踐郡右職
三貢獻計漢安二年吳郡太守東海郭君以君有委
蛇之節自公之操年卌一舉孝廉拜郎中除陳國新
平長遂宰堂邑其後為五字韻語詞頗古雅而時時
殘缺不可次叙其前題君明家中孫甘陵石勛字子
才所述云

太尉陳球碑

右太尉陳球碑球有兩碑皆在下邳其一已殘缺此
碑差完可考前代碑碣與史傳多牴牾而球碑所載
官閥事蹟與傳合東漢之末政在閹寺威福下移其
勢蓋可畏也而一時衆君子猶奮不顧身力排其姦
雖遭屠戮而不悔志雖不就然亦可謂壯哉如球是
已使當時士大夫能屈已以事之則富貴可長保矣
然君子固未肯以彼而易此也

華嶽碑

右華嶽碑集古録云碑以周禮職方氏為識方氏者

疑當時周禮之學自如此蓋識誌其義通也余按袁
逢華嶽碑亦引職方氏乃用識字蓋漢人簡質字相
近者輒假借用之初無意義爾

太尉郭禧碑

右太尉郭禧碑文字殘缺所存纔百許字其可見者
公諱禧字君房而已禧郭躬從孫也其事迹附見躬
列傳云少明習家業兼好儒學有名譽延熹中為廷
尉建寧二年代劉寵為太尉而靈帝紀亦云是年十
一月禧為太尉章懷太子注云字公房扶溝人也郭

氏世為陽翟人自躬以下皆葬陽翟其墓尚存今此碑缺處猶有陳留扶溝字疑禧嘗寓居是邑其卒也返葬故郡而漢書注遂以為扶溝人恐誤

郭禧碑陰

右郭禧碑陰其首有四大字云故吏人名其下列故吏客張立度成匽師張協子道雒陽李蒼子考故民河南陰德紀信以下凡百餘人又有右河南右河内郡右弘農郡右扶風郡字畫完好者甚多筆法淳古可愛

郭禧後碑

右郭禧後碑殘缺尤甚其略可辨者云惟光和二年夏五月甲寅太中大夫故太尉郭公薨又云公之胤子故五原太守餘不復成文而其額題漢故太尉郭公神道字畫尚完云後漢書列傳既不載禧所終而靈帝紀但云建寧三年夏四月太尉郭禧罷亦不言其為何官今以碑考之乃知其罷為太中大夫而卒於光和二年也五原太守名鴻後為司隸校尉封成安鄉侯

樊毅西嶽碑

右樊毅西嶽廟碑云弘農太守河南樊君諱毅歐陽文忠公集古録云據此碑乃即時所立而太守生稱諱者何哉按春秋左氏傳周人以諱事神名終將諱之而禮卒哭乃諱鄭氏以謂敬鬼神之名也諱避也生者不相避名衛侯名惡大夫有石惡君臣同名春秋不非又漢宣帝元康二年詔曰聞古天子之名難知而易諱也今上書觸諱以犯罪者朕甚憐之其更諱詢諸觸諱在令前者赦之蓋卒哭而諱其名實始於

周而生死皆稱諱西漢巳如此矣然則生曰名死曰諱又出於近世也有以見後世忌諱愈密如此然生而稱諱見於石刻者甚衆不獨此碑也

禹廟碑

右禹廟碑云光和二年十二月丙子朔十九日甲午皮氏長南陽章陵劉尋孝嗣丞安定烏氏樊璋元孫其後叙禹平水土之功而㕑後有銘文多殘缺不能盡識碑在龍門禹廟

冀州從事郭君碑

右郭君碑名字已残缺其額題曰冀州從事郭君之碑碑云其先出高辛興自于周缺一字蕃虞郭在河魏之間遭晋荒彊乃喪厥土亦世孳孳職思其勳子孫纓布家于樂土因國為氏又云歷郡諸曹掾史主簿督郵五官掾功曹又云光和二年終三年十月葬又云哀哀考妣廹惟霣靈卜商號咷喪子失明據此乃父母生而稱考妣也爾雅云父為考母為妣郭璞注引禮記生曰父母妻終曰考妣嬪今世學者從之而璞援據諸書以為非生死之異稱猶今謂兄為晜妹

為媦爾今此碑漢人所為已不用戴氏之説以此知璞為有據然禮經行于世久既有此論事親者所當避也

逢童碑

右逢童碑刻畫完好云童子諱盛字伯彌薄令之玄孫遂成君之曽孫安平君之孫五官掾之長子也又云年十有二歲在協洽五月乙巳嘘噏不反夭隕精晃于是門生東武孫理下密王升等共刊石叙述才美以銘不朽焉其後題光和四年四月五日丁卯立碑舊在濰州昌邑縣近歲移置郡中云

逢童碑陰

右逢童碑陰題云右家門生右縣中士大夫凡十三人有督郵雖敏賔雖后升司文叔盛姓字按雖與文姓氏書皆不載今誌于此

殽阬君神祠碑

右殽阬君神祠碑歐陽公集古録云殽阬君祠今謂之五部神廟其像有石隄西戍樹谷五樓先生東臺御史王莿將軍莫曉其義今此碑有云石堤樹谷南

通商雒又云前世通利吏民興貴有御史大夫將軍牧伯故為立祠以報其功乃知石堤樹谷御史將軍之號自漢以来有之流俗相傳其所從来遠矣而水經鄭縣城南山北有五部神廟廟前有碑光和四年鄭縣令河東裴畢字君先立又知五部神自齊魏閒已有此號矣裴君水經以為名畢而集古録云名晅今詳其點畫頗近畢字疑集古録誤

殽阬君神祠碑陰

右殽阬君神祠碑陰縣吏及鄉人題名其完好可識

者二百餘人磨滅者又百餘人小字淳勁可喜歐陽公集古録所未嘗有也

無極山碑

右無極山碑按顔之推家訓曰詩云有渰萋萋興雲祁祁毛傳云渰陰雲貌萋萋雲行貌祁祁徐也箋云古者陰陽和風雨時其来祁祁然不暴疾也按渰巳是陰雲何勞復云興雲祁祁邪雲當為雨俗寫誤爾班固靈臺詩云習習祥風祁祁甘雨此其證也據此則本作雲字之推改為雨耳而陸德明經典釋文亦

云本作興雲非也蓋德明據顔氏説改之故後来本皆作雨今此碑銘文有曰興雲祁祁雨我公田遂及我私乃知漢以前本皆作興雲顔氏説初無所據特私意耳

揚州刺史敬使君碑

右敬使君碑在河東平陽其額題云漢揚州刺史敬君之銘碑巳殘缺其名字皆亡略可辨者嘗辟司隷從事又為治書侍御史敘後云年五十三光和四年閏月遭疾而卒其他不復可考按姓苑載風俗通有敬歆漢末為揚州刺史元和姓纂亦云歆平陽人而後周書敬珍傳唐書宰相世系表歆皆作韶余後得後魏敬曦造像碑亦作韶乃知姓苑姓纂之謬又集古録此碑凡再出其一題敬仲碑云名字巳磨滅獨首有敬仲字故寓其名爾疑其人姓田也其一題無名碑所載事皆同蓋歐陽公未嘗見額爾

槀長蔡湛頌

右槀長蔡君頌云君諱湛字子德河内修武人也又云舉孝廉辭讓應司徒府除廣川長復辟太尉熹平

四年六月詔書其下斷缺似是叙述遷槀長及在官政績又云三年遷高邑令吏民追思于是故吏栗尹等相與合會立碑起頌刊斯石焉其後有銘敘後題光和四年十二月詔書遷幷州刺史其大略如此其他文字殘缺不可考矣

蔡湛碑陰

右蔡湛碑陰載出錢人名有故吏賤民議民故三老故處士義民其稱故吏義民之類他漢碑多有之唯議民賤民獨見於此碑然莫詳其義

安平相孫根碑

右安平相孫根碑云府君諱根字元石司空公之伯子樂安太守之兄子漢陽太守侍御史之兄秉氏令之考厥先出自有殷玄商之糸子湯之苗又云聖武定周封干比之墓胄裔分析避地匿軌姓曰孫焉又云遷鄭長雍奴令換元氏考城令諫議大夫拜議郎謁者遷荊州刺史徵拜議郎遷安平相年七十有一光和四年十二月乙巳卒碑在今高密縣所謂司空公者桓帝紀永壽三年太常孫朗為司空注云朗字代

平北海人漢三公名亦云朗北海高密人余嘗觀漢時碑碣載其家世皆止書官爵盖為子孫作銘不欲名其父祖爾此寂為得體然非當代顯人則遂莫知其為何人也又按姓苑姓纂諸書皆云孫氏周文王子衛康叔之後衛武公子爾為衛上卿因氏焉今此碑乃云出于商比干之後盖古人或因賜姓命氏或以官或以謚或以封或以居或以王父字為氏故姓氏雖同而源流或異書傳闕漏不載者多矣

涼州刺史魏君碑

右涼州刺史魏君碑文字殘缺族糸名字皆不可考其祖可見者察孝廉除郎中尚書侍郎右丞卒於光和四年而其額題涼州刺史魏君碑云

碭孔君神祠碑

右碭孔君神祠碑其前題漢故行梁相事碭孔君之神祠文詞字畫皆古怪而不工又時有難曉處刻畫甚完孔君者名耽字伯本

成陽令唐君頌

右成陽令唐君頌云君諱扶字正南字畫尚完而歐

陽公集古録乃云其名殘缺何哉碑額題漢故成陽令唐君之頌在今濮州雷澤縣古成陽也

唐君碑陰

右唐君碑陰載出錢造碑人有故從事故督郵故吏處士門生門童等姓名按唐君碑云處士閭葵斑等刻石樹頌而碑陰又有故吏閭葵巴處士閭葵楚閭葵姓不見于前史而姓苑姓纂之類亦皆不載盖前代氏族或因改易或寖微不顯遂泯沒而無傳者甚衆今世所有姓氏書類多簡略不完惟時時見于石

刻者余每記之以裨姓氏書之闕云

白石神君碑

右白石神君碑其略云白石神君者居九山之數參三條之一兼将軍之號秉斧鉞之威體連封龍氣通北嶽幽讚天地長育萬物觸石而起膚寸而合不終朝日而澍雨沾洽前後國縣屢有祈請指日刻期應時有驗猶自挹損不求禮秩縣界有六名山三公封龍靈山先得法食去光和四年三公守民蓋高等始為無極山詣太常求法食相縣以白石神君道德灼

然乃具載本末上尚書求依無極即蒙聽許於是遂開拓舊兆改立殿堂其餘首尾尚皆完好可讀文多不備載其曰居九山之數參三條之一莫曉為何語也

幽州刺史朱龜碑

右幽州刺史朱龜碑在今亳州酈道元注水經云渦水東逕朱龜墓北東南流冢南枕道有碑題云漢故幽州刺史朱君之碑龜字伯靈光和六年卒官今以碑考之與道元所載皆合歐陽公集古録云龜之事跡不見史傳獨見于碑爾余按後漢書西南夷傳熹平五年諸夷反叛執蜀郡太守雍陟遣御史中丞朱龜討之不能克太尉掾李顒建策討伐乃以顒為益州太守發板楯蠻擊破平之常璩華陽國志亦載其事與史同惟史與華陽國志皆言龜不能克而碑云蠻夷授手乞降二說不同疑碑所書非實録也

朱龜碑陰

右朱龜碑陰文字残缺初余讀酈道元注水經云朱龜碑陰故吏名姓多上谷代郡人知此碑有陰因託

人就亳社摸得之附于碑後

都鄉正街彈碑

右都鄉正街彈碑在汝州界故昆陽城中文字磨滅不可考究其歲月略可見蓋中平二年正月而其額題都鄉正街彈碑莫知其為何碑也

太尉劉寬碑

右太尉劉寬碑寬有兩碑皆在洛陽上東門外官道傍此碑據藝文類聚乃柏麟撰後碑不知何人所為然字體則同也

劉寛碑陰

右劉寛碑陰寛兩碑皆有陰此後碑陰也唐咸亨中碑仆于野其裔孫周王記室參軍奭字元奭重為建立寛以中平二年卒據靈帝紀以光和七年十二月改元中平以歷推之是歲甲子至明年當為乙丑而奭書為甲子誤矣

尉氏令鄭君碑

右尉氏令鄭君碑云君字季宣聘君之孫而其名巳殘缺其他字畫時有可識處皆斷續不成文理略可

見者年五十有七卒于中平二年而碑陰題尉氏故吏處士人名知其為尉氏令爾

趙相劉衡碑

右趙相劉衡碑云君諱衡字元宰濟南東平陵人也厥先尚矣聖漢龍興其下殘缺又云爰啓異土遷于岱陰自康侯以來奕世丕承又云勃海王帝之冢弟不遵憲典君以特選為郎中令以兄琅邪相憂即日輕舉州察茂材除修令遷張掖屬國都尉以病徵拜議郎遷東（東上缺一字）屬國都尉不行拜趙相在位三歲拜議郎年五十有三以中平四年二月戊午卒其四月巳酉葬其餘文字完好者尚多按後漢書勃海王名悝桓帝弟也衡墓與碑在今齊州歷城縣界中古平陵城傍余嘗親至墓下觀此碑因摸得之墓前有石獸制作甚工云

陳君碑

右陳君碑文字殘缺不完其略可識者云君諱虔字妙高陳國相人又云武王克商封先代之後以元女大姬配胡公至厲公生公子完奔齊其後斷續不復

成文而冣後題中平四年九月廿一日巳丑立云

陳仲弓碑

右陳仲弓碑其額題云漢文範先生陳仲弓之碑碑文巳漫滅蔡邕字畫見于今者絶少故雖漫滅之餘尤為可惜以校集本不同者巳數字惜其不完也按邕集仲弓三碑皆邕撰其一碑云中平三年秋八月丙子卒三碑皆云春秋八十有三後漢書仲弓傳以為中平四年年八十四卒于家者疑傳誤

陳仲弓碑陰

右陳仲弓碑陰故吏姓名多已刓缺蔡邕小字八分惟此與石經遺字爾石經字畫謹嚴而此碑尤放逸可愛

隸釋卷第二十五

隸釋卷第二十六　趙氏金石録下

陳仲弓壇碑

右陳仲弓壇碑其額題故太丘長潁川陳君壇其他文字磨滅不可盡識按蔡邕集有仲弓三碑以集本校之此碑非邕撰者然字畫亦奇偉惜其殘缺不完也

圉令趙君碑

右圉令趙君碑其額題漢故圉令趙君之碑而亰後題初平元年十二月二十八日立碑已訛缺名字皆不可考所可見者有云郡仍署五官掾功曹州辟從事司徒楊公辟遷圉令播德二城風曜穆清被疾去

官年六十有八以中平五年冬十一月卒後有銘詩特完好其辭云天寔高惟聖同戲我君羨其縱體弘仁蹈中庸所臨歷有休功追景行亦難雙刋金石示萬邦其詞頗爾雅故録之

周公禮殿記

右周公禮殿記者今成都府學有漢時所建舊屋柱皆正方上狹下闊此記在柱上刻之靈帝初平五年立距今蓋千年矣而字畫完好可讀當時石刻在者往往磨滅此記託於屋楹乃與金石爭壽亦異矣記有云甲午年故府梓潼文君增造吏舍二百餘間按華陽國志有文參字子奇梓潼人平帝時用為益州太守不從王莽公孫述光武嘉之疑此記所載即其人也蓋光武建武十年歲次甲午云

巴郡太守樊君碑

右巴郡太守樊君碑云君諱敏字升達肇祖宓戲遺苗后稷為堯種樹舍潜于岐天顧亶甫乃萌昌發周室衰微霸伯匡弼晋為韓魏魯分為楊充曜封邑厥土河東楚漢之際或居于楚或集於梁君纘其緒華

南西疊又云總角好學治嚴氏經貫穿道度無文不睹於是國君備禮招請濯冕題冠傑立忠蹇有夷史之直卓密之風鄉黨見歸察孝除郎永昌長史遷宕渠令大將軍辟光和之末京師擾攘雄狐綏綏冠履同囊投核長驅畢志枕丘國復重察辭病不就再奉朝聘七辟外臺常為治中諸部從事又云季世不祥米巫凶瘧姦狡並起陷附者衆君執一心賴無汙耻復辟司徒道隔不往牧伯劉公表授巴郡以助義都尉養疾閭里又行褒義校尉年八十有四歲在汁洽

紀驗期臻奄忽臧形其後有銘宸後題建安十年二月上旬造他漢碑類多刓缺而此碑獨首尾完好故載其大略于此米巫凶瘧者謂張魯也

綏民校尉熊君碑

右熊君碑其名字皆殘缺其額題漢故綏民校尉騎都尉桂陽曲紅灌陽長熊君之碑初余得桂陽太守周君碑陰據水經注以為曲江漢時本名曲紅今此碑及額亦皆作紅乃知酈道元為有據也

司空宗俱碑

右司空宗俱碑云公諱俱字伯儷南陽安衆人也而其額題漢故司空宗公之碑按後漢書宋均傳均族子意意孫俱靈帝時為司空余嘗得宗資墓前石獸膊上刻字因以後漢帝紀及姓苑姓纂等諸書參考以謂自均而下其姓皆當作宗而列傳轉寫為宋誤也後得此碑益知前言之不謬碑以殘缺不成文理而官秩姓名鄉里特完可考故詳著之

馮使君墓闕銘

右馮使君墓闕銘云故尚書侍郎河南京令豫州幽州刺史馮使君神道按漢書馮緄傳緄父煥安帝時為幽州刺史而緄碑亦云幽州君之元子此字在宕渠緄墓前雙石闕上知其為煥闕也

高陽令楊君碑陰

右高陽令楊君碑陰歐陽公集古録云余家集録得楊震墓域中漢碑四震及沛相繁陽高陽令碑并得碑陰題名然得時參錯不知為何碑之陰也集古所有余盡得之又各以碑陰附于碑後其曰懷陵園令蔣禧字武仲者沛相碑陰也其曰故吏故民故功曹

史故門下佐者繁陽令碑陰也其曰右後公門生右沛君門生者高陽令碑陰也

浚儀令衡君碑

右浚儀令衡立碑云君諱立字元節其先出自伊尹而其銘曰於穆從事歐陽公集古録號為元節碑且云疑其姓伊而為從事也今碑首尚完題浚儀令衡君之碑蓋漢時石刻其官爵姓氏既載于額則其下不復更著茍文已殘缺又不見其額則遂難考究矣立與衛尉卿衡方墓皆在今鄆州中衡方碑亦云其

先伊尹號稱阿衡因以氏焉

光祿勳劉曜碑

右光祿勳劉曜碑集古録云君諱曜字季尼年七十三其餘爵里官閥卒葬歲月皆不可見今此碑雖殘缺然尚有可考處盖孝文之裔又嘗為太官令郎中居延都尉太宗正衛尉遂為光祿勳至於卒葬年月則斷續不可考矣

張侯殘碑

右張侯殘碑張侯者子房也碑已斷裂磨滅不可次

叙獨其額尚完題漢故張侯之碑在今彭城古留城子房廟中驗其字畫盖東漢時所立樂史寰宇記陳留縣有張良墓引城冢記云張良封陳留侯食邑小黄一萬户漢為良築城因名張良城今陳留有子房廟廟貌甚盛余按西漢書地里志注留屬陳故稱陳留宋亦有留彭城留是也子房傳曰始臣起下邳與上會留臣願封留足矣下邳與彭城相近而此碑漢人所立乃在彭城然則子房所封非陳留明矣城冢記誕妄盖不足信也

荊州從事苑鎮碑

右苑鎮碑其略云漢故荊州從事苑君諱鎮字仲弓南陽人也其先出自苑柏何為晉樂正世掌朝禮之制又云有苑子園寔能掌陰陽之理即其胄也按姓氏書皆云苑氏出于左傳所載齊大夫苑何忌之後今此碑所謂苑柏何與子園左傳國語皆無其人故録之以待知者

趙相雝府君碑

右趙相雝府君碑其前歷叙家世官爵而所述雝君

事甚略云趙國相名勸孝廉成臯令趙國相又云在官五載莅政清平有甘棠之化年卌五卒于官故吏民漢中太守邯鄲某等（其名殘缺）慕戀恩德刋石稱頌焉又有闕銘題漢故趙國相雝府君之闕云

三公碑

右三公碑歐陽公集古録有北嶽碑云文字殘缺尤甚其可見者曰光和四年以此知為漢碑爾其文多言珪幣牲酒黍稷豐穰等事其後二人姓名偶可見云南陽冠軍馮巡字季祖甘陵夏方字伯陽余嘗託

人於北嶽訪求前代刻石幾盡獨無漢碑今此碑所書事及二人姓名與集古所載皆同又光和四年立惟其額題曰三公之碑而集古以為北嶽碑豈歐陽公未嘗見其額乎三公者山名其事亦載于白石神君與無極山碑三山皆在真定元氏云

酸棗令劉熊碑

右劉熊碑在今酸棗縣云君諱熊字孟孟下缺一字按酈道元注水經酸棗城内有漢縣令劉孟陽碑今據碑熊實為此縣令然則所缺一字當從水經為陽也

碑又云君光武皇帝之玄孫廣陵王之孫俞鄉侯之季子也按後漢書光武子廣陵思王荆以讒死顯宗封其子元壽為廣陵侯又封元壽弟三人皆為鄉侯而李利涉編古命氏唐書宰相世系表皆云荆生俞鄉元侯平平生彪襲封今據熊當為彪之弟然則於光武乃其曾孫而曰玄孫者疑碑誤

臨朐長仲君碑

右臨朐長仲君碑文字磨滅其粗可考者云君諱雄又云歷郡五官掾功曹史辟從事舉孝廉除郎中遷臨朐長而其額題故臨朐長仲君碑云

司空殘碑

右司空殘碑政和乙未歲得於洛陽天津橋之故基首尾已不完所存四十五字字畫奇偉其詞有云命爾司空余同爾輔據此乃嘗為三公蓋當時顯人惜其不見名氏也碑陰有故吏題名百餘人尤完好筆法不減蔡邕石經云

益州太守楊宗墓闕銘

右楊宗墓闕銘在蜀中凡十六大字云漢故益州太

守楊府君諱宗字德仲墓闕汶陽李長茂為蜀使者罷歸以此本見遺長茂名公年東州善士以畫山水著稱者

益州刺史薛君巴郡太守劉君碑

右薛君碑已斷裂不完惟存上一段而其額尚全題漢故益州刺史中山相薛君巴郡太守宗正卿成平侯相劉君碑古無兩人共立一碑者惟見於此爾

巴郡太守張君碑

右巴郡太守張君碑其前題巴郡太守都亭侯張府

君功德叙云君諱訥字子朗勃海南皮人也又云炎漢龍興留侯維幹枝裔滋布並極爵秩又云察孝除郎中尚書侍郎遷甘陵寃句令親病去官辟司空司徒府復辟太尉舉高第拜侍御史揚州寇賊陸梁作難五府表君中丞督捕又云丙子璽書封都亭侯碑無卒葬年月其後頗叙述政績而繫以銘詩蓋巴郡太守德政碑爾按漢史自安順以來揚州寇賊屢發不知張君為中丞督捕在何年也

禹廟碑

右禹廟碑字畫淺細故磨滅尤甚其事跡歲月皆不可考略可見者云皮氏長安定蘇而名字亦不能辨矣

禹廟碑陰

右禹廟碑陰自侯長汾陰趙遺子宣而下凡數十人姓名官爵具存又有故督郵曹史縣功曹鄉部吏柏昱等人名㝡後有龍門復民廿五戶人名在今龍門禹廟殘碑之陰而集古録云在閿鄉楊震墓側又云楊氏子孫當時皆葬閿鄉碑碣往往磨滅此不知為誰碑者蓋誤也

武氏石室畫像

右武氏石室畫像五卷武氏有數墓在今濟州任城墓前有石室四壁刻古聖賢畫像小字八分書題記姓名往往為賛于其上文詞古雅字畫遒勁可喜故盡録之以資博覽

戚伯著碑

右戚伯著碑首尾磨滅其略可見者有云充列王室遇謗于呂委位捐爵而其額題周末嗣戚氏襲以興

勃海君玄孫伯著之碑知其姓氏戚以文詞字畫驗之疑東漢中葉以前人蓋當時石刻見于今者多類此所謂充列王室遇謗于呂者戚夫人也

四皓神位刻石

右四皓神位神胙几刻石四在惠帝陵旁驗其字畫蓋東漢時書按顔師古匡謬正俗引圈稱陳留風俗傳自序云圈公之後圈公為秦博士避地南山漢祖聘之不就惠太子即位以圈公為司徒自圈公至稱十一世按班固述四皓但有園公非圈公也云當秦

之時避地入商洛深山則不為博士明矣又漢初不置司徒安得以圏公為之乎稱之說實為鄙野余嘗疑稱著書自述其世系不應妄誕如此及得四皓刻石見其所書亦為圏公乃知稱所述果非臆說盖當時所傳如此爾至謂圏公為秦博士及惠帝時拜司徒者疑無所據

相府小史夏堪碑

右相府小史夏堪碑云夏堪字叔德帝禹之精苗零陵太守之根嗣也後有銘銘三字語頗古其卒葬年月殘缺字雖不工然漢碑也其曰精苗根嗣漢末人為文喜造語多類此

郭先生碑

右郭先生碑集古録以為漢碑按後魏酈道元注水經具載此碑云碑無年號不知何代人然則歐陽公何所據遂以為漢人乎余以字畫驗之疑魏晉時人所為既無歲月可考姑附于漢碑之次云

魏大饗碑

右魏大饗碑按魏志文帝以建安廿五年嗣位為丞

相魏王改元延康夏六月南征秋七月甲午軍次於譙大饗六軍及譙父老今以碑考之乃八月辛未盖魏志誤也是時丕為丞相漢獻帝猶在位雖政去王室已久然操之死纔數月爾丕軍次舊里初無念親之心乃與羣臣百姓置酒高會大設伎樂而臣下又相與伐石勒詞夸耀功德更以夏啓周成漢高祖光武為比豈不可笑也哉

魏孔子廟碑

右魏孔子廟碑按魏志文帝以黄初一年正月下詔以議郎孔羡為宗聖侯奉孔子之祀及令魯郡脩舊廟今以碑考之乃黄初元年又詔語時時小異亦當以碑為正

范式碑

右范式碑法書要録云蔡邕書今以碑考之乃魏青龍三年立非邕書也

有録無説者

章和石記 章和二年　窆室銘 永建元年

河東地界石記 延熹四年　堵陽長謁者劉君碑 建寧元年

仲君碑 建寧五年　郎中王君碑 光和元年
南武陽墓闕銘 元和三年　頛陽令宋君殘碑
陽都長徐君冢闕銘　魯相謁孔子碑
張公廟碑　逢君殘碑
山陽卒史司馬留碑　首山復民碑
首山復户姓名　鍾君碑
史晨孔廟碑 建寧元年四月　史晨孔廟後碑 建寧二年三月
孔德讓碣　樊安碑
韓府君孔廟後碑　韓府君孔廟後碑陰

孫叔敖碑　桐栢廟碑
祝睦碑　祝睦後碑
堯廟碑　堯廟碑陰
張壽碑　張表碑
劉脩碑　北軍中候郭君碑
鄗閣頌　婁壽碑
繁陽令楊君碑　楊君碑陰
陳球後碑　陳球碑陰
西嶽復民賦碑　郭究碑

劉寬後碑　劉寬前碑陰
譙敏碑　武榮碑
楊震碑　楊震碑陰
高陽令楊君碑　楊君碑陰
高君墓闕銘　武陰令高君墓闕銘
富春丞張君碑
不其令董君闕　仙人唐君碑
督郵斑碑　殘碑四
韓明府孔廟碑陰　沛相楊君碑陰

李翕碑陰　孔彪碑陰
靈臺碑陰　帝堯碑陰
郭禧後碑陰　孫根碑陰
尉氏令鄭君碑陰　綏民校尉熊君碑陰
宗俱碑陰　劉熊碑陰
司空殘碑陰

右趙氏金石録三卷趙君名明誠字德夫密州諸城人故相挺之之子也所藏三代彝器及漢唐前後石刻為目録十卷辨證二十卷其稱漢碑者百

七十有七其陰四十今出其篆書者十四張平子碑後碑殘碑山陽麟鳳贊宗資墓天祿辟邪字琅邪相王君墓闕銘逢府君墓石柱文永樂少府賈君闕銘蜀郡太守任君神道蜀郡都尉王君神道小黃令闕南陽太守秦君碑額河南尹蘇君碑額司空掾陳君碑額非東漢者二車騎將軍闕銘膠東令廟門碑隸釋所缺者蓋未判也掇其說載之趙君之書證據見謂精博然以衛彈為街彈以緜竹令為縣令之類亦時有誤者紹興中其妻易安居士李清照表上之趙君無嗣李又更嫁其書行於世而碑亡矣

隸釋卷第二十六

隸釋卷第二十七

天下碑録

漢陳留太守程封碑在開封府封丘縣東二里墓下

漢酸棗令劉熊碑在本縣古城內按其文熊字孟陽仕酸棗令百姓刻石紀績有陰記立碑故吏姓名

漢執金吾高褒碑在雍丘縣南五十里善鄉墓下

漢太尉高峻碑在雍丘縣

漢三老袁良一作貢碑在太康縣圍城鎮西南三十里扶樂城石牛廟又云在縣西北三十里陽夏鄉墓下永建六年卒葬于此

漢袁騰碑貢之中子也在太康縣

漢西平令楊期碑在尉氏縣西南四十里三亭鄉陽方村墓南二十步文字磨滅唯有首尾

漢征西大將軍楊瑾碑在尉氏縣三亭鄉路村

漢邊韶碑在開封縣東北五里墓前蔡邕所書今亡

漢邊讓碑在開封縣

漢董襲碑在開封縣東北墓前

魏隱士程冲碑在封丘縣按程隱君墳在縣西南四里碑當在墓下

魏酸棗令母丘悅碑在本縣廢縣內按其文悅字抱信魏正元年三任酸棗令民為

立碑

魏征虜將軍南州刺史王賢思碑　按圖經賢思名亮碑在雍丘縣北五十里義縣鄉墓下

魏御史大夫袁渙碑　在太康縣

魏鍾繇碑　在尉氏縣西北三十里蔣城鄉高萬村今割屬中牟按中牟圖經云鍾城在尉氏西北三十五里有鍾繇古碑斷折文字磨滅

魏何伯申碑　在陳留縣東三十五里

魏徐州刺史韓陵碑　在東明縣南二十里

漢八都神廟碑　在鎮州元氏縣西北二十里廟壇下光和中立

漢封龍山碑二　在獲鹿縣南四十五里山上延熹七年立

漢藁城縣長蔡湛碑　在本縣西二十五里光和四年立

漢無極山碑　在元氏縣西北十里毋極山下建安四年立

漢無極山神廟碑　光和四年

漢上谷太守張祚碑　在定州安喜縣東六里

漢孝子王立碑　在安喜縣東三十里

魏中山太守常通碑　在州城西北三里

漢北嶽碑

漢敏昜碑　在冀州

漢熊敏碑　在棗強縣

漢賈敏碑　在棗強縣東北三十里

漢張公神碑　在通利軍衛縣和平元年

漢李固碑　在懷州山陽城内

漢劉班碑　魏文帝為兖州刺史封為白馬侯在澶州縣三十里墓下

漢左伯桃碑　在安肅軍安肅縣西十五里墓前

魏張文簡碑　在湯陰縣西一百步

魏劉盆碑　在祁州梁澤縣正始二年立在墓側

漢蘇武功碑　在京兆府武功縣墓下

漢太守樊演碑　在河中府臨晉縣内墓前

漢乞復華下民租田筭狀　樊毅奏唐盧倣重立在華州華陰嶽廟内

漢司徒劉奇碑　在華陰縣

漢西嶽華山亭碑　樊毅光和元年在華陰縣

漢西嶽華山廟碑　并陰在華陰縣袁逢延熹四年

漢劉寬碑　在華陰縣墓下文字磨滅

漢穀坑君神祠碑　裴曅君光立在華州

漢石闕銘　永和元年常山太守造在華州華陰祠後苑中

漢太尉楊震碑　在閿鄉縣西十五里以來孫沛相統門人立在墓前

漢高陽令楊君碑門人立在閿鄉

漢繁陽令楊君碑故吏立在閿鄉墓前富波君少子

漢金城太守楊統碑在閿鄉墓前

漢李翕碑在成州崖石上字皆完好有甘露白鹿黃龍連理木四物圖記李翕之政治也

漢郭有道碑在太原府平晉縣蔡邕文并書在龍泉側

魏馮勍碑在潞州上黨縣南墓下

魏陸嚴碑在上黨縣西墓下

魏幷州刺史王𢈉碑在絳州絳縣東南二里墓旁

漢敬歆碑在正平縣北二十里墓側

漢郭林宗碑在汾州介休縣墓側

魏車騎将軍穆祚碑在介休縣南墓下

漢山陽太守祝睦碑二在應天府虞城縣東二里

漢丁儀碑在虞城縣墓前

漢陽翟令許叔臺碑在柘城縣西南光和中立

漢兖州從事丁仲禮碑在楚丘北三里

漢太尉掾橋載碑在宋城縣五里

漢繹幕令碑在宋城縣東

漢橋玄碑二在宋城縣漢朝羣儒感橋氏德行之美乃共立碑一故吏司徒博陵崔烈立一

令隴西抱罕等立

漢慎令劉君碑在穀熟縣門外夫子廟中

漢樂陵令太尉掾許嬰碑在杯城縣西南

漢光禄勳劉曜碑并陰在鄆州項城縣

漢彭府君碑在中都縣

魏兖州刺史李伯茂碑在曹州

漢帝堯碑在濟陰縣

漢堯祠祈雨碑在濟陰縣

漢堯母碑在濟陰縣

漢劉熙碑在徐州蕭縣二十五里

漢袁安碑在子城南門外百步

漢高祖感應碑在豐縣北延熹十年豐令劉疊立

魏樂安長劉世碑在彭城縣北

魏羊續碑在兖州

漢御史大夫鄭君碑在龔丘縣墓下

漢司徒吳雄等奏孔子廟置卒史碑

漢魯相晨等奏出王家穀祠孔子廟碑在仙源縣建寧二年

魏封議郎孔羨為宗聖侯碑曹植文梁鵠書黃初元年

漢泰山都尉孔宙碑在仙源縣墓前

漢孔彪碑在仙源縣

漢碑永壽三年故婺州從事孔君德于孔子墓祠壇前立在仙源縣

漢孔謙碑

漢司農孔峽碑在仙源縣墓前

漢尚書郎河東太守孔宏碑在仙源二碑並建寧元年

漢御史孔翊碑在仙源縣墓前

漢博士孔志碑在仙源縣孔子墓東

漢魯相韓勑修孔子廟碑在仙源縣

漢魯相韓勑復顔氏繇發碑永壽二年

漢尊士倪壽碑在仙源縣南七十步魯城內

漢竹邑侯相張壽碑在單州成武縣城內墓南

漢俠伯咸碑在單父墓前建寧中立

漢廬江太守范式碑在濟州任城縣西南四十里大項山南

漢中郎王政碑在任城縣墓前

漢司隸校尉魯峻碑蔡邕書在任城縣墓前

漢少傅何君碑在任城縣墓下

漢執金吾武榮碑在任城縣墓下

漢古司馬城鐵碑在金鄉縣東南四十里云漢浮陽侯司馬耀所封邑

魏太尉滿寵碑在金鄉縣墓前

漢景君碑二題云漢故謁者景君益州太守景君碑在任城縣

漢馬援廟碑

漢馬江碑

漢御史大夫鄐慮碑鍾繇書在墓前

漢童恢墓雙石闕字在任城縣南七里一云漢故不其令童君一云童恢琅邪人

魏金鄉令徐公碑在任城縣景明一年

漢麟鳳碑在州衙

漢費令田君德政碑在沂州

漢童子逄盛碑在濰州俗云董孝碑

漢孫嵩碑在密州安丘縣西四十里冢前

漢安平相孫君碑在高密縣西南五十里

魏管寧碑在安丘縣西南五十里冢前

魏邴原碑在安丘縣西南四十里墓前

魏孫炎碑并妻碑在長山縣西南三十里長白山東甘露五年

漢太尉劉寬碑二在河南府上東門亏手營內門生故吏各一并碑陰

漢石經尚書論語公羊在張奎龍圖家

漢司徒掾梁君碑 在襄州穀城縣東四里建安廿七年文字磨滅
漢玄儒先生婁壽碑 在乾德縣勅書樓下
漢山陽太守碑 在穀城縣西一里古筑城東文字磨滅
郭輔先生碑 不知時代
漢筑陽侯相景豹碑 在穀城縣西一里
漢侍中王逸碑 在宜城縣南三里
漢南陽太守秦君碑 在宜城縣熹平年立惟碑首篆字全
漢南陽太守秦君碑 在鄧州南陽縣字滅惟碑首存
魏章陵太守呂君碑 在南陽縣

魏受禪碑 在潁昌府臨潁縣魏文帝廟梁鵠書
漢僕射荀公碑 在長社縣東北十里墓前磨滅
漢司隸從事郭君碑 在孟州濟源縣
漢北軍中侯郭君碑 在濟源縣
漢光武皇帝碑 在汝州汝墳鎮
漢封觀碑 在項城墓前
漢蔡昭碑 在隨州光化縣墓前
漢桐柏神碑 在唐州延熹中
漢中常侍樊安碑 在縣南門外二里許道側

漢中常侍曹騰碑 在亳州
漢老子銘 在衛真縣太清宮邊韶文蔡邕書
魏大饗碑 在譙縣魏文帝廟有陰梁鵠書圖經云曹子建文鍾繇書延康元年
漢幽州刺史朱龜碑 在譙縣墓下
玄孫伯著碑 在宿州
漢楚相孫叔敖碑 在光州固始縣西南本廟内
漢秦始皇碑 東海相任恭修理祠于碑背刻在朐山
漢東海祠碑 永壽元年東海相桓君
漢堂邑令費君碑 在湖州云烏程并陰

漢梁相費君碑 在衛州字仲慮
漢羅訓墓誌 在衡州耒陽縣南六十里
漢南昌太守谷所碑 在耒陽縣東北
漢青州刺史劉馬碑 在耒陽縣十五里墓下
漢胡騰碑 在耒陽縣南四里
漢羅含誌 在耒陽縣南四里
漢桂陽太守周使君碑 在韶州樂昌縣郭蒼文
漢周公禮殿石楹記 在成都府初平五年鍾會書
漢楊侯伯墓碑 在犀墓壯

漢王稚子墓闕文在新都縣
漢析里橋郙閣頌在漢州建寧五年仇子長書名紼在什邡縣
漢廣漢太守沈子琚碑碑云熹平五年綿竹立
漢馬融墓碣在什邡縣字有磨滅今亡
漢嚴君平廟前碑二在綿竹縣文字磨滅
漢上庸長闕文在德陽縣靈龜鎮
漢刺史李頊碣在綿州巴西縣今在開元寺文字磨滅
漢張翼碣在州東四十步
漢中令楊暢墓碑在嘉州夾江縣東南古賢鄉

漢仙人唐公昉碑在興元府
漢沛相叙門范皮墓闕文在叙州梓潼縣東墓前字不甚多記名目而已
漢趙國相雍勸墓石闕文在梓潼縣東二里墓前
析里橋閣碑在興州州衙有三段并首
漢王褒墓碑在資州資陽北二十五里墓前文字磨滅

右天下碑録凡十卷近世不知作者所載多唐人碑今刪取其東漢者著于篇魏碑十數予所未見者亦附焉姓名舛錯者悉存其故其所謂漢或有三國之漢與五胡之漢者其所謂魏疑亦有元魏者非得碑不能區別也

隸釋卷第二十七

隸續

樓松書屋汪氏本皖南
洪氏晦木齋集貲摹刻
同治十年曾國藩署檢

吾兄丞相番陽公安撫浙江東道部郡七治所臨會稽部縣八西接行在所東際海南拊百越之區地大物衆槃槃一都會也處之踰年兵民兩安山顛水厓如立庭户不能稱過使客餙廚傳又不能縈予公力作長安書獨於隸古之習根著膠固手追心摹今三十餘年得黄金百如視涕唾即獲一漢刻津津然盱衡擊節輟食罷寢摩挲而謹讀之意世間所謂樂事直無以右此者喟然嘆曰天下奇寶也吾顓鄉而獨羨之為不仁空篋中得所藏碑百八十有九譯其文又述其所以然為二十七卷曰隸釋書法不必同人

視之無如也則皆毛舉十數字刊諸石曰隸纘其字同其體異叅差不可齊則倚聲而彙之曰隸韻龍龜爵麟九尾之狐琮璜璋圭名物怪奇凡見於扁顏者各肖其象曰隸圖亦既釋之而又得之則列於廿七卷以往曰隸續大氐皆祖東漢時其高出西京浸淫以及魏晉者率不能什一搜羅梱稡蓋不遺餘力矣自篆掟於漢而為隸變於魏八分於晉宋隋唐之間以分視隸由康瓠之與周鼎也而唐人篤好之漢法益亡杜子美之詩云倉頡鳥跡既茫昧字體變化如浮雲陳倉石鼓又已訛大小二篆生八分又曰中郎石經後八分蓋蕉萃則涇渭雜揉以分為隸雖杜子美有所不能知吾兄一旦發千古之祕蔵悉主張是使蔡中郎復生見此數者當復有得異書之歎兄嘗三上奏天子乞身歸輒奉詔不許儻留不已懼其汗南山之竹云乾道三年十二月十八日弟左中奉大夫守中書舍人兼直學士院兼同修國史兼實録院修撰兼侍講邁書

右淳熙隸續觀使大觀文番陽公所撰也公頃帥越嘗會稡漢隸一百八十九為二十七卷曰隸釋續有得者列之十卷曰隸續既墨于版亦已詳矣猶以為未也復冥搜旁取又得六十有五為九卷所謂毫髮無遺恨者書成下示門下士良能良能既得之敬白安撫大資吳興公公一見大喜謂可開覺後學乃命鏤之堅梓以侈其傳噫嘻番陽公之好古吳興公之樂善俱極其至槩之古人可謂無媿也已淳熙六年八月十七日承議郎特添差通判紹興軍府事喻良能謹題

洪文惠公既著隸釋其續得於成書後者復列為二十一卷曰隸續凡漢魏晉之碑碣石經儀禮左傳之遺文磨崖石闕神道之題字石壁石室之畫宅舍墟墓之甎刀鏡鼎壺鉦鐙槃洗栝桮板函鐵盆壽椁官鏨之銘識石羊石虎之刻莫不罔羅而會粹之顧是書在當時先刻十卷後范至能李秀叔諸公續為鏤版足成之公自言欲合數書為一而未果疑當時所梓尚非定本若近世所流傳者幷非當日原本故喻氏之跋所稱卷數與公後跋不符至隸圖本自為一書後人乃闌入此書內其中下二卷復編次舛錯莫可考正秀水朱檢討嘗欲以寶刻叢編補之亦未卒業可惜也予得金風亭長鈔本以校近刻多所增益其譌脫處仍不能不相沿襲未足稱為完善然麒麐一毛虬龍片甲公於漢字之留遺於後者猶不勝鄭重而愛惜之則今日於公之書其為可寶貴當何如也因幷以付之梓

乾隆戊戌仲秋上澣太完居士汪日秀跋

隸續卷第一

郎中王政碑

君諱政字季酺漢中大守之孫從事掾之第三子也

姿履(闕三字)穌之搽燮敬以事生哀慼以送終奉(闕三字)
歐陽尚書(闕)研典貴侃(闕二字)上(闕四字)童冠聿集(闕)承
義方(闕十三字)郡端右州辟從事(闕二字)衛上先公(闕二字)有
羔羊之絜龘申棠之欲(闕)不營巳好是正直仰不(闕六
字)守防東長威(闕)雙行帥下以儉決訟明(闕)民龘(闕二
字)溼佚革弭閭里(闕二字)風化宣流家(闕二字)施舉孝廉
除郎中三署馳名見者宗(闕)當豐人爵登彼(闕二字)神
命(闕四字)罕(闕)脩仁不(闕)卒從氛暴年五十以元嘉三
年春正月戊寅(闕三字)既歿而不(闕)於是門徒士夫(闕)
君(闕二字)咸有(闕二字)乃相與立石表行以(闕)後(闕)其辭
曰
於(闕)明君(闕)方(闕)白時言樂咲由徑不曲(闕)職左公
事君謇諤退食䌛私逶虵允(闕)仁慈(闕三字)讓忘(闕二字)
清絜巳惟德之宅有嘉歑聲令問孔碩養(闕)俟(闕四字)
夕階(闕)不(闕六字)以勒銘(闕)昭歑德

右漢故郎中王君之銘隸額在濟州王君名政字
季酺歷州從事防東長察廉除郎其壽五十以威
宗元嘉三年正月戊寅卒門徒士夫相與立此石
字雖殘闕尚多可讀者歐陽公云磨滅不復成文
名字官閥卒葬年月皆莫可考蓋察之不詳爾小

歐陽以爲其字季輔趙氏以爲光和元年立皆非
也碑云有羔羊之絜無申棠之欲鄭司農注魯論
云申棖蓋孔子弟子申續家語申續字周史記申
棠字周此碑所用有自來矣(碑以貴爲墳慼即感字䌛即絕字)

平輿令薛君碑

惟延熹六年春二月平輿令薛君卒烏虖哀哉吏民
其咨咨君之德迺建碑石于墓之側其辭曰
於皇降德于兹我君我君厥祖官有世功迺侯于薛
苗肩枝分作漢卿尹七世相承君之懿德性叱淵真
如冰之絜如玉之堅靡術不綜罔禮不遵忻忻之至

三族㠯敦英名委質宣昭令聞升州入宰眪乎其勛
莅政巳吾爤而有成遷典平輿匪威匪仁寬猛㠯濟
蘼矣惟清化未期月遘此竺旻吏民穆卜嘗禱屏營
旻天不弔不憖遺君晻曶薨徂命不可兆國人巷哭
若喪厥親鬚白號咺童穉唫呻嗟嗟酷痛如何昊乾
靈柩旋歸岱此穸窀悢悢士儁惻蠠酸辛婣族畢至
素縞填庭於是吏民迺復追歎君初舉孝三署播名
爰佐戎 闕 來臨汝南剖符之貳千里同塵料揀眞實
好此徽猷貢奇達異迴酌清英遺風令歌永矢不愃
云君回軨誰不褱歡 闕 意迷流乃隕乃顛如可贖也

人百其身昔邵臨國民謂之父今也薛君追蹈厥緒
身殁言存是謂不朽于我吏民悲慕罔巳刊石紀銘
永昭于後

右漢故平輿令薛君碑隸額前有敘凡三十六字大略云平輿以延熹六年二月卒吏民咨其德建碑于墓之側次有銘詩三百四言文雖無缺而不書其名字其云我君肇祖迺侯于薛者謂夏之車正奚仲也又云作漢卿尹七世相承者西京有御史大夫廣德沛人東京有千乘大守漢淮陽人其傳云世習韓詩父子以章句著名元和姓纂云薛公獻策滅黥布其元孫曰廣德而千乘又其元孫也平輿豈其苗裔耶其云君初舉孝三署播名則知其以孝廉爲郎也又云莅政巳吾遷典平輿則知其嘗治陳留之邑也又云來臨汝南剖符之貳者汝南治平輿縣蓋以縣令爲郡守之貳也又云昔邵臨國民謂之父者謂南陽大守召信臣也薛君爲令而云追蹈厥緒者取其循良而用之不以守令爲拘也詩云永矢弗諼禮云終不可諠兮二字蓋通用此則借愃爲諠也揚雄傳纍既兆夫傳說注云兆古攀字此銘以君功承堅南清諠攀數

聲爲一章詞句鏗鏘若合音律漢人作銘頌用韻多如此韓文公此日足可惜詩出入數韻中正用此體（肈即肇字貭即質字爤即爛字寬即寬字慈即慈字寊即實字褱即懷字竺亦音篤碑云遇此竺旻恐旻亦借用）

司徒掾梁休碑

（上闕二字）休字元堅蓋（闕二字）之苗裔也（下闕）載踵勛業文武相濟君曾號稱三（下闕）郎中早終君纂孝鴻軌體履弘懿敬（下闕）爲主動以禮讓爲先每在周儕推人抑巳（下闕）而後流馨香播越名實先登仕郡歷五官（下闕）掾璋遂察孝廉除郎中光祿主（闕）昭德塞違（下闕）

韜光翳燿隱身殉道隘窮不悶匪闕令始實下闕通
四海之門涂禁防既釋辟司徒府秉忠蹈契下闕勞
滿奏上拜新都令謙憲自勑寢疾於家季六下闕有
二月戊寅卜葬大守安平趙府君嘉厥高蘼下闕尼
父之芺宋叙三命之伐存有立名奴宜見旌下闕守
節曰貞博聞曰文請謚休爲貞文子爾乃祏下闕詞
曰
上闕二字文允䜌棘勤典素精孔墨高難隱深不測下闕
紫極遐罽罒僾潛伏靈闥張闕鼎式掌既盈命下闕
玄石勒立堂祠跱神德奴不朽傳地僵

右司徒掾梁君碑篆額惟存掾碑二字碑録云襄州穀城有司徒掾梁君碑建安廿七年立此黄武前一年也豈吳人尚用漢歷乎否則誤字也梁君名休字元堅爲郡五官掾歷郎中光禄主下闕一字辟司徒府拜新都令有大葬日月而闕其所終太守趙君相與謚之曰貞文子銘詩以三言爲文梁君終於宰邑而以公府掾書其額者重内也東都光禄雖有主簿而戴就傳云舉孝廉光禄主事注引風俗通曰光禄奉府上就爲主事此碑光禄主之下闕一字未可斷以爲簿也其云禁防既釋則鈎黨也又有滔光翳燿隱身殉道隘窮不悶之句銘則云遐罽罔退潛伏皆謂黨事當是時天地閉塞邪枉熾結闕三木錮五族者盡天下之名流其得幸免者葢鮮矣中平初黨禁始解久幽之士信眉而復起梁君遂從聘召更二十餘年而卒郡將至於累行論謚宜不在夏恭范丹之下史策既没而無傳集古如歐趙又遺而不録幾不得比於婁壽魯峻因碑碣以著見石雖勵存賴它書而得其姓士之渫身厲操而能垂光於後者亦難哉㛃即絜字祏即拓字

防東尉司馬季德碑

上闕四字年九月廿九日故山陽府卒史防東守尉司馬
闕字季德闕二字先出闕五字氏之裔胄也闕二字三代常
爲矦伯周武克商闕其肩族闕四字仲闕五字施於民迄
于闕二字嗇濟其美不賈其功闕二字金鉏翼衛闕四字彊
熾下闕于季德务有聲闕四字文采惠闕恭接物耽古
好學闕三字褱道下闕五闕六字歲規闕二字克誦其詩既
優闕六字明允篤誠不闕三字小闕畏慎如臨于台在公
明明委虵其德德闕三字肅肅下闕壽黄耇永享五福
猥遭温疾喪汝華榮下闕郡人諸友闕鄴闕驚闕二字

會集沵涕霑下闕發闕舊宅消邢幽門百兩旁旁幡
闕悠悠送者闕悲下闕德金石播字闕三塊而有闕嘉
闕寵休烏雩哀哉

右山陽府卒史防東守尉司馬君碑其名闕其字季德有所終之月日而其年則摩滅陳勝傳云勝攻陳陳守令皆不在獨守丞與戰譙門中張顏並注爲郡守縣令又云郡守之丞故曰守丞司馬氏索隱曰秦無陳郡皆字是衍文守令與守丞同守非官也劉敞原父云是陳縣之攝令游俠傳王游公謂茂陵守令尹公曰君辱原涉如是一旦真令

至復單車歸爲府吏注云守茂陵令未真爲之隸釋有羊竇道碑云青衣尉趙君到官六日郡召守鐵官長積四月徙守成都令後還歸尉官又金鄉守長侯成碑云郡授五官掾功曹守金鄉長即家假印綬周憬碑陰有湞陽守長南平丞塞祇三人者亦是以它官攝事此云山陽府卒史防東守尉者以郡曹而攝邑官其本秩自如故猶今之兼權也防東二字頗暗昧難辨故趙氏以山陽卒史名之自三蒼滂喜亡李斯作蒼頡篇揚雄作訓纂篇賈魴作滂喜篇名曰三蒼滂者漢和帝時郎中以隸字寫三蒼隸法始廣小學不絕如綫字書行于今者篇莫加於類篇韻莫善於集韻所載隸古以石刻校之則攟摭尚多脫略隸法皆以悠作悠此碑又省作悠稽之篇韻咸無焉聊因論此擬急就之一章云

滂喜悠悠獸㸚繼滂喜悠悠獨無繼出表良孫叔敖司馬君鄭固劉寬楊厥碑一字數出者不再見
隸灋乖離另朿世隸法乖離昉中世出繁陽令無極山張納孔耽表逢戚伯著富春丞碑
騁畟爭新滕秉騁異爭新隧筆意出周憬楊著韓勑孔耽繁陽令戚伯著樊毅碑
㫁攄圖籍載廬咸斷據圖籍載一二出楊厥孟郁孔耽元賓魯峻祝睦平輿令碑
㛅羲農氏羲農出費汎老子清河相碑
邦舜禹邦舜禹出鄭固帝堯孔宙碑
終春秋終春秋出孔宙孔謙楊著碑
噭
鄙魯陳鄒魯出楊震孔宙袁良碑
戔暴羸辯劉暴羸出潘乾孔宙郭仲奇碑
禽霸

楙禽霸楚出孔耽魯峻袁良碑
㙈宇逑基宇恢出劉脩孔耽靈臺碑
啓劉距啓劉祚出逢童周憬祝睦碑
睾夔棄皐夔棄出苑鎮劉寬郯令碑
畐弜殹朝弼聚出楊厥張壽孫叔敖碑
𧱈葉曹解葉曹出逢童華山亭北海相碑
呂孟禮呂孟祖上二字出孟郁下宗俱碑
隶典禮隶典禮出帝堯祝睦孔龢碑
垂律瘦垂律度出孔耽樊敏孟郁碑
便衛顯儒衛顯出魯峻孟郁郭仲奇碑
爵祿屢爵祿屢出綏民校尉度尚李翁碑
凮雲霜露星電燀風雲霜露星電燀出夏承郭仲奇衡方李翁高彪周憬孟郁碑
蓋導壺光璵鼎彝蓋導壺兕璵鼎彝上出孔宙次二字出韓勑餘出孔宙楊統三公山孫根碑
黍稷香馥薦盂犧黍稷香馥薦血犧出三公山史晨袁逢祝睦次二字靈臺下帝堯碑
滌禘讇禮盧響歸滌齋蠲禱靈響歸出蔡湛淮廟孔彪蔡湛帝堯孟郁孔龢碑
偈獸昌魹鳩麟龜鳥獸鼠蚌鳩麟

龜出孔耽樊毅唐公房靈臺唐扶孔宙戚伯著碑道邊通達遭過遭道邊通達
遭過隨出高彪劉脩唐扶宋恩武梁馮煥劉熊碑淵深闚輿表出亡測深闚輿
表出之出袁良孔謙吳公韓勑唐扶孔耽戚伯著碑凡此之類皆非假借字
書所不應棄蔡伯喈奉熹平之詔列鴻都之碑晚
學咸所取正未嘗一字好奇也如前急就雖曰漢
人典刑亦石經之所不取今之學者事不師古乃
緣手隨筆變點畫篡偏旁以取新尚怪爲能間有
所據不過魏晉以後字體爾此膏肓之疾也碑以鄂爲
愕以邢爲形彌即彌字

中山相薛君成平侯劉君斷碑

益州刺史中山相薛下闕
巴郡大守宗正卿成下闕
惟二君下闕神府乃下闕平文武下闕祭死者下闕
薛劉征討輕下闕曰下闕賢勞下闕墾下闕功下闕
令下闕

右漢故益州刺史中山相薛君巴郡大守宗正卿
成平侯劉君碑隸額頗雜篆體其碑髣髴二十行
所餘其上一段它石斷裂不存矣第一行有益州
刺史中山相薛八字第二行有巴郡大守宗正卿
成八字第三行有惟二君三字餘皆不可句讀蓋
前兩行各舉其官後行始是碑語與廣漢屬國辛
李二君碑正同其間有祭死者及薛劉征討字殆
是紀述平寇之事趙氏誤以爲墓刻故云古無兩
人共立一碑者又以劉君爲成平侯相詳其額初
無相字此蓋王子侯也西京列侯其傳國皆有世
次東京枝葉既不蕃而史筆又簡略其書于策者
不過如東海王傳云王弟二十二人皆爲列侯爾
故劉君之名不可得而考周官大宰卿一人謂大
宰以卿一人爲之也百官志大傳上公一人太尉
公一人太常卿一人蓋史氏用周官之法紀傳所

書居三九之官者皆不繫以公卿字惟孔廟碑稱
吳雄爲司徒公趙戒爲司空公衡方碑題云衛尉
卿與此碑所題宗正卿乃遺辭揮翰者益之非當
時官名也太尉劉寬司空宗俱光禄勳劉曜廷尉
仲定碑額俱不加公卿字後世以卿名其官則自
蕭梁始

司空殘碑

上闕躬羞觴豆婆娑尊俎盛下闕命爾司空子同爾
輔匪下闕功遂不居思沖去甚消下闕納我餡范既
童且㝩庶下闕予惟哀憤用著斯詩忉下闕

右司空殘碑四十五字政和乙未年得之西洛天津橋下所存片石纔五行行九字皆銘詩也字徑二寸餘雄健清新蓋漢代之神品其詞有云命爾司空故趙氏謂之司空殘碑末云予惟哀憤用著斯詩知其爲郎塋之文也碑陰有皮氏叚升子榮題名百有餘人訪之未獲

處士嚴發殘碑

上闕月戊申朔五日美寻彭城下闕栢韻佐隸章言
霚杰嚴發下闕生則有曾閔出行送終則下闕允誠
於多友不求亘㠯下闕分離拔身委讓勤四體㠯下闕

恋鐫堅仰高西遲衡門甚下闕例所述杰有一行則
可尊下闕蓋孔子作春秋襃儀甫㠯下闕塞利欲出
徯是故貴有商下闕㠯顯寶王今聽表門閭復下闕
勉踐俟巳表棧言會月下闕
上闕君丞汝南番君戶曹掾下闕

右處士嚴發殘碑所存十有二行行凡十字其大略載栢韻陳章所言處士嚴發有曾閔之行栖遲衡門誠於朋友引春秋襃儀甫之事後有聽表門閭復之文復下字闕蓋邑官稱嚴之行遂表其門閭復其祖繇而碑之所由立也末有丞汝南番君及戶曹掾題名當是其時官寮也其首行月日之下有彭城字乃其鄉國也召誥云戊午社于新邑越七日甲子是從戊至甲爲七日畢命云六月庚午朏越三日壬申亦是從朏至壬爲三日西漢律歷志引逸書粤五日乙卯亦然惟武成云丁未祀于周廟越三日庚戌則是祀廟之後三日去丁而不數與召畢二篇立文不同此碑云戊申朔五日癸丑者正用武成句法百官志孝子順孫烈女義婦及學士爲民法式者皆扁表其門許氏說文云扁者題門戶之文則旌閭之事東都蓋已有之此

碑不見歲年疑其非漢刻雖字畫不工却不類魏晉以後書法棄之又可惜也碑云鐫堅仰高與今文論語不同又以西爲栖徯爲蹊俟爲夷韻古響字恋即志字

隸續卷第一

隸續卷第二

新莽候鉦

候鉦重ㄨ十来斤新始建國地皇上戊二年右工二晦造啚夫放守史凡掾大守左丞守令嘉嘗共工大夫闕二字省

右候鉦四十二字闕二字王莽地皇二年所作紹興中出於金州今在毗陵胡承公家漢器如館陶釜甘泉內者鐙之類雖非彝鼎間古文蓋猶是篆體獨此器所書有波畫字尤清勁與漢末筆法無異孰謂西都隸字皆古拙乎范史祭祀志東夷傳俱有建武中元之文與此所謂始建國地皇相類語在何君閣道碑說文桼象形如水滴而下賈山云桼塗其外是也而漆臬絺紵椅桐梓漆之類經傳已多借用至今反以桼為古字漆沮之漆却有省其水者韓勑碑書漆作涞此云重五十来斤者隸法小變而借用作七也吳天璽年國山碑云神女告徵表祥者卅有桼唐裴談司刑寺佛跡碑云長安貳季漆匝夫豈無據乎惟北齊文宣以七為漆而誅上黨王渙則寃哉虐也數自壹貳至于玖拾莫非假借獨柒字鄙俗無它訓若倣古而用漆

桼豈不韻勝莽本傳云莽自以土行故令太傅府置戊曹以戊子代甲子為六旬之首冠用戊子為元日昏以戊寅之旬為忌日令太史推三萬六千歲歷紀六歲一改元遂改年為地皇其所下書有上戊六年之文孟康注云上戊者莽所作歷名故此云上戊二年也趙氏有居攝墳壇刻石二其一曰上谷府卿墳壇一曰祝其卿墳壇皆居攝二年造趙云上谷郡名祝其縣名王莽時官名日易史家不能盡紀不知府卿祝其卿為何官予嘗於廣漢屬國造橋碑論之矣應劭所云大縣有丞左右

尉所謂命卿三人漢隸有吳郡府丞武開明碑而武榮碑中稱之曰吳郡府卿又沈子琚緜竹江堰碑云縣丞王卿則居攝墳壇所刻乃上谷府丞祝其丞也予未獲此二碑因說王莽侯鉦故并及之

耿氏鐙

延光四丰二月耿氏作鐙比二工張哀造

右耿氏鐙安帝延光四年所作見於錢唐薛尚功彝器欵識碑比二者言如此器之比有二也兩漢器物銘存于今者皆是篆文獨此一鐙用隸弟薛君酷好篆古不習隸法模勒不精頗失其真未知

此器今藏于誰氏也

五君桮梓文

大老君

西海君

東海君

眞人君

仙人君

右五君桮梓文十五字予所見者已裝治成帙不得詳其形製五君之旁有棬各三徑三寸餘其中者圓若碑碣之穿上下二棬則橢褊不匀亦有闕其一者藏碑若歐趙皆所無有復不見於諸家雜說中殆莫知爲何物獨武陽黃伯思長睿作洛陽九詠其贍上清一篇中云窪柈五兮石桮九饗西后兮腏東后所注甚詳今併録其詞云睠卭阜兮北睇眇璿題兮雲際羌胡爲兮斯官肇先唐兮六世（唐初北卭有老子廟開元末廟北別建玄微觀後曰上清宮）蕊殿兮穹崇桂棟兮椒墉綺疏晃兮杲日瑤鐸韻兮曾空峩雲冠兮紛羽袂飈爲車兮鶴爲驥曖群真兮飛軿悉雲從兮仙李日旂兮霞旆騰玉虬兮沛艾款祖祀兮肅祇瑑瓊章兮綷縩（唐明皇朝謁齋宿斯宮有詩石在焉）煥妙繪兮

秀發五龍儼兮千鷺列悼雨駮兮壒蒙隨一掃兮煙滅（宮壁有吳道玄畫即杜甫稱五聖聯龍袞千官列鴈行本朝祥符中府吏以其故暗剜而更畫森羅妙絶之迹一旦掃地矣李西臺建中得數像寘齋壁後爲大水所沒）鬱梁子兮翠枝樛藏史西兮麗紺牛度函關兮代邈木何爲兮此留（殿後有古木相傳名梁子木老子以繫青牛蓋後人假託明甚）窪柈五兮石桮九饗西后兮腏東后若肸運兮自然差眇茫兮難究（宮中有方石上列圓穴五橢穴九俗謂之九卵石側各有題記曰大老君眞人君仙人君東海君西海君字與漢人隸法同其穴殊無刋刻之跡乃漢世所作以祠眞仙耳圓者代柈橢者代桮就石爲之若窪尊之類或云晉世仙人白仲理作此鍊丹非也蓋字畫類漢世隸不類晉體）栢翠兮梨紅金井露兮玉橙風思少陵兮不可再

得吾獨吟乎山之側又東觀餘論載政和中黄君
瞻上清跋語云此碑帙有五君梧桙文故書於右
且云欲考梧桙所以者觀此可知也宣和殿藏碑
録以爲漢碑而名之曰真人君石樽刻石與四老
神祚机刻石同帙良由此石就其上有器物之狀
以祀五君故或謂之梧桙或謂之石樽而黄君之
辭可據始知是洛陽上清宫中之物其文唯大老
君三字最大蓋尊老子也西海真人六字却似晉
人筆札豈鑴刻有工拙乎六經無真字獨於諸子
見之延熹中蔡邕作王子喬碑及仙人唐公房碑

皆有真人之稱矣

征南将軍劉君神道

有漢征南将軍劉君神道

右征南将軍劉君神道十字大小與王稚子闕相
類而剛勁過之惟後兩字刓損兩漢雜號将軍掌
征伐背叛事訖則罷不常置也唐杜佑云四征興
於漢代四安起於魏初四鎮通於柔遠四平止於
喪亂在光武時岑彭嘗建征南之號矣牛僧孺玄
怪録載盧公涣爲明州刺史時有盗發漢征南劉
將軍墓者蓋在明之翁山縣其官氏偶同非此劉
君也

司農劉夫人碑

漢故下闕
司農夫亡人字祖自會稽山陰姓劉氏伊迷夫亡受特
貞闕體性性字純淑非禮不不字行闕二乃字闕四桮愴闕三字
宂九族穆闕三字帝争孫息盈盈字房㝡男以以字闕八字萬
闕七字儀闕三宮德配古劭任似爲闕八字宮闕復金闕十
一字甘香車騎陣闕十字公公字嚴闕奉奉字闕七字侯相闕迎
醫極攸悠字遠索索字名闕廿三字幽藏咨咨字嗟酷闕十七字德闕四
字畫圖像飘采其闕七字侚亡闕八字帝定

右司農夫人碑漢太尉許馘之室也首行有標題
之文石已刓剥所存數十百字其漫漶者强半惟
次行獨全故知其姓劉氏而爲山陰之人其辭惟
數句可讀如云體性純淑非禮不行及孫息盈房
而已其云德配古列任似者以似爲姒也字畫多
雜篆體所書以字全類孔宙碑其它偏旁多與故
民吳公碑中山相薛君題額相類應劭漢官儀所
載三公孝靈時有吳郡陽羡許馘季軼漢紀光和
四年馘以衛尉代劉寬爲太尉今許氏兩墓皆在
宜興而此碑猶在夫人冢旁吳處厚青箱雜記云

義興有許馘廟其碑許劭所作唐開元中諸孫重刻碑陰有八字云談馬礪畢王田數七徐延休讀之曰談馬即言午言午許字礪畢必石卑石卑碑字王田乃千里千里重字數七是六一六一立字今其殘碑纔有數十字其間載許君自司農遷衛尉此文稱劉氏為司農夫人則銘墓時許猶未為衛尉也其碑在光和之前無疑建康王厚之云其友陽羨邵偉嘗泛舟過許氏叢冢見水濵一石舉而察之則許君殘碑也邵遂載以歸厚之字順伯樂古多聞山陰石臺卿亦佳士相與搜奇抉怪埤

助此書為多

任君殘碑陰

上闕三字四年九月十日五官掾闕十三字令闕張闕三字王闕七字何治闕六字先桓守史景闕二十五字故官石官二闕十四字屮闕二字七闕四字四千木闕三字直千二百闕三字莋縛闕官闕二字直九百闕三字屮二闕三千闕百闕君殘官石屮校見在石廟䢅時主事闕十字掾杜峻孟珎史何闕孟闕又下闕

右任君殘碑陰蜀人謂之武帝先生任君碑陰所謂先生似若玄儒先生婁壽之類弟武帝二字必有譌者此碑可辨者不盈百字惟掾杜峻孟珎姓名獨存何孟二史僅有其姓前有四年九月十日五官掾字而紀年及名氏皆闕中有直千二百直九百及四千三千字又有石中木莋及廟就字蓋是記繕脩所費豈任君有祠於彼而邦人尊事之乎

舉吏張玄殘題名

舉吏汝南細陽張玄下闕魏郡内黄下闕千故吏河内林憲闕四字二千上闕薛令盜陽闕四字千門生濟南鄄平闕二字文闕千門生濟南梁鄄虞升仲還二千門

生東郡范夏闕二字元千門生東郡東闕六字千門生東郡闕七字千門生平下闕安德下闕千門生闕南下闕門下闕千門生任城下闕門生下闕千上闕和五百門生下闕五百門生下闕門生下闕

右舉吏汝南張玄殘題名其可見者故吏河内一人門生東郡三人門生濟南二人門生平原任城各一人薛令有其官而亡其姓名惟虞升一人郡邑名字及所出錢無一字闕者漢碑稱舉將者有二外黄令高彪碑稱潁川太守文君為舉將三公山碑元氏尉樊子義稱常山相馮君為舉將其自

稱舉吏者獨於此碑見之

公乘伯喬殘題名

上闕廣都公乘伯喬上闕曺守長郫審尌雍

右公乘伯喬殘題名所存者一列二人廣都及郫皆蜀郡之邑而所題者乃其字蓋西州之殘碑也

雒陽稚子六字

先置雒陽稚子

右雒陽稚子六字其大小與王稚子二闕相若而波磔不越乎規矩之外亦刻于稚子闕上但殘缺不具無先後之序

平楊府君六字

平楊府君尌神

右平楊府君六字蓋漢人神道所刻者石缺不全莫知為何人漢字存于今鮮矣譬之麒麟一毛虬龍片甲皆可貴也

隸續卷第二

隸續卷第三

建平郫縣碑

巴官鐵盆銘

太尉劉寬神道二

丹楊大守郭旻碑

嚴訢碑

龍門禹廟宗季方題名

米巫祭酒張普題字

建平郫縣碑

建平五年六月郫五同掾范功平史石工軗徒要本長廿五丈賈二万五千

右建平郫縣碑二十九字建平者哀帝之紀年其五年已改為元壽矣此云建平五年六月者與周公禮殿碑相類始蜀道未知改元爾此碑却無篆體乃西京之佐書也隸法雖自秦始蓋取其簡易施之徒隸以便文書之用未有點畫俯仰之勢終西京之世學士大夫不留意此書故彝鼎所識碑碣所刻皆不復用之觀此數字可見當時之書法也郫者蜀郡之邑此碑近出於蜀中名之蠶崖碑當是指其地名也碑之始則書年月其次書掾史

又有石工之文而云長二十五丈必是鑿崖治道如何君尊楗趙尉羊竇之比其末記其所費故云賈二万五千

巴官鐵盆銘

巴官三百五十片（斤字）永平七年第廿七西

右巴官鐵盆銘十六字顯宗永平七年造建中靖國初黄魯直自戎州東歸厥弟叔向攝邑巫山有大鹽盆積水堂下以植蓮芡魯直去其泥而識之其文鑄出鐵上故錐有發筆而勢不可縱人或指以爲篆首行惟有一字如乙而反最後一字如西

而有連筆魯直以爲前刀而後酉亦謂之秦篆又以斤爲戊皆誤也

太尉劉寬神道二

漢太尉劉公諱寬字文饒

漢太尉車騎將軍特進昭烈侯劉公神道

右劉公神道二刻其一曰漢太尉劉公諱寬字文饒其一曰漢太尉車騎將軍特進昭烈侯劉公神道各有一螭蟠屈乎其上而下作獸面如彝鼎間饕餮之象當是雙闕所刻漢隸太字不用點獨髙頤及此碑有之字法與正碑相類圖畫則微拙不及王稚子沈新豐之精也劉公葬于洛非僻陋遐遠之域自昔訪石刻録古事者惟知上東門外有門生故吏兩碑爾俱不知更有此刻信乎天下之放失舊聞皆若是也

丹楊大守郭旻碑

君諱旻字巨公有周之裔（下闕十八字）君膺天休（闕三字）明德矜（下闕十八字）焉不可測（闕）加吕體明道術（下闕十七字）然獨（闕）少仕州郡宣著嘉名察（下闕十六字）省其傷疾（闕）瘁完命已免㡯円（下闕十六字）書侍御史獄刑𤁩頗憲臺如砙（下闕十六字）除復拜郎中治書侍御史彌絳衮（下闕十五字）

里仡乎九郡咸寍河刔飢殍徵拜（下闕十五字）朝異焉是時淮夷蠢迪而㬅官綏萧（下闕十四字）逺齊逸俗通聖化𠒋民用康移風易（下闕十四字）惟萛反初丰過目順竊疾瘨積延熹元（下闕十三字）徹言絶矣諸子吕仰三載禮闋迺羣相（下闕）

㡯休我師恂恂郭君既明且喆眈此憲（下闕十三字上闕一字）易輸勤讃理杢師獄𤁩放紛三典執（下闕十三字上闕一字）蚍（闕）機夙夜惟寅猃蠻憬彼用綏海濱（下闕十二字上闕三字）連光暉有翁永世不泯

（上闕二字）即世雖立碑頌裁足載字加有瑕服君（下闕十一字）

上闕一字是迮子故又原太守馮議郎釆及肩孫范下闕十一字改前文蓋用昭明祖勳德呂宣迮情闕庶傳不下闕
右漢故丹楊太守郭君之碑篆額郭君名旻太尉
禧之兄也仕至丹楊太守以威宗延熹元年卒三
載禮闋諸子已刻墓道之銘矣而碑石狹小加有
瑕瘢後十餘年當孝靈光和之二年其從子五原
太守鴻因葬太尉公遂與其孫范不改舊文重立
此碑今石已横裂首行失其下十八字末行所失
十字文闕其半矣趙氏猶及見其全者中有彌縫
衮之文而失其下一字時郭君爲治書侍御史蓋

謂彌縫衮職也西漢丹楊郡則治宛陵丹楊縣則
今之建康也東漢史皆作丹陽隸刻如費鳳嚴訢
碑亦然説者謂郡北有赭山故云此碑以丹楊題
之者通用前朝字也西晉移郡於建業元帝改太
守爲丹楊尹地理志云山多赤柳故名而它書載
漢晉此郡字無從木者至唐天寶年始以京口爲
丹陽郡改曲阿爲丹陽縣郡縣皆非漢舊壤也西
漢志注丹楊云楚之先熊繹所封案史記周封熊
繹於楚居丹陽徐廣注云在南郡枝江縣秦齊破
楚屈匄遂取丹陽即其地東漢志亦云枝江侯國

有丹陽聚班史所注乃以丹楊爲楚子始封誤也
膺即膺字鵨即豫字官即克字喆即嚞字服即瘢字

嚴訢碑

惟漢中興卯金休烈和平元秊歲治東宮星屬角房
月建朱鳥中呂之均萬物慈郍華澤青葱蚑行蠕動
咸守厥常人物同授獨遭灾霜顛賈徂徂字落壽不寛
弘經設三命君獲其央秊六十有九禮勝蚤夭咍嗟
痛兮嗚呼悲傷故著名誄誄字噌嘆歔欷發嘖憒字授实
筆字舒悳曠喟其辭曰
伊嘆嚴君諱訢字少通兆自楚莊祖考相承招命道

術治嚴氏春秋馮君章句衆書洞闕靡不闕覽君體
性慈仁常容闕二字忠以清白好善慱愛有文有武闕二
字兼備務爲郡掾史會稽諸暨尉守烏程毗陵餘暨
章安山陰長以疾去官後爲丹陽陵陽丞守春穀長
舉廉遷東牟兵相闕四字趙作下邳祝長典牧十城所在若神
宣布政聲闕二字甘棠負細隨附賢士敬名行旅歌謳
慎捨所闕五字鄭寔與相似恩澤與昌闕五字名臧文威
如哮鬲仙南佁闕德配以劉闕三字宣爲二闕風闕二字
至今不滅丰闕十字何億掩忽摧藏闕三字捨是宮闕七字
送君莫不悲哀舒氣噎闕二字後宮貴人上闕二字君闕

魂闕靈柩闕四字農夫𠔁婦闕嘆歍闕二字人僮傻闕日
闕三字哀闕二字嗟君闕四字云斷闕適闕七字身甘復闕五字
次子闕三字昔先予女斷闕三字有命不可追留嗚呼哀
哉闕何棠所宰臨十城布化垂光明功名休赫盛魏
難蘇障今歌於道闕三字甘棠君不享黃耉壽賁沒歸
闕窆窆字且於中嶽玄照洞倉弘高顯闕五字刻畫文賂
堂列種諸奇樹窮何楬靈魂審有知福祚遺子闕
右嚴訢碑無額政和中出於下邳漢人銘墓皆一
律此文先書其所終歲月及壽考有嗟惜之辭踰
百言始云伊歎嚴君諱訢字少通遂述其行事與

費鳳兩碑略相似銘詩亦五言列種諸奇樹一句
又同豈此碑亦卜君所作乎訢所歷者諸暨尉烏
程毗陵餘暨章安山陰長丹陽陵陽丞春穀長東牟侯
相祝闕長年六十九以威宗和平元年卒其云歲
治東宮星屬角房月建朱鳥中呂之均者謂庚寅
四月也又云治嚴氏春秋馮君章句兩漢傳春秋
嚴氏學無姓馮者蓋史之闕文也此碑東牟侯相
之下長之上闕四字趙作下邳祝漢無祝縣蓋亦
闕其一字下邳本屬東海東海則有祝其疑此邑
嘗割隸耳今之仕者視典縣如探湯或掉徑以避
之雖驅以三尺不過壹再爲之即止訢游宦數十
載八綰銅章多在今江浙之間雖漢人不卑小官
自安其分亦王事易集民俗醇厚然後可以屢居
其職也長興施元之德初既見隸釋博求闕遺轉
搨此碑以贈我句中有脫字者俟見石本當正之
碑以央爲殃以億爲意以掩爲奄

龍門禹廟宗季方題名

宗季方賈冬方王伯卿王伯敬趙仲方趙仲都宗元
政賈元周賈伯常宗蓋闕宗闕奴桃后進桃后起王
仲畀王闕子桃世起王酉子王孟宣王紂祖王回闕

尹阿祿尹宣祖趙盛闕趙阿闕王他柱王萬金王景
宣桃他郡賈彊春王君博王景陽賈元輔宗后雯郭
阿胡陳政陽王仲宣馬安國左池云皿陵仲武王通
國王元方

右龍門禹廟宗季方四十一人題名百二旬有四
字趙氏錄禹廟凡二碑皆在龍門其一有皮氏長
劉尋丞樊瑋姓名而無陰其一有皮氏長安定蘇
字而文已摩滅其陰則有汾陰趙遺數十人姓名
官爵及西鄉亭長柏昱等名最後有龍門復民三
十五戶人名此碑二列有四十一人姓名疑是龍

門復民而多少與趙説不合葢别一碑也其間有尹阿禄郭阿胡與靈臺敎阬二碑陰相類又有王酉子桃他郡宗石處左池云數人俱非士君子名字也複姓有四陵一人亦姓氏書所無者題名之上有文十餘行乃唐開元中龍門令吕延祐所作禹廟頌楚順八分書亦猶魏老子廟碑後人刻於石之空處爾使趙氏有此則當録於唐碑之列也

米巫祭酒張普題字

熹平二年三月一日天表鬼兵胡九闕二字仙歷道成玄施延命道巨一元布於伯氣定名祭酒張普萌生

趙廣王盛黄氐長字楊奉等詣受微經十二卷祭酒約施天師道法无極才

右米巫祭酒張普題字凡七行六十七字今在蜀中威宗熹平二年所刻范史劉焉傳云順帝時張陵客於蜀造作符書受其道者出米五斗陵傳子衡衡傳子魯其來學者初名爲鬼卒後號祭酒注云熹平中妖賊大起漢中有張脩爲太平道張角爲五斗米道使病人處淨室思過祭酒以老子五千文都習爲請禱之法此碑有天師道法及祭酒鬼兵字而云受徵經十二卷蓋諸張妖黨相傳授之約觀其詞似是姓胡者初入米巫社中故召諸祭酒受以經法頗合史氏所載此碑字畫放縱欹斜略無典則乃群小所書以同時石刻雜之如瓦礫之在圭壁中也隸釋前已不收以其亦熹平遺刻遂復録之

隸續卷第三

泰定乙丑寧國路儒學重刊

隸續卷第四

魏三體石經左傳遺字

魏下豫州刺史脩老子廟詔

魏甄皇后識坐板函

魏大饗記殘碑

晉右軍將軍鄭烈碑

魏三體石經左傳遺字

晉晉晉是夏夏夏月月月公公公台台丁庚光光

壬己巳采兼及及諸諸諸侯衛衛衛師師師

我子茲孫孫豹豹豹兼晉荀還瞿嬰衛林茲

孫孫事事疆疆疆予予予惟惟受受命

命大大大龜學學學茲茲茲載日中翼乙

以以于于于錫我我我发邦邦邦癸歷歷

庶邦邦于囂大可可征征征鰥鰥命命秋

秋即即如如如楚楚楚奔奔有有楚人人

乎秦秦人伐伐固固固于于于以晉晉人人

滅滅滅來來來肅歸予舟冬冬我我非非卯

有有秋十七七七邾晉晉晉齊齊齊卒卒是

夏公公八八文文文侯侯王王王若若杜

在下下下事事事敢敢閔閔師旅旅旅介

大宋莒莒于王自自自會衛侯鄭鄭鄭辛

辛未未未卒卒卒是和宋舟齊冬林林

林七年年年子速來來于櫝櫝公林

孫孫圍鄭鄭鄭至至師敗敗學人衛衛衛

先先寅營曹公楚楚毛令令正正正中中

民民之咸咸之之命命命日日日時時

辟辟小小子嗣我御御父吳吳伊伊

內女歸皆前文文歸星視尸乃弓

一旅旅荒荒荒寧寧寧吉春朝朝東東戚

子父父二二月月鄭伯伯伯八八八年年蔡

公于邢邢邢公公子子貞貞是夏夏季

季季孫葬葬我小小小子子滕滕子子

壬己巳丙丙丙同同衛衛衛侯侯函函舟

君君子子曰曰善善家家祀祖祖維義

和和孝孝其其百百冬冬十寧寧義義

儀行行夏六六月月秋秋七七曹人

人年年春春齊齊穀穀十伯伯

冀壽孫孫歸歸父父子子

子于于于宋宋宋狄狄狄潞潞氏氏氏

伯伯秋秋秋載賓賓卬自自于鄭不不

敢敢暨暨暨克克克綏綏綏猶猶猶我我
我王王若若若事事肆肆不不予予御御御
懍懍哉哉哉已齊齊齊人人王王使使
家家家齊齊僖僖僖公公叔叔入入入于于
月月鄭鄭伯伯伯于于衛衛伐伐于曹公公
至至至自自自之有有茲奔會郲宋宋七
七七年年年午公公及及及鄭鄭鄭七七
七月月月丁丁丁丑丑丑葬葬葬蔡蔡蔡
桓桓桓十十十七有有八八八如如如齊齊是
夏夏四四月月衛學宮齊冬莊五封惟濮濮

諸諸侯侯爵爵之非非死死其其其斯斯刑刑公
差差非非非其其兩兩兩其其并并小粉粉
惟惟惟亂亂亂以無無無非非非寶寶維維才
在在命命命天天天嗣今今疆疆事事事廿
於於於是是是齊齊齊人人疆疆來來來公公
公曰曰

右魏三體石經左傳遺字古文三百七篆文二百十七隸書二百九十五有一字而三體不具者皇祐癸巳年洛陽蘇望氏所刻蘇君有言曰後漢熹平四年靈帝以經籍文字穿鑿疑誤後學詔諸儒讎定三經命蔡邕書古文篆隸三體鐫石立於太學今石不存本亦罕見收者近於故相王文康家得左氏傳搨本數紙其石斷剥字多亡缺取其完者摹刻之凡八百一十九題曰石經遺字即小歐陽集古目中所有者慶歷中夏文莊公集古文四聲韻所載石經數十字蓋有此碑所無者而碑中古文亦有韻所不收者則淪落之餘兩家所得自不同耳石經見于范史帝紀及儒林官者傳皆曰五經蔡邕張馴傳則曰六經惟儒林傳云爲古文篆隸三體書法酈氏水經云漢立石經於太學魏

正始中又刻古文篆隸三字石經唐志有三字石經古篆兩種曰尚書曰左傳獨隋志所書異同其目有一字石經七種三字石經三種既以七經爲蔡邕書矣又云魏立一字石經乃其誤也范蔚宗時三體石經與熹平所鐫並列於學宮故史筆誤書其事後人襲其譌錯或不見石刻無以考正趙氏雖以一字爲中郎所書而未嘗見三體者歐陽氏以三體爲漢碑而未嘗見一字者近世方勺作泊宅編載其弟匋所跋石經亦爲范史隋志所惑指三體爲漢字至公羊碑有馬日磾等名乃云魏

世用其所正定之本因存其名可謂謬論夏氏所
注古文既以此碑爲石經又有蔡邕石經亦非也
隸釋鑒漢魏之字法詳公羊之題名據水經之事
實辯二史之抵梧已定一字遺經爲漢刻矣續得
蘇氏此碑益喜前說猶墨守也歷古所疑於今始
判會稽所鑴隸篆亦存三體數十字使來者有以
取信焉衛即率字蠢即蠢字

魏下豫州刺史脩老子廟詔

告豫州刺史老聃闕五字孔子闕二字魯闕爲孔子立廟
闕三字桓帝闕四字政闕三字而事老子欲闕十一字由桓帝闕五

字老子闕三字我闕屋朕亦以闕四字行闕者闕五字樓屋
闕二字黨能嚴闕故更脩正肚温闕二字秋闕八字往禱闕二
字禁其宣告吏民闕二字聞知如故事
黃初三年十月十五日闕子下

右魏下豫州刺史脩老子廟詔其文曰告豫州刺
史云云如故事黃初三年十月十五日下此弌與
漢詔同苦縣過水北有老子廟水經云廟前南門
外有漢碑北有雙石闕甚整頓在闕南側魏文帝
黃初三年遝譙所勒此碑凡十三行行八字其磨
滅者泰半其前有魯爲孔子立廟字蓋援先聖爲
比也其間稱漢帝者再蓋東京惟威宗尊祠老子
帝紀載延熹八年兩遣中常侍至苦祠老子祭祀
志云延熹九年帝親祠老子於濯龍文罽爲壇飾
淳金釦器設華蓋之坐用郊天樂故魏詔再三言
之蓋是詔豫部脩祠之事當時刻之于闕也碑後
歲月日之下闕子上一字按四分歷是年十月壬
戌朔則十五爲丙子曰碑之下方有唐開元及天
寶間題字數十行乃真源縣令邵昕記祠醮投龍
等事真源屬亳州今曰衛真即漢之苦縣也

魏甄皇后識坐板凾

文昭皇后識坐板函

右文昭皇后識坐板函八字紹聖丙子年鄴民耕
地得一綠石匣廣八寸有半長倍之厚三之一鹿
頂笏頭蓋其上有此八字魏文帝甄皇后神坐前
之物也故嘉興守林衡之父時爲相之臨漳令摸
得之其字乃魏隸之工者傳於世既鮮故士大夫
罕見魏史黃初中葬甄夫人于鄴明帝以母氏之
故追上尊謚別立寢廟此乃明帝時所刻者

魏大饗記殘碑

唐君元龍西人闕太守先闕三字大饗闕記

陳留謝闕渡舊樂闕孫有而仰盧一何過闕可間章
與闕足天闕趙宋闕岷東闕畢方承高闕范會闕東
中山闕時亦重晉闕唐景寬安定闕反歷陶闕陽闕
剔前僧闕山仲喜其夫堂厨闕衆將望日刑庶時卒
闕爲氣闕

維黃初三年闕月字闕三䌛文爲書
千秋萬代字闕二主重居外天地始闕至里闕文王大
饗之闕皇闕高闕徒集有闕之㲉萬名闕一據東西
南闕術闕復歌歎嚴闕建起尚盤古羅天闕爲感續
闕於其字闕二樵室去殆窮獲闕不闕我是闕憤漢則
瑞闕爲至府

右大饗記三古文爲額其第三字不能識以其辭中有記字故名之此碑二百餘字損者四之一所存之文絶不可曉獨有黃初三年字其書法頗與魏受禪碑相近文帝大饗六軍立碑于譙在是年之前兩載此書饗作嚮或是假借受禪碑蓋鍾䌛所書此碑黃初年月之下有一字其左从缶而闕其右疑是䌛字或云碑在長安瑤臺寺謂之鍾䌛殘碑姑傳疑以俟知者龍即隴字

晉右軍將軍鄭烈碑

君諱烈字休林滎陽開封人也其先出自宗周建國于鄭因胙命氏君其後也遠祖㠯亢節著德揚光漢氏之初近葉㠯儒術博古顯名中興之後還至曾祖先生皇祖徽君蹈明哲之高尚嘉肥遯而不悶顯考將作大匠實有茂德載在國策君應中和之醇靈揔文武之弘略清識妙於研機聡叡瞻於燭物踐逸軌之遠迹秉確然之大節故雖夙罹不造而能全老成之德居無檐石而能厲冰霜之絜是㠯英材邈於羣萃至行侔於在昔初上計掾辟司隸車騎將軍府轉參盜 翊將軍軍事除魏令其爲政也仁㠯施化則靈恩行於春陽壯㠯發令則神威肅於秋霜末俗變而歸本僞萌反於忠良玄澤洽於翊都芳風勃而南翔

文皇帝爲相國親覽萬機訓咨俾乂君㠯盛德宜登王佐遂典喉舌賦政于外百揆時序庶事無廢皇猷顯融光被遐裔又等初建封平莞男

聖上踐祚拜騎都尉賜子一人爵關中侯遷馮翊大守于時獫允孔熾西土不靜鄗方有戎馬之塵邊邑覩燋烽之警君震㠯神武采㠯仁惠威懷允著寬猛相濟遷北軍中候典司禁戎董攝羣帥明鑒審於官材清風激於在位義正形于聲色衆望儼而近畏故

六軍之正咸當而請謂之言莫至遷兖州刺史加輕車將軍流化河濟馳風區外翰音振於天末遺響暢於吳會遐邇肅齊萬里是賴寢疾弥留乞還京輦徵拜議郎亨年六十大康二年秋八月丁巳薨悠悠縉紳莫不傷心愠天道之無誠哀邦家之喪鎮

天子乃命使者奉策追贈右軍將軍印綬謚曰僖侯於是故吏殿中監申揚等相與永思盛德言時計功昔龔父鏤丞甫之鼎魯人著泮宮之頌乃伐石建碑刊表茂庸俾清風奮于百世遺光流乎無窮其辭曰

峨峨嵩嶽中夏之鎮於鑠僖侯含德之純英齊宣朗

窮理入神龍蟠淵振曜景雲北臨魏邦百姓時雝登讚聖皇亟典克從西守舊京威風折衝還司六軍肅清天下出牧萬里玄化潛通委辭名位帝嘉厥庸追贈寵服以顯高縱勒銘金石日月是同

大康四年七月十日辛未造

右晉故右軍將軍平莞僖侯鄭府君之碑隸額鄭君名烈滎陽人仕于晉初至兖州刺史輕車將軍召拜議郎以太康二年八月卒故吏申揚等立此碑四年之七月也鄭君所封其上一平字則曉然可識下一字額已損而銘辭亦微缺僅若莞字趙氏以爲東莞則誤也晉縣亦無平莞非鄉名即亭名也予嘗以魏末至晉宋隸字無可取者晚獲此碑其勁健方格顧後絕配若雜置漢刻中未易甄別孰謂秦無人焉士君子被褐懷寶枯槁巖壑之下響不徹於一皋名不揚於後世與此碑等者多矣可勝歎哉稽山石邦哲熙明聚碑頗富今亡矣假之其子祖禮諸石有固問莊問兄弟亦出其所藏故能成書于越末得毗陵尤袤氏張騊氏數種旁搜遠取因以補前書之闕尤張皆第進士博雅之秀也 碑以鄉爲響以縱爲蹤

隸續卷第四

泰定乙丑寧國路儒學重刊

隸續卷第五

碑圖上

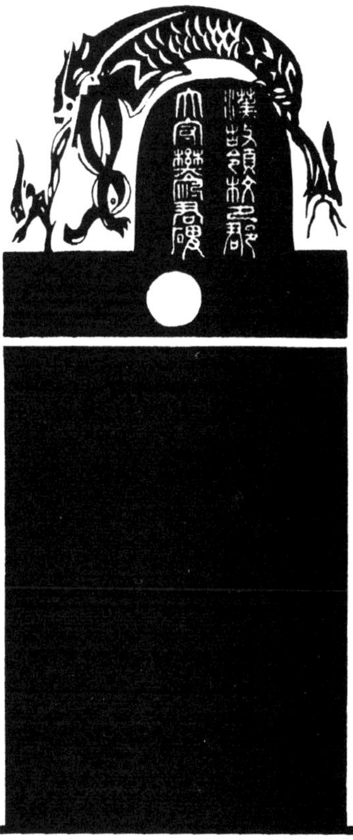

右樊敏碑兩獸蟠其上就爲圭首若今所謂贔屭者其一有鱗猶龍然篆額兩行偏其右文在穿下凡十八行行三十九字空一行刻亂曰二行又空一行低十三字刻歲月及書造人姓名其云石工劉盛息懆書者劉刻其石而厥子落筆也陳球碑陰書其二故吏之子亦曰息漢刻惟此碑及武斑與羊竇道碑有書人姓名宣和殿藏碑録以楊厥碑爲鼂漢彊書考其碑云五官掾南鄭趙邵屬褒中鼂漢彊書佐西成王戒主蓋三人主其事書佐則王戒之職非漢彊書之也歐陽叔弼以袁逢華廟碑爲郭香察書考其碑

云勑都水掾杜遷市石遣書佐郭香察書蓋一人市其石一人察其書非郭君書之也張稚圭據圖經以孔廟卒史碑爲鍾繇書按此碑以永興元年立繇以魏太和四年卒相去亦七十餘年謂之繇書者非也天下碑録以周公禮殿記爲鍾會書按此碑以初平五年立魏書云會以正始中爲尚書郎注謂之弱冠登朝蓋已在初平四十年之後矣謂之會所書者非也北史江式云魏邯鄲淳以書教皇子建三字石經於漢碑西按此碑以正始三年立漢書云元嘉元年度尚命邯鄲淳作曹娥碑時淳已弱冠自元嘉至正始亦九十餘年式以三字爲魏碑則是謂之邯鄲所書則非也其它雜書指劉熊王建詩老子周越法書苑范式李嗣真書品州輔汝帖夏承臨汝帖魯峻譙敏並碑録等碑皆云蔡中郎所書或字體之不類或時代之遼絶蓋不辨而自決至若魏受禪勸進碑或以爲鍾繇或以爲梁鵠凡非出於本碑者皆不足信也

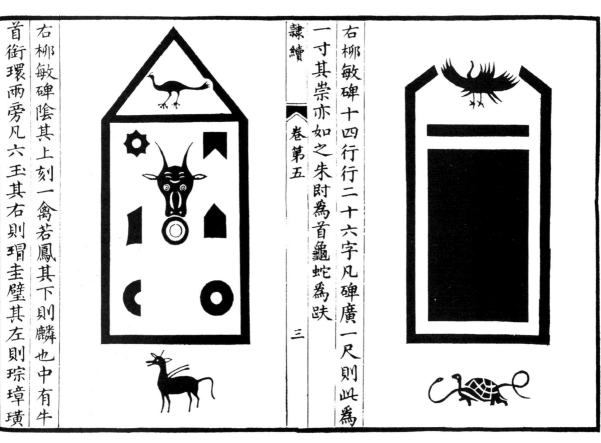

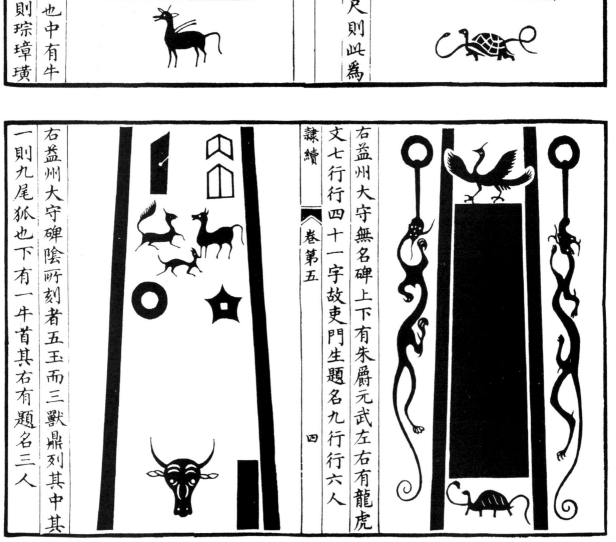

右椈敏碑十四行行二十六字凡碑廣一尺則㠯爲一寸其崇亦如之朱爵爲首龜蛇爲趺

隸續　卷第五　三

右椈敏碑陰其上刻一禽若鳳其下則麟也中有牛首銜環兩旁凡六玉其右則瑁圭璧其左則琮璋璜

右益州大守無名碑上下有朱爵元武左右有龍虎文七行行四十一字故吏門生題名九行行六人

隸續　卷第五　四

右益州大守碑陰所刻者五玉而三獸鼎列其中其一則九尾狐也下有一牛首其右有題名三人

右六玉碑其上有烏三足狐九尾其下則二驢有一人跨其右者最下一牛首蜀人謂之雙排六玉碑

右一碑與六玉同一石在馮緄墓道中蜀人謂之六物碑其上朱爵而下元武其中沒字非漫滅也

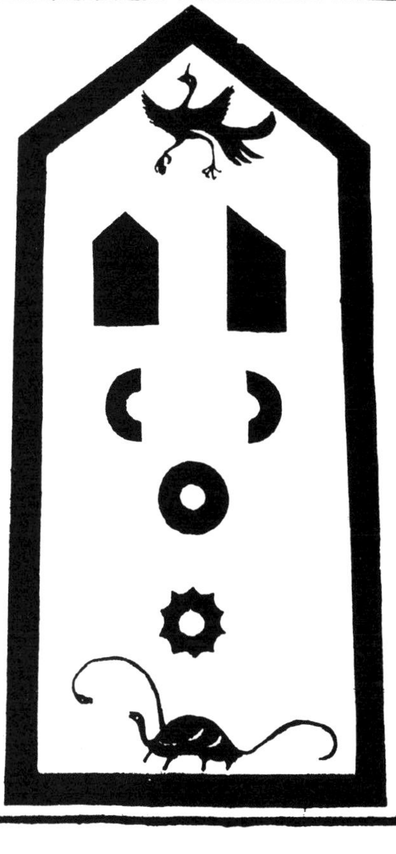

右單排六玉碑上下有朱鳥元武蜀人旣以前碑爲雙排而謂此爲單排恐亦是馮緄墓道中物也

右金廣延母徐氏碑上若有額巳漫滅而石紋尚存兩旁有龍虎其辭十八行行三十五字

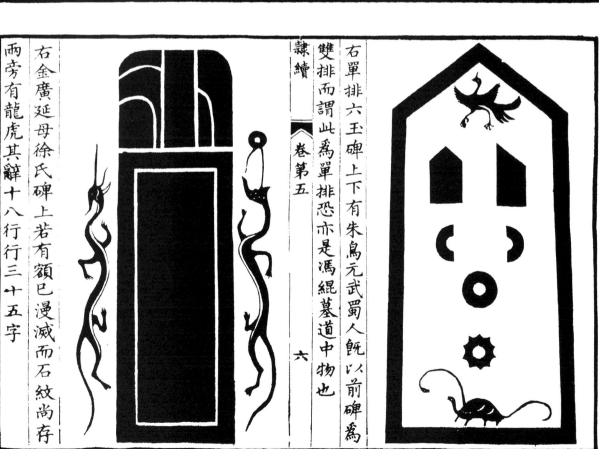

右廣漢屬國造橋碑有二人坐於上若賓主之容蓋辛李二君也中有一器其後各有使令者一人上有題字已磨滅所餘府卿明府四字畫像之下横刻二君官氏凡二十六字其下有文十七行行三十七字明君明府皆平闕我君高遷之句君字亦平闕其後有題名五行

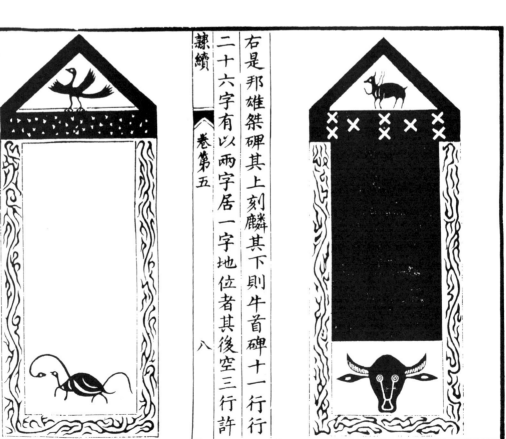

右是邦雄桀碑其上刻麟其下則牛首碑十一行行二十六字有以兩字居一字地位者其後空三行許

右沒字碑是邦雄桀之陰也與馮緄墓道一碑相類非磨滅者朱爵在其上龜蛇在其下

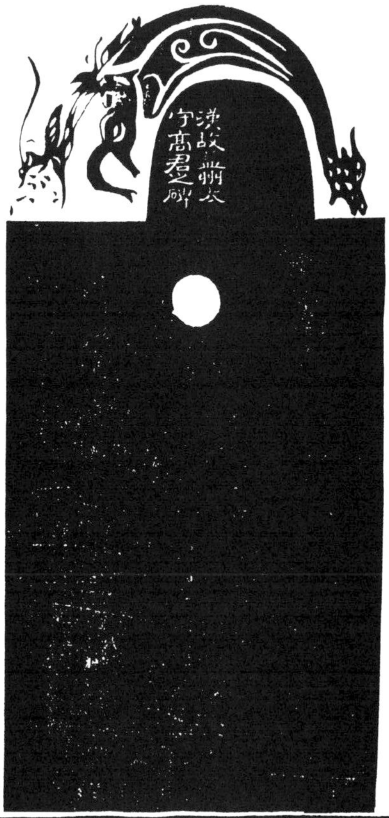

右高頤碑兩螭蟠其首文在穿下凡十八行行二十一字題額則隸字二行

右費鳳碑篆額三行在穿之右其左有物如螭垂其首者三文九行行三十五字中分其石此銘居其半其餘則低三字載施業戚忠之事又七行行四十四字題名五行行二十二人碑陰二十二行行二十七字

右陳球碑篆額二行黒字圭首甚大一暈覆之其右復有二暈文在穿下凡十九行後有裂者石又下斷所存者行二十四字碑陰穿暈皆同縱横亦有裂文前兩行書二人之事餘存二十行行二人復有一碑篆額二行穿暈略同文二十行行三十七字其下亦有斷者

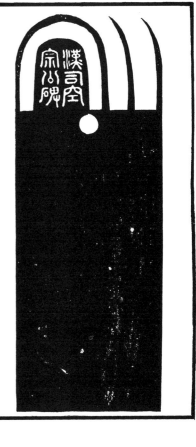

右宗俱碑篆額二行有暈三重暈之左則穿之中也其右二重纔有其半文在暈下穿在文中凡三行各廢三字其文二十行行四十字

右王純碑篆額二行黑字當穿之中有小黑紋額之兩旁爲椎拓者所去其文十三行行三十五字

右孔彪碑篆額兩行額下有穿穿下有文兩旁有暈起於圭首之半至篆文處則沒其文十八行後餘二行行四十五字有欄界如弈棋之局

右趙圉令碑隸額二行暈三重唯內一重自右達于左漢碑圭首多若是唯中穿相去有遠近不同者文十三行行十九字末行空八字書年月與下一字齊

右淳于長碑圭首之上有暈二重自右周于左其左
復有一重篆額三行黑字其文十四行行二十七字

右婁先生碑篆額一行文在暈下穿在文中三行之
內所廢者六字凡十三行行二十五字碑陰十五行
行四人

石秦頡碑中有篆額兩行其暈兩重皆至額而止不
相接文字多漫滅後有題名數行

右中部碑篆額一行偏其左額上有白暈一重其右
復有兩暈不匝字在暈下穿在字中所廢者三行各
四字

右義井碑圭首在右額之上有暈一重左有半暈者四凡二十三行行三十七字碑陰重暈亦同每行五人中無闕空有名氏字多者則侵用下列題名之下又有記事之辭

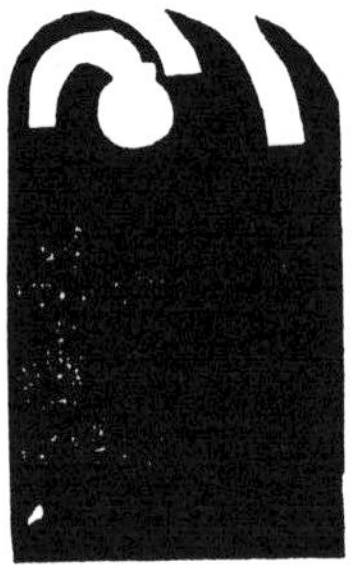

右孔謙碣甚小一穿微偏左有暈一重起於穿中復有兩暈在右其一甚短與它碑小異文八行行十字後餘兩行

右唐公房碑圭首偏右其内有暈一重又兩重在其左暈下脚去穿頗遠穿下即刻文所存者十七行行三十一字其後石巳裂篆額二行碑陰一横十五人

右郭輔碑篆額一行其圭首亦偏左方右暈三重左一重字接暈下凡十一行行三十字穿在第一字之下銘後三行各廢三字自額之左皆文之餘

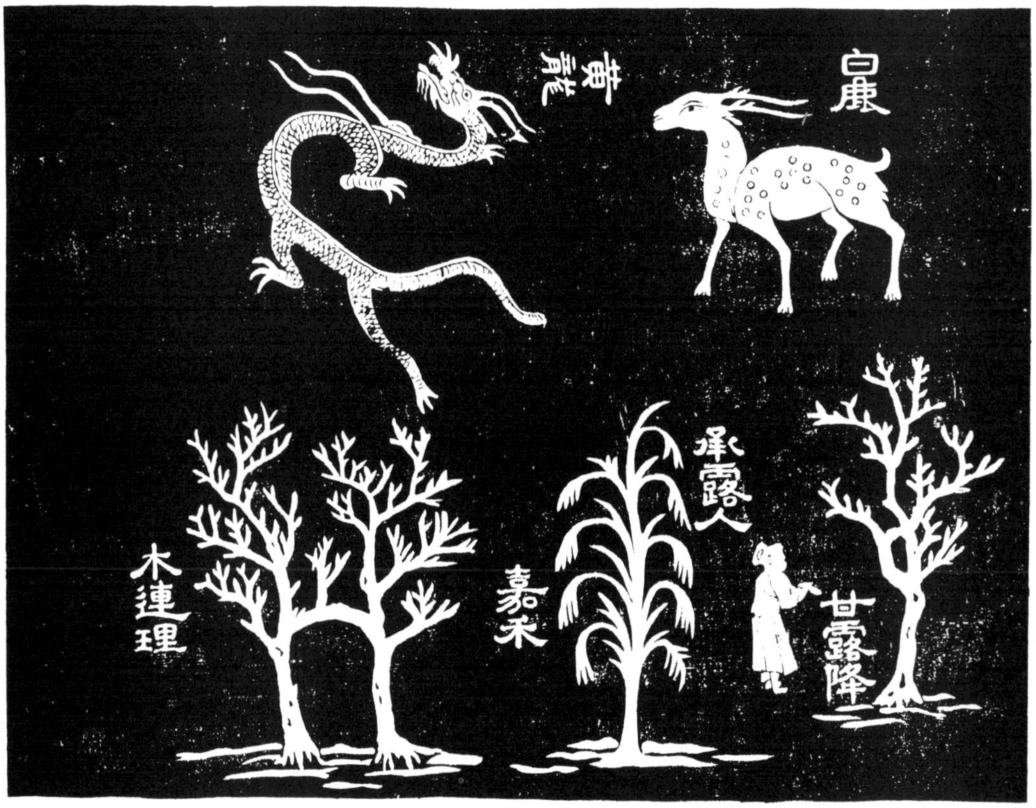

右李翕五瑞碑所圖者黃龍白鹿連理嘉禾有一人
承甘露于喬木之下左方有題字二行

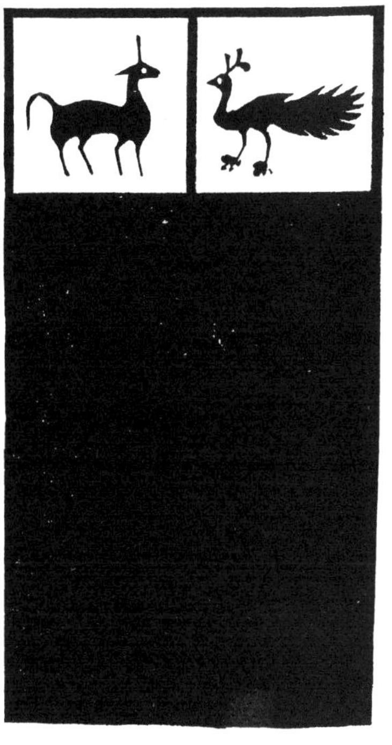

右山陽麟鳳瑞像右鳳而左麟其下各刻一贊其陰又刻銘辭皆小篆兩旁有隸字其篆云永建元年季秋七月饗時山陽大守河内孫君見碑不合禮掾夔造新刻瑞像麟鳳其銘辭曰漢盛德中興即政二年辛酉之歳首應六十麟青龍起蟬嫣三月季春爰易立碑石順禮典文九九應度數萬世常存爾雅注單閼音丹遏一音蟬嫣永建二年歳在丁卯故此碑用蟬嫣字米元章畫史云此圖半篆半隸麟一角上高如足翹如惡馬鳳冠高尾長甚可怪也以詩題之曰非篆非科璞巳凋形容振振與蕭蕭曾因忠厚方周德坐想訏謨覽犇韶漢德巳衰還應孽魯邦既弱不爲妖虗齋自是驚人玩不勝雄狐逐怒鵰漢碑有麟鳳者不特此一碑元章特未之見耳

右麒麟鳳皇碑各以二字題其上漢人所圖二瑞獨
此最為奇偉其一雞之故鄉書庋中尋之未至

右大嚮記古文額一行額之兩旁有白紋貫于上下
外有暈兩重不過額其文十二行行十七字非全碑
也黄初三年及千秋萬代字平闕

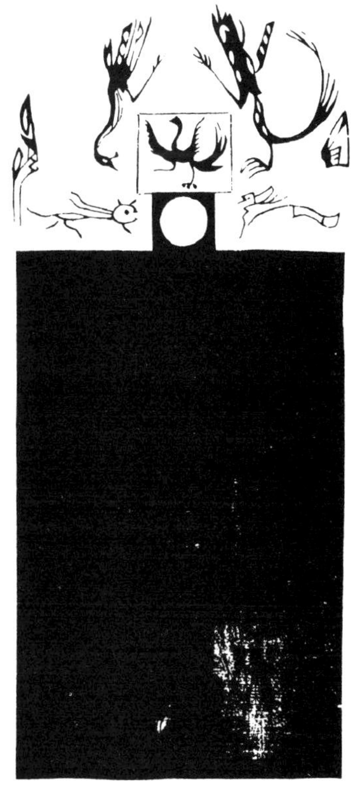

右左右生題名碑額無字穿上有朱鳥其旁有龍虎
又其上有雙鳳翔舞之狀晉宋間所刻者歐公誤以
為漢碑隸釋已棄不收以其碑首刻畫清新故録之

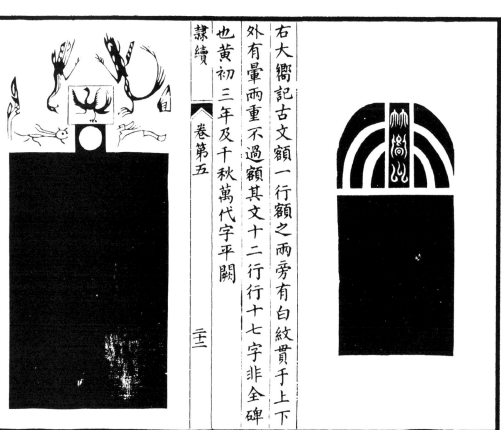

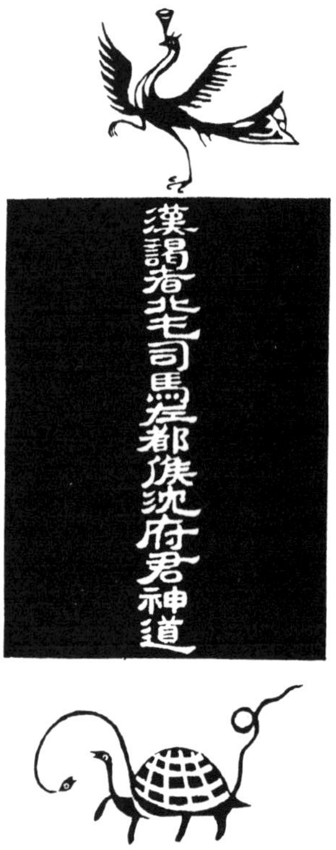

右沈府君二神道其上皆刻朱鳥其下則右刻元武
左刻一獸之首若虎而角環在口已闕其爪據之

右劉寬神道二刻隸字各二行其上皆有螭左右相
向其下有一獸之面兩旁頰不具或是打碑人所省

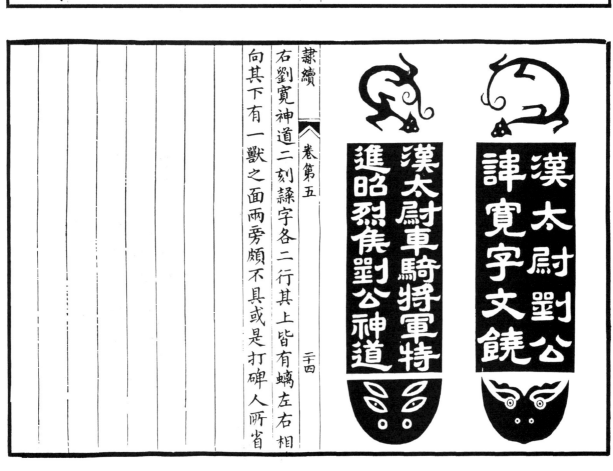

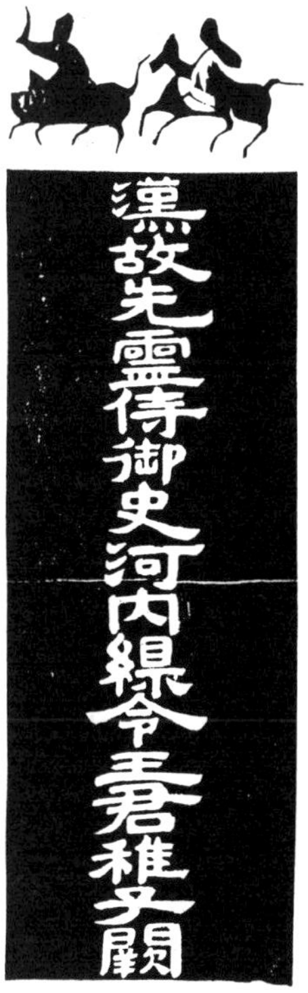

隸續　卷第五　二十五

右王稚子二闕其右則騎而西者二人其左則乘車而東者二人挽之者橐佗也王君平生官簿互見於兩闕之上

右江原長碑其下一獸銜環其文三行以左爲首似亦是墓闕也

隸續　卷第五　二十六

右金恭闕上刻一禽三足次橫刻金君姓名次刻一人執扇乘馬似是金君也旁有龍虎銜環其下斷裂

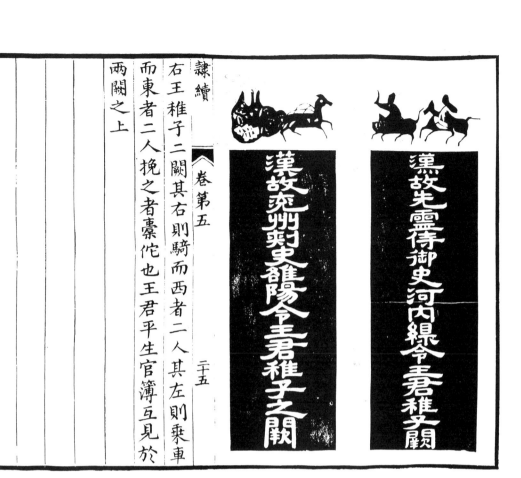

隸續第五卷二十七

右不其令董君闕所畫者子孫展墓之狀有僕馬休于松萩之下所題八字其左復有四五小字不可辨碑録所載童君雙石闕字此蓋其一也其一則云童恢琅邪人睞文董字卄下著童碑録及范史誤去其卄張騶云嘗見不其令一碑數百言其字大小如防東尉司馬君碑亦多漫滅者當是彼一闕也

隸續　卷第五　二十八

右韋氏神道其上重暈與埋銘同中刻此四字

右碑圖上卷中原漢碑有穿或有暈外無它飾圖鳥獸龜蛇之形者惟益部有之荆兖間亦有刻人物於丘墓之石壁者其畫瑞像則有孫李之碑

隸續卷第五

隸續卷第六

碑圖下

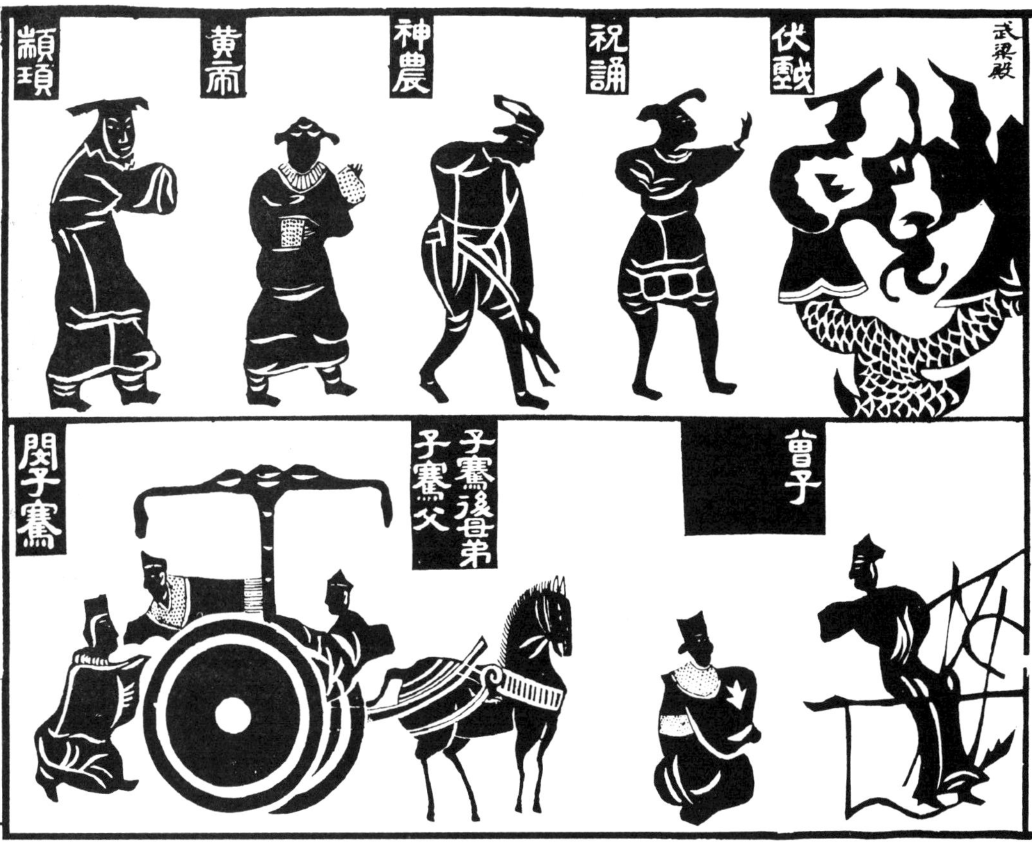

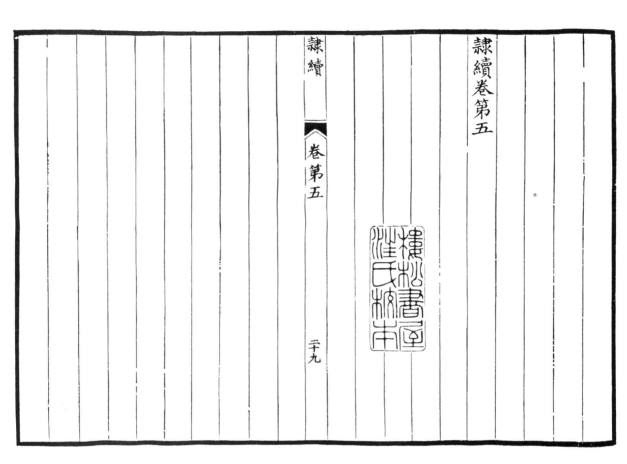

隷續第六卷二

隷續第六卷三

秦武陽
荊軻
秦王
樊於其頭
隸續第六卷四

豫讓
隸續第六卷五

隸續第六卷六

隸續第六卷七

隸續第六卷八

隸續第六卷九

隸續第六卷十

隸續第六卷十一

范且
秦王
藺相如
隸續第六卷十二

隸續第六卷十三

隸續第六卷十四

右武梁祠堂畫記自伏戲至于夏桀齊公至于秦王管仲至于李善及萊子母秋胡妻長婦兒後母子義漿羊公之類合七十六人其名氏磨滅與初無題識者又八十六人得之括蒼梁季珩始予聞建康寓客有此碑嘗託連帥方務德訪之未至而書已成方亦刻之郡齋地遠歲久殆將亂真也

右碑圖下卷范史趙岐傳云岐自為壽藏圖季札子產晏嬰叔向四像居賓位自畫其像居主位皆為讚頌以獻帝建安六年卒冢在荊州古郢城中漢人圖畫於墟墓間見之史冊者如此水經所載

則有魯恭李剛碑碣所傳則有朱浮武梁此卷雖具體而微可使家至而人皆見之畫繪之事莫古於此也魯恭即魯峻

隸續卷第六

隸續卷第七

碑式

孔廟卒史孔龢碑無額凡十八行行四十字兩元嘉三年及永興元年皆平闕司徒府司空府及讚曰亦平闕第八行制曰可高出一字司徒公司空公題名在制可雒陽宮兩行之下與碑之下一字齊貼碑者不曉古式多有翦去制字者亦有顛倒二相題名者

史晨饗孔廟碑無額凡十七行行三十六字兩尚書字及朝廷並平闕時副言諸官府在尚書一行之下隔三字昔在仲尼別作行

袁逢脩華山廟碑篆額二行碑二十二行行三十七字袁府君肅恭明神及京兆尹勑杜遷市石皆平闕高祖大宗孝武仲宗並別行高出一字有紋如棋局

樊毅脩華廟碑無額凡十九行行三十五字高祖應道出碑一字亦有棋局之紋

華山亭碑篆額二行碑十六行行三十三字西嶽至尊平闕皇帝永思高出一字

北海相景君碑篆額二行碑十七行行三十三字穿居其中在第八字之下其三行各廢兩字碑中屢稱明府獨伏惟明府一句其明府字平闕亂曰亦平闕

山陽大守祝睦碑篆額二行額下有穿碑十二行行三十字

祝睦頌篆額二行亦有穿其碑十五行行三十六字伊余祝君一句祝君字平闕碑之有穿在廟則以繫牲在穴則以下柩漢碑葢多有之或爲椎拓者所省爾眂其額之紙與碑不相屬者皆可疑也

楊震碑篆額二行黑字有穿碑十八行行二十八字碑陰二十五行行九人穿在第二第三列之間凡複姓者十二人惟公王子舉上官仲祖信成君嚴三川宣闕四人各高出其列一字

楊統碑篆額二行有穿碑十四行行三十五字孝順皇帝平闕穿在九十十一行之上漢碑額惟暈式不同或在其中或在其左右惟穿則無不居中者此碑後有餘石打碑者去之非穿之偏也碑陰故吏十五人作一横行

楊著碑篆額二行黑字碑十三行行二十八字穿在第二字之下第七八行各空三字不書碑陰前後闕横五列穿在第一横之內凡空三人不書此碑複姓者五人獨相里文調高出一字右三人沛君生亦出一字楊氏四碑幷陰皆作棋局之紋惟此碑微漫滅

繁陽令楊君碑篆額二行有穿碑十八行行二十字
碑陰二十二行每行六人第七列惟有一故民其中
書典作者姓字每列之下各虛一字有官氏字多者
則高出其上亦有下出者穿在第一第二列之間
樊安碑碑首穿暈與圍令同有額而無字若非漫滅
則是首行已有標題故不再書也其題一行文十一
行銘三行詔二行行三十五字詔之下空二字書年
月末剩一字其間年字垂筆甚長又侵兩字馮煥詔
亦同豈漢人書詔如是乎
王政碑隸額二行文十二行行三十字

鄭固碑篆額二行有穿文十五行行二十九字行間
方若棋局
蔡湛碑隸額二行文十三行行三十四字空一行方
刻銘凡五行聖朝明哲平闕又空一行低二十三字
刻年月續書除并州事却與銘辭相接無空字
度尚碑篆額一行有穿文十五行空三行低十三字
刻立碑年月其石下闕所存者行三十二字亦有弈
局之紋
逢童子碑篆額一行有穿文十行字多少不等後空
一行又低二十許字刻立石年月自文之上則碑漸
削其銳如錐然碑陰兩列在穿之下上一橫七人下
一橫六人
朱龜碑篆額二行有穿文十七行行三十三字有棋
局之紋
魏元丕碑篆額二行文十六行石已斷剥所存者行
三十一字題名四行行四人直行者有線道
戚伯著碑隸額一行十九字有穿碑十二行行二十
字文在穿下長其上者財數寸自穿之上兩旁浸削
及其顛則銳甚碑之前五行叙其先世至稱伯著則
別行

吳公碑隸額二行有穿穿在第八九行之中文十三
行行二十一字後餘數行
魯峻碑隸額兩行有穿文十七行行三十二字
郭仲奇碑篆額三行文十六行行三十五字篆用黑字
郭究碑篆額三行黑字碑十三行行三十九字銘辭
規步履方之上虛一字
老子銘篆額一行黑字文二十一行行四十一字皇
上字平闕
孫叔敖碑隸額二行文二十四行行三十七字最後
一行書年月高出一字穿在文中其三行各廢三字

碑陰二十三行行二十字相君有三嗣平闕穿居三
行之内亦各廢三字
韓勑前碑十三行行三十六字第八行皇戲統華胥
高出一字後有題名三行行三人碑陰十七行行三
人又有數人附其下參錯不齊
周公禮殿記六行行三十八字
侯成碑隸額十字一行有穿文十七行行三十字銘
後空五字書夫人卒與下一字齊
帝堯碑篆額二行黑字有穿有棋局紋碑十九行行
四十四字故濟陰大守平闕後空一行書歲月及將

作吏姓名
仲秋下旬碑有穿兩旁有大白紋如暈之狀碑十三
行行二十五字其上一半皆漫滅
曹騰碑篆額二行十四字其文無存者碑陰九行行
三十六字制曰平闕皇大后及先帝高出一字碑後
尚存穿之半此文皆在穿右末行以穿廢第四第五
字
司農夫人碑題一行文八行行三十八字石尚餘其
半亦隐隱若有字
平都侯相蔣君碑篆額二行文十六行行四十字後

餘五行
張納碑無額有穿題一行文十七行行四十一字碑
陰有穿兩旁有暈前兩行題李元然存二人後十五
行行五人張榮一人名氏字多侵及下列末一行書
歲月及頌祝之語
清河相張君墓道十一字一行兩旁有白紋其碑長
八尺餘闊三尺餘此數字之下尚有三之二
謁者景君碑隸額一行有穿碑十六行行二十九字
皇帝膊高出三字
殽阬神碑篆額二行碑十二行每行二十七字末行

空九字有一人題名又空三字書年月後有題名七
行第一行書丞尉郡邑名氏下有三人題名餘者每
行八人又有十四人題名分列於正碑之下雖有弈
局之紋而題名行列甚欹斜碑陰二十八行行十三
人
劉寬碑篆額二行文十八行末行低數字書門生商
苞等姓名石裂其上所存者行三十三字第二第十
四行皆平闕而無文可考
任君殘碑陰八行行二十三字
楊厥碑高祖受命平闕命字垂筆甚長所侵兩字許

又空兩字方書其下一句文十七行其次序曰別行後一行低二字書趙邵等三人姓名又書王府君分遣官屬事凡三行末行低七字書魏伯玉徙官每行三十字或有疎密不齊者

綏民校尉熊君碑篆額二十字作五行文十七行行五十五字財及碑之半其後空數行書文春事又空一行書杜暉事末行書年月及碑師姓名與杜春相隔亦數行許銘之後追敘君兮別作行

丁魴碑十行行三十字四邊有磨紋如江原長碑上狹下闊如益州大守無名碑末行字頗多尚餘五字

書於碑之末又書歲月於首行之前

桐柏廟碑無額有穿文十三行行三十三字末有兩行題侍祠官屬以春秋二字題於兩行之上春四人秋五人中無空字

李翕西狹頌十九行行二十字末有一行書年月又有小字題名二行低四字許

又郙閣頌隷額二行文十九行行二十七字太守漢陽李翕平闕頌後又有詩並別行

校官碑隷額一行有穿碑十六行行二十七字溧陽長潘君別作行後有題名三横列上一列丞尉三行下二列刻將作吏名各五行最後一行書歲月與上一字齊

費汎碑篆額三行碑十行行三十字穿與額相直在碑第八九十行之上其左益有餘石

苑鎮碑十五行行二十四字穿在第八九十行之間第一字之下各廢兩字

周憬碑隷額二行文二十一行行四十三字後有餘石碑陰上一列二十三人下一列前空七行所題者八人又空六行刻工師姓名

何君閣道碑七行字數不等或六字或九字建武中

元平闕

羊竇道碑前有文六行空一行後有文九行崖石有裂路文避石裂故字數不等少者九字多者十五字最後一行刻書人姓字及月日

廣漢長王君碑其上畫方大書一表字其下六行各有界道每行二十四字末行低四字書立石人名内王君平闕

馮煥斷碑六行可見者或行有七字斷諂十八行可見者或行有九字末行年字垂筆多占一字

鄭子真殘券所存者二十四行可見者行或十二字

韓勑後碑文十六行字多少不等大率每行四十六七字第一行皇漢高出一字第二行孔聖平闕文之後題名三列每列三人韓府君之下附以宗戚二人碑側兩題名各四列其一則首列三行中有祥符年題字第二列其前廢三行後有四人第三列前闕一人後六人第四列四人空兩行書孔元闓其一則首列四行所書府君及劉翊各用兩行第二列五人空一行書石師姓名第三列七人第四列石尾一人其前有大和年張咸題字上數列則有唐大中及慶歷年兩人題字就刻於漢人之上

劉寬碑故吏所立者篆額二行有穿文二十行行三十七字天子閔悼高出一字穿在第九至十二凡四行之間中兩行廢三至六各四字餘兩行各廢第三字

禹廟宗季方題名兩横列上一列二十一人下一列二十人題名之上有唐開元中龍門令所作頌

張表碑篆額三行有穿文十六行行二十五字

劉脩碑隸額二行文十三行行二十五字

熹平米巫題字七行字大小疎密不等多者十六字少者九字

鉅鹿大守金君闕四旁皆刻磨紋

郭旻碑十篆五行題滿其額文十二行銘四行後有三行書重立碑之事行二十八字石已下斷有得之不全者

高彪碑隸額二行文十五行直有界道後一行書歳月及范府君立碑事行三十九字

馮緄碑篆額二行十字有穿在第五字之中文十四行行三十四字將軍體清守約平闕後空三行書威宗得謚之因

李翊碑十行行四十一字

李翊夫人碑有穿文十二行行三十六字歎曰別作行穿在最後三行

金恭斷碑有畫方之紋上亦有穿題一行文十行後餘三行所存者行十五字

中山相薛君成平侯劉君斷碑額四行凡二十四字碑二十行前兩行題二君官位所可見者行有八字

嚴發殘碑十二行行十字

雍勸闕十大隸兩行其文一面五行一面三行行二十三字第七及第十五字下皆有横畫第一重惟首行及第四第五行則七字餘皆虛其下一字

魏脩孔廟碑篆額二行有穿文二十三行行四十二字制詔皇上聖皇三行皆平闕

魏脩老子廟詔十六行行八字後兩行書年月下一段有唐人題字

魏大饗碑隸額二行有穿穿旁有刻螭之紋磨滅不全文十九行行三十字

魏公卿上尊號奏篆額二行文二十二行行四十九字先王及高陵兩武王三陛下皆平闕有弈局之紋自陛下即位後十行刻于碑陰二陛下亦平闕篆額黑字

魏受禪表篆額一行文二十二行行四十八字先皇及陛下五皇帝皆平闕亦有弈局紋篆額黑字

右碑式一卷漢人書碑有畫方井井若楊大尉者有行間疎密不等若逢童子者有重文贅其旁若景北海者有首行尚左若孔梁相者有尊敬君上而文出其列若華嶽碑者辭或隅行事或空字大率與名西強來法式不同予疇昔藏碑隨得隨翦既成隸醳思欲存古人之制乃傾囷倒廩參之以假借得其全者則筆之雖然自我作古者滔滔皆是吾恐後人用覆醬瓿也

隸續卷第七

隸續卷第八

碑圖中

畫象未録

功曹史

門下督

下賊曹

曹史

已上是第四列

督郵

已上是第一列

已上是第二列

已上是第三列

右功曹史残畫像爲旁行者四第一行凡五車中車而坐者一人御者亦一人自第二車復有一人踵其後右執杖左執一物如扇之狀最後别有一人石闕不能盡見第二行導者二人左執管而吹之其右則石闕凡三車車後不復有人最後又一車纔見其馬之半第三行導者四人右持鐃左執管凡兩車最後又一車則見其人之半面第四行一人乘馬在前次二車其前車亦有一人隨其後最後又一車亦見其馬之半車各一馬有蓋左方通下三行爲一可見者二大車後有二馬奴隷凡六人其前則闕矣

泰山爲雍丘令

畫像未録

右雍邱令畫像所存者八車十三馬末有一車不全見車上之人十有六馬上之人四奔走於車馬之前者四人

畫像未録

周公

成王

右成王周公畫像君臣侍御凡九在其後者一馬
右隸圖中卷其碑三皆東州漢人邱壟間所刻趙
氏跋北齊隴東王感孝頌云濟州平陰山頂有古
冢隧道尚存塞其後而空其前類杜預所見邢山
鄭大夫冢上有石室制作工巧其内鐫刻人物車
馬似是後漢時人所爲水經謂之孝子堂隴東訪
之耆舊以爲郭巨墓又跋唐趙冬曦祭仲山父文
云水經謂成陽有仲山父墓嘗得其石室畫像上
有八分書題云君爲從事時以字畫及衣冠人物
驗之乃東漢時所爲漢末仲氏爲成陽大族後人

因仲氏所葬遂誤指爲山父墓歴陽徐藏子禮謂
予曰其季父兢政和年自濟陽代還所得漢世人
物畫頗多則知兖豫間冢中畫像殆不一姓此卷
前一碑得之張安國參考米氏畫史疑是朱浮墓
壁者後二碑得之朱希眞家雖有車馬人物不可
得而强名也圖於此俟多識者證之

隸續卷第八

隸續卷第九　闕

隸續卷第十　闕

隸續卷第十一

司空孔扶碑

上闕子十九世之孫公始即位辟故襄上闕威卿爲尗曹屬東閤祭酒以尚上闕公拜闕上疾病卒官有子男二人上闕各闕致身晨以與君上闕建寧元年三月十八日丙申晨從詠上闕四月十一日戊子到官謁孔子冢下闕

上闕念歿親五内慘惻霰然隕涕闕故上闕令闕晨追感亡父見遇立闕石上闕以示後昆魂而有神炤其下闕

右漢故司空孔公之碑隸額闕里祖庭記孔林有

司空孔扶碑碑録云司農孔峽碑在仙源縣墓前建寧元年立農峽二字乃傳寫之訛其文上一半皆巳淪闕僅存其下九行多者十有四字碑云孔子十九世孫則泰山都尉宙河東太守彪臨晉令信之從昆弟也順帝紀陽嘉二年六月太常魯國孔扶爲司空注云字仲淵次年十一月免詳此碑之辭乃司空當國時辟史晨之父爲士曹屬東閤祭酒後三十有三年當靈帝建寧之元年晨自越騎校尉拜魯相以三月丙申受命四月戊子到官旣謁先聖冢遂爲司空公刻此碑其文云五内慘

惻黴然隕涕追感亡父見遇立石以示後昆蓋是懷恩疇德之碑非表阡納壙之文也趙氏以爲魯相謁孔子冢文當是不見其額之故漢志公府官屬自西曹巳下凡十二曹不云有士曹有黄閤主簿而無東閤祭酒亦闕文也

武都太守耿勳碑

漢武都太守右扶風茂陵耿君諱勳字伯瑋其先本自鉅鹿𢧵有令名爲漢建功俾侯三國卿守將師爵位相承目迄于君君敦詩説禮家仍典軍壓難和戎武慮慷慨目得奉貢上計廷陳惠康安遏出謀上納其謨拜郎上黨府丞掌令考績有成符英闕肬熹平二年三月癸酉到官奉宣詔書哀閔垂恩猛不殘義寛不宥姦喜不縱慝威不戮仁賞恭罰否界奥闕流其於統闕寵存贈亡篤出至也歲在癸丑厥運淫雨傷害稼穡率土普議開倉振澹身冒炎赫火星出熱至屬縣巡行窮匱陟降山谷經營拔涉草止露宿扶活闕餐千有餘人出奉錢兩闕二字振衣賜給貧乏發荒田耕種賦闕寡獨王佳小男楊孝等三百餘戸減省貪吏二百八十人勸勉趍時百姓樂業老者得終其壽幼者得目全育甘棠出癈不是過矣又開故道

銅官鑄作錢器興利無極外羌且闕等怖威悔悳重譯亡降循治狹道分子效力闕二字如農得衆兆出歡心可謂印出若明神者巳夫美政不紀人無述焉國人命嘆刊勒斯石表示無窮其辭曰

泰華惟岳神曜吐精育兹令德旣喆且明寔謂耿君天肬顯榮司牧莅政布化惟成采嘉惟則穆如風清勤卹民隱拯阬扶傾闕皇闕二字東撫西征赤子遺慈目活目生山靈挺寶匈闕字平愷悌父母民賴目寧

熹平三年四月廿日壬戌西部道橋掾下辨李禋造

右武都太守扶風茂陵耿勳碑靈帝熹平三年造

在成州同谷縣載熹平癸丑淫雨害稼耿君開倉
振澹冒熱行縣經營扶活千有餘人出奉錢以給
衣賜發荒田以賦寡獨凡百有餘言又稱其鑄錢
器脩狹道之績盖德政碑也造碑之人即李翕天
井碑中西部道橋掾李褔也壬子之夏李翕尚在
武都次年暮春耿君到郡似是繼翕者碑云其先
本自鉅鹿世有令名爲漢建功俾侯三國卿守將
帥爵位相承按漢史雲臺功臣牟平侯耿純者鉅
鹿人其三弟亦同時封侯好時侯耿弇者茂陵人
傳云其先武帝時以吏二千石自鉅鹿徙中興初

其父況封隃麋侯弟舒封牟平侯所謂俾侯三國
者謂隃麋父子也耿氏自中興後迄建安之末大
將軍二人將軍九人卿十三人列侯十九人中郎
將護羌校尉及刺史二千石數十百人所謂爵位
相承者也好時鴻烈與寇鄧齒其後有列傳者四
人皆抱將帥之略著邊徼之勳碑謂武都敦詩閲
禮家仍典軍壓難和戎武慮慷慨陳惠康安遏之
謀天子納而用之可謂能世其家者旣貫茂陵則
是隃麋之後裔也碑以説爲閲以拔爲跋

都鄉孝子嚴舉碑

都鄉都里孝子嚴君父諱馬字子順結髮治身非義
不行闕郡入州居闕二字孝位至蕃車産生三女絶嗣
無男憤然闕恐闕戸孤寒宗族闕二字收集孤闕二字以
化後禮爲人後則爲人子舉闕十字九勤和顔闕以闕
終制闕行闕怮怛憒泣憔悴消躬闕亂不闕不闕六字
母老闕三字請然後爲稽然後行闕十一字孝順彳則閨門
闕積行慎心德刑州里莫不稱闕歌闕二字慈仁其闕三
字前世官賢有秩長思裦大其義造闕八字善慕纇君
子之倫共立碑表勒石述嘆以章其芬
頌曰闕四字炎翟隆恭徂德配神廣彼明察化及黔首

施沵潤闕九字慈順博愛九族和陸事繼若眞行爲表
式殊性𦋺異曾闕三字克諧闕勳無德不闕勒石示後
後生惟則
亂曰休哉休哉闕二字君闕三字施闕二字兆民勒石表義
闕三字仁闕七字鎭君明臣孝行著成兮玄止報德奐煥
榮兮貫洞祇靈永闕隻兮闕不萬基闕施闕兮
延熹七年五月辛未朔十一日辛巳臨江長愷丞杜
謂都闕言孝子嚴舉爲父行喪服制踰禮追恩慕義
闕表門閭有書賢明宰卿闕應風生昆以天闕仁人
孝弟之至通洞神祇蓋淵闕賞則庶民勸令闕書到

闕二字勉加勞來以究言如詔書

君敦　上闕二字穎闕秩巡書佐文翠

右都鄉孝子嚴舉碑崇七尺其二分之下橫有裂文近歲出梁山軍所傳者皆至裂文止石理皴剥文意間斷不知其尚有闕遺也予再得之始是全碑嚴舉姓名甚分明其碑有文有頌又有亂曰十六句葢嚴舉之父仕至郡守三女無男以舉爲後舉能和顏奉親送終盡孝母氏年老事繼若真德刑州里官表門閭弟子共爲立碑又有數行載邑官甄表之因顯稱其爲父行喪服制踰禮延熹之七年也碑以蕃爲轓以陸爲睦以基爲朞

嚴舉碑陰

丞廣漢屬國王杜字文柜

右尉楗爲南安周位字惠熙

都鄉有秩安漢趙宣字茂達

鹽官有秩安漢任闕字立中

向主吏諱旻字孝聖　趙主吏諱齊字伯盛

楊主吏諱衛字顯宗　楊督郵諱鎮字敬寶

文主吏諱湯字稚倉　楊侯諱龐字志高

楊主吏諱時字升臺　趙掾諱護字季文

弟子趙胡字彥栢　弟子楊詡字闕二字

弟子楊絜字闕道　弟子楊習字糾闕

弟子楊序字孟直　弟子文詩字憲伯

弟子屈壽字伯琭　弟子丘蘭字漢王

弟子闕二字字升闕　弟子楊辟字彥玉

弟子杜雲字闕聲　弟子丘高字仲楚

弟子楊汎字闕賢　弟子襄闕字尋長

弟子丘鳳字闕鸞　弟子丘闕字闕高

弟子楊須字闕仲　弟子楊顏字闕淵

弟子楊羽字闕二字　弟子文安字闕二字

弟子楊就字闕二字　弟子楊闕字闕二字

弟子闕憙字闕高敬闕賢梁宿庥不忘

故革嗇丞闕四字字興達

右嚴舉碑陰贈此者初無主名因見其間有都鄉有秩姓字而嚴孝子碑中臨江丞名杜合二碑則短長闊狹相若橫有裂文亦相等始知是嚴舉碑陰丞尉之次都鄉鹽官二有秩次則主吏督郵八人書云向主吏諱某字某楊督郵諱某字某鼎其姓於吏職之上而以諱挈其名漢碑它無此式者下兩橫弟子二十三人末有華容丞名字主吏督

郪弟子不書鄉邑皆臨江人也臨江在漢屬巴郡

南安長王君平鄉道碑

維平鄉明高大道北與武陽西與蜀郡青衣越巂通
界闕制由涪山上隨沿回田曲字圯闕危難難字經隨闕
險登高望天車馬不通闕二字不闕虫闕二字周古古闕三
字磨民吏眞莫字能自闕二有闕二字難闕三字崖易之遭
闕不進膳崖橫道臨大江闕二字危闕四字或墮不止陷
闕復爲民害永元七年十月南安長右扶風闕倉王
君闕民與利除周遺掾何童史道與與有秩闕道家
闕曰民力闕崖平碓及泊潭山闕格通蓮平直廣大

道闕長及畸闕灰賊盜區止車馬馳驅無所畏難商
市闕四字平闕六字百姓如願開闕采石令闕二字刻石之
功恩及子孫去危就安萬世無患永永無窮闕後曰
闕八字掾橋義尉曹史任政楊莫丞汁邡王卿江元尉
緜竹楊卿掾楊弘主泊山史闕易子闕
永元八年四月十日兼戶曹掾何童史道興造書崖
師朱仲王回左闕大字闕二昃皆富昌闕三字明下立闕四
字馴孝闕四字王前南長闕方主

右南安長王君平鄉道碑今在嘉州夾江縣和帝永元八年掾何童史道興所造歲遠日長字體失眞前書已不著錄以其永元碑也故復收之碑云平鄉明高大道北與武陽西與蜀郡青衣越巂通界由涪山上回曲危難登高望天車馬不通永元六年南安長扶風王君遣掾何童史道興取崖通道車馬驅馳無所畏難所平之碓即離碓也其間有掾史橋義任政楊莫楊弘丞汁邡王卿尉緜竹楊卿姓名應劭云小縣一丞一尉所謂命卿二人此碑丞尉皆稱卿與應說合掾史稱名而丞尉不名蓋書崖者尊之南安武陽皆犍爲之邑蜀郡越巂則其鄰郡犍爲今嘉州也碑以汁邡爲什邡緜竹即綿竹

武都太守李翕天井道碑

蓋除患蠲難爲惠鮮能行之斯道狹阻有坂危峻天
井臨深之阸冬雪則凍渝夏雨滑汰頓躓傷害民昔
拘駕推排之役勤勞無已過者戰戰以爲大慼大守
漢陽阿陽李君履之若辟風雨部西部道橋掾李祬
闕鏁鎚西坂天井山止闕人入字丈四尺堅無臽潰安
無傾覆四方賴之民悅無彊君德惠也刊勒紀述以
示萬載建寧五年四月廿五日已酉訖成

右武都太守李翕天井道碑今在成州靈帝建寧五年造碑云斯道狹阻有阪危峻天井臨深冬雪

則凍夏雨滑澾過者戰戰以爲大感李君履之若辟風雨西部道橋掾李禥鏁鎚西阪安無傾覆四方賴之李君以建寧三年到部明年治西狹又明年治郙閣治天井可謂除患蠲難心乎惠民者碑以彊爲彊汰即汰字戰即戰字𡿪即陷字

武都丞呂國巳下題名

丞右扶風陳倉呂國文寶
門下掾下辨李㫄字子行故從事
議曹掾下辨李旻字仲齊故從事
主簿下辨李遂字子華故從事

主簿上祿石祥字元祺
五官掾上祿張亢字惠叔故從事
功曹下辨姜納字元嗣故從事
尉曹史武都王尼字孔光
衡官有秩下辨李瑾字瑋甫
從史位下辨仇靖字漢德書文
下辨道長廣漢汁邡任詩字幼起
下辨丞安定朝那皇甫彦字子木

右武都丞呂國十二人題名在天井磨崖之後其十仇靖字漢德書文者揮翰遣詞皆斯人也郙閣題名云從史位字漢德爲此頌中間姓名刓闕得此乃知前碑亦仇所作漢志武都郡七城一曰下辨二曰武都道此有下辨道長任詩則漢志闕一道字

司隸校尉楊淮碑

故司隸校尉楊君厥諱淮字伯邳舉孝廉尚書侍郎上蔡雒陽令將軍長史任城金城河東山陽大守御史中丞　闕　爲尚書尚書令司隸校尉將作大匠河南尹伯邳從弟諱弼字顯伯舉孝廉西鄂長伯母憂去官復舉孝廉尚書侍郎遷注丞冀州刺史大醫令下

邳相元弟功德牟盛當究三事不幸早隕國喪名臣州里去覆二君清頌約身自守俱大司隸孟文之元孫也

黄門同郡卞玉字子珪以熹平二年二月廿一日謁蹔過此追述勒銘故財表紀

右司隸校尉楊淮碑靈帝熹平二年同郡卞玉過其墓爲勒此銘敘淮及其弟弼前後歷官且稱其功德牟盛當究三事不幸早隕又云俱大司隸孟文之元孫也紹興中此碑方出歐趙皆未見之碑云楊君厥諱淮字伯邳蓋以厥字爲語助大司隸

有石門碑亦云楊君厥字孟文令古皆以厥爲孟文之名得此始知其非凡稱元妃元子元兄元舅之類皆以長言之二楊俱曰元孫猶元士然以元爲美稱也華陽志淮者涣之孫孟文名涣李固薦累世忠直拜尚書陳蕃表爲河東守遷尚書令奏治汝南孫訓南陽曹麻潁川曹騰三郡守罪訓者梁冀婦家子爲司隸劾冀叔執金吾忠不朝正人尊憚之

膠東令王君廟門斷碑二

自王氏之先出闕季下闕九世闕二字乃復聞聲下闕

衆勝邯鄲之圍強下闕其爵者曰侯曰王景武下闕
溺而濡足至孝昭二季下闕夏甫舉孝廉武闕令下闕
噲字紂恭博士徵陽下闕巳後巠亏京師者五世下闕
陽大守自高平就學下闕宗直道者率困而後下闕
子勃海府丞次子尚書郎下闕茂舉孝廉爲譙令去官下闕
仇牧之忿奮不顧難名下闕弱弟居荒亂之中闕鯨下闕
爲郡功曹去官家拜下闕令闕所宰莅馳化如神下闕
辰也季卅有一黃初五下闕
張氏祔亏先姑仰堂宇下闕
上闕念鼎足爰建時雒闕五字式不上闕魏后實天所授兆發乇闕三字如舊上闕周服逆此龍光文好俎豆武侯鷹揚上闕十朱旗乃舉席卷三闕克成帝宇下闕路闕二字逸民闕二字逸民匪彫匪琢闕哲闕二字有處顯允君子或默或語上闕光隆前闕伊漢中葉皇極不建上闕我闕漢闕騁闕車束帛有戔上闕庶績咸喜咨俞陽闕維上闕亢闕允闕匪闕攸居闕二字王所上闕空彝倫攸闕沖質闕祐炎闕中徵上闕人闕得闕六字劉克上闕有馥其馨闕時上闕莪宜闕帝庭內菅機密闕軌闕平出上闕蒜如闕榮身歿名立永揚德闕顯上闕用闕康斛和闕門剖符闕景上闕來世

饗

右漢故膠東令王君之廟門十隸字爲額予新獲此全碑其中白紙相去數字許如石斷裂之狀上段十八行是敘事之文下段少一行是四字韻語判然非一碑必是二石毀闕好事者匣而一之藏碑之家隨行剪貼故文意錯亂不可曉解其所敘有兩人舉孝廉者有以博士召者有丞勃海者有爲太守爲尚書郎爲譙令爲郡功曹者其一人名字可辨曰噲字叔恭下云凡所宰莅馳化如神年四十一黃初中卒韻語有身歿名立及剖符字蓋

謂最後之人張氏祔於先姑疑其匹也勃海丞尚書郎則其子也所謂上世有邯鄲之功者秦之王翦也韻語初云闕字一魏后實天所授繼云文好姐豆武侯鷹揚朱旗乃舉克成帝宇則其人仕於魏初也中云伊漢中葉皇極不建又云沖質闕祚炎闕中微又云仇牧之忿奮不顧難則是述其先世前朝之事也碑云葬于京師者五世所叙既非一人又載婦姑相祔而以廟門題其額必是昭穆宗兆者碑中雖有景武孝昭沖質之文却有魏后黄初之字而題額以漢者豈膠東是其祖廟没於漢

代者乎碑以喜為熹靍為奮顔即顧字㝵即赫字

涪陵太守龐厷神道

漢故涪陵太守昌陽龐厷神道

右涪陵太守龐厷神道兩行十二字今在資州漢志巴郡有涪陵縣蜀人始置此郡此所謂漢乃劉蜀之漢也字畫差有東都體則勝於鄧乂諸碑

隸續卷第十一

隸續卷第十二

韓勑孔廟後碑陰

劉寬碑陰門生名

劉寬碑陰故吏名

王純碑陰

魯峻斷碑陰

司空殘碑陰

韓勑孔廟後碑陰

故苦令任城呂馥𧰼華苐郎中李華三千

兖州從事任城樊何榮巸公三千

故豫州從事魯孔方廣平五百

司徒掾薛東門循文理千

故豫州從事蕃加進子高千

河南偃師張瓊仲彥二百

徵士河南成皋蘇漢明二百

中郎將掾河南偃師胥鄒通國二百

河南偃師袁徵漢賢二百

河南偃師杜晏孔平二百

河南偃師杜續升祖二百

梁國睢陽龐宣元后二百

吴郡吴卓裒孟眞二百
吴郡吴傅葥䵷寧二百
山陽瑕丘張賁䵷高二百
河南成皐黄伯除百
任城王子松百
魯王元宗百
魯相門下幹文陽羊政子著二百
闕佗府史文陽薛音漢光
故督郵魯孔承伯序
故督郵魯孔賴元夏五千

故豫州從事魯孔闕三字
相史魯孔誧仲助
守孔子户百石魯孔聖文
相史魯孔衎子佑
相史魯孔贊元賓
河南雒陽嚴肅君祖二百
河南雒陽姚闕䵷閭二百
河南開封王㺱字景伯二百
文陽右尉河南雒陽趙廉闕二字五百
河南京尹闕公闕二百

河南京尹脩元闕二百
文陽衛威高二百
河南雒陽李䄟申伯二百
河南雒陽李廣山甫二百
河南雒陽王敬子愼二百
南陽宛張光仲孝二百
故蒙令大將軍掾山陽瑕丘檀敷文有千
任城吕株仲儀二百
河南雒陽种亮秉高五百
敦煌敦煌翟牖子房二百

潁川襄城陽淋對重二百
沛國竹邑薛㺱公則二百
河南雒陽吕顧順陽二百
魏郡魏王升子平二百
關内矦魯蘇逢孝威二百
沛國相劉彪子宣二百
河南熒陽白顥君昂二百
沛國蕭劉堂泰明二百
北海都昌孫順沍達二百
琅邪臨沂紀世高二百

河南雒陽王敞子開二百
陳留平丘馬弼闕漢二百
平原濕陰王宣元威二百
沛國蕭秦憲仲景二百
河南熒陽曹杲闕二字二百
北海平昌長河南雒陽李訪伯助闕二字
南陽魯陽錡曜尌甫二百
陳留圉敦祐伯助二百
相史魯孔曜仲雅
故督郵魯孔進务達

相史魯孔遵公孫
文學百石魯孔芝德英
相史魯孔旭連壽
東海郎中魯孔訢定伯
相史魯孔番安世
相史魯孔闕三字
處士魯孔徵子舉
孔子冢下復民吳仲初弓仲王徐孝都等給掃除夫
子墠闕吳仲初徐孟仙弓仲王徐孝都史君巨史元
舉弓少珎石治杲石治京吳尌平九百知公王需徐
升達弓仲過徐安公徐青頴徐孟闕徐世興徐阿道
石治勉興徐孟高徐阿猗吳阿櫰徐阿仍徐安世徐
常子吳阿歐許元世石治安吳阿綬徐君世世徐音
闕壯士吳貢吳阿需闕伯宣單吳五官子衛威高徐
國子二百闕猶貴闕弓狼子弓阿闕二字二本
永壽三年七月廿八日孔從事所立

右韓勑孔廟後碑陰五列所題士大夫可辨者七十人不名者八人漢人題名有稱徵試博士者此碑一人稱徵士蓋聘召而不行者自第二至第五列以其後四行直書冢下復民姓名皆羣小也故

不當律令後一行云永壽三年孔從事所立碑以文陽為汶陽兗即兗字霦即彪字

劉寬碑陰門生名

故華陰令相國别部司馬漢陽河陽王曜孝起
河内大守濟陰句陽丁從文海千
安定屬國都尉南陽宛孟扶公助
陰安長安平經孫龜务升五百
郎中蜀郡成都羅桓吉禮五百
郎中河内州循統子經千
郎中魏郡内黄郭閭子響

廣武令漁陽路弋門樊引盛五百
陜令上郡奢延郭頎升公五百
武功長河内㙒王李璜元圭五百
離石長北地泥陽王邑文都
大尉屬左馮翊臨晉駱諛文起
羽林郎中河南河南南公珗公明
羽林郎中魏郡犂陽張乾元凱
列口長濟南東平陵孟豐定高四百
車騎將軍令史西河平陸張戎君游五百
大尚書河南平陰張祗子戎千

尚書郎下邳下邳皮喬升高五百
尚書令史左馮翊萬丰李引德休闕百
議郎潁川定陵陳敏元升千
議郎河東安邑涼則孔成五百
會稽大守南陽順陽郭異元平
徐州刺史東萊盧鄉吴幹信武
遼東大守河間成平劉肖元嗣
東海相河内脩武江沛周南
益州刺史南陽章陵劉憔闕二字千
議郎北地靈州傅燮南闕二字百

隴西大守大原下闕
下邳中尉南陽下闕
東平中尉河下闕
交阯都尉鬱闕六字產千
司空掾彭城下闕
司空掾南下闕
司徒掾下闕
大將軍闕八字五百
郎中河闕九字高元千下闕四人
郎中汝南甘陵闕十字友直

郎中汝南鮦陽闕四字禪子盛
郎中掾章宜春闕二字道升五百
郎中廣漢梓潼闕閻元闔五百
郎中右扶風茂闕馬畢漢公千
郎中南陽魯陽闕二字子房
郎中河南開封郭尚仲顯千
郎中沛國闕二字菅翰德叅
郎中河内闕二字張斧元祐
司徒掾南闕二字馮壹穉明千
大將軍闕四字潁陰綦毋萌德達

羽林字闕九寧千
羽林字闕九仲禮五百
羽林郎字闕九和
屬國侯酒泉表字闕五五百
屬國侯右扶風字闕二辛儒伯寧千
王門關侯字闕三段玹元經
西部長史漢字闕三楊曾德淵五百
大子舍人字闕四呂暘孝直
牂柯長史字闕四國公舉千
武庫丞潁川鄢卜稠子州五百

朱壹令魯國魯劉逸仲祖萬
城武令勃海東光校萌材豫五百
柏人令魏郡繁陽申毓仲彦
博令河南密鍾峻興化千
涿令遼西令支公孫瓚伯圭千
故蓮勺令張掖日勒傅應務則五百
故陳令汝南安成張勁孝思五百
平陵令河内脩武聶瑲季康千
故重合令山陽東緡吴愔闕達五百
良鄉長西河圜陽田植君長千

斥丘長陳留平丘汲政孝方千
狋氏長河内汲和政公直五百
昌平長陳留扶溝夏稱彦峻
皮氏長右扶風杜陽魏傑齊卿五百
溝平長魏郡平陽馬就子珪二千
闕密長右扶風槐里王京子亶千
淳于長廣陽安次劉穌順仁千
漢壽長南郡襄陽龐韙漢光五百
博昌長東萊曲成王琬元孝千
望垣長河南穀城闕陸中和

揄次長京兆長安董鳳子產五百
都昌長琅邪開陽朱竝孟君五百
海鹽長琅邪即丘閭丘儀元進五百
永安長京兆下圭駱闕伯彦千
字闕二侯相魏郡斥丘張光子明
闕長汝南召陵張徽伯彦
闕邑長涿郡方城劉播材闕千
甯長鉅鹿曲周孫楫子闕千
上陽長潁川新汲鍾玄元卞五百
項長潁川陽翟翟扶漢舉

臺長彭城武原周遲升舉五百
蒲子長京兆長安杜隲伯瓊
鄢長汝南安成潘僉伯節
敬陵令豫章南昌能 闕 濟公
元氏令京兆新豐王翊元輔 闕 百
大子舍人魏郡館陶嚴純子 闕
大子舍人陳國陽夏許香文臺
詩詔大史河南滎陽 闕 雲子林
大子舍人汝南富波蔡雄文階五百
大子舍人甘陵貝丘李應伯謙五百

河南左宮豺舉千 卷蘇照季博五百
卷 闕 亮奉信 平陰解悺子圭
原武呂諸選公 滎陽紫勛仲起五百
原武應興伯則五百 卷夏授元予
滎陽滎譙子讓 中牟 闕 雲元先
原武肸宣安國五百 河南王遠元上
原武周章子康五百 滎陽楊朴仲方五百
原武李述 下闕 陽武毛晏君義五百
宛陵王 闕 元政
右河南郡

武德 下闕 武德 下闕
武德字 闕二 君孫 脩武李 闕 孝甫
汲 闕 訪字 闕二 二百 林慮賈通仲 下闕
林慮 下闕 林慮張 下闕
蕩陰孫琢君 闕 字 闕二 孫叅君彊
汲杜規景 闕 二百 蕩陰杜塹子 闕
墅王孫盛季 闕 軹 闕 羽伯山千
汲郭蔡敬豺 脩武李照慈明
温 闕 立季載 汲馮業漢祖
温趙照然明 平睪龍服子 闕

温季 闕 魯興 汲焦訪季謀
州 闕 䇲漢甫 朝歌鄭䇲德明
汲 闕 彧元艾五百 汲州豫脩真
河陽 闕 臺憲誾 武德王 下闕
右河內郡
猗氏 闕 建季憲 猗氏陳裏季春
汾陽楊揚伯遠 猗氏毛澤升明
猗氏南江伯彥 解 闕 讓子譙五百
解周則伯憲 蒲反姚繡元化
皮氏王暘子茂 皮氏楊政子政

解藉靜孔然五百　襄陵鄭就子鷹
蒲反陽成忠含　聞憙畢立孔山
聞憙吴尚仲闕　蒲反闕和紨林
解藉闕仲達　聞憙雙祉世闕
聞憙闕攸孔㓺　聞憙闕凱德璜
大陽杜京子闕五百　猗氏杜讓子闕
平陽劉通巨達　汾陰孫龍子闕
臨汾王昱闕成　闕三字任固季瑋
聞憙高闕景闕　蒲反絫繡恭祖
解闕高仲高　汾陰范祺德闕

解翟巽下闕　解王靖下闕
解楊茂德休　解王汝孔瑋
解王匡君恩　皮氏闕茂闕二字
皮氏陰凱仲闕　解紀下闕
解下闕　皮氏下闕
皮氏下闕　猗氏下闕
猗氏闕二字紨謀闕百　解下闕
解王儀元則
右河東郡
杜陵闕瓊瑋闕千　杜陵羅斑元斧五百

新豐闕訓子闕　長陵闕穆闕德
下圭闕景長闕　霸陵闕巽孝讓
杜陵弭闕季子　杜陵闕萬闕二字
杜陵闕通闕二字　下圭趙逢闕平
下圭闕二字仲闕　下圭闕四字
長陵下闕　長闕四字興千
闕陵闕二字元景五闕　長陵下闕
長下闕　長闕五字羅
新豐王陳景闕　下圭王愔闕二字
長安闕困文闕　長陵成則德闕三百

下圭僉訓孔明五百　長安闕二字伯闕五百
長安下闕　鄭下闕
新豐下闕　新豐下闕
右京兆
茂陵弭闕四字陵闕四字平陵張宣闕二字又闕三人三字翊闕二字
元闕一人又闕平陵下闕平陵下闕郿樓裒光闕雒劉訓闕二字又
闕二人又闕四字紨謀美陽下闕雒姜靜闕明雒姜闕公闕安
陵闕聖和闕平陵下闕茂陵摯齊仲闕美陽下闕茂陵闕二
字紨闕茂陵摯悺元闕
右扶風郡

蓮勺闕良公闕雲陽袁唐元闕五闕蓮字闕二約字闕二
臨晉靳闕子休闕百字闕四長字闕五元字闕二百郃陽闕
畚字闕三陽闕明一人四字闕二字又闕德闕萬年字闕二子闕池
陽字闕二仲闕萬丰闕下萬年闕下頻闕下
右馮翊郡
上闕十五人冠軍闕悺闕祖闕陽蘇闕德闕宛字闕二子闕二
字陽字闕三脩宛闕萬仲字闕三開孔高字闕二韶茂異闕
鄉闕弘字闕三陽字闕四宛闕下穰闕下穰闕下穰社闕下穰字闕三
弘字闕四興闕五闕穰闕球公闕
右南陽闕

上闕一人又闕三字郎字闕五公下闕人又闕又闕四四字元下闕一人又昆陽下闕
昆陽下十六人闕又闕
右闕川郡
闕陽王闕世字闕二陽闕玄君淵字闕三侯闕奉字闕四二
王字闕四子淵字闕四子字闕三鄧畚㝵仁字闕二佩子容闕
百字闕二字闕三三百闕安字闕二子文字闕四紨一人又下闕
字闕四文字闕四彦德人闕二朗陵下闕新息蔡闕彦德西平
字闕二文緒下一人闕安陽字闕一茲字闕二蕭強闕明字闕五公
闕百下一人闕陽安下闕上蔡字闕四五百下又闕五字闕一人二百下闕
十人五長平張忠字闕二陳闕傅升字闕二陳陳闕伯字闕二

平朱琴字闕三平范就紨成宜祿闕照紨遠闕陽袁遠
彭祖陳闕生允興
右闕國
陳留陳羡李字闕四肩子與闕東郎規德闕扶溝袁躬
字闕二長垣字闕三商扶溝吳闕彦闕東闕原闕子路二闕
字尹字闕八祖扶溝下人又闕又闕一二字張闕三闕二人字又酸下闕
右陳留郡
上闕一人聊成下闕聊成闕高彦高吏武陽滕闕德闕東武
陽畢字闕六杜普闕二人又闕四字下闕二字嗣字闕三陽解字闕五杜
字闕二興字闕四公下闕一字已下闕七人

右劉寬碑陰自王曜至於李廉守相臺郎令長九十七人三河九十一人與其後八郡皆無爵秩者三輔六十五人漫滅之字什五六五郡國百餘人可辨財什二三劉公兩碑俱有陰此則門生所刻之陰也其字畫剛勁法度森嚴與石經公羊詩書相軋隸釋所輯斯爲踔絕碑中有大尚書張祇祝睦碑亦云拜大尚書考東京官制建武中三公皆去大惟鴻臚司農長秋有大字尚書六人分爲六曹初無大尚書及觀祝睦後碑則但云拜尚書尚書僕射乃知大尚書者以其長於諸曹故加大以

別之漢碑所書地名如楗爲犂陽牂柯聞憙皆不
用犍黎牁喜字此碑又以路爲潞以下圭爲下邽
以蒲反爲蒲坂以聊成爲聊城

劉寬碑陰故吏名

故吏廷尉河南闕三字整公脩
故吏步兵校尉齊國西安下闕
故吏巴郡太守闕郫成都闕二字子闕
故吏安定太守闕郫成都闕規柜闕
故吏河間相山陽闕三字遵仲苙
故吏九江太守南郡下闕

故吏闕陵相下闕
故吏大原太守下闕
故吏北地太下闕
故吏廬江太守下闕
故吏豫州刺史下闕
故吏豫州刺史東萊闕二字成闕
故吏丹楊太守闕四字習闕
故吏漢中太守鉅鹿下闕
故吏武陵太守下闕又闕一人
上闕三字漢太守下闕

故吏伊闕都尉河下闕又闕一人
上闕四字河内下闕又闕一人
故吏五官中下闕
故吏羽下闕故吏闕九字孔闕
故吏闕御闕七字元嗣
故吏闕御闕八字先
故吏闕御闕六字純文公
故吏闕五字南頓應朌仲瑗
闕二字侍下闕
故吏侍闕二字國闕五字方

故吏闕二字史泰闕五字紨闕
故吏諫議大夫河南闕師闕二字子宣
故吏議郎河南蔣下闕
故吏議闕二字郡下闕
故吏闕六字陳闕文式
故吏闕六字襄賁闕二字苙
闕吏闕十字奉讓
故吏闕三字東闕四字伯瑋
故吏蓮勺令下闕
故吏闕公闕令平原下闕

故吏下闕故吏下闕又闕十九人又闕三字尉下闕又闕二字大尉掾下闕
故闕大尉掾下邳下闕故吏闕尉掾陳下闕故吏下闕
故吏下闕又闕三人故吏下闕故下闕故吏下闕故吏闕二字河下闕
故吏闕東下闕故吏大尉掾下闕故吏議郎南陽已下竝闕

右劉寬碑陰故吏廷尉以下題名𠠝存兩列十數人官稱或有郡而無邑或有字而無名惟南頓應劭仲瑗一人名字姓邑咸在而官稱亡矣本傳劭字仲遠注云謝承書曰應氏譜並云字仲遠續漢書文士傳作仲援漢官儀又作瑗未知孰是予謂官儀既劭所著又此碑可据則知遠援皆非也西

都以丹楊名郡東都改用陽字郭旻爲丹楊郡太守嚴訢作丹楊之陵陽丞此碑有丹楊太守皆用西都字題名之上有十五葉孫周王記室爽題闕數百字大略云中平二年故吏立碑於雒陽道旁作東都改立於此至唐咸亨元年四百八十四年矣傾仆野中移建墓南二百八十步上東門之道

王純碑陰

諸門生人名

東平馮定伯勃海張紨顯勃海闕紨寶勃海李恭祖
勃海勒仲舉勃海邢公義勃海趙樂卿勃海趙春孫
勃海吴子琦勃海宋孟光勃海劉元廉勃海程行異
勃海劉季起勃海劉季顯勃海劉孟昌勃海苑元輔
勃海劉漢豐勃海劉紨豫安平戴石文安平董伯長
安平韓元賢安平韓闕臺安平劉伯祖安平劉仲敬
安平孟闕二字安平和闕二字安平魏伯瑋安平劉元艾
河間張世賢勃海劉季徵勃海劉眇節河間史子房
河間董子初河間張元闕河間賈君舉河間程敬伯
平原王意堅常山紀季起鉅鹿和子政平原劉季義
東萊趙仲儒安平陳元興甘陵劉伯行勃海馮子慎
勃海甯紨寶闕一人安平闕三字安平劉公祖安平孫闕二

字常山杜紨才甘陵董紨儁甘陵張紨眞甘陵張伯
黄甘陵張紨雅鉅鹿郝元卓平原劉漢昌鉅鹿高子
亮鉅鹿孫务舉鉅鹿朱紨臧鉅鹿董仲遠河間顏子
卿常山馬公祉勃海公族進階勃海龐文節勃海王
敬仲安平公孫元載安平馮元著安平趙漢德中山
王仲闕中山劉輔漢中山劉元遠中山石紨政勃海
闕景闕蜀郡闕孝南勃海孫長凌汝南鹿蓋伯河東
助元儁勃海徐公闕勃海張仲孝魯國卞伯節濟陰
傅仲節甘陵趙相高甘陵靳季祖濟陰嚴仲友甘陵
邢阿子平原李山闕山陽台元世鉅鹿紫宣文濟南

郭季卓濟南髙建祖陳國丁芝英闕一人陳留闕三字陳
國闕二字處勃海闕世髙闕二字孫彦祖濟南髙奐興濟
南孫和仲濟南闕顯豪濟南闕务闕常山闕三字勃海
王尌政勃海孟闕寶河間邢仲弘河間邢尌闕陳留
楊公榮平原劉君長安平郝伯闕安平劉子匡濟北
榮闕二字甘陵張孟眞安平闕世長安平賈仲節河間
闕二字敬闕一人常山趙元闕安平宋子然安平劉世義
安平劉仲臺河間劉孟遷南郡闕賓卿安平蘇紀長
安平蘇季敬河間闕元譽濟北劉务尼趙國張世興
河間劉季闕鉅鹿闕二字異平原孫世髙陳國張仲博

山陽孔少驕東郡闕廣興濟南闕元闕潁川宋子闕
河間董闕異安平髙闕二字平原張伯長勃海闕三字勃
海王伯闕勃海孫仲闕濟北劉元義濟北劉季安東
平毛元祖東平成闕三字魏郡鄭武林東平魯威平河
間尹季賢山陽闕伯節山陽董季遠山陽闕二字祖東
郡成公元節沛國劉仲優沛國劉仲然平原劉永光
濟北劉仲方濟北劉元闕任城孫闕興東平丁文理
東平劉石伯闕一人東平闕仲闕沛國傅闕序勃海闕
元德東平闕三字東平闕仲興東平闕三字東平闕二字遠
東平闕孟闕東平闕孟賓東平闕二字公東平呂仲闕

東平商仲德東平闕三字東平任世威東平卜尌祺東
平程君闕東平闕元章東平王無央平原趙伯達安
平孔漢輔平原劉漢賢鉅鹿趙相輔闕二字北宮文紀
東平王尌髙平原闕漢綏東平闕伯宗濟北王史登
髙濟北孔世髙陳留闕三字陳留闕尌闕任城金行世
山陽周漢平東郡衛君髙
上闕十三字君德華葩中闕五字風俗闕二字動闕守各發聖
心共出義錢埤石碑直刊紀姓名
上闕一十一人東平周伯闕東平闕二字闕十人又東平闕三字泰山
闕三字魯國兒闕二字河南劉务闕山陽顏遂成魯國蕭

闕世泰山王伯秋東平涂闕君東平王闕二字
右王純碑陰首行云諸門生人名凡九橫橫二十
三人自東平馮定伯至東郡衛君髙凡百九十三
人漫滅者四人姓字不具者六十二人其下尺餘
以前兩行書事云發聖心出義錢埤碑直紀姓名
上兩橫許不刻一字獨最下一橫有山陽顏遂成
二十一人亦强半漫滅不可辨趙氏云可識者猶
十餘人不可識者又九十餘人蓋所見不及此刻
也顏遂成輩皆義士故不名其上門生亦書字者
蒙下文而一律也碑以埤為碑

魯峻斷碑陰

闕延上闕文臺郗仲軍彭氏徐文達汝南袁彥和翟
公勝仲孝安闕子康鄭子懌闕一人翟德豫翟文起王
威烈闕一人又闕一字文起闕孝節闕子寸嚴德蘭郗文則
翟公遠嚴公儀正闕則陳文信闕二字道闕公魏翟德
威蓋公義李孝達任桓伯鄭子起李闕業徐士和任
威伯丁德英王顯融王輔政闕子然王文闕范文直
王文舒夏侯文寸闕宣禮江德和夏侯聲闕二字休闕三
字武毛子澄郗公然闕仲闕二字景高闕仲容闕二字直
闕元德薛武興闕文闕二字伯騫闕文德闕李仁闕德

禮郗公儀闕二字豪闕文靄闕一人又闕一字德闕魯闕三字文
規正紒則脩闕寸闕文闕二字孝闕一字又闕一人馬子文張
闕成田遠闕三字和闕寸伯郭文闕張闕伯闕二字陽魏
文闕江闕讓翟仲宗翟子闕二字文闕王文和何文幹
闕孝成翟仲榮闕一人翟文闕嚴闕二字

右忠惠父魯峻斷碑陰九十有一人書姓字而不
名惟徐袁二人有郡藏碑者以爲魯君碑陰雖無
所據度其石之廣適與魯碑合所存尺有七寸乃
其下之四横横二十有四人計其上當更有十横
碑載于丁馬呂且誠夏侯等三百二十人爲魯君
作謚七子題名當在前列一石之上正可容三百
二十之數碑有汝南于商此有汝南袁彥和亦有
魯丁夏侯姓者又字體頗與魯碑相類若無可疑
婁壽碑陰中不出郡者皆同郡之人也州輔碑陰
中不出縣者皆同縣之人也此殘碑貫彭城汝南
者各一人則其餘皆山陽人也凡漢人題名必具
名字韓勑逢童碑間有數人稱字皆自有說全碑
不名者有楊震楊著王純婁壽四陰刻于二楊之
後者乃其兄叔與其孫之門人王純則以義士之

隸續卷第十二

隸續卷第十三

孔子見老子畫象

畫象未錄

老子

孔子也

孔子車

右孔子見老子畫象人物七車二馬三標牓四惟老子後一牓漫滅孔子面右贄鴈老子面左曳曲竹杖中間復有一鴈一人俛首在鴈下一物拄地若扇之狀石有裂文不能詳辨侍孔子者一人其後雙馬駕車車上一人馬首外向老子之後一馬駕車車上亦一人車後一人回首向外史記魯昭公予孔子一乘車兩馬一豎子同南宮敬叔適周問禮於老子此畫聖與兩驂似是据此

君故豫州刺史溫令元城令公車司馬闕開陽闕謁者議郎徵試博士

畫象未録

上闕馬皆倉下闕

會稽東部都尉路君闕永平八年四月十四日庚申
造

東都冢墓間石刻傳于後世者自此始趙氏云建武中省諸郡都尉唯邊郡有之豈會稽邊海故置此官歟任延嘗為會稽西部都尉而此云東部疑會稽亦東西部各置都尉史不載爾予按衡方碑亦嘗為會稽東部都尉乃威宗之時則東都蓋有此官未嘗併省范史雖不具載而它書亦可稽據

畫象未録

右豫州刺史路君二闕前闕七行二十一字書其所歴豫州刺史至徵試博士凡八官後闕亦七行二十一字云會稽東部都尉路君闕其次書造闕年月日永平之八年也字畫兼用篆體前闕人物之後小字一行却是隸文豫州前後各一人執杖負劒嚮字立東部之前亦一人執杖負劒又有一人正面立腰下垂佩兩手各有所執末亦一人執杖負劒而其前又有一人側面嚮字立手中亦有所執蓋是墓前雙闕如王稚子高貫方之類但二闕無姓名此其異爾東部説在前卷

王稚子闕畫象

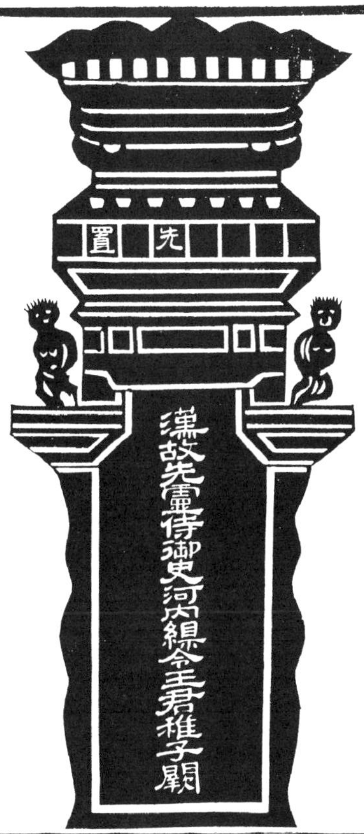

右闕南面

右闕西面

右王稚子二闕前書已釋其文矣額上六字亦已見之隸釋西州所存漢人墓闕其石方數尺間有闕者上琢樓屋為蓋如今寺觀中經幢蜀帥范至能盡圖其八面相贈闕之兩角有斗斗上鐫耐童兒又作重屋四壁刻神像人物車馬之類亦有漫滅者先置二字在右闕南面稚字在北面子字在東面雒陽二字在左闕西面坐蓮之像四左右各一小兒其像頂冠若祠剎中所謂天王者獅象之間其僧四乘馬者四人引車者二乘車者五以繩曳獸者一人中獸而立者亦一人耐童兒二十七

人神體不具者有三龍一象一師子八其六在五角獸面四半體者五車馬糢糊辨不能盡蜀工椎拓二闕纔有一車二馬乃石壁兩隅所刻者靈臺碑陰會計作碑之費二十千二百爾武綏宗使石工孟季為其兄造闕為錢乃十五萬孫宗作師子亦四萬則一闕之費比碑十倍王君二闕至今不毀其耐久如此

沛相范皮闕并畫象

府君神道

畫象未録

日利千萬曾羊

右沛相范君闕碑録云緜州梓潼縣東有沛相緜門范皮墓闕字不多記姓名而已圖經縣東六里有范伯皮闕蜀人云范君有二闕周回十六字多磨滅令在鳳皇山寺前麥田中前歳有緜州罷官歸者以此郡三石闕畫象相贈其一則三車四馬人物九凡三段謂之范君闕其一則二車五馬人物十四凡三段謂之鄧君闕其一則人物五飛鳥一凡二段謂之魏君闕其上無一字收之者甲乙差紊容或有之予既編之隸續成都亦已鋟木矣

近得范君一闕其上横刻四字尚可認曰府君神道字之下所刻四人物乃是前所謂魏君闕者次横又有一馬最下三方有白紋其中似嘗刻字闕上四人皆向右行更有一石其人却向左行恐是范之右闕非身到碑下不可辨也闕旁之甎堅厚如石其重十斤田夫耕墾時或得之上有小篆韻語每甎十行行一句一在汪聖錫家其文云嗟痛翢時仲治死年結僮孳孳履踐聖門知辦賜張闕噍孔言寬博闕約性能淵泉帶徒千人行無遺愆予亦得其一云德積未報曷尤乾巛茂而不實顏

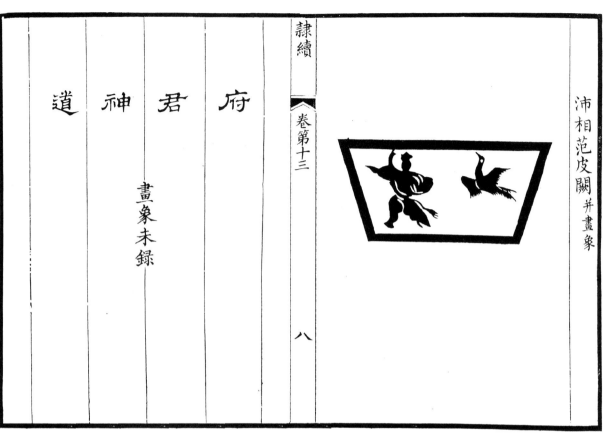

氏暴顛非獨范子古今皆然想貌睹刑列畫諸先
設往有知豈復恨焉石上姓名雖淪滅而甎文有
范子可證乃知范君名皮字仲治圖經誤衍伯字
更得一斷甎直書一行存其下千萬曾羊四字却
是隸文汪氏亦有之存其上曰利千萬四字漢代
器物銘多以羊爲祥

鄧君闕畫象

右無名人墓闕畫象三段三車六人皆駕一馬乘
馬于車前者一人橫旗于車後者二人始予得敘
州三闕指此爲范君者又有魏鄧二闕皆石上橫
刻人物車馬無一字可考近得范君一闕凡數橫
上有數字所刻者乃是魏闕人物豈此車馬却是
魏君之闕乎二闕俱是畫象當入碑圖弖中姑贅
于此

隸續卷第十三

隸續卷第十四

太守張景題字

光和六年四月太守張景（闕二字）治郡（闕一字）追念先祖
（闕）悳（闕三字）早失覆（闕）門（闕三字）孫惸自悲太守（闕三字）君
（闕五字）間（闕）歸文學紀刊先象
（上闕）之少子竝早卒

右太守張景題字四行在高眹石室梁上磨滅鮮成章句首云光和六年四月太守張景中有追念先祖早失覆（闕）孤惸自悲紀刊先象之句相去尺許有少子早卒之文前有治郡二字蓋張君追遠之詞也

博士題字

（上闕）議采夫（闕三字）以詩書發（闕）京師受業春秋（闕四字）
覧異（闕三字）仲舒智非胡母（闕）嘗祭郊（闕七字）晨（闕四字）其
（闕）故悲（闕二字）之（闕）後廿年知（闕五字）蓋（闕五字）不嚴（闕）是
此畱消（闕四字）詢謀道為國師出典方州忠著金石（下闕）
（上闕）博士（下闕）

右博士題字七行可識者五十六字不可識者六十餘字亦在高君石室中末行有博士二字上下文皆湮沒其中云以詩書發（闕）京師受業春秋（闕二字）仲舒智非胡母末云道為國師出典方州忠著

金石其人受春秋業而以仲舒胡母為比盖是傳公羊春秋者

洪農太守張君題字

故孝廉（闕五字）陵相（闕）君伯高弘農（下數行闕）
（上闕）著悳義方襲父經業春秋尚書貫（闕四字）忠（闕）宣
海內謳高（闕）瑀之苗發迹（闕四字）晨盱（闕）垂澤章彼（闕）
言
弘農太守張（闕）子陽張炑之子也

右弘農太守張君題字五行亦在石室中末行云洪農太守張某子陽張炑之子首行有故孝廉陵

相君伯高弘農十字陵之上闕五字相之下闕一
字其文有著德義方襲父經業春秋尚書海內歸
高之句與前一人皆是以經學名家者

高朕石室六題名

上闕土成都杜宣字管偉
上闕州太守鄪審長賓
上闕廣都公乘伯高
上闕昌守長鄪審牀惟
武陵大守杜伯持
武陵令楊林仲和

中郎將下闕
大尉三公下闕
幷州刺史河下闕
清白士下闕
娉士張下闕
闕張下闕
揚子雲
司馬相如
大守趙下闕

右高朕石室六題名與前三段題字皆刻在梁相石壁之閒近歲好事者秉燭入室而模之始傳於吾蜀人多未知也所題前後不同時其一杜審公乘四人其一武陵守其一武陵令其一中郎將太尉掾幷州刺史三人其一清白士娉士三人其一揚子雲司馬相如趙太守三行卿雲二公蓋後人追書者字畫清逸可愛以娉為聘

永平甎文

永平八年七月廿日作

右永平甎文四行九字云永平八年七月廿日作

汝伯寍甎文

建初三年八月廿日汝伯寧闕萬歲舍大利善

右汝伯寍甎文六行十八字建初三年作末有萬歲舍大利善之文與曹叔文甎所謂萬歲署舍同或是卜築所用者郡君篆甎亦謂之萬秋宅漢人無忌諱如此

曹叔文甎文

建初七年八月十三日曹叔文作千萬歲署舍命史後子孫貴昌闕二字未央大吉

右曹叔文甎文八行行四字建初七年作有千萬歲署舍子孫貴昌未央大吉之文

謝君墓甎文

元和三年五月甲戌朔謝君闕造此墓

右謝君墓甎文四行十五字云元和三年五月甲戌朔謝君造此墓

永初甎文

永初元年景師造

大吉陽宜矦王

右永初甎文直書一行云永初元年景師造又一甎云大吉陽宜矦王皆近歲出于蜀中漢人作舍宅營壙墓甎多有字又有篆書數甎乃建武二十

八年北宮衛令邯君千秋之宅者其一有富貴昌字或云得之范皮闕旁法書要録引鼎録云蜀章武二年作二著鼎一賜魯王銘曰富貴昌宜矦王一賜梁王銘曰大吉祥宜公王觀漢甎及器物多有此文則知蜀人鼎銘蓋采用前代之語

定陶鼎款識

高廟

定陶廟容十升斗字并重九斤二兩

右定陶鼎蓋有高廟二字頗大腹有都倉二字次之又有定陶小字四行惠帝令郡國立高廟時帝子恢為梁王定陶梁所都也其後元帝子為定陶王王之子入繼大統更封楚王之子於定陶此乃廟中祭器不知何王所作高廟兩字方正高古略無篆勢定陶十一字則參雜篆隷之體它器亦有相類者都倉二字即是篆文此器舊藏宣和殿與九鼎齊飛矣吁

延光銅壺款識

延光四年銅二百斤直錢萬二千

右銅壺安帝時作款識二行十三字字從左起云延光四年銅二百斤直錢萬二千在建康秦氏

元嘉刀銘

元嘉四年五月丙午日造此銅官刀長四尺二寸闕二字宜矦王大吉羊

右元嘉刀威宗時作其文云元嘉四年五月丙午日造此銅官刀長四尺二寸闕二字宜矦王大吉羊在張循王家以羊為祥

騶氏二鏡銘

騶氏作竟四夷服多賀國家人民息胡虜殄威天下復風雨時節五穀孰長保二親得天力兮

東王公西王母

騶氏胡虜 餘字同上

右騶氏二鏡銘七言五句云騶氏作竟四夷服多賀國家人民息胋虜殄威天下復風雨時節五穀孰長保二親得天力二鏡雖有大小而銘文無異同小鏡惟氏字筆法小變胡字不是反文大鏡又有兩人相嚮坐其旁小隸云東王公西王母大者藏故江陰守王直中家小者藏故司直洪蔵家黃長睿審定以為漢器其說見東觀餘論但錯認其中數字太史公書齊有三騶子范史春秋家有騶夾班史竝作鄒則知二字通用說者謂校官碑親

眡實智劉熊碑寉鳴一震皆蒙下文故賢鶴从省此銘鏡省其金與婁壽碑省爵為时楊孟文碑省斜為余同非獨上下文也又反胡為胋與唐扶碑反陝為郟鄭固碑反獨為獸同宣和博古圖有漢尚方宜子孫鏡其銘首云尚方作竟四夷服末云長保二親子孫力傳吉後世樂無極兮中二句並同字畫又切相類

李氏鏡銘

李氏作竟佳且好明如日月世之保白虎辟邪主卻 除字 道渴闕王泉飢食闕彩由天下不知老

右李氏鏡銘亦七言五句云李氏作竟佳且好明如日月世之保白虎辟邪主除道渴飲玉泉飢食闕浮由天下不知老又有二獸奮迅拏攫即白虎辟邪也其文鏡省其金除反其邑浮反其水以保為寳以由為游頗與騶氏鏡相類博古圖又有漢尚方一鏡銘云尚方作竟真大好上有仙人不知老渴飲玉泉飢食棗浮游天下敖四海壽比金石國之保尚方一銘與鄒李所作者略同恐未必顓是宮禁中所用

中平獸洗款識

中平三年八月造作用冨

右中平獸洗款識一行云中平三年八月造作用冨寵下兩字甚野蓋鑄冶小夫所書者獸在其左若駞非駞若麟非麟紹興中長沙攸縣劉氏浚塘獲十六器家弟景盧得其一

脩官二鐵盆款識

廿五后廿年脩官作

廿五后

右脩官鐵盆二乾道中陸游務觀監漢嘉郡得之古人作器必銘志其輕重大小亦謹權量之一事

隸釋中地皇侯鉦所云五十七斤者計其重也永平鹽盆所云三百五十斗者言其容也此兩盆皆有廿五石字乃龠合升斗石之石非銖兩斤鈞石之石也字畫無篆體蓋東漢初年所作其文有廿年字而無紀年之名東都惟建武建安有二十年此必建武之器所謂脩官正與永平巴官同恐是識鐵官之地名未詳其義

晉銅澡槃款識

泰始元年闕月七日右尚方治御府故二什五升銅澡槃重九斤八兩　第二

右銅澡槃晉武帝時作款識云泰始元年闕月七日右尚方治御府故二斗五升銅澡槃重九斤八兩第一字甚小而遒勁今在宜興惠公衮家東都工於隸者未能遠過魏晉石刻今其存者鄧乂彭祈母稚陸喈數碑以此比之泰山之於丘垤也

董氏二洗款識

董氏闕好

董氏器

右董氏二洗一款其右曰董氏雅好一款其左曰董氏器中圖一舄舄上有禽今雖藏於二家乃一人所作者雖無年月可考却非魏晉人字畫亦可證董姓之从童也

隸續卷第十四

隸續卷第十五

石經儀禮殘碑　　成皐令任伯嗣碑
漢安長陳君閣道碑　　馮君閣道碑
廷尉仲定碑　　文範先生陳仲弓殘碑
尉氏令鄭季宣殘碑　　公乘校官掾王幽題名
交阯剌史石羊字　　永初官塹文

石經儀禮殘碑

（上闕）郊請反（闕七十一字）以君命聘于（闕六十八字）善乎授上介幣（闕六十九字）賜使者幣使者（闕六十八字）上介至亦如之（闕六十八字）練冠以受聘（闕七十字）哭出祖（闕七十一字）食歸（下闕）

（上闕）取（闕七十四字）嘗（闕七十二字）佐食（闕四字）于（闕六十七字）卒（闕四字）相（闕六十五字）取（闕）坐（闕三字）興（闕二字）俎（闕六十五字）堂廋位至婦（闕）足（闕）于（闕六十五字）爵（闕六字）儀（下闕）

右石經儀禮殘碑一段八行上下皆糜碎行多者六字少者二字聘禮之文也前五行乃使還反命之儀後三行乃出聘遭喪之儀一段十行二十字士虞禮之文也湯滅泰甚僅有數字隱隱可認非板本尋繹安能得之因知此碑毎行七十三字鴻都遺刻獨此宬爲難辨聘禮曰使者歸及郊請反命朝服載旜禳乃入陳幣于朝西上上賓之公幣私幣皆陳上介公幣陳他介皆否束帛各加其庭實皮左公南鄉卿進使者使者執圭垂繅北面上介執璋屈繅立于其左反命曰以君命聘于某君某君受幣于某官某君再拜以享某君某君再拜宰自公左受玉受上介璋致命亦如之執賄幣以告曰某君使某子賄授宰禮玉亦如之執禮幣以盡言賜禮公曰然而不善乎授上介幣再拜稽首公苔再拜私幣不告君勞之再拜稽首君苔再拜若有獻則曰某君之賜也君其以賜乎上介徒以公賜告如上賓之禮君勞之再拜稽首君苔拜勞

上介亦如之君使宰賜使者幣使者再拜稽首賜介介皆再拜稽首乃退成周之時朝覲廢而盟會講列國相聘結轍于道往反禮容猷曲備具靖康建炎間北馬南牧巳酉年　先公張旜請和抵雲中聽命于其酋粘罕繼徙冷山十有五年然後歸紹興之季狄人犯廣陵其明年壬午仲弟往尋盟隆興之季復入淮壖其明年乙酉予銜命至燕館其邸十日四見其君燕射訖禮到闕與上介便服對内殿再拜升階奏使事賜坐飲茶而退既弛擔件所得之物以聞駮步就賜以所點一二物隨以

獻得告三日溢職如初古禮病於太煩今日之儀
無乃太簡乎

成臯令任伯嗣碑

上闕三字字伯嗣南郡編人也其先蓋任座之苗胄君少
履岐嶷醇懿之闕五字仁而有威仕極州郡舉孝廉除
郎中蜀郡府丞江州令以服去官辟闕二字抗陽侯相
延熹五年七月遷来臨縣正身帥下賞恭罰否存恤
寒苦闕三字右官朝家静姦軌撿手繇賦平均黔庶不
擾基月有成政由豹産郛闕三字七州喉闕衢路委蛇
郏河阻山崩陁霿谽峻峭危難君發弘謀慮斯闕三字

南移北從俠就寬直柱枉字匠西以險為安隤高夷㓕
顯敞平端功業廣闕三字悅懽然後乃探闕索隱厲貞
禮孝興文偃武脩序畔校善著惡消頑闕二字易掾威
恩竝行闕十四字南蠻抪邑荆部闕三字周遷君桂陽衡闕十
五字夫織妾彷偟道闕二字予何英追送遵慕君未到郡
先騰檄告諭以信義繩以憲度狂狡醜類闕二字畏怖
或豫降服或走逃竄居民安業商旅過濟不戰而寂
息罰未加如闕二字斯可謂德應神祇獲水闕之助垂
曜於无窮者已是以都邑謳詠慕昔闕二字甄勒飭績
永昭于後乃作頌曰

闕惟任君政不由出慈寬惠恕剄猛桀掘應期濟時
來牧我國體仁垂義種闕二字德伸屈潤棄理宛省結
受施既浹升輿南翔西征東怨萬民攸望鑴表闕頌
億載彌彰

右任伯嗣碑其文云延熹五年以筑陽相遷来臨
縣存恤寒苦姦軌歛手繇賦平均黔庶不擾移徙
衢路脩序畔校遷守桂陽都邑詠慕甄勒飭績蓋
去思碑也碑之中鑿方為竅廣四寸長五之疑曾
用之為碑趺趙云碑今在汜水乃漢之成臯也帝
紀延熹八年桂陽胡蘭復反太守任胤背敵畏懦

弃市胤即伯嗣之名碑言君未到郡先騰檄告醜
類畏怖或降或竄不戰寇息則先聲亦可嘉矣不
旋踵而難作夫以銅章課㝡進把州麾夙盜盤結
羅此酷刑禍福倚伏惜哉以軌為宄撿為歛基為朞由為猶郏為夾匹即正字

漢安長陳君閣道碑

永建五年孟春下旬漢安長蜀郡青衣陳君到官闕五字
約垂意惠民施無為之政行不言之敎德化洊行
盜賊闕少五穀豐茂百姓晏然各得其所君思所以
利民大小悉備仡道本有根閣二百餘丈闕三字寗穿字

陷壞絶車馬彊頊常以農時發民闕治嵗嵗造叓直
卅餘萬君躳自案行以眇思省去根閣令就土著長
無勞費爲萬㐀基百姓行人驩悅歌詠郚亭掾尹㛙
闕二字臣有述君之義故勒此石以示後賢其辭曰
惟此故道險阻危難根閣阸闕臨江緣山秋雨水水字
潦闕二字陷穽車馬彊頊隮隧隕顛行旅創苦發賦加
民乃至于今遭我陳君含道施德蹈義履仁治合中
和化行若神清過夷齊行同曓騫以身率下非禮不
言思惟儉約所以利民退哺闕飯露宿草闕百姓安
樂不勞不煩又省此閣就乎平便民無經賦行人離

患時丞馮卿廉約勤勤好施樂闕欽承奉宣掾史遵
恩各建忠闕咸闕百福子子孫孫　時道橋掾董闕二
字

右漢安長陳君閣道碑漢安舊屬犍爲今爲資州
内江縣根字未見所出所謂根閣者猶李翕郙閣
何君尊楗閣之比碑載陳君到官年豐盜息思欲
利民此道有根閣二百餘丈臨江緣山險阻危厄
秋雨水潦穿陷壞絶車馬僵頊行旅苦之嵗嵗發
民脩治費三十餘萬陳君躳自案行省閣就土行
人驩咏郚亭掾尹㛙勒石作頌頌後又稱邑丞馮
君與掾史欽承遵憲之美末有道橋掾董君姓名
順帝永建五年造碑以彊爲僵隧爲墜曑爲參眇爲妙

闕然字畫有東都氣象非魏晉筆法校官掾者東都郡縣之吏屬公乘者漢爵第八級東都紀元有熹平延熹光熹亦有書光熹為光喜者漢人作隸好假借或是借憙作喜作熹又作熙光字恐史策之誤但弘農王四月即位改中平為光熹是年二月猶是中平西晉惠帝雖有永熙而改元亦是四月此碑非光熹永熙明矣俟博古者剖判之

交阯刺史石羊五字

闕阯刺史闕君羊

右刺史羊五字今在郴州二十里外荆榛中第一

行有阯刺史三字上滅其一當是交字第二行有君羊二字上滅其一土人謂之鄧君冢闕文乃其姓也此蓋墓道石羊膊上所刻如州輔天禄辟邪之比漢武帝置交阯刺史在十三州數中東都因之杜佑通典云獻帝時以交阯刺史張津交阯太守士燮有請改刺史為州牧至建安十八年復禹貢九州省交州入荆益帝紀自靈帝以前屬書交阯刺史事迹傳中載交阯事却多作交州蓋自要其終而言之但郡國志自中興以來直云交州不載廢置本末可謂闕文此獸乃建安以前之物

永初官鏨文

永初十年作官鏨　永初七年作官鏨

右永初官鏨七字數十年来眉州人掘武陽故城時或得之范至能在蜀得其二分其一相贈二鏨惟七及官字文有反背不同重十有八斤

隸續卷第十五

隸續卷第十六

黄龍甘露碑二并陰　景北海碑陰

唐扶碑陰　封丘令王元賓碑陰

繁長張禪等題名　帝堯殘碑陰

黄龍甘露碑

十一行　闕

上闕一人司徒臣姓名闕安漢將軍下闕又五人侍中臣闕立侍

中下闕尚書下闕又四人五官中郎將臣姓名闕太中大夫臣

姓名闕中散大夫臣姓名闕博士臣許慈議郎臣姓名闕議

郎臣闕信議郎臣闕光議郎臣姓名闕闕二字又將軍臣姓名

闕鎮東將軍臣劉琰平西將軍臣劉闕平北將軍臣

劉闕又二字闕將軍臣姓名闕闕二字又將軍臣姓名闕第二橫並闕第三橫闕

十八人闕一字又將軍臣姓名闕闕一字又將軍臣姓名闕闕一字又將軍

臣姓名闕闕一字又將軍臣姓名闕闕一字又將軍臣姓名闕闕十字又將

軍臣姓名闕闕一字又將軍臣姓名闕闕一字又將軍臣姓名闕第四橫闕十

二人又闕一字將軍臣姓名闕闕一字又將軍臣姓名闕闕一字又將軍臣

姓名闕又闕一字將軍臣姓名闕又闕一字將軍臣孫闕又闕一字將軍

臣闕仁

時太守南陽李嚴正方丞宋遠文奇武陽令陰化

第二碑

惟建安廿六年闕十字赤水水字甘露闕亐縣中後闕

碑陰

上闕六人侍中臣闕立侍中下闕尚書下闕又闕二人光祿大夫臣

姓名闕闕二人又中散大夫臣劉闕博士臣許慈議郎臣姓名

闕議郎臣姓名闕議郎臣孟光議郎臣姓名闕下闕一人又闕二人

益州前部闕二字臣費詩益州左部司馬臣姓名闕益州

右部司馬臣姓名闕益州闕部司馬臣姓名闕益州部蜀

郡從事史臣姓名闕益州部闕二字從事史下闕益州部闕二

字從事史闕義校尉臣姓名闕益州部巴西從事史闕

信校尉臣李闕益州部梓潼從事史忠節中郎將臣

姓名闕益州部牂柯從事史臣姓名闕益州部永昌從事

史闕二字校尉臣姓名闕益州部闕山從下闕又五字從事史

臣姓名闕闕六字又業校尉臣姓名闕闕二字又中郎將臣姓名闕又闕二

字中郎將臣姓名闕闕二字又中郎將臣劉闕又闕二字中郎將

臣姓名闕闕二字又中郎將臣姓名闕闕二字又中郎將臣張闕又闕二

字中郎將臣姓名闕闕二字又中郎將臣姓名闕闕二字又中郎將

臣劉闕又闕二字中郎將臣姓名闕闕二字又中郎將臣姓名闕又闕二

字中郎將臣姓名闕下闕

右黄龍甘露之碑二隸額皆六字不磨滅碑中有

穿各高五尺餘大者廣三尺次二尺華陽國志云

建安二十四年黃龍見武陽赤水九日乃立廟作碑蜀志次年曹丕既滅漢太傅許靖安漢將軍麋竺等上言武陽龍見君之象也與博士許慈議郎孟光立禮儀上尊號至次年登壇即位大碑之文十行僅有數字可辨羣臣列名居石之二上下四横每横二十餘人可辨者侍中二人司徒尚書五官中郎將太中中散大夫博士各一人議郎四人安漢鎮東等將軍二十餘人官之下皆稱臣姓名碑側題太守李嚴并丞令二人姓名嚴後改名平次碑之文十四行惟首行有建安廿六年數字可辨碑陰存者上兩横每横三十人可辨者侍中議郎從事史中郎將數十人兩碑俱有許慈孟光題名則立石非同時也建安二十五年漢祚已終次年四月蜀主方稱帝改元則辛丑之春蜀人猶奉漢代正朔故有建安二十六年之文兩横之下崇寍中為王時彦斫磨刻其說二碑皆有額却云其一湯滅李嚴太守一行皆可讀却云斫存十字如是鹵莽輒敢鐫勒武陽在漢屬犍為今為眉州彭山縣

北海相景君碑陰

故中部督郵都昌羽忠字定公

故門下督盜賊劇騰頌字㸑遠

故門下議史平昌蔡規字中舉

故門下書佐營陵孫榮字𡈼榮

故門下書佐淳于逢訢字闕成

故騎吏劇昔麟字敬后

故吏朱虛孫徵字武闕

故吏營陵薛逸字佰踰

故吏營陵闕鴻字中闕

故吏都昌呂闕字孟闕

故吏都昌張暘字元闕

故書佐都昌羽質字闕儆

故書佐朱虛鞠欣字君大

故書佐平壽淳于闓字久宗

故書佐營陵淶曾字曾華

故書佐都昌張翔字翔甫

故書佐淳于孫悝字元卓

故書佐營陵鍾顯字闕寶

行義劇張放字公輔

故書佐劇秉禹字佰度

故書佐東安平閻廣字廣宗
故書佐劇紀政字𠁣堅
故書佐淳于孫晄（晃字）字威光
故循行都昌台丘暹字𠁣德
故循行都昌董芳（方字）字季芳
故循行營陵留荼（岺字）字漢興
故循行都昌冀遷字漢久
故循行營陵是盛字護宗
故循行營陵（闕）暹字武平
故循行營陵臨照字景燿

故循行都昌張騭字臺卿
故循行營陵淳于登字登成
故循行營陵顏理字中理
故循行營陵水丘郃字君后
故循行都昌吕興字𠁣興
故循行都昌逢進字𠁣安
故書佐劇涂德字漢昌　　行三年服者
故書佐劇姚進字元豪　　凡八十七人
故書佐劇邴鍾字元鍾
故書佐都昌張翼字元翼

故循行都昌張耽字季遠
故循行劇中（闕）字季遠
故循行平壽涂允字佰允
故循行淳于趙尚字上卿
故循行都昌段音字𠁣節
故循行都昌曾晏字本子
故午營陵是遷字𠁣達
故午營陵留敝字元成
故午淳于董紀字元祖
故午營陵縛良字𠁣騰

故午朱虛炅詩字孟道
故午都昌台丘遷字孟堅
故小史都昌脊冰字文達
故小（闕）都昌張亮字元亮
豎建（闕二字）惟故臣吏愼終追遠諒闇沈思守衛墳園
（闕）䌛禮備陵成宇立樹列既就聖典有制三載（闕二字）
當離墓側永懷（闕三字）丕（闕）勝吕義（闕）志丏著遺辭吕
明厥意魂靈瑕顯降毋嘉祐
右景北海碑陰三列故中部督郵故門下督盗賊
故門下議史各一人故門下書佐二人故騎史一

人故吏五人故書佐十五人行義一人故脩行十九人故午六人故小史二人第三列姓名之下又云行三年服者凡八十七人末以兩行刻四言韻語十八句脩脩二字隷法只爭一畫書碑者好奇眆以从省借用趙云故午者莫知其為何官案百官志載郡縣吏屬自曹掾之下有書佐有循行有幹有小史此碑故午六人在循行小史之間隷文幹字其旁从𠂉从干或从𠂉从午蓋是幹字省文婁壽碑朱爵司馬亦官名也省爵為时脩字皆省作攸亦此之類嗚呼三年齊斬天下之通喪也西

都以日易月羣下化之短喪廢禮薛宣謂三年服少能行之者兄弟相駮睽乖異同翟方進續母既葬三十六日除服視事薛翟二公當時皆在相位降及東都上下一律安帝始聽大臣二千石刺史行三年喪不四年復斷威宗嘗聽刺史二千石行三年喪不五年亦斷見之碑碣司隷魯峻以母喪乞身從議郎則解組居廬僅行于下僚爾繁陽令楊君上虞長度尚以叔父憂西鄂長楊弼以伯母憂思善侯相楊著以從兄憂廣平令仲定以姊憂皆解官而歸趙囯令有兄之喪則不應司徒府之

辟當其時二千石已上不行三年之服而令長小

顯節山陽防東夏州叔舉山陽金鄉張詵季德河南
闕陵闕堂世萇河南下闕河闕成睪闕香伯闕南陽闕四
字伯道南陽闕五字表南陽南鄉闕三字遠濟陰闕五字表
濟陰闕二字張鳳季節山陽昌邑田脩元尊任城闕四字
世明任城闕二字朱翔元舉任城元父李能林遠
右奔喪

右王元賓碑陰四横稱故吏者四人有名字郡邑者十數人餘皆凋落不備其中有立碑錢各五百之文又有右奔喪右斬杖三年之文歐趙有其碑而亡其名碑云門徒雨集盛于洙泗故衰杖過禮

苐于事父惜乎碑石淪碎姓名不能盡見歐云碑有錢各五百字似是修廟人所記其可見者濟陰定陶蔡顥子盛山陰金鄉張詵季德河南宛陵趙堂世萇南陽南鄉鄧升升遠濟陰成武周鳳季節又時有故吏字不知為何人祠廟按此碑既有故吏又有奔喪斬杖之文謂之修廟人題名非也威宗延熹四年立

繁長張禪等題名

長蜀郡繁張君諱禪字仲聞故郡掾楊甫字季山
郡掾楊雄字孟孝　議曹掾楊除字伯觀
議曹掾楊立字元宰　從掾位楊棠字子夷
郡文學師楊胡字升海　五大夫楊賞字伯騫
五大夫屈暘字進騫　校官掾謝就字孟直
民杜孔茂　民楊伯章
民闕伯著　縣肸例掾杜長字子陽
夷淺口例掾趙陵字進德　夷侯李伯宣
夷侯楊伯宰　夷侯牟建明
夷侯杜匝倬　夷侯杜永嚴
夷侯屈孟遼　夷侯資倬山
夷侯萇竟舒　夷侯養達佰

邑長爰文山　邑長闕宰闕
邑長闕小君
邑闕四字　邑君蘭世興
邑君宋闕二字　夷民闕三字
夷民闕度山　夷民李伯仁
夷民闕三字　夷民爰闕世
夷民闕長生
凡世八户造
白需夷王謝節　白需夷王資倬
丞蜀郡司馬達字伯通　左尉武都孫真字子尼

右蜀郡繁長等題名一石三橫今在蜀道首行云
長蜀郡繁張君諱禅字仲閘其次題掾曹十人及
三民姓名次橫之首行云夷淺口例掾趙陵字進
德次夷侯九人邑長三人第三行邑君三人夷民
六人後云凡廿八戶造末有四行高出兩字題白
虎二夷王及丞尉名字最後兩行及其下一橫字
畫差小似是紀事之辭惟夷王謝貲數字分明餘
皆不可讀東都益部郡縣夷漢錯居此必蜀郡太
守有德政繁縣夷人共立此碑尊其官吏故書之
前列范史西南夷傳安帝時青衣道夷邑長令田

舉土內屬帝增令田爵號奉通邑君則邑君邑長
皆夷酋之稱也史載蜀郡徼外有白馬國祚都之
西有白狼國無所謂白虎國者秦時有白虎為巴
蜀之害募能殺之者賞邑萬家閬中夷人登樓射
殺之即校楯蠻之先也又赤穴巴氏子乘土船能
浮衆共立之為廩君既死魂魄世為白虎所謂白
虎王者豈此二國之別稱乎

帝堯殘碑陰

史仲 闕 紂惠 闕 千五百
史仲 字闕 六百

故功曹從事 闕 仁 下闕
行義民 闕 本 字闕二 錢三百
闕 士陳國 字闕四 錢 闕 百
處士 字闕二 劉 字闕三 錢百
處士任城曹 闕 孟 闕 錢二百
處士 字闕一 張弘輔國錢二百
上闕 陳國梁 字闕二 玠元 闕 錢二百
上闕 成陽令陳國 闕 真字 闕 鉅脩 闕 立碑 字闕二 祭 闕
中殿
上闕 石坐三上章 字闕二 緹帷四 闕 一以致神坐遷中

山相
上闕 主簿山陽 字闕三 字 闕 玉 闕 即 字闕二 爲 闕 吏美

右帝堯殘碑陰開元中濮州刺史趙冬曦磨其上
數列刻所作祭文止存其下一列有故吏處士九
人題名後四行紀事無上文可讀傳者以為堯廟
碑陰考其中一行有云成陽令陳國闕其一下有
真字案堯廟碑中成陽令乃河南呂亮帝堯碑則
是成陽令陳國鄭真知此乃帝堯碑陰也上一列
磨不盡者尚有五百及千字數處

隸續卷第十六

隸續卷第十七

魯峻石壁殘畫象

太尉公墓中畫象

魯峻石壁殘畫象

祠南郊從大駕出時　小史騎持幢

持駙馬　小史幢吊

帳下騎　畫象未録　駙馬

帳下騎持

大車帳下騎

鈴下　鮮明騎

爲騎　鮮明騎持弓

木尼騎　鈴下

鮮明騎　畫象未録

廌士生

奏曹書佐

主簿車

騎吏僕射

隸續　卷第十七　二

子魯　升　君為九江　苟子
邽子敘　資　太守時　子
庄子處　功曹史導　縣子期　襄子孺
梁子魚　子景伯　子象

商子木　巫子　樊子遲　求子敘　顏子柳
左子行　子　襄子魚　公子症　冉子產
彥子思　子匽　奘子其　駟子言　顏子路
夫子高

隸續　卷第十七　三

右魯峻石壁殘畫象二石並廣三尺崇二尺水經云金鄉山司隸校尉魯君冢前有石祠石廟四壁皆青石隱起自書契以来忠臣孝子烈婦孔子及七十二弟子形象象邊皆刻石記之此石上下三横首行一牓云祠南郊從大駕出時次有大車帳下騎鮮明騎小史騎凡十六牓大車之上一牓三字上兩字略有左畔偏旁似是校尉騎字車前兩旁鮮明八騎步於中者四人鈴下三十餘騎如魚鱗然列兩行横車之後後有駙馬二匹帳下一騎小史持幢四騎次横厲士一人有牓奏曹書佐主簿車各一牓有車馬騎吏僕射二騎鈴下二騎各有牓第三横冠劒接武十有五人人一牓闕里之先賢也次石上横兩牓云君為九江太守時車前導者八人後騎石損其半少前一牓云功曹史導有車馬車前二騎牓湮滅中横但刻雲氣下横十有六人形象標牓與前石同後漢志大駕鹵簿五校在前按魯峻碑嘗歷九江太守終於屯騎校尉從駕南郊乃屯騎之職藏此者不知為何人碑既有九江標牓又有屯騎職掌更有先賢形象定為魯峻石壁畫刻其誰曰不然考孔子家語史記七

十子傳邽子斂名巽梁子魚名鱣商子木名瞿左子行名郢縣子期名成樊子遲名須顏子柳名辛冉子産名季顏子路名無繇叔子其者叔仲會也史作子期子魯者姓冉名孺子象者姓縣名亶子景伯者子服何也唐劉懷玉作孔聖真宗錄以子服景伯在七十子之間求子斂者疑是漆雕哆地皇侯鉦書七作来韓勑碑書漆作溗漆雕哆字子斂恐此求字是漆之省文縣子期史作子祺姓駟者恐是壤駟赤子匽恐是言游如顏子思襄子魚襄子孺數人姓字分明與史家異同魯振史記作

申棠家語作申續檀弓以申詳為顓孫子張之關家不能次以為兩地音聲如此則傳聞異辭無足疑者又二石長過于此其一之上横畫圖人物如武梁畫象主坐客拜侍於前後者六又主客三人列坐侍者四中横三車如雍止令畫一車導騎二一車兩人在前一車一人在後屋下之人三五實主三車有標牓皆湮滅下横十七人如前石昕圖聖門髙弟人亦一牓一字不可認其一則上横七騎皆右馳中横二車一有一導騎一則倍之末有五人在屋下二稗子在屋上下横兩軿車皆駕以

一馬又一車有導騎二末有五人在屋下立車皆有牓惟四導騎者上下各一字粗可認上曰君下曰郎魯君再為議郎豈謂是乎以其冠劒人物絶類九江石壁所畫疑此二石亦是魯祠四壁者汪聖錫家有此碑後漢志列侯會耕祠導從中有鮮明卒朱氏畫史朱浮墓石壁人物有鮮明隊或者不能細認先賢姓字但見有鮮明數牓遂謂是朱浮墓壁畫象非也予前書以功曹史門下督殘畫為朱浮墓中物亦非也碑以鮮為鮮以僮為幢以鷹為薦

太尉公墓中畫象

伏尉公

右將軍韓侯子本

西戾侯

高陵侯

畫象未錄

右太尉公墓中畫象八石近歲出資州内江縣蜀人謂之燕王墓人物未知何昕依據乾道中一蜀士入官中都持贈同寮人始知之訪求累年茶馬使朱景仙召還以之相遺一石横四尺高二尺有半兩巨人高坐右方有伏尉公三字左方有右將軍韓矦子本七字又一石七人分坐三席其中一席二人題其左曰高陵矦右曰曲 闕 侯人物字畫比前石甚小漢碑書太尉太守之類大字皆無點字書有伏字與大同音注云海中地名从人从犬者則是倚伏之伏此碑昕云伏尉公蓋是用伏為

大即太尉公也石在壙中可以不出姓并與高陵二矦省之何也建武中右將軍官廢漢末方復有之益州十二郡國二百年間五人為三公至太尉者南鄭李固成都趙戒戒之孫謙二趙在威宗獻帝時成都去内江不遠豈其冢墓耶畫象則二立石高五尺上有朱爵相向右禽之下刻一人物長且三尺衣冠甚偉左右刻一牛首銜大環如江原長碑太尉之石坐後各一奴下有兩禽高陵之石兩螭横其上三席之下有舞劒者戲錢者駟畁者使令之人凡廿其一有祭樓人坐其下一人前跪後有一器器上有物兩旁一禽四獸二方石各二尺兩紘僮奴四輩其旁横畫數路一石長丈餘車三馬四人物六此其大略也

隸續卷第十七

隸續卷第十八

荆州刺史李剛石室殘畫象

東郡君為荆州刺史時

畫象未録

闕　郡太守　梁使者

烏　梁高行

桓　闕　梁鄭女

闕　無鹽醜女　樊姬

齊宣王　楚莊王

侍郎　孫叔敖

右荆州刺史李剛石室殘畫象一軸高不及咫長一丈有半所圖車馬之上橫刻數字云君為荆州刺史時前後導從有騶騎有步卒標牓皆湮沒在後一車碑失其半止存東郡二字向前一車車前有牓惟郡太守三字可認前後亦有騶騎步卒及沒字牓又一車僅存馬足泰半無碑少前六騎形狀結束胡人也其上亦刻數字惟烏桓二字可認漢長水校尉主烏桓騎又有護烏桓校尉此以烏桓為導騎必二校中李君嘗歷其一所圖列女傳三事其一三人車一馬一無鹽醜女齊宣王侍郎

凡三牓車前一牓無字其一四人三牓惟梁高行梁使者二牓有字此二列女武梁碑中亦有之其一四人樊姬楚莊王孫叔敖梁鄭女凡四牓後有一牓而闕其人水經云鉅野有荆州刺史李剛墓剛字叔毅山陽高平人熹平元年卒有祠堂石室三間四壁隠起彫刻君臣官屬龜龍麟鳳之文予聞閩人李丙仲南得此碑于西州馮方圓仲宛轉假借書欲絶筆而得之酈氏所載古碑百餘惟李剛魯峻二墓有圖畫趙氏雖云曾得魯君畫象而碑録中無其目此碑則自来好古之士未之見今

東州久淪異域石刻少有存者淮漢以南聚碑之家無幾隸釋所有僅七種除武梁之外餘碑他無別本數十年後紙敝墨渝耽古之士撫卷太息亦猶今日之閱水經也

隸續卷第十八

隸續卷第十九

丹楊太守郭旻碑

君諱旻字巨公有周之裔闕七字之穆為文王卿士子孫闕二字君膺天休闕二字明悳矜闕六字之溫良慈恕義呂將之厥闕二字寫不可測闕加呂體明道術闕五字津

小杜洪纖厭舉弊冊當闕二字然獨闕少仕州郡宣著嘉名察孝廉除郎中謁者使監南甄官闕二字翔聲省其傷疾闕痒完命已免於丹闕五字數遷敬陵園令廷尉左平治書侍御史獄刑蘇頗憲畜如砥呂父憂去官還拜郎中侍御史遭母憂服除復拜郎中治書侍御史彌綘袞闕四字弱還冀州刺史闕墉明否萬里仡孚九郡咸寧河朔凱鵮徵拜尚書闕三字命國之喉闕躬親功顯闕朝異焉是時淮夷蠢迪帝曙官綏甫書褒屬俾守丹楊闕荒治亂名攜懷遠齊逸俗通聖化務民用康移風易闕為政四丰呂公事去官浸惀玄

默惟莫反初丰過耳順㝵疾殰積延熹元丰十月戊戌卒其十二月丙申葬徽言絶矣諸子咼仰三載禮闋延羣相與刻石勒銘（闕）昭玕（闕二字）辭曰

於休我帥恂恂郭君既明且喆耽此憲（闕三字）孝睦觀國用（闕）惟左（闕三字）易輸勤讚理玄帥獄彝放紛三典執（闕三字）王人柔遐能邇官亮（闕三字）虵（闕）機夙夜惟寅獫蠻慓彼用綏海濱（闕二字）絹訛（闕三字）神功遂身退（闕三字）運光暉有翁永世不泯

昔君即世雖立碑頌裁足載字加有瑕股君之弟故太尉公薨歸葬舊陵於是從子故五原太守鴻議郎

柔及肖孫范（闕二字）懷祖之（闕）延更刊石不改前文蓋用昭明祖勳（闕）呂宣達情（闕）庶傳不朽孝云爾

右郭旻碑此碑中有裂文予在越時總得其上一段後一紀尤延之持節江東以其下一半相贈合而為一遂成全碑跋語在前卷（碑以臧為必以名為招股即瘢字）

封丘令王元賓碑

君諱（闕）字元賓御史君之孫茂村君之子也其先出自周歷秦及漢有國有家宰相牧守踵武相躡皆能輸力盡規紀功載籍迄君之身天鍾其美體茲明迹不器之量温慈惠和行以忠恕弱冠丕父以孝立

稱敦書悅禮（闕）心術藝土階環堵兼業並授門徒雲集盛于洙泗學優而仕位極州郡察孝廉郎謁者考工苑陵葉封丘令經國以禮帥下以德黎庶有恥莫（闕）用（闕）蚌賦遠屏姦軌埽迹以母憂去官服祥辟司空府補（闕）（闕）衙好是正直旻穹不弔降茲（闕）疾弃世有八延熹四年五月辛酉遭命而終國隕柱石之佐世喪英彥之士遠近（闕）嗟莫不傷焉咸以為絶美殊勳宜在金石垂示無窮乃作銘曰

於穆王君穹天生德明允篤誠小心祗翼永言孝思閨庭允勑濟濟學徒來宗來式牧守加禮班敘志職

（闕）貢皇國宿衛帝側王用錫命撫臨三國三國克寧乃大明服（闕）頌君（闕）永垂罔極

右封丘令王元賓碑隸額兩行所存其下令碑二字歐趙皆以為王元賓予所得者却是元賓字畫分明非是測度其名彷彿是紿一碑之中不可識者纔數字王君以察孝廉為郎謁者故銘詩云宿衛帝側嘗宰宛陵葉封丘三城故云王用錫命撫臨三國以延熹四年卒碑陰在前卷（碑以苑為宛）

冀州從事郭君碑

君諱（闕六字）君之少子心仁而孝弟其先出高辛興自

于周闕蕃虞郭左河魏之間遭替荒彊乃喪厥土亦
世孼孼職思其勳子孫纓布家于樂土因國為氏昔
左顧世雄亓綦跱郭隗吐奇顯於戰國歷秦迄漢將
相不輟君其苗胄也闕而温恭烝烝不違學事官曹
清身夙興居豊能約持滿不傾資於父母忠以事君
性天自然斷斷休闕遵之於鄉其譽日章在國必達
正身履方秉脩勤恪在公明明進納闕府密勿其光
悳仁發越宗黨闕三字階闕二字式序堂堂故能弱冠榮
寵紀綱入踐賊決闕與闕當服職鍛湅事無留荒歷
郡諸曹掾史主薄督郵五官掾功曹守假牧伯虚心

貪君卄亮遂旌顯辟彈糾臨時所劃肅然靡邦不思
當登大階為國哲謀皓天不弔降此殃甾君季卌一
以光和二季大荒載紙月戊申晦嵏而終親戚傷懷
同僚涕泠以其三年十月葬冢蓋四輤縉紳盈庭痛
君懷春凋柯霜榮良良考妣追惟實靈卜商嘯咷喪
子失名兄弟咨嗟憯怛傷情孤配禍嗣憔顇煢營悼
君短折永歸幽冥自古皆死先民有呈歿而不朽蓋
謂合聲建石立碑顯揚洪貞攄訏功美表示後生魂
而有知萬載熙竈
懿矣君純淵清性蘭石履珪瑩祖有周甶揚聲冠二
代為德經肩倉烈系洪纓世佐碟為台衡串千載涵
山停傷春樹不嵒馨明珠玷夜光虧紫芝凋高岡頹
庶斯言訓孔懷

右故冀州從事郭君碑隸額碑之字曖昧者甚鮮
獨首行刓剝故不得其名字郭君歷郡諸曹掾史
主簿督郵五官掾功曹故揔謂之從事其云入踐
賊決者謂賊曹決曹也以光和二年卒其文以鍛
湅為鍛鍊失名為失明碑中三用載字一云大荒
載紙月一云萬載熙竈一云串千載其義未詳

尉氏令鄭季宣碑

君闕二字字季宣闕䏲君之孫下闕君闕度和闕淑闕二
字五闕之闕八字文闕十一字有趙宣闕二字振闕二字吳札之
高闕十二字挹闕呂闕七字東闕二字守欽闕二字从備禮招陽
闕可躍闕十字行父忠貞節闕六字季闕二字觀國之光勸
闕二字帝闕三字奇闕十一字臣夙夜在公亐斯闕七字賊雲會
威闕四字我闕十四字季四月闕五字社闕二字馮殆黨闕三字逮
近闕車闕折駕賊闕十一字乾剄之闕辨闕六字其旅供闕
天闕三字東鄙闕二字侵掠如豹闕十一字爾乃闕六字舍搚九
刑而闕四字政闕二字以俾闕十一字以耕養慰存闕叟鰥獨
靡困闕績既闕六字虞放鵂沙闕十二字就洿慭闕二字恭穢

闕三字遺則不闕五字穆闕之中神人協闕八字之闕三字戜
之害弦訶並闕仁義交闕二字可謂闕二字五典闕四字者
也當闕三字儀鴻闕八字春秋五十有七中平二秊四月
辛亥闕乎闕四字之路無軌闕九字輿旐来闕弱睽孤其
三年四月辛酉闕葬故吏闕二字䍃欲子車之殉闕五字
斬縗方闕咨父事君慕衛鼎之不泯恩粵人之闕二字
追頌君德伐石銘碑摛闕蕟闕五字令問闕無闕其辭
曰
堂堂惪君眀闕二字聲闕八字帝闕四字君我城討賊闕二字
如雷如霆既克有定丕心則寍民闕賴祉闕六字迹闕六

字顯弈世闕二字厥成伊産闕繼岱宗之靈喬嶽隕闕
景命不闕十二字石休有下闕
右漢故尉氏令鄭君碑篆額穹碑多有裂文字半
湮晦少成章句有其字而亡其名官閥略不一見
僅存卒葬年月其中數十言載殄賊侵掠事前稱
其有吳札之高末敘故吏欲子車之殉碑陰姓名
却班班可考其間奇字如書飢作飢書夙作殀一
蕟字未詳碑有放鵃之句上下文刓滅不可考鵃
與鵰同音鶻鵃是鳩名恐是用趙簡子放鳩事

鄭季宣碑陰

議郎安衆下闕
關內矦張闕二字詩
故孝闕三字耽闕虞
故從事下闕又故從事一人
故從事宗闕仲闕
故五官掾邯鄲闕三字
故闕二字任闕二字
故督闕邯鄲璣元闕
處闕四字德源
處士闕三字德

處士邯鄲闕三字
處士呂瓚闕二字
處士闕三字元
故吏闕三字真
故吏邯鄲謀孝起
上闕二字祭酒闕敦闕卞
門闕二字曹史李闕二字正
主簿闕彪叔闕
上闕三字史闕三字禮
上闕一字張下闕

故孟津都尉闕處元闕
故方城長毛武闕二字
故從闕三字堂闕康
從事楊光子闕
故五官掾下闕
故守令呂嵩仲闕
故督郵邯鄲敬下闕
今司空掾
處士闕謙闕真
處士闕二字子朝
處士呂林闕二字
處士闕楚闕政
處士下闕又闕一人
故吏邯鄲闕盛伯
故吏闕二字子真
上闕二字掾邯鄲瑾子恩
王簿下闕
上闕三字邵訓闕張
主薄下闕
上闕五字讓闕二字

上闕四字祺闕二字　門下史邯鄲睦闕窒
門下史闕二字元闕　記室史辛闕三字
主記書佐下闕　主記書佐下闕
門下書佐丕脩闕三字　記室書佐侯瑾闕二字
錄事書佐李規方政　記室闕二字陳巽元焚
騎吏丁闕瑋珪　騎吏田闕元戒
騎吏馮焚子茂　亶事干樊順伯叙
亶事干陳瑚齊臺　亶事干張超子與
亶事干楊部景闕　亶事小史闕四字
亶事小史丕闕番子　亶事小史荆闕后融

門下小史陳勛子懃　上闕音伯字

右鄭季宣碑陰以八篆橫刻其上曰尉氏處士故吏人名上下凡四橫其中督郵邯鄲璣名字之下細書四字云今司空掾末有亶事干四人亦是以干為幹語在景北海司馬整碑陰冡後空十餘行有一行刻字似是造碑者所識

陳度碑

君諱度字妙高陳國柘闕十四字武王克商封先代之後以元女大姬配胡闕二字封諸陳至厲公而生公子完奔齊遂闕三字竝于正卿以本國闕氏闕三字土子孫闕二字布在華夏至于闕二字敦仁篤學闕十二字首闕四字衣闕二字在約闕十四字思禮闕散施不闕報姻婭九闕國之闕四字振闕五字者蓋不可闕四字是仁闕四字于闕二國相闕五字替郝闕官闕四字于宜闕皆以疾辭闕十八字忘闕十七字厥勲闕五字中平二年闕十四字淵林邑不闕十三字墓闕七字之闕于景卬闕十字乃闕斯域立此新門闕表烝嘗三闕十七字乃刊石樹碑闕三字人其辭曰

闕三字庚全德玄純少闕十六字不闕命偵殖孔闕意則屢中闕三字卩其闕女闕五字廞褒斯實以光其仁子孫是糸其祉曰新

中平四季九月廿日巳丑闕五字立

右陳度碑君名度字妙高陳國柘人靈帝中平二年卒又二年立碑此刻大半衰碎所存僅二百字少成句讀其中竝無官稱僅有國相及督郵字繼有皆以疾辭之句其中有散施及姻婭字稱其仁者再三銘詩有偵殖屢中之句似是家有餘財仁周鄰曲相遺督郵招聘稱疾未嘗諾仕者郡國志陳國有柘縣苦縣沛國有相縣苦在春秋時曰相趙氏認柘作相誤也碑以意為億

禹廟殘碑

上闕二日下闕木案祭器加闕請雨上官往來下闕
幓小吏不胥聽行宙念闕三字曰昔時為夏上闕於介
正賢者左右皆蒙大恩闕二字君始闕三字尉下闕誦堯
禹其辭曰
上闕蕩無闕二字寫陽木陰興鴻水滔天激下闕河闕二
石闕二字混淪自興不至北滌帷鄭鑴下闕民闕國靈
而有神四時貢奉資盛三牲闕若上闕晴畤闕三字云
闕四字察闕二字勤
上闕子承闕官夙夜懼子不曰安闕三五子闕四字文
上闕輿服子闕机闕靈闕忍子黨往還闕三字子五上

闕東方闕二字子永下闕
右禹廟一小碑其上湯減五之三其前湯減四之
一所存者少成句讀唐寶歷中三人同觀刻名其
上趙氏有禹廟二碑其一有皮氏長劉尋姓名其
一云字畫淺細有皮氏長安定蘇字恐是此一碑
碑以資為粢以黨為儻胥即肯字

真道冢地碑

此冢政乎
欲負冢土勿取冢地中法取東吉利慎勿取西北土
也

延熹五年七月中旬真道字直中以錢八千從有親
真敖字政直直弟政升升二從弟漢宗市冢地連隨
地闕等冢闕二字呂闕連瀆海江廣廿二丈內人北行
闕瀆廣皆如前錢付畢政等得可中弟闕子孫道闕四
字治政等冢左是冢西中等冢左東北祠舍地中等
子孫闕三字子孫但得宿山居留不得爭舍地爭訟天
帝誅疾勉崇孝道先人之約讀如闕三字順此書位闕
所堅次比闕人闕一字相變必闕三字不得違犯闕諸存
子孫闕益中闕錢酒飯子孫吉不益有所取出即不
利後冢東行廣五丈北行不得作冢可示後毋冢前

也後毋作冢從此冢後併墳北行門出西闕地也
右真道冢地碑延熹七年真道以錢八千從真敖
兄弟市此地廣二十二丈其文戒約後世作冢取
土方隅但得宿山居留不得爭訟舍地怖之以天
帝誅疾勸之以勉崇孝道戒之以不得違犯先人
之約字札𥿄碎不能盡通

司空掾陳寔殘碑

集本有雒中字平五年春三月癸未豫州刺史典以為褒功
述德集有政字之大經是以作謚封墓興於周禮衞鼎晉
律集作鍾又云一作銘銘下有其字銘集作有實故大丘長穎川集有

許字昌陳寔集有字字仲躬集作弓者集無此字含聖喆之清龢盡
集有人才之字碑闕上弃光明配於日月其下竝闕
右漢故司空掾陳君碑篆額蔡中郎所作第三碑
也其文乃豫牧褒讚悲傷之辭銘詩有云欽慕在
舊有憲有章遇牧斯州庶奉清塵棄予而逝靡瞻
靡聞此碑僅有前七十字下文盡皆不存中郎作
太丘第一碑云春秋八十三中平三年卒漢史誤
作四年此碑作五年者乃豫牧立碑之年也史傳
雜書蔡集皆作仲弓惟太丘壇碑作仲躬此碑仿
佛亦然趙氏跋云文已殘缺不可辨惟八篆額字

隸續　卷第十九　十二

畫奇偉引世說注太丘次子諶嘗以司空掾名謂
此是陳諶之碑殊不知碑中自有太丘姓名其文
又在蔡邕集蓋不能認碑故有斯誤弃即羨字

太尉郭禧斷碑

公諱禧字公房其先出自有周文下闕者或吕文二闕
字美下闕俗吕適宜循照晰吕下闕甾扶溝華門辟
闕若下闕察孝廉闕疾闕二字辭中闕有下闕二脩下
闕無闕也乃下闕岦光下闕體謙約下闕斯始闕三字
之宗人前識仲下闕忠孝體古人之上㨿不偶下闕
億闕韜燿始闕授下闕

右太尉郭禧斷碑篆額所存其上一段字畫方勁
前後數行僅有數十字可認其中强半剝落篆額
亦然首行却有郭君名字敘其得姓則有周文二
字禧以靈帝建寧二年為太尉光和二年薨趙云
郭氏世為陽翟人自郭躬以下皆葬陽翟疑禧嘗
寓扶溝返葬故郡史注遂以為扶溝人恐誤予案
此碑既云扶溝華門應劭漢官儀又云孝靈太尉
扶溝郭禧郭旻碑云禧之子五原守鴻奉柩歸葬
舊鄉則史注初不誤也

張休崕涘銘

隸續　卷第十九　十三

太山雖高無得而擬斂道雖險孰可為爪吁嗟此山
高且險只上眂彼蒼相去能幾穸乎昆侖日月所蔽
行乚過茲鮮不乑涕深念于斯刋銘崕涘
漢延熹二丰三月初闕四字張休

右磨崖險路銘四言十四句威宗延熹二年刻末
有張休姓名姑以名其碑其文謂此山高擬太山
險比斂道上眂彼蒼相去能幾行人過茲鮮不垂
涕十數年前藏碑者得之蜀人今尤延之李仲南
家有之爪即比字乚即人字乑即垂字

隸續卷第十九

隸續卷第二十

斥彰長田君斷碑

上闕先高祖時㠯吏二千石自齊臨菑從充關中冠蓋金上闕祖字興先為執金吾弟颯漁陽太守孫布光武中興上闕堅仕郡為主簿督郵護羌從事討賊畔羌元初元秊上闕遭家不造三歲喪父事母有戕顈之行秊廿復失所上闕戀松柏憔顇毁眥禮制闋除乃始㣧學治韓詩孝經上闕究略道㬪初仕為縣主簿功曹郡諸曹史帳下司馬上闕國劉君招命署議曹掾假除百石遷補任尉鉅鹿大上闕假印綬守廣平夏四陽令庠彰長蕃䔥豐春陽討惡上闕色斯去官朞禮未竟揵為王君復請名署平闕案獄上闕京兆長陵君諮考所肆極毒痛身不霄闕三字趙平上闕史見勞鷸芳馨馥芬布聞遠近顯署仁德兼督郵防上闕平二秊秋七月寢疾不豫朝失爪牙家覽紘覆遐介上闕古樂道不卒早終不白勝字升臺步為縣功曹郡曹上闕盈茈改㽞殁屯乃刊勒金石㠯詮明德其辭曰

上闕公清佐職百里兼領三城安惠矜儀伐討姦輕當極上闕身歿名立永載萬零

熹平六秊十月九日辛酉造

右斥彰長田君斷碑所存其下一段與趙氏所藏者同文雖半亡遺字一一明白碑云其先高祖時以吏二千石自齊臨菑徙關中祖興先為執金吾弟颯漁陽太守孫布光武中興云云史記高祖徙貴族齊田氏關中後漢傳朔方人田颯引兵至單于庭迎盧芳入塞帝紀建武七年盧芳所置朔方太守田颯舉城降則斥彰蓋諸田之後碑云二年七月卒而缺其年名末有立碑歲月始知物故在熹平年但斥彰非所終之官趙氏強名姑仍其舊

碑云守廣平夏曲陽令斥彰長繼云以色斯去官後從楗為王君之名碑缺不得其所歷次云京兆長陵君詔考所肆極毒痛身不霄挠其時黨事方作恐嘗就逮次有兼督郵防字其下缺文防乃縣名之上一字銘辭中斷莫得而考斥彰非書樞之官明矣漢碑書地名用字假借與史策不同甚多下圭菀陵文陽汁邡是也鉅鹿之四邑曰任曰廣平曰下曲陽曰斥章碑以夏為下以彰為章不可謂史策之誤田君為任尉而兼守廣平三邑令長故銘云佐職百里兼領三城名勝字升臺者其次

子也不幸早終者其冢子也碑中字札嫵媚甚類華租華山亭碑書之者好用奇字如叓（西漢志北地郡有大叓縣子虛賦䌸叓長注叓古要字）肰（字書肯與脊同）㽞（字書㽞與若同戜戠國字）闖（闕字）㑁（游字）屆（居字）署（署字）殄（於字）禮覆遝之類皆宅碑所無者獨醽字未詳（碑以尒為邇以茲為窄以零為齡）

堵陽長劉子山斷碑

君諱木字子山平通侯之玄孫假（下闕）承烈考（闕四字）之行脩春秋經蒹詼（下闕）明仕郡歷主薄督郵五官掾功曹史以（下闕）彼蠻寇馳蠢邦域出師暴軍混沌季（下闕）懷怵惕之心僞（闕）求（闕二字）爲（闕二字）䫸縣撫之以仁爲省繇役并（闕）鮮（下闕）綏之斯來動之斯穌各安其土化行亏（下闕）屬城名与豹犀爲疇時大駕南征巡（下闕）君惟尹（闕）耆則以權上書自表乞歸鄉（下闕）拜郎中（闕三字）子道大夫人遂以壽終（下闕）恭臺閣哀此下民數納直言不畏彊禦（下闕）壽（闕三字）奈季丗有一建寧元季（下闕）存有美（闕）亡有高謚於是乃刻石銘（下闕）

於（闕）君悊天（闕）逆符（闕）承脩緒不忝先（下闕）嘉諸（闕）不定（闕四字）之拜爲亞臣（下闕）君其（闕）謀（闕四字）凡百品遺飭（下闕）

陳留外黃申迶商字文夏　陳留外黃闕理字元高
陳留外黃魏敎字興遠　陳留外黃申迶稱字公舉
陳留外黃劉當字子敬　陳留濟陽何夙字子羽
陳留下闕又闕　上闕七字字成闕
上闕六字字元闕　陳留下闕
潁川闕四字字公闕　潁川許劉松字伯闕
潁川闕陰闕四字亶下闕二人　潁川犨陽陳鉅字元闕
汝南宋公陳闕字伯闕　汝南安成黃休字伯闕
汝南邵陵闕珪字季才　梁國睢陽張規字節渠
梁國睢陽許憲字奉則　梁國睢陽李郃字伯南

梁國寍陵夏侯闕字安公　梁國寍陵沈闕字子亶
勃海脩張扶字务起　勃海脩吳方字闕珪
勃海脩王璜字子珪　勃海脩張儉字君則
上闕五字字世闕　平原安闕三字字闕二字
平原平原闕二字字仲臺　上闕五字字漢侯
平原安德闕二字字武衡　上闕五字字季張
平原平原闕二字字通闕　平原濕陰闕弘字闕二字
平原安德闕二字字闕二字　弘農陸渾延闕字季子
弘農陸渾延祥字漢存　弘農陸渾闕二字字伯闕
弘農陸渾張闕字定闕　弘農陸渾張闕字充闕

河南闕劉闕字元和　鉅鹿廣平李勛字文祖
北海劇王綝字文闕　安定臨涇郭撫字子寍
大原中都侯汶字文林　大原下闕
平原濕陰下闕　河南闕高闕字父闕
上闕二字平闕上官下闕　汝南上蔡闕二字字公闕
上闕二字陽下闕　勃海脩闕二字方字闕平
右扶風茂陵李偉字世彥　潁川新汲朱祺字闕二字
陳留襄邑闕二字字闕二字　酒泉延壽下闕
陳國長平郭周字公闕　闕三字水彭闕一字仲闕
陳留酸棗闕兗字闕二字　陳留外黃陳闕字林闕

汝南上蔡陳闕字闕二字　陳國長平闕二字字闕二字
平原平原劉闕字闕二字
右宗俱碑陰額上六大篆曰門生立碑人名正碑
甚刓滅碑背所損却不多上下凡四横書其人郡
邑名字略無官稱當是門生未筮仕者故吏不應
無碑不傳于後世爾
汝南上蔡令神道
闕故汝南上闕令闕二字父闕神闕
右汝南上蔡令神道今在閬州城外一石闕其東
面刻十三字與王稚子闕相類蜀人謂之汝南令

闕賑其文南之下一上字甚分明盖汝南之上蔡
令也徐求閬苑記以為唐貞觀中旌表王氏義門
所立謬也
侍中楊文父神道
漢楊侍中文父之神道
右侍中楊文父神道字體格與馮幽州闕相似必
西州所刻者
比干墓四字
殷比干墓
右殷比干墓四字水經云朝歌縣牧野比干冢前
有石銘隸云殷大夫比干之墓今已中折不知誰
人所誌大觀中會稽石國佐有此四字比水經又
闕其三字畫清勁乃東都威靈時人所書者收碑
如歐趙皆未之見
右侍無名人墓闕
漢右侍之墓
光和三年
右漢右侍之墓五字藏碑者宣和間中分為兩黏
裝作帙漢官有左右署侍郎漢人題闕作碑多省
文如郭仲奇為北軍中候而碑中省其北字高頤

作北部府丞而題闕省其部字馮緄右郎中之署字於文
闕省此侍字之下必有漫滅之文為貼碑者所翦
其左有光和三年四小字
貞女羅鳳墓闕
漢貞女羅鳳墓
右漢貞女羅鳳墓六字筆勢甚清逸頗類景謁者
墓表字之上以朱爵為額盖墓闕也
种氏石虎刻字
光和七年四月五日己丑孝子种瞲元慱所造
右种氏石虎刻字光和七年孝子种覽元慱所造

趙氏得漢代兩墓石獸膊上字宗資天祿辟邪是篆文州輔二獸亦刻予訪之未獲

延年益壽椁題字

永初七季四月廿日造寫是萬歲延季益壽鄗

右延年益壽郭文三行十八字今在蜀中安帝永初七年造謂之萬歲延年益壽椁當是壽冢中所刻如梁相孔耽碑之類建初中曹叔文汝伯寍甋皆有萬歲舍之文恐彼亦是壽藏之物

尉府靈壁甋文

右尉府靈壁甋文四行十二字成帝陽朔四年造西漢字見於彝器者皆是篆文此甋分行作棊局大眼數字略有隸體與會稽路都尉關頗相似謾以殿其後趙德夫云士大夫考正前代遺事其失常在好奇孔子曰君子於其所不知蓋闕如也予謂建元名年不止西都有之鄭三益闕全是晉人筆札趙乃定為武帝時碑深誤後學闕如之戒若何資州重刻燕然銘自竇憲之後誰曾再登此山若當時椎拓者無緣留到今日蕞東都之初石刻未如此齊整一見可知其僞隸釋惟嚴發一碑可疑或是好事者所撰

隸續卷第二十

隸釋有續前後二十一卷乾道戊子始刻十卷於越淳熙丁酉姑蘇范至能增刻四卷於蜀後二年霅川李秀叔又增五卷於越明年錫山尤延之刻二卷於江東倉臺而彙其板合之越延之與我同志故鄭重如此凡漢隸見於書者為碑碣二百五十八甋文器物款

識二十二魏晉碑十七款識二欲合數書為一未能也今老矣平生之癖將絕筆於斯焉

庚子十一月洪景伯書

隸續卷第二十一

主記史武當趙會欽元 門下賊曹武當張禮仲文
議曹掾陰旻武偉文 議曹掾枏呂系字仲嗣
議曹掾陰吴音惠聲 議曹掾酇毛端元平
議曹掾酇李紀元生 議曹掾筑陽文機永度
議曹掾武當頓甫康闕 議曹掾酇王舍建闕
議曹掾武當王和凱明 議曹掾丹水馮嶷林元
議曹掾筑陽趙獎時助 議曹掾順陽郝獎令緒
議曹掾武當樊廣令之 議曹掾丹水張僉令宗
議曹掾酇厲温顯相 議曹掾酇何弥奉聲
議曹掾酇張代叔融 議曹掾筑陽梁習休伯

議曹掾南鄉夏勑士平 議曹掾南陽郭輿仲泰
議曹掾南鄉應昂光闕 議曹掾陰虞方弘伯
議曹掾順陽董旉郃聲 議曹掾順陽郭沐叔弘
議曹掾順陽樊珍永闕 議曹掾順陽潘澹偉靚
議曹掾順陽祭造始平 議曹掾陰何永臣宗
議曹掾南鄉夏怡士奕 户曹掾酇李肅季穆
倉曹掾南鄉黃种道思 金曹掾陰陳惲行元
賊曹掾陰鄧嘉孔仁 右兵曹掾陰終祈叔英
科曹掾丹水張悝宣第 中部督郵下闕又闕一人
北部督郵順陽闕和頳季 監江督郵順陽王寶偉興

中部勸農筑陽闕斐令元　南部勸農南鄉閻沃泰宗
北部勸農掾隂代竫公容　從掾位筑陽闕二字季齊
從掾位南鄉王晧景林　從掾位隂潘立偉業
從掾位武當晉厚季闕　從掾位隂陳良偉之
從掾位酇富虞偉仲　從掾位丹水杜儉溫恭
從掾位武當楊誕廣明　從掾位筑陽趙攸泰英
從掾位武當樊宮建興　從掾位順陽郭夏惠甾
從掾位順陽郭真惠聲　從掾位酇邰審元度
從掾位隂終敞建明　從掾位酇黿軌令真
從掾位隂終恢偉然　從掾位南鄉應景元先

從掾位順陽何旻偉之　從掾位武當趙凱景伯
從掾位武當王的淵泰　從掾位隂婁綜子業
從掾位酇張奭文列　從掾位順陽何闕德配
從掾位順陽杜褒建伯闕一人　從掾位順陽張羲叔宗
從掾位筑陽王審士先　從掾位筑趙審文固
從掾位酇厲明顯闕　從掾位隂馮世惠林
從掾位丹水闞袛元威　從掾位南鄉謝林長茂
從掾位南鄉夏載闕文　從掾位順陽宋闕三字
從掾位丹水張楊延列　從掾位酇呂善元甫
從掾位枏傳儀顯則　從掾位酇李羨闕休

從掾位南陽郭闕長先　從掾位武當樊闕長興
從掾位隂闕二字林之　從掾位筑陽闕勍獻之
從掾位枏朱郃長闕　從掾位順陽馬倲元友
從掾位順陽程闕尤宗　從掾位隂潘韶偉武
從掾位武當闕武偉慈　從掾位丹水蔡仁令伯
從掾位隂婁偉興伯　從掾位順陽王本長元
從掾位順陽王仕宣林　從掾位枏謝邵季甫
從掾位隂婁文興仲　從掾位武當謝沖長闕又闕一人
從掾位酇張肅泰恭　從掾位酇魯良武和
從掾位武當張粲玄盛　從掾位筑陽張秀和明

從史位順陽五肅仕元　從史位枏鍾釋景良
從史位隂陳永建宗闕一人　從史位筑陽胡憲偉章
從史位順陽杜和建穆　從史位武當李他文子
從史位筑陽李紈臣先　從史位隂鄭邵顯伯
從史位順陽龔弘宣林　詩事掾武當王宗長謀
詩事掾隂申定士則　文下闕
文學史武當韓異泰博　文學史酇周緝令熙
文學史隂旻超公叔　文學史酇樊斐宗明
文學史順陽郝元凱明　文學史筑陽張弼季輔
文學史南鄉樊紹士先闕一人　文學史武當謝闕子闕

曲将闕部司馬武當鄭旻康葉部曲将裨将軍下闕部
曲将武猛中郎将順陽何興偉林部曲将闕二字校尉
下闕部曲将裨将軍武當張始元闕部曲将武猛都尉
南鄉趙立公始部曲将闕二字校尉南鄉闕二字承闕又闕一
人部曲将闕六字陽胡訢延伯部曲将武猛中郎将陰
李章孔文部曲将武猛校尉順陽闕邵偉元部曲将
裨将軍武當魏端文闕騎闕将裨将軍筑陽胡龍
業部曲将軍司馬下闕部曲将武猛中郎将闕四字英
部曲将武猛都尉酇張銓叔行副部曲将廣野将軍
酇周鈞宣代

隸續卷第二十一

(K-2522.01)

責任編輯：陳　亮　范鵬偉

封面設計：黄華斌

科學出版社互聯網入口

歷史分社：010-64026975　銷售：010-64031535

E-mail:chenliang@mail.sciencep.com

銷售分類建議：歷史/古籍

www.sciencep.com

ISBN 978-7-03-051130-0

定　價：320.00 元